기독교문서선교회(Christian Literature Center: 약칭 CLC)는 1941년 영국 콜체스터에서 켄 아담스에 의해 시작되었으며 국제 본부는 미국 필라델피아에 있습니다.
국제 CLC는 59개 나라에서 180개의 본부를 두고, 약 650여 명의 선교사들이 이동도서차량 40대를 이용하여 문서 보급에 힘쓰고 있으며 이메일 주문을 통해 130여 국으로 책을 공급하고 있습니다. 한국 CLC는 청교도적 복음주의 신학과 신앙 서적을 출판하는 문서선교기관으로서, 한 영혼이라도 구원되길 소망하면서 주님이 오시는 그날까지 최선을 다할 것입니다.

추천사 1

오 덕 교 박사
前 합동신학대학원대학교 총장, 역사신학 교수

   교회사에 있어서 명저의 조건으로 역사적 사건에 대한 풍부하고 정확한 사료의 수집, 그에 대한 평이하면서도 논리적인 설명과 저술자의 신학적 입장이 요구된다. 이번에 출판되는 이호우 박사의 저서는 이 같은 명저의 조건을 충족시키고 있는 책이라고 할 수 있다. 그는 이 책에서 기독교회의 태동으로부터 현대 교회에 이르기까지의 기독교 2000년 역사를 설명하면서 신뢰할만한 사료를 수집하여 누구나 쉽게 이해할 수 있도록 평이하면서도 논리적으로 설명하였다.
   특히, 이호우 박사는 이 책에서 성경의 영감과 권위에 대한 신학적 보수를 유지하며, 개혁주의적 신학 입장에서 이 책을 썼다. 그는 역사에 일어난 모든 사건과 신학 운동을 우연이나 인간의 뜻이 아닌 하나님의 섭리 가운데 발생한 것으로 보고, 하나님께서 하나님의 나라를 확장해 나가셨고 교회와 세상을 다스려 오셨는지를 구속 사관에 입각하여 설명하여 누구라도 교회 역사를 쉽게 이해할 수 있도록 하였다. 따라서 교회 역사를 배우고자 하는 신학생과 목회자와 평신도 지도자에게 이 책의 일독을 진심으로 추천하는 바이다.

추천사 2

김은호 박사
한국성서대학교 대학원 원장, 성서신학 교수

  21세기의 교회는 20세기 후반에 이루기까지 세계 교회 역사의 발전 가운데 이루어진 학문에 기초하고 있다. 이 책은 교회 역사에서 발전된 세계기독교회사의 다양한 시대의 발전을 총망라하여 한 권으로 집약하였다.
  따라서 이 책은 세계기독교회사의 제 분야 연구를 개괄한 유용한 참고서로 20세기 후반의 연구 동향을 복음주의 시선에서 개괄한 책이다. 각 장은 중량감 있는 전문성을 갖추어 집필되었기에 수준 높고 깊이 있는 이해를 제공하므로 교회사에 관심 있는 신학생, 목회자에게는 반드시 알아야 할 유익한 내용으로 가득 차 있다.
  이 책은 마치 세계기독교회사의 거대한 여러 분야의 숲을 보게 하며, 그 숲 속의 다양한 나무를 만나게 인도한다. 이 책의 또 다른 강점은 2000년의 방대한 세계의 기독교회 역사를 평이하고 명료한 서술로 다듬어 한 권으로 조망하고 그려내고 있어 특히 교회사에 입문하는 초보자에게도 큰 도움이 될 것이다. 아울러 세계기독교회사의 맥을 정확히 짚어 주고 미래의 방향으로 친절하게 안내하는 이 책은 독자 교회를 살아있는 교회로 만들 것이다.

추천사 3

신 문 철 박사
한세대학교 조직신학 교수

    기독교회는 하나님의 절대 주권과 예수 그리스도의 완전한 대속 교리 그리고 성령의 지속적인 구원 사역을 바탕으로 시작되었고 현재까지 유지되고 있다. 저자는 하나님 나라의 확장과 다스림이라는 성경신학적 주제를 바탕으로 기독교의 역사를 알기 쉽게 풀어나가고 있다. 저자는 독자의 이기를 위해 복잡한 기독교 역사를 총 4부로 정리해 설명한다.

    제1부, 초대교회사
    제2부, 중세교회사
    제3부, 종교개혁사
    제4부, 현대교회사

    이 책을 읽는 동안 평소 궁금하였던 기독교회의 발전과 신학 논쟁사들의 어려웠던 난제들이 하나씩 밝혀지면서, 기독교회의 역사 가운데 함께하시는 하나님의 주권과 섭리를 만날 수 있었다. 독자들은 이 책을 통하여 하나님 나라의 발전과 역사를 한 눈에 볼 수 있게 될 것이며, 기독교회사 속에 역사하셨던, 역사하고 계신 그리고 그 역사를 종결하시는 하나님의 준엄한 통치를 깨닫고 배울 수 있게 될 것이다.

일맥으로 흐르는
세계기독교회사

A History of World Christianity
Written by How Lee
All rights reserved.
Korean Edition Copyright ⓒ 2021 by Christian Literature Center, Seoul, Korea.

일맥으로 흐르는
세계기독교회사

2021년 10월 5일 초판 발행

지 은 이 | 이호우

편　　집 | 유동운
디 자 인 | 박성숙
펴 낸 곳 | (사)기독교문서선교회
등　　록 | 제16-25호(1980. 1. 18.)
주　　소 | 서울특별시 서초구 방배로 68
전　　화 | 02-586-8761~3(본사) 031-942-8761(영업부)
팩　　스 | 02-523-0131(본사) 031-942-8763(영업부)
이 메 일 | clckor@gmail.com
홈페이지 | www.clcbook.com
송금계좌 | 기업은행 073-000308-04-020 (사)기독교문서선교회
일련번호 | 2021-94

ISBN 978-89-341-2338-5 (93230)

이 책의 저작권은 저자와 (사)기독교문서선교회가 소유합니다.
신저작권법에 의하여 한국 내에서 보호받는 저작물이므로 무단 전재와 무단 복제를 금합니다.

세계기독교회사

일맥으로 흐르는

이호우 지음

CLC

목차

추천사
　오덕교 박사　前 합동신학대학원대학교 총장, 역사신학 교수　　1
　김은호 박사　한국성서대학교 대학원 원장, 성서신학 교수　　2
　신문철 박사　한세대학교 조직신학 교수　　3

프롤로그　　11

| 제1부 | 초대교회사　　14
　제1장　서론　　15
　제2장　기독교 태동의 배경　　23
　제3장　교회 설립과 확장　　31
　제4장　교회를 향한 로마 제국의 박해　　43
　제5장　이단에 맞서는 변증 교부　　56
　제6장　니케아 이전 교부 시대의 결산　　72
　제7장　신학 논쟁과 교리의 발전　　80
　제8장　초대 교회의 수도원 운동　　87
　제9장　니케아 이후 동방 교부　　95
　제10장　불거지는 그리스도론 논쟁　　104
　제11장　니케아 공의회 이후 서방 교부　　111
　제12장　어거스틴과 펠라기우스　　127

| 제2부 | 중세교회사　　137
　제13장　교황제와 로마가톨릭교회의 발전　　138
　제14장　교회의 동유럽 확장과 아시아 진출　　146
　제15장　무함마드와 이슬람교의 발흥　　166

제16장 신성 로마 제국과 봉건 사회	171
제17장 교회의 대분열과 교황권의 절정	176
제18장 십자군 원정 시대	187
제19장 수도원 개혁 운동	194
제20장 스콜라주의	201
제21장 로마가톨릭교회의 예전	210
제22장 교황권 쇠퇴와 동방정교회	217
제23장 신비주의 출현과 개혁의 여명	222

제3부	종교개혁사	232
제24장 종교개혁의 배경	233
제25장 종교개혁의 원인	244
제26장 마틴 루터의 종교개혁	252
제27장 루터의 신학과 루터교	266
제28장 츠빙글리의 종교개혁	275
제29장 급진파 종교개혁	284
제30장 칼빈의 종교개혁	294
제31장 칼빈의 신학	309
제32장 프랑스의 종교개혁	319
제33장 네덜란드의 종교개혁	327
제34장 영국의 종교개혁	337
제35장 영국의 청교도 운동	348
제36장 스코틀랜드의 종교개혁	362
제37장 가톨릭교회의 반종교개혁	374

| 제4부 | 현대교회사   385
　제38장 신대륙 발견과 새시대   386
　제39장 이성주의와 자연신론의 출현   403
　제40장 독일의 경건주의 운동   410
　제41장 존 웨슬리와 감리교 운동   416
　제42장 미국의 제1차 대각성 운동   429
　제43장 개신교의 선교 황금기   447
　제44장 근대의 유럽과 영국 교회   459
　제45장 근대의 가톨릭교회와 동방정교회   469
　제46장 자유주의 신학의 등장   477
　제47장 근대의 미국 교회   489
　제48장 부흥의 열기와 세계적 확산   513
　제49장 세계 복음화 선교 운동   522
　제50장 미국 교회의 격랑과 급변   527
　제51장 후현대주의와 신학 사조   539
　제52장 기독교회의 팽창과 위협   552
　제53장 현대 교회와 신학의 동향   562

에필로그   574

주요 연대 대조표   578

참고 문헌   584

프롤로그

역사신학 교수로서 강의, 강연, 연구, 집필 등에 전념한지 벌써 20년이라는 세월이 훌쩍 넘어 버렸다. 그동안 모든 활동은 무엇과 비교할 수 없는 필자의 큰 보람이며 감사였다. 특히, 기독교 역사 지식을 올바르게 전달하고 가르친 것뿐만 아니라, 그리스도인으로서 가져야 할 바른 역사관에 대해 분명하게 일깨워 준 일은 참다운 기쁨이며 사명이었다. 언젠가 이 모든 작업을 한 권의 책에 담아 보자는 바람을 마음에만 오래도록 품고 있다가, 이제서야 이루게 되었다. 이것이 가능할 수 있었던 것은 코로나19 바이러스가 계기가 되었다.

2020년 3월 중순 코로나19 때문에 필수적인 기관과 업종 만을 제외한 모든 학교, 기업, 관공서, 교회 등이 약 3주간 거의 의무적으로 문을 닫아야 했다. 갑자기 모든 외부 활동과 접촉이 차단되었고, 시간 또한 정지된 것처럼 매우 천천히 지나갔다. 그때 그동안 미루었던 이 책의 집필 작업에 집중하기로 마음 먹었고, 그 결과 여기에 이르게 되었다.

역사신학자로서 가장 좋아하는 말씀은 다음과 같다.

> 이는 만물이 주에게서 나오고 주로 말미암고 주에게로 돌아감이라 그에게 영광이 세세에 있을지어다 아멘(롬 11:36).

이 구절은 그의 신앙 고백 이상의 의미를 지니고 있다. 즉 '하나님은 만물을 이끌어 가시는 역사의 주권자'라는 그의 역사관이 선명하게 담겨있다. 역사상 그 전례를 찾아볼 수 없는 코로나19 바이러스 위기를 겪으면서 바울의 역사관을 깊이 되새겨 본다.

코로나19의 영향은 실로 강력했다. 현대의 뛰어난 첨단 의학, 과학, 기술도 바이러스의 전파 속도와 파괴력을 막을 수 없었다. 도리어 그것들을 상당하게 의존했던 현대인들에게 큰 당혹감과 무력감을 가져다 주었다. 전 세계의 무수한 인명이 목숨을 잃었고, 지역이 봉쇄되었고, 국경이 폐쇄되었고, 비대면 콘텐츠가 급속하게 늘어났다. 지구촌의 정치, 경제, 교육, 문화, 사회 등 모든 면에서 변혁이 일어났다.

돌아보면 인류는 각종 수많은 위기를 지혜와 용기로 잘 극복하며 현재에 이르렀다. 따라서 현재의 코로나19 위기도 반드시 극복해낼 것이다. 이 과정에서 인류가 되새겨야 할 지혜와 용기란 과연 무엇인가를 자문에 해 본다. 그 해답은 바울의 역사관 안에 있다. 현대 인류는 역사의 주권자 앞에 겸허하고 진실하게 살아야 한다.

이 책의 집필 초점은 하나님 나라의 확장과 다스림에 맞추어 있다. 인류 역사는 거대한 숲과 같다. 그 거대 숲을 세밀하게 살펴보면 그 중심을 관통하며 면면히 흐르는 하나의 맥이 있다. 필자는 그 맥을 하나님 나라의 확장과 다스림이라고 확신한다. 이러한 관점에 따라 이 책은 태초부터 지금까지 그분의 구원 계획과 약속이 인류 역사 가운데 어떻게 발아하여 성장하고 확장해 왔는가라는 하나님의 선교 관점에서 기독교의 2000년 역사를 정리했다. 세계사와 마찬가지로 기독교 역사도 자료 수집과 분석에 있어서 여러 제한을 가지고 있다. 가장 큰 것은 주류 교회 특히 서양 기독교 문헌과 해석을 대체로 의존하고 있다는 점이다. 그러한 경향과 편중으로부터 최대한 벗어나 오직 하나님 나라의 확장과 다스림이라는 선교 관점에서 이 책을 집필하려고 노력했다.

따라서 주류와 비주류, 교파와 교회 제도, 신앙과 신학, 지역과 인종, 시간과 공간을 뛰어 넘어 인류를 구원의 종착지로 이끌어가는 하나님의 선교 관점으로 이 책을 구독해 주기를 바란다. 그리하여 현재와 미래에 대한 역사적 혜안과 지혜를 얻어 하나님 나라 확장과 다스림에 기여할 수 있기를 진실로 소망한다.

이 책에 등장하는 인물과 사건 그리고 지역의 이름 등을 그 시대의 언어나 자국어로 가급적 표기했다. 그러나 알렉산더, 콘스탄티노플, 어거스틴, 존 칼빈, 칼 바르트 등 이미 영어식 표기에 더 익숙한 것들은 예외로 두었다. 교황의 이름은 한국 가톨릭교회의 한글 표기 관례에 따라 외국어로는 라틴어 명을 사용했고, 한글로는 어미 "우스"를 "오"로 기술했다. 부록으로 기독교와 세계 그리고 한국의 역사를 한 눈에 비교해 볼 수 있도록 주요 연대 대조표를 첨부했다.

이 책의 집필과 출판을 위해 기도와 격려를 아낌없이 보내 주신 많은 분께 감사를 드린다. 먼저 추천의 글을 흔쾌히 써주신 세 분의 박사님께 감사를 드린다. 합동신학대학원대학교 총장을 역임하신 역사신학자 오덕교 박사님은 필자가 개혁주의 역사신학자로서 걸어 갈 수 있도록 그 길을 잘 안내해 주셨다. 한국성서대학교 대학원 원장 김은호 박사님은 대학 선배로서 필자의 학문과 대학 행정 활동에 항상 조언과 응원을 베풀어 주셨다. 한세대학교, 조직신학 교수 신문철 박사님은 웨스트민스터신학교 시절부터 지금까지 변함없이 항상 밝은 웃음으로 필자와 늘 함께 한 학문적 동지이며 지우이다. 세 분의 추천의 글과 격려에 진실로 감사를 드린다.

또한, 필자가 부총장과 역사신학 교수로 섬기고 있는 미국 애틀란타 소재의 언더우드대학교 윤석준 총장님께 감사를 드리며, 동료 교수님들의 격려와 응원에 심심한 감사를 드린다. 출판과 편집을 기쁨으로 맡아 주신 기독교문서선교회(CLC) 대표 박영호 목사님과 유동운 간사님께도 감사를 드린다. 끝으로 지금까지 필자를 믿고 기도와 아낌없는 도움을 주신 가족, '교회미래연구소' 회원 그리고 선교중앙교회 교인들께 진심으로 감사를 드리며, 이 모든 기쁨과 감사를 하나님께 올려 드린다.

Soli Deo Gloria!

제1부
초대교회사

제1장 서론

제2장 기독교 태동의 배경

제3장 교회 설립과 확장

제4장 교회를 향한 로마 제국의 박해

제5장 이단에 맞서는 변증 교부

제6장 니케아 이전 교부 시대의 결산

제7장 신학 논쟁과 교리의 발전

제8장 초대 교회의 수도원 운동

제9장 니케아 공의회 이후 동방 교부

제10장 불거지는 그리스도론 논쟁

제11장 니케아 이후 서방 교부

제12장 어거스틴과 펠라기우스

제1장

◆

서론

1. 역사 탐구의 의의

역사란 과거에 발생한 사건의 연속과 그 기록을 말한다. 역사를 뜻하는 영어 히스토리(history)는 역사의 아버지로 불리는 고대 그리스 역사가 헤로도투스(Herodotus, c.484-c.425 B.C.)가 B.C. 440년경에 쓴 『역사』(histories)라는 책 제목에서 유래했다. 헬라어 단수 이스토리아(ἱστορια)는 '탐구', '조사'라는 뜻을 가지고 있는데, 이처럼 고대 그리스 사람들은 역사를 탐구 또는 조사의 결과물로 간주했다.[1]

역사를 규정하는 데 필요한 또 다른 두 단어는 다음과 같다.

첫째, 히스토리에(독일어, historie)

둘째, 게쉬히테(독일어, geschichte)

두 단어 모두 역사를 뜻하고 있지만, 히스토리에는 연대에 따라 사건을 객관적으로 기록한 역사를 말하며, 반면 게쉬히테는 그 사건의 의미를 해

---

1 얼 E. 케이른즈, 『세계 교회사 1: 고대 및 중세편』, 엄성옥 역 (서울: 은성출판사, 2010), 11.

석한 역사를 말한다. 즉 전자는 사건 역사에, 후자는 의미 역사에 무게를 두고 있다. 역사 탐구는 다음과 같다.

첫째, 사건 역사
둘째, 의미 역사

역사 탐구는 이 2가지를 통해서 완성된다. 따로 구분하거나 한쪽에 편중한다면 그것은 완전한 역사 탐구가 아니다. 사건 역사와 의미 역사는 동전의 양면처럼 항상 같이 병행되어야 한다. 그러므로 역사 탐구란 객관적 사실에 근거한 사건 역사를 선행적으로 배우고, 그 지식에 기초하여 사건의 역사적 의미를 해석하는 것이라고 정의할 수 있다.

특성 면에서 사건 역사는 단회적이고 절대적이다. 반면 의미 역사는 반복적이고 상대적이다. 또한, 사건 역사는 과거적이고 현재적이다. 반면 의미 역사는 현재적이고 미래 지향적이다. 따라서 역사 탐구를 올바르게 할 때, 과거와 현재에 대한 지식과 이해를 가질 뿐만 아니라, 미래를 전망하는 역사 의식과 지혜를 깨닫게 된다.

2. 역사관 이해

역사관이란 사건 역사를 해석하는 해석의 틀로서 의미 역사를 제공해 준다. 그리고 역사관은 상대적이고 유동적이고 다양하다는 특성을 가지고 있다. 인류 역사의 시대, 지역, 인종, 계급, 사회, 문화, 언어, 교육, 신념, 종교 등과 같은 다양한 요소는 역사관의 특성을 결정짓는 원인으로 작용한다. 세상에는 각종 유형의 역사관이 다양하게 존재하고 있다. 하지만 그 모든 유형도 결국 순환 사관과 직선 사관이라는 두개의 큰 범주 가운데 속해 있다.

1) 순환 사관(Cycling View of History)

순환 사관은 역사를 둥근 원으로 보는 사관이다. 인생의 생로병사와 계절의 변화가 대표적인 예시이다. 영국의 역사 학자 아놀드 J. 토인비(Arnold J. Toynbee, 1889-1975)는 28개 문명의 흥망성쇠를 연구하여 총 12권으로 된 『역사의 연구』(Study of History, 1934-1961)를 출판했다. 이 책을 통해 그는 인류 문명은 탄생, 성장, 쇠퇴 그리고 붕괴라는 일정한 과정을 거치며 반복한다는 순환 사관을 제시했다. 이 사관을 윤회 사관이라고도 부른다. 시작도 끝도 없다. 끝없이 반복될 뿐이다. 이 역사관은 동서양 구분없이 널리 퍼져 있지만, 특히 불교와 힌두교 그리고 무속 신앙 지역에 중점적으로 나타난다. 순환 사관은 숙명론 성향을 가지고 있다.

2) 직선 사관(Horizontal View of History)

직선 사관은 역사를 직선으로 보는 사관이다. 시작과 끝이 분명하게 존재한다. 끝을 향해 가는 점진성과 끝이라는 종말론적 특징을 가지고 있다. 직선 사관을 3가지 부류로 나눌 수 있다.

첫째, 염세적 사관이다. 독일의 사회 철학자 오스발트 슈펭글러(Oswald Spengler, 1880-1936)는 제1차 세계대전이 끝날 시점에 『서양의 몰락』(The Decline of the West)을 출판했다.

그는 이 책에서 인류 문명과 역사를 인간의 생애 주기, 즉 출생, 유아기, 소년기, 청년기, 장년기, 노년기 그리고 사망의 순서로 표현했다. 태동과 더불어 점진적으로 발달하여 어느 시점에서 절정을 이루었다가 점차 쇠퇴하여 사라진다고 했다. 순환 사관과 유사한 점도 있지만, 특히 20세기 유럽 사회에 팽배했던 낭만주의 시대가 전쟁으로 파괴되면서 이에 대한 반성으로 나타난 역사관이 바로 염세적 사관이었다. 염세적 사관의 종착은

무(nothingness)와 허무(nihilism)이다.

둘째, 낙관적 사관이다. 낙관적 사관은 인류의 문명과 역사가 끊임없이 발전하여 인간에 의한 인간을 위한 지상 낙원을 이룬다는 사관으로서, 18세기 계몽주의의 발달과 함께 나타난 낭만적이고 낙관적인 사조가 낳은 산물이었다. 독일 신학자 게오르크 W. F. 헤겔(Georg W. F. Hegel, 1770-1831)이 주장한 정반합 변증법적 사관이나 공산주의 혁명가 칼 마르크스(Karl Marx, 1818-1883)가 주장한 유물사관 등이 여기에 속한다.

에너지, 질병, 물, 식량, 대기, 자원, 테러, 전쟁 등 수많은 문제가 있지만, 인류의 과학과 의학과 공학 등의 꾸준한 발전을 통해 얼마든지 극복해 나갈 수 있다고 본다. 이 역사관은 인간의 지혜와 능력으로 끊임없이 발전하고 진화한다는 점진적 발전성을 믿고 있다.

셋째, 섭리적 사관이다. 기독교 성경에 기초하였기에 기독교 사관 또는 구속 사관이라 부른다. 이 역사관은 역사 현상이 인간의 의지나 우연에서 아니라 하나님의 섭리에 의해 이루어 진다고 본다. 이 역사관의 대주제는 하나님의 인류 구원이며, 이 관점에서 역사가 흘러가고 있다고 본다. 섭리적 사관을 대변하는 대표적 성경 구절은 다음과 같다.

> 나는 알파와 오메가야 처음과 마지막이요 시작과 마침이라(계 22:13).

> 이는 만물이 주에게서 나오고 주로 말미암고 주에게로 돌아감이라 그에게 영광이 세세에 있을지어다(롬 11:36).

3. 교회사의 시대 구분

역사의 구분을 시대와 사조 그리고 문명 등 여러 기준에 따라 구분한다. 그러나 역사를 자로 재듯이 일정하게 인위적으로 나눌 수 없다. 시간과 공간을 넘나들거나 교차하는 역사의 연속성이 존재하기 때문이다. 그런데도 역사를 구분하는 이유는 역사 연구와 학습에 필요한 보다 나은 이해와 도움을 주기 위함이다.

기독교 역사는 성경의 역사로부터 시작한다. 구약성경에 근거한 구약의 역사와 신약성경에 근거한 신약의 역사가 있다. 두 역사의 구분점은 예수의 출생에 있다. 예수의 출생은 신약 역사 즉 교회 역사의 출발점이 된다. 또한, 예수의 출생은 B.C.(기원전)와 A.D.(기원후)로 나누는 인류 역사의 분기점이다.[2] 교회 역사를 시대별로 다음과 같이 크게 4가지로 구분할 수 있다.

1) 초대교회사(5 B.C.-A.D. 590)

예수 그리스도의 출생 시기부터 그레고리오 1세(Gregorius I, 재위 590-604)가 교황에 오른 590년까지이다. 일반 역사는 대체로 서로마 제국이 멸망한 476년까지를 초대사로 구분하고 있다. 시기적으로 구분하면, 30-100년 기간은 교회가 태동되고 발전된 기간이었다. 기독교는 이 짧은 시간 내에 로마 제국의 지중해 연안 전역으로 전파되었다.

100년부터 313년까지 약 200년 동안에 기독교는 끔찍하게 박해를 많이 받았고 수많은 사람이 순교 당했다. 313년, 이 해는 기독교 역사에 가장 극적인 시기였다. 콘스탄티누스 1세(Constaninus I Magnus, 272-337)가 발표한 밀라노 칙령 때문에 기독교는 합법적 종교가 되었다. 이후에 교회는 제

---

2 기원전과 기원후로 나누는 서력 기원(또는, 서기)은 525년 디오니우스 엑시구스(Dionysius Exiguss, c.470-c.544)가 창안했다. 소 스키티아(Scythia Minor, 현 불가리아)의 수도사 디오니우스는 예수 그리스도의 탄생을 '주의 해'(A.D, *Anno Domini*, 기원후)와 '예수 이전'(B.C, Before Christ, 기원전)을 구분하는 기점으로 삼았다. 720년경 영국 수도사이며 역사가인 성 베다(St. Bedethe Venerable, c.672-735)가 『시간론』를 출간할 때에 디오니우스의 B.C./A.D. 기법을 사용하면서 점차 유럽에서 널리 통용되었다. 디오니우스가 예수 탄생을 기점으로 시대를 구분했지만, 출생 연도를 정확히 제시하지 않았다. 이후에 학자들의 자료 연구를 통해 예수가 B.C. 5-4년 사이에 출생한 것으로 밝혀냈다.

국의 보호와 후원을 받으며 빠르게 발전했다. 476년 서로마 제국이 멸망 후, 동서방 교회의 대립 가운데 서방은 로마 교회의 우월적 지위를 주장하며 로마가톨릭교회를 발전시켜 나갔다.

2) 중세교회사(590-1517)

590년을 중세교회사의 시작으로 보는 이유는 그레고리오 1세 교황에 의해 로마가톨릭교회 제도와 교리의 기본 틀이 정착되어 발전되었기 때문이다. 이후 중세기 약 1000년 기간 동안, 가톨릭교회는 중앙 집권적 교황주의와 사제주의 그리고 성례주의를 기반으로 절정에 달했다.

590-800년 기간, 서로마 제국을 무너뜨리고 그 지역에 새로운 국가들을 세우고 정착한 게르만족들이 점차 기독교 신앙을 받아 들였고, 그 지역에 대한 교황의 영향력이 확대되었다. 반면 632년 신흥 종교 이슬람의 출현으로 말미암아 북아프리카, 팔레스타인 지역, 스페인 남부가 이슬람 영향권에 들어가면서 기독교 전체, 특히 동방 교회가 크게 약화되었다.

1054년 교회 역사상 최초의 대분열이 일어났다. 오랜 기간 동안 갈등과 마찰을 겪어오던 서방 교회와 동방 교회가 로마가톨릭교회와 동방정교회로 각기 분열했다. 11-13세기 기간에 가톨릭교회의 교황 그레고리오 7세(Gregorius VII, 재위 1073-1085)와 인노첸시오 3세(Innocentius, 재위 1198-1216)는 자신들의 재위기에 교황 통수권을 최고의 반열에 올려 놓았다.

1095년부터 약 200년간 십자군 원정이 있었고, 이 시기에 스콜라 신학이 출현하여 중세 가톨릭교회를 이끌어갔다. 1309년 교황청이 프랑스 아비뇽으로 이전되는 수모를 겪었으며, 이어서 약 40년간 교황청과 교황권이 동시에 분열되는 사건이 발생했다. 이 즈음에 교회 개혁을 부르짖는 움직임이 일어났다. 특히, 존 위클리프와 얀 후스는 종교개혁의 샛별들이었으며, 곧이어 인문주의 발흥은 종교개혁의 불씨를 제공해 주었다.

3) 종교개혁사(1517-1648)

1517년 10월 31일, 독일 가톨릭 신부 마틴 루터(Martin Luther, 1483-1546)가 발표한 『95개 논제』는 종교개혁의 직접적 도화선이 되었고, 마침내 개신교회의 태동을 가져다 주었다. 울리히 츠빙글리, 존 칼빈, 존 낙스같은 개혁자들은 독일, 스위스, 프랑스, 네덜란드, 보헤미아, 스코틀랜드, 영국 등지에서 교회 개혁을 주도했다.

1600년대 초, 영국의 청교도들이 신대륙 미국으로 이주했다. 1648년 가톨릭 진영과 개신교 진영은 베스트팔렌 평화 조약을 맺었다. 이로써 양자 간에 100여 년 넘게 지속된 종교 투쟁이 종식되었다. 이후 기독교회는 해외 선교의 새로운 시대를 맞이하게 되었다.

가톨릭 국가인 스페인과 포르투갈과 프랑스가 해상 무역과 식민지 확장을 넓혀가며 가톨릭교회는 해외 선교에 박차를 가했다. 신대륙 아메리카, 아프리카 그리고 아시아에 가톨릭교회가 세워졌다. 1453년 비잔티움 제국의 멸망 이후, 동방정교회는 동유럽과 북유럽 그리고 러시아 등으로 북동진하며 교세를 발전시켰다.

4) 현대교회사(1648-현재)

개신교는 독일, 네덜란드, 스코틀랜드, 영국을 중심으로 성장했고, 이후 북아메리카 신대륙으로 확장했다. 1700년부터 발생한 이성주의와 자연주의는 정통주의 신앙과 열정을 무기력하게 만들었다.

하지만 같은 시기에 발생한 경건주의와 감리교 운동 그리고 대각성 운동 등은 교회에 새로운 활력을 불어넣었다. 1800년대의 개신교는 선교 황금기를 맞이하며 세계 곳곳에 복음을 전파했다. 한편 자유주의 신학과 진화론이 등장하면서, 개신교 정통주의는 자유주의의 거센 도전과 신학적 논쟁으로 큰 진통을 겪었다.

20세기의 기독교회는 도시화, 산업화, 두 차례의 세계대전 그리고 공산주의와 민주주의의 냉전기를 거치면서 신학적으로 자유주의와 신정통주의 그리고 정통주의로 나뉘었다. 21세기는 역사적 기독교의 절대적 진리와 가치를 추구하는 복음주의자와 후현대주의적 사조에 영향을 받은 진보주의자들이 서로 공존과 대립을 이루며 현대 교회를 이끌어가고 있다.

제2장

기독교 태동의 배경

누가는 예수 출생에 관한 시대적 배경을 다음과 같이 기록했다.

> 그때에 가이사 아구스도가 영을 내려 천하로 다 호적하라 하였으니 이 호적은 구레뇨가 수리아 총독이 되었을 때에 처음 한 것이라(눅 2:1-2).

이처럼 로마 제국의 황제 아우구스투스 시저(Augustus Caesar, 63 B.C.-A.D. 14)와 수리아 총독 구레뇨(Quirnius, c.51 B.C.-A.D. 21)를 언급함으로 예수가 역사적 실존 인물임을 강조했다. B.C. 5-4년경 예수는 이스라엘 예루살렘 근교 베들레헴에서 태어났다. 예수의 출생은 기독교를 태동시켰다.

왜 그 시기에 예수가 태어났을까?
왜 그 지역에서 예수가 태어났을까?
예수의 출생 시기와 장소는 기독교 태동과 발전에 어떤 영향을 주었을까?

이에 대한 원칙적인 해답을 사도 바울의 글에서 찾을 수 있다. 그는 다음과 같이 말한다.

> 때가 차매 하나님이 그 아들을 보내사 여자에게서 나게 하시고(갈 4:4).

> 그의 기뻐하심을 따라 그리스도 안에서 때가 찬 경륜을 위하여(엡 1:9).

즉 바울은 예수의 탄생이 우연적 발생이 아니라, 때가 찬 하나님의 섭리라고 기록했다. 세상에는 우연의 법칙과 섭리의 법칙이 있다. 2가지는 서로 상충한다. 자연 과학은 논리의 법칙과 우연의 법칙이 함께 존재한다.

하지만 기독교는 섭리의 법칙을 신봉한다. 기독교는 이 법칙에 따라 역사적 사건과 그 의미를 해석한다. 로마 제국 시대에 예루살렘에서 태어난 예수의 출생과 기독교의 태동은 최상의 '때가 찬' 하나님의 섭리였다.

1. 로마 제국과 정치적 환경

로마 제국은 B.C. 8세기경 이탈리아 중부의 작은 마을에서 시작되었다. 왕정 국가와 공화정 국가로 거듭 발전하며 B.C. 3세기 말부터 강대국의 면모를 갖추기 시작했다. 그로부터 200여 년이 지난 B.C. 1세기 말, 로마 공화정은 지중해 연안을 끼고 있는 서유럽, 그리스, 팔레스타인, 북아프리카 전역을 제패했다.

삼두 정치 시기인 B.C. 31년, 옥타비우스(Gaius Octavius, 63 B.C.-A.D. 14)는 삼두 정치의 정적인 안토니우스(Marcus Antonius, 83-30 B.C.)를 악티움(Actium) 해전에서 물리치고, 일인 지존의 자리에 올랐다. B.C. 27년 로마의 원로원과 로마 시민은 그에게 정치적, 군사적 모든 전권을 위임하고 '존엄한 자'를 뜻하는 아우구스투스 시저(Augustus Caesar, 재위 27 B.C.-A.D. 14)라고 불렀다. 이로써 로마 제국 시대가 열렸으며, 아우구스투스는 로마 제국의 첫 번째 황제가 되었다. 그는 과거 역사상 가장 큰 영토를 지배하는 통일 제국의 황제가 되었다.

헬라 제국의 알렉산더 대왕(Alexander the Great, 356-323 B.C.)도 이루지 못한 대제국을 건설했다. 그는 정복 전쟁의 종식을 선언하고, 제국의 화합과 안정 그리고 번영에 치중했다. 향후 약 200년간 지속될 팍스 로마나(Pax Romana, 로마의 평화)가 그의 통치기에 시작되었다.

황제 아우구스투스 통치기에 예수가 출생했고, 기독교가 태동되었다. 이 시기를 '때가 찬' 최상의 시기로 볼 수 있다. 그 이유는 다음과 같다.

첫째, 로마 제국이 거대한 영토 내에 잘 닦아 놓은 도로망과 자유로운 이동 때문이었다. "모든 길은 로마로 통한다"라는 말이 생길 정도로 로마 제국은 군사적, 경제적 목적으로 도로를 잘 건설했다. 편리하고 안전한 도로망을 따라 제국 내의 군인, 상인, 여행자 그리고 일반 국민들은 과거보다 더 자유롭게 이동할 수 있었다.

이 덕분에 로마 시민권자인 사도 바울은 짧은 시간 내에 소아시아와 마케도니아 지역을 3차례나 여행하며 복음을 전할 수 있었고, 로마까지 건너갈 수 있었다. 말년에는 스페인까지 가서 복음을 전하고 싶다는 소망을 밝히기까지 했다.

둘째, 로마 군인들의 근무지 이동 때문이었다. 성경에는 예수를 믿는 로마 군대의 장교 백부장들에 대한 기록이 여러 곳에 나온다. 일반 병사들도 있었을 것이다. 이들은 명령에 따라 근무지를 옮겨 다녔다. 따라서 그들의 근무지 이동은 아주 자연스럽게 복음 확산의 통로가 되었다.

예를 들어, 영국에 일찍이 기독교가 들어갔다. 하지만 어떤 통로로 복음이 전파되었는지 불분명했다. 아마도 이 지역으로 파견된 그리스도인 로마 군인에 의해 전파되었을 가능성이 매우 높다.

셋째, 로마 제국의 관용 정책 때문이었다. 로마 제국은 정치적 반기에는 철저하고 가혹하게 응징했지만, 팍스 로마나를 잘 준수하는 한 식민지의 언어와 문화와 종교를 큰 차별 없이 허용하는 관용 정책을 시행했다. 로마의 정책만을 따르도록 식민지에 강요하지 않았다. 종교 면에서 로마 사람들은 신화에 근거한 다신적이고 범신론적인 신앙을 가지고 있었다. 가이샤라 빌립보에 세웠던 만신전과 같은 신전이 제국 내 곳곳에 있었다. 정령 숭배와 미신 그리고 점술 등이 성행했다.

초기 기독교가 받았던 박해의 주요 원인은 기독교를 싫어하는 자들의 중상모략과 기독교의 유일신 사상 때문이었다. 오히려 제국의 사람들은 신흥 종교인 기독교에 적대감보다는 호기심을 가졌고, 실제로 믿는 사람들도 많았다. 그들 중에는 노예와 평민을 포함하여 지식인과 귀족과 왕실 등 유력한 인물들도 많이 있었다.

2. 헬라 문화의 영향

B.C. 330년 26세의 알렉산더 대왕이 페르시아를 정복함으로써, 마케도니아, 그리스, 소아시아, 팔레스타인, 이집트를 포함하는 대 헬라 제국을 건설했다. 그 후 7년 뒤인 323년에 33세의 나이로 갑자기 죽자, 헬라 제국은 그의 부하 장수들에 의해 4등분되어 통치되었다. 비록, 알렉산더가 죽었지만, 헬라 문화와 사상은 후계자들을 통해 융성하게 발전되었다. 특히, 이집트 알렉산드리아(Alexandria)와 시리아 안디옥(Antioch)은 헬라 문화가 매우 발달된 대표적인 헬라식 도시였다.

헬라(Hella)는 고대 그리스인들이 자신들의 민족을 헬렌(Hellen)으로 지칭하는 데에서 유래했다. 이처럼 헬라 문화 또는 그리스 문화는 로마 제국이 B.C. 30년 이집트를 정복할 때까지 화려한 꽃을 피우며 약 300년간 지속되었다. 이를 헬레니즘(Hellenism, 336-30 B.C.)이라고 불렀다.

옛 헬라 제국의 거의 모든 영토를 정복한 로마 제국은 헬라의 문화와 예술 그리고 언어를 파괴하지 않고 수용적으로 받아들였다. 그 때문에 헬라 문화가 로마 사회에 스며들었고, 로마 지식층들은 헬라어도 능숙하게 구사했다. 로마 제국은 힘으로 정치를 지배하고, 헬라는 제국의 문화를 지배하던 시기에 기독교가 태동하여 발전했다.

1) 헬라 언어와 기독교

헬라 문화가 기독교에 끼친 중대한 공헌은 헬라 언어였다. 헬라어는 로마 제국의 라틴어가 널리 사용되기 이전에 제국 내에서 통용되던 공용어였다. 코이네(koine) 헬라어는 일반 평민들이 널리 구사하는 언어였다. 이집트 알렉산드리아는 헬라 문화를 보급하기 위하여 기획적으로 만들어진 도시였다. 이곳에는 B.C. 수세기부터 디아스포라 유대인들이 모여 살았다. B.C. 250년경, 이 도시에서 70여 명의 히브리 학자들이 모여 히브리어 구약성경을 코이네 헬라어로 번역 출판했다. 소위 70인역(Septuagint) 구약성경이었다. 헬라어에 익숙한 디아스포라 유대인들과 후손들의 신앙 교육을 위해 번역되었던 것이다.

그러나 헬라어를 아는 모든 사람에게 구약성경을 이해하고 배우는데 큰 도움을 주었다. 예수와 제자들도 70인역을 종종 인용했다. 더 중요한 것은 기독교의 신약성경도 바로 코이네 헬라어로 쓰여졌다는 사실이다. 그 때문에 헬라어에 익숙한 제국 내의 모든 사람이 신약성경을 어렵지 않게 읽고 이해할 수 있었다. 로마 제국의 광활한 영토와 통일된 언어는 기독교가 빨리 전파되고 발전되는 중요한 원인으로 작용했다.

2) 헬라 사상과 기독교

헬라 사상 역시 기독교 발전에 기여했다. 특히, 플라톤의 이원론과 로고스(logos) 개념을 꼽을 수 있다. 플라톤(Plato, c.428-c.348 B.C.)은 진리는 절대 불변한다는 그의 스승 소크라테스(Socrates, c.470-399 B.C.)의 가르침에 의심을 품고, 진리를 현상의 세계와 이데아의 세계로 구분하는 이원론을 펼쳤다. 전자는 눈에 보이는 현실 세계이고, 후자는 눈에 보이지 않는 실재의 세계였다.

현실 세계의 진리는 상대적이며 변할 수 있으며 일시적인 반면, 실재 세계는 절대적이며 불변하며 영원한 초월적 세계라고 했다. 헬레니즘을 통해 이미 보편화된 이러한 플라톤의 이원론은 물질 세계와 영적 세계를 설명하는 기독교 가르침을 당시의 사람들이 잘 이해하고 받아 드릴 수 있도록 기여했다. 사도 요한은 요한복음에서 다음과 같이 기록했다.

> 태초에 말씀이 계시니라 이 말씀이 하나님과 함께 계셨으니 이 말씀은 곧 하나님이시라 (요 1:1).

'말씀'은 예수 그리스도를 지칭하는 말이며, 이 단어를 헬라어 '로고스'로 표기했다. 헬라 철학의 개념에는 로고스가 '말씀'을 뜻하는 것 외에 '우주 만물의 이성적 원리 또는 정신'이라는 형이상학적인 의미를 가지고 있었다. 스토아 철학을 따르는 알렉산드리아의 유대 철학자 필로(Philo of Alexandria, 20 B.C.-A.D. 50)는 로고스를 히브리어 '다바르'(רָבָד, "하나님이 이르시되")와 상응하는 단어로 보았다. 이처럼 필로는 헬라적 개념을 수용하여 로고스를 하나님과 물질 세계를 잇는 중재자로 가르쳤다. 그는 비인격적 형이상적 개념의 헬라 로고스를 히브리 개념의 인격적인 신적 중재자로 재해석했다.

하지만 사도 요한이 자신의 복음서에서 그리스도 예수를 로고스로 표기했을 때, 헬라적 로고스 또는 헬라적, 히브리적 로고스 개념으로 사용하지 않았다. 그는 그리스도 예수를 영원 전부터 존재하신 인격적인 하나님으로서 성육신하신 인간 로고스로 기록했다. 그런데도 로고스라는 단어를 사용함으로써 헬레니즘에 익숙한 당시의 사람들에게 그리스도 예수를 빠르게 이해시킬 수 있었다. 헬라 철학에 정통한 유스티누스(Justinus Martyris, c.100-165)는 헬라 개념을 접목하여 기독교 신앙을 변호한 대표적인 변증 교부였다.

3. 유대교의 공헌

유대교는 기독교와 같이 구약성경을 신앙의 모체로 삼았다. 하지만 기독교는 예수를 메시아로 믿는 반면 유대교는 그것을 부정했다. 그리고 유대교는 예수를 처형했으며 기독교를 최초로 핍박했다. 기독교 출현 당시, 유대교는 바리새파와 사두개파 그리고 에센파 등으로 나뉘어 있었다.

바리새파는 일반 대중의 절대 지지를 받으며 구약의 율법을 강조한 율법주의자들이었고, 사두개파는 유대 귀족층을 중심으로 형성되어 있었다. 이 둘은 서로 간에 교리적 차이가 있었으나, 기독교를 박해하는 데에는 서로 뜻을 같이 했다. 에센파는 숫자적으로 가장 적었으며, 외세의 통치에 항거하며 사해 지역에서 은둔적 공동체를 이루며 살았다. 열심당으로 불리기도 했으며, 종말론적 신앙을 가지고 있었다.

신앙 측면에서 기독교와 유대교는 분명한 차이가 있지만, 공유하는 몇 가지 공통점이 있었다. 유일신 신앙과 메시아 사상 그리고 십계명을 준수하는 도덕 체계 등이었다. 이러한 점은 유대인들에게만 아니라 비유대인들에게도 기독교를 이해시키고 전파하는데 유익을 주었다. 특히, 디아스포라 유대인들은 초기 기독교 확장에 크게 기여했다.

B.C. 586년 이스라엘 남유다 왕국이 바벨론 제국의 느부갓네살 왕에게 멸망 당한 이후, 유대인들은 주변 이웃 국가들로 흩어져 살기 시작했다. 이렇게 흩어진 유대인들을 디아스포라 유대인들이라 불렀다. 예수가 활동하던 시대에도 로마 제국 내 거의 모든 대 도시에 디아스포라 유대인들이 있었고, 회당을 건설하여 회당을 중심으로 공동체를 이루며 살았다.

이방인 선교사로 부름 받은 바울은 처음 방문하는 도시를 갈 때마다 반드시 회당을 찾아갔으며, 그곳에서 설교하며 복음을 전파했다. 회당은 초기 기독교 전파의 전초 기지와 같았다.

또한, 디아스포라 유대인들은 70인역을 가지고 있었다. 헬라어에 익숙한 디아스포라 유대인들은 헬라어로 기록된 복음서와 서신서를 빨리 이해할 수 있었다. 그들의 회당 집회와 헬라어 구사는 기독교 전파에 아주 용이하게 작용했다.

정리하면, 기독교의 태동은 로마 제국이 지배하는 통일된 국제 정세, 언어와 문화의 통일성을 이룩한 헬레니즘 그리고 유대교의 종교적 기반 등과 같은 시대적 배경 속에서 이루어졌다.

물론, 그 모든 환경이 기독교 태동과 발전에 순기능 역할만 한 것은 아니었다. 그럼에도 불구하고 당시의 시대적 환경은 기독교가 빠르게 정착할 수 있는 초석이 되었고 폭넓게 발전할 수 있는 최상의 동력을 제공해 주었다.

제3장

교회 설립과 확장

신약성경 사도행전은 교회가 어떻게 설립되고 발전되었는지에 대한 역사적 정보를 제공해 주고 있다. 부활하신 예수께서 하늘로 승천하기 전에 제자들에게 성령의 권능을 받은 후 예루살렘과 유대와 사마리아와 땅끝까지 이르러 자신의 증인이 되라고 하셨다(행1:8). 명령에 따라 마가의 다락방에 12사도를 포함한 120명의 제자가 모여 기도하는 가운데 오순절 날에 성령 충만을 체험했다. 그들은 곧바로 오순절 절기를 지키기 위해 예루살렘에 찾아온 일반 대중에게 처음으로 복음을 전파했다. 이렇게 하여 최초의 교회 예루살렘교회가 조직되었다.

1. 최초의 교회

유월절 전날에 예수가 십자가 처형을 당했다. 유월절 이후 50일 뒤엔 오순절이 있었다. 이 두 절기를 지키기 위해 지중해 연안의 여러 지역에서 찾아온 디아스포라 유대인들 그리고 지역 유대인들 때문에 예루살렘은 수많은 인파로 북적거렸다.

오순절 날 성령의 임재를 체험한 사도 베드로(Peter, c.1-c.66)가 예수 그리스도의 죽음과 부활을 설교하며 구원의 메시지를 전했다. 결과는 매우 놀라웠다. 그의 첫 설교를 통해 일시에 3,000명의 사람이 회심하여 세례를 받았고, 며칠 뒤에는 오천 명에 달하는 사람들이 세례를 받았다. 이렇게 하여 회심자들을 중심으로 최초의 교회 예루살렘교회가 세워졌다.

예루살렘교회는 몇 가지 특징을 가지고 있었다. 교회의 구성원은 사도들을 포함해서 대부분의 사람이 전통적인 히브리파 유대인들이었고, 그 다음으로 순례 차 방문했던 디아스포라 헬라파 유대인들이었다. 물론, 소수의 이방인 개종자도 있었다. 따라서 예루살렘교회는 유대적 성향이 강했다. 예를 들어, 그들은 여전히 예루살렘 성전에 가서 예배를 드렸고, 하루에 세 번씩 기도했고, 유대교 습관을 유지했다.

그러나 유대교와 다른 점은 예수님의 부활을 기념하여 안식일이 아닌 주일에 모임을 가졌고, 율법 낭송뿐만 아니라 사도들의 설교와 성찬식을 필히 가졌다. 교인의 숫자는 계속해서 증가했다. 따라서 예배 장소를 성전에서 솔로몬 행각이라는 노천 광장으로 옮겼다. 아직 독자적인 예배 장소가 없었기 때문에 대규모 모임은 노천이나 들판에서 가졌으며, 소규모 모임은 교인들의 가정을 돌아가며 모였다.

예루살렘교회에 구제 사업에 대한 문제가 발생했다. 헬라파 유대인들이 히브리파 유대인들보다 구제에서 차별을 받는다고 불평하자, 이를 해결하기 위해 사도들은 일곱 집사를 선출했다. 사도들은 말씀과 기도 등 목회 사역에 전념했고, 일곱 집사는 봉사와 구제 활동을 담당했다. 이것이 최초의 교회 직분 제도였다.

집사직에 이어 장로직도 생겨났다. 사도행전 11:30에 따르면, 안디옥에 있던 바울과 바나바가 구제 헌금을 모아서 예루살렘의 장로들에게 가져다 주었다.

> 이를 실행하여 바나바와 사울의 손으로 장로들에게 보내니라(행 11:30).

신약성경에 '목사'라는 단어는 단 한번 언급된 것에 비해(엡 4:11), '장로'와 '감독' 같은 호칭은 비교적 자주 등장했다. 성경은 3가지 명칭을 구체적인 구분 없이 거의 동일하게 사용했다(딛 1:5-9).

초대 교회는 12사도의 권위를 특별하게 인정하고 존중했다. 특히, 베드로는 예수의 승천 이후에 초대 교회에서 중심적인 역할을 했다. 흔히 베드로를 예수의 수제자로 간주했다. 그러나 예수가 그의 신앙 고백을 칭찬하고(마 16:16-19) 그를 아주 아꼈던 것은 사실이지만, 그를 수제자로 임명한 적은 없었다.

49년경 예루살렘을 방문했던 바울의 증언에 따르면, 베드로와 사도 요한 그리고 예수의 형제 야고보가 예루살렘교회를 실질적으로 이끄는 세 기둥이었다(갈 2:9). 사도행전 12장 이후에는 예수의 형제 야고보가 베드로보다 더 예루살렘교회를 주도적으로 이끈 지도자로 등장했다. 그리고 속사도들은 그를 예루살렘교회의 초대 감독으로 불렀다.

66년 유대 민족주의자들이 로마 제국의 식민 통치에 항거하는 봉기를 일으켰다. 나중에 제국의 황제가 될 티투스 장군(Titus, 재위 79-81)은 70년에 군대를 이끌고와 예루살렘을 공격했다. 이때에 예루살렘교회의 지도자들과 교인들은 예루살렘을 떠나 요단강 건너편의 펠라(Pella)로 도피했다. 그 이후에 예루살렘보다는 안디옥이 초대 교회의 새로운 중심지가 되었다.

2. 복음의 점진적 확장

예수는 제자들에게 예루살렘과 온 유대와 사마리아와 땅 끝까지 이르러 복음의 증인이 되라고 했다. 이는 복음의 점진적 확장을 의미했다. 오순절에 성령의 임재와 특별한 권능을 체험한 제자들에 의해 복음은 2가지 측면에서 점진적으로 확장되었다.

첫째, 민족적 확장
둘째, 지역적 확장

전자는 히브리파 유대인에서 헬라파 유대인으로 그리고 이방인으로 확장된 것을 의미하며, 후자는 예루살렘에서(행 1-7장) 유대와 사마리아로(행 8-12장) 그리고 소아시아와 유럽으로(행 13-28장) 확장된 것을 의미했다.

초기 제자들은 예루살렘을 중심으로 형성된 신앙 공동체를 크게 벗어나지 못했다. 32년경 스데반 집사가 순교를 당하고, 교회가 박해를 당하는 사건이 발생했다. 이 사건은 제자들을 예루살렘으로부터 동서남북으로 흩어지도록 만들었으며, 그로 인해 복음이 널리 전파되는 전환점이 되었다.

가이사랴, 사마리아, 갈릴리, 구브로 그리고 안디옥에 이르는 팔레스타인 전역에 복음이 전파되었다. 처음에는 그 지역에 살고 있는 유대인들에게 복음을 전하다가 이방인들에게도 복음의 문호를 열기 시작했다. 그중에서 빌립 집사는 예루살렘을 방문하고 돌아가는 아프리카 에디오피아의 궁중 내시에게 복음을 전하고 세례를 베풀었다.

예수의 12사도는 초기 기독교 확장에 크게 기여했다. 그들의 희생적인 목회와 선교 사역뿐만 아니라, 복음서와 서신서 기록을 통해 예수의 가르침을 전수하고, 기독교 신앙의 기초를 닦아 놓았다. 대부분의 사도가 복음을 전하다가 순교 당한 것으로 알려져 있지만, 문헌적 기록보다는 가톨릭 교회의 전승을 주로 의존하고 편이었다.

성경에 기록된 사도의 행적을 보면, 베드로 사도는 백부장 고넬료 집을 방문하여 복음을 전한 것을 기점으로 이후에 소아시아와 로마 지역을 순회하며 복음을 전하다가 순교했다. 우뢰의 아들이라고 불릴 만큼 열정적인 사도 야고보는 헤롯 아그립바 왕에 의해 44년경에 참수형으로 순교 당했다(행 12:2). 그는 사도들 중에서 최초로 순교한 사도였다. 야고보의 동생인 사도 요한은 사도들 중에서 나이가 가장 어렸다. 계시록에 나오는 소아시아 일곱 교회의 토대를 닦았다. 약 4년간 밧모섬에 유배 당했으며 이때 요한계시록을 집필했다.

이후 풀려나 에베소에 머물며 교회를 지도하는 가운데 요한복음을 기록했으며, 101세인 103년경에 사망했다. 그는 신학적으로 매우 탁월했다. 요한 복음을 통해 하나님 아들로서의 예수의 신성, 속죄, 구원, 영생에 대한 교리들을 잘 기록했으며, 세 개의 서신서를 통해 가현설주의의 위협을 논박하고 경계했다. 또한, 그는 요한계시록을 통해 박해 중에 있는 그리스도인들에게 그리스도의 재림과 천년왕국을 기다리는 종말 신앙을 강화 시켜주었다.

복음 확장기에 가장 주목할 만한 교회는 안디옥교회였다. 도시 안디옥은 알렉산더 대왕 사후에 팔레스타인 지역을 지배한 셀레우코스 헬라 왕조의 셀레우코스 1세(Seleucus I, c.358-281 B.C.)에 의해 B.C. 300년경에 세워졌다. 자신의 아들 이름을 따서 도시를 안티오코스(Antiochus)라 칭했다. B.C. 240년부터 셀레우코스 왕조의 수도가 되었으며, B.C. 63년 로마 제국에 멸망되어 제국의 영토가 되었다. 로마 제국 통치 때는 로마와 알렉산드리아에 이어 제국 내 세 번째로 큰 도시가 되었으며, 상업과 헬라 문화와 교육이 매우 발달된 도시였다. 이곳에 무명의 헬라파 유대인 그리스도인들이 들어와서 복음을 전하며 교회가 세워졌다. 안디옥교회는 2가지 면에서 역사적 중요성을 가지고 있다.

첫째, 이곳에서 기독교인들이 최초로 그리스도인이라는 이름을 얻었다.

> 제자들이 안디옥에서 비로소 그리스도인이라 일컬음을 받게 되었더라(행 11:26).

둘째, 이방 선교가 이곳에서 본격적으로 시작되었다.

44년경 예루살렘의 사도들은 평신도 사역자 바나바를 안디옥교회에 파송했다. 교회의 규모가 점점 커지자 바나바는 바울을 데려와 함께 공동으로 목회를 했다. 그리고 1년 뒤인 45년에 안디옥교회는 이 두 사람을 선교사로 임명하여 파송했다. 이후로 안디옥교회는 소아시아와 마케도니아 그리고 유럽으로 이어지는 해외 선교의 거점이 되었다.

3. 사도 바울과 이방 선교

기독교회의 확장에 탁월하게 공헌한 인물은 단연코 사도 바울(St. Paul, c.5-c.67)이었다. 그는 5년경 소아시아 갈리기아(현재 터키의 남동부 지역)의 수도이자 헬라식 도시인 다소(Tarsus)에서 유대인의 자녀로 태어났다. 그의 로마식 이름은 바울이었고, 히브리식 이름은 사울이었다. 바울은 자신이 유대인의 전통에 따라 태어난 지 팔일 만에 할례 받은 베냐민 지파의 후손이며, 히브리인 중의 히브리인이라고 했다.

정통파 유대인의 후손이었기 때문에 그는 유대인 관습에 매우 익숙하였을 뿐만 아니라, 당대의 유명한 율법 학자 가말리엘 밑에서 율법을 체계적으로 배웠다. 또한, 로마 시민권자로서 헬라식 교육과 문화에 정통했으며, 로마 군대의 장교로서 전도가 매우 유망한 인재였다.

바울이 성경에 처음 등장한 것은 스데반 집사의 순교 현장이었다. 그는 스데반의 죽음을 아주 당연한 것으로 간주했고, 이후에 교회를 박멸하기 위해 집들을 수색하며 그리스도인들을 잡아 감옥에 가두었다. 그리고 다메섹에 거주하는 그리스도인들을 잡을 목적으로 그곳을 향해 떠났다. 33년경 28세 때, 그의 인생을 송두리째 바꾸어 놓는 기적같은 사건이 일어났다.

즉 다메섹에 거의 다 이르렀을 때 부활체의 모습으로 나타난 예수를 만난 것이었다. 이 종교적 경험을 통해 그는 예수를 메시아로 고백하는 그리스도인이 되었다. 악명 높은 박해자에서 이방인을 위한 복음 전도자와 사도로 변신했다. 바울은 이방인 선교를 위해 부름을 받은 하나님의 택한 그릇이었다(행 9:15).

다메섹 사건 이후, 바울은 오히려 정통 유대인들로부터 신변의 위협을 받았다. 그래서 아라비아로 몇 년간 피신해 있다가 다메섹을 거쳐 예루살렘을 방문하여 베드로와 야고보를 만나 인사를 나누었다. 이 기간이 대략 33년에서 36년 사이였다. 36년경 자신의 고향 다소로 내려가서 44년경 안디옥에 올 때까지 그곳에 있었다. 다소에서 무엇을 했는지 그의 행적에 관한 기록은 없다. 하지만 예수님의 가르침을 배우고, 기도하며 독자적으로 전도 활동에 전념했을 것으로 추정된다. 44년경 목회의 길이 열렸다. 안디옥교회가 계속 성장하자, 바나바가 동역자의 필요성을 깨닫고 가까운 지역 다소에 머물고 있던 바울을 찾아가 안디옥으로 그를 데려와서 함께 1년간 공동 목회를 했다. 교회는 놀랍게 부흥했다. 1년 뒤, 안디옥교회는 바나바와 바울을 선교사로 임명하고 안수하여 파송했다. 이때부터 그는 이방인을 위한 사도와 복음 전도자 그리고 교회 개척자로 남은 평생을 살았다.

45년에 시작된 선교 여행은 마지막 선교 종착지인 로마에서 숨질 때까지 약 22년간 계속되었다. 45-49년 기간의 제1차 선교 여행(행 13-14장)은 바나바와 동행하며 소아시아 지역을 중심으로 선교했다. 49-52년 기간의 제2차 선교 여행(행 15-18장)은 실라와 동행하며 소아시아 지역은 물론이요 빌립보와 고린도 등의 마케도니아 지역에 복음을 전했다. 53-58년 기간에 이뤄진 그의 제3차 선교 여행(행 18-21장)은 제1, 2차 선교지를 포함하여 기타 지역을 순례하며 선교했다.

총 3차에 걸친 선교 여행 시기는 황제 클라우디우스(Claudius, 재위 41-54)가 통치하던 시기와 거의 일치했다. 59년경 바울은 예루살렘에서 체포되어 로마로 이송되어 투옥되었다가 62년경에 일시 석방되었다. 이때에 약 2-3년간 스페인에 가서 복음을 전했다는 전승은 있지만 명백한 기록은 없다(롬 15:23-24, 29). 이후에 다시 감금 상태에 있다가 67년경 네로(Nero, 재위 54-68) 황제의 박해 때 로마에서 순교했다.

22년의 선교 기간에 바울은 복음을 전파하는 곳마다 교회를 설립했고, 제자들을 양육하여 현지 교회의 지도자로 세웠다. 그뿐만 아니라 여러 서신서를 통해 각 교회가 겪고 있는 어려운 문제들에 대처할 수 있도록 신학적 실천적 방안들을 제공해 주었다. 그 서신서들은 바로 성령의 특별한 감동 속에서 집필된 성경이었다. 로마서, 고린도전후서, 갈라디아서, 에베소서, 빌립보서, 골로새서, 데살로니가전후서, 디모데전후서, 디도서, 빌레몬서 등 총 13권의 서신서 성경을 기록했다. 매우 뛰어난 헬라어 능력, 해박한 율법 지식, 복음에 대한 확신, 목회와 선교에 대한 열정 등이 이 서신서들 안에 잘 녹아 있었다.

특히, 그의 로마서와 갈라디아서는 자신의 중요한 신학 사상을 명료하게 전달해 주었다. 그의 구원관은 유대적 전통에 따른 인간의 선행이 아니라 오직 믿음을 통해서만 구원을 얻을 수 있다는 이신칭의론을 강조했다.

그리고 원죄의 유전 사상에 근거하여 인간의 전적인 타락과 하나님의 전적인 은총이라는 은총신학을 역설했다. 이러한 바울의 사상은 초대 교회의 종결점에 서 있는 교부 어거스틴(Aurelius Augustinus Hipponensis, 354-430)에 의해 체계적으로 잘 정리되었고, 이후 종교개혁이자 마틴 루터(Martin Luther, 1483-1546)와 존 칼빈(John Calvin, 1509-1564) 등에 의해 재천명되었다. 이처럼 바울은 목회와 선교 그리고 신학의 초석을 놓으며 초대 교회의 확장과 발전에 막대한 공헌을 했다.

4. 초대 교회의 모습

1) 교회의 직분

초대 교회가 성장함에 따라 조직과 직분이 생겨났다. 먼저 교회의 재정과 봉사를 담당하는 7명의 집사를 세웠다. 그러나 내부적으로 침입하는 이단들과 외부적인 박해를 효과적으로 대처하기 위하여 좀 더 세분화된 조직과 다양한 직분자가 필요했다. 물론, 이 모든 조직과 직분은 눈에 보이는 가시적 교회를 위한 것이었다. 성경에 언급된 직분자들을 살펴보면, 사도, 선지자, 복음 전하는 자, 목사, 교사(엡 4:11) 등과 집사(행 21:8)와 장로 그리고 감독(행 20:17, 28)이라는 직분이 나온다. 이 직분자들을 두 계층으로 나눌 수 있다.

첫째, '은사적 직분'
둘째, '관리적 직분'

사도와 선지자 그리고 복음 전하는 자와 교사는 은사적 직분에 해당된다. 하나님으로부터 특별한 영적 은사와 사명을 받은 사람들로서 초대 교회에 한시적으로 있었던 직분이었다. 집사와 목사 그리고 장로와 감독은 관리적 직분에 속한다. 이 직분은 사도들이 임명하거나 회중들이 선출한 직분으로서 사도들을 보조하거나 사도 시대 이후 사도들의 지도력을 이어받아 교회를 운영했다. 집사에 대한 선출, 자격 그리고 역할에 대해서는 성경에서 분명하게 말하고 있다.

하지만 목사와 장로 그리고 감독에 관한 구분이 성경에 분명하게 나오지 않기 때문에, 교회가 발전하면서 이 직분들에 대한 해석이 분분하게 갈리었다. 사도의 목회 기능을 이어 받은 목사 직분이 장로와 동일한 직분으로 간주하는 데에는 이견이 없었다. 단 장로(목사)와 감독이 동일 직분인가 아니면 다른 직분인가에 대한 논란이 있었다.

신약성경은 '장로'(presbyteros)와 '감독'(episkopos)이라는 용어를 큰 구분 없이 교차적으로 사용했다. 따라서 장로와 감독을 동일한 직분으로 보았으며(딛 1:5-9), 장로들로 구성된 장로회가 있어서 교회 운영을 담당했다(딤전 4:14). 장로는 교회를 말씀을 가르치고 다스리는 직분이었고, 그 직능을 감독이라고 했다. 그러나 교회가 발전하면서 두 직분이 구분되기 시작했다. 초기 속사도 시절, 로마의 클레멘스(Clemens of Rome, c.30-100)와 안디옥의 이그나티우스(Ignatius of Antioch, c.35-c.107)가 쓴 서신서들을 살펴보면, 이미 100년경에 장로와 감독을 구분하기 시작했다.

특히, 이그나티우스는 감독과 장로 그리고 집사라는 삼중직을 강조했다. 그중에서 장로와 감독을 구분했고, 장로 가운데 선출된 감독을 중심으로 운영하는 감독 정치에 대해 처음으로 언급했다. 이는 2세기경에 감독이라는 일인 체제 조직이 교회 안에 이미 시작되었다는 것을 의미했다.

교회의 질서를 세우고, 이단들의 침입을 효과적으로 대응하기 하기 위하여 단일 감독 체제를 선호한 것으로 보였다. 하지만 이 당시의 감독 제도는 개교회에 대한 정치 제도였지, 향후 태동되는 로마가톨릭교회의 교황 단일 체제와는 다른 것이었다.

2) 교회의 예배

예수 부활의 기쁨을 나누기 위하여 '매주 첫날에'(행 20:7; 고전 16:2) 모여 예배를 드렸다. 집회 장소는 예루살렘 성전이나 노천 광장 그리고 회당을 사용하다가 점차 개인 주택에서 모였다. 2세기경에는 개인 집을 개조하여 예배 처소로 사용했다. 3세기부터 바실리카 형태의 교회당이 세워지기 시작했다. 현존하는 가장 오래된 교회로 알려진 두라-유로포스(Dura-Europos)교회 건물은 232년경 유프라테스강 상류 지역에 세워진 건물이었다.

그러나 313년 밀라노 칙령이 발표되기 전까지 드러내놓고 예배를 자유롭게 드리지 못했다. 박해가 극심할 땐 카타콤(catacombs)과 같은 비밀 장소에 모여 예배를 드렸다. 로마의 카타콤은 그리스도인들을 묻었던 지하 공동묘지인데, 박해 때는 이곳에 숨어들어 예배를 드렸다. 터키 카파도키아(Cappadocia) 카타콤은 박해 시에는 예배뿐만 아니라 장기간 머물며 살 수 있는 은신처로도 사용되었다.

1세기에는 주일에 아침과 저녁 두 번 예배를 드렸다. 아침에는 성경 낭독, 장로의 권면, 기도와 찬송이 있었고, 저녁에는 애찬과 성찬식을 거행했다. 순교자 유스티누스의 『제1변증서』와 『디다케』 문헌에 따르면, 2세기 중반의 예배는 복음서나 서신서 낭독, 권면이나 설교, 기도, 평화의 입맞춤, 성찬식, 헌금 등의 순서로 이루어졌다. 세례는 침례 형식을 사용하다가 점차 뿌리는 형태로 바뀌었다. 매 주일 예배 때마다 성찬식을 가졌으며, 세례자만 참여했다. 또한, 매 주일 헌금을 드렸으며, 헌금은 가난하거나 병든 사람들을 돕는 박애 사업과 선교 후원금으로 사용되었다.

노예 제도를 반대하지는 않았지만 노예나 종들을 그리스도 안에서 형제와 자매로 대했다. 초기 그리스도인들은 사도들의 서신서 가르침에 따라 우상 숭배나 부도덕한 행위와 관습을 멀리했다. 예를 들어, 경기장, 격투, 도박, 신전 참여 등을 하지 않았으며, 하나님께 영광이 되지 않는 언행들을 삼가했다.

3) 교회의 주요 문헌

12명의 사도와 사도 바울이 교회를 이끌던 소위 사도 시기가 약 70년 경에 마치게 되었다. 그나마 사도 요한만이 100여 년까지 생존했다. 사도 시대 이후 초대 교회를 이끌었던 지도자들을 속사도라 불렀다. 그 시기를 70-150년으로 잡을 수 있다. 사도들의 복음서와 서신서들은 신약성경으로 채택되었다. 속사도들의 글들은 사도 시대 이후의 초대 교회의 생활에 대한 다양한 정보들을 제공해 주는 중요한 문헌들이 되었다.

클레멘스(Clemens, ca. 30-100)의 『고린도 서신서』가 있었다. 로마가톨릭교회는 클레멘스를 베드로의 수제자로 그리고 로마 교회의 4번째 교황으로 간주했다. 95년경 클레멘스는 고린도교회에 발생한 분쟁을 막기 위해 이 서신서를 집필했다. 총 65장으로 이뤄진 서신서는 장로들에게 대적하는 평신도들에게 장로 권위에 순종할 것을 권면했다. 장로들의 권위, 교회의 질서, 성직자와 평신도 구분, 구약성경의 광범위한 인용, 그리스도 보혈을 통한 구원 등이 서신서에 잘 명시되어 있었다.

다음으로 안디옥교회의 감독 이그나티우스(Ignatius of Antioch, c.30-c.107)가 쓴 일곱 서신서가 있다. 기독교를 전파한다는 죄명으로 체포되어 로마에 끌려가 원형 경기장에서 순교 당했다. 그의 편지들은 로마에 압송되어 가던 100년경에 집필되었다. 그의 서신서들은 당시 영지주의와 가현설주의를 비판하며 주의하라는 당부의 편지였다. 특히, 교회의 연합을 증진하고 이단의 확산을 막기 위하여 감독에게 복종할 것을 가르쳤다.

『에베소 서신서』에서 그는 장로와 감독을 구분했다. 그리고 장로들 중에서 선택된 감독의 권위를 높이고 그 권위에 순종하라고 강조했다.

사도 요한의 제자이며 서머나교회의 감독인 폴리갑(Polycarpof Smyrna, c.70-156)은 110년경에 쓴 『빌립보 서신서』을 통해 그리스도인의 거룩한 생활과 선행 그리고 순교 신앙을 강조했다. 역시 사도 요한의 제자이며 히에라폴리스의 감독인 파피아스(Papias, c. 60-c.130)가 2세기 초에 기록한 『주님 말씀에 대한 해석』은 예수에 대한 생애와 복음서 기원에 관해 설명했다.

그 외에 130년경 알렉산드리아의 익명의 신자가 쓴 『바나바 서신서』는 구약성경을 인용하며 예수 그리스도의 삶을 해석했지만, 예수의 생애를 지나치게 알레고리화했다. 2세기 말경에 익명의 저자가 쓴 『디오그네투스에게 보낸 편지』는 일종의 기독교 변증 서신서였다. 150년경 로마에 거주했던 헤르마스(Hermas)가 집필한 『목자』는 요한계시록 형식을 따랐으며 그리스도인의 회개와 거룩한 삶을 강조했다. 『디다케』는 교훈집으로서 100-150년대의 초대 교회 생활을 잘 보여 주었다.

제4장

교회를 향한 로마 제국의 박해

때가 찬 하나님의 섭리에 따라 기독교는 유대 문화권에서 태동하여 이방 문화권으로 빠르게 확장되었다. 시기별로 30-45년은 유대 지역 태동기였고, 45-68년은 선교 확장기였으며, 68-100년은 복음의 서진기였다. 이렇게 기독교는 점진적으로 외연을 넓혀나갔다. 하지만 외형적 성장에도 불구하고, 100년부터 313년 기간에 초대 교회는 내부적인 분열과 이단 그리고 외부적인 핍박과 박해 때문에 큰 어려움을 겪었다.

기독교회는 한마디로 박해와 순교의 역사였다. 태동 때부터 현대에 이르기까지 수많은 박해와 순교가 끊임없이 있었다. 기독교의 첫 박해자들은 아이러니하게도 기독교 태동의 모체 역할을 했던 유대인들이었다. 스데반 집사와 야고보 사도가 그들에 의해 순교 당했다. 그리고 313년 밀라노 칙령이 발표되기 전까지 기독교회는 로마 제국으로부터 끔찍하고 참혹한 박해를 받았다. 250년 이전의 박해는 비교적 지엽적이고 간헐적이고 우발적으로 발생했다. 반면 250년 이후에는 계획적이고 정략적인 박해가 범제국적으로 펼쳐졌다.

1. 박해의 주요 원인

1) 정치적 원인

　로마 제국은 팍스 로마나를 위해 종교 관용 정책을 시행했다. 제국의 안녕과 통치를 거부하거나 위반하지 않는 한 종교의 다양성을 관용적으로 허용했다. 기독교가 태동될 초기에 로마 제국은 기독교를 유대주의의 한 분파로 가볍게 넘겼다. 그러나 기독교가 소아시아와 그리스 그리고 로마 등 제국 내 전역으로 서서히 퍼져나가자, 제국은 기독교를 새로운 종교로 주목하기 시작했다.

　정치적으로 로마 제국은 황제와 제국에 대한 그리스도인들의 충성을 의심했다. 실제로 그리스도인들에게 있어서 황제에 대한 절대 충성 정책은 신앙적으로 힘든 문제였다. 더욱이 자신을 신격화하여 숭배를 강요하는 황제들이 등장할 때면, 그리스도인들은 성경의 가르침에 따라 단호히 거부했고, 그때마다 끔찍한 박해가 주어졌다. 정부 관직이나 군인이 될 경우, 황제 숭배를 어찌할 수 없이 해야 했기 때문에 관직이나 군입대를 기피하는 그리스도인들도 있었다.

　반대로 로마 제국도 그리스도인들의 충성을 의심하여 그들을 제국의 고위직이나 군인으로 잘 기용하지 않았다. 이처럼 로마 제국이 기독교를 박해하기 시작했던 주요 원인은 종교적이기 보다는 제국의 안녕과 질서를 위협한다는 정치적 반감이 크게 작용했다.

2) 종교적 오해

　일반적으로 로마 제국의 종교는 범신적이고 다신적이었다. 따라서 그들의 종교에는 가시적인 의식과 형상화된 신상 등이 즐비했다. 반면 기독교는 그러한 의식과 신상보다는 내면적이고 영적인 예배와 예전을 따랐다.

무형의 신에게 기도하고 예배하는 그리스도인들의 행동을 로마인들은 이해할 수 없었다. 때문에 그리스도인들을 무신론자들이라고 비난했다.

초대 교회의 집회가 종종 오해와 탄압의 빌미가 되었다. 초대 교회의 그리스도인들은 박해의 시선을 피하여 저녁이나 이른 새벽에 모임을 가졌다. 이로 인해 사람들은 그리스도인들의 집회를 비밀스러운 사교 집회로 보았다.

또한, 예수의 피와 살을 기념하여 포도주와 떡을 나누는 성찬식을 피의 축제로 오해했으며, 심지어 어린아이를 납치하여 희생 제물로 삼는다는 악의적인 소문을 퍼뜨렸다. 그리고 예배 후에 서로를 향해 형제요 자매라고 부르며 평화의 입맞춤을 나누는 것을 보고 그리스도인들을 근친상간의 집단이라고 왜곡했다.

3) 사회적 원인

기독교는 대체로 일반 대중으로부터 환영을 받았지만, 상류층으로부터는 경멸과 미움을 받았다. 전자들은 성경의 가르침에 따라 사랑과 평등을 실천하며, 검소하고 경건하게 살아가는 그리스도인들의 도덕성을 높이 평가하고 존중했다.

그러나 사치와 향락과 사교를 매일 즐기는 후자의 상류층은 자신들의 삶과 격이 다른 그리스도인들을 매우 못마땅하게 여겼다. 일반 대중이 그들을 따르는 것을 싫어했을 뿐만 아니라, 그들만큼 높은 도덕성과 품위를 갖고 있지 못하다는 열등감을 느꼈다.

2. 박해의 유형

박해의 유형을 크게 3가지로 집약할 수 있다.

첫째, 대중적 적대감을 조성했다.

박해자들은 기독교에 대한 악의적인 거짓 소문과 오해를 진실인 것처럼 퍼뜨렸다. 그리스도인들을 무신론주의자들이라고 한다든지, 성찬을 위해 어린아이를 죽여 살과 피를 먹는 피의 축제를 즐긴다든지, 근친상간을 행하는 비윤리적 사교집단이라든지 등의 가짜 정보로 사람들을 현혹시켰다. 그로 인해 기독교에 대한 대중적 적대감을 조장시켰다.

둘째, 기독교를 지적으로 비판했다.

2세기경에 활동했던 철인 황제 마르크스 아우렐리우스(Marcus Aurelius, 121-180), 켈수스(Celsus, 67-130), 루키아누스(Lucianus, c.125-c.180), 프론트(Marcus Fronto, c.100-c.160) 등과 같은 당대 철학자들은 기독교를 학문적으로 비판한 대표적인 지성인들이었다. 변증 교부 유스티누스는 자신의 철학적 지식을 가지고 그들의 비판을 반박하고 기독교 진리를 변증했던 대표적인 기독교 지성인이었다.

셋째, 물리적 핍박을 가했다.

가장 가혹하고 참혹한 박해는 로마 제국이 가했던 물리적 핍박과 박해였다. 그리스도인들을 체포하여 투옥, 매질, 신체 절단 등을 행했다. 또한, 그리스도인들을 원형 경기장에 집어넣고 검투사와 맹수 등과 죽을 때까지 싸우도록 했다. 그 외에 십자가형, 참형, 화형 등으로 그리스도인들을 처형했다.

3. 1세기 제국의 박해(64-100년)

1) 네로(Nero, 재위 54-68) 황제의 박해

네로는 54년에 제국의 황제가 되었다. 그의 통치 10년째 해인 64년 6월 18일 밤, 로마 시에 화재가 발생하여 1주일간 불길이 이어졌다. 이 화재로 인해 로마의 14개 구역 중에서 3개가 완전히 파괴되었고, 7개가 심각하게 피해 당했다. 역사가 타키투스(Tacitus, c.56-c.120)에 따르면, 화재가 우연하게 발생했으나, 그간에 보여 준 네로 황제의 광기와 음란 때문에 로마 시민들은 네로 황제가 의도적으로 불을 질렀다고 의심했다.

그러자 네로는 자신에 대한 혐의를 피하기 위해 그리스도인들을 방화범으로 지목하고 로마 시에 있는 그리스도인들과 더불어 유대인들까지 체포하여 잔인하게 처형시켰다. 타키투스는 당시의 참혹한 광경을 다음과 같이 기록으로 남겼다.

> 더욱이 그들은 오락의 목적으로 죽음에 처해졌다. 짐승의 털옷을 덮어 씌워 개들에게 찢겨 죽게 했고, 어떤 이들은 십자가 처형을 했으며, 또 다른 이들은 어두운 밤을 밝히는 불로 태워 죽였다. 네로는 자신의 정원을 개방하여 서커스 공연같이 이런 일을 연출했고, 원형 경기장의 전차 경주자처럼 옷을 입고 전차를 타며 사람 사이를 돌아다녔다. 이 때문에 벌을 받아 마땅한 그들에 대해 동정심이 일어났다. 왜냐하면, 그들이 공공의 유익을 위해서가 아니라 한 인간의 잔인성을 만족시키기 위해 죽어간다고 느꼈기 때문이었다.[1]

---

[1] Tacitus, Annales, xv.44 in Henry Bettenson & Chris Maunder, eds., *Documents of the Christian Church*, 3rd Edition (Oxford: Oxford University Press, 1999), 2.

네로 황제 때의 박해는 대략 64년부터 68년 기간에 벌어졌다. 수많은 그리스도인을 맹수의 먹잇감으로, 십자가형으로, 인간 봉화로 잔인하게 처형했다. 이 기간에 사도 바울은 목 베임의 순교를 당했다. 사도 베드로 역시 이 시기에 체포되어 순교했다.[2] 네로의 계속된 폭정과 광기 때문에 결국 반란이 일어났고, 네로는 도망 중에 스스로 목숨을 끊었다.

2) 도미티아누스(Domitianus, 재위 81-96) 황제의 박해

도미티아누스는 자신을 신격화하여 숭배를 강요한 대표적인 황제였다. 85년경 제국의 절대 충성을 이끌어 내기 위하여 자신을 "주님이자 신"(Dominus et Deus)으로 선포했다. 귀족들의 반발이 있었지만, 신격화 정책을 강압적으로 실시했고, 이에 반대하는 자들과 기독교인들을 무참하게 박해했다. 박해는 그가 암살될 96년까지 약 10년간 계속되었다.

도미티아누스 박해 때, 사도 요한이 밧모섬으로 유배되었다. 박해는 주로 로마와 소아시아 지역에 집중되었다. 따라서 박해를 피해 카타콤으로 은신하기 시작했다.

로마에서는 지하 묘지 카타콤이 그리고 카파도키아에서는 지하 동굴 카타콤이 생겨났다. 로마에서는 황제와 인척 관계에 있었던 것으로 보이는 다수의 왕족과 귀족들이 그리스도인이라는 죄명으로 처형되었다. 96년 그는 궁전에서 암살당했고, 로마 원로원은 폭정을 일삼은 그에 관한 일체의 기록을 삭제했다.

---

2 가톨릭교회는 사도행전의 외경에 해당하는 『베드로 행전』과 교회 전승에 따라 베드로가 로마 교회를 설립했으며, 네로 박해 때 로마에서 순교했다고 주장한다. 특히, 『쿼바디스』(Quo Vadis)와 같은 소설의 영향으로 베드로가 실제로 네로 황제 박해 시 로마에서 십자가에 거꾸로 달려 순교한 것으로 많은 사람이 믿고 있다. 이 소설은 폴란드의 소설가 헨리크 시엔키에비치(Henryk Sienkiewicz, 1846-1916)가 1895년에 발표한 역사 소설이다.

4. 2-3세기 제국의 박해(100-250년)

1) 트라야누스(Traianus, 재위 97-117) 황제의 박해

도미티아누스 황제가 죽은 이후에 박해가 잠잠해 지면서 그리스도인들은 평화의 시기를 잠시 누렸다. 112년경 터키 북부 해안의 비디니아(Bithynia) 지역의 총독이었던 소 플리니(Pliny the Younger, 61-113)가 기독교인들에 대한 처벌 규정을 문의하는 편지를 황제 트라야누스에게 보냈다. 소 플리니는 기독교가 자신의 통치 지역에 빠르게 확산되고 있으며, 반면 이교도 신전들이 방치되고, 신전에 바칠 제물을 사는 이들도 거의 없다고 전했다.

또한, 기독교인들을 명단에 적힌 대로 차례로 소환하여 재판을 하고, 개심할 기회를 세 차례 준다고 했다. 그런데도 계속 고집하면, 상황에 따라 처벌하거나, 로마 시민인 경우는 로마로 이송한다고 보고했다.

그러면서 다음과 같이 자신의 고민을 편지에 기록했다.

> 과연 그리스도인들의 죄가 무엇이며 어떻게 처벌해야 합니까?

왜냐하면, 뚜렷한 죄목을 찾을 수 없기 때문이었다.

플리니의 문의에 대한 황제의 답신은 간단했다. 기독교인들을 처벌할 수 있는 특별한 규정이 없기 때문에, 일부러 색출할 필요는 없으나, 고발이 접수되면 현행처럼 시행하라고 했다.

처벌 사유는 그들이 제국의 법을 위반했기 보다는 제국의 종교적 관습인 로마 신과 황제 숭배를 거부했기 때문이라고 했다. 이러한 황제의 답신은 2-3세기 동안 기독교인들을 처벌하고 박해하는 일종의 규범처럼 적용되었다. 일부러 그리스도인들을 색출하지 안했지만, 누군가에 의하여 고발되거나 체포되면, 일종의 재판을 거쳐 처벌을 했다.

트라야누스 통치기에 순교한 대표적인 교회 지도자는 이그나티우스와 폴리갑이었다. 안디옥교회의 3대 감독이며 하나님의 사자라는 별명을 가진 이그나티우스(Ignatius, c.30-107)는 107년 고령의 나이에 안디옥에서 체포되었다.

당시 대표적인 교회 지도자였기 때문에 제국은 기독교의 교세를 꺾을 목적으로 그를 로마로 압송하여 원형 극장에서 맹수의 밥으로 처형하려고 했다. 로마로 압송되는 과정에서 그는 일곱 개의 서신을 남겼다. 그중에서 로마 교회에 보낸 서신서는 자신을 구출하려고 계획한 로마 교인들에게 자신의 죽음을 막지 말라는 당부의 글을 다음과 같이 적었다.

> 모든 교회에 편지하노니, 나는 너희의 방해없이 하나님을 위해 기꺼이 죽기를 소망한다. 따라서 나를 위해 무모하게 선의를 행하지 않기를 원한다. 하나님이 나에게 도구로 허락하신 맹수들의 밥이 되도록 나를 고통가운데 놔두라. 나는 하나님의 밀알이며, 맹수들의 이빨에 찢김으로써 그리스도의 순수한 떡으로 발견되기를 바란다. 오히려 맹수들을 부추겨서 그들이 나의 무덤이 되고, 나의 몸의 한 조각도 남겨지지 않게 하기를 바란다. 그래서 내가 잠들(죽을) 때에 누구에게도 짐이 되지 않기를 원한다. 세상이 더이상 나의 육신을 보지 못할 바로 그 때에 나는 참으로 그리스도의 제자가 되어 있을 것이다.[3]

서머나교회의 감독 폴리갑(Polycarp, c.70-156)은 어렸을 적에 사도 요한의 사랑을 많이 받은 인물로 알려졌다. 156년 그는 서머나의 이교도에 의해 그리스도인이라는 죄목으로 고발당했다.

---

[3] Igantius, *Epistle of Ignatius to the Romans*, ch. 4 in Alexander Roberts and James Donaldson, eds., *The Anti-Nicene Fathers*, vol. I(Grand Rapids: W. B. Eerdmans Publishing Company, 1993), 75.

불신자 군중들은 다음과 같이 외쳤다.

무신론자에게 죽음을!

폴리갑은 체포되어 재판을 받았다. 재판관은 그의 고령의 나이를 참작하여 잔혹하게 죽음을 당하느니 차라리 개종하면 즉시 석방해 주겠다고 설득했다. 그러자 폴리갑은 다음과 같이 대답하며, 끝내 불길에 싸여 순교했다.

내가 86년 동안 그분을 섬겼으나 나를 한 번도 나쁘게 대하신 적이 없었다. 그런데 어찌 나를 구원하신 나의 왕을 욕되게 할 수 있겠는가?[4]

이 두 감독을 포함한 교회 지도자들의 자발적인 순교는 초대 교회 교인들에게 큰 용기와 힘을 주었다. 그들은 순교를 두려움이 아니라 거룩한 죽음으로 받아들였다. 순교 신앙이 자리를 잡으면서, 순교는 하나님이 선택한 자들에게 주는 최고의 특권이라고 초대 교회 교인들은 믿었다.

2) 마르크스 아우렐리우스(Marcus Aurelius, 재위 161-180) 황제의 박해

161년 제국의 황제가 된 아우렐리우스는 당대의 뛰어난 지식인이요 철학자였다. 그의 통치 기간 내내 북방 게르만족의 침입이 빈번하게 발생해서 대부분의 시간을 전쟁터에서 보냈다.

또한, 제국 내에 자연 재해도 끊임없이 발생했다. 계몽된 황제임에도 불구하고 그는 로마의 미신적 전통을 신봉했으며, 로마의 신들이 분노하여 전쟁과 자연 재해가 끊임없이 발생한다고 믿었다. 신들의 분노는 바로 기독교 때문이라고 생각했다.

---

[4] Saint Polycarp, *The Martyrdom of Polycarp*, in Bettenson and Maunder, 11.

그래서 자신뿐만 아니라 당시의 철학자를 대동하여 기독교를 지성적으로 비판했으며, 물리적인 박해도 가했다. 특히, 그에 맞서 기독교를 변증했던 유스티누스가 163년에 순교 당했고, 177년경에는 리옹(Lyons)과 비엔(Vienne)에 큰 박해가 있었다.

3) 셉티미우스 세베루스(Septimius Serverus, 재위 193-211) 황제의 박해

아우렐리우스의 사망 이후, 기독교에 대한 탄압이 잠시 잠잠해졌다. 하지만 193년 세베루스가 황제에 등극하면서 기독교에 대한 박해가 다시 시작됐다. 북아프리카 군인 출신이었던 세베루스는 아내 돔나(Domna)의 영향을 받아 기독교를 탄압했다.

돔나는 에메사 태양신을 섬기는 대제사장의 딸이었다. 세베루스는 로마 제국의 국민들에게 태양신을 예배하도록 강요했다. 202년 그는 기독교로 개종할 경우 사형에 처하겠다는 법령을 발표했다. 그의 박해 시기에 리옹(Lyons)의 감독 이레니우스(Irenaeus)와 오리게네스(Origenes)의 아버지 레오니데스(Leonides)가 순교했다.

5. 3-4세기 제국의 박해(250-313년)

1) 트라얀 데키우스(Trajan Decius, 재위 249-251) 황제의 박해

황제 데키우스는 폭정을 휘두른 독재자요 기독교를 잔인하게 박해한 폭군이었다. 동북부 지역의 게르만족들이 국경을 넘어 자주 침범했고, 경제적인 어려움과 전염병 등이 발생하면서 팍스 로마나의 기초가 그의 통치기에 흔들리기 시작했다. 데키우스는 그 원인이 로마의 신들을 노엽게 했기 때문이라고 판단했다.

그래서 250년에 로마의 신과 자신을 숭배하도록 하는 칙령을 발표했다. 칙령에 따라 제국의 모든 국민은 지정된 장소와 시간에 나가 숭배 의식에 참여해야 했다. 참여자에게는 리벨루스(libellus)라는 증명서를 주었다. 증명서가 없는 자에게는 가혹한 박해가 주어졌다.

박해는 제국 전역에서 발생했고, 특히 기독교의 기세를 꺾으려고 주요 교회의 감독들을 체포하여 처형했다. 로마 교회 감독 파비안(Fabian)을 비롯하여 안디옥, 예루살렘, 가이사랴 감독들이 순교를 당했다. 그리고 데키우스는 기독교인들의 순교 정신을 막기 위해 감금, 공갈, 회유, 고문 등을 통해 신앙을 배교하도록 만들었다. 때문에 많은 사람이 신앙을 배교했다. 박해가 2년 만에 종식되었지만, 이후 교회는 고백자와 배교자 간의 심각한 논쟁에 휩싸였다.

2) 디오클레티아누스(Gaius Diocletianus, 재위 284-305) 황제의 박해

군인 출신인 디오클레티아누스는 황제 체재의 강력한 독재 정치를 휘둘렀다. 293년 제국을 동방과 서방으로 분할하여 통치하는 사두 정치를 실행하는 등 여러 가지 개혁을 통해 쇠약해진 제국을 일으켜 보려고 했지만 큰 성과를 거두지 못했다. 특히, 그는 기독교를 가장 무섭게 박해했던 마지막 황제였다.

303년 2월 칙령을 발표하여 예배당과 성물을 파괴하고 예배를 금지 시키고 수많은 교회 지도자들과 신자들을 처형시켰다. 디오클레티아누스의 박해 기간에 감옥에 갇히고, 재산이 몰수되고, 유배당하고, 짐승과 칼에 목숨을 잃은 그리스도인들이 수없이 많았다. 역사가 필립 샤프(Philip Schaff, 1819-1893)는 초대 교회 역사가 유세비우스(Eusebius, 263-339)의 글을 참조하여 당시의 참혹상을 다음과 같이 기술했다.

가이사랴, 두로, 이집트에서 이 박해를 목격한 유세비우스는 예배당들이 철거되고, 성경책들이 장터에 피워놓은 불에 던져지고, 성직자들이 색출되어 고문을 당하고 원형극장에서 찢겨 죽는 것을 생생히 지켜보았다고 전한다. 그에 따르면(약간 과장된 바가 없지 않지만) 심지어 맹수들조차 마치 이교 로마인들 대신에 사람들의 역할을 맡은 듯이 그리스도인들을 삼키다가 마침내는 그들을 슬슬 피하기 시작했으며, 칼도 피와 기름이 응고되어 무뎌지고 부러졌고, 형 집행관들도 지칠 대로 지쳐 교대해야 했지만, 그리스도인들은 마지막 호흡을 몰아 쉴 때까지도 전능하신 하나님께 찬미와 감사의 찬송을 드렸다고 한다.[5]

305년 디오클레티아누스가 병으로 황제의 자리에서 물러나고, 갈레리우스(Galerius, 재위 309-311)가 황제가 되었다. 하지만 박해는 309년까지 계속되었다. 311년 4월 30일, 갈레리우스 황제는 죽기 5일 전에 병상에서 기독교인들에게 신앙의 자유를 관용하는 칙령을 공표했다.

이 칙령은 기독교는 제국의 평화를 결코 파괴하지 않으며 그들의 예배는 자유롭게 허용되어야 한다고 명시했다. 313년 2월 3일, 황제 콘스탄티누스 1세가 기독교를 제국의 합법적인 종교로 승인하는 밀라노 칙령을 발표함으로써, 마침내 제국의 박해가 종식되었다.

기독교회에 대한 로마 제국의 박해는 60년경 네로 황제로 시작하여 310년 갈레리우스 황제 때까지 계속되었다. 하지만 박해에도 불구하고 쇠퇴하지 않고 기독교회는 계속하여 발전하고 확장했다. 100년경 소아시아 지방에 기독교가 만연했고, 2세기경 헬라어권 거의 모든 지역에 복음이 전파되었으며, 3세기 초경 로마 제국의 전역에 기독교가 들어갔다.

---

5   필립 샤프, 『필립 샤프 교회사 전집』 2권, 이길상 역 (서울: 크리스천다이제스트, 2004), 81.

100년부터 시리아 에데사(Edessa) 지역에 진출한 기독교는 300년경 페르시아 사산 제국(224-651) 초기에 더욱 번창했다.

특히, 북아프리카의 라틴어권 지역에도 교회가 안정적으로 발전했다. 313년 밀라노 칙령 이전, 로마 제국의 전체 인구를 대략 6-8천만 명으로 추산했다. 그중에서 10-15퍼센트가 기독교인이었다.

제5장

이단에 맞서는 변증 교부

사도 요한이 숨진 후, 100년부터 451년 칼케돈 공의회까지를 교부 시대(Patristic Age)라고 부른다. 그리고 325년의 니케아 공의회를 기점으로 니케아 공의회 이전과 니케아 공의회 이후 교부 시대로 구분할 수 있다. 니케아 공의회 이전 교부 시대에는 313년 밀라노 칙령이 발표되기 전까지 극심한 박해가 있었다. 동시에 각종 이단과 거짓 가르침으로 큰 혼란과 분열을 겪었다. 이러한 혼란에도 불구하고 니케아 전 교부들은 변증가로서 박해와 이단에 맞서며 정통 신앙을 공고하게 수호했다.

1. 신학적 오류와 이단

1) 가현설(Docetism)

가현설은 초대 교회에 가장 먼저 등장한 이단이며, 영지주의의 근원이었다. 가현설은 헬라어 '도케오'(δοκέω)에서 유래했으며(요일 1:1-3; 2:22; 4:1-3; 골 2:8-9), 그 의미는 '~처럼 보이다, 인 듯하다'였다. 가현설은 헬라의 이원론에 근거하여 눈에 보이는 물질적인 것은 악한 반면, 영적인 것은 거룩하고 영원하다고 주장했다. 거룩한 영이신 그리스도가 육체를 입는 순간 악해지기 때문에 결코 육체를 입을 수 없다고 했다.

다만 육체를 입은 것처럼 보였을 뿐이라고 주장했다. 때문에 예수의 육체는 실제가 아니라 가현 또는 환영에 불과하다고 가르쳤다. 따라서 예수의 육체적인 모든 행위, 예를 들어 출생, 가르침, 고난, 죽음 등을 모두 부인했다. 가현설의 대변자는 케린더스(Cerinthus, 100년경)였으며, 소아시아 지역에서 그의 가르침이 성행했다. 사도 요한 뿐만 아니라, 안디옥교회의 감독 이그나티우스도 가현설의 오류를 강력하게 반박했다.

2) 영지주의(Gnosticism)

영지주의는 유대교, 헬라 사상, 이교 사상, 가현설 그리고 기독교 사상 등이 혼합된 종교 사상으로서 2세기 중엽의 초대 교회에 가장 위협적이었다.[1] 영지주의는 '지식'(knowledge)을 뜻하는 헬라에 그노시스(γνῶσις)에서 유래했다. 그노시스는 일반 지식이 아니라 초자연적인 영적 지식으로서 소수의 영적인 사람들만이 그 지식을 받아 구원을 얻는다고 가르쳤다. 초기 영지주의는 다양한 형태로 우후죽순처럼 퍼져나갔다.

영지주의 체계를 논리적으로 발전시킨 인물은 발렌티누스(Valentinus, c.100-c.160/180)였다. 이집트 태생의 발렌티누스가 초기에 알렉산드리아에서 활동했을 때, 사도 바울의 제자인 자기 스승이 바울로부터 비밀스러운 가르침을 받았으며 그 자신은 스승으로부터 사도 바울의 가르침을 이어 받아 계승하고 있다고 설파했다. 135년경 그는 로마로 건너가 본격적으로 활동하면서 많은 추종자를 얻었다. 그리고 자신의 사상을 체계적으로 발전시키며 영지주의를 널리 보급했다.

발렌티누스의 우주론에 따르면, 우주의 근원은 물질이 아니라 영이었다. 이 영적 세계에 절대자가 있는데 그 존재로부터 발출된 하위 신들 즉 애온들(aeons)이 생성되었다. 이 애온들 중에 하나인 소피아(sophia)가 세상을

---

1 윌리스턴 워커, 『기독교회사』, 송인설 역 (서울: 크리스천다이제스트, 1993), 52.

만들었다. 그가 곧 유대교의 여호와에 해당하는 데미우르게(Demiurge)였다. 그리고 하위 세상에서 가장 뛰어난 존재가 데미우르게에 의해 창조된 인간이었다.

발렌티누스는 헬라의 이원론 사상을 끌어와 이 세상을 상위 세계인 플레로마(pleroma, 빛의 세계)와 하위 세상인 케노마(kenoma, 현상 세계)로 구분했다. 현상 세계의 인간은 영적 존재에 의해 만들어졌기 때문에 인간의 육체 안에는 여전히 영적 섬광들(sparks)이 존재했다. 악한 육체에 갇혀 있는 영적 섬광을 영적 지식 즉 그노시스를 통해 영적 세계 플레로마로 이끄는 것을 구원이라고 가르쳤다.

영지주의는 그리스도 예수가 이러한 영적 비밀에 관한 지식을 전달해 주기 위해 이 땅에 왔다고 주장했다. 이러한 영적 지식을 아무나 깨닫거나 받을 수 없었다. 발렌티누스는, 사도 바울이 고린도전서 2-3장에서 말하는 바처럼, 사람을 3가지 부류로 구분했다.

첫째, 영적 사람
둘째, 정신적 사람
셋째, 물질에 속한 사람

영지주의를 따르는 영적인 사람만이 그노시스를 얻어 구원을 얻으며, 일반 기독교인들이 속해 있는 정신적인 사람은 낮은 형태의 구원을 받으며, 믿음이 없는 물질에 속한 사람은 사멸한다고 했다.

영지주의는 가현설에 근거하여 그리스도가 육체를 입고 태어났다는 육체적 출생을 부정했다. 그의 육체는 단지 영적 가현에 불과했다. 당연히 그리스도의 성육신과 고난과 부활 등을 믿지 않았다. 그리스도는 영적 지식을 주는 전달자였다. 구원이란 영적 섬광을 깨닫는 영적 자각과 같은 것이었다. 따라서 이러한 영적 깨달음을 얻기 위하여 영지주의자들은 금욕생활을 했다.

초대 교회 교부들은 영지주의를 이단으로 정죄하고, 강력하게 반박했다. 리옹의 감독 이레니우스의 『이단 논박』과 카르타고의 교부 터툴리아누스의 『발렌티누스주의에 대한 반박』은 대표적인 변증서였다.

3) 마르시온주의(Marcionism)

창시자는 마르시온(Marcion of Sinope, c.85-c.160)이었다. 144년경 로마에 방문하여 영지주의자 케르도(Cerdo)로부터 영향을 받았다. 그후 마르시온은 구약의 하나님을 폭력과 보복의 하나님으로 그리고 신약의 하나님을 사랑과 정의의 하나님으로 구분하면서, 예수 그리스도가 선포한 하나님은 바로 후자의 하나님이라고 주장했다. 따라서 그는 구약의 하나님을 부정했을 뿐만 아니라, 기독교 내에 존재하는 유대적이고 율법주의적인 것을 다 제거해야 한다고 가르쳤다.

따라서 그는 복음서 중에서는 누가복음만을 그리고 바울의 서신서 중에서는 목회 서신을 제외한 10개의 서신서만을 참된 성경으로 간주했다. 성경 목록을 축소하여 나름대로 정경화를 시도했다. 또한, 마르시온주의는 영지주의와 가현설의 영향으로 금욕적 생활을 추종했다. 한때 로마에서 크게 번성했으나, 교부들로부터 이단으로 정죄된 이후에 점차 자취를 감췄다.

4) 몬타누스주의(Montanism)

박해로 인해 종말 사상이 시들해질 150년경에 몬타누스주의가 발생했다. 이 운동의 핵심은 임박한 그리스도의 재림이었다. 이 운동을 일으킨 몬타누스(Montanus, 135-177)는 이방 종교 사제에서 기독교로 개종한 이후에 소위 종교적 황홀경(입신)과 예언 운동에 깊이 빠졌다. 소아시아 프리기아(Phrygia) 지역에서 주로 활동했으며, 156년경 그는 입신 중에 보혜사 성령의 임재를 체험하고, 성령의 지시에 따라 예언하기 시작했다.

사도들의 문헌보다 성령의 직접적 계시가 더 중요하다고 외치며 자신의 예언을 따르라고 가르쳤다. 예언 사역을 하던 두 여인 브리스킬라(Priscilla)와 막스밀라(Maxmilla)가 합류하면서, 그들은 시한부 종말론을 외쳤다. 그리스도의 재림이 임박했으며, 프리기아가 그리스도가 통치하는 새예루살렘이 될 것이라고 예언했다. 몬타누스의 예언에 많은 사람이 프리기아로 모이는 대소동이 일어났었다. 몬타누스주의는 예언 사역과 임박한 종말론 외에도 엄격한 금욕주의를 강조했다. 금식 기간을 늘렸으며, 육식을 금했고, 독신 생활과 순교 정신을 강화했다. 177년경 결국 소아시아 지역 감독들은 몬타누스와 그의 추종자들을 이단으로 파문했다.

그러나 몬타누스주의 운동은 수세기 동안 계속 이어졌다. 한때 카르타고의 교부 터툴리아누스가 206년경 로마를 방문했다가 몬타누스주의의 도덕적 경건성에 매료되어 몇 년간 이 운동에 합류했었다. 381년 콘스탄티노플 공의회는 몬타누스주의를 이단으로 재확증했고, 이후 점차 쇠퇴했다.

5) 마니교(Manicheaism)

마니교는 페르시아 사산 왕조(226-651) 초기에 예언자로 알려진 마니(Mani) 혹은 마니케우스(Manichaeus, c.216-276)에 의해 창시되었다. 마니교는 영지주의, 기독교, 조로아스터교 그리고 여러 종교 사상들이 결합된 혼합 종교였다. 영지주의에 영향을 받은 마니교는 선하고 영적인 빛의 세계와 악하고 물질적인 어둠의 세계라는 상반된 우주론을 교리 기초로 삼았다.

이 우주론에 따르면 세상은 빛과 어둠의 대립 가운데 생겼으며, 인간을 포함한 만물은 빛과 어둠의 속성이 뒤섞여 존재했다. 인간은 마음에 존재하는 두 개의 다른 원리, 즉 빛과 어두움의 원리에 따라 살아간다. 빛의 원리는 하나님이고, 어두움의 원리는 사단이다. 전자는 영적이며 선을 산출하는 반면, 후자는 물질적이고 악을 산출한다. 인간은 어둠의 원리에 지배받고 있다고 마니교는 가르쳤다.

따라서 구원이란 어둠의 지배를 받고 있는 육체로부터 영혼을 해방시키는 것이고 했다. 이를 위해 예수가 이 땅에 왔지만 그의 역할은 단지 세례 요한에 불과하며, 최후의 선지자는 마니(Mani) 자신이라고 주장했다.

악을 몰아내고 빛을 가까이 하기 위해 영지주의처럼 영적 지식을 깨닫는 참선을 중요하게 간주했고, 철저한 금욕 생활을 했다. 육식과 살생을 금기했고 사제들은 독신으로 살았다. 사산 왕조의 후원으로 왕조 내내 약 400년간 번창했으며, 왕조의 패망과 더불어 세력이 약화되었다. 한때 왕조의 후원으로 중국과 로마에 포교 활동을 적극적으로 전개했다. 힙포의 감독 어거스틴은 기독교로 개종하기 전 젊은 시절에 약 10년간 마니교를 따랐다.

6) 모나키안니즘(Monarchianism)

몬타누스가 성령과 예언을 지나치게 주장했다면, 모나키안니즘은 하나님의 통일성을 지나치게 강조했다. 모나키안니즘은 말 그대로 한 왕국에는 한 명의 군주(monarch)만이 존재한다는 이론을 근거로, 성부, 성자, 성령 하나님을 부인하고, 오직 한 분 하나님만을 주장하는 단일신론을 표방했다.

노에투스(Noetus of Smyrna, c.200-225)와 그의 제자 프락세아스(Praxeas) 등이 단일신론을 내세웠지만, 이 사상을 더욱 발전시킨 인물은 215년경부터 로마에서 활동했던 사벨리우스(Sabellius, d.260)였다. 그는 태양은 빛, 열, 둥근 형태를 가지고 있으나 그 모든 것이 하나의 태양인 것처럼, 하나님도 성부, 성자, 성령이라는 3가지 이름을 가진 한 분 하나님이며, 단지 상황에 따라 성부, 성자, 성령이라는 각기 다른 양태로 나타난다고 했다.

따라서 모나키안니즘을 양태론적(modalism) 단일신론이라고 불렀다. 263년 로마 감독은 사벨리우스의 가르침을 이단으로 정죄하고 파문했다. 카르타고의 감독 터툴리아누스는 자신의 글 『프락세아스에 대항하여』를 통해 양태론적 단일신론의 이단성을 논박했다.

2. 이단에 맞서는 변증 교부

초대 교회의 첫 교부는 사도의 제자 또는 그들의 가르침을 직접 받은 교회 지도자들이다. 이들을 속사도라 부른다. 속사도 교부는 로마 감독 클레멘스, 안디옥 감독 이그나티우스, 서머나 감독 폴리갑 등을 대표적으로 꼽을 수 있다. 이들은 교회의 태동기와 박해기에 교회 질서와 순교 정신을 일깨우며 교회를 지켰다. 속사도를 포함한 대부분의 초기 교부들은 박해와 이단에 맞서며 기독교 신앙과 교리를 변증했다. 이 시대의 변증가는 기독교 가르침을 변호하고, 이교 사상을 반박하며, 나아가 기독교 교리를 세웠다.

2세 초 중엽에 활동했던 최초의 변증가는 쿼드라투스(Quadratus of Athens)였다. 125년경에 아테네교회의 감독을 지냈던 그는 하드리아누스(Hadrianus, 재위 117-138) 황제에게 기독교를 변증하는 글을 헌정했다. 아리스티데스(Aristides, d. 133/134)는 황제 안토니누스 피우스(Antoninus Pius, 재위 138-161)에게 변증서를 썼다. 유스티누스의 제자인 타티안(Tatian, c.110-180)은 165년 유스티누스가 순교한 이후 『헬라인들에게 고함』이라는 변증 글을 썼다. 아테네 출신의 철학자 아테나고라스(Athenagoras of Athens, c.133-c.199)는 177년경 황제 마르크스 아우렐리우스에게 『그리스도인을 위한 청원』과 『부활』이라는 매우 유명한 변증서를 전했다.

안디옥의 감독 디오필러스(Theophilus of Antioch, d.183/5)는 삼위일체 개념을 좀 더 구체화한 변증가로 알려졌다. 변증가들은 기독교의 우월성과 건전성을 박해자들에게 호소했고, 아울러 이단적 사상들을 반박하며 교리적 기초를 닦아놓았다. 2세기에 익명의 저자가 황제 아우렐리우스의 개인교사로 추정되는 디오그네투스에게 보낸 서신은 박해 받는 기독교를 변호하는 동시에 기독교 신앙을 권유하는 전형적인 변증 글이었다.

> 그리스도인들은 나라와 언어와 관습에 있어서 다른 사람들과 다른 점이 전혀 없다. 그들은 자신들의 고향 도시에 머물지 않으며, 독특한 언변 형식을

갖지 않으며, 특이한 삶을 살지도 않는다. … 그들은 자신들의 고국에 거주하고 있으나, 사실 나그네와 같다. 그들은 시민으로서의 모든 의무를 다하고 있으나, 마치 외국인처럼 모든 것을 참아야 한다. 그들이 거주하는 외국 땅은 그들의 고국이며, 동시에 그들이 태어난 모든 땅은 외국인의 땅이기도 하다. … 육신을 입고 있으나, 그들은 육신에 따라 살지 않는다. 그들은 이 땅에서 살고 있으나, 천국의 시민들이다. 그들은 명시된 모든 법을 지키나, 동시에 법보다 한층 더 높은 차원의 삶을 살고 있다. 그들은 모든 사람을 사랑하나, 모든 사람에게 박해 받고 있다.[2]

1) 순교자 유스티누스(Justinus Martyris, c.100-165)

100년경 유스티누스는 사마리아 지역의 네아폴리스(Neapolis)에서 출생했다. 로마 시민권을 지닌 부모 밑에서 태어난 그는 일찍이 참된 진리를 찾고자 당대 유명한 학자들을 찾아다니며 철학을 탐구했다. 스토아, 아리스토텔레스, 피타고라스, 플라톤 학파 등을 순차적으로 순례했으나 만족할 만한 진리를 터득하지 못했다. 그러던 130년 어느 날, 해변을 거닐다가 만난 한 기독교 노인을 통해 기독교를 소개받고 개종했다. 이후 그는 철학적 지식을 통해 기독교를 변호하는 변증가로 활동했다.

유스티누스가 집필한 저서는 8-9권에 달했다. 그중에서 대표적인 변증 작품은 다음과 같다.

첫째, 『제1변증서』(*The First Apology*, 153)
둘째, 『트리포와의 대화』(*Dialogue with Trypho*, 160)
첫째, 『제2변증서』(*The Second Apology*, 161)

---

2 Clayton N. Jefford, *The Epistle to Diognestus*, ch. 5 in Roberts and Donaldson, vol. I, 27.

『제1변증서』는 당시의 황제 안토니누스 피우스에게 바친 글로서 제국의 박해와 이방의 거짓된 비난을 반박하며 기독교를 변호했다. 기독교의 신앙과 높은 도덕성을 강조했고, 이방 종교의 가르침과 비교해 볼 때 기독교가 가장 합리적이고 우월한 종교라는 점을 논증했다.

『트리포와의 대화』는 유대주의에 빠진 트리포에게 기독교의 우월성을 변증했다. 『제2변증서』는 새로운 황제 마르쿠스 아우렐리우스에게 보낸 변증 글이었다. 이처럼 유스티누스는 기독교인들에 대한 박해의 부당성과 기독교의 합리성과 우월성을 로마 황제와 관료와 철학자들에게 변증했다. 그뿐만 아니라 당시의 이단 사상들인 영지주의와 마르시온주의에 대해서도 반박했다. 165년 아우렐리우스 황제 통치기에 순교를 당했다.

유스티누스는 기독교를 헬라 철학 특히 플라톤 철학의 완성으로 이해했으며, 헬라 철학의 지혜는 구약성경에서 빌려 온 것이라고 생각했다. 따라서 그는 『제1변증서』를 통해 헬라 철학과 기독교 사상 간의 연결 고리를 찾아 증명하려고 노력했다. 예를 들어, 소크라테스와 플라톤이 주장했던 현상과 이데아에 관한 이원론과 헬라의 로고스 개념을 기독교와 연계하여 해석했다. 그는 헬라 철학에도 완벽하지 않지만 기독교 진리의 흔적이 있다고 보았다. 왜냐하면, 하나님이 로고스 예수가 육신으로 나타나기 전에, 로고스의 씨를 만민에게 주셨기 때문이라고 간주했다.

그러나 로고스를 이해할 수 있는 참된 지식과 이성은 기독교를 통해서만 가능하다고 강조했다. 헬라 철학에 근거하여 기독교 반박자들에게 기독교와 헬라 철학 간의 유사점을 제시하며 기독교의 우월성을 변증하는 유스티누스의 변증 방식을 이후의 헬라파 동방 교부들이 자주 사용했다.

특히, 알렉산드리아의 클레멘스와 오리게네스는 그 방식을 매우 유용하게 사용했다. 하지만 라틴파 서방 교부들은 대체로 그 방식을 좋아하지 않았다. 터툴리아누스의 경우, 기독교 사상과 헬라 철학 간의 연계성을 찾으려는 그들의 시도에 대해 다음과 같이 비판했다.

진정 아테네가 예루살렘과 무슨 상관이 있는가?
그 아카데미와 교회 사이에 무슨 일치점이 있는가?

2) 이레니우스(Irenaeus, c.130-202)

130년경 서머나에서 출생한 이레니우스는 폴리갑 감독의 사랑과 가르침을 받으며 성장했다. 서머나교회의 파송을 받아 170년경 현재의 프랑스 리용(Lyons)으로 건너가 목회하다가 177년에 리용교회의 감독이 되었다.

그의 활동기에 박해가 극심했다. 결국, 셉티미우스 세베루스의 박해 시기인 202년에 순교했다. 목회자로서뿐만 아니라, 여러 권의 저서를 통해 특히 이단 사상을 반박한 변증가였다. 이레니우스의 대표적인 작품은 다음과 같다.

첫째, 『그노시스에 대한 반박』(*Refutation of the So-called Gnosis*)
둘째, 『이단 논박』(*Against Heresies*)

그가 목회하던 리용 지역에 영지주의 영향이 상당했다. 특히, 『이단 논박』의 1권은 영지주의를 분파 별로 자세히 소개했으며, 2권은 이성적 논리로 영지주의를 논박했고, 3-5권은 구약과 신약의 예수와 사도의 글을 통해 반박했다. 『이단 논박』은 영지주의에 관한 가장 뛰어난 변증 작품이었다. 이레니우스는 구약과 신약성경을 많이 인용하며 영지주의를 논박했다. 특히, 신약성경의 경우, 그는 현재 성경의 사복음서 목록만을 언급했으며, 총 27권 가운데 22권의 목록을 인용했다.

또한, 이레니우스는 '무에서 유의 창조'(*creatio ex nihilo*) 사상을 제시하며, 하나님의 창조 능력을 강조했으며, 창조자와 피조물 간의 차이를 명확하게 구분했다. 그리고 그리스도의 성육신을 통해 인간이 하나님의 형상을 회복한다는 소위 총괄 갱신(*recapitulatio*) 신학을 주창했다.

3. 니케아 이전 초대 교부

1) 동방 교부

325년 니케아 공의회가 열리기 전에 초대 교회의 중심 도시는 제국의 동방에 속하는 알렉산드리아, 안디옥, 서머나, 에베소서, 예루살렘 등이었다. 이 지역에서 활동했던 교부들을 동방 교부라고 불렀고, 헬라어를 사용했기 때문에 헬라 교부라고도 불렀다.

(1) 알렉산드리아의 클레멘스(Titus Flavius Clemens, c.150-c.215)

불신자 가정에서 태어난 클레멘스는 개종하기 전 헬라 철학에 심취했었다. 스승이었던 판타이누스(Pantaenus)를 통해 기독교를 접한 그는 스승이 세운 알렉산드리아 교리문답 학교를 이어받아 운영했다. 그는 헬라 철학에 결합된 기독교 교리를 체계적으로 발전시켰다. 『헬라인들에 대한 권면』과 『변증서』를 통해 기독교의 우월성을 변증했다. 셉티미우스 세베루스 박해 시 소아시아 지방으로 피신하여 활동을 하다가 그곳에서 숨졌다. 그의 제자 오리게네스와 더불어 알렉산드리아 학파를 형성했다.

(2) 오리게네스(Origenes, c.185-c.254)

185년경 신실한 그리스도인의 가정에서 출생했다. 그의 아버지 레오니데스(Leonides)는 로마 시민권자로서 성경과 기독교 교리에 조예가 깊었다. 아버지로부터 성경 암송과 교리 가르침을 받았다. 그리고 클레멘스의 '교리문답학교'에 입학하여 그의 제자가 되었다. 18세 때 이미 세례 지원자들을 교육하는 교사로 임명될 정도로 그는 성경과 교리에 해박한 지식을 가지고 있었다. 202년 아버지 레오니데스가 세베루스 박해 시기에 순교를 당했는데, 그는 아버지와 함께 순교하려고 했다.

그러나 더 큰 일을 위해 살아야 한다는 어머니의 권면으로 생각을 바꿨다. 이후 오리게네스는 성경 해석, 교리 해석, 변증 활동 등을 통해 알렉산드리아 학파를 대표하는 교부가 되었다. 금욕적 생활을 위해 스스로 거세했다. 성직 서품을 원했으나 알렉산드리아 주교의 반대로 뜻을 이루지 못했고, 결국 230년경 알렉산드리아를 떠나 가이사랴로 이주하여 정착했다.

그곳에서 서품을 받았으며, '교리학교'를 세워 남은 생애를 저술과 강의 활동에 전념했다. 그는 데키우스 황제(재위, 249-251) 박해 때, 체포되어 옥중 생활을 하다가 석방되었으나 고문 후유증으로 몇 년간 고생하다가 숨을 거두었다. 오리게네스는 『순교에 대한 권면』을 통해 자신이 스스로 실천해 왔던 금욕적인 절제와 순교적 삶 그리고 경건한 영성에 관하여 기술했다. 그는 하나님, 세계, 자유, 성경 등의 주제를 다룬 『제일 원리들』을 집필했다. 이 저서는 기독교 최초의 조직신학 책이었다. 기독교를 반박한 헬라 철학자 켈수스에게 쓴 『켈수스에 대항하여』는 그의 대표적인 변증서였다.

240년경 그는 가이사랴에서 『헥사플라』를 집필했는데, 여섯 개의 구약 성경 역본을 대조할 수 있도록 편찬했다. 히브리 마소라(Masora) 본문, 70인역, 히브리어 본문의 헬라어역, 아퀼라역, 심마쿠스역, 데오도루스역을 병행해 놓았다. 『헥사플라』는 성경 연구에 대한 그의 진지함을 잘 대변해 주었다. 오리게네스는 풍유적(allegorical) 성경 해석을 매우 선호했다. 그는 문자적, 도덕적, 영적 의미를 밝히는 삼중 성경 해석 법을 전개했다. 영적 의미는 풍유적 방식으로 해석했다. 이 삼중 해석은 중세로 가면서 사중 해석으로 발전했다.

오리게네스는 단일신론을 단호하게 부정했다. 성부, 성자, 성령은 각기 다른 '위격'(hypostases)을 지닌 영원한 개별적 존재라는 하나님의 삼위일체를 주장했다. 그러나 삼위 하나님을 등급화 시켜 성령은 성자에게, 성자는 성부에게 종속된다는 종속론을 펼쳤다. 오리게네스는 니케아 공의회 이전의 최고 학자요 최초의 조직신학자로 알려진 뛰어난 교부였지만, 그의 파격적인 교리와 성경 해석은 신학적 논란을 많이 낳았다.

2) 서방 교부

로마 제국의 서부 지역, 특히 지중해 연안의 북아프리카에 기독교가 번성했다. 특히, 카르타고(Carthago, 현재의 튀니지)는 헬라권의 알렉산드리아 학파와 쌍벽을 이루는 라틴권 학파의 중심지였다. 이 지역의 교부들을 서방 교부 또는 라틴 교부라고 불렀다.

(1) 터툴리아누스(Quintus Septimius Florens Tertullianus, c.160-c.240)

카르타고 출신의 터툴리아누스는 비기독교 가정에서 태어나 수사학과 법률을 공부했다. 195년경 순교자들의 신앙에 감동을 받고 기독교로 개종했다. 그는 라틴어를 사용한 최초의 교부였다. 삼위일체(*trinitas*)를 비롯한 약 980개의 라틴어 신학 용어를 만들어냈다. 206년경 그는 정통 교회의 권위주의에 실망하고 몬타누스주의의 금욕적 생활에 매료되어 한때 그 운동에 빠졌었다.

이후 신학자로서뿐만 아니라 박해와 이단에 맞서는 변증가로 크게 활동했다. 이단을 논박하는 30여 권의 글을 집필했는데,『이단자에 대한 규정』(*Prescription against the Heretics*)을 통해 영지주의와 헬라 철학을 그리고『마르시온에 대항하여』(*Against Marcion*)를 통해 마르시온주의를 강력하게 논박했다. 로마 제국의 박해에 대항하는『변증』(*Apology*)을 기록했는데, 순교자의 피는 교회의 씨앗이라는 유명한 어록을 남겼다.

> 당신들의 잔인함이 아무리 극심할지라도, 그것은 아무런 소용이 없다. 오히려 그것은 우리에게 도전일 뿐이다. 당신들이 우리를 거꾸러뜨릴 때마다 우리의 수는 더 늘어난다. 그리스도인들의 피는 (교회의)씨앗이다.[3]

---

[3] Tertullian, *Apology*, ch. 50 in Roberts and Donaldson, vol. III, 55.

터툴리아누스는 알렉산드리아 학파와 달리 헬라 철학과 기독교 교리 간에 존재하는 분명한 차이를 강조했다. 『이단자에 대한 규정』을 통해 헬라 철학과 관습이 모든 이단의 발원지라고 규정하고, 기독교 교리와 헬라 철학 간의 연결점을 찾으려는 자들을 강력하게 반박했다.

> 진정 아테네가 예루살렘과 무슨 상관이 있는가?
> 그 아카데미와 교회 사이에 무슨 일치점이 있는가?
> 이단자들과 그리스도인들이 무슨 상관이 있는가?
>
> 우리의 교훈은 '마음이 가난한 자가 주님을 만날 수 있다'고 가르치신 '솔로몬 행각'에서 나온다.
>
> 스토아적, 플라톤적, 변증법적인 얼룩덜룩한 기독교를 만들고자 하는 모든 시도를 버려라!
> 우리는 예수 그리스도를 소유한 이후에 호기심 가득한 어떠한 논쟁을 원하지 않으며, 복음을 맛 본 이후에 어떠한 의문도 원하지 않는다!
> 더 이상의 어떠한 믿음도 우리는 결코 원하지 않는다!
>
> 왜냐하면, 우리의 신앙은 추가적으로 믿을 것이 더 이상 없는 최상의 믿음이기 때문이다.[4]

터툴리아누스는 『프락세아스에 대항하여』(*Against Praxeas*)를 통해 양태론적 단일신론을 이단으로 규명했다. 논박의 과정에서 그는 삼위일체를 라틴어 '트리니타'(*trinita*)로 처음 표기했다. '본질'(*substantia*)과 '위격'(*persona*)이라는 라틴어로 삼위일체론을 논증했다. 즉 성부와 성자와 성령 하나님

---

4 Tertullian, *On Prescription Against Heretics*, ch. 7 in Roberts and Donaldson, vol. III, 246.

은 하나의 본질과 세 위격을 가진 한 분이며, 각 위격은 구별되나 결코 분리되지 않는다고 가르쳤다.

그는 삼위 하나님의 역사 속에서의 활동을 경륜적(economical)으로 이해했다. 그의 주장은 헬라 교부들에게 상대적으로 덜 알려져 있었지만, 325년 니케아 공의회 때 그의 사상은 삼위일체 교리 정립에 크게 기여했다.

(2) 키프리아누스(Thascius Caecilius Cyprianus, c.200-258)

비기독교 가정에서 태어난 키프리아누스는 어느 카르타고 사제의 영향으로 246년 기독교로 개종했다. 248년경 카르타고교회의 감독으로 선출됐으며, 258년 발레리아누스 황제(Valerianus, 재위 253-260)의 박해 때 순교했다. 개종 후, 개인적으로 터툴리아누스에 매료되어 그의 글을 거의 다 섭렵했다. 데키우스 황제(재위 249-251)의 박해가 제국 전역에서 발생했다. 데키우스는 기독교를 박멸하기 위해 많은 교회의 지도적 인물들을 체포하며 처형했고, 갖은 고문과 협박과 회유를 통해 많은 사람의 신앙을 배교시켰다.

이때 키프리아누스는 박해를 피해 잠시 가까운 곳으로 피신하여 한동안 서신으로 카르타고교회를 지도했다. 다행히도 데키우스 황제가 갑자기 사망함으로써 박해가 빨리 종식되었다. 그러나 이후 고백자와 배교자 간에 논쟁이 격하게 벌어지면서 서방 교회는 대혼란에 빠졌다.

키프리아누스는 고백자들과 그를 시기하는 자들로부터 박해 기간에 피신한 것에 대해 비난을 받았다. 하지만 배교자 처리 문제에 대한 논쟁에서 그는 매우 결정적인 역할을 했다. 논쟁의 핵심은 배교자들을 교회에 무조건 재입교 시킬 것인가, 아니면 일정한 기간의 참회 시간을 갖게 한 후에 받아들일 것인가, 이런 결정은 누가 할 것인가, 감독인가 아니면 고백자들인가 등의 문제들이었다.

이 논쟁에 대해 키프리아누스는 『배교자』라는 글을 통해 배교자는 일정 기간 참회해야 재입교가 가능하며, 이러한 결정은 감독만이 할 수 있다고 주장했다. 251년 로마 감독으로 선출된 코르넬리우스(Cornelius)는 키프리아누스의 의견을 전폭적으로 지지했다.

그러나 로마 감독 선출에서 코르넬리우스에게 밀려난 노바티안(Novatian) 장로는 배교자를 절대 받아들일 수 없다며 반대입장을 강력하게 내세웠다. 그리하여 로마 교회뿐만 아니라 북아프리카의 서방 교회들이 혼란과 분열의 위기를 맞았다. 이때 키프리아누스는 노바티안의 분리적인 행동을 이단적 행위로 규탄했다. 그는 세상의 모든 교회는 하나의 보편적 교회라는 일치성을 강조하며, 교회의 일치성을 깨뜨려서는 절대 안된다고 외쳤다. 교회 분리는 곧 그리스도의 평화와 질서를 깨뜨리는 일이기 때문에 감독을 중심으로 교회가 하나가 되어야 한다고 역설했다.

배교자의 재입교 문제에 이어, 노바티안파와 같은 이단종파로부터 세례 받은 자들이 재입교할 경우, 세례를 다시 베풀어야 하는가에 대한 논쟁이 또다시 일어났다. 254년 코르넬리우스의 로마 감독직을 승계한 스테파누스 1세(Stephanus)는 재세례 받을 필요가 없음을 피력하며 다른 교회의 감독들도 자신의 결정에 따를 것을 강력히 요청했다. 하지만 256년 키프리아누스를 비롯한 소아시아와 북아프리카 지역 교회 감독 71명이 카르타고에 모여 이단에게 받은 세례는 무효라고 선언했다. 오직 참된 교회의 성직자가 베푼 세례만이 유효하다고 강조했다.

또한, 로마 감독의 요청을 거부함으로써, 감독의 우월성을 내세우려는 로마 감독의 태도를 반박했다. 키프리아누스는 교회는 하나라는 교회의 보편성 아래 모든 교회와 감독은 하나로 서로 결속되어 있지만, 각각의 교회와 감독은 독립적 결정권을 가지고 있다고 주장했다.

제6장

니케아 이전 교부 시대의 결산

1. 밀라노 칙령과 기독교의 공인

1) 콘스탄티누스 1세와 밀라노 칙령

황제 디오클레티아누스(재위 284-305)는 제국의 재건설을 위해 293년 사두 정치를 단행했다. 로마 제국을 서방과 동방 지역으로 분할하고, 각 지역에 정제(Augustus) 한 명씩 그리고 그 밑에 부제(Caesar) 한 명씩을 두었다. 소위 4명의 제후가 있는 셈이며, 이들로 하여금 각자 자기 지역의 군사력과 경제 문제를 전적으로 책임지게 했다. 사두 정치는 황제 갈레리우스(재위 305-311) 시대에도 계속되었다. 311년 갈레리우스의 사망 후, 4명의 제후는 통일 황제라는 일인 자리에 오르기 위해 치열히 전투를 벌였다.

당시 서방은 콘스탄티누스 1세(Constaninus I Magnus, 재위 306-337)와 막센티우스(Maxentius, 재위 306-312) 그리고 동방은 리키니우스(Licinius, 재위 308-324)와 막시미누스 다이아(Maximimus Daia, 재위, 311-313)가 제국을 분할하여 통치하고 있었다. 제국의 최 서부에서 세력을 키운 콘스탄티누스 1세는 알프스를 넘어 이탈리아 북부를 점령하고 로마에 이르러 막센티우스와 대치했다. 콘스탄티누스 1세 아들의 교사이며 기독교 역사가인 락탄티우스(Lactantius, c.240-c.320)의 기록에 따르면, 콘스탄티누스는 로마의 밀비안(Milvian)

다리 근교에서 막센티우스와의 최후 일전을 준비 중에 있었다. 이때 콘스탄티누스는 태양위로 빛나는 십자가를 보았는데, 그 십자가 위에는 '이것으로 이겨라'는 글자가 쓰여져 있었다.

그날 밤 예수가 나타나 낮에 보았던 동일한 십자가를 그에게 보여 주면서 그것을 만들어 군사들의 방패에 부착하라는 꿈을 꾸었다. 그는 이 신비로운 사건을 승리를 약속하는 하나님의 징표로 믿고 병사들의 모든 병기에 그리스도를 상징하는 P와 X가 교차하는 문양을 부착시켰다.

그리고 312년 10월 28일에 벌어진 밀비안 다리 전투에서 막센티우스를 꺾으며 대승을 거두었다. 이로써 콘스탄티누스는 서방 지역의 일인자 황제의 자리에 올랐다. 이후 313년 2월 3일, 콘스탄티누스 1세는 밀라노에서 동방 제국의 일인자 황제 리키니우스를 만나 화친을 맺고 밀라노 칙령(Edictum Mediolanense)을 발표했다.

> 우리 두 황제 콘스탄티누스와 리키니우스가 제국의 안녕과 안전을 위해 밀라노에서 회합을 갖고, 모든 국민에게 유익이 될만한 사안을 결정했으니, 즉 하나님을 예배하게 하는 것이 우리가 주는 우선적이고 가장 중요한 배려가 될 것이며, 그리스도인들을 포함한 모든 사람이 자신들이 좋아하는 종교를 자유롭게 갖도록 하는 것이 옳은 일이다. 그러므로 하늘의 하나님이 우리와 제국의 백성들에게 번영을 가져다 줄 것이다. 따라서 그리스도인들에 대한 과거의 규정과 지침이 어떠했을지라도, 이제 우리는 기독교를 따르는 모든 사람이 간섭과 방해없이 그리고 충돌과 통제 없이 신앙 생활을 계속해 갈 수 있다는 것을 선포한다.[1]

밀라노 칙령은 기독교에 대한 관용 법령이었다. 드디어 집회를 허용하며 탄압을 중지하고, 뿐만 아니라 몰수했던 재산을 환원해 주었다. 이로써 250

---

1 "The Edict of Milan", in Bettenson and Maunder, 17.

년간 지속되었던 제국의 박해는 공식적으로 종식되었고, 기독교는 로마 제국 내 전역에서 자유롭게 신앙 할 수 있는 법적인 보장을 받았다. 이후 제국의 서방은 콘스탄티누스가 동방은 리키니우스가 양분하여 통치했다.

하지만 두 사람은 통일 황제라는 마지막 일인자 자리를 놓고 서로 물러설 수 없는 일전을 다시 벌였다. 결국, 324년 리키니우스가 패배했고 이듬해에 처형됐다. 324년 콘스탄티누스 1세는 로마 제국의 통일 황제 자리에 올랐다. 그는 로마의 옛 영광을 복원시키고자 주전 600년경 헬라 문화의 확장기에 세워진 작은 도시 비잔티움(Byzantium)을 '새로운 로마'(Nova Roma)로 선포하고 330년에 제국의 수도로 삼았다.

그리고 콘스탄티누스의 도시라는 뜻을 지닌 콘스탄티노플로 도시 이름을 고쳤다. 476년 서로마 제국이 붕괴된 이후에도, 콘스탄티노플은 1453년에 오스만 투르크 제국에 의해 함락되기 전까지 1000년이 넘도록 비잔티움 제국(Byzantium Empire)의 수도로서 정치, 문화, 경제, 교육, 종교의 중심지가 되었다.

313년 밀라노 칙령 이후, 콘스탄티누스는 기독교의 수호자로서의 역할을 자처했다. 321년 3월 현재의 일요일을 휴일로 규정하여 기독교 주일 예배의 길을 열어 주었다. 독실한 기독교 신앙을 가진 어머니 헬레나(Helena, c.248-c.329)가 예루살렘 순례 중에 발견한 예수의 무덤에 어머니의 유언에 따라 330년경 성묘교회를 건축했다.

그 외에도 각 도시에 교회 건축 사업을 적극적으로 지원했다. 더욱이 교리적 논쟁이 발생하자, 325년 6월 니케아 공의회를 소집하여 문제 해결을 도왔다. 313년 밀라노 칙령과 더불어 시작된 그의 기독교 진흥 정책은 기독교 발전에 크게 기여했다. 그 외에 그가 이룩한 뛰어난 업적 때문에 그는 로마 황제들 중에서 최초로 대제(magnus)라는 칭호를 받은 황제가 되었다.

2) 밀라노 칙령의 결과

313년 콘스탄티누스 대제가 발표한 밀라노 칙령과 그의 기독교 진흥 정책은 기독교회에 획기적인 대변화를 가져다 주었다.

첫째, 무엇보다 기독교에 대한 박해가 공식적으로 종식되었다. 더불어 순교 시대도 마감되었다.

둘째, 기독교회는 제국 교회로서 빠르게 발전해 갔다. 복음이 로마 제국을 정복했다고 긍정적으로 볼 수 있지만, 반대로 기독교에 대한 콘스탄티누스의 승리였다라는 점도 간과할 수 없다.

왜냐하면, 밀라노 칙령 이후, 기독교회가 콘스탄티누스 통치 정략에 따라 좌지우지되는 경우가 많았기 때문이다. 예를 들어, 314년 도나티즘에 대한 판결이나, 325년 니케아 공의회의 결정과 시행 과정에서 황제의 정치적 간섭이 실제로 많이 작용했다. 그의 사망 후, 플라비우스 율리아누스(Flavius Julianus, 재위 361-363) 황제가 잠시 기독교를 박해하고 로마의 옛 이교 신앙을 복구하려고 했다.

그러나 대부분의 황제는 콘스탄티누스의 기독교 진흥 정책을 충실하게 이어갔다. 379년 제국의 마지막 통일 황제의 자리에 등극한 데오도시우스 1세(Flavius Theodosius I, 재위 379-395)는 마침내 380년 2월에 기독교를 로마 제국의 국교로 천명했다. 제국 교회로서의 기독교는 안정적이고 확실한 발전을 누렸지만, 반대로 제국의 간섭을 이전 보다 더 많이 받았고, 제국 정치와 결탁한 일부 성직자들 때문에 제도화와 세속화 현상을 빠르게 겪었다.

셋째, 수도원 운동의 발전을 가져다 주었다. 수도원 운동은 교회의 세속화에 대한 반발로 일어났다.

2. 예배의 발전과 교회 직제

1-2세기의 초대 교회 예배는 신자의 가정이나 카타콤에서 예배를 드렸다. 3세기부터 가정집을 개조하여 바실리카 형태로 교회를 세웠다. 초대 교회는 일요일, 즉 예수가 부활한 날을 공적 예배일로 간주하고 모였다. 그리고 성경 낭독, 설교와 권면, 기도와 성찬 그리고 교제와 구제활동을 가졌다. 유스티누스는 『제1변증서』를 통해 150년경의 주일 예배를 다음과 같이 생생하게 전해 주었다.

> 일요일이라 불리는 날에 도시나 농촌에 사는 모든 신자가 한 장소에 모인다. 시간이 허락되는 한 오래도록 사도들의 글과 예언의 글들이 낭송된다. 봉독자의 낭송이 끝나면, 사회자가 입을 열어 그 귀한 말씀을 본받아 살아가라고 권면하고 가르친다. 그 직후 모두가 일어나 기도하고, 기도 후에 앞에서 말한 것처럼, 빵과 포도주와 물을 가져온다. 항상 하듯이 사회자는 최선을 다해 하나님께 감사의 기도를 드리며, 모든 신자는 아멘으로 화답한다. 그 다음, 감사드린 음식을 분배하고 먹는다. 참석하지 않은 사람들에게는 집사들이 가져다 준다.
> 능력과 뜻이 있는 사람들은 가장 좋은 것을 헌금하여 사회자에게 준다. 사회자는 그것을 가지고 고아들과 과부들, 질병이나 또 다른 이유로 궁핍한 사람들, 감옥에 갇힌 자들, 일시 체류자들 등 즉 궁핍에 처한 모든 사람을 돕는다. 우리는 일요일에 우리의 공동 집회를 갖는다. 왜냐하면, 이 날은 하나님이 어둠과 사물을 변화시켜 세상을 창조한 첫 날 일뿐만 아니라, 우리의 구원자 예수 그리스도가 죽은 자들로부터 부활하신 바로 그날이기 때문이었다.[2]

---

2 Justine Martyr, *The First Apology*, ch. 67 in Roberts and Donaldson, vol. I, 186.

밀라노 칙령 이후, 실로 많은 변화가 일어났다. 콘스탄티누스의 기독교 진흥 정책에 따라 곳곳에 교회 건물이 지어졌다. 321년부터 일요일이 공휴일이 되면서 자유롭게 주일 예배를 드릴 수 있었다. 황제 숭배 시 사용되었던 향불이 기독교회 예배에도 등장했다. 성직자들이 입는 예복은 각종 색깔과 장식으로 점점 더 화려하고 사치스럽게 꾸며졌다. 순교한 교회 지도자들을 성자라고 불렀고, 그들의 유골과 유품을 귀한 성물로 취급했다. 심지어 교회의 제단 아래 성자의 유골을 묻는 등 일종의 성자 숭배 행위가 서서히 나타났다.

교회 직제의 경우, 2세기 중순부터 감독직이 자리잡아갔다. 교인들은 선거를 통해 감독을 선출했고, 감독은 장로를 임명했다. 3세기에는 한 교회에 감독 1명, 여러 명의 장로, 수십 명의 집사가 있었다. 안수직으로는 감독과 장로가 있었고, 비안수직으로는 집사와 교역자를 돕는 부집사, 시송악사, 성경 낭독자, 회당지기, 노래하는 사람 등이 있었다. 선출된 감독은 3명의 인근 교회 감독이 모여 안수식을 거행했다. 밀라노 칙령 이후, 더욱 빠르게 직제 제도가 발전했다.

콘스탄티누스 대제가 제정한 제국의 행정 구역 제도에 따라 교회도 교구 제도를 도입했다. 한 교구 안에는 여러 개교회가 있었고, 개교회의 담임을 감독으로, 교구를 관리하는 감독을 주교라고 불렀다. 여러 교구를 하나로 묶어 대교구라고 했으며, 그 수장을 대주교라 칭했다. 대교구 가운데 특히 예루살렘, 안디옥, 알렉산드리아, 로마, 콘스탄티노플 등의 5대 교구를 총대교구라 했고, 그 수장을 총대주교라 불렀다.

3. 신조의 형성

신조란 라틴어 크레도(*credo*)에서 유래한 것으로 '나는 믿는다'라는 뜻을 가지고 있었다.

주는 그리스도시요 살아 계신 하나님의 아들이시니이다(마 16:16).

초대 교회에는 베드로의 고백을 새신자의 신앙 고백으로 간주했다. 이 고백에 기초하여 삼위 하나님의 이름으로 세례를 베풀었고, 교회의 회원으로 받아들였다. 하지만 다음의 2가지 이유에 의해 점차 구체적이고 긴 형태의 신조가 만들어졌다.

첫째, 새로운 신자들에게 좀 더 분명하게 기독교의 기본 교리를 가르치려고 했다.
둘째, 범람하는 영지주의, 마르시온주의, 몬타누스주의 등과 같은 이단 사상들을 구분하기 위함이었다.

따라서 초대 교회는 예비 신자 교육을 철저하게 시행했다. 예비 신자 교육을 통해 기독교 근본 진리를 배우고 그 내용을 진심으로 받아들이고 고백할 때에 세례를 주었다. 따라서 이 당시의 신조는 일종의 세례 신조였다.
니케아 이전에는 전체 교회가 공동적으로 사용하는 신앙 표준(*regula fidei*)이 없었다. 단지 교회나 지역별로 신앙 표준을 만들어 예비 신자 교육에 사용했다. 따라서 짧거나 길거나, 선언적이거나 고백적이거나 그 형태가 다양했다. 주로 유명 교부들이 각기 상황에 맞게 신앙 신조를 만들어 사용했다. 예비 신자교육으로 집필된 히폴리투스(Hippolytus, 170-235)의 『사도전승』은 대표적인 작품이었다.
이레니우스의 제자이며 로마 교회 감독을 지냈던 그는 양태론적 단일신론과 영지주의 반대하다가 순교한 변증 교부였다. 니케아 공의회 이전, 서방 교회는 대체로 로마 신경을 고백했다. 이 로마 신경은 대략 150년경에 로마에 처음 등장했으며, 사도 신경의 효시로 알려졌다.

4. 성경의 정경화

정경은 헬라어 카논(κανών)에서 유래하며 '막대기', '자', '표준', '규범' 등을 의미한다. 따라서 성경의 정경화란 성경을 하나님의 계시에 의한 신앙과 생활의 규범으로 삼는 작업을 말한다. 정경화는 성경의 사도성과 영감성 그리고 보편성을 가장 중요한 표준으로 삼았다. 초대 교회에는 히브리 구약성경을 정경으로 보는데 큰 이견이 없었다. 신약성경은 정경화 과정에 있었다. 2세기에 발생한 마르시온주의는 오직 누가복음과 바울의 10개 서신만을 정경으로 간주했다. 같은 시기의 몬타누스주의는 성령의 직접 계시와 예언 등을 강조함으로써 성경의 권위를 약화시켰다. 좀 더 명확한 기독교 정경이 초대 교회에 필요했다.

2세기 말 변증 교부 이레니우스는 『이단 논박』을 기술하면서 현재의 신약성경 27권 중에서 22권의 성경 목록 말씀을 인용했다. 동시대 교부 알렉산드리아의 감독 클레멘스는 야고보서와 베드로후서와 요한3서를 제외한 24권의 신약성경 전체 목록을 사용했다. 1740년 이탈리아의 학자 무라토리(Muratori, 1672-1750)가 밀라노의 암브로시우스 도서관에서 고문서를 발견했다. 『무라토리의 단편』(Muratorian Canon)이라 불리는 이 문서에는 약 2세기 중엽에 작성된 것으로 추정되는 신약성경 목록이 나오는데, 히브리서와 야고보서와 베드로전후서를 제외한 총 23권의 목록이 언급되어 있었다. 따라서 2-3세기경 초대 교부들이 22-24권의 신약성경 목록을 정경으로 이미 인정하고 있었음을 볼 수 있다.

313년 밀라노 칙령 이후, 신약성경의 정경화 작업은 급 물살을 탔다. 가이사랴의 유세비우스, 아다나시우스, 제롬 등의 교부들이 정경화 작업에 크게 기여했다. 특히, 아다나시우스는 367년경에 집필한 그의 서신서에서 신약 27권과 구약 39권을 정경으로 언급했다. 아다나시우스의 견해가 유력하게 통용되던 중, 397년 카르타고 공의회는 구약 39권과 신약 27권을 기독교의 정경으로 승인했다.

제7장

신학 논쟁과 교리의 발전

1. 도나투스주의 논쟁

250년경 데키우스 황제의 박해 종식 후, 배교자의 재입교 문제에 대한 찬반 논쟁으로 노바티안파의 분리 운동이 발생했다. 또 다른 유사한 사건이 313년 밀라노 칙령 10여 년 이전의 박해기에 발생하여 소위 도나투스주의(Donatism) 논쟁이 일어났다. 역사상 가장 끔찍한 박해기로 알려진 디오클레티아누스(재위 284-305)와 갈레리우스(재위 305-311)의 통치 기간에 많은 그리스도인이 신앙을 배교했다. 교회 지도자들 중에도 박해를 면하기 위해 제국 관리에게 성경 사본을 반납하거나 이방 신전 예배에 참여하는 사건들이 벌어졌다.

박해 종식 후, 북아프리카 카르타고에서 논쟁이 일어났다. 311년 카이실리아누스(Caecilianus)가 카르타고의 감독으로 선출되었다. 그러나 박해 중에 신앙을 지킨 자들이 그의 감독 임명을 무효라고 주장했다.

그 이유는 카이실리아누스의 감독 안수식에 303년 디오클레티아누스 박해 때 신앙을 배교했던 압툰가의 펠릭스(Felix of Aptunga) 감독이 참석해 안수했기 때문이었다. 카이실리아누스 측은 펠릭스를 즉각 옹호했지만, 반대파는 마조리누스(Majorinus)를 감독으로 따로 선출했다. 마조리누스가 선출된 지 얼마 안되어 죽자, 313년에 곧바로 도나투스(Donatus, d. 355)를 카르타고의 감독으로 세웠다. 이리하여 카르타고교회에는 두 명의 감독이 서로 감독의 정통성을 주장하며 논쟁을 벌였다.

도나투스는 자신의 지지 세력을 약 40년간 이끌어 갔다. 따라서 지지 세력을 도나투스파라고 불렀다. 도나투스파는 카이실리아누스의 감독직을 인정하지 않았다. 그리고 배교자 감독들이 집행한 세례는 더 이상 효력이 없다고 주장하며 재세례를 시행했다. 즉 성례의 효력 문제로까지 논쟁이 확대되었다. 이에 대해 카이실리아누스 측은 성직 임명과 성례의 효력은 감독의 자격과 가치에 달려 있는 것이 아니라고 반박하며 도나투스파의 분파적 행위를 비난했다.

서방 제국의 황제가 된 콘스탄티누스는 교회의 안정과 통일을 원했다. 도나투스파는 황제에게 공정하고 원만한 중재를 기대했으나, 오히려 카이실리아누스파의 손을 손쉽게 들어줬다. 그도 그럴 것이 대부분의 카이실리아누스파 세력은 로마화된 북아프리카의 상위 계층의 사람들이었고, 반면 대부분의 도타투스파 세력은 북아프리카 원주민들이었기 때문에 황제로부터 정치적 지지를 긍정적으로 이끌어 내지 못했다. 이러한 정세에서 개최된 314년의 아렐스(Arels)교회 회의는 카이실리아누스의 감독직을 합법적으로 승인했고, 도나투스파를 분파주의자들로 정죄했다.

결국, 도나투스주의 논쟁은 교회의 순수성 지키려는 자들과 교회의 통일성을 지키려는 자들 간의 충돌로 시작되었고, 나중에는 세속 권력에 얼마나 가까운가에 따라 논쟁의 결론이 결정지어 졌다. 405년 황제 호노리우스(Honorius, 재위 395-423)는 도나투스파의 재세례를 금지시켰으며, 그들의 분파적 행위를 이단으로 규정하는 칙령을 발표했다. 제국과 교회의 탄압이 계속되었음에도 불구하고 도나투스파는 교회의 거룩성과 순수성을 외치며 한때 북아프리카에서 크게 위세를 떨칠 정도로 발전했다. 하지만 7세기 북아프리카를 침공한 이슬람 때문에 점차 소멸되었다.

313년 밀라노 칙령 이후 교회에 나타난 가장 큰 변화 중에 하나가 바로 도나투스주의 논쟁과 같은 공개적인 신학 논쟁이었다. 박해 때에는 불가능했었다. 단지 몇몇의 이단자와 교부 사이에서 지엽적으로 발생했을 뿐이었다. 그러나 박해 종식 후 그 동안 쌓여 있던 여러 가지 신학 이슈들을 공개적으로 토론하게 되었다. 그 결과 교리의 체계적인 발전을 가져다 주었고, 위대한 교부 신학자들의 시대를 열어 주었다. 공개적이고 범제국적인 첫 번째 신학 논쟁이 325년에 개최된 니케아 공의회였다.

2. 니케아 공의회(Council of Nicaea, 325년)

초대 교회 때, 불신자들은 그리스도인들을 무신론주의자라고 비난했다. 가시적인 신상과 외형적인 의식을 중요한 신앙적 요소로 생각했던 그들은 비가시적 형태의 기독교의 하나님과 그를 섬기는 그리스도인들의 신앙을 제대로 이해할 수 없었다. 따라서 초대 교회 변증 교부들은 기독교의 영적, 불변적, 절대적, 초월적 신관이 고대 철학자들의 사상과 가르침에도 있다는 점을 학문적으로 제시하며, 기독교 신관의 정당성을 변증했다. 기독교와 헬라 철학을 접목하여 기독교 신관을 변증했던 가장 대표적인 개념이 바로 로고스였다. 유스티누스와 알렉산드리아 학파가 이러한 시도에 매우 적극적이었다.

그 과정에서 동방 교부들 가운데 로고스 그리스도가 성부 하나님과 어느 관계에 위치하고 있는가에 대한 의견이 다양하게 나타났다. 이것이 니케아 공의회가 소집된 주요 원인이었다. 즉 니케아 공의회는 성부 하나님과 성자 그리스도와의 관계를 규명하기 위해 모인 범제국적 첫 교회 회의였다.

한편 라틴어권 서방 교부들 간에는 터툴리아누스의 삼위일체 견해가 거의 주류를 이루고 있었다. 240년경 그는 성부와 성자와 성령 하나님은 하나의 본질과 세 위격을 가지신 분이라는 규명하였었고, 그에 반대하는 다른 논쟁이 크게 일어나지 않았다. 325년의 니케아 공의회는 주로 동방 교부들 간에 벌어진 뜨거운 논쟁이었다.

1) 알렉산더와 아리우스의 논쟁

313년 밀라노 칙령 후, 동방의 황제 리키니우스와 서방의 황제 콘스탄티누스가 서로 통일 황제의 자리를 놓고 힘겨루기를 하고 있을 시점에 알렉산드리아에서 삼위일체에 관한 논쟁이 발생했다. 알렉산드리아의 감독 알렉산더(Alexander, d.328)와 장로 아리우스(Arius, c.250-336) 두 사람 사이에 일어난 논쟁이었다.

매우 명석한 장로이자 지역 교구의 사제였던 아리우스는 성부와 성자와 성령 하나님을 각기 독립적인 신으로 강조할 경우 세분의 하나님을 믿게 되는 다신론에 빠질 위험성이 있다고 생각하고, 오리게네스처럼 성부와 성자와 성령의 관계를 등급화시키며, 성부 하나님의 우월성과 단일성을 강조했다. 즉 아리우스는 로고스 성자에 대하여 다음과 같이 주장했다.

> 그가 존재하지 않을 때가 있었다.

성자 로고스는 성부와 함께 영원부터 존재하지 않았으며, 다만 세상 창조 이전에 성부에 의해 창조되었다. 성자는 성부의 창조물 가운데 가장 최고의 영적 존재라고 아리우스는 피력했다.

318년 알렉산더 감독은 약 100명의 지역 감독들을 모아놓고 아리우스의 주장을 반박했다. 성자 로고스는 성부 하나님과 함께 영원부터 존재했다. 성부에 의해 창조된 것이 아니라 성부가 낳으신 존재로서 성부와 함께 영원하다고 외쳤다. 그러자 아리우스는 알렉산더를 향해 유일신 사상을 부인하는 잘못된 가르침이라고 비난했다.

알렉산더는 감독의 권위로 아리우스의 주장을 정죄하고 교회에서 축출했다. 아리우스와 지지자들은 알렉산더의 결정에 강력하게 항의하며, 팔레스타인과 소아시아 지역의 동방 교회 감독들에게 호소했다. 아리우스의 호소에 동정적인 감독들이 늘어나면서 알렉산드리아에서 시작된 논쟁은 동방 교회 전체의 논쟁으로 확대되었다. 324년 리키니우스와의 최후 일전에서 승리하여 드디어 통일 황제의 자리에 오른 콘스탄티누스 대제는 교회의 시끄러운 논쟁을 종식시켜 제국을 더욱 빨리 안정시키고자 이듬해에 니케아 공의회를 직접 소집했다.

2) 니케아 공의회와 니케아 신경

콘스탄티누스 대제는 소아시아의 니케아(Nicaea, 현재 터키의 이즈니크)에 회의를 소집했다. 325년 6월 19일, 황제의 별궁에서 역사적인 기독교 첫 공의회가 개최되었다. 참석한 약 300명의 감독은 대부분 동방 교회의 감독들이었다. 각 감독은 장로 2명과 수행원 3명을 데리고 참석할 수 있었기 때문에 전체적으로 약 1500명의 인원이 이 회의에 참여했다. 약 두 달간 여러 의제를 논의했지만, 핵심은 역시 성자와 성부의 관계에 관한 것이었다.

회의에 참석한 감독들 중에 아리우스를 지지하는 감독은 30여 명에 불과했다. 감독이 아니었던 아리우스는 이 회의에 참석하지 못했다. 대신에 니케아의 데오그니스(Theognis of Nicaea) 감독과 니코메디아의 유세비우스(Eusebius of Nicomdeia, d. 341) 감독 등이 아리우스의 주장을 적극으로 대변했다.

알렉산더를 지지하는 세력도 그리 많지 않았다. 대부분의 감독은 알렉산더의 기소 내용을 충분히 이해하지 못했기 때문에, 역사가 가이사랴의 유세비우스가 주장한 중간적인 입장을 따랐다. 절대적 지지를 확신한 니코메디아의 유세비우스는 성자 그리스도는 성부의 피조물이며, 따라서 성자와 성부는 본질적으로 다르다고 외쳤다. 그러나 '성자가 피조물'이라는 말에 거부감을 느낀 감독들은 점차 알렉산더를 지지하는 입장으로 선회했다.

결국, 니케아 공의회는 아리우스주의를 이단 사상으로 정죄하고, 니케아 신경(Creed of Nicaea)를 작성하여 채택했다. 회의에 참석한 감독들은 이 신경에 의무적으로 서명했으며, 서명을 하지 않은 사람들을 이단으로 규정하고 직위를 박탈했다. 니케아 신경의 전문은 다음과 같다.

우리는 한 분이신 하나님을 믿는다.

그분은 전능하신 아버지시며, 유형 무형한 만물의 창조주이시다.

그리고 우리는 한 분이신 주 예수 그리스도를 믿는다.

그분은 성부 하나님에게서 나신 독생자이시니, 곧 아버지의 본질에서 나셨다. 하나님에게서 나신 하나님이시며, 빛에서 나신 빛이시며, 참 하나님에게서 나신 참 하나님이시니, 태어나셨으나 지음 받지 않았으매, 아버지와 동일 본질이심을 믿는다.

그분으로 말미암아 만물이, 천지의 모든 것이 창조되었다. 그분은 우리 인간을 위하여 그리고 우리의 구원을 위하여 내려와 육신을 입으시고, 사람이 되셨으며, 고난을 받으시고, 사흘 만에 다시 살아나셔서 하늘로 올라가셨으며, 산 자와 죽은 자들을 심판하러 오실 것이다.

그리고 우리는 성령을 믿는다.

'그분이 존재하지 않았던 때가 있었다', '나시기 전에 존재하지 않았다', '비존재에서 생겨났다'라고 말하는 사람들을 또는 성자는 '다른 히포스타시스(*hypostasis*) 또는 우시아(*ousia*)에서 존재한다'거나, '창조되었다'거나, '변할 수 있다'거나, '달라질 수 있다'고 말하는 사람들을 보편적-사도적 교회는 저주한다.[1]

이처럼 니케아 신경은 아리우스주의를 철저히 배척했다. 성자 그리스도는 창조되지 않았으며 성부에게서 '나셨다'(begotten)는 점과 성부와 '동일본질'이라는 점을 아주 분명하게 천명했다.

---

1 "The Creed of Nicaea", in Bettenson & Maunder, 27-28. 참조, J.N.D. 켈리, 『고대 기독교교리사』, 박희석 역 (서울: 크리스천다이제스트, 2004), 250-251.

3) 니케아 공의회의 의의

니케아 공의회의 의의는 다음과 같다.

첫째, 니케아 공의회는 신학 논쟁을 공개적으로 논의한 최초의 종교 회의였다.

둘째, 이 회의는 교회 문제에 국가가 개입하는 신호탄이 되었다. 콘스탄티누스 대제가 회의를 소집한 이유가 교회 교리의 통일성 자체를 위한 것이기보다는 제국의 안정을 위한 정치 정략이 숨어 있었다. 따라서 회의 장소와 일정과 참석 인원을 황제가 정했고, 비용을 국가에서 부담했다. 때문에 회의에 미치는 황제의 영향력이 클 수 밖에 없었다.

예를 들어, 니케아 공의회는 아리우스파를 이단으로 파문했으나, 황제의 압력으로 말미암아 아리우스가 3년 만에 다시 복권되었다. 황제의 간섭과 통제는 서방보다 동방에서 더 많이 발생했다.

셋째, 니케아 공의회는 니케아 신경을 채택하고 아리우스주의를 이단으로 정죄하였지만, 그 문제를 완전히 종식시키지는 못했다.

콘스탄티누스가 죽은 후, 서방 교회는 니케아주의를 적극적으로 지지했지만, 동방 교회에는 황제의 지원 속에 아리우스주의가 다시 득세했다. 60년간 계속된 논쟁은 황제 데오도시우스 1세(재위, 379-395) 때에 가서 종식되었다. 그는 니케아주의를 지지했으며, 381년 콘스탄티노플 공의회를 소집하여 325년의 니케아 신경을 수정한 니케아 신조(Nicene Creed)를 작성하고 정통주의 신조로 반포했다.

제8장

초대 교회의 수도원 운동

313년 밀라노 칙령을 통해 로마 제국은 기독교를 합법적인 종교로 승인했다. 교회는 제국의 기독교 진흥 정책에 따라 빠르게 성장해 갔다. 반면 시간이 흐를수록 교회는 점점 더 제도화, 성직화, 세속화되어 갔다. 박해 시대에 있었던 신앙의 거룩함과 순수함과 열정은 서서히 사라져갔다. 이러한 변화에 대한 반성으로 명상과 금욕을 통해 신앙의 영성을 회복하려는 수도원 운동이 발생했다.

1. 수도원 운동의 배경

일찍이 초대 교회에 자리잡고 있었던 금욕주의는 수도원 운동이 발생하는 중요한 원인이 되었다. 사도 바울의 독신에 관한 가르침(고전 7장)과 같은 금욕적인 신앙을 초대 교회는 중요하게 여겼다.

예를 들어, 교부 오리게네스는 '천국을 위하여 스스로 된 고자'라는 말씀을 그대로 실천했다. 임박한 주의 재림을 고대하던 초대 교회 신자들은 절제된 경건한 생활을 유지하려고 노력했다.

터툴리아누스, 키프리아누스, 제롬 등과 같은 교부들은 성직자들의 독신 생활을 강조하며, 금욕 생활을 했다. 금욕주의 발전에는 헬라 철학과 이단 등의 영향도 크게 작용했다. 헬라 이원론 사상에 따라 영을 선한 것으로 육을 악한 것으로 간주했다.

영지주의와 마니교 같은 이단들은 영적 진리를 깨닫고자 철저하게 육체적 금욕을 수행했다. 이러한 교회 내·외부적인 원인들로부터 발생한 금욕주의는 313년 밀라노 칙령 이후에도 사라지지 않았다. 오히려 금욕 수행은 수도원 운동의 태동과 발전에 깊이 영향을 끼쳤다.

초대 교회 때, 박해를 피해 지하 묘지, 동굴, 카타콤으로 숨어 든 사람들도 많았지만, 접근하기 힘든 깊은 사막으로 피신하여 은둔 가운데 신앙을 유지한 사람들도 있었다. 수도원 운동의 창시자로 알려진 수도사 바울과 안토니는 3세기 중엽에 박해를 피해 사막에서 수도 생활을 했다.

박해가 종식된 콘스탄티누스 통치기에 제국의 10퍼센트가 기독교인이었다. 380년에 국교가 되면서 제국의 모든 국민은 기독교인이 되어야 했다. 하지만 다양하고 복잡한 도시 문화, 형식화와 세속화에 점점 빠져가는 교회, 물질과 권력과 향락에 대한 유혹 등으로부터 회의를 느낀 사람들이 다시금 사막이나 동굴로 찾아와 경건을 추구하는 수도 생활을 했다. 즉 교회의 세속화 그리고 이에 대한 반작용으로 형성된 영성 추구에 대한 갈망이 수도원 운동의 태동을 낳았다.

2. 동방 교회의 수도원 운동

수도원 운동의 최초 발상지는 이집트였다. 나일강 주변의 자연 동굴과 사막을 수행 조건에 딱 맞는 최적의 장소였다. 수도사의 헬라어는 '고독'을 의미하는 '모나코스'(μοναχός)인데, 이 어원에서 수도사(monk)와 수도원(monastery)이라는 단어가 유래했다.

이 원어의 의미처럼, 초기 수도사들은 문명사회와 사람들로부터 떠나 '고독'을 추구하는 수도 생활을 했다. 따라서 초기 수도원 운동은 다분히 개인적이고 은자적인 형태로 시작되었다.

1) 은자적 수도 생활

'은자적'이란 '피신'의 의미를 가지고 있다. 자연 동굴이나 사막의 오아시스 지역은 은자 수행에 아주 적절한 장소였다. 이런 곳에서 은자적 수행이 시작되었다. 바울과 안토니는 최초의 은자적 수도사로 알려졌다. 교부 제롬과 아다나시우스에 의해 그들의 생애가 책자를 통해 소개되었다. 제롬은 『은자 바울의 생애』라는 글을 통해 은자 바울이 약 3세기 중반에 박해를 피해 사막으로 가서 수도 생활했다고 전했다. 아다나시우스는 『성 안토니의 생애』를 통해 안토니(Anthony, c. 251-356)를 수도원 운동의 창시자로 소개했다.

이집트의 부잣집에서 태어난 안토니는 부모의 갑작스러운 사망 때문에 20세의 젊은 나이에 부모의 전 재산을 물려받았다. 그는 젊은 부자 청년에 대한 설교를 듣고 크게 감동받았다. 특히, 마태복음 19:21의 말씀에 깊은 은혜를 받았다.

> 예수께서 이르시되 네가 온전하고자 할진대 가서 네 소유를 팔아 가난한 자들에게 주라 그리하면 하늘에서 보화가 네게 있으리라 그리고 와서 나를 따르라(마 19:21).

그는 여동생에게 필요한 약간의 재산만을 남기고, 자신의 모든 재산을 팔아 가난한 사람들에게 나눠줬다. 그리고 이집트의 외딴 동굴에 들어가 묵상과 수도 생활을 시작했다. 그는 과거의 부요하고 풍요했던 시절을 떨쳐버리기 위해 하루에 한끼 식사를 했고, 때로는 수일씩 금식하는 등 철저하게 금욕 수행을 했다.

그의 수행 생활이 알려지자, 많은 사람이 그가 수행하는 동굴 주변에 몰려와 함께 은자적 수행을 했다. 그가 죽을 때 남겨진 전 재산은 겉옷 한벌 뿐이었다. 유언에 따라 그의 옷은 아다나시우스에게 전달되었다.

은자적 수도 생활은 때때로 극단적인 금욕으로 변질되었다. 대중이 금욕의 정도에 따라 수도사들의 거룩함과 영성을 평가했기 때문이었다. 때문에 자기 수행을 위해서뿐만 아니라 더 좋은 명성을 얻기 위해 일부 수도사들은 경쟁하듯이 극단적으로 금욕을 수행했다. 예를 들어, 소위 '기둥 성자'(stylites)들이 시리아 지역에 등장했다. 잘 알려진 인물로 기둥 성자 시몬(Simeon the Stylite, c.390-459)이 있었다. 여러 달 동안 목만 내놓은 채 땅 속에 묻혀 지내기도 했으며, 이후에는 기둥 위에 올라가 수행을 했다.

그는 423년경 안디옥 근교에 위치한 약 2미터의 기둥 위에서 수행을 시작하여 나중에는 약 18미터 높이의 기둥 위에 올라가 수도했다. 수도사 암모운(Ammoun)은 평생 한번도 옷을 벗거나 목욕을 하지 않았다는 이유로 거룩한 명성을 얻었다.

수도사 마카리우스(Macarius)는 살생 금지 수행을 하다가 우연히 모기 한 마리를 살생했다는 이유로, 벌거벗은 채 6개월간 습지에 살면서 곤충들에게 물리는 수행을 했다. 또한, 어떤 사람은 50년 동안 시내산 주변을 벌거벗고 순회하는 수행을 했다. 이러한 극단적인 금욕 수행은 공동체 수도원이 생겨나면서 점차 약화되었다.

2) 공동체 수도원

은자적 수도 생활은 점차 공동체 수도원으로 발전하기 시작했다. 이 운동의 대표적인 인물은 이집트의 파코미우스(Pachomius, c.290-348)였다. 그는 나일강 동쪽 해안에 있는 타벤니시(Tabennisi)에 최초의 공동체 수도원을 설립했다. 처음에 30-40명으로 시작했으나, 약 7,000명의 수도사가 함께 거주하는 거대 공동체 수도원으로 발전했다. 주변에 9개의 공동체를 마련하고 수백 명의 수도사를 분산하여 공동생활을 했다. 파코미우스는 여동생 메리와 여자들을 위해 여성수도원도 따로 창설했다.

공동체 수도사들이 늘어나면서 일정한 규칙이 필요해졌다. 처음에는 청빈과 노동과 헌신을 기본적인 규칙으로 정했으나, 숫자가 증가함에 따라 좀 더 세부적으로 규율을 만들었고, 수도사들은 의무적으로 규율을 순종해야 했다. 개인적 행동을 막기 위해 수도 의식을 규칙적으로 실행했으며, 위반할 경우 엄격하게 징벌했다. 노동을 통하여 식량을 자급자족했으며, 생산된 물품으로 필요한 생활 용품을 구입했다.

극단적인 금욕 수행을 엄격히 금지시켰다. 규칙뿐만 아니라 운영에 필요한 조직도 만들어졌다. 각 숙소에는 수도사를 관리하는 사감 수도사가 있었고, 수도원장과 대원장 제도가 생겨났다. 3세기 이집트 중심으로 시작된 수도원 운동은 5-6세기경 이집트와 팔레스타인 그리고 소아시아 지역으로 확산되어 약 50,000명의 수도사가 은자적 또는 공동체 수행을 했다.

소아시아 지방에 공동체 수도원을 이끈 대표적인 인물은 가이사랴의 대 바실리우스(Basilius Magnus, c.329-379)였다. 니케아 신경을 지지한 정통주의 카파도키아 교부이자 신학자인 바실리우스는 27살때 세속 활동을 중단하고 은자적 수행을 시작했다. 이집트의 파코미우스의 공동체 수도원을 순례하고 돌아온 이후에 친구 나지안주스의 그레고리우스와 함께 자기 고향에 공동체 수도원을 설립했다.

바실리우스는 노동, 기도, 성경, 선행을 내세우며, 수도사들이 개인적인 수행에 전념하는 것뿐만 아니라 대사회적 봉사에도 적극 참여하도록 했다. 반면 극단적이고 독단적인 금욕을 금지시켰다. 그가 세운 수도원 규율은 크게 4가지였다.

첫째, 예배
둘째, 공동체 수행
셋째, 8시간의 규칙적 기도 생활
넷째, 학문 정진

이 규율은 주변의 여러 수도원으로 퍼져나갔다. 바실리우스는 파코미우스와 함께 동방 수도원 운동의 아버지로 알려졌다.

3. 서방 교회의 수도원

서방 교회에 수도원 운동이 파급되기 시작한 것은 4세기 중엽부터였다. 알렉산드리아의 감독 아다나시우스가 그의 정적 아리우스파에 의해 추방당하자 이곳저곳을 순례하다가 330년 중반에 로마에 잠시 머물렀었다. 이때 그는 동방의 수도 생활을 로마 교회 지도자들에게 소개해 주었다. 또한, 팔레스타인 성지를 순례하고 돌아온 사람들도 순례 중에 보았던 동방의 수도원을 적극적으로 알렸다.

라틴 교부이자 목회자이며 신학자였던 암브로시우스(Ambrosius, c.340-397), 제롬(Jerome, 347-420), 어거스틴(Augustine, 354-430) 등은 수도원 운동을 적극적으로 받아들이고 각기 수도원을 창설하여 수도 생활을 했다.

제롬은 『은자 바울의 생애』를 집필했고, 파코미우스의 『규율집』을 라틴어로 번역하여 서방 교회에 알렸으며, 본인도 예루살렘에 수도원을 창설하고 수도 생활을 했다. 암브로시우스는 그의 목회지 밀란에 수도원을 세웠다. 어거스틴 역시 그의 동역자들과 함께 힙포에 수도원을 설립했다. 특히, 투르의 마르티노와 누르시아의 베네딕토는 서방 수도원 발전에 크게 기여한 대표적인 수도사들이었다.

1) 투르의 마르티노(Martinus of Tours, 316-397)

헝가리에서 태어나 어린 시절의 대부분을 로마에서 보낸 마르티노는 성년이 된 후 프랑스 투르(Tours)에서 나머지 생애를 보냈다. 361년 그는 투르에 수도원을 설립하고 지역 주민들의 복음화에 주력했다. 371년 주민의 적극적인 지지 속에 투르의 감독까지 겸직하게 되었다. 신학적으로 암브로시우스와 협력하며 아리우스주의와 이단 사상을 배척했다. 그의 나이 20세경 군인으로 근무할 때, 아미앵(Amiens) 성 입구에서 만난 헐벗고 병든 거지에게 자신의 군용 망토를 절반을 잘라 주었다.

그날 밤, 마르티노는 꿈속에서 거지에게 주었던 자신의 반쪽 군용 망토를 걸치고 나타난 예수를 만났다. 이후로 그는 수도사로 평생 살아 갈 것을 헌신했다. 마르티노의 망토는 유명한 성물로 취급되었다. 중세의 프랑스 왕들은 기적의 망토로 여기고 전장에 그 망토를 입고 나가거나, 중요 서약 시에는 그 망토를 걸치고 의식을 치뤘다.

2) 누르시아의 베네딕토(Benedictus of Nursia, 480-547)

베네딕토는 이탈리아 누르시아 지역의 로마 귀족 집안에서 태어났다. 20세경 도시의 환락과 퇴폐에 환멸을 느껴 학업을 중단하고 은자적 수행을 시작했다. 어느 수도사의 권유로 수비아코(Subiaco)에 있는 자연 동굴에 들어가 본격적으로 수도 생활을 했다. 그 수도사는 베네딕토가 3년간의 동굴 수행을 하는 동안 밧줄에 빵과 물을 매달아 공급해 주었다. 베네딕토의 수도 생활과 그의 기도에 기적이 많이 일어난다는 소문이 퍼지면서 사람들이 몰려들자, 베네딕토는 수비아코에 열두 개의 작은 수도원을 세우고 그들과 함께 공동체 수도 생활을 했다.

525년 그는 수비아코를 떠나 몬테카시노(Monte Cassino)로 이주했고, 먼저 그곳의 불신자들에게 복음을 전하여 지역의 복음화를 이루었다. 그리고 530년 베네딕토수도회의 모체가 되는 몬테카시노 대수도원을 세웠다.

베네딕토는 수도자들을 위한 『베네딕토 규율집』을 만들었다. 이 규율집은 총 72조로 구성되어 있으며, 그 핵심 정신은 다음과 같다.

> 기도하고 일하라(ora et labora).

규율집 1-8조는 순종, 섬김, 겸손, 손님 대접 등을 설명하며 수도원의 존재 목적이 섬김과 봉사에 있음을 강조했다. 규율집 9-72조는 대부분이 기도에 관한 전례집이었다.

수도사들은 규율집에 따라 매일 7회의 기도 시간을 일정하게 가졌다. 새벽 3시 기도(matins), 동틀녘 기도(lauds), 오전 6시 기도(prime), 오전 9시 기도(terce), 정오 기도(sext), 오후 3시 기도(nones), 저녁 7시 기도(compline) 등이었다.[1]

베네딕토는 동방의 극단적 금욕주의를 철저히 배격했다. 금식보다는 하루에 두 끼씩 소량의 식사를 규칙적으로 하게 했으며, 성경과 교부들의 문헌을 낭송하거나 독서를 권장했다. 『베네딕토의 규율집』은 약 1000년간 중세 서방의 모든 수도원이 표준 규율로 사용했다. 베네딕토는 서방 수도원 운동의 아버지였다.

수도원 운동은 동방에서 시작되었지만, 서방에서 더욱 중요한 역할을 하며 발전했다. 서방의 수도원은 대부분 공동체 수도 생활이었다. 또한, 개인적인 수행 외에 빈민구제, 섬김, 전도와 선교, 교육과 학문 탐구의 기능을 추가했다.

8-9세기에는 영국과 동유럽 선교에 뛰어난 업적을 남겼으며, 12-14세기에는 중세의 대학 교육과 스콜라주의 발전을 주도했고, 이후 교회 개혁과 해외 선교에 크게 기여했다. 서방의 수도원은 교회와 더불어 교황주의의 로마가톨릭교회를 발전시켜준 양대 기둥 역할을 했다.

---

1 3세기 초 로마의 히폴리투스가 기록한 『사도전승』은 신자들에게 하루 여섯 차례 기도할 것을 권고했다. 기상 기도, 3시 기도(오전 9시), 6시 기도(정오), 9시 기도(오후 3시), 취침 기도 그리고 밤중 기도 등이었다.

제9장

니케아 이후 동방 교부

1. 가이사랴의 유세비우스(Eusebius of Caesarea, c.265-340)

265년경 팔레스타인에서 출생한 유세비우스는 가이샤랴에서 성장하며 학문을 연마했다. 그의 수학 동료인 팜필루스(Pamphilus, d.309)로부터 신학적 영향을 많이 받았고, 그가 순교를 당하자 그를 더욱 더 존경했다. 유세비우스는 디오클레티아누스와 갈레리우스 황제 시절에 박해를 수차례 받았다. 밀라노 칙령이 발표된 직후인 314년에 가이사랴의 감독이 되었다.

325년 니케아 공의회 때, 알렉산더의 동일본질을 사벨리우스의 단일신론과 혼동하며 초기에는 아리우스 편을 들었으나, 결국 알렉산더를 지지하며 니케아 신경에 서명했다.

이후 다시금 아리우스파와 아다나시우파 간의 논쟁이 격렬하게 발생하자, 그는 성자는 성부와 유사본질을 가지고 있다는 유사본질론을 내세우며, 중간 노선을 택했다.

이러한 신학 활동 외에 순교자들의 전기, 변증서, 교리서, 역사서 등 수많은 저서를 기록한 저술가로 명성이 높았다. 특히, 가장 탁월하고 위대한 업적은 『교회사』(*Historia Ecclesiatica*)였다. 312-324년 기간 동안 집필한 총 10권의 대작으로서, 초대 교회로부터 당시까지의 교회 역사를 기록했다. 이 작품은 그에게 교회사의 아버지라는 호칭을 가져다 주었다.

콘스탄티누스 대제는 유세비우스의 덕망과 학식을 높이 평가하며 그로부터 지지를 얻고자 했다. 유세비우스도 대제의 기독교 관련 업적에 대해 극찬을 마다하지 않았다. 『콘스탄티누스 생애』를 비롯한 그와 관련된 몇 권의 저서를 통해 그를 하나님의 선택된 지도자로 높이 평가했다. 그는 콘스탄티누스 대제의 개종을 확실하게 지지했으며, 그의 기독교 진흥 정책을 하나님의 섭리요 축복으로 여겼다. 하지만 통치자 콘스탄티누스에 대한 지나친 긍정적 평가 때문에 어용 신학자라는 시비가 따라 붙어 다녔다. 그런데도 초대교회사에 관련된 귀중한 자료와 정보를 제공한 뛰어난 역사가라는 사실에는 전혀 의심의 여지가 없다.

2. 아다나시우스(Athanasius of Alexandria, c.296-373)

니케아 정통 신학의 수호자인 위대한 교부 아다나시우스는 3세기 말 이집트 나일강 유역의 한 촌락에서 태어났다. 피부가 검고 키가 작았기 때문에 대적자들은 그를 '검은 난쟁이'라고 조롱했다. 청년 시절, 그는 사막에 거주하는 수도사들과 신앙적 교류를 나누었다. 은자 바울과 안토니와도 교분을 나누었다. 『성 안토니의 생애』라는 자서전을 기록했으며, 안토니 생전에 그의 수족을 씻어 주었고, 그간 남긴 한 벌 옷을 유언에 따라 전해 받았다.

아다나시우스는 아리우스 논쟁이 발생하기 전 『이방인들에 대항하여』(*Against the Gentiles*)와 『말씀의 성육신에 관하여』(*On the Incarnation of the Word*) 등을 저술했다. 기독교 신앙의 핵심을 그리스도의 성육신으로 보았고, 이를 매우 단호하고 명쾌하게 진술했다. 그리스도의 성육신과 십자가 죽음을 비방하는 이방인과 유대인들을 향하여 성육신이야 말로 가장 적절하고 합리적인 사건이라고 변증했다.

아다나시우스가 뛰어난 신학자로서 명성을 드러내기 시작한 것은 325년의 니케아 공의회 때부터 였다. 알렉산드리아 교회의 집사였던 그는 알렉산더 감독의 수행원으로 29세의 나이에 공의회에 참석했다. 비록, 발언권은 없었지만, 그의 신학적 식견은 니케아 신경 작성과 채택 과정에 결정적으로 기여했다. 때문에 이 회의에서 이단으로 정죄된 아리우스파는 아다나시우스가 앞으로 가장 힘든 적수가 될 것으로 예상했다. 328년 알렉산더 감독이 숨지자, 아다나시우스는 감독으로 선출되어 45년간 알렉산드리아 교회의 감독직을 수행했다.

감독이 되던 328년, 콘스탄티누스 대제는 아리우스주의자 니코메디아 감독 유세비우스의 설득에 넘어가 325년부터 유배에 처해있던 아리우스를 복권시켰다. 이로써 잠시 주춤했던 아리우스파들이 다시 세력을 모아 니케아 신경의 대변자가 된 아다나시우스와 격렬한 논쟁을 벌였다.

아리우스파는 성자를 성부의 피조물로 규정하며 성자와 성부의 다른본질(heteroousios)을 고집한 반면, 아다나시우스파는 성자와 성부의 동일본질(homoousios)을 강경하게 주장하며 니케아 신경을 수호했다. 이 두 계파간의 논쟁과 모략이 계속되자 가이사랴의 감독 유세비우스는 중도적 입장인 유사본질(homoiousios)을 내세웠다.

한편, 아리우스주의는 니코메디아의 유세비우스의 정치적 계략을 통해 동방의 황제와 감독들로부터 강력한 지지를 받았다. 결국, 아리우스파의 정치적 음해로 335년에 콘스탄티누스 대제는 아다나시우스를 서방의 변방 도시 트리어(Trier, 현재 독일 남부도시)로 유배시켰다. 콘스탄티누스가 죽은 지 일년 뒤인 338년에 알렉산드리아로 다시 복귀했다.

그러나 감독직 활동은 아리우스파의 방해와 위협으로 쉽지 않았다. 아다나시우스는 335년 이래 네 번은 아리우스주의자들에 의해, 한 번은 배교자 줄리아누스 황제(재위 361-363)에 의해 총 다섯 번에 걸쳐 약 20년간 추방과 유배 생활을 당했다. 아리우스파들의 적대적 행위에도 불구하고, 362년 알렉산드리아에서 소집된 회의석상에서 그는 '성부, 성자, 성령 삼위는 서로에 대해 동일 본질'이라는 입장을 재천명했다. 그리고 이 시기에 니케아 신경에 표기된 '그리고 우리는 성령을 믿는다'라는 표현보다 더 구체적으로 성령의 지위를 표명했다. 즉 성령은 '성부로부터 발출한다'(요 15:26)는 자신의 신학적 견해를 피력했다.

373년 아다나시우스는 니케아 신경의 삼위일체론을 수호하기 위해 반대자들에 맞서 평생을 투사처럼 싸우다가 하나님의 부르심을 받았다. 그의 공헌은 381년에 소집된 콘스탄티노플 공의회에서 열매로 나타났다. 이 공의회는 아리우스주의를 재차 정죄하고, 니케아 신경의 동일본질을 재천명하는 니케아 신조(Necene Creed)를 채택했다.

3. 카파도키아 교부들

아다나시우스가 아리우스파와 외로운 투쟁을 하고 있을 때에, 그의 사상에 동조하며 정통주의 삼위일체 사상 수립에 기여한 교부들이 있었는데 소위 카파도키아 교부들(Cappadocian Fathers)이었다.

카파도키아는 지금의 터키 내륙 동남부 지역을 말한다. 대 바실리우스, 그의 동생 니사의 그레고리우스 그리고 그의 친구 나지안주스의 그레고리우스 등이 3대 카파도키아 교부들이었다. 이들은 381년 콘스탄티노플 공의회에서 아리우스주의와 그 밖의 이단 사상을 논박하고, 니케아 신조를 채택하는데 주도적으로 활동했다.

1) 대 바실리우스(Basilius Magnus of Caesarea, c.329-379)

바실리우스는 가이사랴에서 집안 대대로 독실한 신앙을 가진 부모 밑에서 태어났다. 그의 외할아버지는 밀라노 칙령 이전에 순교했다. 가이사랴, 안디옥, 콘스탄티노플, 아테네 등에서 법학과 수사학을 공부했다. 356년 27살때, 어느 금욕적인 주교를 만난 이후, 학업을 중단하고 은자적 수도 생활에 전념했다. 이후 팔레스타인과 이집트 등지를 순례하며 금욕과 수도 생활을 배웠다. 358년 다시 고향으로 돌아온 그는 친구 나지안주스의 그레고리우스와 함께 공동체 수도원을 설립했다. 그의 여동생 마크리나(Macrina)를 도와 여성 수도원도 세웠다. 그는 수도원을 단지 수행만을 위한 곳이 아니라 빈민을 섬기는 훈련의 장소로 여기고 수도원 생활에 필요한 여러 규칙을 만들었다.

당시 카파도키아 지역도 아리우스파 논쟁으로 인해 내홍을 겪으며 분열 위기에 처해 있었다. 바실리우스는 아리우스주의를 반대했다. 초기에 가이샤라의 유세비우스가 주장한 유사본질을 추종했지만, 나중에 유사본질파와 결별하고 아다나시우스를 지지하는 니케아파가 되었다. 370년 가이사랴의 감독이 되었다. 아리우스의파의 협박과 위협에도 불구하고 그는 견고하게 자신의 사상을 고수했다. 평생을 아리우스주의와 아폴리나리스주의와 싸우다가 콘스탄티노플 공의회를 앞두고 사망했다.

2) 니사의 그레고리우스(Gregorius of Nyssa, c.335-395)

바실리우스의 남동생인 그레고리우스는 형의 추천으로 소도시 니사의 감독이 되었다. 바실리우스의 사망 이후, 나이안주스의 그레고리우스와 함께 381년 콘스탄틴노플 공의회에 참석하여 아리우스주의와 아폴리나리스주의와 마케도니아주의를 이단으로 정죄하고, 정통주의 삼위일체 교리 수호를 주도했다. 회의 이후, 데오도시우스 황제의 신학 고문으로 활동했다.

3) 나지안주스의 그레고리우스(Gregory of Nazianzus, c.329-389)

20세경 가이사랴에서 학업 중에 바실리우스를 처음 만나 평생을 친구와 신앙 동지로 동행했다. 10년뒤, 고향에 돌아온 그는 바실리우스의 권유로 수도원을 설립하고 그와 함께 수도 생활을 했다. 나지안주스의 감독이었던 아버지를 이어 그 도시의 감독이 되었다.

바실리우스가 죽자 그는 친구를 대신하여 아리우스주의 논쟁에 지도적 역할을 해야겠다고 결심했다. 당시 아리우스주의는 황제와 귀족들의 전폭적인 지지 속에 콘스탄티노플을 장악하고 있었다.

379년 그레고리우스는 아리우스주의와 맞서기 위해 그곳으로 찾아갔다. 때마침 니케아 신경의 절대 지지자 데오도시우스 황제가 통일 황제가 되어 콘스탄티노플에 입성했다. 데오도시우스는 전임 황제 발렌스(재위 364-378) 때 고위직에 올랐던 아리우스 인물들을 모두 축출했다.

그리고 그레고리우스를 콘스탄티노플의 감독으로 임명했다. 이어서 381년 황제는 콘스탄티노플 공의회를 소집하고 그레고리우스에게 공의회를 주관하도록 했다. 그레고리우스는 니사의 그레고리우스와 함께 공회의를 주도하며 니케아 정통 삼위일체 교리를 재확증했다.

4. 존 크리소스톰(John Chrysostom, c.347-407)

존 크리소스톰은 347년경 안디옥에서 태어났다. 로마 군대의 장교였던 아버지가 일찍 사망했다. 어머니 안투사(Anthusa)는 어거스틴의 어머니 모니카(Monica)와 비견될 만큼 매우 경건한 신앙의 여인으로 알려졌다.

20세에 과부가 되었지만 재혼하지 않고 오직 아들의 교육과 신앙을 위해서 평생을 살았다. 어머니의 기도와 사랑 속에 법률과 수사학을 공부하던 존은 23세에 세례를 받았다. 3년간의 세례 교육을 받은 후, 수도 생활을 결심하고 안디옥 도시를 떠나 시리아의 산악지대에 있던 수도원에 들어가 6년간 수행을 했다.

금욕 수행 때문에 건강이 매우 안 좋아지자, 380년 수도원 생활을 접고 안디옥교회로 돌아왔다. 안디옥에 돌아온 존은 안디옥교회의 집사가 되었고, 386년 39세 때에 감독 임명을 받고 교구를 담당하며 목회하기 시작했다. 이때 안디옥에서 벌어진 폭동의 진상을 황제에게 보고하기 위하여 안디옥교회의 총대주교가 자리를 잠시 비운 사이에 존은 그를 대신하여 강단을 지키며 설교했다. 그의 설교에 안디옥 시민들이 열광하며 깊은 감동을 받았다. 그의 설교는 풍부한 성경 이해에서 시작되었으며, 당시 풍유적 해석 방법을 멀리하고 본문을 통해 실생활과 연계하여 설교했고, 타오르는 열정을 가지고 말씀을 전했다. 이 때문에 청중들은 그에게 '황금 입'을 뜻하는 크리소스톰이라는 이름을 붙여주었다. 이로부터 약 12년간 안디옥에서 명설교자로 활동하며 목회에 전념했다.

379년 콘스탄티노플의 총대주교 넥타리우스(Nectarius)가 사망했다. 후임자 임명을 놓고 이권 다툼이 일어나 후임자 선정을 하지 못하고 있었다. 황제의 측근으로 당시 실세였던 유트로피우스(Eutropius, d.399)는 존 크리소스톰을 추천했다. 안디옥 사람들이 동의하지 않을 것을 예측한 그는 치밀한 계획 가운데 크리소스톰을 거의 납치하다시피 하여 콘스탄티노플로 데려왔다. 크리소스톰은 어쩔 수 없이 389년에 콘스탄티노플의 대주교에 취임했다. 그의 명성을 익히 알고 있는 시민들은 환영했고, 그의 설교는 단숨에 시민들의 마음을 사로잡았다. 영적 각성이 일어났으며 불신자의 개종도 속출했다.

한편 제국의 수도 콘스탄티노플에 난무한 사치와 향락과 음모와 술수 등을 보면서 개혁 메시지를 강력하게 설교했다. 이어서 감독들의 세속화를 차단하기 위해 여러 개혁안을 단행했다. 당시 성직자들 중에는 자신들의 자택에 소위 '영적 자매'라는 여자들을 데리고 동거하며 살았다. 또한, 뇌물로 성직자가 되거나 영성과 지도력이 부족한 무자격 성직자들도 많았다. 일부 성직자들은 교회 재산을 자신의 소유로 빼돌렸다. 교회의 재정은 텅텅 비었고, 교회의 빈민구제 사업은 전무했다.

존 크리소스톰은 개혁의 일환으로 영적 자매들을 몰아냈으며, 엄격한 청빈 생활을 성직자들에 요구했다. 교회 재정을 철저히 감시했고, 빈민 구제를 위해 교회의 창고를 활짝 열었다. 일반 시민들은 크리소스톰의 설교와 개혁을 환영하며 절대 지지했다.

하지만 부패한 성직자들과 사치와 향락에 물든 부유 권력층들은 그의 개혁에 적대감을 갖기 시작했다. 크리소스톰은 부에 대하여 이렇게 강단에서 외쳤다.

> 부자란 많이 소유하는 것이 아니라 많이 주는 것이다. … 우리는 우리의 집들을 꾸미기보다는 차라리 우리의 영혼을 가꾸자.
>
> 쓸데없이 그리고 전혀 헛되이 우리의 벽들을 대리석으로 입히고, 헐벗은 가난한 자들에게서 헌신적이셨던 그리스도를 무시하는 것은 수치스런 일이 아닌가?
> 당신의 집이 당신에게 무슨 유익이 있을 것인가?
> 당신이 이 세상을 떠날 때 함께 가지고 갈 것인가?
>
> 당신은 집을 함께 가지고 갈 수 없으나 틀림없이 당신의 영혼은 함께 할 것이다. … 당신은 이 세상의 것들에 대해서는 이방인이요 나그네이다. 당신의 본향은 하늘에 있다.
>
> 당신 부를 그곳으로 옮기라!
> … 부자가 되기를 원하는가?
> 하나님을 당신의 친구로 삼으면 당신은 모든 사람보다 부요할 것이다![1]

크리소스톰은 황제 아르카디우스(Flavius Arcadius, 재위 395-408)와 황후 유독시아(Eudoxia)의 탐욕과 전횡에 대해서도 거침없이 비판했다. 결국, 유독시아와 그의 측근 감독들의 중상모략으로 403년 직위에서 면직되어 유배

---

1 존 크리소스톰, "조상들에 대한 설교", 2:14-18. 재인용, 토니 레인, 『기독교 사상사』, 김응국 역 (서울: 도서출판 나침반사, 1993), 83.

당했다. 이에 분노한 시민들이 부당한 판결에 항의하자 황제는 유배지에서 크리소스톰을 다시 복직시켰다. 그만큼 크리소스톰은 시민들로부터 절대적인 지지와 존경을 받았다.

그러나 유약한 황제는 황후의 설득에 못 이겨 1년 만에 그를 쿠쿠수스(Cucusus, 지금의 알바니아)로 또다시 추방시켰다. 시민들의 항의를 의식한 황제는 크리소스톰을 흑해의 어느 작은 섬으로 유배지를 옮겼다. 새로운 유배지로 이송되어 가던 도중에 크리소스톰은 중병을 앓게 되었다. 병사들에게 요청하여 조그마한 예배당에 들렸다. 주변 사람들과 함께 성찬을 나누며 생애 가장 짧고 감동적인 설교를 마친 후, 407년 9월 숨을 거두었다.

모든 일에 하나님께 영광을 돌리라, 아멘!

여기서 비교해 볼만한 점은 동 시대에 활약했던 서방 교회의 위대한 설교자 암브로시우스 감독이었다. 그는 크리소스톰과 매우 대조적인 모습을 보여 주었다. 암브로시우스는 당대의 가장 유력한 황제 데오도시우스 1세에게 목회자의 권위로서 회개를 외쳤고, 황제는 그의 요청에 순응했다. 하지만 데오도시우스를 이어 황제가 된 아르카디우스는 너무 유약하여 크리소스톰의 설교에 순종하기 보다는 오히려 그의 총대주교직을 박탈하고 추방시켜 유배지에서 쓸쓸히 죽음을 맞게 했다.

이는 교회와 국가 관계에 있어서 동방교회와 서방교회의 차이점을 보여 주는 분명한 일례였다. 성직자의 권위가 동방보다 서방에서 좀 더 우세했고 독립적이었다. 이러한 차이는 중세기로 갈수록 더욱 뚜렷하게 나타났다.

제10장

불거지는 그리스도론 논쟁

1. 콘스탄티노플 공의회와 니케아 신조

379년 1월 서방 출신의 데오도시우스 1세가 동서방 로마 제국의 통일 황제의 자리에 등극하며 콘스탄티노플에 입성했다. 그는 서로마 제국에서 성장했기 때문에 니케아 신경을 철저히 지지했다. 황제의 자리에 오른 그는 아리우스파를 요직에서 축출하고, 기독교 진흥 정책을 강력하게 시행했다. 380년 2월 28일, 기독교를 제국의 국교로 삼는 칙령을 발표했고, 니케아 신경을 재천명했다.

그리고 삼위일체 논쟁을 완전하게 종식시키기 위해 교회 회의를 소집했다. 이렇게 소집된 회의가 381년 5월부터 7월까지 제국의 수도에서 개최된 콘스탄티노플 공의회였다. 약 150명의 동방 교회 감독이 참석한 두 번째 범제국적인 교회 회의였으며, 정통주의자로 알려진 카파도키아 교부 나지안주스의 그레고리우스와 니사의 그레고리우스가 회의를 이끌었다.

콘스탄티노플 공의회는 무엇보다도 325년 니케아 공의회가 결정한 동일본질론을 정통주의 교리로 재확증하고, 다른본질과 유사본질을 이단으로 천명했다. 그리고 동일본질론을 따랐지만, 성령을 성부의 피조물로 간주했던 마케도니아주의도 이단으로 정죄했다. 이 사상은 350년대 콘스탄티노플 감독을 지냈던 마케도니우스(Macedonius, d.360)가 주장했던 것으로 콘스탄티노플 대교구 안에 속한 많은 수의 감독이 그의 견해를 따르고 있었다.

니사의 그레고리우스는 성령이 성부의 피조물이 아니라 '성부로부터 발출했다'고 명시하고, 마케도니아주의뿐만 아니라 단일신론을 주장하는 사벨리우스주의도 이단으로 규정했다. 325년의 니케아 신경을 좀 더 정연하고 확실하게 다듬어 아래와 같은 니케아-콘스탄티노플 신조(Nicene-Constantinopolitan Creed)를 채택했다.

> 우리는 한 분이신 하나님을 믿는다. 그분은 전능하신 아버지시며, 천지와 유형 무형한 만물의 창조주이시다.
>
> 그리고 우리는 한 분이신 주 예수 그리스도를 믿는다. 그분은 성부의 독생자로 태초에 성부에게서 나셨으며, 빛에서 나신 빛이시며, 참 하나님에게서 나신 참 하나님이시니, 태어나셨으나 지음 받지 않았으매, 아버지와 동일 본질이심을 믿는다. 그분으로 말미암아 만물이 창조되었다. 그분은 우리 인간을 위하여 그리고 우리의 구원을 위해 하늘로부터 내려와 성령으로 말미암아 동정녀 마리아를 통해 육신을 입으시고, 사람이 되셨다. 그분은 우리를 위하여 본디오 빌라도에게 십자가에 달리시어 고난 받으시고 장사 되었다가, 성경대로 사흘 만에 다시 살아나셔서 하늘로 올라가셨으며, 성부의 우편에 앉아 계시다가 산 자와 죽은 자를 심판하러 영광 중에 오실 것이며, 그분의 왕국은 영원무궁할 것이다.
>
> 그리는 우리는 주님이시며 생명의 공급자이신 성령을 믿는다. 그분은 성부로부터 발출하였고, 성부와 성자와 함께 경배와 영광을 받으신다. 그분은 선지자들을 통하여 말씀했다.
>
> 우리는 하나의 거룩한 보편적 그리고 사도적인 교회를 믿는다.
>
> 우리는 죄의 씻음을 위한 하나의 세례를 고백하며, 죽은 자의 부활과 영원히 살 것을 사모한다.[1]

---

1   "The Nicene Creed", in Bettenson & Maunder, 28-29.

성부와 성자와 성령 하나님에 대한 고백이 담긴 니케아 신조는 동방은 물론, 서방의 교회에서도 정통주의 표준 문서로 받아들였다. 그런데 성령에 관한 부분은 향후 동방과 서방 간에 벌어진 치열한 논쟁의 주제가 되었다. 동방교회는 니케아 신조에 따라 성령이 '성부에게서 발출한다'고 믿는 반면, 서방의 가톨릭교회는 성령이 '성부와 성자에게서 발출한다'고 주장했다. 즉 서방 교회는 '성자에게서'(필리오케, filioque)라는 문구를 추가했다. 결국, 이 논쟁은 1054년에 두 교회가 분열되는 하나의 원인으로 작용했다.

2. 그리스도론 논쟁

1) 아폴리나리스와 콘스탄티노플 공의회(381년)

초대 교회 때부터 예수의 신성과 인성에 대한 많은 논쟁이 있어 왔다. 사도들과 속사도가 경계했듯이 가현설주의와 영지주의는 예수의 인성을 부정했으며, 반면 2세기에 등장한 에비온파(Ebionites)와[2] 알로기파(Alogi)[3] 등은 예수의 신성을 부인했다. 콘스탄티노플 공의회를 통해 성부와 성자와 성령의 삼위일체 교리가 마무리 되는가 싶었는데, 이제는 그리스도의 두 본성 즉 신성과 인성에 대한 논쟁이 새롭게 떠올랐다.

콘스탄티노플 공의회는 아폴리나리스주의를 이단으로 정죄했다. 이 사상의 창시자 아폴리나리스(Apollinaris of Laodicea, d.382)는 라오디게아교회의 감독으로서 아다나시우스와 함께 아리우스주의를 반박했던 정통주의자였다. 그는 아리우스주의가 그리스도의 신성을 약화시켰다고 생각하고, 신

---

[2] 107년경 태동된 에비온파는 에비온의 사상을 따르는 사람들로서 초대 교회에서 최초로 이단으로 정죄되었다. 이레니우스의 『이단 논박』에서 처음 언급되었다. 그들은 유일신 사상에 근거하여 그리스도의 신성을 부인했다. 그들은 그리스도를 믿는 신앙과 더불어 율법을 준수해야 완전한 구원을 이룬다고 가르쳤다.

[3] 2-3세기에 등장한 알로기파는 예수가 세례 시 로고스를 받음으로써 다른 사람에 비해 탁월해졌을 뿐이지 그에게 신성이 있지 않았다고 주장했다.

성을 좀 더 강화 시키려고 했다. 그는 인간은 영과 혼과 몸으로 구성되었다는 삼분법을 근거로, 그리스도가 성육신하실 때 로고스 신성이 인간의 영으로 대체되어 단지 인간의 혼과 몸을 취했다며 신성을 강조했다. 하지만 그의 견해는 그리스도의 완전한 인성을 부인했다는 반박을 받고 이단으로 정죄되었다.

2) 네스토리우스와 에베소 공의회(431년)

동방 교회에는 양대 학파가 있었다.

첫째, 안디옥 학파
둘째, 알렉산드리아 학파

전자를 대표하는 네스토리우스(Nestorius, c.386-450)와 후자를 대표하는 키릴로스(Cyrillus of Alexandria, c.376-444) 간에 그리스도론 논쟁이 발생했다. 안디옥 태생의 네스토리우스는 뛰어난 설교가요 수도사요 성직자였다. 황제 데오도시우스 2세(Theodosius II, 재위 408-450)는 428년에 그를 콘스탄티노플의 대주교로 임명했다.

네스토리우스는 마리아에게 태어난 예수는 처음에 신성이 없었으나, 세례 시에 로고스 신성이 그에게 결합되었다고 주장하면서, 예수는 신인(God-man)이기보다는 신의 담지자(God-bearer)라고 주장했다. 따라서 예수에게 로고스가 임재하여 그리스도가 되었기 때문에 마리아를 '하나님의 어머니'(*Theotokos*)가 아니라 '그리스도의 어머니'(Christotokos)라고 칭해야 한다고 했다.

한편 33살의 젊은 나이에 알렉산드리아 대주교가 된 키릴로스는 알렉산드리아 학파를 이끌어 가는 수장이었다. 콘스탄티노플의 대주교 네스토리우스가 상기의 주장을 설파하자, 그는 참 하나님이신 그리스도가 성육신했을지라도 그의 신성에는 아무런 영향을 받지않는다고 주장했다. 그리고 동일한 성품으로 육신을 입으신 예수 그리스도는 참 하나님이시오 참 인간이라며 네스토리우스를 반박했다.

네스토리우스를 비롯한 안디옥 학파는 그리스도의 인성에 비중을 더 두는 반면 알렉산드리아 학파는 신성에 무게를 더 두었다. 두 사람 간의 논쟁이 두 학파 간의 논쟁으로 치닫자, 데오도시우스 2세는 431년에 제3차 범제국 회의인 에베소 공의회를 소집했다.

431년 6월 해상을 통해 일찍 에베소에 도착한 알렉산드리아 학파는 육상으로 오는 안디옥 학파의 도착이 늦어지자 보름간 더 기다리다가 22일에 단독으로 회의를 개최했다. 약 250명의 감독이 참석한 회의에서 네스토리우스를 이단으로 정죄하고 파문했다. 4일 뒤에 도착한 안디옥 학파가 회의 결정을 무효라고 외치며 항변했지만, 이미 회의가 끝난 상황이었다.

2년 후 안디옥 학파는 에베소 공의회의 결정에 승복하고, 그리스도는 신성과 인성이 혼동됨이 없는 '완전한 하나님과 완전한 인간'이며, 마리아는 '데오토코스'라는 사항에 합의했다. 이단으로 정죄된 네스토리우스는 곧바로 콘스탄티노플 감독직에서 해임되어 안디옥으로 돌아가 수도 생활을 하다가 결국 435년에 그곳으로부터도 강제 추방되었다.

3) 유티케스와 칼케돈 공의회(451년)

유티케스(Eutyches, c.380-c.456)는 콘스탄티노플 근교에 있는 어느 수도원의 존경받는 수도원장이었고, 약 300명의 수도사와 함께 수행을 했다. 431년 에베소 공의회 때 그는 네스토리우스의 주장에 반대하며 키릴로스의 의견에 동조했다. 그러나 계속되는 그리스도의 양성론 논쟁에서 유티케스는 그리스도가 성육신하신 후 두 본성이 합쳐져 하나의 신성만이 남았다고 주장했다. 즉 신성을 인정하고 인성을 부정하는 소위 단성론(monophysitism)을 설파했다.

논쟁이 가열되자, 황제 마르키아누스(Marcianus, 재위 450-457)가 칼케돈 공의회를 소집했다. 451년 10월에 모인 이 회의는 제국의 황제들이 소집한 범제국적인 네 번째 회의였다. 약 600명의 감독이 참석한 공의회는 유티케스의 단성론을 이단으로 정죄했다.

특이한 것은 서방 교회로부터 지지를 받고자 로마의 감독 레오 1세(Leo I, 재위 440-461)의 의견을 물었는데, 그가 보낸 『교리서』(*Tome*) 편지가 회의 석상에서 낭독되었다. 유티케스의 주장을 정죄하는 그의 서신을 참석자 전원이 경청하고 승인했다. 제국의 모든 교회가 따라야 할 표준 신앙고백서를 만들라는 황제의 강력한 요청 때문에 다음과 같은 칼케돈 신조를 작성하고 채택했다.

> 우리는 거룩한 교부들을 따라, 일치된 마음으로 단 한 분이신 동일한 아들 우리 주 예수 그리스도가 완전한 신성과 완전한 인성을 가지고 있음을 고백한다. 그분은 참 하나님이시며, 이성적인 영혼과 육체를 가지신 참 사람이시다. 신성을 따라서는 아버지와 동일본질(*homoousios*)이시고, 인성을 따라서는 우리와 동일본질이시다. 모든 면에 있어서 우리와 같으시나 죄는 없으시다.
> 그분은 신성을 따라서는 창세전에 성부로부터 나셨으며, 인성을 따라서는 인류와 우리의 구원을 위하여 하나님의 어머니(*Deotokos*)인 동정녀 마리아에게서 나셨다. 한 분이시고 동일하신 그리스도요, 아들이시며, 주님이시요, 독생하신 자는 혼돈 되지 않고, 변하지 않고, 나누어지지 않고, 분리되지 않는 두 본성을 갖고 계신다.
> 두 성품의 특성은 연합으로 인해 결코 없어지지 않으며, 오히려 각 성품의 특성이 보존되고, 하나의 인격과 하나의 본질(*hypostasis*)로 결합되어 있다. 결코, 두 인격으로 갈라지거나 나누어지지 않는, 한 분이시고 동일하신 아들이시요, 말씀이신 독생자 하나님이시요, 주 예수 그리스도이시다. 이는 옛 선지자들이 그분에 관해 말씀하였던 것처럼, 우리 주 예수 그리스도가 우리

에게 친히 가르치셨고, 교부들의 신조가 우리에게 전해 준 대로다.[4]

칼케돈 신조는 그리스도가 완전한 신이요 완전한 인간, 참된 신이요 참된 인간으로서 혼동됨이 없고, 변화됨이 없고, 구분됨이 없고, 분리됨이 없는 두 개의 본성을 소유하신다는 교리를 정통 교리로 천명했다.

유티케스의 단성론은 이단으로 단죄되었지만, 동방 지역에서는 양성론을 따르는 칼케돈파와 단성론을 따르는 비칼케돈파로 나뉘어 논쟁이 계속되었다. 결국, 비칼케돈파가 교회로부터 분열해나갔다.

비칼케돈파는 오리엔트정교회(Oriental Orthodox Church)를 세웠으며, 이집트콥트정교회, 시리아정교회, 아르메니아정교회, 에디오피아정교회 등으로 발전해갔다.[5]

---

[4] "The Definiton of Chalcedon, 451", in Bettenson & Maunder, 56-57.
[5] 오리엔트정교회는 현재의 이집트, 팔레스타인, 에디오피아 등에 산재해 있다. 이 교회는 로마가톨릭교회나 동방정교회와 다른 교회 조직을 가지고 있지만, 단성론을 제외한 일반 예전과 교리들은 동방정교회와 많이 유사하다. 칼케돈 공의회 이후 비칼케돈파 알렉산드리아 대주교를 중심으로 세워진 이집트의 콥트정교회(Coptic Orthodox Church)는 오리엔트정교회를 대표하는 가장 큰 교세로 성장하여 현재에 이르고 있다. 현재 이집트 총인구의 10-20퍼센트가 기독교인이며, 그중에 대다수가 콥트정교회 신자들이다.

제11장

니케아 공의회 이후 서방 교부

1. 암브로시우스(Ambrosius of Milano, c.340-397)

서방 교회의 4대 교부로 알려진 암브로시우스는 제국의 동쪽 변방 도시 트리어(Trier)에서 태어났다. 그의 부모는 신실한 그리스도인이었으며, 아버지는 고울(Gaul, 현재 프랑스 북동지역) 지방의 제국 관료였다. 부친이 일찍 사망하자 부친의 친구 도움으로 법률과 수사학을 공부했다. 370년 30살 때, 황제 발렌티니아누스 1세(Valentinianus, 재위 364-375)는 그를 밀라노의 집정관으로 임명했다.

373년 아리우스주의를 지지하던 밀라노의 주교가 사망하자, 새로운 주교 선출을 앞두고 아리우스파와 니케아파 간의 치열한 충돌이 발생했다. 이 도시의 집정관 암브로시우스는 도시의 평화를 지키고 분열된 시민의 마음을 안정시키기 위해 양측의 중재자로 나섰다.

그의 중재 역할을 지켜보던 시민들은 '암브로시우스를 감독으로'라고 외쳤고, 양측도 시민들의 요구에 동의했다. 암브로시우스는 이와 같이 벌어진 갑작스런 제안을 기꺼이 수락했다. 374년 11월 30일, 세례를 받고 1주일 뒤에 감독직에 임명되었다.

감독이 된 이후, 그는 신학 공부에 매진하며 영적 개혁과 빈민 구제에 힘썼다. 아리우스파를 이단으로 정죄하고 니케아 신경을 따랐다. 변방 고트족

(Goth)의 침입으로 수많은 난민이 밀라노로 몰려들자, 교회의 재정으로 난민 구제 사업을 적극적으로 펼쳤다. 그러한 자선 행동에 성직자들이 반발하자, 그들을 비난하며 목회자의 참다운 사명을 다음과 같이 강조했다.

> 주님을 위해 황금보다 영혼들을 보존하는 것이 더 낫다. 사도들에게 황금을 주지 않고 세상에 내보낸 하나님은 또한 황금 없이 교회들을 모으셨다. 교회는 저장하기 위해서가 아니라 궁핍한 자들에게 나누어주기 위해 황금을 소유하고 있다. … 금그릇들보다는 살아 있는 그릇들을 차지하는 편이 낫다.[1]

암브로시우스는 설교자로서 명성을 떨쳤다. 동방 교회에 크리소스톰이 있었다면, 동시대에 서방 교회에는 암브로시우스가 있었다. 그의 풍유적인 성경 해석과 감동적인 설교는 많은 사람을 그리스도 앞으로 인도했다. 그 대표적인 인물이 어거스틴이었다. 387년 부활절 아침에 그는 암브로시우스에게 세례를 받았다.

암브로시우스는 교인들을 섬기는 겸손한 목회자로 알려졌지만, 성직자들의 부패와 특히 정치 권력의 부당성에 맞서며 감독의 권위와 품위를 잃지 않았던 강인한 목회자였다. 어린 발렌티니아누스 2세(Valentinianus II, 재위 375-392)는 아버지가 죽은 지 5일 만에 황제에 등극했다. 4세에 불과했기 때문에 그의 어머니 유스티나(Justina)가 섭정을 했다. 유스티나는 아리우스주의를 열렬히 추종했다. 그녀는 밀라노에 머물며 통치했는데, 감독 암브로시우스에게 아리우스주의 예배를 복원하라고 강요했다.

니케아 정통주의를 따르는 암브로시우스는 그녀의 강압적 요구를 단호하게 거절했다. 뜻대로 되지 않자 그녀는 암브로시우스를 강제로 퇴위시키고 아리우스주의자를 세우려고 계획했다. 암브로시우스는 '하나님의 것

---

[1] 암브로시우스, *Duties of the Clergy*, 2: 137. 재인용, 후스토 L. 곤잘레스, 『초대교회사』 엄성옥 역 (서울: 은성출판사, 2012), 322.

은 하나님께 돌려야 한다'고 맞서며 그녀의 계략을 물리쳤다.

로마 제국의 통일 황제 데오도시우스 1세는 380년에 기독교를 국교로 선언했고, 381년에 콘스탄티노플 공의회를 소집하여 아리우스주의를 완전하게 물리치며 정통주의 삼위일체론을 확립시켰다. 그리고 비기독교적인 일체의 신상 숭배와 의식을 제국 내에서 전면 금지 시키는 등 기독교 진흥에 크게 기여한 뛰어난 그리스도인 황제였다.

390년 그가 밀라노에 잠시 머물러 있을 때, 그리스 데살로니가에서 로마군 수비 대장이 주민과의 시비 끝에 살해당한 사건이 발생했다. 황제는 분노하며 철저하게 응징할 것을 명령했다. 이 소식을 들은 암브로시우스는 무고한 시민이 다칠 수 있으므로 그러한 보복 행위를 중지해 달라고 황제에게 요청했다.

그런데도 얼마 지나지 않아 7천여 명의 데살로니가 주민을 대량으로 학살했다. 암브로시우스는 황제의 보복 행위와 대량 학살을 강력히 규탄했다. 어느 날 예배에 참석한 그에게 회개하라고 외쳤으며, 회개하기 전까지는 성찬을 베풀 수 없다고 청중 앞에서 선포했다. 이에 신하들은 분노했지만, 황제는 암브로시우스의 말대로 대중 앞에서 자신의 잘못을 시인하고 참회했다. 이 두 사람 각자가 보여 준 신앙은 많은 사람에게 큰 감동을 주었다. 395년 1월 데오도시우스 황제가 죽자 그의 장례식을 암브로시우스가 직접 인도했다. 그리고 2년 뒤인 397년 4월 4일 부활 주일에 암브로시우스도 하나님 품에 안기었다.

2. 제롬(Jerome, c.347-420)

347년경 로마 제국의 달마티아(Dalmatia, 현재의 크로아티아)에서 출생했다. 본명은 히에로니무스(Hieronymus)이지만 제롬으로 더 알려졌다. 부유한 부모 덕분에 10세 이전에 로마로 건너가 라틴어 고전 문학과 키케로

(Cicero, 106-43 B.C.)의 철학을 공부했다. 학업에 집중하던 중, 질병에 걸려 병상에 눕자 처음에는 하나님의 형벌로 여겼으나, 갑자기 병에서 낫게 되자 하나님의 은혜로 믿고 신앙에 눈을 뜨게 되었다.

366년경인 19세 때, 로마 감독에게 세례를 받았다. 고향에 돌아와서 수도 생활을 하며 라틴 교부들의 글을 탐독했다. 373년 예루살렘을 거쳐 안디옥에 머물며 헬라어와 성경 공부에 집중했다. 이후 학업을 중단하고 안디옥 동편 사막에 들어가 약 4년간 기도와 고행에 정진하는 은자적 수도 생활을 했다. 그러나 학문 연구에 대한 미련으로 고민하고 있을 때, 예수가 꿈속에 나타나 그에게 이렇게 말했다.

> 그는 나에게 너는 누구며 무엇을 하는 사람이냐고 물었고, 나는 '그리스도인'이라고 대답했다. 그는 '너는 거짓말을 하고 있다', '너는 키케로주의자이지 그리스도인이 아니다. 왜냐하면, 너의 보물이 있는 곳에 또한 너의 마음도 있기 때문이다'라고 말했다. … 나는 맹세하여 그의 아픔에 호소하여 말하였다. '주여, 내가 다시 세속적인 책들을 소유하거나 읽는다면, 당신을 부인하는 것입니다.' … 그 이후로부터 나는 이전에 인간들의 책에 가졌던 것보다 더 큰 열정으로 하나님의 책을 읽었다.[2]

이 사건을 계기로 제롬은 은자 수행에 집중하며 『은자 바울의 생애』를 집필했다. 379년경 안디옥으로 다시 돌아온 그는 어느 유대인으로부터 히브리어를 배웠고, 안디옥교회에서 장로로 임명 받았다. 이듬해에 콘스탄티노플로 건너가 나지안주스의 그레고리우스와 니사의 그레고리우스 교부들과 친분을 쌓았다. 그들의 권유로 오리게네스의 서적과 유세비우스의 역사서를 라틴어로 번역했다. 382년 로마 방문 시, 로마의 감독 다마소 1세(Damaso I, 재위 366-384)의 요청으로 헬라어 성경을 라틴어로 번역하기

---

[2] 제롬, 『서신』 22:30. 재인용, 토니 레인, 『기독교 사상사』, 84.

시작했다. 다마소는 좀 더 완벽한 라틴어 성서본을 만들고 싶었다.

384년 그가 죽자, 제롬은 로마를 떠나 이집트와 팔레스타인을 순례한 후, 386년 베들레헴에 정착했다. 파울라(Paula)라는 여인의 도움을 받아 베들레헴에 남녀 수도원을 각기 설립하고 수도원 생활을 계속 이어 나갔다.

제롬의 뛰어난 업적은 성경 주석과 번역이었다. 382년에 시작된 라틴어 성경 번역은 406년에 완성했다. 감독 다마소 1세의 요청도 있었지만, 그 역시 이전에 번역된 라틴어 성경을 만족스럽게 여기지 않았었다. 베들레헴 수도원에 머물며 집중적으로 성경을 번역했는데, 이때 골고다의 예수를 묵상하기 위해 해골을 곁에 두고 작업했다. 신약성경은 헬라어에서 라틴어로 큰 문제없이 번역했다. 하지만 구약성경은 처음에는 70인역 성경을 의존하여 번역했으나, 나중에는 히브리 구약성경을 직접 라틴어로 번역했다.

구약성경 39권 외에도 외경(Apocrypha)도 번역했다. 비록, 정경과 구분했지만 교회의 책으로 번역본에 추가했다. 이로써 완성된 라틴어 성경은 406년에 출간되었다. 이 성경은 13세기 이후 서방 교회에서 최고 권위의 라틴어 성경으로 쓰이며 불가타(Vulgata)역본이라고 불렸다. 1546년 트렌트 공의회는 불가타역을 가톨릭교회의 표준 성경으로 채택했다.

제롬은 386년에 예루살렘수도원을 세운 후 숨질 때까지 수도원에 머물며 수도 생활을 했다. 금욕 수행을 실천했으며, 이미 그리스도에 의해 씻김을 받았기에 더 씻을 필요가 없다며 평생 목욕을 하지 않았다. 그가 주장한 사제의 독신은 중세 가톨릭교회에 영향을 주어 교황 그레고리오 7세(Gregorius VII, 재위 1073-1085)가 독신을 성직자들의 필수 실천 강령으로 선포했다.

394년경부터 시작된 펠라기우스(Pelagius, c.354-418)와의 논쟁에서 그는 북아프리카 힙포의 감독 어거스틴과 협력하며 펠라기우스를 반박했다. 415년경 펠라기우스가 베들레헴에 도착하자, 제롬은 『펠라기우스주의자들에 대한 반론』을 집필하여 발표했다. 이에 앙심을 품은 펠라기우스 지지자들이 수도원을 공격하여 불태웠으나 다행히 안전하게 피할 수 있었다. 420년 9월 자신이 설립한 베들레헴 수도원에서 조용히 눈을 감았다.

3. 어거스틴(Aurelius Augustinus Hipponensis, 354-430)[3]

교부 어거스틴은 초대 교회가 낳은 위대한 신학자, 사상가, 목회자였다. 교회사적으로 볼 때, 어거스틴은 기독교의 역사적 전환점에 위치해 있었다. 즉 초대 교회의 마지막 시점에 서 있는 동시에 중세 교회의 시작 시점에 서 있었다.

교리사적으로도 그는 신학적 전환점에 위치해 있었다. 그가 활동하던 5세기는 동방 교회를 중심으로 삼위일체론과 그리스도론 등에 관한 논쟁이 서서히 정리되고 있었던 반면, 서방 교회에서는 인간론과 구원론과 은총론이 새로운 논쟁 이슈로 등장했다.

펠라기우스로부터 시작된 이 논쟁은 어거스틴을 통해 상기 교리들에 대한 정통주의적 입장이 잘 정리되는 계기가 되었다. 그 외에도 어거스틴의 방대한 신학적 사상은 중세 기독교를 걸쳐 현대에 이르기까지 기독교 전체에 지대한 영향을 끼쳤다.

1) 어거스틴의 회심과 생애

354년 11월 13일, 어거스틴은 북 아프리카 누미디아(Numidia, 현재의 알제리) 지방의 타가스테(Tagaste)에서 태어났다. 회심 후에 기록한 그의 『참회록』(*Confession*)에 따르면, 그의 아버지 파트리키우스(Patricius)는 로마 제국의 관리였으며, 그가 태어날 당시에 아버지는 타가스테 시의회의 일원이었다. 아버지가 비기독교인이었던 반면, 그의 어머니 모니카(Monica, 332-387)는 교회사에 빛나는 가장 위대한 신앙의 어머니들 중의 한 명이었다.

---

[3] 어거스틴과 관련된 이 책 11장의 이 부분과 12장, 13장, 14장은 다음의 책 5장과 6장에 실린 필자의 글을 수정 증보하여 사용했음을 밝힌다. 정상운, 이호우 외, 『알기쉬운 교회사』(서울: 이레서원, 2000), 109-177.

그녀는 어거스틴을 훌륭한 신앙인으로 양육하려고 정성을 다했다. 하지만 어머니의 소원과 달리, 어거스틴은 일찍부터 세상의 향락에 빠져 살았다. 모니카는 이러한 아들이 신앙으로 회심하기를 오랜 세월 기도하며 기다렸다. 결국, 33년 만인 387년에 어거스틴이 세례를 받음으로써 그녀의 기도가 응답되었다.

어거스틴은 어려서부터 남다른 학문적 재질을 가지고 있었다. 370년 16세 때, 새로운 배움을 위해 그는 고향을 떠나 카르타고로 갔다. 대 도시 카르타고에서 그는 수사학과 라틴 문학과 철학 등에 걸쳐 다양한 지식을 습득했다. 한편 그는 도시의 쾌락에도 매력을 느끼며 서서히 향락과 방탕한 생활에 젖어 들기 시작했다. 자신의 고백처럼, 16세 때부터 어거스틴은 정욕의 노예가 되어 정욕이 이끄는 대로 살았다. 17세 때 한 여자를 만나 동거했고, 아데오다투스(Adeodatus, 372-388)라는 아들을 낳았다.

그는 육체적 본능에 일찍이 눈 뜬 것뿐만 아니라, 학문적으로 일찍부터 탁월했다. 19세 때에 이미 키케로와 아리스토텔레스 철학을 두루 섭렵했다. 이러한 철학 지식에도 불구하고, 그의 본능적 욕구는 그를 육체적으로 정신적으로 방황하게 만들었다. 이 방황기에 마니교를 접하게 되고, 신봉자가 되었다.

어거스틴은 수사학적 관점에서 성경을 세련되지 못한 조잡한 책으로 간주했다. 내용에 있어서도 폭력, 강간, 살인, 부도덕, 사기 등이 가득한 저속한 책으로 보았다. 어거스틴은 어린 시절부터 고민해온 악의 근원에 관해 마니교가 기독교보다 더 선명하게 가르친다고 믿었다. 하나님은 선한 분이라고 강조하면서, 동시에 악을 창조하신 하나님이라고 말하는 성경의 가르침을 이해할 수 없었다. 오히려 선과 악이 처음부터 동등한 위치로 존재했다고 말하는 마니교의 가르침이 더 합리적으로 보였다.

이러한 그의 생각은 자신의 육체적 향락과 지적 방황을 정당화해 주는 방편이 되었다. 그러나 마니교 사상은 어거스틴의 지성을 만족시켜주지 못했다. 마니교에 입교한 지 약 9년 될 즈음, 그는 마니교에 대해 심각한 회의를 느꼈다. 늘 의문시 여겼던 문제, 즉 왜 선과 악 그리고 빛과 어두움의 세력이 동등하게 존재하며, 서로 영원히 싸워야 하는가에 대한 의문에 관해 마니교 지도자들로부터 명쾌한 답을 찾을 수 없었기 때문이었다. 이에 실망한 어거스틴은 마니교를 떠나 새로운 삶을 살기로 결심하고, 383년 29세 때, 동거녀와 아들을 데리고 로마로 향했다.

로마에 도착한 그는 생계를 위해 학생들을 모아 수사학을 가르쳤다. 가르침은 매우 즐겁고 유쾌 했으나 학생들이 강의료를 제대로 내지않자, 그 일을 정리하고 384년에 밀라노로 갔다. 그곳에서 친구가 마련해 준 웅변학 강사로 일했다. 그는 밀라노에서 신플라톤주의를 접하게 됐다. 신플라톤주의의 창시자로 알려진 플로티누스(Plotinus, c.204-270)의 라틴어 작품들을 탐독했다.

신플라톤주의 작품을 통해 그는 깊은 회의와 방황의 늪에서 빠져나왔다. 어거스틴은 마니교의 이원론 사상을 완전히 떨쳐버리고, 소위 현상의 물질 세계 너머에 있는 실존의 영적 세계를 깨닫게 되었다.

모든 선의 근원 즉 모든 실재의 근원을 신 안에서 찾기 시작했다. 이러한 새로운 인식은 당대의 명설교자 암브로시우스와의 만남을 통해 기독교 신앙으로 회심하는 결정적 계기가 되었다. 어머니의 권유로 참석한 예배에서 그는 암브로시우스의 설교를 통해 새롭고 깊은 영적 깨우침을 얻었다.

무엇보다도 암브로시우스의 성경 해석을 통해 그는 성경을 새로운 각도에서 바라보기 시작했다. 이로 인해 영적 고뇌가 그의 내면에 새롭게 요동치기 시작했다.

386년 32세 때, 어거스틴은 밀라노 자신의 집 서재에서 놀라운 신앙 체험을 했다. 평상시처럼 죄를 참회하며 눈물로서 기도하고 있던 어느 날, 외치는 아이들의 소리가 정원 너머로 계속해서 들려왔다.

들고 읽어보라, 들고 읽어보라(*tolle lege, tolle lege*).

처음에는 아이들의 장난 소리로 가볍게 여겼지만, 그 소리가 점차 성경을 펼쳐 들고 읽으라는 하나님의 음성으로 느껴졌다. 즉시 서재에 있는 성경을 들었다. 펼쳐 읽은 첫 번째 말씀은 옛날 수도사 안토니를 부르셨던 가서 네 소유를 팔아 가난한 자에게 나눠주고 나를 따르라는 복음서의 말씀이었다. 그 다음에 펼쳐든 구절은 바울의 로마서 13:13-14이었다.

> 낮에 활동하는 것같이 단정히 행하고 방탕과 술 취하지 말며, 음란과 호색하지 말며 쟁투와 시기하지 말고 오직 주 예수 그리스도로 옷 입고 정욕을 위하여 육신의 일을 도모하지 말라(롬 13:13-14).

이 성경 구절은 그의 마음과 생각을 단번에 압도했다. 그 순간을 다음과 같이 회상했다.

> 더 이상 읽고 싶지 않았다. 그럴 필요가 없었다. 이 말씀을 대하는 순간 나의 마음을 확신의 빛으로 채워 주셨으며 모든 의심의 그림자를 일시에 제거해 주셨기 때문이다(『참회록』 8.12).[4]

387년 부활절 아침에 어거스틴은 그의 아들과 함께 암브로시우스에게 세례를 받았다. 이때 그의 나이 33세였다. 어거스틴의 회심은 그의 어머니 모니카의 오랜 기도와 인내 끝에 맺어진 결실이었다. 모니카는 회심한 아들과 함께 북아프리카로 돌아가던 항해 중에 죽음을 맞이했다.
또한, 그의 아들 아데오다투스도 고향에 돌아 온지 얼마 안되어 죽었다. 어린시절부터 시작된 학문 탐구, 지적 육체적 방황, 극적인 회심, 어머니와 아들을 잃는 아픔 등과 같은 일련의 사건들은 그의 남은 생애를 사용하

---

[4] Augustine, *The Confession of Saint Augustine*, trans. by Rex Warner (New York: Signet Classics, 2001), 174.

려고 부르신 하나님의 섭리적 과정들이었다.

388년 고향 누미디아로 돌아온 어거스틴은 작은 수도원을 설립하고 경건 훈련에 정진했다. 391년 이웃 도시 힙포를 방문했다. 항구 도시 힙포는 북아프리카에서 두 번째로 큰 도시였다. 이때 힙포의 감독 발레리우스(Valerius)로부터 함께 동역하자는 제안을 받고 그곳에 머물며 장로 안수를 받았다.

발레리우스가 죽자, 그의 후임으로 396년 42세의 나이에 힙포교회의 감독으로 선출되었다. 그는 설교와 목회 활동에 전념하는 것뿐만 아니라 그의 감독 저택을 수도원처럼 꾸며 수도원을 창설했다. 이후 어거스틴은 힙포의 감독과 수도원의 원장으로 활동하며 교회 역사 가운데 가장 존경받는 교부가 되었다.

무엇보다도 힙포에서 그가 이룩해 놓은 중요한 업적은 많은 저술과 신학 활동이었다. 특히, 감독이 된 이후에 집필한 『참회록』과 『삼위일체론』 그리고 『하나님의 도성』은 기독교 정통주의 신학을 교리적으로 잘 정착시켜 주었다. 그 밖의 많은 저술은 당시의 이방 철학과 이단 사상을 강력하게 대응했던 작품들이었다.

마니교 사상과 도나투스주의와 펠라기우스주의를 신랄하게 논박하며 기독교 정통 신앙을 변증하고 체계화했다. 430년 여름 반달족(Vandals)이 스페인을 건너 누미디아를 공격하고 힙포를 포위할 당시, 어거스틴은 병상에 누워있었다. 병상에서 시편의 많은 참회시를 묵상하며 기도했다. 그리고 힙포의 성직자들과 많은 신자의 기도 소리를 들으며, 430년 8월 28일 76세의 일기로 숨을 거두었다.

2) 어거스틴의 주요 저서와 사상

어거스틴의 저서는 실로 다양하고 방대했다. 성경 주석서를 포함하여 『참회록』과 같은 자서전, 마니교, 도나투스파, 펠라기우스파 등을 반박한 논쟁서, 『명상록』과 같은 신앙 생활서, 『하나님의 도성』과 같은 변증서 그리고 『삼위일체론』과 같은 교리서들이 있었다. 역사가 필립 샤프는 그의 방대한 저술에 관련해서 어거스틴을 다음과 같이 평가했다.

> 문학적 명성에는 개의치 않았으며, 다만 하나님과 교회를 향한 사랑에 이끌려 정신과 마음을 온전히 기울여 글을 썼다.[5]

(1) 『참회록』

어거스틴은 이 작품을 397년경 집필하기 시작하여 400년에 완성했다. 총 13장으로 구성된 이 책은 1-10장에서 그의 유아, 소년, 청년 시절의 죄악 된 생활과 신앙으로 돌아오는 과정을 상세히 기록했으며, 나머지 세 장은 철학, 마니교에 대한 반박 그리고 창조에 관한 그의 신학적 소신을 밝혔다. 이 책은 자신의 죄악을 참회하는 자서전이었다. 그는 『참회록』의 서두를 이렇게 시작했다.

> 여호와여!
> 당신은 광대 하시오니 크게 찬양 받으옵소서. 당신의 능력은 위대하며 당신의 지혜는 무한합니다. 당신께 찬양 드리기를 원하는 인간은 당신이 창조하신 한 줌의 피조물에 불과하지 않으며 죽을 수밖에 없는 존재이며 주께서 물리치시는 교만과 죄의 증거를 가지고 있는 자입니다.
> 그러나 한 줌의 피조물에 지나지 않지만 여전히 당신께 찬양 드리기를 원하는 인간입니다. 아니 찬양 드리는 기쁨을 인간이 가질 수 있도록 당신께서는 저희를 일깨우고 계십니다(『참회록』, 1.1).

---

[5] 필립 샤프, 『필립 샤프 교회사 전집』 3권, 845.

『참회록』은 단순히 한 개인의 회심을 보여 주는 것뿐만 아니라, 구원의 진리를 찾을 때까지 겪어야 하는 인간의 도덕적, 지성적, 영적 방황과 투쟁을 잘 드러내 주고 있다. 어거스틴은 자신의 어리석고 죄악 된 행위를 참회하는 동시에 위대하신 하나님의 은혜를 찬송하며 영광을 돌리는 고백을 이렇게 기록했다.

> 오 주님, 이제는 당신만을 사랑할 것이며 당신께 감사를 드릴 것이며 당신의 이름 앞에 참회의 고백을 드릴 것입니다. 이는 주님이 저의 큰 죄악과 악한 행동을 사하여 주셨기 때문입니다. 당신의 은총과 긍휼하심으로 말미암아 저의 죄악이 마치 얼음 녹듯이 녹아 사라져 버렸습니다(『참회록』, 2.7).

그는 하나님의 은혜를 절절히 찬양했다. 이처럼 『참회록』에는 그의 신앙과 신학의 골격인 하나님의 은혜 사상이 선명하게 담겨있다.

(2) 『하나님의 도성』

410년 8월 24일, 알라릭(Alaric, c.370-410)이 이끄는 비시고트족(Visigoths) 군대가 로마를 함락했다. 수많은 사람이 목숨을 잃었고, 많은 건물이 파괴되고 약탈당했다. 이때 로마 제국의 권력자들이 로마의 참화가 기독교 때문이라고 비난했다.

누군가 이러한 비난에 답변을 해야 했고, 그 중대한 임무가 감독들의 요청으로 어거스틴에게 주어졌다. 이렇게 하여 태동된 것이 『하나님의 도성』이었다. 총 22권으로 구성된 이 책은 413년에 집필을 시작하여 이듬해에 첫 3권을 마쳤고, 415년에 4권과 5권, 416년에 6권부터 11권, 그 이후 420년까지 12권에서 14권 그리고 426년까지 그 나머지 8권을 완성했다.

『하나님의 도성』 1권에서 10권까지는 로마 함락의 책임을 기독교에게 떠넘기는 비난에 대해 변론을 했고, 11권에서 22권까지는 이 작품의 중심 주제가 되는 하나님의 나라와 세상의 나라에 대한 비교를 기록했다. 어거스틴은 먼저 제국의 파탄을 기독교 탓으로 돌리는 비난을 논박하며, 이교의 어떠한 신들도 인간의 진정한 안녕과 행복을 지켜주지 못한다고 지적했다.

　기독교 신앙은 물질적이고 세속적인 안녕과 번영이 아니라 내적인 평화와 영원한 미래를 약속하는 것이라며 기독교의 우월성을 강조했다. 다음으로 그는 창조로부터 영원까지 존재하는 두 개의 다른 영역, 즉 지상의 도성과 천상의 도성에 관해 언급했다. 이 두 도성의 성격을 다음과 같이 기술했다.

> 그래서 2가지 사랑이 두 도시를 건설했다. 심지어 하나님까지도 멸시하는 자기 사랑이 지상 도성을 만들었고, 자기를 멸시하시면서 하나님을 사랑하는 사람이 천상 도성을 만들었다. 따라서 지상 도성은 자체를 자랑하며 천상 도성은 주를 자랑한다(고후 10:17). 지상 도성은 사람들에게서 영광 받기를 원하고, 천상 도성은 우리의 양심을 보시는 하나님을 최대한 영광으로 여긴다. … 지상 도성에서는 지배욕이 자체 속의 귀인들과 피정복 민족들 위에 군림하고, 천상 도성에서는 지도자와 피지도자들이 사랑으로 서로 섬기되, 지도자는 그 지혜로 피지도자는 복종으로 섬긴다.[6]

『하나님의 도성』은 인류의 역사 속에 상기의 두 도성이 공존하고 있는데, 서로 섞일 수 없고, 타협될 수 없는 갈등과 대치의 상태에 있다고 말한다. 갈등 상태에서도 세상 나라는 단지 하나님의 나라를 위해 존재한다. 로마 제국의 운명도 하나님의 나라를 위해 존재할 뿐이다.

　역사의 종말에 두 도성은 결국 분리되어, 그들은 각자의 최종적 목적지로 양분될 것이다. 그리고 오직 하나님의 도성만이 참 왕국으로 남게 된다. 이러한 논증을 통해 어거스틴은 자신의 섭리적 역사관을 아주 명백하게 제시했다.

---

[6] 성 아우구스티누스, 『하나님의 도성』, 조호연·김종흡 역 (서울: 크리스천다이제스트, 2019), 698.

(3) 『삼위일체』

이 책은 삼위일체에 관한 어거스틴의 대표적인 작품으로서 400년부터 416년 기간에 집필했다. 이 책의 1권에서 7권까지는 성경과 전통적인 사상에 근거하여 성부, 성자, 성령의 삼위 하나님이 하나의 본체라는 사실을 전개했다. 8권에서 15권까지는 삼위일체 교리에 대해 구체적으로 규명했다. 어거스틴은 먼저 하나님은 창조주로서 피조물과의 확실하게 구별되는 절대자요 모든 실존의 기반이라고 단언했다.

그리고 성부와 성자와 성령은 한 본질에 속하며 결코 구별됨이 없이 함께 일한다는 삼위일체의 단일성을 강조했다. 성부 종속설, 즉 성자와 성령이 성부께 종속된다는 교리를 거부했다. 그는 삼위일체 하나님의 단일성과 동등성을 강력하게 피력했다. 그의 삼위일체론은 서방 교회의 정통적인 사상으로 간주되었다.

(4) 마니교 반박

기독교로 개종한 이후 어거스틴은 마니교에 대한 반박의 글을 집필했다. 대표적인 글들이 『자유 의지에 관하여』, 『두 영에 관하여』, 『선의 본질에 관하여』 등이었다. 마니교는 선과 악이라는 원리가 두 개의 동등한 신적 존재로 영원히 대치하고 있다고 가르쳤다. 따라서 서로 동등한 힘을 가지고 있기 때문에 선이 악을 물리칠 수 없다고 주장했다. 이러한 악에 대한 설명에 대해 어거스틴은 성경의 가르침을 통해 논박했다. 먼저 마니교의 신관을 비판하며 하나님은 불변성과 전능성을 지니신 창조주이심을 강조했다.

그분의 창조 만물은 선했다. 하지만 그의 피조물들인 타락한 천사와 인간이 하나님이 주신 자유 의지를 잘못 사용하였기 때문에 악이 존재하게 되었다. 악은 바로 타락의 원인이 되었고, 타락의 원인은 인간에게 있다. 타락한 인간이 자유 의지를 가지고 자발적으로 하나님으로부터 멀어졌다. 때문에 그리스도의 은혜 없이 타락한 인간 스스로 하나님께 돌아갈 수 전혀 없다고 어거스틴은 진술했다.

마니교는 지성인에게 신앙이란 가치 없는 일이라고 비웃었다. 따라서 신앙에 대한 가르침을 중요하게 여기지 않았다. 사람이 이성으로 알 수 있는 것만을 신뢰할 수 있다고 마니교는 가르쳤다. 어거스틴은 이러한 마니교의 주장에 맞서 신앙이 결코 이성보다 열등하거나, 결코 이성과 대립되지 않는다고 반박했다. 신앙은 모든 인식의 이성적 활동에 있어서 반드시 필요한 요소라고 주장했다.

이러한 관점에서 어거스틴은 '나는 이해하기 위하여 믿는다'(credo ut intelligam)라는 아주 중요한 인식론 명제를 제시했다. 즉 모든 지식은 신앙에서 출발하며, 신앙은 모든 인식의 필연이라고 어거스틴은 강조했다.

(5) 도나투스주의 반박

311년 카르타고의 감독 선출 과정에서 도나투스 분파가 태동되었다. 도나투스파는 박해 기간에 배교했던 감독들의 권위를 인정하지 않았고, 그들이 집행한 성례의 효력을 부정했다. 그리고 자신들의 교회만이 진정한 교회라고 주장했다. 결국, 황제와 교회로부터 분파주의자들이라는 판결을 받고 박해를 받았다. 하지만 북아프리카 곳곳에 자리를 잡아가며 7세기 이슬람이 등장하기까지 그 위력을 떨쳤다.

때문에 세월이 100여 년 지난 뒤에도 북아프리카에는 여전히 도나투스주의자들과의 충돌이 계속되고 있었다. 충돌의 주요 사안은 성례론과 교회론에 관한 것이었다. 도나투스파는 배교했던 감독들에게 받은 세례는 무효라며 재세례를 시행했다. 즉 이들은 세례를 포함한 성례의 효력은 이를 집행하는 성직자의 성결에 달려 있다고 주장했다.

이러한 도나투스파의 견해를 반박하는 데에도 어거스틴은 많은 시간을 보냈다. 그는 교회의 어떠한 성례의 효력도 이를 집전하는 사람의 도덕성과 영성에 달려있지 않다고 그들의 견해를 비판했다. 성례의 효력은 성직자에게 달려 있는 것이 아니라, 그리스도의 영과 은혜에 달려 있기 때문이라고 강조했다. 성직자는 다만 그 의식을 집행하는 도구일 뿐이라고 했다.

어거스틴의 성례관은 그의 교회관과 매우 밀접하게 관련되어 있었다. 도나투스파는 자신들의 교회만이 완전한 성도의 모임이라고 주장했다. 어거스틴은 교회는 하나이며, 거룩하고, 보편적이고, 사도적이라는 교부의 전통 사상을 따랐다. 교회를 보이는 교회와 보이지 않는 교회로 구분했다. 전자는 외형적 교회의 형태라면, 후자는 내면적 교회로서 성도들의 공동체를 의미했다.

내면적 교회는 그리스도를 구주로 고백하는 신자들 전체를 뜻하며, 이 교회는 그리스도의 말씀에 기초하고 있고, 그 안에서 참 성례가 행해진다. 참 신앙은 이 교회의 공동체에서 이루어진다. 어거스틴은 이러한 공동체를 떠나서는 그리스도의 영도 없고, 그의 사랑도 없고, 결국 이 교제에서 떠난 자에게는 구원이 없다고 주장하며 도나투스주의를 반박했다. 외형적 교회 안에는 참 그리스도인과 형식적인 그리스도인이 마치 알곡과 가라지처럼 함께 섞여 있지만, 최후의 날에 분명하게 구분될 것이라고 했다.

『하나님의 도성』역시 그의 교회관이 잘 녹아 있었다. 어거스틴에게『하나님의 도성』이란 외형적인 교회 조직을 뜻하는 것이 아니고, 외형 속에 감춰진 내적 교회를 뜻했다. 그러나 세상의 도성과 하나님의 도성을 비교할 때, 하나님의 도성은 눈에 보이는 이 땅의 교회로 해석될 수 있었다. 이러한 해석을 근거로 중세 가톨릭교회는 영적 권위가 세속 권위보다 우월하고, 교황의 권위가 세속 통치자의 권위보다 우위에 있다는 주장을 발전시켰다.

제12장

◆

어거스틴과 펠라기우스

412년경 도나투스주의 논쟁이 일단락 되어갈 즈음, 어거스틴은 펠라기우스주의와 또 다시 논쟁을 벌였다. 어거스틴은 이 사상의 창시자 펠라기우스(Pelagius, c.354-418)를 처음 알았을 때 다소 호의적이었으나, 그의 가르침에 중대한 오류를 발견하면서부터는 그의 주장을 맹렬하게 비판했다.

이 논쟁의 주요 정적은 펠라기우스와 그의 추종자 코엘레스티우스(Coelestius)와 에클라눔의 줄리안(Julian of Eclanum, c.386-c.455)이었다. 그들의 주장은 한마디로 '내가 해야 할 수 있는 일은 내가 할 수 있다'라는 인간 자유 의지의 예찬에서 비롯되었다. 도나투스주의 논쟁이 주로 북아프리카에서 벌어진 논쟁이라면, 펠라기우스주의 논쟁은 제국 내 범교회적인 논쟁이었다.

1. 논쟁의 발단

영국 태생의 펠라기우스는 영국에서 수도 생활을 하다가 400년경 로마에 왔다. 수도사 눈에 비친 로마는 부패와 타락과 범죄와 향락 등이 만연한 도시였다. 그는 로마 시민을 향해 도덕적 신앙 개혁을 부르짖으며 자신의 가르침을 전달했다. 펠라기우스는 수도사로서 경건한 신앙을 가지고 있었을 뿐만 아니라, 성품 자체도 온화했다. 또한, 라틴 교부학, 헬라 철학 그리고 성경에 대한 해박한 지식을 가지고 있었다. 따라서 그의 가르침과 언행은 로마 시민들로부터 환영을 받았고, 많은 사람이 그를 지지했다.

그들 중에서 특히 법률가였던 코엘레스티우스가 그를 열렬히 추종하며, 제자가 되었다. 410년 8월 고트족 알라릭이 로마를 침공하자, 펠라기우스는 코엘레스티우스와 함께 북아프리카 카르타고로 피신했다. 이때 그는 어거스틴을 방문했으나, 도나투스주의 논쟁으로 분주했던 그를 만나지 못했다. 코엘레스티우스를 남겨둔 채, 그는 예루살렘으로 갔다.

카르타고에 남아 있던 코엘레스티우스는 이곳 교회의 교구 감독직을 신청했다. 그를 심사하기 위해 모인 411년의 카르타고교회 회의에서 밀라노의 감독 파울리누스(Paulinus of Milano)는 코엘레스티우스의 신학에 대해 의문을 제기했다. 즉 코엘레스티우스가 원죄의 유전을 믿지 않으며, 율법 준행으로도 구원이 가능하다는 가르침을 전하고 있다고 지적했다.

코엘레스티우스는 파울리누스의 지적을 인정했으며, 그러한 자신의 입장을 고수했다. 결국, 교회 회의는 그의 감독직 신청을 기각했고 그를 파문했다. 인간의 자력적 노력 즉 선행을 통해서도 구원을 얻을 수 있다는 코엘레스티우스의 견해는 펠라기우스의 영향 때문이었다.

그들은 원죄가 유전되지 않으며, 따라서 타락이란 전인류가 아니라 각 개인의 타락에 달려있는 것이며, 구원은 인간의 자유로운 결정에 의해 얼마든지 가능하다고 주장했다. 그리고 하나님의 은총을 받을 수 있거나 거부할 수 있는 선택적 자유가 인간의 의지에 달려 있다고 가르쳤다. 이러한 사상은 곧바로 정통 기독교회로부터 의심받기 시작했고, 결국 411년의 코엘레스티우스 사건으로 말미암아 논쟁이 한층 확산되어, 어거스틴과 펠라기우스 간의 논쟁으로 이어졌다.

2. 논쟁의 진행

어거스틴은 코엘레스티우스를 정죄한 411년의 카르타고 회의에 참여하지 않았다. 그러나 펠라기우스 사상에 대한 반박의 글을 써달라는 감독들의 요청에 따라, 펠라기우스주의의 위험성을 논박하는 글을 썼다. 412년에 집필한 주요 두 저서는 다음과 같다.

첫째, 『공로와 죄의 용서에 관하여』
둘째, 『영과 의문에 관하여』

전자의 글을 통해서 어거스틴은 아담의 원죄가 후손에 전가되며, 그로 인해 유아 세례가 필요하다는 것을 다루었고, 죄인을 의롭게 하시는 하나님의 은총을 강조했다. 후자의 글을 통해서는 모든 사람이 죄 아래 있으며, 구원은 하나님의 은혜라는 점을 명백하게 밝혔다.

415년 어거스틴은 『본성과 은혜에 관하여』(*On Nature and Grace*)를 통해 좀 더 강하게 펠라기우스의 사상을 반박했다. 그의 자유 의지론의 위험성을 지적했고, 인간의 원죄와 하나님의 은혜를 부인하는 것에 대해 논박했다. 그리고 같은 해 어거스틴은 예루살렘의 제롬에게 사람을 보내어 펠라기우스 사상에 조심하라고 전했다.

펠라기우스 사상의 정통성 문제를 거론하기 위해 415년 예루살렘에서 두 번에 걸쳐 종교 회의가 개최되었다. 그러나 제롬과 오로시우스(Orosius, c.375-418)의 강력한 비판에도 불구하고, 이 회의는 펠라기우스에게 신학적으로 큰 문제가 없다는 무죄 판결을 내렸다.

예루살렘 공의회의 판결이 잘못되었다고 판단한 북아프리카 감독들이 416년에 카르타고에 모여 411년의 코엘레스티우스에 대한 판정을 재검토한 후에 그와 펠라기우스를 이단으로 정죄했다. 그리고 로마의 총대주교인 인노첸시오 1세(Innocentius I, 재위 401-417)에게 펠라기우스파의 오류와 415년 예루살렘 공의회 판결의 부당함을 주장하는 서신을 보냈다.

417년에 인노첸시오는 펠라기우스를 이단으로 정죄하고 유배시키라는 명령을 내렸지만, 곧 그가 죽음으로 그 명령은 실제적으로 실효를 거두지 못했다.

후임자 조시무스(Zosimus, 재위 417-418)는 신학 논쟁에 관심이 없었다. 오히려 인노첸시오의 결정을 번복하여, 펠라기우스주의를 옹호했다. 그러자 418년 200여 명의 감독이 카르타고에 모여 회의를 개최하고 펠라기우스주의에 반대한다는 결정을 재확증하고 이 사실을 조시무스에게 전달했다.

같은 해 여름, 이 강력한 항의에 조시무스는 카르타고 감독들의 결정을 수락한다는 교서를 발행하고 모든 감독의 서명을 요구했다. 이 교서에 대부분의 감독은 서명했으나, 18명의 감독이 서명을 거부했으며, 이로 인해 그들은 교회로부터 축출당했다. 이 사건은 펠라기우스주의의 쇠퇴를 가져다 주는 결정적 조치가 되었다.

교회로부터 축출당한 18명의 감독 중에는 에클라눔의 줄리안도 있었다. 그는 당시 코엘레스티우스와 함께 펠라기우스주의파의 대표적인 대변자로서 어거스틴의 은혜론을 맹렬히 공박했다. 429년경 그는 동료들과 함께 자기들에게 좀 더 우호적인 동방 교회의 콘스탄티노플로 망명했다. 당시의 콘스탄티노플 총대주교 네스토리우스는 그들을 기꺼이 받아들였다.

하지만 431년 에베소에서 개최된 공의회에서 펠라기우스파는 네스토리우스파와 함께 이단으로 정죄 되었다. 이로써 펠라기우스주의는 동서방 양 교회로부터 공식적으로 정죄 당했다.

3. 논쟁의 주요 이슈

어거스틴과 펠라기우스 사이에 벌어진 쟁점은 세 부분으로 집약될 수 있다.

첫째, 자유 의지의 본질에 관한 것이다. 인간의 구원은 인간 자유 의지의 선택인가 아닌가라는 문제이다.

둘째, 원죄의 유전에 관한 것이다. 이것은 유아 세례가 필요한가 아닌가 라는 문제로 이어진다.

셋째, 하나님의 은혜에 관한 것이다. 죄와 구원의 과정에서 하나님의 은혜가 필요한가 아닌가라는 문제가 발생한다.

1) 인간의 자유 의지

어거스틴과 펠라기우스는 하나님이 인간에게 자유 의지를 주었다는 점에는 상호 일치했다. 그러나 자유 의지의 실상과 본질에 있어서는 서로 다른 견해를 가지고 있었다. 펠라기우스는 인간의 자유 의지에 따라 자신의 책임하에서 어떤 결정이든지 자율적으로 선택할 수 있다고 주장했다. 이러한 견해는 하나님의 속성에 관한 그의 이해에서 출발했다. 하나님은 선하시고 정의롭고 공의로운 속성을 가지고 계신다.

이와 같은 하나님의 속성이 그의 형상에 따라 지음 받은 인간에게 주어졌고, 그러한 속성에 따라 인간은 의지적으로 선과 악을 선택할 수 있다고 펠라기우스는 주장했다. 이러한 논리를 근거로 그는 희박하지만 인간은 죄 없는 완전한 삶을 살 수 있다고 역설했다.

어거스틴은 『영과 의문에 관하여』를 통해 처음으로 펠라기우스가 주장하는 인간의 자유 의지론을 비판했다. 어거스틴은 인간의 자유 의지가 어떠한 선택을 자유롭게 할 만큼 완전한 기능과 능력을 가지고 있지 않으며, 따라서 하나님의 은혜가 필요하며 그로 말미암아 완전에 이룰 수 있다고 주장했다.

그러나 펠라기우스는 인간의 자유 의지로 완전한 선택을 이룰 수 있기 때문에 하나님의 도움이 절대적으로 필요한 것은 아니라고 했다. 요컨대 어거스틴은 자유 의지가 작용하는 힘을 신적 은혜의 맥락 안에서 찾고 있는데 반해 펠라기우스는 인간 본성 자체에서 그것을 구하였다. 이러한 근본적 차이는 원죄 전가에 대한 두 사람의 상반된 견해에서 비롯되었다.

어거스틴은 원죄의 전가 때문에 모든 인간의 자유 의지가 부패했다고 강조한 반면, 펠라기우스는 원죄의 전가를 부정했다. 인간의 자유 의지와 하나님의 은혜에 작용하는 방식에 관해 동서방 교회는 약간 다른 견해를 각기 가지고 있었다. 일반적으로 동방 교회 안에서는 하나님의 은혜를 결코 부인하지는 않았지만, 비교적 인간에게 하나님의 명령을 이행할 수 있는 자유 의지적인 능력이 있음을 인정해 왔다.

이를테면, 동방 교회의 존 크리소스톰은 인간은 선을 선택할 수 있으며, 선을 행할 때 하나님의 은혜가 임하여 그의 도우심으로 인간은 그의 명령을 이행할 수 있다고 주장했다.

반면, 서방 교회에서는 어거스틴 이전부터 터툴리아누스와 키프리아누스 그리고 암브로시우스 같은 교부들이 원죄의 유전을 강력히 주장했다. 암브로시우스는 첫 사람 아담의 죄가 그의 모든 후손에게 전달된다고 했다. 그래서 누구도 죄 없이 잉태되지 않으며, 막 태어난 아기에게도 원죄가 적용된다고 주장했다. 따라서 암브로시우스는 하나님의 은혜가 인간에게 절대적으로 필요하다고 강조했다. 같은 서방 교부인 어거스틴의 입장은 암브로시우스의 그것보다 훨씬 더 종합적이고 체계적이었다.

어거스틴은 인간의 의지에 미치는 죄의 영향을 죄를 짓지 않을 수 있는 상태(posse non peccare)와 죄를 안 지을 수 없는 상태(non posse non peccare)로 구분했다. 전자의 상태는 타락 이전의 아담의 상태를 뜻하며, 후자는 타락 후의 모든 인간의 상태를 묘사했다.[1]

첫 사람 아담은 선하고, 자유 의지를 가지고 있으며, 하나님과 교통할 수 있는 존재로 창조되었다. 그러나 그의 범죄로 인하여 선을 행할 수 있는 의지를 상실했고, 하나님의 은혜를 잃었으며, 결과적으로 영혼은 범죄 가운데 죽었다.

---

1 존 우드브리지 엮음, 『인물로 본 기독교회사 (상)』, 박용규 역 (서울: 도서출판 횃불, 1993), 145.

모든 은총을 잃어버린 인간에게 필요한 것은 그리스도에 대한 신앙 밖에 없다. 구원은 하나님이 은혜로 값없이 주시는 선물이라고 어거스틴은 확신했다.

2) 원죄의 유전

어거스틴은 죄란 부패된 인간의 본성과 그로 인해 피할 수 없는 죽음의 형벌에 이른 상태라고 했다. 이 죄는 아담의 잘못된 의지의 선택에서 시작됐다. 그러므로 죄란 잘못된 의지의 산물이지 본성의 산물이 아니다. 때문에 죄 또는 악의 조성자는 하나님이 아니라 인간이며, 죄는 자유 의지의 산물이라고 가르쳤다.

어거스틴은 아담의 원죄가 모든 인간에게 유전 또는 전가되어, 그 결과 모든 인간은 부패한 본성을 가지고 태어난다고 했다. 인간의 부패한 본성은 오직 결국 예수 그리스도를 통해서만 치유될 수 있다고 강조했다.

펠라기우스는 아담의 죄가 인류 후손에게 전가된다는 것을 부인했다. 아담은 세상에 죄를 소개한 존재 그리고 죄의 형벌이 무엇인지를 보여 주는 한 모범에 불과했다. 아담의 죄는 그의 후손의 본성에 아무런 영향을 미치지 않는다. 그러므로 아담의 범죄와 관계없이, 그의 후손은 의와 불의를 선택할 수 있는 자유 의지와 능력이 여전히 존재한다고 그는 주장했다.

따라서 펠라기우스의 관점에서 볼 때, 인간이 죄를 짓지 않고 살수 있는 것이 전혀 불가능한 것은 아니었다. 어거스틴이나 펠라기우스 둘 다 악의 원인이 하나님에게 있는 것이 아니라 인간의 자유 의지에 있다는 것에 동의했다. 다만 펠라기우스는 인간의 독자적인 자유 의지와 그 능력을 강조한 데 반해, 어거스틴은 원죄로 인한 자유 의지의 부패성을 언급하면서 하나님의 은혜의 필요성을 강조한 점에 있어서 큰 차이가 있었다.

원죄의 유전 문제에 대한 두 사람의 차이는 유아 세례에 관한 문제에도 뚜렷하게 나타났다. 펠라기우스는 원죄의 전가를 부인했기 때문에, 죄 씻음을 뜻하는 유아 세례는 아무런 의미가 없다고 주장했다. 어린아이에게는 원죄도 없고, 그 스스로 지은 자범죄도 없기 때문이었다. 어거스틴은 그와 반대로 유아 세례의 필요성을 주장했다. 어린아이 자신이 의지적으로 지은 자범죄 때문이 아니라, 그에게 유전된 아담의 원죄 때문이었다. 그러므로 모든 인간은 죄의 성향과 죄에 대한 책임을 가지고 태어난다고 했다.

펠라기우스는 원죄의 유전을 부정했다. 인간은 죄악 된 상태로 태어난 것이 아니며, 따라서 하나님의 명령을 순종할 수 있는 자유 의지적 능력이 있다고 주장했다. 죄악을 멀리하는 끊임없는 경건과 엄격한 생활로 자력적 구원을 성취할 수 있다고 보았다.

이러한 상반된 논쟁은 어거스틴과 펠라기우스 자신들의 삶을 반영하는 측면도 있었다. 『참회록』을 통해 보여 주듯이, 어거스틴은 극적인 회심을 경험했고, 그 후에 철저히 자신의 죄를 참회했다. 그 과정에서 도저히 거부할 수 없는 하나님의 크신 은혜를 직접 체험했다.

반면, 펠라기우스는 일찍이 수도 생활을 하면서 영적 방황이나 극적인 회심과 같은 사건이 없던 것으로 보인다. 오히려 많은 사람의 존경을 받을 만큼 경건하고 바른 삶을 살았다. 두 사람의 상반된 삶은 죄와 하나님의 은혜에 대한 이해와 경험이 다를 수밖에 없었다.

3) 하나님의 은혜

어거스틴은 하나님의 은혜가 인간의 어떤 공로 때문에 주어진 것이 아니라 그저 아낌없이 주는 선물과 같은 것이라고 했다. 하나님의 은혜가 없으면 구원은 불가능했다. 한편 펠라기우스는 인간의 구원이 전적으로 하나님의 은혜로운 선물이라는 점을 부정했다.

그는 하나님이 인간에게 선을 행할 수 있는 품성적 능력을 주었기 때문에, 인간은 하나님의 은혜 없이도 자력적으로 구원을 성취할 수 있다고 했다. 어거스틴은 인간의 의지가 선과 구원을 이루는데 있어서 하나님의 은혜와 무관하거나 결코 상반된 것이 아니라고 했다. 은혜가 결코 의지를 폐하지 않으며, 오히려 자유 의지를 확고히 한다고 보았다. 인간의 자유 의지는 하나님께로서 나온다.

그리고 인간의 의지를 믿음의 단계로 이끄는 것은 하나님의 은혜라고 어거스틴은 강조했다. 펠라기우스는 하나님의 은혜 자체를 부인하지는 않았다. 은혜를 강조하지 않는 것은 인간의 자유 의지보다 하나님의 은혜에 지나치게 의존하는 것을 경계하기 위해서였다.

그러나 어거스틴은 신앙의 기원과 성장 그리고 그 끝, 이 모든 것이 하나님의 선물이요 하나님의 은혜라고 여겼다. 그의 논의는 항상 모든 것이 다 하나님의 은혜라는 문구로 귀결되었다. 이러한 측면에서 볼 때, 어거스틴의 신학 구조는 '인간은 자유로운 존재이다. 하지만 하나님의 은혜가 없으면 아무 것도 할 수 없다'고 집약될 수 있다.

어거스틴의 은혜론을 보다 근원적으로 추적해 가면, 하나님이 믿음을 갖도록 의지를 이끄는 자와 그렇지 않은 자로 구분하고 있음을 알 수 있다. 여기에서 소위 어거스틴의 예정론이 제시된다. 『성도의 예정』을 통해 어거스틴은 하나님께서 예정하신 자를 부르시고, 부르신 자를 의롭게 하신다고 강조했다.

그의 논지는 "하나님께서는 예정하시고 부르시고 의롭게 하신 자에게 영광을 주신다"(롬 8:30)라는 바울의 견해에 기초하고 있었다. 인간의 구원 사역에서 모든 것이 하나님의 은혜임을 강조하듯이 어거스틴 또한 예정 교리에서도 하나님의 은혜를 강조했다.

모든 인간은 죄로 인해 반드시 그에 따르는 형벌을 받아야 마땅하지만, 하나님의 은혜에 의해 그리고 그의 자의적인 결정에 의해 구원받을 사람과 그렇지 않을 사람을 선택하셨다는 것이다. 하나님께서는 이미 예정된 자들에게만 그러한 은혜를 주시는 것이다. 이러한 것은 인간의 의지와 능력에 상관없이 하나님의 주권에 의해 일어나는 불가항력적 은총이라고 어거스틴은 확신했다.

어거스틴과 펠라기우스 간의 논쟁의 핵심은 죄와 구원에 있어서 인간의 자유 의지와 하나님의 은혜가 어떻게 상호적으로 작동하는가 였다. 결국, 이 논쟁은 431년의 에베소 공의회가 펠라기우스파를 이단으로 정죄함으로써, 어거스틴파의 승리로 끝났다. 어거스틴의 사상을 모든 사람이 전적으로 찬동한 것은 아니었다. 고울 지방의 수도사이자 사제였던 존 카시아누스(John Cassianus, c.360-435)는 어거스틴의 주장에 반기를 들었다. 그를 중심으로 형성된 반대파들을 소위 반펠라기우스주의(semi-pelagianism)라고 불렀다.

반펠라기우스파는 펠라기우스주의를 반대했지만, 어거스틴의 주장, 특히 예정론을 전적으로 수용하지 않았다. 즉 원죄의 유전과 은혜론에 동의하면서도, 선을 행할 수 없다는 인간의 자유 의지에 관한 어거스틴의 견해에 반대했다. 반펠라기우스주의는 구원에 있어서 인간의 의지와 하나님의 은혜 간의 협력적 관계를 강조했다.

또한, 어거스틴의 이중 예정론을 반대했다. 이중 예정론 교리가 기독교 신앙을 숙명론적인 상태로 끌어 갈 수 있는 위험성이 있다고 보았다. 논쟁이 100여 년간 진부하게 계속되다가 529년에 개최된 오렌지 공의회(Council of Orange)는 반펠라기우스주의를 이단으로 정죄했다. 그리고 어거스틴의 대부분의 견해를 재확인하고 정통 교리로 확정했다. 하지만 이 회의는 하나님의 불가항력적 은혜라든지, 전적 타락이라든지, 예정 교리에 대해서는 심각하게 다루지는 않았다. 오히려 세례의 은총이 강조되었다.

세례를 통해 그리스도의 도우심을 받을 수 있고, 그 도우심을 통해 영혼 구원에 대한 보장이 확실히 된다는 것이었다. 이 공의회는 어거스틴의 사상을 어느 정도 절충하여 확정했지만, 이후 중세 가톨릭교회의 예를 들어 선행과 공덕 사상과 같은 교리들이 태동될 수 있는 여지를 남겨주었다.

제2부
중세교회사

제13장 교황제와 로마가톨릭교회의 발전
제14장 교회의 동유럽 확장과 아시아 진출
제15장 무함마드와 이슬람교의 발흥
제16장 신성 로마 제국과 봉건 사회
제17장 교회의 대분열과 교황권의 절정
제18장 십자군 원정 시대
제19장 수도원 개혁 운동
제20장 스콜라주의
제21장 로마가톨릭교회의 예전
제22장 교황권 쇠퇴와 동방정교회
제23장 신비주의 출현과 개혁의 여명

제13장

교황제와 로마가톨릭교회의 발전

교회의 역사는 바야흐로 중세기로 접어들었다. 시대적으로 구분을 할 때, 중세기란 그레고리오 1세(Gregorius Magnus I, 재위 590-604)가 교황으로 즉위한 590년부터 마틴 루터가 종교개혁을 일으킨 1517년까지 해당되는 약 1000년간의 기간을 일컫는다. 일반 사학자들은 서로마 제국이 멸망한 476년을 기점으로 고대사와 중세사를 구분한다. 그러나 교회사의 관점에서 보면 590년 그레고리오 1세의 재위를 기점으로 중세 교회가 시작했다고 본다. 그의 뛰어난 지도력에 의해 서방 교회를 기반으로 로마가톨릭교회 제도와 교리가 이때부터 발전되었기 때문이다.

중세 초기의 기독교회를 쉽게 이해하기 위해, 중세 교회의 전반적인 특징을 다음의 4가지로 요약할 수 있다.

첫째, 중세 교회는 교황 제도의 기반을 튼튼하게 만들어 주었다. 로마 교황권이 점차 강화되면서, 교황은 중세 교회와 국가의 가장 영향력 있는 지도자로 등장했다. 이러한 현상은 중세 교회의 힘의 축이 동방 교회에서 서방 교회로 옮겨지는 중요한 요소로 작용했다.

둘째, 중세 교회는 거의 전 유럽을 복음화했다. 중세 중반기에 이미 유럽의 모든 지역에 복음이 들어갔고 교회가 세워졌다.

셋째, 중세기에는 수도원 제도가 융성했다. 수도원은 중세의 선교 사역에 크게 이바지했을 뿐만 아니라, 영적 부패와 타락에 대항하면서 교회의 개혁과 부흥을 주도했다.

넷째, 중세기에는 가톨릭교회의 교리가 거의 완성되었다. 특히, 가톨릭 대학자 토마스 아퀴나스(Thomas Aquinas, 1225-1274)는 로마 교회의 예전과 신학 발전에 크게 이바지했다.

1. 감독의 우위권 논쟁

로마가톨릭교회의 태동과 발전은 로마 감독의 우위권 논쟁으로부터 시작되었다. 313년 밀라노 칙령 이전, 교회는 박해와 이단 문제를 잘 대응하기 위해 통일된 교회 조직과 지도자가 필요했다. 초대 교부들은 각 교회의 감독을 교회 일치의 중심점으로 보았다. 개교회는 감독을 중심으로 독자적으로 운영되었고, 감독 간의 긴밀한 협력은 있었으나 감독 간의 우위권을 서로 주장하지는 않았다. 그런데도 예루살렘, 안디옥, 알렉산드리아, 로마 등 4대 주요 도시의 교회 감독만큼은 특별한 대우를 받았다.

점차 시간이 흐르면서 로마의 감독이 다른 도시의 감독들보다 더 우월하고 우위에 있다는 주장이 등장했다. 로마가 제국의 수도로서 정치, 문화, 경제, 종교의 중심지라는 정치적인 측면도 있었지만, 무엇보다도 로마 교회 감독이 사도적 특권을 계승한다는 주장이 중요한 원인으로 작용했다. 먼저 사도 베드로와 사도 바울 둘 다 로마에서 순교했다는 전승을 근거로 로마 감독의 우위권을 내세웠다. 다음으로 베드로의 사도적 특권의 계승을 내세웠다.

"주님은 그리스도시요 살아계신 하나님의 아들입니다"라는 그의 신앙고백에 예수는 '반석'을 뜻하는 베드로라는 이름을 주었고, 그 반석 위에 자신의 교회를 세우겠다고 칭찬했다. 이어 베드로에게 천국의 문을 열고 닫을 수 있는 천국 열쇠를 주시겠다고 약속했다(마 16:16-19). 이처럼 베드로는 다른 사도들에게 없는 특별한 축복과 권한을 예수로부터 부여 받았다. 이후 베드로가 로마 교회를 세웠고, 로마에서 순교했기 때문에, 그의 사도적 특권이 로마 교회의 감독들에게 계승된다고 주장했다.

밀라노 칙령 이후, 콘스탄티누스 대제는 330년 콘스탄티노플을 제국의 수도로 삼고 이주했다. 그리고 당시의 국가 행정 제도와 유사한 제도를 교회에 도입하여 제국 교회로서의 모양을 갖추었다. 교구, 대교구, 총대교구라는 교 구제도를 도입하여 각기 감독, 주교, 대주교, 총대주교로 하여금 감독하게 했다. 그리고 예루살렘, 안디옥, 알렉산드리아, 로마 그리고 콘스탄티노플 등의 5대 도시를 총대교구로 정했다. 서방에서는 로마가, 동방에서는 콘스탄티노플이 중심도시가 되었고, 교회의 영향력도 두 교회가 양 진영을 대표했다. 결국, 감독의 우위권 논쟁은 두 교회 간의 교권 경쟁으로 진행됐다.

로마의 감독이 다른 지역의 감독들보다 우위를 차지한다는 견해는 서방 교회들로부터 강력하게 지지를 받았다. 교부 키프리아누스와 제롬 등은 로마 교회 감독의 영적 지도력이 다른 교회 감독보다 월등하다고 가르쳤다. 서로마 제국의 황제들도 로마 감독의 우위권을 종종 지지했다. 특히, 서로마 제국의 황제 발렌티니아누스 3세(Valentinianus III, 재위 425-455)는 455년에 영적 영역에서 로마 감독의 지상 우위권을 인정한다는 칙령을 내렸다.

그는 칙령을 통해 로마의 감독은 서방 교회의 수장이며, 이를 부정하는 것은 곧 국가를 배반하는 것이라고 선포했다.[1] 지도력에 있어서도 로마 교회는 탁월한 위치를 차지했다. 서방 지역에서 교리 논쟁과 이단 문제가 발생할 때마다 로마 교회의 감독이 최종적 결정을 내렸고, 그의 결정은 서방 교회를 통일되게 이끌었다. 반면 동방 교회는 아리우스 논쟁에서 본 것처럼, 정치적으로 교리적으로 통일된 일치를 보지 못하고 항상 대립했다.

그리고 330년 제국의 수도를 콘스탄티노플로 옮기고 황제가 그곳에 거주함으로써, 로마 교회는 상대적으로 황제의 간섭과 통제로부터 좀 더 자유롭게 되었다. 뿐만 아니라 서로마 제국이 정치적 군사적 위기를 맞이할 때마다 로마 감독은 시민들을 독려하며 위기를 적극적으로 극복해 나갔다. 실례로, 410년 고트족이 로마를 포위했을 때, 로마 감독의 재빠른 외교 정

---

1 "The Edict of Valentinian III, 445", in Bettenson & Maunder, 24-25.

책 때문에 로마가 파괴되는 것을 막을 수가 있었고 그들의 지배로부터 벗어날 수 있었다. 452년 훈족의 아틸라(Attila, 406-453)도 로마의 총대주교 레오 1세(Leo I, 재위 440-461)에게 설득되어 이탈리아를 침공하지 않았다. 476년 서로마 제국이 패망한 이후에도 로마 시민들은 로마 감독의 영적 정치적 권위와 지도력을 의지하고 존중했다.

2. 로마 감독과 교황 제도의 발흥

몇몇 로마 감독의 탁월한 활동은 로마 감독의 우월적 권위를 높이는데 크게 기여했다. 감독 시리치오(Siriciu, 재위 384-399)와 인노첸시오 1세(Innocentius I, 재위 401-417)를 꼽을 수 있다. 교황(Pope)으로 번역된 라틴어 파파(*papa*)는 헬라어 파파스(παππάς)에 유래했으며 '아버지'를 뜻하는 단어였다.

밀라노 칙령 이후, 우월성과 차별성을 강조하기 위해 로마 감독 시리치오는 교황이라는 칭호를 오직 로마 감독만이 사용할 수 있다고 선포했다. 인노첸시오 1세는 한 걸음 더 나가 교황의 찬성과 승인 없이는 서방의 어느 교회도 독단적으로 중요한 결정을 내릴 수 없다는 규칙을 만들어 발표했다.

교황 레오 1세(Leo I, 재위 440-461)의 기여는 더욱 탁월했다. 440년 9월 교황에 오른 그는 461년까지 21년간 교황직을 수행하며 여러 뛰어난 업적을 이루었다. 교황 임직 예배에서 베드로는 로마 교회의 초대 감독이자 초대 교황으로 추켜세우며, 베드로의 특별한 권위가 로마의 교황들에게 계승된다고 설교했다.

> 교황을 부인하는 것은 베드로를 부인하는 것이며, 베드로를 부정하는 것은 곧 그리스도를 부정하는 것이다.

그는 이와 같은 주장을 서슴치 않고 했다. 이처럼 레오 1세는 이전의 로마 감독이나 교황보다 교황의 우위권을 매우 강화시켰다.

교황 레오 1세는 야만인들의 침공으로부터 로마 도시를 지키는 데에도 눈부신 공헌을 했다. 452년 훈족의 아틸라와 455년 반달족이 침입했을 때, 뛰어난 기지와 협상으로 로마시가 큰 화를 당하지 않도록 지켜냈다. 감격에 찬 서로마 제국의 황제 발렌티니아누스 3세는 455년에 로마 교황은 베드로의 사도권을 계승하고 있으니 모든 교회와 사람들은 교황의 권위에 순종하라는 칙령을 발표함으로써, 교황 레오 1세의 권위를 높이 세워주었다.

상황이 이렇게 되자, 동방에서도 레오 1세의 권위를 무시할 수 없었다. 유티케스의 단성론을 정죄한 칼케돈 공의회(451년)는 서방 교회의 지지를 얻고자 그 문제에 대한 견해를 레오 1세에게 의뢰했다. 그는 『교리서』(*Tome*)라는 편지를 써서 보냈고, 그의 서신은 회의석상에서 낭독되었다. 유티케스의 단성론을 정죄한다는 레오 1세의 서신 내용을 동방의 감독들은 매우 만족스럽게 받아들였다. 그만큼 로마 감독의 권한과 우월권이 제국의 전 교회로 확대되며 영향력을 발휘했다.

3. 그레고리오 1세(Gregorius Magnus I, 재위 590-604)

교황 그레고리오 1세의 등장으로 말미암아 로마 감독의 우위권을 넘어 교황주의를 표방하는 로마가톨릭교회의 태동이 시작되었다. 가톨릭교회가 사도 베드로를 제1대 교황으로 부르고 있지만, 소위 현대적 형태의 로마가톨릭교회의 제도와 교리적 기초가 세워진 것은 그레고리오 1세의 재임 때부터였다.

540년경 그레고리오는 부유한 로마 귀족 집안에서 태어났다. 그의 집안은 대대로 신실한 신앙 가문이었다. 그의 고조부는 교황 펠릭스 3세(Felix III, 재위 483-492)였다. 그의 어머니 실비아와 그의 고모 2명은 성녀라는 칭호를 받았다. 정계에 진출한 인물도 많았다. 그레고리오는 정부 관직에 오르고자 법률 공부에 집중했다. 570년 공직에 들어가 한때 로마 시장의 위치에 올랐다. 하지만 4년 뒤 아버지가 갑작스럽게 죽자, 관직을 그만두고 자신의 저택을 포함한 7개의 처소에 수도원을 세웠다. 로마 근교에 성 안드레(St. Andrew)수도원을 세우고 그곳에서 엄격한 수도 생활을 시작했다.

579년 그는 로마 교황의 특사로 발탁되어 콘스탄티노플로 건너가 586년까지 그곳에서 근무했다. 당시의 기독교는 로마의 교황과 콘스탄티노플의 총대주교에 의해 좌우되었다. 특히, 476년 서로마 제국이 멸망한 후, 콘스탄티노플의 황제가 로마 제국의 유일한 황제가 되었고, 따라서 제국의 수도 콘스탄티노플의 총대주교는 막강한 힘을 가지고 교회 전체에 영향을 끼치고 있었다. 때문에 로마 교황과 콘스탄티노플의 총대주교 사이에는 미묘한 권력 경쟁과 대립이 있어왔다. 그레고리오는 이러한 상황에서 로마 교회의 입장을 충실하게 대변하며 일했고, 586년 로마로 다시 돌아와 안드레수도원의 원장으로 수행에 전념했다.

590년 교황 펠라지오 2세(Pelagius II, 재위 579-590)가 전염병으로 갑자기 사망하자, 그의 후임자로 그레고리오가 만장일치로 선출되었다. 같은 해 9월 그는 교황직에 올랐다. 교황에 오른 그레고리오는 수도사 출신답게 교회 개혁을 단행했다. 수도원 출신의 인물들을 교회의 주요 요직에 배치했다. 성직 매매를 금지 시켰으며, 성직자들의 독신을 강조했고, 수도사적인 청빈과 경건에 힘쓰도록 규정을 만들어 시행했다.

교회 개혁 외에도 뛰어난 외교술로 롬바르드족(Lombards)의 로마 침략을 지혜롭게 막아냈다. 뿐만 아니라 시실리, 이탈리아, 남부 불란서, 북부 아프리카에 있는 기독교회의 재산을 장악하여 막대한 재정과 식량을 확보했다. 그 수입의 대부분은 교회의 성직자, 공중 예배, 로마군 병력 강화, 각종 구제 사업, 자선 사업 등에 사용했다. 이렇듯이 그레고리오는 교회, 정치, 행정, 경제, 군사 분야 등에서 강력한 지도자로서의 입지를 견고히 쌓았다. 그래서 그를 대교황이라고 칭했다.

그레고리오 1세는 예배와 선교에 큰 업적을 남겼다. 미사 전례를 개혁하여 오늘날의 미사 전문의 기초를 놓았다. 그의 개혁 미사를 '그레고리안 성사'라고 불렀다. 그리고 미사전례 때 사용하는 음악 '그레고리안 챈트'(Gregorian Chant)도 발전시켰다. 무반주 단선율(Acapella) 예전 성가로서 중세의 거의 모든 교회가 그의 음악 양식을 따랐다. 또한, 그는 선교에 남다른 열정을 가지고 있었다. 476년 서로마 제국을 멸망시킨 북유럽의 게르만족들이 제국의 영토를 차지하고 정착했다. 이들에 대한 선교가 그레고리오 교황에 의해 본격적으로 이루어졌다.

그는 영국에 정착한 앵글로색슨족의 복음화를 위해 선교사를 파송한 최초의 교황이었다. 그리고 프랑스, 스페인, 영국 등지의 교회에 주교들을 임명하여 파송했고, 파송받는 그들에게 교황 권위의 이임을 상징하는 영대(pallium)를 직접 하사했다. 그는 교황권을 강화했고, 서유럽의 교회들을 로마가톨릭교회의 세력 안으로 통일시켰다. 또한, 그레고리오는 많은 저술을 남겼다. 『욥기 해설』, 『경건한 이탈리아 교부들의 생애와 기적』 그리고 『로마 가톨릭 성직자의 성격과 임무』는 그의 신앙과 사상을 밝히 보여 주는 대표적인 저술이었다. 그의 사상은 중세의 토마스 아퀴나스의 『신학 대전』이 나오기 전까지 가톨릭교회의 교리적 기초가 되었다.

그레고리오의 신학 사상은 정통적인 것과 비정통적인 것을 동시에 가지고 있었다. 삼위일체론과 기독론 등에 있어서는 니케아 공의회로부터 칼케돈 공의회에 이르는 정통 신앙과 신학을 따랐다. 반면 인간론과 구원론에 있어서는 반펠라기우스적인 형태를 가졌다. 그레고리오는 수도사적인 금욕 생활을 그의 신학에 적용시켰다. 즉 고행주의 사상의 기초를 만들어 놓았다. 고행으로 자기를 체벌하는 것은 죄에 대한 탕감이라고 간주했다. 자신의 죄에 대한 현세적 형벌을 통해서, 영원한 하나님의 형벌을 모면할 수 있다고 보았다.

또한, 그레고리오는 마태복음 12:32을 근거로 사후 세계에서의 속죄 가능성을 제시하며 연옥 교리를 주장했다.[2]

몇몇 교부가 연옥 교리를 언급한바 있었지만 누구도 명확하게 내세우지는 않았다. 그러나 그레고리오는 완전히 회개하지 못한 작은 죄는 연옥의 불 고통 가운데 완전히 정화되어 구원을 받을 수 있다는 연옥 교리를 역설했다. 연옥에 있는 자들을 위한 중보 기도 제도도 도입됐다. 이후 가톨릭교회는 이 연옥 교리를 널리 받아들이다가, 제2차 리용 회의(Second Council of Lyons, 1274)와 플로렌스 회의(Council of Florence, 1438-1445)를 통해서 공식 교리로 확정했다.

---

[2] 마태복음 12:32, "또 누구든지 말로 인자를 거역하면 사하심을 얻되 누구든지 말로 성령을 거역하면 이세상과 오는 세상에서도 사하심을 얻지 못하리라." 이 구절과 더불어 외경 마카베오하 12:42-44을 근거로 가톨릭교회는 연옥 교리의 당위성을 주장했다. 그러나 종교개혁자들은 연옥교리를 부정했으며, 외경인 마카베오를 정경으로 인정하지 않았다.

제14장

교회의 동유럽 확장과 아시아 진출

교황 그레고리오 1세는 중세 교회의 시작점에 있었다. 교황권이 더욱 강화되었고, 가톨릭교회의 초기 예전과 교리들이 확정되었다. 그리고 선교를 통해 로마가톨릭교회의 영향이 서유럽 전체로 팽창되었다. 따라서 그는 현대 로마가톨릭교회의 효시와 같은 인물이었다. 당시의 선교는 무엇인가, 이는 교부 어거스틴의 신학 사상과 매우 밀접한 관계가 있었다.

『하나님의 도성』에서 말하듯이, 중세 교회는 지상의 도성을 정복하고 하나님의 도성을 건설하려는 이상을 품고 있었다. 그리고 교회와 국가의 역사 안에 그 이상이 조속히 실현되기를 바라고 있었다. 이러한 시각에서, 중세 초기에 교황권을 중심으로 통일성을 이루며 전 유럽의 가톨릭화를 성취해 나갔다.

또한, 이 시기에 기독교가 유럽으로 서진한 것뿐만 아니라 아시아로 동진한 점을 주목해야 한다. 사실 기독교는 사도시대 이후로 이미 상당하게 동쪽으로 진출했다. 오순절 성령 임재의 사건을 바대와 메대와 메소보다미아와 본도와 아시아에서 온 사람들이 목격한 바 있었다(행 2:9). 전승에 따르면, 사도 도마와 바돌로매 등이 시리아와 페르시아 그리고 인도 남부 지역까지 방문하여 복음을 전하고 교회를 세웠다고 했다.

역사적으로 100년에서 300년 사이에 시리아 지역의 소왕국 오스로에네(Osrhoene)의 수도 에데사(Edessa) 중심으로 기독교가 실제로 융성하게 발전했다. 소위 시리아 기독교로 불리며, 구약과 신약 성경을 시리아어로 번역하여 사용했다.

변증가 유스티누스의 제자인 타티안(c.110-180)이 에데사 출신이었고, 바르다이산(Bardaisan, 154-222)과 같은 뛰어난 변증신학자가 활동했다. 유프라테스 강변의 두라-유로포스에서 발견된 현존하는 가장 오래된 가정 교회 건물터는 시리아 기독교의 발전을 증명해 주고 있다. 시리아를 넘어 페르시아에도 기독교가 빠르게 확산되었다.

사산 제국(224-651) 초기에 시행된 종교관용 정책에 따라 복음이 빠르게 전파되어 290년경 크테시폰(Ctesiphon)에 첫 감독이 세워졌고, 325년 니케아 공의회에 니시비시(Nisibis)와 크테시폰의 감독이 페르시아 교회의 대표로 참석할 정도였다. 특히, 중세기에는 페르시아에 네스토리우스교가 정착했고, 이후 중앙아시아와 중국에 이르까지 매우 적극적으로 진출했다.

1. 게르만족의 대이동과 서로마 제국의 멸망

350년경 중앙아시아와 코카서스 일대를 평정한 유목민 훈족(Huns)은 서진을 계속하여 동유럽 전역을 지배하며 동서 로마 제국의 국경과 거의 맞닿았다. 사납고 전투적인 훈족의 침공과 약탈은 그 일대에 거주하고 있었던 원주민 게르만족의 대이동을 불가피하게 만들었다. 게르만족은 고트족, 반달족, 프랑크족, 앵글족, 색슨족, 롬바르드족, 부르군드족 등 다양한 민족들로 구성되어 있었다.

그들은 훈족의 박해를 피하는 것뿐만 아니라 로마 제국의 안정된 도시 문명과 문화를 차지하고 싶었다. 375년경부터 약 200년간 그들은 특히 서로마 제국의 국경을 꾸준히 넘나들며 약탈과 침략을 일삼았고, 침략지에 자신들의 왕국을 차례로 세워나갔다. 476년 훈족과 스키리아인의 피가 반반 섞인 오도아케르(Odoacer, 433-493)가 이끈 게르만족이 서로마 제국의 황제를 체포하여 폐위시키고 이탈리아 왕국을 세웠다. 이로써 500년 역사의 서로마 제국이 패망했다.

한편 407년 반달족(Vandals)은 라인강을 건너 현재의 프랑스와 스페인 지역을 침략했다. 이곳 지역들을 약탈하며 계속 진군하던 그들은 힙포의 감독 어거스틴이 죽기 한해 전인 429년에 지브랄타(Gibraltar) 해협을 건너 북아프리카로 진군했다. 430년에 카르타고를 정복했다.

그리고 이집트 국경에까지 이르는 북아프리카의 방대한 해안 지역을 평정하여 반달 왕국(Vandals Kingdom)을 건설했다. 북아프리카를 점령하기 이전에 반달족은 이미 아리우스주의를 받아들였었다. 북아프리카를 정복한 이들은 카르타고 주민들에게 아다나시우스주의를 버리고 아리우스주의를 따르도록 강요했다. 따라서 북아프리카의 카르타고 신자들은 경제적 물리적 고충뿐만 아니라 신앙의 박해까지 동시에 겪어야 했다.

2. 스페인의 복음화

378년경 동로마 제국의 발칸 반도 일대를 약탈하던 비시고트족(Visigoths, 서고트)은 알라릭(Alaric, c.370-410)의 지휘아래 410년 로마 시를 침공했다. 그 후 서진을 계속하여, 415년 현재의 스페인 지역을 점령하고 서고트 왕국(Visigothic Kingdom)을 세웠다.

서고트족을 위한 선교 사역은 그들이 로마 제국을 침공하기 이전부터 시작되었다. 카파도키아 출신이며 아리우스주의 신앙을 가진 울필라스(Ulfilas, c.310-380)는 고트족에게 복음을 전하라는 소명을 받았다.

4세기 중엽 주로 발칸 반도 동부 지역에 살던 서고트족 지역에 들어가 그들과 함께 지내며 복음화에 힘썼다. 그는 서고트 언어로 성경을 번역하여 보급했다. 울필라스의 헌신적인 선교 사역 덕분에 많은 이가 기독교로 개종하여 아리우스주의 신앙 노선을 따랐다.

스페인에 서고트 왕국을 세운 비시고트족은 반달족과는 달리, 아다나시우스주의자들을 박해하지 않았다. 더욱이 서고트 왕국은 아리우스주의를 버리고 정통주의를 따르는 국가가 되었다. 국왕 렉카레드 1세(Reccared I, 재위 586-601)가 589년에 톨레도(Toledo)교회 회의를 소집하여 니케아 정통 신앙을 수용하도록 했다. 엄격한 규칙이 교회 안에 시행되었고, 감독권을 강화하며 교회의 통일성을 유지했다. 특히, 633년의 톨레도 회의는 모든 사제가 교회 감독의 권위에 철저히 복종하도록 규정했다.

예를 들어, 사제가 감독의 허락없이 결혼할 경우, 감독은 그 사제에게 혹독한 고행을 요구하거나, 그 사제의 아내를 노예로 팔 수 있는 권한을 가졌다. 교회의 점차적인 안정과 발전에도 불구하고, 정치적인 내분과 720년대에 침입한 이슬람에 의해 서고트 왕국은 멸망했다. 다행히도 732년 중반 프랑크 왕국의 명장 샤를 마르텔이 이슬람 군대를 물리침으로써 서고트 왕국의 북부 지역이 다시 기독교를 회복했다.

3. 프랑스의 복음화

5세기경 고울 지방(현재의 북동부 프랑스, 벨기에, 스위스와 독일 서부 일대)에 두 개의 게르만족 왕국이 세워졌다.

첫째, 남쪽에는 부르군디족(Burgundians)이 부르곤트 왕국을 건설했다.
둘째, 북쪽에는 프랑크족(Franks)이 프랑크 왕국을 건설했다.

부르군디족 역시 아리우스주의 신앙을 가지고 그들의 왕국을 세웠지만, 니케아 신앙을 따르는 옛 로마 제국의 사람들을 핍박하지 않았다. 오히려 시간이 흐름에 따라, 이 왕국은 니케아 신앙을 받아들였다.

516년 시기시문드(Sigismund, d.524) 왕이 정통 삼위일체 교리를 수용하면서 전 국민들도 그의 결정을 따랐다. 361년 서로마 제국 시절, 투르의 마르티노는 고울 지방의 투르를 중심으로 수도원을 세우고 복음화에 힘썼다.

그리고 371년에 투르의 감독이 되어 397년 죽을 때까지 열심히 교회를 섬겼다. 그러나 400년 이후 라인강을 넘어오는 게르만족의 침입으로 이교도들이 정착하기 시작했다. 서로마 제국의 국운이 기울어 갈 즈음인 450년경 프랑크족 메로베우스 1세(Meroveus I, c.411-458)가 프랑크 왕국의 첫 왕조인 메로빙거 왕조(Merovingian Dynasty)를 창건했다. 476년 로마 제국이 멸망하고 그의 손자 클로비스(Clovis, 재위 481-511)가 왕위에 오르면서 강대국의 위상을 갖추기 시작했다. 486년 프랑크 왕국은 주변의 여러 부족을 통일시켰고, 508년 고울 전역을 지배했다.

492년 겨울, 클로비스 국왕은 부르군트의 공주이며 기독교 신자인 클로틸드(Clothilde, 475-545)와 결혼했다. 그의 기독교 개종에 대한 일화는 마치 콘스탄티누스 대제의 이야기와 거의 유사했다. 전쟁을 앞둔 클로비스는 아내에게 그녀의 하나님이 전쟁에서 승리하도록 도와주면 기독교인이 되겠다고 약속했다. 막바지 전투에서 클로비스는 하늘에 떠있는 십자가 형상을 보았고, 이에 힘입어 대승을 거뒀다. 그는 아내와의 약속에 따라, 496년 크리스마스 날 귀족들을 포함한 3천 명의 무장과 함께 세례를 받았다. 왕의 명령에 따라 프랑크 전국민이 집단적으로 기독교 신앙으로 개종했다.

7세기경 메로빙거 왕조가 쇠퇴하며 나라의 실권이 군인들에게 넘어갔다. 실세의 영웅은 샤를 마르텔(Charles Martel, c.688-741)이었다. '망치'라는 뜻을 지닌 마르텔 이름처럼, 그는 뛰어난 장군으로 명성을 떨치며 8세기 초의 프랑크 왕국을 이끌어 갔다. 그의 뛰어난 용맹함과 전투력은 이슬람 군대와의 전쟁에서 큰 위력을 발휘했다. 당시 스페인을 정복하고 계속 북진하던 이슬람 군대에 프랑스의 장수들이 맥없이 패배했다.

하지만 마르텔은 달랐다. 732년 투르-푸아티에(Tours-Poitiers) 평원에서 벌어진 최후 전투에서 이슬람 군대를 물리치는 대승을 거두었다. 유럽의 심장부를 향해 무섭게 돌진하던 이슬람의 기세를 꺾어 놓았다. 이 승리를 통해 프랑크 왕국의 실권을 얻게 된 마르텔은 로마 교황청과 교분을 두텁게 쌓았으며, 교황의 권유에 따라 교회 개혁을 강력히 추진했다.

그가 죽자 둘째 아들 단신 피핀(Pepin the Short, 714-768)이 실권을 장악했다. 당시 로마 교황청은 성상 파괴령을 발표한 동방 제국의 황제와 대립 관계에 있었다. 이 때문에 751년 북부 이탈리아를 지배하고 있던 롬바르드족(Lombards)이 로마를 침공할 때, 교황 자카리아(Zacharias, 재위 741-752)는 황제로부터 군사적 지원을 받지 못했다. 대신에 프랑크 왕국의 재상 단신 피핀에게 원조를 요청했다.

피핀은 군대를 보내어 롬바르드족을 물리쳤다. 이런 교황과의 관계를 통해서 피핀은 새로운 왕조를 세우고 왕위에 오르려고 했다. 마침내 교황의 지지 속에 메로빙거의 마지막 왕을 폐위시키고, 751년 왕위에 오르면서 프랑크 카롤링거 왕조(Carolingian Dynasty, 751-987) 시대를 열었다. 754년에 피핀은 교황 스테파노 2세(Stephanus II, 재위 752-757)에게 '피핀의 기증'이라는 땅을 헌납하여 현재의 교황령의 시초를 만들어 주었다. 카롤링거 왕조의 절정은 그의 아들 샤를마뉴(Charlemagne, 재위 768-814)에 의해 이뤄졌다.

샤를마뉴의 통치기에 카롤링거 문예 부흥이 일어났다. 800년 교황 레오 3세(Leo III, 재위 795-816)는 직접 황제 대관식을 집전하며 샤를마뉴에게 옛 서로마 제국을 계승하라는 의미로 황제 칭호를 주었다. 이처럼 프랑크 왕국은 교황청과의 밀접한 관계를 유지하며 가톨릭 국가로서 굳건하게 발전해 갔다.

서유럽에 정착한 프랑크족을 제외한 서고트족과 브르군디족 등은 처음에 아리우스주의를 따르는 국가들이었다. 하지만 그 모든 국가가 니케아 신조의 정통주의를 받아들였다. 결과적으로 서로마 제국을 무너뜨리고 그 땅에 왕국을 세우며 정착한 게르만족들은 차례차례 기독교 국가가 되었고, 교황과 가톨릭교회의 영향력에 예속되었다. 또한, 개인적 개종보다는 집단적 개종이 주를 이룬 것도 당시 복음화의 한 특징이었다. 렉카레드나 클로비스의 경우처럼, 지도자 한 사람의 개종이 국가 단위의 집단 개종을 만들어냈다.

이런 집단적 개종은 게르만족의 빠른 기독교화를 이루었지만, 개인적 중생의 체험 없이 이뤄진 개종이었기 때문에 시간의 흘러갈수록 중세의 기독교 안에는 토착 신앙과 혼합된 미신적 신앙이 쉽게 자리잡게 되었다.

4. 영국, 아일랜드, 스코틀랜드의 복음화

1) 영국의 고대 기독교

영국에 기독교가 어떻게 소개되었는지에 관한 정확한 기록은 없다. 영국의 남부 지역 브리튼(Britain)은 약 2세기에 로마 제국에 의해 점령되어 410년까지 통치를 받았다. 그러므로 이곳에 주둔했던 로마 군인이나 이곳을 드나들던 상인들을 통해 기독교가 소개되었을 가능성이 매우 높다. 3세기의 교부 터툴리아누스는 그의 저서에서 영국 출신의 그리스도인들을 거명한 바 있었고, 314년 고울 지방에서 열린 교회 회의에 요크(York), 링컨(Lincoln), 런던(London) 등에서 온 영국 감독들이 참석했다.

어거스틴과 신학적 논쟁을 벌였던 펠라기우스도 영국 출신의 수도사였다. 이런 역사적 사실을 볼 때에 소위 영국의 고대 기독교가 일찍이 자리 잡았을 것이 확실하다. 영국의 고대 교회를 원주민 종족 이름을 따서 켈트(Celtics)교회라 불렀다. 하지만 픽트족(Picts), 스코트족(Scots), 게일족(Gaelic)들이 살고 있는 영국의 서북부 지역은 여전히 복음의 무풍 지대였다.

2) 게르만족의 이주와 패트릭의 선교

5세기 초, 게르만족이 라인강을 건너 로마 제국을 계속적으로 침공했다. 침략을 막기 위해 410년경부터 영국에 주둔하던 로마 군대를 대륙으로 이동시켰다. 이때에 대륙의 앵글족(Angles)과 색슨족(Saxon)이 영국 해협을 건너 영국 남부를 침공하여 점령했다. 그리고 켄트(Kent), 에섹스(Essex), 써섹스(Sussex), 동앵글리아(East Anglia), 웨섹스(Wessex), 노스움부리아(Northumbria), 메르시아(Mercia) 등 일곱 개의 소 왕국을 세웠다.

이 시점에 복음의 불모지 아일랜드 선교에 전 생애를 바친 성 패트릭(St. Patrick, c.386-461)이 등장했다. 그는 남부 영국의 로마계 영국인 기독교 가정에서 태어났다. 그의 할아버지는 신부였고, 부친은 교회 집사였다.

집안의 영향으로 패트릭은 어려서부터 신앙으로 반듯하게 성장했다. 16세 때, 불행히도 패트릭은 해적의 습격으로 아일랜드로 끌려가, 약 6년 동안 노예 생활을 했다. 이후 대륙의 고울 지방으로 간신히 도망쳐, 그곳에서 한동안 수도원에서 생활하다가, 고국으로 돌아왔다.

고국에 돌아 온 후, 바울이 마케도니아 선교에 대한 환상을 본 것처럼, 패트릭도 그와 유사한 체험을 했다. 어느 날 아일랜드가 바라보이는 해안을 걷는 꿈을 꾸었는데, 꿈속에 갑자기 아일랜드 사람들이 나타나 자기들에게 돌아와 달라고 간절하게 외치는 소리를 들었다. 한때 그가 노예 생활을 하던 곳이었지만, 그곳 사람들에게 복음을 전하는 것이 자신에게 주어진 하나님의 소명이라고 받아들였다. 432년 그는 고울의 오세르의 감독 게르마누스(Germanus of Auxerre, c.378-c.448)로부터 사제 안수를 받은 뒤, 곧바로 아일랜드 선교사로 길을 떠났다.

패트릭은 주로 아일랜드 동북부 지방을 중심으로 선교 활동을 펼쳤다. 그곳의 주민들은 로마 문명과 상관없이 옛 부족 사회 형태로 살고 있었다. 나무의 잔가지로 가옥을 만들고 가축을 기르면서, 작은 농경 문화를 이루며 살았다. 그들의 일상은 이교도 제사장들이 주관하는 미신과 마술에 크게 의존했다. 패트릭은 마을을 찾아다니며 그 지역 주민들에게 복음을 전했다. 그의 진실된 사랑과 열정은 일반 평민들과 귀족들의 마음을 사로잡았다.

선교한 지 얼마 안되어 수천 명의 개종자를 얻었고, 세례를 베풀고 교회를 곳곳에 세웠다. 그뿐만 아니라 수도원을 세워 아일랜드 교회의 신앙과 학문 발전에 힘썼다. 특히, 아르마(Armagh)에 세운 수도원은 교회 지도자를 양성하는 중심지가 되었다.

아일랜드 교회는 패트릭이 전파한 영국 켈트 교회의 신앙과 제도를 자연스럽게 따랐다. 아울러 패트릭은 아일랜드인들의 부족 중심적 사회 구조에 잘 적응할 수 있도록 지방 자치적 형태의 교회 운영을 도입했다. 즉 각 지역의 수도원장들을 중심으로 교회들이 결집하여 발전하도록 만들었다.

이 제도는 장차 영국을 통해 유입될 가톨릭교회의 주교 제도로 대체될 때까지 계속되었다. 461년 패트릭은 아일랜드 땅에서 조용히 숨을 거두었다. 그런데 놀라운 사실은 그의 죽음으로 30년간의 선교 사역이 끝났지만, 그가 뿌린 복음의 씨는 약 백 년 뒤 거꾸로 영국에 복음을 전하게 되는 열매로 나타났다.

3) 콜룸바의 스코틀랜드 복음화

432년 패트릭이 복음을 들고 아일랜드에 온지 약 백 년이 지날 무렵, 아일랜드 교회는 콜룸바(Columba, 521-597)라는 위대한 선교사를 배출했다. 콜룸바는 영국의 북부, 현재의 스코틀랜드 지역에 살고 있는 스코트족과 픽트족에게 복음을 전했다.

그의 조부는 패트릭이 전한 복음을 듣고 세례를 받았다. 그의 부모도 신실한 그리스도인이었으며, 아버지는 아일랜드 왕족이었다. 어려서부터 경건한 신앙 가운데 성장한 콜룸바는 일찍이 수도원에 들어가 신앙 훈련을 받았으며, 집사와 사제로서 지역 교회를 헌신적으로 섬겼다. 선교에 특별한 관심을 갖고, 몇몇의 동역자와 함께 아일랜드 전역을 여행하며 수도원을 설립했다. 차츰 그는 그 지역의 영적 지도자로 존경 받기 시작했으며, 그의 경건과 학문과 덕망이 널리 알려졌다.

563년 콜룸바는 영국 북부 지역의 주민들에게 복음을 전하는 선교사가 되기로 결심했다. 그 해 5월 12명의 동료와 함께 아일랜드를 떠나 이교도의 땅 스코틀랜드에 도착했다. 그리고 스코틀랜드와 아일랜드 사이에 있는 작은 섬 이오나(Iona)에 정착했다. 스코틀랜드의 서부 해안에서 약 1킬로미터 정도 떨어진 이 섬을 복음 전파의 전초 기지로 삼았다.

이곳에 이오나수도원을 세웠으며, 노동과 기도 그리고 성경 읽기라는 삼대 규칙을 엄격히 실행하며 자신은 물론, 선교를 꿈꾸는 수도사들을 열심히 훈련시켰다. 그리고 수시로 스코틀랜드와 북부 잉글랜드를 방문하며 복음을 전했다. 그 결과 많은 개종자를 얻었으며, 여러 수도원을 그 지역에 세웠다. 평생을 선교에 전념하던 수도사 콜룸바는 597년 6월 주일 아침에 편안하게 숨을 거두었다.

4) 로마가톨릭교회의 유입

이렇게 소위 켈트 교회로 알려진 영국의 고대 기독교가 아일랜드와 스코틀랜드로 확산되는 가운데, 영국의 남부 지역에 정착한 앵글로색슨족(Anglo-Saxon)에 대한 선교 관심이 가톨릭교회에 일어났다. 그레고리오 1세가 교황이 되기 전, 로마의 한 시장을 지나가던 중에 노예로 팔려 나온 한 무리의 금발 청년들을 목격했다. 장사꾼에게 이렇게 물었다.

> 이 젊은이들의 국적은 어디인가?
> 이들은 앵글족(Angles)들입니다.
> 이들의 얼굴 생김을 보니 참으로 에인젤(Angels 천사들이라는 의미)들이 틀림없다. 이들의 나라는 어디에 있는가?
> 데이리(Deiri)에 있습니다.
> 그들은 참으로 데이라(Deira, 분노로부터 모면되었다는 의미)에서 온 것이 틀림없다. 왜냐하면, 이들은 하나님의 진노에서 하나님의 자비로 옮겨졌기 때문이다.
> 그들의 왕은 누구인가?
> 아엘라(Aella)입니다.
> 알렐루야!(Alleluia, 주를 찬송할지어다)
> 이름 그대로 그들의 나라에서 하나님의 성호가 찬양될지어다.[1]

---

1 후스토 L. 곤잘레스, 『중세교회사』, 엄성옥 역 (서울: 은성출판사, 2012), 21.

이 사건을 계기로 그레고리오는 앵글족 복음화에 남다른 관심을 갖게 되었다. 590년 교황이 된 후, 그는 성 안드레아수도원의 수도원장 어거스틴(Augustine of Canterbury, d.605)을 선교사로 임명하고, 40여 명의 수행원과 함께 영국의 앵글로색슨족에게 복음을 전하도록 596년에 파송했다. 이듬해 영국에 도착한 수도사 어거스틴과 그의 일행은 켄트(Kent) 왕국의 에델베르트(Ethelbert, c.550-616) 국왕으로부터 따뜻한 환영을 받았다. 처음에는 고대 켈트 교회와 가톨릭교회 간의 차이 때문에 선교 활동에 어려움을 겪었다.

하지만 그의 설교와 선교 활동에 많은 사람이 가톨릭교회로 개종했고 결국 국왕과 신하들도 개종했다. 모든 국민이 집단으로 개종했다. 이제 영국 교회는 켈트 교회 예전을 버리고 가톨릭교회 예전을 따랐다. 왕국의 수도 캔터베리에 교회를 세우고 외곽에 수도원을 세웠다. 주변의 다른 왕국들에게도 영향을 주어, 가톨릭교회가 영국 전역으로 확장되었다. 601년 어거스틴은 교황에 의해 캔터베리의 초대 대주교로 임명되어, 영국 전체의 교회를 관장하게 되었다.

캔터베리는 영국 교회를 주도하는 종교적 수도가 되었다. 선교 사역에 매우 협조적이던 국왕 에델베르트가 죽은 후, 한때 이교도 재건이 지엽적으로 일어났다. 그러나 이오나수도원으로 망명하여 기독교 영향을 강하게 받고 돌아온 오스위(Oswiu, c.612-670)가 국왕직을 계승하면서 가톨릭교회가 더욱 확고하게 자리잡았다.

한편, 전체적으로 영국의 기독교회는 가톨릭교회를 따르는 남부의 사람들과 콜룸바가 전해 준 켈트 교회를 따르는 북부의 스코틀랜드와 아일랜드 사람들의 신앙 불일치로 혼란을 겪었다. 전자는 철저하게 로마가톨릭교회의 예전과 제도 그리고 대주교와 주교의 지도를 따랐고, 후자는 독자적인 예배 의식과 자율적인 수도원 중심의 제도를 따랐다.

예를 들어, 서로 지키는 부활절이 달라서 한쪽에서 금식하고 있는 동안, 다른 한쪽에서는 잔치를 벌이는 현상이 발생했다. 이러한 문제를 해결하기 위하여 603년 어거스틴은 가톨릭교회와 켈트 교회 간의 연합을 시도했으나 뜻을 이루지 못했다. 결국, 644년 오스위의 통치 기간에 두 교회는 예배 의식의 일치를 위해 모임을 갖고 다음과 같은 결의를 했다.

첫째, 앵글로색슨 왕국은 로마가톨릭교회에 속한다.
둘째, 예전과 교회 제도는 가톨릭교회 법을 따른다.
셋째, 부활절은 주일에 지키기로 한다.

이러한 일련의 사건과 과정들을 통해서 영국, 스코틀랜드, 아일랜드 교회들은 켈트 교회의 전통을 버리고 가톨릭교회를 받아들이게 되었다. 이후 영국의 가톨릭교회는 더욱 발전했으며, 윌리브로드(Willibrord)와 보니페이스(Boniface) 같은 뛰어난 선교사를 배출하여 대륙의 네덜란드와 독일을 복음화 하는데 크게 이바지했다.

5. 동유럽 지역의 복음화

1) 윌리브로드(Willibrord, c.658-739)와 네덜란드 복음화

동유럽 가톨릭 선교는 앵글로색슨족 출신 선교사들에 의해 이뤄졌다. 특히, 중세 프리시아(Frisia) 지역인 네덜란드와 덴마크 그리고 독일 서북부 지역 선교는 윌리브로드의 헌신적인 사역을 통해서 이뤄졌다. 658년 경건한 신앙의 영국인 가정에서 태어난 그는 678년에 아일랜드로 건너갔다. 그곳의 수도원에서 12년간 수도 생활을 마친 후 사제 서품을 받았다. 그리고 30대 초반인 690년, 10명의 선교 동역자들과 함께 지금의 네덜란드 지역에 살고 있는 프리시안(Frisians)들에게 복음을 전하기 위해 떠났다.
윌리브로드와 그의 동역자들은 이교도 선교 사역에 담대함을 보여 주었다. 어느 지역에 도착했을 때, 그곳의 주민들이 돌 신상 앞에 무릎 꿇고 예배하는 광경을 목격하게 되었다. 윌리브로드는 우상 숭배에 관한 말씀을 전한 후, 그것을 증명하기 위해 그들이 보는 앞에서 돌 신상을 부러뜨렸다. 주민들은 신의 저주가 임할 것을 무서워하며 도망쳤고, 분노한 이교도 사제는 윌리브로드를 향해 칼을 휘둘렀다.

다행히 큰 상처를 입지 않았다. 이렇듯이 담대한 성격을 지닌 그는 복음의 황무지에서 숱한 역경을 겪으면서도 활발하게 선교 활동을 전개했다. 695년 로마를 방문했을 때, 교황 세르지오 1세(Sergius I, 재위 687-701)는 윌리브로드의 헌신적인 선교 사역에 감명을 받고 그에게 영대를 하사하며 프리즈랜드의 감독으로 임명했다.

2) 보니페이스(Boniface, c.675-754)와 독일 복음화

윌리브로드를 프리즈랜드 선교의 사도라고 칭한다면, 보니페이스는 독일 선교의 사도였다. 675년 영국의 한 귀족 가문에서 태어났다. 그의 본명은 윈프리드(Winfrid)였다. 그는 어린 시절에 이미 복음을 위해 살기로 작정하고, 베네딕토수도원에 들어가 복음 전도자가 되기 위한 신학과 경건 훈련을 받았다.

705년 30세에 신부 서품을 받았다. 그리고 해외 선교의 때를 기다리다가, 716년 몇몇 동지들과 함께 윌리브로드가 활동하는 프리지안 선교 사역에 합류했다. 그의 초창기 이방 선교에 큰 실효가 없었으나, 그의 선교 활동과 열정은 곧 로마까지 알려지게 되었다. 로마를 방문했을 때, 교황 그레고리오 2세(Gregorius II, 재위 715-731)가 4세기에 순교한 다소 지방의 보니페이스(Boniface of Tarsus, d.307)를 기리는 의미로 그에게 보니페이스라는 이름을 주었고, 독일 선교를 위한 선교사 주교로 임명했다.

719년 복음의 불모지 독일 남부 지역으로 들어가 선교 활동에 주력했다. 헤세(Hesse) 지방은 그의 주요 선교지가 되었다. 점차 많은 사람이 기독교로 개종했다. 732년 다시 로마를 방문했을 때, 교황 그레고리오 3세(Gregorius III,

재위 731-741)는 그에게 영대를 하사하고 독일의 대주교로 임명했다.

대주교가 된 보니페이스는 한층 더 선교 사역에 심혈을 기울였다. 그가 독일의 한 도시를 방문했을 때, 그 지역 주민들이 수호신 토로(Thor)로 여기며 섬기는 매우 오래된 한 상수리나무를 발견했다. 그는 동행한 개종자들과 주민들이 지켜보는 가운데, 큰 도끼로 그 상수리나무를 찍어 쓰러뜨렸다.

이교도들은 나무가 쓰러지는 것을 보고 무서워 떨며, 나무의 수호신이 보니페이스에게 벌을 내려 당장 죽일 것이라고 믿었다. 그러나 놀랍게도 아무런 재앙도 그에게 일어나지 않았다.

이 사건을 목도한 많은 이교 주민들은 기독교로 개종하여 세례를 받았다. 그리고 보니페이스는 나무를 베어낸 자리에 성베드로교회를 세우고, 그 나무를 교회 건축 자재물로 사용했다.

744년 독일 남부 지역에 풀다(Fulda)수도원을 세웠다. 이 수도원은 베네딕토파의 수도원으로서, 후에 독일의 학문과 성직자 교육의 중심지가 되었다. 그리고 745년 마인쯔(Maniz) 대주교로 임명되어 명실상부 독일 교회의 최고 지도자가 되었다. 754년 그는 대주교직을 사임했다. 선교사 초기에 큰 성과를 얻지 못했던 프리지아 지역 선교를 위해 79세의 고령의 나이에도 불구하고 재차 선교의 꿈을 갖고 길을 떠났다.

여전히 그곳에는 많은 사람이 이교 신앙을 가지고 있었다. 754년 6월 그 지역의 이교도들이 살기등등한 모습으로 고령의 복음 전도자 보니페이스에게 몰려와 선교 활동을 방해하며 소란을 일으켰다. 그는 지도자를 보호하기 위해 싸움도 불사하던 제자들을 만류하며 다음과 같이 말했다.

형제들이여 싸우지 마시오. 겟세마네 동산에서 보여 주셨던 주님의 모범을 따릅시다. 우리는 곧 그분을 영광 중에서 뵙게 될 것입니다. 나는 그 분을 뵙기를 소원하며, 그분과 함께 살게 되기를 원합니다. 다같이 기도합시다.[2]

---

2   휴스톤 스미드, 『세계의 종교』, 이종찬 역 (서울: 은성출판사, 1993), 85.

결국, 보니페이스를 비롯한 그의 동료 51명은 무력으로 덤벼드는 이교도들의 손에 의해 모두 순교 당했다.

3) 그 밖의 유럽 지역

8세기 이전의 유럽은 이제 북유럽의 스칸디나비아인들과 동북부의 헝가리인들을 제외하고는 거의 기독교 복음을 수용했다. 스칸디나비아인들은 5세기경 남하하던 게르만족의 잔류 세력으로 주로 바이킹족(Vikings)이 주류를 이루고 있었다. 8세기경부터 이들은 잘 훈련된 군사력과 뛰어난 선박과 항해술을 가지고 점차 남진하기 시작했다. 프랑스 북부 해안에 침입하여 건물과 교회당 등을 불태우고, 각종 귀금속들을 노략하고, 많은 사람을 잡아가 노예로 파는 해적을 일삼았다.

그들의 약탈은 영국과 지중해 연안의 국가들에게 까지 뻗어 나갔다. 그러나 놀랍게도 이들이 침략지의 귀중품과 발달된 문화 그리고 기술 등을 빼앗아 간 것뿐만 아니라, 기독교 신앙도 자연스럽게 배워갔다. 즉 기독교 복음이 그들의 노략물들과 함께 스칸디나비아인들에게 전달되었다. 그들은 자신들의 고향에 돌아가 자국민들에게 기독교 신앙을 전달했다.

스칸디나비아 선교에 크게 기여한 인물은 앙스가르(Ansgar, 801-865)였다. 프랑크 출신으로 베네딕토수도원에서 수도 생활을 했고, 프랑크 왕국 함부르크(Hamburg) 대주교로 활동했다. 827년 그는 덴마크로 자진하여 선교 여행을 떠갔고, 그곳을 기반으로 스칸디나비아 선교를 위해 일생을 바쳤다. 기독교 복음이 점점 더 확산되어, 11세기 초 카누트(Canute, d.1035) 왕 통치기에는 거의 모든 스칸디나비아인이 기독교 신앙을 갖게 되었다.

8세기경 헝가리인들도 독일 지방은 물론, 라인강을 수시로 넘나들면서 많은 재산과 사람을 노략해 갔다. 역시 노획물과 함께 기독교 문화와 신앙을 가지고 가면서, 기독교 복음을 조금씩 수용하기 시작했다. 때를 맞춰 독일의 가톨릭교회와 동방 교회는 선교사를 파송하여 헝가리 복음화에 힘썼다.

헝가리 복음화에 결정적 기여를 한 인물은 이슈트반 1세(Istvan I, c.975-1038) 국왕이었다. 아버지는 헝가리 지역 군주였으며, 어머니는 결혼 전 동방 교회에서 세례를 받은 신앙인이었다. 그의 이름 이슈타반은 세례명으로서 성경에 기록된 순교자 스테반 집사의 이름을 따른 것이었다. 997년 그는 아버지를 승계하여 헝가리 군주가 되었다.

그는 영토를 크게 확장시켰으며, 기독교 신앙을 전국민에게 요구하며 세례를 받도록 했다. 교황 실베스테르 2세(Silvester II, 재위 999-1003)는 신성 로마 제국의 황제의 동의를 얻어 이슈트반을 헝가리 왕으로 인정했다. 따라서 1000년 이슈트반은 헝가리 국가의 초대 국왕에 오르는 대관식을 치뤘다. 헝가리 내에 다수의 교구를 창설하여 국가의 기독교화에 힘썼다.

사후 약 50년이 지난 1083년 교황 그레고리오 7세(Gregorius VII, 재위 1073-1085)는 이슈트반에게 '헝가리의 사도왕'이라는 작위를 주었다. 흥미로운 것은 바이킹들이나 헝가리인들이나 처음에는 침략자로서 각종 보물을 노략해갔으나, 후에 그들 스스로 기독교를 받아들였다. 그리고 주변 왕국들과 그곳의 국민들에게 복음을 전했다.

이처럼 서로마 제국이 멸망한 5세기 중엽부터 11세기까지 진행된 선교를 통해 기독교는 전 유럽으로 확산되었다. 이 시기의 거의 모든 유럽 국가들이 기독교라는 하나의 공동체로 통일되었다. 이 과정을 요약해 보면 다음과 같다.

첫째, 수도사들이 적극적으로 선교 활동에 앞장섰다.
둘째, 기독교 선교를 통하여 로마가톨릭교회가 더욱 확장되고, 그 결과 서방의 거의 모든 교회가 교황의 영향권 아래 놓였다.
셋째, 개인의 회심보다는 집단 개종을 통해 기독교가 빠르게 확장되었다.
넷째, 동유럽과 북유럽으로 기독교가 확장된 반면 북아프리카와 팔레스타인과 소아시아 지역은 이슬람 세력에 예속되었다.

6. 네스토리우스교의 태동과 중국 선교

431년 에베소 공의회 때, 이단으로 파문 당한 네스토리우스는 안디옥 사막의 페트라(Petra)에서 수도 생활하며 제자들을 가르쳤다. 435년 강제로 추방되어 유랑하다가 이집트의 한 사막에서 451년에 죽음을 맞았다.

이후 그의 추종자들은 페르시아 제국으로 이동했다. 일찍이 페르시아는 로마 제국의 박해로 흩어진 사도들과 초대 교회 교인들의 선교 활동으로 말미암아 복음이 전파되었다. 특히, 역사가 유세비우스는 사도 도마가 페르시아를 거쳐 인도에까지 복음을 전했으며 인도에서 순교했다고 기록했다.

성장세를 이루던 페르시아 기독교가 사산 제국(224-651) 때에 빈번하게 박해를 받았다. 샤푸르 2세(재위 309-379)의 통치기에는 조로아스터교의 계략으로 수많은 사람이 죽임을 당했으며, 446년에는 약 15만 명에 달하는 페르시아 기독교인들이 끔찍한 박해를 받았다. 그런데도 페르시아 기독교는 박해를 견고하게 버텨냈다.

바로 그러한 시기에 이단으로 정죄된 네스토리우스파 교인들이 사산 제국에 찾아 왔다. 페르시아 기독교인들은 안디옥 기독교인들과 좋은 관계를 맺고 있었기 때문에 그들의 이주와 정착을 기꺼이 도와주었다. 유프라테스강 상류 지점에 위치한 에데사(Edessa)에 페르시아 교회가 번성해 있었기 때문에 네스토리안들은 처음에 그곳에 정착하여 교회와 신학교를 세워나갔다.

그러나 로마 제국의 간섭이 그곳까지 미치자, 그들은 에데사 북쪽에 위치한 페르시아의 니시비스(Nisibis)로 이주하여 신학교를 세우고, 포교 활동을 통해 머지않아 페르시아의 주류 교회가 되었다. 498년 페르시아 교회는 셀레우키아-크테시폰(Seleucia-Ctesiphon) 공의회를 개최하여 네스토리우스교로 모든 교회를 통합하고, 로마 제국의 교회로부터 독립된 총대주교를 세울 것을 결의했다.[3]

3　사무엘 H. 마펫, 『아시아 기독교회사: 초대 교회부터 1500년까지』, 김인수 역 (서울:

651년 사산 왕조가 이슬람 제국에 의해 붕괴되기 전까지 페르시아의 전체 인구의 절반이 네스토리우스교 신자일 정도로 교세가 크게 번창했다. 750년에 건국된 아바스 칼리파 이슬람 왕국(750-1258)이 수도를 바그다드로 천도하자, 네스토리우스교는 총대교구좌를 바그다드로 옮기고, 세력을 더욱 확장해 나갔다. 북쪽으로는 카스피 해, 서쪽으로는 이집트 알렉산드리아, 동으로는 중앙아시아와 동남아시아 특히 중국까지 사방으로 뻗어나갔다.

페르시아 제국을 통해 복음이 일찍이 전파되었을 것으로 추정되는 중앙아시아에도 2세기 말경부터 기독교인들이 살았고, 수도원도 있었다. 4-5세기에는 사산 제국의 박해를 피해 도망 나온 페르시아 기독교인, 즉 네스토리안들이 늘어나면서 중앙아시아 유목민들 사이로 기독교 복음이 널리 퍼져나갔다.

그 결과 1200년대 초 몽골 제국이 침략해 오기 전까지 네스토리우스교가 매우 융성하게 발전했다. 하지만 몽골 제국의 후예인 일칸국(Ilkhanate, 1256-1335)이 중앙아시아를 통치하던 시기에 이슬람과 티베트 불교를 받아들인 몽골인들에 의해 네스토리우스교가 최악의 박해를 받으며 점차 소멸되었다.

네스토리우스교는 동남아시아 특히 중국 선교에 큰 족적을 남겼다. 1625년 중국 명나라 시절에 옛 당나라(618-907)의 수도였던 장안, 즉 현재의 시안(Hsian) 근교에서 이른바 대진경교유행중국비라는 돌비석이 발견되었다. 높이 270센티미터, 넓이 100센티미터, 두께 28센티미터에 달하는 이 비석은 당나라 통치기인 781년에 세워진 것으로 밝혀졌다.

비석에는 경교로 알려진 네스토리우스교의 중국 선교 내력과 교리가 1,756개의 중국어와 70여 개의 시리아어로 새겨져 있었다. 이 비석을 통해 중국에 네스토리우스교가 전래되고 발전되었다는 역사적 사실이 증명되었다.

장로회신학대학교 출판부, 1996), 317-334.

6세기경 현재의 중국 신장 위구르 자치구의 옛 지명인 카슈가르(Kashgar)에 네스토리우스교가 번성하자 대주교좌가 설치되었다. 이후 중국에는 618년에 당나라 제국이 창건되었다.

당나라 황제 태종(재위, 626-649)은 문호를 개방하고 실크로드를 통해 동서 교류를 적극적으로 시도했다. 그의 종교 관용 정책에 따라 마니교와 조로아스터교가 중국에 들어갔다. 네스토리우스교도 중국 선교를 위해 알로펜(Alope)을 단장으로 한 사절단을 당나라 수도 장안에 파견했다.

635년 장안에 도착한 알로펜 일행은 태종의 따뜻한 환대를 받았으며, 638년에 태종은 네스토리우스교의 포교 활동을 공인해 주었다. 처음에는 페르시아에서 왔다 하여 파사교로 불렀다. 철저한 불교 신자였던 황후 측천무후의 통치기(690-705)에 잠시 박해를 받았다.

이후 현종(재위, 756-762)이 통치하면서 다시 부흥하기 시작했고, 종교의 진원지가 로마 제국인 것을 알고 로마를 지칭하는 한자어를 사용하여 대진교라고 했으며, 후에 빛을 전하는 광명의 종교라는 의미로 다음과 같이 칭했다.

첫째, 대진경교
둘째, 경교[4]

대진사로 불리는 교회를 곳곳에 건립하며 약 2백년간 꾸준하게 발전했으나, 845년 무종(재위 840-846)의 통치기에 외래 종교 추방 정책에 따라 대박해를 받으며 교세가 급격하게 약화되었다.

---

4 당나라와 통일 신라 간의 밀접한 외교관계를 미루어 볼때, 당나라에서 융성하게 번창했던 경교가 8-9세기에 한반도에 전래되었을거라고 주장하는 학자들이 있다. 특히, 1956년 경주에서 출토된 신라 시대 유물들 중에는 석제 십자가, 십자가 무늬 장식, 마리아를 닮은 관음상 등이 있었는데, 이들을 경교의 전래를 증명하는 유력한 자료로 내세운다.

몽골 제국이 세운 중국 원나라(1271-1368) 초기 때, 경교의 활동이 허락되어 잠시 신자와 교회가 성장했으나 정치와 종교적인 요인 등으로 크게 약화되며 점차 소멸되었다.[5]

---

[5] 중앙아시아와 중국에서 교세를 잃은 네스토리우스교는 페르시아 지역에서 교세를 유지하다가, 1500년대 초에 로마가톨릭교회로 복귀하자는 문제로 신파와 구파로 분열되었다. 1550년대에 신파는 로마가톨릭교회에 들어갔다. 신파와 갈등을 겪던 구파도 17세기 중반에 신파의 총대주교를 무력화시키기 위해 로마가톨릭교회의 일원으로 합류했다. 구파 교회는 오늘날의 칼데아가톨릭교회(Chaldean Catholic Church)로서 이라크 바그다드에 총대교좌가 있으며 약 5십만 명의 교세를 가지고 있다. 구파가 가톨릭에 합류하자, 신파는 역으로 로마가톨릭교회로부터 탈퇴하여 현재의 아시리아 동방 교회(Assyrian Church of the East)를 이루었다. 아시리아 동방 교회는 네스토리우스교의 전통을 이어가고 있으며, 동방정교회와 유사한 예전을 따르고 있다. 현재 이라크 북부 지역과 미국에 약 4십만 명의 교인이 산재해있다. 1940년에 총대교구좌를 미국 시카고로 이전했다.

제15장

무함마드와 이슬람교의 발흥

1. 무함마드(Muhammad, 570-632)

570년 무함마드는 아라비아 반도의 메카(Mecca)에서 출생했다. 아버지는 태어나기 전에 죽었고, 어머니도 일찍 죽어서 삼촌 집에서 성장하며 삼촌으로부터 장사를 배웠다. 물품 교역을 위해 아라비아, 시리아, 팔레스타인, 페르시아 등 여러 지역을 방문했으며, 그러한 여행을 통해 각 지역의 종교 즉 유대교, 기독교, 네스토리우스교, 조로아스터교, 아랍의 토속 신앙 등을 접하게 되었다.

삼촌의 소개로 거부이자 과부인 카디자(Khadijah, 555-619)가 운영하는 가게에 들어가 일하면서 그녀의 사업을 크게 번창시켰다. 무함마드는 15세 연상의 카디자의 청혼을 받아들여 25세에 결혼했다. 결혼을 통해 삶의 안정을 찾은 무함마드는 이때부터 종교적 묵상과 수도 생활에 전념했다.

610년 그의 나이 40세 때, 수도하던 히라산 동굴에서 가브리엘 천사로부터 계시를 받았다. 613년부터 자신을 유일신 알라(Allah)의 최종 예언자로 선포하며, 이슬람교를 창시했다.

우상을 버리고 오직 유일신 알라만을 섬길 것을 대중에게 설교했다. 그를 추종하는 사람들이 늘어났지만, 반대로 그를 박해하는 사람들도 있었다. 박해가 점점 심해지자 추종자들을 데리고 피신을 떠났다.

622년 7월 2일 초승달이 뜬 밤, 메카에서 북쪽으로 약 350킬로미터 떨어진 메디나(Medina)에 도달했다. 이날을 '헤지라'(hegira, 떠남) 즉 이슬람의 원력으로 삼았다. 무함마드는 종교 지도자로서 알라 신의 계시를 전달하는 한편, 정치 지도자로서 메디나를 무력으로 완전히 장악했다. 630년 무함마드는 메카를 무혈 정복하며 외쳤다.

진리가 이제 왔으니 거짓은 무너졌도다.

메카를 정복한 후 350여 개의 아랍 우상을 모아 전부 불태웠으며, 그 자리에 카바(Kaaba) 성전을 세우고 이슬람의 성지로 선포했다. 632년 메카를 순례하고 돌아온 뒤, 그는 메디나에서 숨을 거두었다.

2. 이슬람교의 사상

이슬람이란 '복종, 순종'을 뜻하는 아랍어이다. 알라는 기독교 하나님의 아랍어 발음이다. 남자 신자를 무슬림 그리고 여자 신자를 무슬리마라고 부른다. 이슬람의 경전은 꾸란(Quran)이다. 무함마드가 610년부터 그가 죽을 때까지 가브리엘 천사로부터 전해들은 계시를 3대 칼리파 우스만 아판(Uthman Affan, d.656) 통치기에 집대성했다.

'낭송'의 뜻을 지닌 꾸란은 이슬람 신앙과 생활의 규범이었다. 꾸란은 신약성경의 3분의 2 정도의 분량으로 총 114개의 장으로 되어 있다. 오직 유일신 알라만이 존재할 뿐이며, 알라는 25명의 선지자를 통해 자신의 뜻을 전달했다. 그 선지자들 중에는 아브라함, 모세, 그리스도 등 성경의 다수의 인물이 포함되었다. 무함마드는 가장 위대한 최후의 선지자였다.

기독교 성경에도 신의 계시가 일부 포함되어 있으나 최종적인 신의 계시가 오직 꾸란을 통해 완성되었다고 가르쳤다. 기독교가 말하는 원죄를 부정했다. 예수의 대속적 사역도 부정했다. 자기 스스로 지은 죄만이 존재하는데 알라에게 회개함으로써 용서받을 수 있다고 가르쳤다. 알라는 자신의 뜻과 속성을 각각의 선지자에게 각기 다른 방법으로 계시했는데, 예를 들어, 모세에게는 하나님의 섭리와 자비로, 솔로몬에게는 하나님의 지혜로, 예수에게는 하나님의 의로우심으로 그리고 본인 무함마드에게는 순종으로 보여 주셨고 이를 위해 칼을 주셨다고 주장함으로써 무력 사용을 정당화했다.

알라를 위해 적군들과 싸우는 것을 지하드(Jihad, 성전)라고 칭하고, 지하드에 참여하는 자는 반드시 영광스러운 보상을 얻을 거라고 가르쳤다. 기도는 하나님께 반절쯤 인도하고, 금식은 천국 문으로 인도하고, 구제는 천국의 문을 열어 준다면, 지하드는 천국 문 안으로 실제로 들어가게 해 준다고 지하드를 강조했다.

이슬람은 6신 5행이라는 기본 교리를 가지고 있다. 6신이란 6가지의 기본 신앙을 말하는 것이며, 5행이란 이슬람 신자들의 5대 실천 강령을 뜻한다.

첫째, 샤하다(Shahada)는 '알라 외에 신은 없으며 무함마드는 알라의 예언자이다'라는 신앙 고백이다.
둘째, 살라트(Salat)는 매일 5회 메카를 향해 기도하는 것이다.
셋째, 라마단(Ramadan)은 이슬람 달력으로 9월에 한 달간 일출부터 일몰까지 금식하는 것이다.
넷째, 자카트(Zakat)는 수입의 일정 부분을 자선 행위로 사용하는 것이다.
다섯째, 하즈(Hajj)는 일생에 최소 한번은 메카를 반드시 순례해야 하는 것을 말한다.

또한, 이슬람은 지하드를 강조했는데 이는 '고투, 노력'을 뜻하는 수행을 뜻하지만, 성전 참여는 지하드의 적극적인 행위였다. 음주와 돼지고기를 금하며, 일부다처를 허용했다. 알라만이 불로 심판할 수 있다하여 이슬람은 화장을 금지시켰다.

3. 이슬람교의 확장

632년 무함마드의 사후, 그의 후계자들에 의해 이슬람교의 확장이 빠르게 이루어졌다. 이들을 칼리파(Khalifah)라고 칭했는데, 무함마드의 권위를 승계하는 이슬람교의 종교, 정치 최고의 통치자였다.[1]

칼리파들은 아라비아 반도를 근거지로 삼고 아랍 제국을 빠르게 발전시켰다. '코란이냐 칼이냐'의 지하드 성전을 통해 정복과 포교가 동시에 이루어졌다. 무함마드 때, 아라비아 반도 전역을 통일한 아랍 제국은 632년부터 661년까지 시리아, 팔레스타인, 이집트, 메소포타미아, 이라크, 페르시아를 점령하며 이슬람을 전파했다. 기독교의 탄생지 예루살렘에 이슬람 성전 모스크를 세웠다.

661년에 세워진 우마이야 칼리파 왕조(Umawiyah Khalifah, 661-750)는 북아프리카 전역을 정복했고, 해협을 건너 서고트 왕국을 무너뜨리고 프랑크 왕국을 향해 북진했다. 파죽지세의 세력 확장은 732년 프랑스 투르-푸아티에 전투에서 샤를 마르텔 장군의 군대에게 패배함으로써 멈추었다. 하지만 아라비아 반도 동쪽으로 세력을 계속 확장하여 중앙아시아와 인도 북서부 지역을 점령했다.

632년부터 약 100년간 진행된 이슬람교의 확장은 기독교회에 막대한 영향을 끼쳤다. 무엇보다도 초대 기독교 신앙, 신학, 학문, 문화의 발생지요 중심지였던 예루살렘과 팔레스타인 그리고 이집트의 알렉산드리아가 이슬람 세력권에 완전히 예속되었다.

---

1 이슬람에도 여러 분파가 있지만 가장 대표적으로 수니파(Sunni)와 시아파(Shia) 이슬람이 있다. 무함마드의 계승 정통성 문제로 그의 사후에 분열되었다. 수니파는 역대 칼리프를 계승자로 믿는 반면에, 시아파는 무함마드의 사위였던 알리를 적통 후계자로 추앙했다. 전자는 현대 이슬람의 80-90퍼센트를 차지하며 전 세계에 흩어져 있고, 후자는 주로 이란 전역과 이라크 일부에 산재해 있다.

북아프리카의 카르타고와 스페인 지역을 잃은 서방 교회에 비하여 동방 교회의 손실은 더욱 컸다. 비잔티움 제국은 이슬람 군대로부터 간신히 콘스탄티노플을 지킬 수 있었다. 이후 아랍 제국은 아바스 칼리파 왕조(Abbas Khalifah, 750-1258)로 이어졌다. 1258년 몽골 제국의 침략으로 함락되기 까지 수도 바그다드를 중심으로 이슬람 신앙과 학문을 기초로 사라센 문화를 화려하게 꽃피웠다.

제16장

신성 로마 제국과 봉건 사회

1. 샤를마뉴와 신성 로마 제국

732년 투르-푸아티에 들판에서 이슬람 군대를 격파한 유럽의 영웅 샤를 마르텔의 아들 단신왕 피핀이 751년 메로빙거 왕조를 무너뜨리고 프랑크 왕국의 두 번째 왕조 카롤링거 왕조를 창건했다. 카롤링거 왕조의 두 번째 왕 샤를마뉴(Charlemagne, 742-814)는[1] 768년 아버지 피핀이 죽자, 그의 왕위를 물려받았다.

그는 프랑크 왕국을 서유럽에서 가장 넓은 영토의 국가로 발전시켰다. 50여회의 영토 확장 전쟁을 거치면서, 서쪽 스페인의 사라센족과 남쪽의 롬바르드족 그리고 동쪽의 섹슨족을 물리쳤다. 오늘날의 프랑스, 벨기에, 네덜란드, 독일, 오스트리아, 헝가리 전역 그리고 북부 이탈리아와 동북부 스페인을 점령했다.

샤를마뉴는 조부와 아버지보다 더 가톨릭 교황청과 우호적인 관계를 가졌다. 그가 정복한 모든 지역에 가톨릭 신앙을 강력하게 보급했다. 774년 북부 이탈리아에 위치한 롬바르드족 왕국을 점령하여 지배했다. 결과적으

---

[1] 샤를마뉴는 프랑스어로 샤를 대제라는 의미이다. 독일에서는 카를(Karl) 대제, 라틴어로는 카롤루스 대제(Carolus Magnus), 영어로는 찰스 대제(Charles the Great) 등으로 불린다.

로 롬바르드 왕국의 위협으로부터 교황청을 지켜주었다. 그뿐만 아니라, 781년에 그의 아버지 피핀이 교황에게 주었던 '피핀의 기증'에 명시된 것보다 더 큰 영토를 교황청에 주었다. 카롤링거 왕조와 교황청과의 밀월관계는 절정에 달했다. 급기야 800년 성탄절 때, 로마를 방문한 샤를마뉴에게 교황 레오 3세(Leo III, 재위 795-816)는 서로마 제국의 황제로 임명하는 대관식을 거행했다.

교황은 제단 앞에 무릎 꿇은 샤를마뉴에게 금관을 씌우며 '로마 황제'(Augustus Romanorum)라는 칭호를 주었다. 이로써 샤를마뉴는 옛 로마 제국의 번영을 꿈꾸며 서방 제국의 황제로 등극했다. 교황도 큰 이익을 얻었다. 샤를마뉴에게 황제의 관을 씌워 줌으로써 그의 권위와 영향력을 서유럽 전역에 공포한 셈이 되었고, 동방 비잔티움 제국의 간섭에 맞설 수 있는 든든한 방패를 두게 되었다.

814년 샤를마뉴의 사망 후, 그의 아들 루이(Louis, 재위 814-840)가 황제가 되었다. 루이는 통치 말년에 제국을 삼등분 하여 세 명의 아들에게 각기 나눠주었다. 843년 이들 세 명은 베르됭 조약(Treaty of Verdun)을 체결하여 서프랑크 왕국, 중프랑크 왕국, 동프랑크 왕국으로 제국을 분리해서 통치했다. 870년 메르센 조약(Treaty of Mersen)을 다시 맺고, 중프랑크의 북부 지역을 동서 프랑크 왕국이 서로 나누어 차지했다. 이후 서프랑크는 프랑스로, 동프랑크는 독일로 그리고 중프랑크 남부는 이탈리아 국가로 발전했다.

동프랑크는 세력을 확장시켜 세 왕국 중에서 가장 넓은 영토를 통치하는 강력한 왕국으로 번성해 갔다. 962년 오토 1세(Otto, 재위 962-973)가 동프랑크의 왕으로 등극했다. 2월 왕위 대관식에서 그는 스스로 샤를마뉴 황제의 계승자라고 자처하며 교황 요한 12세(Ioannes XII, 재위 955-964)로부터 신성 로마 제국의 황제 칭호와 제관을 받았다. 이렇게 하여 신성 로마 제국이 태동되었다. 오토 1세는 강력한 중앙 집권 체제로 제국을 이끌며 귀족들을 자신의 충직한 봉신으로 삼았고, 교회의 주교들과 수도원장을 직접 선출하여 제국 내의 교회를 돌보도록 했다.

황제의 위치는 국가와 교회를 동시에 군림하는 자리에 이르렀으며, 교황청의 내정에도 간섭할 정도였다. 이를 탐탁하게 여기지 않았던 교황은 황제의 권한에 맞서며 이후 몇 세기 동안 서로 간에 우위권 다툼을 치열하게 벌였다. 15세기경부터 신성 로마 제국의 황제가 제국의 선제후들에 의해 선출되는 제도로 바뀌면서 그의 중앙 집권적 권력은 초기보다 상당히 약화되었다. 명맥만 유지해오던 신성 로마 제국은 1806년에 나폴레옹(Napoleon, 1769-1821)에 의해 와해되었다.

2. 중세의 봉건 사회

게르만족의 침입, 서로마 제국의 패망, 이슬람 제국의 팽창 등과 같은 일련의 사건들을 겪은 유럽 사회는 7-8세경에 봉건 제도를 빠르게 도입했다. 지방의 균형적인 발전을 통해 군역과 조세 수입을 늘리고, 외세의 침입을 막아내고 경제 발전을 이루고자 했던 통치자들의 전략 때문이었다. 봉건 제도의 기본은 황제나 왕이 귀족이나 지방 제후들에게 토지를 분할하여 다스리게 하는 동시에 그들로부터 충성의 의무를 요구하는 제도였다.

800년 대 제국을 건설한 카롤링거 왕조의 샤를마뉴 황제는 귀족들에게 토지를 분할해 주었고, 귀족들은 그에게 충성을 맹세했다. 전형적인 봉건 제도는 영토를 소유한 영주와 그 영주 밑에 있는 기사 계층 그리고 영지 내에 거주하는 농노 계층으로 구성되었다. 영주와 기사 계층 사이에 가톨릭교회의 사제 계층이 있었다.

봉건 제도는 주종 관계와 장원 제도에 의해 운영되었다. 왕과 영주 간의 주종관계 그리고 영주와 기사와 농노 간의 주종관계를 근간으로 하는 피라미드식 지배 구조가 봉건 제도의 골격이었다. 장원은 영주가 지배하는 지역 또는 마을 단위를 뜻했다. 장원 안에는 영주의 성, 성직자의 교회, 기사들과 농노의 주거지 그리고 농토가 있었다. 모든 구성원은 장원 내에서 거의 모든 것을 자급자족하며 살았다. 영주는 장원 내에서 거의 왕과 같은 절대 권력을 가지고 있었다.

영주에 의해 고용된 기사 그룹은 장원을 외부의 침입으로부터 보호하고 농노를 관리했다. 농노는 독립된 가정을 꾸리거나 토지와 재산을 소유할 수 있었다. 하지만 자유롭게 이주할 수 없었다. 장원 내에 머물며 영주의 보호와 지배를 받는 대신에 각종 세금과 노역을 담당했다. 소작료를 영주에게 바쳐야 했으며, 영주의 허락 없이 결혼할 수 없었다. 사망자의 모든 재산은 영주에게 돌아갔고, 혹 자녀들에게 상속할 경우 막대한 세금을 내야 했다. 농노는 마치 농사짓는 노예와 같은 삶을 살았다.

중세 사회의 가톨릭교회도 봉건 체제의 영향하에 있었다. 어쩌면 봉건주의의 피라미드식 주종 관계는 가톨릭교회의 전형적인 직제 제도 즉 교황, 추기경, 대주교, 주교, 사제, 평신도로 이어지는 위계질서를 더욱 공고하게 해 주었다. 모든 장원에는 반드시 성묘교회가 있었다. 사제는 장원 내에서 영주 다음의 권세를 가지고 있었다. 농노들은 교회에 십일조를 바쳐야 했고, 의무적으로 교회의 모든 행사에 참여해야 했다.

주교들과 수도원장들 중에는 귀족들이 증여하거나 헌납한 토지를 장원화하여 영주와 같은 권한을 행사했다. 대주교와 주교의 자리는 교회 내 권력뿐만아니라 세속적인 권력까지 동시에 갖는 자리가 되었다. 이로 인해 시간이 흘러갈수록 탐욕적인 영주 또는 귀족들은 단지 영지를 소유하기 위한 목적으로 성직자가 되거나 성직을 돈으로 매입하는 사례가 빈번하게 발생했다.

봉건 제도는 중세 유럽의 정치적, 군사적, 경제적 질서를 이끌어간 기본 체제였다. 하지만 농노 계급뿐만 아니라 자유민들도 지배층의 억압과 착취로 고통을 당했다. 불평등한 위계와 신분 질서는 집단적 불만으로 축적되었다. 14세기 중반 유럽에 강타한 흑사병으로 수많은 사람이 죽음으로써 노동력이 크게 감축되었다. 더욱이 15세기 말의 신대륙 발견과 국제 무역 발달과 농민 반란 등으로 말미암아 중세 유럽의 봉건 제도가 서서히 붕괴되기 시작했다. 대신에 그 자리에 상업 중심의 경제 자본주의가 들어섰다.

중세의 봉건 사회를 눈여겨볼 점은, 봉건주의 이념이 정치 통치자들의 정략에 의해 시작되었지만, 기독교적 봉건 체제가 유럽 사회와 교회 안에 더욱 단단하게 뿌리를 내리도록 만들었다.

예를 들어, 중세에 확립된 가톨릭교회의 사제주의와 성례주의는 기독교 봉건체제를 지탱해 주는 제도였다. 중세의 유럽 그리스도인들 중에 이 두 제도로부터 자유로운 사람은 아무도 없었다. 교황은 이 두 제도를 통하여 국가와 교회와 사회를 통제하고 관리했다.

흥미로운 사실은 중세 봉건주의가 신대륙 발견과 해상 무역 발전 등으로 서서히 무너질 시기에 기독교 봉건 체제 역시 교회의 세속화와 영적 침체 그리고 종교개혁 등의 요소들을 통해 붕괴되지는 않았지만 약화되기 시작했다.

제17장

교회의 대분열과 교황권의 절정

1. 동방 교회와 서방 교회의 분열

　예루살렘, 안디옥, 알렉산드리아, 콘스탄티노플, 로마 교회를 중심으로 형성된 초기 보편적 교회는 중세기에 동방 교회와 서방 교회 간의 갈등이 심화되면서 결국 1054년의 대분열로 이어졌다. 대분열에 이르기까지 여러 가지 갈등적 요소들이 두 교회 간에 있었다. 먼저는 언어적으로 동방은 헬라어권에 서방은 라틴어권에 속했다. 언어에 따른 문화적 차이는 제국을 동방과 서방으로 자연스럽게 구분해 주었다.

　하나의 제국 내에 존재하는 언어와 문화의 극명한 차이는 끊임없이 갈등과 대립을 낳았다. 로마 제국이 이탈리아 로마를 중심으로 태동되었지만, 330년 제국의 수도를 동방의 콘스탄티노플로 옮기면서 권력의 중심이 서방에서 동방으로 넘어갔다. 476년 서로마 제국의 멸망 배경에도 이러한 정치적 환경이 영향을 주었다.

　400년 이후 게르만족의 침입과 정착을 통해 서유럽의 교회는 붕괴되기 시작했다. 이때 사도적 계승권을 강조하며 로마 중심의 보편적 교회를 표방해온 로마가톨릭교회가 제국의 정복자들을 복음화하면서 서유럽 전역으로 교회의 영향력을 확대해 갔다. 그런데도 동로마 제국의 황제와 콘스탄티노플 총대주교의 간섭과 통제는 계속되었다.

800년 교황 레오 3세가 프랑크 왕국의 샤를마뉴를 서로마 제국의 황제로 임명했다. 이는 가톨릭교회와 교황청이 동로마 비잔티움 제국의 힘을 더이상 의존하지 않겠다는 독립 선언과도 같았다. 이러한 정치적 갈등 외에도 양자 간의 상충된 교리적 대립은 대분열의 원인으로 크게 작용했다.

1) 교리적 논쟁과 대립

동방 교회는 기독교의 태동지였고, 로마를 제외한 초대 교회의 주요 도시 모두가 동방 교회 내에 있었다. 때문에 313년 밀라노 칙령 전후로 발생되었던 거의 모든 이단 논쟁이나 교리적 논쟁은 주로 동방 교부들 간에 이루어졌다.

한편 서방 교회는 로마 감독의 우위권을 인정하며 로마 교회를 중심으로 교회의 통일을 이루어갔다. 동방 교회는 교리 문제에, 서방 교회는 교회 제도 문제에 더 치중하며 초대 교회 시기를 보냈다. 그러나 중세기에 들어서 두 교회가 피차 피할 수 없는 논쟁 거리가 발생했다. 바로 필리오케와 성상 파괴령 논쟁이었다.

양 교회는 성령에 대한 상반된 의견을 가지고 있었다. 325년의 니케아 신경은 성령에 관하여 "그리고 우리는 성령을 믿는다"라는 간략하게 명시했다. 350년대 중반 이후 콘스탄티노플 감독 마케도니우스가 성령을 성부의 피조물이라고 가르치면서 성령의 본질과 위치에 관한 논쟁이 일어났다. 381년의 콘스탄티노플 공의회는 아리우스파와 마케도니아파를 정죄하고 니케아 신경보다 발전된 니케아 신조를 채택했다.

이 신조는 성령에 대하여 "성부에게서 발출한다"고 명시했다. 이후 서방의 교회는 헬라어로 된 니케아 신조를 라틴어로 번역하는 과정에서 필리오케(filioque, 성자에게서)라는 문구를 삽입했다. 즉 서방의 가톨릭교회는 "성령은 성부와 성자에게서 발출한다"는 삽입 신조를 채택했다. 서방에서 여전히 활동하는 아리우스주의를 경계하기 위한 목적으로 그 문구를 특별히 강조했던 것이다. 주로 스페인 지역에서 유통되었던 필리오케 신조를 800년 이후 서방 교회 전체가 사용했다. 이 사실을 알게 된 동방 교회가 정통신조에서 벗어났다며 문제를 삼았다.

동방 교회와의 갈등을 피하고 싶은 교황 레오 3세(재위 795-816)는 필리오케 신조 사용을 자제시켰다. 하지만 858년 교황에 오른 니콜라오 1세(Nicolaus I, 재위 858-867)는 필리오케 신조 사용을 승인해 주었다. 그러자 867년 콘스탄티노플의 총대주교 포티우스(Photius, 재위 858-867, 877-886)는 니콜라오 1세 교황을 이단이라고 비난했다. 그러자 서방 교회는 필리오케 논쟁으로부터 다시 한발 뒤로 물러났다. 하지만 그 신조를 완전히 포기한 것은 아니었다. 그러다가 1013년 교황 베네딕토 8세(Benedictus VIII, 재위 1012-1024)가 필로오케 신조 사용을 재승인함으로써 필리오케 논쟁이 수면위로 떠올랐다.

또 다른 논쟁의 불씨는 성상 파괴령이었다. 문자에 익숙하지 못한 이교도 게르만족을 복음화하는 과정에서 가톨릭교회는 성상을 포교 활동의 중요한 도구로 활용했다. 590년의 교황 그레고리오 1세는 성상과 그림 사용을 허락했다. 단 숭배의 대상으로 삼아서는 안 된다고 경계했다. 그런데도 이교도적 미신의 영향으로 성상과 그림은 포교의 도구를 넘어 숭배의 도구가 되어갔다. 이러한 성상 숭배에 대해 신흥 종교 이슬람은 기독교를 우상 숭배의 종교라고 강력하게 비난했다.

이슬람의 비난을 의식한 비잔티움 제국의 황제 레온 3세(Leon III, 재위 717-741)는 726년에 성상 숭배를 금지하고 이를 파괴하라는 칙령을 발표했다. 황제의 칙령을 지지하는 동방 주교들도 많았지만, 반대하는 주교들도 만만치 않았다. 특히, 성상 숭배가 보편화된 서방의 가톨릭교회는 황제의 명령을 결사적으로 반대했다.

레온 3세의 아들 콘스탄티누스 5세(Constantinus V, 재위 741-775) 황제는 아버지보다 더 강력하게 성상을 파괴하고 반대자들을 가차없이 탄압했다. 그런데도 반대자들은 완강하게 황제의 명령에 항거했고, 서방의 교황 자카리아(Zacharias, 재위 741-752)도 반대 입장을 취했다. 결국, 787년 황제 레온 4세(Leon IV, 재위 775-780)가 소집한 제2차 니케아 공의회는 성상 숭배를 합법적으로 승인했다. 815-843년 기간 다시 한번 더 성상 파괴령이 선포되었지만 반대자들의 항거 때문에 큰 실효를 거두지 못했다. 이후 동서방 교회는 성상 숭배를 공식화시켰다.

2) 교회의 대분열(1054)

상기의 필리오케 논쟁이나 성상 파괴령 논쟁은 교리적 이견을 넘어 서방 교회의 수장 로마 교황과 동방 교회의 수장 콘스탄티노플 총대주교 간의 교권 대립과도 깊게 얽혀 있었다. 필리오케 신조는 서방의 모든 가톨릭 교회를 교황의 권위 아래 두는 것이고, 나아가 사도적 계승자인 교황의 권위에 콘스탄티노플의 총대주교도 따라야 한다는 것을 암시했다. 반면 총대주교 입장에서 볼 때, 보편적 교회의 공의회가 결정한 정통신조로부터 벗어나려는 가톨릭교회와 사도적 계승권을 주장하며 이를 묵인하는 교황의 태도를 결코 용인할 수 없었다.

대립과 갈등이 지속되는 가운데, 1013년 교황 베네딕토 8세가 다시 필리오케 신조의 정당성을 주장하고 나왔다. 이 당시 콘스탄티노플의 총대주교의 권위는 황제의 권위를 압도하고 있을 정도로 강력했다. 비잔티움 황제 콘스탄티누스 9세(Constantinus IX, 재위 1042-1055)는 강력해진 총대주교 미카엘 케룰라리우스(Michael Celularius, 재위 1043-1059)를 견제하기 위해 교황 레오 9세(Leo IX, 재위 1049-1054)에게 도움을 청했다.

레오 9세는 케룰라리우스에게 훔베르트 추기경 등 세 명의 추기경을 특사로 파견했다. 서방 교회는 9세기 이후로 발효시키지 않은 떡을 성찬식에 사용했는데, 케룰라리우스는 자신의 관할지역에서 그와 같은 방식의 라틴 예전을 금지시켰다. 특사들은 먼저 이 문제를 항의했다. 그리고 『콘스탄티누스의 기증』의 내용을 근거로 교황의 우위권을 주장했다.

그러면서 총대교주가 사용하고 있는 "세계총대주교"라는 칭호를 폐지할 것과 필리오케가 들어간 신조를 받아 드릴 것 등을 요구했다. 결국, 협상은 결렬되었고 총대주교는 특사들을 추방했다.

1054년 7월 16일, 교황청 특사들은 성 소피아교회 제단에 총대주교 케룰라리우스를 파문한다는 파문장을 올려놓고 로마로 떠났다.[1] 다음날 이를 발견한 총대주교는 세 명의 로마 추기경을 파문했다. 이로써 서방 교회는 로마 교황청의 교황을 수장으로 하는 로마가톨릭교회(Roman Catholic Church)로, 동방 교회는 콘스탄티노플 총대주교를 수장으로 하는 동방정교회(Eastern Orthodox Church)로 갈라졌다. 정교회라는 이름에는 초대 교회에 있었던 모든 공의회의 정통주의를 계승한다는 의미를 담고 있었다.

2. 로마 교황권의 절정

800년 성탄절 예배 때, 교황 레오 3세는 교황의 권위로 프랑크 국왕 샤를마뉴에게 서로마 제국의 황제 대관식을 집전하고 황제관을 씌어 줬다. 이 황제 대관식은 장차 교황의 권위가 황제에 버금가는 또는 능가할 수 있다는 것을 예고했다. 심지어 사도적 계승권 외에 교황의 특별한 지위와 권한을 지지하는 옛 문서들이 이 시기에 등장했다.

---

[1] 흥미로운 사실은 훔바르트 일행의 추기경들이 총대주교를 파문했던 1054년 7월 16일에는 교황이 공석중이었다. 교황 레오 9세는 그들을 콘스탄티노플로 파견한 뒤 그 해 4월 19일에 죽었고, 후임 빅토르 2세(Victor II, 재위 1055-1057)는 이듬해인 1055년 4월 13일에 교황이 되었다. 따라서 총대주교를 파문한 것은 교황이 아니라 특사들이었고, 총대주교가 파문한 것은 교황이 아니라 특사들이었다. 그러나 결과는 동서 교회의 최종 분열을 낳았다. 흥미로운 또 다른 사실은 빅토르 2세 신임 교황은 신성 로마 제국의 황제 하인리히 3세(Heinrich III, 재위 1046-1056)으로부터 지명 받아 즉위한 대립 교황이었다. 그러나 하인리히 3세의 아들 하인리히 4세(Heinrich IV, 재위 1056-1105)는 교황 그레고리오 7세(Gregorius VII, 재위 1073-1085)에 의해 그 유명한 카노사의 굴욕(1077)을 겪었다.

물론, 이 문서들은 오래된 문서처럼 꾸며진 허위 문서가 대부분이었다. 가장 대표적인 작품은 『콘스탄티누스의 기증』과 『역대 교황 교령집』이었다. 『콘스탄티누스의 기증』에 따르면, 콘스탄티누스 대제가 중병으로 병석에 있을 때, 로마 감독의 기도를 통해 기적적으로 병 고침을 받았다. 330년 제국의 수도를 콘스탄티노플로 옮길 때, 콘스탄티누스는 감사의 표시로 로마 감독에게 다양한 특권과 넓은 영토를 주었다고 했다.

하지만 이 기증서는 8세기경에 작성된 문서로 판명되었다. 그런데도 서방 교회 내에서 기증서의 내용을 사실처럼 주장했다. 실제로 교황 레오 3세는 이 문서를 통해 샤를마뉴로부터 더 많은 교황령을 증여 받을 수 있었다.

동서방 교회의 분열 당시에도 교황 레오 9세는 이 기증서를 통해 콘스탄티노플 대주교에게 교황의 우위권을 내세웠다. 『역대 교황 교령집』은 850년경에 세상에 알려졌다. 이 문서는 교황의 권위가 모든 교회와 국가 위에 있다는 내용이었다.

교황 니콜라오 1세(Nicholas I, 재위 858-867)는 이 문서를 십분 활용하여 교황 중심체제를 더욱 확고히 했다. 이 문서는 한때 7세기의 스페인 세비야의 주교 이시도르(Isidore of Seville, c.560-636)가 집필한 것으로 알려졌으나, 나중에 거짓으로 판명되어 『가짜 이시도르 전집』이라고 불렀다.

1046년 신성 로마 제국에 하인리히 3세(Heinrich III, 재위 1046-1056)가 재위했다. 1028년 11살 때, 독일의 왕이 되어 신성 로마 제국을 다스린 뛰어난 황제였다. 1046년 로마를 원정하여 교황을 폐위시키고, 이후 4명의 교황을 이른바 '대립 교황'으로 임명하며 교황권을 자신의 통치권 아래로 예속시켰다. 39살의 나이에 죽자, 6살된 그의 아들 하인리히 4세(Heinrich IV, 1050-1106)가 왕위를 물려받았다.

하인리히 4세는 1056년에 독일의 왕 그리고 1084년에 신성 로마 제국의 황제가 되었다. 1073년 개혁과 부흥을 부르짖는 그레고리오 7세(Gregorius VII, 재위 1073-85)가 새로운 교황으로 선출됐다.

본명은 일데브란도(Ildebrando)였고, 이탈리아 태생의 수도사였다. 그는 대주교들의 강력한 지지 가운데 세속 군주가 교황 선출이나 성직자 임명에 관여할 수 없도록 하는 개혁을 단행했다.

성년이 되어 직접 통치하기 시작한 국왕 하인리히 4세는 교황으로부터 성직자 임명권을 되찾아 오고, 막강해진 그의 권력을 차단하려고 했다. 1075년 하인리히 4세는 밀라노 감독을 파직하고 그 자리에 자기의 인물을 임명했다. 그러자 그레고리오 7세는 이를 인정하지 않았을 뿐만 아니라, 하인리히 4세에게 로마 교황청으로 출두할 것을 명령했다. 분노한 하인리히 4세는 왕의 권한으로 교황의 퇴위를 선언했다. 1076년 교황 그레고리오 7세는 교회 회의를 개최하고 하인리히 4세의 왕직을 아래와 같이 파면했다.

> 성부와 성자와 성령의 이름으로 그리고 성 베드로의 권위와 힘에 의하여 그리고 교회의 명예를 수호하기 위해 나는 국왕 헨리(하인리히)를 … 금령 아래 두노니 그가 독일이나 이탈리아를 통치하는 것을 금지시키노라. 나는 또한 그에게 충성을 맹세했거나 맹세하고자 하는 일체의 서약들을 무효화시킨다. 그리하여 그가 국왕으로서 복종 받는 것을 금한다.[2]

이제까지 황제가 교황을 폐위시키는 사례는 여러 번 있었다. 그런데 교황이 세속 군주를 직접 파면하고 퇴위 시키는 사건은 처음 발생했다. 하인리히 4세가 파문 당하자 정적들이 그에게 반기를 들었다. 정치 상황이 급격히 불리해지자 그가 살 수 있는 유일한 길은 교황을 만나 용서를 구하고 파문 철회를 요청하는 길 밖에 없었다.

그래서 1077년 1월 추운 겨울, 알프스를 넘어 이탈리아 교황청으로 향했다. 군대를 이끌고 온다는 소식에 겁을 먹은 교황은 카노사(Canossa) 성으로 급히 피했다. 1077년 1월 25일, 카노사 성에 도착한 하인리히는 성문

---

[2] Gregorius VII, *Register* 3.10a. 재인용, 후스토 곤잘레스, 『중세교회사』, 107.

앞에서 3일 동안 교황에게 용서를 구하고 파문의 철회를 간청했다.

결국, 교황은 그를 용서하고 파문을 철회했다. 이것이 그 유명한 카노사 굴욕 사건이었다. 이 사건은 교황권과 군주권의 우위권 싸움의 상징이 되었다. 권력을 다시 되찾은 하인리히는 독일로 돌아와 정적들을 평정한 후, 1084년 신성 로마 제국의 황제에 올랐다. 같은 해, 7년전의 카노사 굴욕을 되갚기 위해 군대를 이끌고 다시 로마로 찾아갔다.

곧바로 교황 그레고리오 7세를 폐위시키고 클레멘스 3세(Clemens III, 재위 1084-1100)를 새로운 교황으로 세웠다. 중세의 기독교 역사는 마치 세상의 도성과 하나님의 도성이 대립적 관계를 갖고 있듯이, 황제와 교황 간의 치열한 대립과 반목이 계속되었다. 양자 간의 통치 개념은 다음과 같은 3가지 이론에 근거를 두고 있었다.

첫째, 교황과 황제 간의 독립적인 통치권이다. 하나님께서 황제와 교황에게 각각 상호 독립적인 권한을 주셨다. 교황에게는 인간의 영혼을 다스리고, 황제에게는 인간의 육신을 다스리는 사명이 각기 주어졌다.

그러므로 고유의 사명을 위해 서로 지배할 수 없으며, 대립할 수 없으며, 상호간에 오직 협력만이 필요하다는 것이다. 중세기에 이런 시기는 없었다.

둘째, 황제가 교황보다 우위에 있다는 것이다. 황제는 세상을 다스리는 권세를 하나님께 받았다. 황제는 교황에게 영적인 면을 다스릴 수 있는 권세를 위임해 주었다. 그러므로 황제의 권세가 교황보다 우위에 있다는 것이다.

셋째, 반대로 교황이 황제보다 우위에 있다는 것이다. 교황은 세속 권세의 수반인 황제는 영적 권세의 수반인 교황보다 열등하고 교황으로부터 모든 권위를 부여 받는다고 주장했다.

둘째와 셋째의 이론은 교황과 황제 간의 계속되는 권력 투쟁의 원인으로 작용했다. 상기의 세 번째 이론을 현실화시키며, 교황의 권력을 최정상에 이끈 교황은 인노첸시오 3세(Innocentius III, 재위 1198-1216)였다.

몇몇 교황을 배출한 명문 가문 태생으로 1198년에 교황으로 선출되었다. 그는 제4차 십자군(1202-1204)을 일으켰으며, 1209년 아시시의 프란치스코(Francesco of Assisi, 1182-1226)가 요청한 수도원 설립을 승인했다. 1215년 그는 제4차 라테란 공의회를 소집했다. "70개조 법규"를 채택하여 발도파를[3] 비롯한 몇몇 집단과 개인을 이단으로 규정했다.

그리고 화체설을 가톨릭교회의 교리로 채택했으며, 신자들은 반드시 1년에 한번 이상 신부에게 고해 성사를 하도록 규정했다. 이 공의회를 통해 인노첸시오는 교황권을 최고의 절정으로 끌어 올렸다. 교황은 '그리스도의 대리자'(Vicar of Christ)로서 그의 통치권은 세계 전체에 미친다고 주장했다.

세속 군주의 위엄을 존중하지만, 그의 세속적 권위가 교황의 영적 권위를 앞지르지 못한다고 강조했다. 1198년 10월에 기록한 그의 서신에서 만물의 주인이신 하나님께서 두 개의 위엄 즉 교황의 위엄과 왕의 위엄을 두셨다고 말하면서, 영을 지배하는 자가 육을 지배하는 자보다 더 크다고 언급했다. 교황을 낮의 해로, 왕을 밤의 달로 비유하며, 다음과 같이 주장했다.

> 더욱이 달은 해로부터 빛을 받아 빛을 발하듯이, 크기와 질 그리고 영향력에 있어서 사실상 달은 해보다 낮은 위치에 속한다. 이와같이 왕의 권력은 교황의 권력으로부터 그 위엄을 얻는다.[4]

---

3 발도파(왈도파)는 프랑스 리용 출신의 피에르 발도(Pierre Vaudes, c,1140-1206)를 추종하는 무리를 일컫는다. 발도는 부요한 장사꾼이 출신이었지만, 자신의 전 재산을 팔아 가난한 사람들에게 나눠주고 소위 프란치스코처럼 청빈한 삶을 살아가며 교회 개혁을 외쳤던 평신도 설교자였다. 그는 성경과 교부들의 글을 라틴어에서 프랑스어로 번역하여 사람들에게 가르쳤다. 1206년 처형을 당했고, 발도파도 13-15세기 기간에 많은 박해를 받았다. 현재까지 일부 명맥을 유지하며 프랑스, 이탈리아, 독일, 미국, 남미 등에 교회를 형성하고 있다.

4 "Innocent III on Empire and Papacy", in Bettenson & Maunder, 123.

1200년대 초에 벌어진 인노첸시오와 영국 왕 존(John, 재위 1199-1216) 간의 대립은 마치 1077년 교황 그레고리오 7세와 독일 왕 하인리히 4세 간에 벌어진 투쟁의 축소판이었다. 1205년 캔터베리 대주교가 죽자 영국 왕 존은 자신의 심복을 그 자리에 임명했다. 인노첸시오 교황은 그 임명을 거부하고 스티븐 랭턴(Stephen Langton, c.1150-1228)을 대주교로 임명했다. 존 왕은 교황의 결정에 반대하며 자기의 뜻대로 하지 않으면 교회의 재산을 몰수하고 폐쇄하겠다고 위협했다.

그러자 1208년 교황은 영국 내 모든 성사의 금지 명령을 내렸고, 이어서 1209년 존 왕을 파문한다는 교서를 발표했다. 성사 금지를 당한 백성들의 원성이 점점 높아지자, 결국 1212년 존 왕은 교황에게 사죄하고, 스티븐 랭턴을 대주교로 받아들였다.[5] 그리고 영국이 교황의 봉신임을 인정하고, 마치 봉신이 영주에게 세금을 바치듯이 교황청에 일정액의 금액을 매년 상납하기로 합의했다. 교황의 절대 권력은 이후에도 100여 년간 더 지속되다가 점차 쇠퇴하기 시작했다.

1294년 신성 로마 제국만큼이나 강성해진 프랑스는 영국과 전쟁을 앞두고 있었다. 프랑스 왕 필리프 4세(Philippe IV the Fair, 재위 1285-1314)는 전쟁 비용을 마련하기 위해 성직자들에게도 세금을 부과했다. 영국 왕도 마찬가지로 동일한 정책을 시행했다.

당시의 교황 보니파시오 8세(Bonifacius VIII, 재위1294-1303)는 1296년에 칙령을 발표하여 어느 나라의 사제건 교황의 동의없이 군주에게 세금을 낼 수 없다고 했다. 만일 군주가 세금을 강요할 경우, 파문이나 성사 금지령을 내리겠다고 엄포를 놓았다. 하지만 프랑스의 필리프 4세는 교황의 교서에 단호하게 다음과 같이 맞대응했다.

---

[5] 왕의 권위가 약화되자 귀족들과 주교들은 1215년 마그나 카르타(Magna Carta, 대헌장)를 제정하고 왕의 서명을 받았다. 이는 헌장은 민주주의 의회제도의 효시로 평가 받고 있다.

첫째, 로마 교황청으로 흘러 들어가는 돈과 물품을 모두 차단했다.
둘째, 프랑스에 거주하는 교황청 파견 성직자들을 모두 추방시켰다.

권력과 돈 문제에 대한 필리프 4세와 보니파시오 8세 간의 대립은 계속되었다. 1302년 10월 31일, 교황은 로마에서 회의를 소집하고 『우남상탐』(*Unam Sanctam*, 유일한 권위)을 발표했다. 『우남상탐』 교서를 통해 그는 참 교회는 가톨릭교회 하나뿐이며, 가톨릭교회 밖에는 구원도 없고 죄사함도 없으며, 교황은 그리스도의 대리자로서 지상의 모든 사람을 다스릴 영적 권력과 세속 권력 모두를 가지고 있기 때문에 모든 사람은 누구든 교황에게 복종해야 구원을 얻는다고 주장했다.

1303년 6월 필리프 4세는 프랑스 의회를 소집하여 교황의 교서를 거부하고 교황을 다수의 죄목으로 고발했다. 그리고 군대를 보내어 교황을 체포하여 감옥에 가두었다. 그 충격으로 교황은 몇 달 후에 사망했다. 그의 후임자 베네딕토 11세(Benedictus XI, 재위 1303-1304)도 재위 8개월 만에 죽었다. 교황에 선출된 클레멘스 5세(Clemens V, 재위 1305-1314)는 프랑스 출신의 대주교였다.

1309년 그는 프랑스 내륙 남부에 위치한 아비뇽(Avignon)으로 교황청을 옮겼다. 아비뇽으로 옮긴 교황청은 약 70년간 필리프 4세와 그의 후임 왕들의 철저한 통제를 받았다. 다행히 1378년에 로마로 교황청을 다시 옮겨왔지만, 교황의 정통성을 주장하며 여러 명의 교황이 동시에 존재하는 권력투쟁이 1417년까지 계속되었다. 이로 인해 교황청과 교황의 권위는 한없이 추락하고 말았다.

제18장

십자군 원정 시대

1. 원정의 동기

12-13세기 기독교의 특징은 십자군 원정과 수도원 개혁 운동이었다. 632년 이후 예루살렘을 포함한 팔레스타인과 북아프리카 일대가 이슬람 아랍 제국의 손에 넘어갔다. 11세기 팔레스타인 지역은 아랍 제국에 이어 셀주크 투르크 제국(Seljuk Turks, 1040-1157)에 의해 지배당했다. 돌궐족의 후예로 알려진 셀주크 가문은 유목민으로 중앙아시아를 떠돌다가 이란, 이라크, 터키, 시리아, 팔레스타인을 점령하고 1040년에 셀주크 제국을 건설했다.

그리고 이슬람 문화를 강력하게 계승해 나갔다. 이들은 성지를 순례하는 기독교인들을 이전보다 더 가혹하게 다루었다. 그 결과 성지 탈환을 목적으로 내세운 십자군 운동이 서유럽에서 일어났다. 이슬람 세력의 확장을 막으려는 비잔티움 제국의 황제 알렉시우스 1세(Alexius I, 재위 1081-1118)의 군사 원조 요청도 한 원인으로 작용했다.

십자군이란 '십자가를 위하여 싸우는 군대'라는 의미로서 군사적 힘을 통해 예루살렘 성지를 탈환하려고 했다. 따라서 성지를 지키려는 이슬람 제국과 탈환하려는 기독교 제국 간의 물리적 충돌은 불가피한 일이었다. 소위 기독교의 십자가와 이슬람의 초승달 간의 종교 전쟁이었다.

1074년 교황 그레고리오 7세가 십자군을 처음으로 소집하려 했었다. 하지만 하인리히 4세와의 대립 때문에 뜻을 이루지 못했다. 그러다가 1095년 교황 우르바노 2세(Urbanus II, 재위 1088-1099)가 십자군을 소집하여 십자군 원정이 처음으로 시작되었다. 1096년의 제1차 십자군 원정을 시작으로 1271년까지 대체로 9차례의 십자군 원정이 있었다. 성지 탈환을 온전히 성취한 것은 단 한차례 제1차 십자군 원정뿐이었다. 그런데도 교황과 군주들에 의해 소집된 십자군 원정은 약 200년간 계속되었고, 마침내 1291년에 가서야 종결되었다.

2. 주요 십자군 원정

1) 제1차 십자군(1096-1099)

비잔티움 제국의 황제 알렉시우스 1세는 이슬람 세력의 확장을 저지하고자 1095년 3월에 교황 우르바노 2세에게 성스러운 땅을 이교도들로부터 지킬 수 있도록 원정군을 보내달라고 요청했다. 1095년 11월 우르바누스 2세는 프랑크 왕국의 클레르몽(Clermont)에서 개최된 교회 회의 석상에서 알렉시우스의 요청대로 이슬람의 확장을 저지하고, 나아가 성지 예루살렘을 탈환하자며 십자군 원정의 필요성을 강력하게 부르짖었다. 이 회의에 참석한 대부분의 사람이 프랑스인들이었고, 같은 프랑스 사람인 교황의 의견을 지지하며 이렇게 외쳤다.

> 하나님은 그것을 원하신다(*Deus vult*).

왕, 왕자, 백작, 기사, 지주, 농부 등 수많은 사람이 십자군에 참가하겠다고 선포했다. 교황은 원정에 참여하거나 물자를 제공하는 사람들에게 죄를 사면해 주겠다는 칙령도 발표했다. 그렇게 모인 제1차 십자군의 수는 무려 백만 명에 달했다. 십자군들은 그들의 군복 외투 오른쪽 어깨에 붉은 십자가 휘장을 달고 원정길에 올랐다.

또한, 은자 피터(Peter the Hermit)와 기사 월터(Walter) 같은 사람들의 적극적인 호소에 감명받은 독일의 농민들이 1096년에 독일, 헝가리, 발칸 반도를 거쳐 예루살렘을 향해 원정길에 올랐다. 가까스로 소아시아에 도착했지만, 조직도 규율도 없는 오합지졸의 무리였기 때문에 셀주크 군대에 의해 대부분 살해당하거나 생포되어 노예로 팔렸다. 하지만 프랑스에서 출발한 십자군은 소아시아 니케아를 거쳐 안디옥을 향해 진군했다.

그러나 오랜 장거리 원정은 모든 것을 힘들게 만들었다. 셀주크 제국의 군인과 전투, 현지인들의 저항, 낯선 환경, 식량 부족 등은 십자군의 사기를 떨어뜨렸다. 이때 발생한 미신적인 사건이 십자군 원정대에 큰 힘을 주었다. 어떤 사람이 그리스도의 옆구리를 찔렀던 창이 안디옥에 묻혀 있는 환상을 보았다고 주장하여, 그 사람의 안내로 따라가 표시하는 곳을 파보니 실제로 창이 나왔다. 이것을 하나님의 인도로 확신하고 십자군은 다시 용기백배하여 1098년 봄에 안디옥을 점령하고 예루살렘으로 진군했다.

1099년 6월 드디어 십자군이 예루살렘에 당도했고, 7월 15일 예루살렘을 완전히 함락하여 성지를 탈환했다. 그리고 이틀에 걸쳐 십자군은 예루살렘 주민을 학살하고 재산을 약탈했다. 십자군 원정군은 예루살렘 왕국을 건설하고 고드프루아 드 부용(Godefroy de Bouillon, c.1060-1100)을 왕으로 임명했다.

그리고 성지 탈환을 완수한 대다수의 원정군은 고국으로 귀향했다. 이후에 예루살렘 왕국은 수도사와 기사로 이뤄진 신전 기사단과 자선 기사단을 조직했다. 두 기사단은 예루살렘을 성지를 관리하고 순례자들을 지켜주며 이슬람 군대의 침공을 막아내는 일을 했다.

2) 제2차 십자군(1148-1149)

제1차 십자군 원정 때 예루살렘 왕국을 비롯한 4개의 십자군 소왕국을 건설했다. 1128년경부터 셀주크 제국의 군사들이 십자군 소왕국들을 차례차례 무너뜨리고, 마지막으로 남은 예루살렘 왕국을 향해 진격해 오자, 제2차 십자군이 소집되었다.

1146년 교황 에우제니오 3세(Eugenius III, 재위 1145-1153)가 소집했고, 당시 명성 높은 수도사 클레르보의 베르나르(Bernard of Clairvaux, 1090-1153)가 십자군 참가를 적극적으로 독려했다. 1148년 프랑스 왕과 독일 왕을 중심으로 거의 20만에 가까운 숫자가 원정에 떠났으나 셀주크 제국의 군사에게 소아시아 등지에서 패배하며 대부분 살해되어 실패로 끝났다.

예루살렘 왕국도 1187년에 술탄 살라딘(Saladin, 재위 1174-1193)의 손에 완전히 넘어갔다. 살라딘은 쿠르드족(Kurd) 출신의 뛰어난 명장으로 1174년에 이집트와 시리아를 중심으로 아이유브(Ayyubid) 제국을 건국하고 술탄의 자리에 올랐다.

3) 제3차 십자군(1189-1192)

1187년 예루살렘 왕국이 살라딘에 붕괴되었다는 소식을 접한 교황 그레고리오 8세(Gregorius VIII, 재위 1187.10-1187.12)는 제3차 십자군을 소집했다. 이 원정에는 프랑스 왕 필리프 2세, 잉글랜드 왕 리차드 1세(Richard I, 재위 1189-1199), 신성 로마 제국의 황제 프리드리히 1세(Friedrich I, 재위 1152-1190)가 공동으로 참여했다. 소위 왕들의 십자군 원정이었다.

하지만 1190년 프리드리히가 원정 중에 강물에 익사하여 제국의 군대는 지리멸렬 되었고, 필리프 2세와 리차드 1세는 서로 적대적 관계였기 때문에 각기 따로 예루살렘을 향해 진격했다. 하지만 술탄 살라딘의 군대를 꺾을 수 없었다.

그러던 중 1191년 필리프 2세는 리차드 1세에 불만을 품고 본국으로 먼저 귀환해 버렸다. 혼자 남은 리차드 1세는 성지 탈환이 어렵다고 판단하고 살라딘과 휴전 협정을 맺은 후 귀국했다. 리차드 1세는 살라딘으로부터 비무장한 기독교인들에게는 성지 순례를 보장한다는 내용의 협정을 얻어냈다.

4) 소년 십자군(1212)

제4차 십자군 원정(1202-1204)과 제5차 십자군 원정(1217-1221) 중간에 소년 십자군 사건이 발생했다. 제4차 십자군 원정이 실패로 끝난 이후, 1212년에 독일과 프랑스의 소년 소녀들이 신앙의 힘으로 성지를 탈환하겠다고 일어난 십자군 사건이었다. 아직 십대에 불과한 독일 소년 니콜라스는 하나님이 자기에게 나타나 왕들과 기사들이 이루지 못한 원정을 어린이들을 통해 이루겠다는 계시를 주었다고 주장했다.

그리고 홍해가 갈라졌던 것처럼, 지중해가 갈라져 도보로 성지에 도착할 것이라고 했다. 그의 선동에 많은 소년 소녀들이 참여하여 죽음을 무릅쓰고 알프스를 건넜다. 이때 프랑스 소년 스테판도 주의 계시를 내세우며 소년 소녀들에게 십자군 원정에 참여하라고 외쳤다. 독일과 프랑스에서 몰려든 인원은 대략 3만 명 정도였다. 그들은 프랑스 마르세유(Marseille) 항구에 도착하여 지중해가 갈라지기를 기다렸으나 그런 기적은 나타나지 않았다. 실망한 많은 아이가 집으로 돌아갔다. 그런데도 약 5천 명의 아이는 지중해가 갈라지기를 기다렸다.

이때 마르세유의 상인이 팔레스타인 땅에 데려다주겠다고 약속하자, 그 약속을 믿고 5천여 명의 아이가 7척의 상선에 올라탔다. 그중 2척은 항해 도중에 풍랑으로 좌초되어 배에 탔던 모든 아이가 익사 당했고, 나머지 5척에 탔던 아이들은 이집트로 끌려가 모두 노예로 팔렸다.

성스러움, 감동, 잔혹, 슬픔으로 얼룩진 기나긴 십자군 원정은 이 후에도 9차 십자군 원정(1271-1272)까지 계속되었다. 결국, 1291년 예루살렘 왕국이 완전히 이슬람 제국에 넘어가면서 기나긴 200년간의 십자군 원정도 막을 내렸다.

3. 십자군 원정의 영향

약 200년간의 십자군 원정 기간에 제대로 된 성지 탈환은 제1차 십자군 원정 한 차례뿐이었다. 하지만 성공과 실패를 넘어 200년간의 십자군 원정은 지중해 연안의 유럽 사회와 팔레스타인 그리고 아프리카 전역의 정치, 사회, 경제, 문화 등에 막대한 영향을 끼쳤다. 특히, 중세 서유럽 사회와 교회에 대변혁을 가져다 주었다. 십자군 원정의 영향은 다음과 같다.

첫째, 기독교 진영과 이슬람 진영 모두에게 엄청난 인명과 재물의 손실을 끼쳤다. 기독교 진영은 약 2백만에서 6백만의 사람이 희생되었다. 십자군 원정에 참여한 사람은 잘 훈련된 군인이나 기사들이었지만, 제대로 훈련 받지 않은 오합지졸의 농민들과 평민들도 많았다.

반면 셀주크 제국과 이슬람 군인들은 아주 잘 훈련된 군사들이었다. 때문에 십자군 원정대가 더 많은 인명피해를 받을 수밖에 없었다. 이슬람 진영도 많은 인명과 재물의 피해를 당했다. 십자군에 의해 이슬람 군인들뿐만 아니라 동로마 제국의 주민과 이슬람 평민 그리고 유대인들까지도 무자비하게 학살당했다.

둘째, 초기의 성지 탈환이라는 종교적 목적이 원정을 거듭할수록 세속적인 목적으로 탈바꿈했다. 참여했던 제후들은 자국의 이익에 따라 원정의 목적을 달리했다. 제4차 십자군 때부터 상업적이고 정치적인 목적이 여실히 드러났다. 이들의 원정 목적지는 성지 예루살렘이 아니라 이집트 침략이 다반사였다.

셋째, 십자군 원정은 교황권을 강화해 주었으며, 가톨릭교회의 재산 수입을 증가시켜 주었다. 십자군 원정을 소집한 교황의 요청에 대부분의 제후가 기꺼이 동참했고, 원정 시에 노획한 재물과 물건들을 교회와 수도원에 헌금하거나 기부했다.

넷째, 십자군 원정을 통해 이뤄진 동서간의 접촉은 유럽 사회가 상업과 무역에 눈을 뜨게 되는 계기가 되었다. 팔레스타인과 이집트로부터 귀금속, 실크, 향수, 향신료 등과 같은 물품을 교역하면서 상업이 발전했고, 자본 중심의 중산층이 증가했다. 이러한 변화는 중세 봉건 제도를 약화시키는 중요한 원인으로 작용했다.

다섯째, 동서 간의 접촉은 그리스와 아랍의 철학, 과학, 문화 등의 유입을 통해 서유럽의 지적 환경에 지각변동을 가져다 주었다. 즉 그리스 철학과 문화를 바탕으로 한 중세 스콜라주의와 르네상스의 태동을 낳았다.

여섯째, 종교개혁의 도화선이 되는 면죄부가 십자군 원정 기간에 나타났다. 제1차 십자군을 소집한 교황 우르바노 2세는 십자군에 참여하는 자나 군량을 제공하는 자들에게 죄를 사면해 주었다. 그리고 원정 중에 죽는 자를 순교의 보상으로 미화했다. 면죄부 남용은 결과적으로 중세 가톨릭교회의 퇴락을 가져다 주었다.

일곱째, 선박 제조와 해양 기술의 발달은 해상 진출과 무역의 발전을 앞당겨 주었다. 십자군이 끝난 이후 유럽의 탐험가들은 대양을 가로지르며 아프리카와 인도와 중국까지 진출했고, 마침내 1492년에 아메리카 신대륙을 발견하며 인류에게 새로운 시대를 열어 주었다.

제19장

수도원 개혁 운동

 가톨릭교회 내에 정착한 8-9세기의 수도원은 선교와 빈민 구제와 교육 등을 담당하며 더욱 발전하였다. 하지만 시간이 흐르면서 수도원의 규모는 방대해졌고, 재산과 재물이 넘쳐났다. 그 결과 수도원의 초기 목적과 기능은 점점 퇴색해졌고, 베네딕토 규율은 그냥 문서에 지나지 않게 되었다. 이때 수도원 내에 자성의 목소리가 커지면서 개혁이 일어났다.

 특히, 십자군 시기에 수도원들이 대거 설립되었다. 십자군 원정에 크게 기여했을 뿐만 아니라 수도원 개혁에 이어 교회 개혁을 이끌어 주었다. 나아가 수도원은 교황권을 강화해 주었고, 교회 성직자들과 더불어 가톨릭교회를 떠받치는 양대 기둥으로서의 역할을 했다.

1. 클뤼니수도원(Cluny Abbey)

 910년 프랑스의 기욤 1세(Guillaume I, 875-918) 공작은 프랑스 클뤼니(Cluny)에 수도원을 설립하고 교황 세르지오 3세(Sergius III, 재위 904-911)에게 승인을 받았다. 기욤 1세는 수도원이 세속 군주나 지역 주교의 통제를 받지 않고 교황의 보호 하에서 직할 운영되도록 만들었다. 910년에서 926년까지 초대 수도원장을 지낸 베르노(Berno, c.850-927)는 베네딕토 규율을 엄격하게 시행했다.

그의 뛰어난 지도력과 덕망 덕분에 클뤼니수도원이 다른 지역에도 설립되었다. 이전의 수도원 체계는 동일 수도회(Order) 내에 있을지라도 각 수도원은 자체의 수도원장을 중심으로 독립적으로 운영되었다. 하지만 베르노는 모든 수도원을 클뤼니수도원장 밑에 두고 각 지역의 수도원 원장을 직접 임명했다. 이러한 제도의 혁신으로 중앙 수도원장이 모든 수도원을 관장하는 중앙 집권적 체제를 확립했다.

클뤼니수도원의 수도사들과 수녀들은 『베네딕토 규율집』에 따라 기도와 성경 낭독과 예배를 엄격하게 실천했다. 마치 클뤼니 개혁 운동은 베네딕토 개혁 운동과 같았다. 이 개혁 운동은 당시 교회와 수도원의 부패와 타락에 식상한 많은 수도사에게 영적 각성을 가져다 주었다.

그로 인해 클뤼니수도원은 100년이 채 되기도 전에 서유럽 전역에 약 3,000개의 수도원이 세워졌다. 먼저, 클뤼니수도원이 주력한 개혁의 첫 번째 특징은 수도원을 세속 권력과 주교들의 권력으로부터 벗어나 교황권의 영향아래서 독립적으로 운영한 점이었다. 다음으로는 성직 매매와 친족 등용을 비판하며 독신 제도를 강조한 점이었다. 금욕 생활을 강조하며 모든 사제와 수도사 그리고 수녀들에게 독신을 강력하게 시행했다.

그 다음은 『베네딕토 규율집』에 따라 예배와 순종을 강조한 점이었다. 특히, 교황에게 대한 철저한 순종을 내세웠다. 제1차 십자군을 소집한 교황 우르바노 2세를 지지하며 십자군 원정에 클뤼니 수도사들이 적극적으로 앞장섰다.

클뤼니수도원의 개혁 물결은 약 200년간 계속되었다. 하지만 수도회 소속의 수도원들은 신자들이 헌납한 선물과 재물로 차고 넘쳐나기 시작했다. 『베네딕토 규율집』을 더 이상 힘써 지킬 필요가 없게 되었다. 이로 인해 초기 개혁의 정신은 점차 시들어갔다.

2. 시토수도회(Cistercian Order)

사제의 경건과 수도사의 수행에 가장 큰 걸림돌은 재물이었다. 개혁의 신선한 자양분을 제공하던 클뤼니수도원의 영향력이 감소하자, 베네딕토 규율집에 따라 좀 더 엄격하게 수행을 추구하려는 시토수도회가 1098년 프랑스 시토(Citeaux)에 설립되었다. 이 수도회의 설립자는 로베르(Robert of Molesme, 1028-1111)와 그의 동료 베네딕토 수사들이었다. 클뤼니수도원과 달리 노동과 빈곤을 강조했고, 소박하게 수도원 건물을 지었으며, 좀 더 중앙 집권적 조직을 가졌다.

하얀색 수도복에 검은색 외투를 걸쳤기 때문에 이들을 '백의의 수도사'라고 불렀다. 클뤼니수도원은 귀족에 의해 설립되었고 후원자도 귀족이 많았다. 반면 시토수도회는 평민과 더불어 수도 생활을 했다. 특히, '노동이 곧 기도이다'라는 표어를 내세우며, 농사, 요리, 목수일 등과 같은 생활을 통해 자급자족했다. 1200년경, 530여 개의 수도원을 가진 대 수도회로 발전했고, 프랑스뿐만 아니라 서유럽 전체로 뻗어나갔다.

시토수도회가 더욱 유명하게 된 것은 클레르보의 베르나르(Bernard of Clairvaux, 1090-1153) 덕분이었다. 그는 프랑스 부유한 가정에서 태어났으나 20대에 수도사의 길을 택하고, 1112년 시토수도회에 가입했다. 1115년 30여 명의 동료 수도사들과 함께 클레르보에 수도원을 건립하고 수도원장이 되었다.

이 수도원은 시토수도회의 중심지가 되었다. 그는 시토수도회의 제2 창시자와 같았다. 베르나르는 금욕과 기도와 겸손한 인물로 덕망이 높았다. 겸손에 대하여 다음과 같이 가르쳤다.

> 사람은 자기 자신을 잘 알 때에 자신을 낮추게 되며, 자신을 낮추었을 때 갖는 덕목이 바로 겸손이다.

그는 "구주를 생각만 해도 이렇게 좋거든 주 얼굴 뵈올 때에야 얼마나 좋으랴"와 같은 찬송시로 많은 사람에게 감동을 주었다. 1146년 에우제니오 3세 교황이 제2차 십자군을 소집했을 때, 감동적인 설교로 수많은 사람이 십자군 원정에 참여하도록 독려했다.

3. 탁발수도회(Mendicants)

12세기 수도원 개혁의 또 다른 유형은 탁발수도회였다. 탁발 수도사(friar)는 옷 이외의 재산을 소유하지 않으며 단지 탁발(걸식)로 생활하는 수도사를 일컬었다. 일반 수도사처럼 청빈과 순결과 순종을 서약하지만, 은둔적인 공동체 생활을 하지 않고 도시에 들어가 사람들과 함께 살면서 무소유의 탁발 수행을 했다.

예수의 청빈과 섬김 정신을 본받아 평생을 무소유 박애 정신으로 살 것을 서약했다. 탁발 수도 방식을 따르는 대표적인 수도회는 다음과 같다.

첫째, 프란치스코수도회(Francesco Order)
둘째, 도미니코수도회(Dominican Order)
셋째, 어거스틴수도회(Augustinian Order)
넷째, 카르멜수도회(Carmelite Order)

1) 프란치스코수도회(Franciscan Order)

이 수도회의 창설자는 아시시의 프란치스코(Francesco of Assisi, 1182-1226)였다. 그는 이탈리아 아시시의 부유한 상인 가정에서 태어났다. 본명은 지오바니(Giovanni)였으나, 아버지가 프랑스에 매료되어 '프랑스 사람'이란 뜻을 지닌 프란치스코라는 이름을 붙여주었다.

큰 어려움 없이 성장하던 프란치스코는 20대 초반에 중병을 앓고 난 이후, 신앙 생활에 눈을 떴다. 1205년경 그는 가난한 자와 나환자를 목격하고, 평생을 그들을 섬기는 수도자로 살아가기로 헌신했다. 1208년 마태복음 10장에 나오는 예수의 가르침대로 몸에 걸친 한 벌 옷 외에는 아무것도 갖지 않는 무소유 수행을 하기로 결심했다.

그는 부모로부터 재산 상속을 포기했고, 이후로 탁발 생활을 하며 섬기는 박애의 삶을 살았다. 그는 항상 빈곤의 아름다움을 예찬했다. 어느 날 기쁨으로 가득 찬 프란치스코를 보고 그의 친구는 물었고, 그는 다음과 같이 대답했다.

> 왜 그렇게 기쁜 것인가?
> 결혼했기 때문이네!
> 누구와 결혼했기에 그렇게 기쁜 것인가?
> 빈곤이라는 귀부인과 했다네!

그는 1209년 11명의 동료와 함께 수도원을 설립했다. 그리고 '교황은 태양, 황제는 달'로 비유한 교황 인노첸티오 3세로부터 수도회 창설을 승인 받고 자신의 이름에 따라 프란치스코수도회라고 이름 지었다. 1209년 이후 그는 아시시에 남녀 수도원을 각기 설립했다. 13년뒤 그의 나이 40살경 3,000명이 넘는 수도사들이 수도원에서 활동했다. 1223년 그는 교황청으로부터 공식적으로 수도회 설립 승인을 받았다.

프란치스코 수도사들은 유럽 전역을 구걸하고 다니며, 복음을 전하고 가난하고 병든 자들을 돌보아 주었다. 프란치스코는 수도회 규율을 따로 만들지 않았지만, 무소유의 청빈을 제자들에게 강조했다. 겸손과 섬김과 평화는 그의 수행의 상징이었다. 그는 항상 다음과 같이 가르쳤다.

> 입으로 평화를 선포하기 전에 먼저 그대의 마음에 평화로 가득 채우라.

1224년 수도원장을 내려놓고 라베르나(La Verna) 산에서 소수의 동료들과 조용히 수도 생활을 했다. 이때 그의 몸에 그리스도 예수가 받은 다섯 개의 십자가 성흔이 나타났다고 했다. 1226년 10월 3일, 44살의 일기로 하나님 품에 안겼다. 프란치스코는 선교 사역에도 남다른 열정을 가지고 있었다.

스페인을 여행하며 복음을 전했고, 북아프리카 이슬람인들에게 복음을 전하려고 심혈을 기울였다. 때문에 프란치스코 수도사들은 선교에 헌신하며 가톨릭교회의 외연 확장에 크게 기여했다. 몽골제국이 세운 중국 원나라 (1271-1388)의 쿠빌라이(Qubilai, 1215-1294) 대칸이 교황에게 선교사를 파송해달라고 요청했다. 교황은 프란치스코 수도사 몬테코르비노의 요한(John of Montecorvino, 1246-1328)을 중국에 파견했다.

몬테코르비노의 요한은 해상을 통해 중국으로 가는 길에 1291년경 인도에 들러 복음을 전했고, 그로부터 몇 년 뒤에 중국 수도 베이징(Beijing)에 도착했다. 왕실의 도움을 받아 선교에 힘쓴 결과 1305년에 약 6,000명에게 세례를 주었다고 보고했다. 그는 최초의 베이징 대주교로 임명 받았다. 또한, 프란치스코수도회는 가톨릭 신학 발전에도 크게 기여하여 다음과 같이 뛰어난 중세 스콜라 신학자들을 배출했다.

첫째, 로저 베이컨(Roger Bacon, c.1214-1292)
둘째, 보나벤투라(Bonaventura, 1221-1274)
셋째, 둔스 스코투스(Duns Scotus, 1266-1308)
넷째, 윌리암 오캄(William of Ockham, c.1287-1347)

2) 도미니코수도회(Dominican Order)

도미니코수도회는 스페인 귀족 태생 도미니크(Dominic, 1170-1221)에 의해 프랑스에서 설립되었다. 빈곤과 엄격성을 강조했고 탁발 수행을 했다. 1216년 교황으로부터 수도회 창설을 허락 받았다.

이단과 이슬람을 논박하고 포교하기 위하여 논증적인 학문에 관심을 가졌다. 프란치스코 수도사들이 정적인 면에 집중하며 수행했다면, 도미니코 수도사들은 지적인 면에 치중하며 수행했다.

도미니크는 수도원 운영을 중앙 집권 체제로 발전시켰다. 교회 사제 제도처럼, 교구 제도를 만들어 지역을 관리하는 교구와 전체를 관리하는 총대교구로 수도원을 조직했다. 프란치스코수도회와 마찬가지로 교황의 권위에 절대 순종하며 교황제를 강화시켜주었다. 1221년 51세의 나이로 죽었지만, 그 당시 서유럽 전역 8개 교구에 60개의 도미니코수도원이 세워졌으며 500여 명의 수도사가 있었다. 1300년경에는 500여 개의 수도원으로 빠르게 성장했고, 수행하는 수도사의 수는 1만여 명에 달했다.

도미니코수도회 역시 가톨릭교회 발전에 다양하게 기여했다. 도미니크는 묵주 기도를 널리 보급했다. 1233년부터 도미니코수도회는 로마가톨릭교회가 세운 종교 재판소를 거의 독점하다시피 운영하고 관리했다. 그리고 세계 각처에 선교사를 파송하여 교회 확장에 크게 이바지했다. 무엇보다도 뛰어난 스콜라주의 신학자들을 많이 배출했다.

첫째, 알베르투스 마그누스(Albertus Magnus, 1193-1280)
둘째, 마그누스의 제자 토마스 아퀴나스(Thomas Aquinas, 1224-1274)
셋째, 마이스터 에크하르트(Meister Eckhart, 1260-1328)
넷째, 에크하르트의 제자 요한네스 타울러(Johannes Tauler, 1300-1361)
다섯째, 지롤라모 사보나롤라(Girolamo Savonarola, 1452-1498)

토마스 아퀴나스는 현대 로마가톨릭교회의 신학 체계를 완성한 신학자였다. 마이스터 에크하르트(Meister Eckhart, 1260-1328)와 그의 제자 요한네스 타울러(Johannes Tauler, 1300-1361)와 같은 독일 신비주의 설교자들과 종교개혁의 샛별로 알려진 지롤라모 사보나롤라(Girolamo Savonarola, 1452-1498) 등이 도미니코 수도사들이었다.

제20장

스콜라주의

　십자군, 수도원 개혁 그리고 교황 권력의 전성기로 이어지는 11-14세기에 스콜라주의(Scholarticism)가 태동되어 절정을 이루었다. 중세의 교육은 주로 궁정 학교와 수도원이 담당했다. 이렇게 학습이 이뤄지는 장소를 라틴어로 스콜라(*schola*)라 불렀으며, 현대의 학교(school)가 되었다.
　그곳에서 가르치는 교사나 학자들을 스콜라스틱(*scholastic*)이라 불렀고, 현대의 학자(scholar)를 뜻했다. 스콜라스틱을 중심으로 발전된 학문이 이른바 스콜라주의였다. 스콜라주의 학자들은 새로운 진리를 추구하기보다는 초기 교부들이 세워놓은 기독교 진리를 이성과 철학적 방법을 통해 증명하고 체계화하려고 했다. 한마디로 스콜라주의는 신앙을 강화할 목적으로 이성을 통해 신학을 철학적으로 합리화시킨 학문 사조라고 정의할 수 있다.

1. 스콜라주의 태동의 배경

　1096년부터 약 200년간 계속된 십자군 원정은 스콜라주의 태동에 깊은 영향을 주었다. 수세기 동안 서유럽에서 잊혀졌던 헬라 문헌들이 원정대와 순례자를 통해 유입되었고, 라틴어로 번역되어 소개되었다. 라틴어로 번역된 헬라 문헌을 서유럽 학자들이 열심으로 탐독했다. 특히, 아리스토텔레스의 철학 서적은 많은 인기가 있었는데, 이는 그 동안 서유럽 학계는 플라톤 사상이 거의 주류를 이루고 있었기 때문이었다.

스콜라 학자들은 아리스토텔레스의 철학 방법론을 자신들의 신학 연구에 접목하기 시작했다. 도미니코수도회와 프란치스코수도회는 스콜라주의 연구의 산실이었다. 수많은 학자가 두 수도회에서 나왔다.

또한, 시대적으로 궁정 학교와 수도원 학교를 벗어나 대학교가 막 태동되던 시기였다. 대학의 태동은 스콜라주의 연구에 대한 지적 호기심과 열정을 높여주었고, 그중에 프랑스의 파리대학교는 스콜라주의를 앞장서서 연구했다.

2. 스콜라주의의 특징과 방법론

스콜라주의는 이성을 통해 합리적으로 신앙을 증명하고 강화하려고 했다. 이성과 신앙은 서로 다른 것이 아니라고 보았다. 철학과 신학도 마찬가지였다. 따라서 당시 스콜라 신학자들은 기독교 진리와 아리스토텔레스 철학 간에 통합적 조화를 이루려고 시도했다.

이러한 시도는 매 시대마다 기독교가 당면하고 있는 도전적 과제였다. 17-18세기의 계몽주의 시대에는 이성주의의 도전을 받았고, 19세기에는 고등 비평과 진화론 등의 도전을 받았고, 현시대에는 후현대주의적 상대주의와 다원주의로부터 도전을 받고 있다. 이때마다 기독교는 성경적 가르침과 당대의 새로운 사조 간에 통합적 조화를 이루려고 노력했다. 결국, 중세의 스콜라주의는 이러한 통합적 조화의 산물이었다.

중세 가톨릭 사상은 대체적으로 교부 어거스틴의 신학을 근간으로 발전했다. 그의 노선에 따라 '신앙은 이성에 앞선다'는 기조로 스콜라주의가 시작되었지만, 결국 아리스토텔레스 철학이라는 옷을 걸치면서 '이성은 신앙에 앞선다'는 기조로 바뀌었다. 어거스틴 신학을 버린 것은 아니지만 아리스토텔레스적 철학을 덧붙인 것이었다. 스콜라주의는 아리스토텔레스의 철학적 논증법을 따랐다.

전통적으로 기독교는 귀납적인 방법을 따르며 기독교 진리를 믿고 그 위에 교리 체계를 만들어 갔다. 즉 보편적 절대 진리를 인정하고 그 진리를 증명하려고 했다. 반면 연역법에 기초한 아리스토텔레스의 논증 방식은 삼단 논법에 의해 합리적으로 진리를 증명하거나 규정하려 했다.

3. 스콜라주의 주요 인물과 학파

1) 캔터베리의 안셀무스와 실재론

초기 스콜라주의의 대표적인 인물은 안셀무스(Anselmus of Canterbury, 1033-1109)였다. 이탈리아 출신의 안셀무스는 15세 때 수도사가 되기로 결심했다. 가족의 반대 때문에 23살이 되어서야 프랑스 동북쪽 노르만디(Normandi)에 있는 베크(Bec) 도미니코수도원에 수도사로 들어갔다. 학문과 수행에 전념하던 중, 1078년에 이 수도원의 원장으로 선출되어 1093년까지 직무를 수행했다.

60세가 되던 1093년 영국의 캔터베리 대주교로 임명되었다. 그는 플라톤적 입장에서 인간의 이해 영역 너머에 실존하는 보편적 진리를 믿었다. 즉 선은 개인의 행위와 상관없이 객관적 선이 존재하며, 인간의 선은 객관적 선의 그림자에 불과하다는 실재론(realism)에 근거한 철학을 따랐다. 그러한 보편적 진리를 인간의 이성을 통해 얼마든지 증명할 수 있고, 그 결과 신앙을 강화시킬 수 있다고 확신했다.

안셀무스는 신앙과 이성 간의 관계에 있어서 어거스틴처럼 신앙 우위를 강조하는 '나는 이해하기 위하여 믿는다'라는 견해를 가지고 있었다. 그의 저서 『대화』(*Proslogion*, 1078)에서 다음과 같이 말한다.

나는 믿기 위하여 이해를 추구하지 않고, 이해하기 위해서 믿는다. 만약 내가 믿지 않는다면 이해하지 못하게 될 것을 분명히 확신하기 때문이다.[1]

하지만 그는 이성적 논증을 통해 신앙 문제를 증명하거나 강화하려고 했다. 이성을 통해 얼마든지 신앙 문제들을 논증할 수 있다고 믿었다. 이 책을 통해 그는 존재론적 논증(ontological argument)을 제시했다. 하나님은 누구인가, 그분은 그보다 더 위대한 존재를 상상할 수 없는 분이다. 이 하나님은 우리의 이해로 제한 받지 않는다. 이러한 위대한 존재가 존재하지 않음을 생각할 수가 없다. 즉 하나님은 '더 이상 위대한 것을 생각할 수 없는 존재'라고 논증했다. 이와 같은 그의 존재론적 논증은 연역적 방법론을 통해 신 존재를 증명하는 인식론의 틀이었다.

『왜 하나님은 인간이 되셨는가?』(Cur Deus Homo)는 속죄론에 관한 그의 대표적인 작품이었다. 이 책을 통해 안셀무스는 인간의 불순종으로 말미암아 하나님의 명예와 공의가 손상되었다고 했다. 손상된 하나님의 명예 또는 위엄을 되찾기 위해 심판을 하든지, 보상을 받아야 한다. 인간은 죄인이기 때문에 하나님의 위엄을 회복할 수 있는 어떠한 보상도 지불할 수 없다.

그 때문에 성자 하나님이 성육신하여 십자가 고난과 죽음을 통해 인류의 죗값을 대신 보상해 주었다. 그 결과 하나님의 명예와 위엄이 만족스럽게 되었다는 '만족 속죄론'(satisfactory theory of redemption)을 피력했다. 그러므로 성육신하신 그리스도가 모든 진리의 출발이며, 이성적 또는 철학적 접근에는 성육신 신앙이 필수적이라고 했다. 이러한 그의 신학적 방법론은 학자들로부터 많은 호응을 받았다. 그 밖의 초기 스콜라주의 학자들로는 다음과 같이 있었다.

---

1 필립 샤프, 『필립 샤프 교회사 전집』 5권, 539.

첫째, 프랑스의 로스켈리누스(Roscellinus, c.1050-c.1124)
둘째, 프랑스의 피에르 아벨라르(Pierrer Abelard, 1079-1142)
셋째, 이탈리아의 피에르 롱바르(Pierre Lombard, c.1096-1160)

이들 역시 각기 자신들의 방법론을 가지고 초기 실재론적 스콜라주의를 발전시켜 나갔다.

2) 토마스 아퀴나스와 온건적 실재론

중세 스콜라주의는 스콜라주의의 전성기였다. 스콜라주의를 대표하는 최고의 학자는 토마스 아퀴나스(Thomas Aquinas, 1224-1273)였다. 해박한 지식 때문에 천사 박사로 불렸고, 토마스주의(Thomism)를 낳았으며, 가톨릭 신학을 체계적으로 집대성했다. 1224년 토마스는 이탈리아 나폴리 근교 아퀴노(Aquino) 지방의 귀족 집안에서 태어났다. 1243년 도미니코수도원에 들어가 알베르투스 마그누스의 제자가 되었다.

스콜라 학자인 알베르투스 또한 방대한 지식 때문에 우주 박사로 알려졌다. 1257년 토마스는 파리대학교의 교수가 되었다. 1261년부터는 이탈리아와 프랑스를 오고 가며 스콜라주의를 가르쳤다. 말년에 그는 몸이 급격히 쇠약해져 고생하다가 1273년 3월 이탈리아 포사노바(Fossanova)에 있는 시토수도원에서 100여 명의 수도사가 지켜보는 가운데 조용히 숨을 거두었다.

토마스는 수많은 저서와 글을 남겼는데, 대표적인 저서는 다음과 같다.

첫째, 『이교도 대전』(*Summa Contra Gentiles*, 1259-1264)
둘째, 『신학 대전』(*Summa Theologiae*, 1266-1273)

종교개혁 시기에 있었던 트렌트 공의회(Trent Council, 1545-1563)는 『신학 대전』에 명시된 토마스의 교리적 가르침을 가톨릭교회의 기본 교리로 확정했다. 1879년 교황 레오 13세(Leo XIII, 재위 1878-1903)는 『신학 대전』을 가톨릭 신학의 원리로 선포했다. 이처럼 토마스의 신학은 현대 가톨릭교회의 교리적 골격을 이루었다.

토마스는 아리스토텔레스의 철학적 방법론을 통해 기독교 진리를 적극적으로 논증했다. 아리스토텔레스가 말하는 보편적 진리는 인간의 내면과 정신에 존재하는 개념이지 실재가 아니라고 했다. 토마스는 아리스토텔레스와 플라톤의 보편 논쟁에서 중도적 입장을 취했다. 즉 실재는 초월적인 하나님의 영역에 속해 있지만, 지금은 만물과 개인의 정신 속에 존재한다는 온건적 실재론(moderate realism)를 견지했다.[2] 어거스틴과 안셀무스와 달리, 그는 "나는 믿기 위해서 이해한다"를 주장했다.

토마스는 신앙과 이성은 상충하지 않으며 오히려 상호 통일적 조화를 이루어 하나님의 계시를 완벽하게 이해할 수 있도록 서로 보완해 준다고 강조했다. 예를 들어, 자연 영역에 속한 신의 존재와 신의 섭리 등과 같은 신적 계시는 인간의 자연 이성을 통해 얼마든지 인식할 수 있으며, 자연 영역에 속하지 않는 삼위일체, 연옥, 부활 등과 성경의 오묘한 가르침은 신앙을 통해 깨달을 수 있다고 했다. 이처럼 토마스는 인간의 이성과 믿음이라는 두 통로를 통해서 하나님에 관한 완벽한 지식을 인식할 수 있음을 강조했다.

토마스의 논증을 잘 보여 주는 책이 그의 『이교도 대전』이었다. 특히, 이슬람인들을 전도할 목적으로 집필된 이 책에서 그는 기독교와 이슬람교는 인간의 이성을 통해 인지할 수 있는 신의 존재와 속성을 서로 동일하게 공유하고 있다는 말로 이슬람인들에게 다가갔다. 하지만 기독교의 깊은 진리를 이해하기 위해서는 이성만으로 충분하지 않기 때문에 기독교 신앙

---

[2] 시기적으로 파리대학교의 교수이며 초기 스콜라 학자였던 피에르 아벨라르(Pierrer Abelard, 1079-1142)가 먼저 온건적 실재론을 주장했다. 또한, 그는 도덕적 감화론(moral influence theory)을 피력했다. 안셀무스의 만족 속죄설에 반대하며, 그리스도의 죽음은 자신의 희생적인 삶을 통해 많은 사람이 도덕적 감화를 받아 하나님의 뜻에 순종하게 하기 위한 것이라고 가르쳤다.

이 반드시 필요하다고 그들을 설득했다. 이와 같은 논리적 접근은 '선 이성 후 신앙'이라는 그의 인식론 체계에서 비롯되었다. 토마스에게 있어서 구원이란 인간의 이성과 신적 계시의 조화로운 일치, 즉 신인 결합의 최종적 열매였다. 하지만 그의 구원관은 하나님의 전적인 은혜라는 어거스틴의 견해와 상당하게 상충했다.

『신학 대전』 제1부에서 토마스는 5가지 신 존재 증명을 제시했다. 이를 우주론적 논증(cosmological argument)이라고 했다. 순서적으로 다음과 같이 제시했다.

첫째, 운동 이론
둘째, 원인 이론
셋째, 우연과 필연성 이론
넷째, 완전성 이론
다섯째, 목적 이론

이 논증의 첫 세 이론은 다분히 아리스토텔레스의 자연학 개념을 따른 것이었다. 이어서 토마스는 『신학 대전』 제3부를 통해 하나님의 은혜의 방편인 성례전을 언급하며 가톨릭교회의 7가지 성사를 변호했고, 화체설 교리를 강화했다. 그리고 마리아의 원죄 무흠설을 제시했다. 스콜라주의 전성기에 활동했던 그 외의 대표적인 학자들로는 다음과 같다.

첫째, 토마스의 스승 알베르투스 마그누스
둘째, 프란치스코수도회 출신의 보나벤투라(Bonaventura, 1221-1774)
셋째, 둔스 스코투스(Duns Scotus, 1266-1308)

특히, 보나벤투라와 스코투스는 토마스의 신 증명 방식을 비판하며 신플라톤주의 노선에서 어거스틴의 신학적 방법론을 따랐다.

3) 윌리엄 오캄과 유명론

윌리엄 오캄(William of Ockham, c.1287-1347)은 1300년대 스콜라주의 후반기를 대표하는 학자였다. 영국 오캄에서 태어난 윌리엄은 프란치스코 수도사로 평생 청빈한 삶을 살았다. 그는 유명론(nominalism)을 주장한 대표적인 스콜라 학자였다.

보편적 진리나 초월적 실존을 인정하는 실재론과 달리 유명론은 보편적 진리나 실존은 없으며 그러한 개념은 인간이 만들어 낸 명칭에 불과하다고 보는 철학적 견해였다. 그렇다고 해서 유명론자들이 신적 계시를 전적으로 부정하는 것은 아니었다. 도리어 신적 계시는 이성과 상관없는 특별한 권위에 의해 믿을 수 있다고 가르쳤다.

개념론 스콜라주의자들은 이성과 신앙이 상충하지 않으며 둘 사이의 통일적 조화를 이룬다고 보았다. 반면 유명론 스콜라주의자들은 이성과 신앙의 통일적 조화를 부정했다. 이성의 영역은 이성으로, 계시의 영역은 신앙으로 진리를 추구할 수 있다고 했다. 이성과 신앙을 분리하는 스콜라 유명론은 신학적으로 어거스틴주의와 양립할 수 없었다. 윌리엄 오캄의 이러한 유명론 스콜라주의를 '새 방식'(*via moderna*)으로, 반면 실재론 또는 온건한 실재론 스콜라주의를 '옛 방식'(*via antiqua*)으로 불렀다.

윌리엄 오캄은 신적 계시를 믿는 것은 성경적 권위라는 신앙 영역에 달려있는 것이지 결코 교황이나 공의회의 권위에 달려있는 것이 아니라고 강조했다. 그리고 제도보다는 개인이 훨씬 더 중요하다고 가르치며, 가톨릭교회의 봉건적이고 교권적인 권위주의를 비판했다. 교황과 공의회도 얼마든지 오류를 범할 수 있다고 논박했다. 마지막 스콜라 학자로 알려진 가브리엘 비엘(Gabriel Biel, c.1420-1495)은 윌리엄 오캄의 유명론을 따랐다.

1501년 종교개혁자 마틴 루터가 독일 에르푸르트(Erfurt)대학교에 입학했을 때, 이 대학교에는 비엘과 그의 제자 교수들의 영향으로 윌리엄 오캄의 학풍이 편만해 있었다.

비록, 스콜라주의 추종자는 아니었지만, 오직 성경의 권위를 내세우며 교황권에 도전한 루터에게 스콜라 유명론은 그의 젊은 시절에 학문적 소양을 다듬어주었다.

이 시대의 또 다른 스콜라 신학자는 영국 출신의 로저 베이컨(Roger Bacon, c.1214-1292)이었다. 프란치스코 소속의 수도자로서 도미니코 수도사들의 논증 중심적인 스콜라주의 방법론을 비판하고 과학적 실험과 경험이라는 자신의 방법론을 주창했다. 후일 17세기의 계몽주의 프랜시스 베이컨(Francis Bacon, 1561-1626)이 그의 사상을 토대로 경험주의를 발전시켰다.

4. 스콜라주의의 결과

스콜라주의 전성기를 이끌어간 신학자들은 개인보다는 집단과 제도를 강조하는 보편 개념을 주장함으로써 가톨릭교회의 사제주의와 성례주의 체제를 더욱 공고하게 해 주었다. 성직자들이 베푸는 성례 없이는 구원이 있을 수 없다고 가르쳤다. 때문에 1208년 교황 인노첸시오 3세가 영국 내에 내린 성사 금지령은 결국 국왕 존의 사죄를 이끌어 낼 정도로 막강한 위력을 발휘했다. 또한, 토마스 아퀴나스의 『신학 대전』은 현대 가톨릭교회의 근본 교리로 자리를 잡았다. 인간의 이성에 기초하여 하나님의 존재와 속성을 깨달을 수 있다는 그의 신학적 방법은 후대에 자연신학과 다원주의의 가능성을 열어 주었다.

후기 스콜라주의는 14세기에 발생한 르네상스의 영향으로 실재론 스콜라주의를 반대하며 유명론을 낳았다. 이성과 신앙을 분리했고, 제도보다는 개인을 강조했다. 결국, 전통적인 스콜라주의는 붕괴되었고, 르네상스에 의해 태동된 인문주의가 그 뒤를 이었다. 인문주의는 17세기 현대 계몽주의를 태동시켰다. 또한, 다른 한편으로는 오직 성경의 가치를 내세운 종교개혁의 출현에도 영향을 끼쳤다.

제21장

로마가톨릭교회의 예전

1054년에 분열된 동방정교회와 로마가톨릭교회가 서로 간의 교류를 완전히 단절한 것은 아니었다. 사안과 목적에 따라 종교 회의도 같이 했고, 십자군 원정도 함께 참여했다. 그렇지만 서유럽은 교황을 수장으로 하는 가톨릭교회가 제도적으로 교리적으로 정착된 반면, 동방정교회는 콘스탄티노플 총대주교를 중심으로 발전해 갔다.

가톨릭교회 예전의 큰 특징은 사제중심적이고 성례중심적이었다. 소위 사제주의와 성례주의는 중세 가톨릭교회의 양 날개와 같았고, 서유럽 기독교회와 신자들을 이 두 날개 아래에 가두어 놓았다.

1. 미사(Missa)

순교자 유스티누스의 『제1변증서』에 따르면, 초대 교회 신자들은 주일에 모여 감독들의 인도에 따라 예배를 드렸다. 성경낭독, 설교, 기도, 성찬식, 헌금 그리고 구제 등이 있었고, 그중에서도 말씀 선포와 성찬식은 예배의 핵심이었다. 313년 밀라노 칙령으로 예배의 자유가 허용이 되면서 예배 의식도 많은 변화를 갖게 되었다. 특히, 로마 교회에서는 예배를 마칠 때 사제가 라틴어로 '이테 미사 에스트'(*ite, missa est*)라고 외쳤다. 이 의미는 '가시오, 나는 그대를 보냅니다'라는 뜻으로서 '미사'(*missa*, 영어 mass)는 '보냄', '파송'을 의미했다. 이 라틴어 따라 로마 교회는 예배를 점차 미사라고 불렀다.

476년 서로마 제국이 멸망한 후, 게르만족이 복음화되어 서유럽 교회 전체가 교황권 아래 놓이면서 미사는 통일된 예배 형태로 자리잡았다. 미사의 핵심 요소는 말씀 선포와 성찬식이었지만, 말씀 선포는 점차 약화되고 반면 성찬은 보다 강화되었다.

즉 눈에 보이지 않는 말씀보다는 눈에 보이는 성찬 예식을 통해 중세 유럽인의 신앙을 지도했다. 성상 숭배도 이와 동일한 목적에서 장려되었다. 590년에 교황이 된 그레고리오 1세는 미사 전례를 크게 발전시켰다. 그는 이전의 미사 전례를 통일적으로 개혁하여 현대 가톨릭 미사 전문의 기초를 놓았고, 미사 때 부르는 그레고리안 성가를 만들었다.

2. 7성사와 화체설

성례(*sacrament*)란 '거룩한 예식'을 말한다. 초대 교회는 성찬과 세례를 성례의 핵심 요소로 삼았다. 그러나 중세의 가톨릭교회는 미사 제도와 더불어 7성사 제도를 발전시켰다. 7성사란 일곱 종류의 성사를 말한다. 가톨릭교회는 성례를 '거룩한 사건'이라는 뜻에서 성사라고 불렀다. 7성사는 스콜라주의 시대에 거의 확립되었다. 1152년 피에르 롱바르는 7가지로 성사를 다음과 같이 규정했다.

첫째, 세례 성사
둘째, 견진 성사
셋째, 성체 성사
넷째, 고해 성사
다섯째, 서품 성사
여섯째, 혼인 성사
일곱째, 종부 성사

토마스 아퀴나스도 생애 말기에 쓴 『신학 대전』 제3부에서 은혜의 방편으로 7성사를 지지했다.

1274년 프랑스 리용(Lyons)에서 개최된 제2차 리용 공의회는 7성사를 공식적으로 채택했고, 트렌트 공의회(1545-1563)는 이 교리를 재차 확증했다. 7성사는 주교만이 집전할 수 있었다. 일반 신부는 주교에게 위임 받아야 했다. 7성사는 요람에서 무덤에 이르는 생애 전과정에서 주기적으로 행해졌다. 태어날 때 세례 성사를 그리고 죽을 때 마지막으로 종부 성사를 받았다.

그리고 출생과 죽음 사이에 그 나머지 5가지 성사를 받으며 살았다. 그리고 그 모든 집전은 반드시 사제를 통해서만 시행되었다. 이를테면 중세기의 서유럽 가톨릭 교인들은 성례주의와 사제주의라는 제도로부터 아무도 벗어날 수 없었으며, 두 제도 안에서 일생을 보내야 했다.

가톨릭교회는 성찬에 사용되는 포도주와 빵이 사제의 축성을 통해 실제로 예수의 피와 살로 변한다고 믿었다. 이를 화체설(transubstantiation)이라고 했다. 화체설 교리는 중세기에 등장했다. 초대 교회는 주일 예배로 모일 때마다 애찬을 나눴고, 이때 그리스도의 고난과 부활을 되새기며 감사하는 기념적 의미로 성찬식을 행했다. 그래서 초대 교회는 성찬을 유카리스트(eucharist)라고 불렀다. 교부 어거스틴은 포도주와 빵을 그리스도의 피와 살을 상징(signa)한다고 가르쳤다.

그러다가 831-834년경 프랑크 왕국의 코르비(Corbie)수도원 원장 파스카시우스 라드베르투스(Paschasius Radbertus, 785-865)가 『주님의 몸과 보혈에 관하여』라는 글을 통해 화체설을 처음으로 공식 제기했다. 이때 같은 수도원에서 함께 수도했던 라트람누스(Ratramnus, d.868)는 황제의 요청을 받고 라드베르투스의 글을 탐독한 후, 화체설을 반박하고 상징설을 강조하는 자신의 견해를 밝혔다.

11세기에 들어서 화체설 교리는 스콜라 학자들에 의해 다시금 지지를 받았다. 아리스토텔레스의 철학에 영향을 받은 스콜라 신학자들은 본체와 외양을 구분하기 시작했다. 외양은 변할 수 있으나 본체는 변하지 않는다고 했다. 즉 사제가 '이것은 그리스도의 몸이요 보혈이다'라고 기도하는 순간 외양은 빵과 포도주 그대로이지만, 그 본질은 그리스도의 실제 몸과 피로 변한다고 주장했다. '본체의 변화'라는 화체설 교리는 마침내 1215년의 제4차 라테란 공의회에서 가톨릭교회의 성찬 교리로 공인되었다.

스콜라주의 토마스 아퀴나스도 그의 『신학 대전』을 통해 화체설을 지지했다. 그리고 1545년 트렌트 공의회를 통해 화체설 교리를 재확증했다. 이후 가톨릭교회의 성체 성사(성찬식)에는 몇 가지 변화가 생겼다.

첫째, 초대 교회와 달리 말씀 선포는 성도들을 바라보고 했지만, 성체성사는 강단의 십자가를 바라보고 집행했다.

둘째, 성체 훼손을 일종의 신성모독으로 간주했다. 사제가 성체를 훼손시킬 경우, 그 직위를 파문할 정도였다.

따라서 성체 훼손을 방지하기 위해 일반 성도들에게 직접 빵과 포도주를 나눠주지 않았다. 사제가 빵을 포도주에 찍어서 먹여주었다. 나중에는 떡만 신자들에게 나누어주고, 포도주는 사제가 대신 마셨다.

3. 성인 숭배와 성인 공덕설

313년 밀라노 칙령 이후 동서방 교회는 박해 시대에 순교한 그리스도인들을 성인으로 추대하고 기념했다. 그리고 예수상, 십자고상, 마리아상, 성인상, 천사상 등의 각종 성상과 화상이 신앙을 강화해 주는 도구로 등장했다.

그리고 성상 숭배, 성인 숭배, 마리아 숭배, 유골 숭배, 천사 숭배 등과 같은 각종 숭배 사상이 발전했다. 특히, 성상 숭배는 이교도들을 복음화하고 신앙 교육하는데 아주 손쉽고 빠른 방법으로 널리 퍼져나갔다. 우상 숭배에 대한 우려도 있었고, 이슬람은 기독교의 각종 숭배 행위를 우상 숭배로 간주했다. 따라서 726년 동로마 제국의 황제 레온 3세는 성상 숭배를 금지시키고 모든 성상을 철거하라는 칙령을 발표했다.

그러나 성상 숭배가 이미 일반화된 서방 교회나 동방 교회는 황제의 칙령을 강경하게 반대했다. 결국, 787년에 개최된 제2차 니케아 공의회는 성상 숭배를 승인했다. 예수의 어머니 마리아 숭배 사상도 계속 발전했다. 431년 에베소 공의회 때 마리아를 '하나님의 어머니'라고 이미 결정한 바 있었다.

스콜라주의 시대 때에 마리아 원죄무흠설과 무흠잉태설이 가톨릭교리로 정착되었다. 그 외에도 성인들의 유골 숭배와 천사 숭배가 중세 가톨릭교회 내에 만연했다.

성인 숭배 사상은 가톨릭교회의 성인 공덕설과 아주 밀접한 관계를 갖고 있었다. 성인 공덕설은 예수와 마리아 그리고 성인들의 공덕이 자기들을 구원하고도 남을 만큼의 공로가 천국 공덕 창고에 쌓였는데, 베드로의 축복권을 계승하고 있는 교황이 천국에 축적된 잉여 공로를 가져다가 사람들에게 축복으로 나누어 줄 수 있다는 교리였다. 공덕 축적설 또는 잉여 공로설로 불렀으며, 이 또한 13세기 스콜라주의가 만들어낸 교리였다.

잉여 공로를 사용할 수 있는 교황으로부터 그 특권을 위임 받은 사제들은 고해 성사를 통해 죄를 고백하는 신자들에게 작은 죄는 그 자리에서 사죄해 주었다.

죄를 용서 받은 신자는 반드시 그 죗값을 미사, 기도, 헌금, 선행, 고행, 성지 순례 등을 통해 보속해야 했다. 제1차 십자군을 소집한 교황 우루바노 2세는 참여자와 군량 기부자들에게 면죄부(*indulgentia*)를 발행해 주었다. 면죄부 역시 성인 공덕설에 근거했다. 1545년 트렌트 공의회는 외경에 근거하여 성인 공덕설과 연옥설 교리를 가톨릭 교리로 재확증했다.

4. 교회 건축물

313년 밀라노 칙령 이후, 모임의 장소인 교회가 공개적으로 건축되었다. 콘스탄티누스 대제는 예루살렘에 어머니 헬레나를 기념하여 성묘교회를 세웠다. 초기의 교회 건물은 주로 바실리카(basilica)를 변형시켜 건축했다. 보통 로마 제국의 관공서나 극장 같은 대중 집회 건물을 바실리카라고 불렀는데, 평면에 기둥을 세우고 그 위에 지붕을 올린 직사각형 형태의 건축물이었다.

바실리카 그 자체를 예배 장소로 사용하거나 바실리카 양식을 이용한 교회 건물을 지었다. 점차 시간이 흘러가면서 로마네스크(romanesque) 양식의 교회 건물이 등장했다. 게르만족 왕국 발전 시기에 더욱 널리 사용되었다. 이 양식에 따라 강단 가까운 양면을 밖으로 확장하여 마치 십자가 형태로 건물을 지었으며, 강단 위나 건물 중간의 지붕을 높고 큰 둥근 형태의 돔으로 만들었다. 당시의 많은 교회와 수도원이 이러한 양식을 따랐다.

로마네스크 양식과 아주 유사한 형태가 동로마 제국 내에도 있었는데 보통 비잔티움 건축 양식이라고 했다. 르네상스 양식이 나오기 전까지 중세 로마가톨릭교회의 전형적인 건물은 고딕 양식이었다. 건물의 높이가 위로 더 올라갔고, 건물의 지붕 구석구석에 뾰족뾰족한 크고 작은 높은 첨탑이 세워졌으며, 아름답고 화려한 스테인글라스 창문을 통해 빛이 건물 실내에 들어오도록 만들었다. 고딕 양식의 가장 큰 특징은 수직선이었다. 이는 하나님과의 수직적 관계를 강조한 신앙적 교훈이 담겨 있었다. 신자들이 웅장하고 화려한 교회를 볼 때, 실로 장엄함과 웅장함에 압도될 수밖에 없었다.

1077년 카노사 굴욕의 승자 그레고리오 7세 교황은 서방의 모든 가톨릭교회가 오직 라틴어 성경만 사용하도록 선포했다. 1229년 발렌시아 공의회(The Council of Valencia)는 일반 신자들이 봐서는 안될 금서 목록에 성경을 포함시켰다. 라틴어 성경 외의 다른 언어 성경을 소유하거나 읽을 수 없으며, 라틴어 성경도 오직 사제 외에는 읽지 못하도록 금지시켰다.

때문에 대학교와 수도원 그리고 교회에서 불가타 라틴어 성경을 소유하기는 했으나 보거나 읽을 수 있는 사람은 아주 제한적이었다. 이처럼 성경은 제한된 공간에서 제한된 사람들만이 보는 책이 되어 버렸다. 성경의 무분별한 해석을 방지하려는 목적과 해석의 권위를 교황과 교회에 둠으로써 그 권위를 높이려는 목적이 있었다.

하지만 이러한 조치는 성경 무지라는 결과를 중세 교회에 가져다 주었다. 성경 무지는 일반 신자들뿐 아니라, 하위 성직자들에게도 보편적으로 나타났다. 라틴어를 모르는 성직자는 말씀 전례를 제대로 인도할 수 없었다. 따라서 비가시적인 말씀 중심의 예배보다는 가시적인 매개체들을 만들고 그것들을 더 많이 의존하는 신앙 형태로 발전해 갈 수 밖에 없었다.

특히, 교회 건물은 예배 장소의 기능을 넘어, 신앙을 고양시키는 훈련장 그 자체였다. 화려하고 웅장하게 수직으로 솟아 오른 고딕 건축 양식은 그것을 잘 반영해 주었다. 눈으로 보는 것만으로도 경건한 마음과 경외감을 불러일으킬 수 있는 장식물, 모자이크, 조형물 등으로 교회 건물을 치장했다. 스테인글래스 창문이나 성전 벽에 감동스러운 성경 이야기, 성자와 순교자들의 생애, 또는 천국과 지옥 형상 등을 그리거나 새겨 넣었다. 교회 건물의 내부와 외부의 모든 장식은 영적 감화와 교훈을 목적으로 하나같이 잘 꾸며 놓았다.

하지만 교회 건축물의 화려함과 웅장함 뒷면에는 교회의 물질적 세속화라는 어두운 그림자가 항상 따라다녔다. 건축에 필요한 막대한 재원을 마련하기 위해 부당한 방법이 동원되거나 면죄부를 판매하거나 심지어 성직을 매매하는 일까지 성행했다.

교황 레오 10세(Leo X, 재위 1513-1521)의 경우, 교황청의 성 베드로 성당 완공에 필요한 재원을 마련하기 위해 면죄부 판매를 시행했고, 무리한 판매는 결국 1517년 종교개혁의 도화선이 되었다.

제22장

교황권 쇠퇴와 동방정교회

1. 쇠퇴하는 교황권

1) 성직자들의 부패와 타락

교황 그레고리오 7세에서 인노첸시오 3세로 이어지는 11-13세기의 약 200년은 교황권의 절정기였다. 그러나 교황의 절대 권력은 중세 교회를 봉건적 지배 구조로 만들어 버렸고, 그러한 구조는 부패와 타락을 가속시켰다. 성직자 독신 교리는 본래의 목적과 달리 성적 유혹과 타락에 빠지는 걸림돌이 되었다. 성적 본능을 이기지 못한 성직자들은 비밀리에 첩을 두어 가정을 꾸리거나, 매춘 여인들과 부정한 관계를 가졌다. 영적 정신적 죄책감에 빠진 사제들 중에는 자신들의 주임 사제에게 주기적으로 고해성사를 하며 죄의 부담감을 떨쳐버리곤 했다.

한때 중세에는 성직자 전용의 집장촌이 있었으며, 벌금이나 세금을 지불하면 그들의 성범죄를 사면해 주는 교회법을 만들어 시행하기도 했다. 첩과 자녀들이 있는 경우, 성직자는 그들을 돌보는 문제에 더 많은 신경을 써야 했다. 자신의 지위나 돈을 이용하여 자녀들이 성직이나 관직에 나갈 수 있도록 불법도 서슴지 않고 저지르는 경우가 비일비재했다.[1] 성직자들의 부패와 타락은 중세 가톨릭교회를 영적 암흑기로 이끌어가는 중요한 원인들 중에 하나였다.

2) 교황청의 아비뇽 유수(1309-1377)

1302년 교황 보니파시오 8세는 세속 권력은 영적 권력에 귀속된다는 우남상탐을 발표했지만, 결국 프랑스 왕 필리프 4세에게 사로잡혀 옥에서 사망했다. 1305년 프랑스 출신의 대주교 클레멘스 5세(Clemens V, 재위 1305-1314)가 필리프 4세에 의해 대립 교황으로 세워졌다. 필리프 4세의 정략에 따라 1309년 교황청은 프랑스 내륙 남부에 위치한 아비뇽(Avignon)으로 옮겨졌다. 이곳에서 1377년까지 약 70년 머물렀다. 이 시기를 '아비뇽 교황 시대', '교회의 바벨론 포로 시기'라고 불렀다. 이 기간 동안 프랑스 출신의 추기경들이 대거 등용되었고, 7명의 교황이 있었는데 모두 프랑스 사람들이었다. 이곳에 있는 동안 교황청은 세속 정치에 완전히 예속되었다.

3) 교황의 난립과 교황청의 분열(1378-1417)

1377년 그레고리오 11세(Gregorius XI, 재위 1370-1378)가 드디어 로마로 귀환함으로써 아비뇽 유수는 종식되었다. 하지만 교황의 난립과 교황청 분열이라는 불행한 사건이 곧바로 발생했다.

---

1 교황 알렉산데르 6세(Alexander VI, 재위 1492-1503)는 중세 가톨릭교회의 도덕적 타락을 상징하는 대표적인 성직자였다. 그는 발렌시아 대주교의 사생아로 태어났으며, 교황이 되기 전에 이미 여러 명의 정부와 4명의 자녀가 있었다. 그의 관심은 오직 여자와 돈 뿐이었다. 교황이 된 이후에도 다른 여인들과의 관계를 통하여 12명의 자녀를 더 낳아 총 16명의 사생아를 두었다. 자신의 탐욕과 야망을 채우기 위하여 일곱 살 밖에 안된 자신의 아들 세사레 보르기아(Cesare Borgia)를 추기경에 임명할 정도였다. 참조, 조찬선, 『기독교 죄악사 (상)』 (서울: 평단문화사, 2000).

1378년 그레고리오가 사망하자, 추기경단은 이탈리아 출신의 우르바노 6세(Urbanus VI, 재위 1378-1389)를 교황으로 선출했다. 우르바노 6세는 추기경단을 이탈리아인으로 대거 바꾸려고 시도하자 이에 프랑스와 스페인 출신의 추기경들이 반기를 들었다. 이들은 교황 선출을 무효로 선포하고, 프랑스 국왕의 사촌이자 제네바의 대주교인 로베르(Robert)를 클레멘스 7세(Clemens VII, 재위 1378-1394) 교황으로 다시 선출했다.

클레멘스 7세는 아비뇽으로 돌아가 그곳에서 교황에 취임했다. 이로써 가톨릭교회는 로마와 아비뇽 두 교황청으로 분열되었고, 동 시기에 두 명의 교황이 있게 되었다. 북이탈리아, 독일, 스칸디나비아 그리고 영국은 로마의 교황청을 따랐다. 반면 프랑스, 스페인, 스코틀랜드, 남부 이탈리아 등은 아비뇽의 교황청을 따랐다. 이렇게 교황청이 분열된 채 40여 년을 보내게 되었는데, 이 기간을 교황청의 분열기라고 불렀다.

교황청의 분열을 해결하기 위해 1409년 5월 피사 공의회(Council of Pisa)가 열렸다. 공의회는 아비뇽의 교황 베네딕토 13세(Benedictus XIII, 재위 1394-1423)와 로마의 교황 그레고리오 12세(Gregorisus XII, 재위 1406-1415) 두 사람을 해임하고, 알렉산데르 5세(Alexander V, 재위 1409-1410)를 합법적인 교황으로 다시 선출했다. 그러나 해임된 두 교황은 이 결정에 승복하지 않았다. 이로 인해 세 명의 교황이 동시에 존재하게 되었다. 신성 로마 제국의 황제 지기스문트(Sigismund, 재위 1411-1437)는 1414년에 콘스탄츠 공의회(Council of Konstanz, 1414-1418)를 다시 소집했다.

기존의 세 교황의 폐위를 결의하고 1417년에 새로운 교황으로 마르티노 5세(Martinus V, 재위 1417-1431)를 선출하여 교황과 교황청 분열을 종식시켰다. 하지만 교황의 권위는 극도로 실추된 상태였다. 그 결과 1438년 프랑스 왕 샤를 7세(Charles VII, 재위 1422-1461)는 프랑스 교회를 교황청으로부터 완전히 독립시켰다. 1439년 신성 로마 제국 역시 교황에 대한 직접적 종속 관계를 청산했다.

2. 동방정교회

1054년 분열 이후, 동방정교회는 모든 교회는 하나라는 공교회주의를 지향했으며, 콘스탄티노플교회가 그 중심에 서 있었다. 콘스탄티노플 총대주교를 '세계총대주교'라고 했지만, 가톨릭교회가 교황 중심의 중앙 집권적 체제로 발전한 것과 달리, 동방정교회는 지역 또는 국가적으로 독립적인 운영 체제로 발전했으며, 총대주교의 결정보다는 공의회 결의를 더 중요하게 간주했다. 397년 카르타고 공의회의 결정대로 구약성경과 신약성경을 정경으로 채택했으나, 성경 자체의 권위보다는 정경으로 채택한 교회의 권위를 우선으로 삼았다.

삼위일체 교리에 있어서는 니케아 신조를 따랐으며 가톨릭교회의 필리오케 신조를 인정하지 않았다. 단일신론을 따르는 오리엔탈정교회(또는, 콥트정교회)와 달리 정통 삼위일체 교리를 따랐다. 비록, 가톨릭교회와 분열했지만, 교리적인 면에서 많은 부분을 서로 공유했다. 동방 교회도 성상 또는 화상 숭배를 따랐으며, 7성사를 채택했다. 그중에서 성체 성사를 으뜸으로 간주했다. 마리아를 하나님의 어머니로 부르며 숭배했지만, 무흠잉태설을 받아들이지 않았다.

가톨릭교회처럼 해외 선교에 힘쓴 결과, 9세기경의 동유럽과 북유럽 그리고 러시아가 정교회를 받아들였으며, 콘스탄티노플 총대주교의 권한에 속해 있었다. 1054년 분열 이후에도 동방정교회는 이 지역들을 중심으로 꾸준하게 팽창했다. 11-13세기 십자군 원정기에 가톨릭교회와 협력하며 성지 탈환을 시도하며 양자 간의 화해를 시도했지만 교리적 차이로 번번이 실패했다.

1453년 동로마 비잔티움 제국이 오스만 투르크 제국(Osman Turkish Empire, 1299-1922)에 의해 붕괴되었다. 이로 인해 콘스탄티노플 총대교구좌가 완전히 붕괴되지는 않았지만, 오스만 제국의 통제로 말미암아 그 위세와 영향력이 상당하게 약화되었다.

이 사건이 일어나기 전 1325년에 러시아정교회는 대교구청을 키예프(Kiev)에서 모스크바(Moskva)로 옮겼다. 1453년 콘스탄티노플이 함락된 이후, 모스크바는 정교회의 마지막 보루가 되었다. 이후 모스크바의 대주교는 총대주교로 승격되어 동방정교회의 중심 역할을 했다.

제23장

신비주의 출현과 개혁의 여명

1. 신비주의 출현

중세의 신비주의는 12-13세기에 수도사 클레르보의 베르나르와 아시시의 프란치스코에 의해 태동되었지만, 15세기에 이르러 화려하게 꽃을 피웠다. 신비주의 운동은 스페인, 잉글랜드, 이탈리아 등 서유럽 전역에서 발발했으며, 독일 지역에서 가장 크게 위세를 떨쳤다.

당시 성직자들의 부도덕성과 영적 지도력의 부재는 신비주의 출현의 원인이 되었다. 스콜라주의도 신비주의 출현에 한몫 했다. 인간의 이성과 철학을 통해 신앙을 논증하는 스콜라주의에 반발하며 신비주의는 인간의 감성에 신앙을 호소했다. 객관적인 논리나 합리보다는 인간과 하나님 간의 주관적 경험에 의존했다.

1) 마이스터 에크하르트(Meister Eckhart, 1260-1328)

독일 태생의 에크하르트는 15세 때 에르푸르트 도미니코수도원에 들어갔다. 알베르투스 마그누스에게 신학을 배웠으며, 1311년 마이스터라는 칭호를 얻고 파리대학교에서 잠시 신학을 가르쳤다. 1313년부터 독일 국경과 맞닿은 스트라스부르(Strassbourg)에 머물며 설교와 수행 생활을 했다.

그는 독일 신비주의의 창시자로 불렸다. 침묵 가운데 하나님의 임재를 기다리는 관상 기도를 강조했으며, 이를 통해 하나님과 합일된다는 신인합일론을 주장했다.

신은 내가 되어야 하고, 나는 신이 되어야 한다.

그는 하나님과의 신비적인 합일을 통해 인간은 완전한 자유에 도달한다고 가르쳤다. 그의 신비주의 사상이 범신론적 정적주의라는 비판을 받고 교황청에 기소되었지만, 제대로 변호해 보지 못하고 사망했다.

2) 요한네스 타울러(Johannes Tauler, 1300-1361)

스트라스부르에서 태어난 타울러는 18세경에 도미니코수도원에 가입했으며, 그곳에서 활동하던 에크하르트로부터 많은 영향을 받았다. 학업을 마친 타울러는 1330년부터 고향 스트라스부르에 돌아와 설교 사역을 시작했다. 스위스 바젤(Basel)로 잠시 유배 갔을 때 그곳에서 '하나님의 친구들'이라는 영성 공동체를 조직했다.

고향에 다시 돌아왔다가 흑사병이 창궐하던 1348-1349년 기간에 여러 지역을 다니며 환자들을 돌보며 말씀으로 격려해 주었다. 타울러는 그의 스승 에크하르트의 신인합일론을 신봉하며 독일 신비주의를 계승했다. 표면적인 의식들보다 내면적인 신적 체험을 더 무게 있게 강조했다. 하지만 에크하르트와 달리 그는 실천적 신비주의자였으며, 희생적인 삶이란 그리스도를 본받은 것이라고 가르쳤다. 그리스도를 본받고자 한 그의 희생적인 삶은 공동 생활 형제단과 마틴 루터에게 깊은 영향을 주었다.

3) 공동 생활 형제단(Brethren of the Common Life)

이 운동의 창시자 헤이르트 호로테(Geert Groote, 1340-1384)는 스콜라주의의 사변적인 신학에 회의를 느꼈다. 1374년 35세 때, 고향 네덜란드 데벤테르(Deventer)에서 겸손, 순종, 단순한 삶을 추구하는 디보티오 모데르나(devotio moderna, '새로운 헌신') 운동을 소박하게 시작했다. 디보티오 모데르나 운동은 공동 생활 형제단과 자매단이라는 공동체를 태동시켰다. 호로테의 제자이자 동료인 플로렌스 라더빈스(Florens Radewyns, c.1350-1400)는 호로테의 사후에 공동 생활 형제단을 더욱 발전시켰다.

공동 생활 형제단은 수도원과 같은 엄격한 규정이나 조직은 없었다. 하지만 새벽 3시에 일어나 기도와 성경 읽기로 하루를 시작했고, 매일 노동과 봉사와 섬김을 통해 자기 부인과 십자가의 도를 삶으로 실천했다. 그리고 오후 9시에 일과를 마치고 잠자리에 들었다.

형제단의 특징은 신비적인 내적 체험이었다. 사변적인 신학 탐구보다는 성경 읽기와 묵상을 통해 그리스도의 고난에 신비적으로 동참하고, 세상에서 그리스도의 모범을 실천하는 것을 강조했다. 독일 신비주의자 에크하르트의 영향을 받았지만, 정적 수행을 통한 수직적인 신적 체험을 강조한 그와 달리, 호로테는 사람들을 교육하고 섬기는 수평적인 신적 체험을 더 중요하게 간주했다. 공동 생활 형제단 출신으로 어거스틴수도회의 수도사가 된 토마스 아 켐피스(Thomas A Kempis, 1380-1471)가 있었다. 그가 쓴 『그리스도를 본받아』(Imitation of Christ, 1418-1427)는 공동 생활 형제단의 이상을 잘 대변해 주는 명작이었다.

> 예수님이 말씀하신 천국을 사랑하는 사람은 많지만, 예수님의 십자가를 지는 사람은 적습니다. 위로를 받으려고 하는 사람은 많지만, 고난을 받고자 하는 사람은 적습니다. 예수님과 함께 식탁 교제를 하고 싶은 사람은 많지만, 금식하려고 하는 사람은 적습니다. 누구나 다 그리스도와 더불어 기뻐

하기를 원하지만, 그리스도를 위하여 어떤 것을 참고 인내하려는 사람은 적습니다.[1]

이어서 켐피스는 겸손과 순종을 통해 그리스도를 본받아 살아가야 한다고 그리스도의 시각에서 다음과 같이 강조했다.

아무것도 없는 무에서 만물을 창조한 전능자이자 지존자인 나도 너를 위하여 내 자신을 쳐서 사람에게 겸손히 복종하였는데, 티끌에 불과하고 아무것도 아닌 존재인 네가 하나님을 위하여 네 자신을 쳐서 사람에게 복종하는 것이 무슨 대수로운 일이겠는가?
내가 사람들 중에서 가장 낮고 비천한 자가 된 것은, 너로 하여금 나의 겸손을 본받음으로써 네 자신의 교만을 이길 수 있게 하기 위한 것이었다.[2]

공동 생활 형제단의 신비적인 영성 외에 또 다른 특징은 교육과 개혁 정신이었다. 청소년과 성직자 교육을 위해 곳곳에 학교를 세웠다. 그 결과 켐피스를 비롯하여 다음과 같은 뛰어난 학자들을 많이 배출했다.

첫째, 베셀 간스포르트(Wessel Gansfort, 1419-1489)
둘째, 알렉산데르 헤기우스(Alexander Hegius, c.1433-1498)
셋째, 가브리엘 비엘(Gabriel Biel, c.1420-1495)
넷째, 데시데루스 에라스무스(Desiderus Erasmus of Rotterdam, 1466-1536)

이들은 당시로서는 상당히 개혁적인 사상을 서슴없이 외쳤다. 호로테는 교회의 머리는 오직 그리스도라고 주장하며 교황주의의 오류와 부패를 지

---

[1] 토마스 아 켐피스, 『그리스도를 본받아』 2:11, 박문재 역 (서울: CH북스, 2018), 119.
[2] 토마스 아 켐피스, 『그리스도를 본받아』, 3:3, 161.

적했다. 그는 영성의 원천은 성경 특히 신약성경이라고 강조했다. 라틴어 성경보다는 원어 성경에 초점을 두어 헬라어를 가르쳤고, 성경을 읽고 묵상하기 위해서는 자국어로 성경이 필요하다고 생각하여 일부 성경과 서적 등을 자국어로 번역했다. 베셀 간스포르트는 성경의 최종적 권위를 강조했으며, 7성사를 반대하고 화체설 대신에 상징설을 주장했다.

헤기우스와 에라스무스는 기독교 인문주의 학자들이었으며, 에라스무스는 1516년 헬라어 신약성경을 편찬했다. 가브리엘 비엘은 마틴 루터가 1501년에서 1505년 기간에 공부했던 에르푸르트대학교에서 교수로 지내며 유명론 스콜라주의 학풍을 심어놓은 학자였다. 공동 생활 형제단의 개혁적 사상은 종교개혁의 토양을 마련해 주었다.

2. 개혁의 샛별

14-15세기에 교황청 아비뇽 유수 사건과 분열 사건은 교회권의 쇠퇴를 가져다주었을뿐만 아니라, 교회의 권위주의와 세속주의에 대한 비판의식을 평신도와 성직자와 수도사들에게 심어 주었다. 그러한 비판 의식을 가진 인물들은 밝게 빛나는 샛별로서 개혁의 여명기를 밝혀주었다.

1) 존 위클리프(John Wycliffe, c.1328-1384)

1328년 위클리프는 영국 요크셔(Yorkshire) 지방의 힙스웰(Hipswell)에서 출생했다. 1345년경 옥스포드에서 공부했다. 당시 캔터베리 대주교 토마스 브레드워딘(Thomas Bradwardine, c.1300-1349)은 바울과 어거스틴의 은총론에 관한 교리를 널리 가르쳤는데, 위클리프는 그로부터 영향을 많이 받았다. 1362년경 성직록을 받았고, 연구를 계속하여 1372년에 신학 박사가 되었다.

1374년 국왕이 루터워스(Lutterworth) 교구를 하사하여 숨질 때까지 그곳에서 사역을 했다. 1377년 왕실 자문으로 초청받아 왕실의 개혁 운동에 힘을 실어 주었다.

당시는 교황청이 아비뇽으로 옮겨진 시기였다. 프랑스와 관계가 안 좋은 영국은 1351년 성직자 임명법을 발의하여 영국 내 성직자의 교황 임명권을 금지시켰으며, 2년 뒤에는 존 왕 때부터 교황청에 바치던 일종의 조공 헌납을 폐지했다.

이러한 와중에 위클리프는 1378년 『세속 지배에 관하여』를 통해 부도덕한 성직자를 축출하고 교회의 재산을 박탈하여 교회의 개혁을 이끌어내야 한다고 주장했다. 이러한 견해는 왕실과 귀족들의 지지를 받았다. 같은 해 『성경의 진리에 대하여』를 통해 오직 성경만이 신앙의 최종적 권위이며 기준이라는 사실을 강조했다. 드디어 교황청이 로마로 다시 복귀했다. 하지만 곧바로 교황이 난립했고, 교황청은 로마와 아비뇽으로 재차 분열되었다.

이 과정을 지켜보면서 그는 교황권을 비판하는 글을 썼다. 1379년 『교황의 권력에 대하여』를 통해 교회의 머리는 교황이 아니라 그리스도라며 교황의 권위를 공격했고, 그리스도를 따르지 않은 교황은 적그리스도라고 비난했다.

그리고 신앙의 최고 권위는 교회나 교황이 아니라 오직 성경에서 나온다고 힘주어 외쳤다. 나아가 라틴어가 아닌 자국어로 성경을 읽고 배워야 한다고 주장하며, 라틴어 성경을 영어로 번역하기 시작하여 1382년에 신약성경을 완성했다. 이어서 그는 가톨릭교회의 화체설 교리를 비판하고 영적 임재설을 가르쳤다. 그리고 오직 믿음을 통해 의로워진다는 칭의 교리를 강조했다. 1381년 영국에서 농민 반란이 발발했다. 반란의 책임이 위클리프에 있다는 정치 반대파들의 고소 때문에 1382년 왕실을 떠나 자신의 교구인 루터워스로 돌아갔다. 백성들의 지지 덕분에 추가적인 소환이나 정죄를 받지 않았으며, 이후 조용히 저술 활동에 전념하다가 1384년 숨을 거두었다.

하지만 그의 개혁 사상은 거기에서 멈추지 않았다. 그가 조직한 평신도 전도 단체인 롤라드파(Lollards, 중얼거리는 자들)를 통해 계속 퍼져나갔다. 롤라드파는 영국과 스코틀랜드를 두루 다니면서 위클리프의 사상을 전파하며 백성들의 신앙을 일깨웠다. 이로 인해 1401년 영국 의회는 롤라드의 전도와 설교 행위를 금지하는 법안을 만들어 시행했다. 위클리프의 개혁적 사상은 보헤미아의 얀 후스(Jan Hus)를 통해 유럽 대륙에 퍼져나갔다.

1415년 콘스탄츠 공의회는 후스를 이단으로 정죄하고 그에게 영향을 끼친 위클리프에게 그 책임을 물어 뒤늦게 이단으로 정죄했다. 그리고 그의 저서를 다 불태울 것과 그의 시신을 끄집어 내어 화형에 처할 것을 결정했다. 그로부터 13년이 지난 1428년, 위클리프가 죽은 지 44년이 되던 해에 그의 시신 뼈 조각을 파내어 대중 앞에서 불태우고, 그 재를 시냇물에 뿌렸다. 소위 부관참시형을 당했다. 영국의 교회 역사가 토마스 풀러(Thomas Fuller, 1608-1661)는 그 사건의 의미를 이렇게 기술했다.

> 그들은 그의 뼈를 불태워 재를 만들고 가까이에 흐르는 한 인근의 시내인 스위프트(Swift)에 그 재를 뿌렸다. 그리하여 그 시내는 그의 재를 아본(Avon)으로 전달해 주었고 아본은 세베른(Severn)으로, 세베른은 좁은 바다로, 그 바다는 큰 대양으로 그의 재를 옮겨 주었다. 그러므로 위클립의 재는 지금 전 세계에 퍼진 그의 교리를 상징한다고 하겠다.[3]

한 역사가의 뛰어난 통찰력처럼, 그로부터 약 90년 뒤인 1517년에 위클리프를 이단으로 정죄했던 대륙의 땅 독일에서 마틴 루터에 의해 종교개혁이 일어났다.

---

[3] 존 우드브리지, 『인물로 본 기독교회사 (하)』, 286.

2) 얀 후스(Jan Hus, c.1372-1415)

영국의 왕 리차드 2세(Richard II, 재위 1377-1399)가 신성 로마 제국의 황제이며 보헤미아 국왕이었던 카를 4세(Karl IV, 재위1346-1378)의 딸 안네(Anne of Bohemia, 1366-1394)와 1382년에 결혼했다. 이 때문에 보헤미아(Bohemia, 현 체코)의 젊은이들이 영국으로 건너와 공부할 수 있었고, 그들을 통해 위클리프의 저서와 사상이 보헤미아에 소개되었다. 1372년경 보헤미아 후세니쯔(Hussenitz)에서 태어난 얀 후스는 프라하대학교에서 공부했다.

1398년 그는 프라하 카를대학교에서 신학을 가르쳤다. 1400년 사제가 되었고 1402년에는 이 대학 내에 있는 베들레헴 채플의 주임 사제이자 설교자가 되었다. 1409년에는 이 대학교의 총장이 되었다. 그는 보헤미아에 유입된 영국 서적 등을 통해 위클리프의 사상을 접했다. 위클리프의 글을 통해 깨우침을 얻은 후스는 가톨릭교회의 부패와 타락을 비판하여 순수하고 거룩한 교회가 되어야 할 것을 설교했다.

성경과 위클리프의 저서를 체코어로 번역하여 일반 사람들이 볼 수 있도록 했다. 교황권의 분열을 비판하며 성경의 절대적 권위를 주장했다. 성체 성사 시에 포도주를 일반 신자들도 마실 수 있도록 했다. 이러한 그의 개혁적인 사상을 보헤미아 국민들은 매우 환영했다.

하지만 독일 출신의 주교와 대주교들의 집요한 비난과 고소 때문에 1409년 얀 후스는 교황으로부터 파문을 당했다. 1414년 독일 콘스탄츠에서 공의회가 열렸다. 파문에 항의하는 얀 후스를 회의에 출두시켰다. 보헤미아 성직자들은 그를 지지했지만, 반대자들의 조작된 증거와 교권에 밀려 1415년 7월 이단으로 정죄 되었다. 모든 혐의를 거부했지만, 결국 강압적으로 그를 화형에 처했다. 그는 화형대에서 다음과 같은 말을 남겼다.

> 오늘 당신들은 한 마리의 거위(husa)를 태우지만, 당신들이 태우지 못할 백조 한 마리가 나타날 것이다.

비록 43세의 젊은 나이에 화형대에서 죽음 당했지만, 그의 사상은 추종자들에 의해 역시 계승되었다. 보헤미아의 귀족들을 공의회의 결정에 항의하며 신성 로마 제국의 황제와 약 15년간의 전쟁을 벌였다. 한편 얀 후스의 추종자들은 1450년경에 보헤미아 형제단을 조직했다. 이것이 모라비안 형제단(Moravian Brethren)의 기원이 되었다.

3) 지롤라모 사보나롤라(Girolamo Savonarola, 1452-1498)

1452년 사보나롤라는 이탈리아 페라라(Ferrara)에서 태어났다. 귀족 가문에서 태어난 그는 의사가 되려고 철학, 의학, 인문주의를 열심으로 공부했다. 그러던 중 1475년 볼로냐(Bologna)에 위치한 도미니코수도회에 가입했다. 1482년 피렌체 산마르코(San Marco)수도원으로 옮긴 뒤, 그의 학문성과 금욕 수행은 점차 널리 주변에 알려지게 되었다. 1490년 피란체수도원의 원장이 되었다.

1494년 프랑스 왕 샤를 8세(Charles VIII, 재위 1483-1498)가 피란체를 침공했을 때, 사보나롤라는 그의 침공을 예언했을뿐만 아니라 샤를 8세를 설득하여 피란체 도시의 파괴를 극적으로 막아냈다. 때문에 피란체 시민들은 그를 영웅적으로 존경했다. 시민들의 지지 속에 그는 부패와 향락이 가득한 피란체 도시를 마치 금욕적인 수도원처럼 개혁을 단행했다. 하지만 시민들은 그러한 급격한 개혁과 변화에 반발하며 불평하기 시작했다.

더욱이 당시 교황 알렉산데르 6세와 사보나롤라 간의 관계도 좋지 않았다. 역사상 가장 사악한 교황으로 알려진 그는 권력을 지키기 위해 부정과 권모술수에 능했고, 정적을 제거하기 위해 살인도 서슴지 않았다. 교황은 사보나롤라를 자기편으로 삼고자 각종 지위를 제안하며 로마로 불러들이려고 했다. 사보나롤라가 그 모든 제안을 거절하고 로마 소환에도 불응하자 교황은 그의 설교권을 박탈했다.

그런데도 설교를 계속해 나가자, 1496년 교황은 불복종의 죄를 물어 그를 파문하고 투옥시켰다. 1498년 5월 사보나롤라는 피란체 광장에서 대중이 지켜보는 가운데 화형 당했다.

결과적으로 세 사람 모두 개혁의 샛별로 사명을 다하다가 이단으로 몰려 순교를 당했다. 위클리프와 후스가 교리적인 측면에서 개혁을 부르짖었다면, 사보나롤라는 도덕적 영적 측면에서 개혁의 목소리를 높였다.

하지만 그들의 개혁적 외침은 교권주의와 세속주의의 높은 장벽을 결국 넘지 못했다. 그런데도 점점 밝아오는 개혁의 여명을 누구도 막을 수 없었다.

제3부
종교개혁

제24장 종교개혁의 배경

제25장 종교개혁의 원인

제26장 마틴 루터의 종교개혁

제27장 루터의 신학과 루터교

제28장 츠빙글리의 종교개혁

제29장 급진파 종교개혁

제30장 칼빈의 종교개혁

제31장 칼빈의 신학

제32장 프랑스의 종교개혁

제33장 네덜란드의 종교개혁

제34장 영국의 종교개혁

제35장 영국의 청교도 운동

제36장 스코틀랜드의 종교개혁

제37장 가톨릭교회의 반종교개혁

제24장

♦

종교개혁의 배경

1. 종교개혁의 개요

　중세의 로마가톨릭교회는 당시 유럽의 종교, 정치, 경제, 문화, 사회, 학문, 생활 등 전반에 걸쳐 영향력을 강하게 끼치고 있었다. 가톨릭의 영향력으로부터 어느 누구도 쉽게 벗어날 수 없었다. 바로 이런 엄격한 시기에 종교개혁이 발생했다. 결정적 도화선은 1517년 10월 31일 마틴 루터가 천명한 『95개 논제』에서 비롯되었다. 당시 유럽 사회에 밀어닥친 여러 큰 사건들과 더불어 종교개혁은 유럽과 기독교 역사에 대지각 변동을 가져다 주었다.
　종교개혁의 의미를 한마디로 정의하기는 쉽지 않다. 바라보는 시각에 따라 그 의미가 각기 다를 수 있기 때문이다. 가톨릭 역사가들은 종교개혁을 교회의 전통과 교황의 권위에 항거한 일종의 분파주의 운동으로 간주했다. 때문에 가톨릭교회는 종교개혁자들을 이단으로 정죄하고 박해했다. 일반 세계사 책은 종교개혁을 16세기 초 서유럽의 가톨릭교회에서 일어난 내부적 개혁 운동으로 간주하며, 개신교 태동의 원인이 되었다고 소개한다. 종교개혁의 의미를 다른 측면으로 정의할 수 있다. 종교개혁을 영어로 리포메이션(reformation)이라 부른다. 이 단어의 라틴어 어원은 레포르마레(*reformare*)이며, 그 뜻은 '모양을 바꾸다'이다.

예를 들어, 물체의 어떤 모양을 다른 모양으로 바꾸는 것을 통틀어 레포르마레 또는 리폼(reform)이라고 한다. 즉 당시의 로마가톨릭교회가 둥근 모양이라 할 경우, 종교개혁은 그 둥근 모양을 다른 모양으로 '리폼'하려고 일어난 운동이었다.

종교개혁자들은 과연 어떠한 모양으로 가톨릭교회를 리폼하기를 원했을까?

그들이 추구했던 모양은 새롭고 독창적인 것이 아니라, 바로 초대 교회의 모형이었다. 초대 교회는 예수와 사도들의 가르침이 담긴 성경 말씀만을 제도와 교리의 유일한 초석으로 삼았다. 개혁자들은 바로 그 초대 교회의 모형을 교회의 원형으로 간주했다. 그들은 가톨릭교회의 비성경적이고 인위적인 장식과 모양들을 리폼하여 초대 교회의 원형을 복구하려고 했다. 그러므로 종교개혁은 한마디로 '성경으로 돌아가자는 운동'(Back to the Bible movement)이었다

종교개혁은 분파주의 운동이 아니었다. 종교개혁은 초대 교회의 원형과 성경의 본질로 복구하려는 개혁 운동이었고, 그 정신을 바탕으로 개신교회가 태동되었다. 종교개혁자들은 개혁의 원천을 '오직 성경'(sola scriptura)만으로 삼았다. 이런 점에서 롤란드 베인턴(Roland Bainton, 1894-1984)은 종교개혁의 의미를 다음과 같이 정확하게 평가했다.[1]

> 종교개혁은 권좌에 앉아 있는 교황을 끌어 내리고 그 권좌에 성경을 올려 놓았다.

종교개혁은 성경과 함께 시작되었고, 성경을 통해 개혁을 완수했다. 그 결과 '오직 성경'에 기초한 종교개혁은 다음과 같은 슬러건을 낳았다.

---

1 Roland Bainton, *The Bible in the Reformation*, S. L. Greenslade, ed, *The Cambridge History of the Bible* (Cambridge: Cambridge University Press, 1963), 1-37.

첫째, '오직 믿음'(sola fide)
둘째, '오직 은혜'(sola gratia)
셋째, '오직 예수'(solus Christus)

종교개혁을 통해 태동된 개신교 유형을 살펴보면 다음과 같이 구분할 수 있다.

첫째, 루터파
둘째, 개혁파
셋째, 성공회파
넷째, 급진파

또한, 다음과 같이 분류할 수 있다.

첫째, 주류 종교개혁파
둘째, 비주류 종교개혁파

전자에는 마틴 루터에 의해 형성된 루터파, 울리히 츠빙글리로 시작해서 존 칼빈으로 완성되는 개혁파 또는 칼빈파 그리고 영국의 성공회파가 있다. 주류 종교개혁을 관료적 종교개혁(Magisterial Reformation)이라 부르기도 한다. 국가 관료와의 협력을 통해 개혁을 이루었다고 해서 붙여진 이름이다.

후자에는 급진파가 있다. 급진파 개혁자들은 전자의 개혁파들의 교회 개혁에 만족하지 못하고, 좀 더 급진적이고 과격하게 개혁을 추진했다. 재세례파(또는, 재침례파)는 그중에 한 유형이었다. 종교개혁은 가톨릭교회의 내부적 개혁에 영향을 주었다. 이른바 반종교개혁이었다. 가톨릭의 반종교개혁은 개신교의 주장을 반박하고 확산을 차단하는 일과, 가톨릭의 전통적 교리들을 재확증하고 천명하는 일에 주력했다.

역사적으로 살펴보면, 기독교회가 시작된 이래 오리엔트정교회와 네스토리우스교와 같은 소규모의 교회들이 생겨났다. 그러나 이 교회들은 정통주의에서 벗어난 이단적 교리들을 주창했으며, 지역 중심의 분파주의 양상을 가지고 있었다. 1054년 기독교회는 이른바 대분열을 경험했다. 초대 교회때부터 지속해 오던 하나의 공교회는 다음과 같이 크게 양분되었다.

첫째, 로마가톨릭교회
둘째, 동방정교회

그로부터 500년이라는 세월이 지날 시점인 1517년에 종교개혁이 발생하여 개신교회가 태동되었다. 이로써 16세기의 기독교회는 다음과 같이 크게 나뉘어 발전해 갔다.

첫째, 가톨릭교회
둘째, 개신교회
셋째, 동방정교회

2. 종교개혁의 배경

기독교 역사에서 가장 중대한 사건 두 개를 꼽는다면 다음과 같다.

첫째, 313년 밀라노 칙령
둘째, 1517년 종교개혁

이 두 사건은 기독교 역사의 흐름을 획기적으로 바꾸어 놓은 전환점이었다. 특히, 종교개혁은 약 1000년간 가톨릭교회의 독점적 권위와 지배에 눌려 있었던 중세 유럽에 중대한 변화를 가져다 주었다.

골리앗과 다윗 간의 대결을 연상케 하는 가톨릭교회와 종교개혁 개신교 간의 충돌에서 개혁이 성공적으로 이뤄질 수 있었던 원인은 무엇인가?

한마디로 '때가 찬' 하나님의 섭리였다. 종교개혁의 태동을 하나님의 섭리 또는 때의 징조라고 할 수 있는 중요한 사건들이 전조적으로 발생했다. 물론, 이 사건들 자체만으로도 중세 유럽 사회에 대변혁을 가져다 줄 만큼 매우 중대했다.

1) 지리와 경제 환경의 변화

13-14세기의 유럽 경제는 매우 혼란스러웠다. 십자군전쟁, 100년 전쟁, 전염병, 기근 등으로 수많은 사람이 목숨을 잃었다. 특히, 1348-1350년 사이에 발생한 흑사병으로 말미암아 유럽 전체 인구의 3분의 1에 해당하는 약 2천 5백만 명의 사람이 사망했다. 이로 인해 노동력 부족, 실업자 증가, 경제 공황, 빈부 격차가 더욱 심화되었다. 이러한 시기에 발생한 국제 해상 무역의 발전은 유럽 사회에 새로운 돌파구를 제공했다.

1492년 크리스토퍼 콜럼버스(Christopher Columbus, 1451-1506)가 아메리카 신대륙을 발견함으로써 지구촌 문명에 대변화를 가져다 주었다. 먼저 강 중심의 문명에서 대양 중심의 문명으로 바뀌게 되었다. 강이 아니라 대양을 정복해야 만이 강자가 되는 시대가 열렸다. 이 변화에 발 빠르게 움직인 나라들이 스페인과 포르투갈 그리고 프랑스 등의 가톨릭 국가들이었다. 이 국가들은 잘 발달된 조선술과 항해술 통해 아시아와 아프리카와 아메리카 신대륙으로 교역을 넓혔으며, 식민지 영토를 확장했다. 이후에 영국과 네덜란드와 독일 등의 개신교 국가들도 그 대열에 끼어들었다.

바야흐로 16세기의 유럽은 국제 해상 무역 시대를 활짝 맞이 했다. 해상 무역을 통해 서유럽 국가들은 아프리카에서 노예, 금, 직물, 향료, 목재, 양곡, 가죽 옷, 소금, 포도주 등을 실어 날랐다.

아시아 인도에서 후추와 상아를 그리고 중국에서 비단을 가져왔다. 신대륙 아메리카에서는 금, 은, 과일, 곡식, 가죽, 담배 등을 가져왔다. 이러한 국제 해상 무역은 유럽의 사회와 경제 구조를 완전히 바꾸어 놓았다.

도시화가 급속하게 이루어졌고, 농업 중심에서 상업 중심으로, 토지 중심에서 자본 중심으로 변했다. 중세의 봉건주의적 사회 구조는 서서히 붕괴되었고, 그 빈자리에 자본 경제주의가 자리 잡았다. 협동 조합과 은행 그리고 고리대금업과 같은 새로운 형태의 금융 제도가 등장했다. 땅이 아니라 자본을 소유한 중산 계층이 늘어났다. 그 결과, 중세 봉건 사회와 달리 자본을 통해 독립적이고 개인주의적인 정신이 새롭게 형성되기 시작했다.

그러나 경제 구조의 급속한 변화와 풍요는 안정보다는 불안정을 가져다주었다. 특히, 물가 불안은 절정에 달했다. 신대륙에서 쏟아져 들어온 금과 은은 오히려 유럽 물가를 급증시켰다. 17세기 초반 영국에서는 곡물의 도매 가격이 5배나 올랐고, 프랑스에서는 7배, 스페인에서는 그 이상으로 치솟았다. 오히려 도시 빈민과 농촌 농민들은 가난과 궁핍에 더욱 시달렸다. 때문에 독일에서는 1524년부터 1525년 사이 약 30만 명의 농민이 가난과 배고픔을 견디지 못하고 농민 전쟁을 일으켰다.

2) 정치 환경의 변화

15-16세기에 국가주의 또는 민족주의가 유럽 정치 환경을 바꾸어 놓았다. 특히, 국가주의는 영국, 스페인, 프랑스, 네덜란드 등에서 뚜렷하게 나타났다. 경제구조의 변화로 막대한 부를 축적한 상인들이 힘있는 중산층으로 급부상했다. 왕은 이러한 중산층의 지원을 통해 권력을 강화하고, 주변 국가들과의 영토 경쟁을 통해 영향력을 확대해 갔다.

국가주의의 등장은 국가와 교회 관계에 큰 영향을 끼쳤다. 당시 교황은 중앙 집권적 지배 구조를 통해 유럽 전역의 가톨릭교회를 장악하고 있었다. 교황은 여전히 성직 임명권을 가지고 있었고, 성직자는 왕의 법정이 아니라 교회의 법정에서 판결을 받았다. 각 국가의 군주들은 자신들의 영토 안에서 교황의 사법권이 행사되는 것에 대해 불만을 품고 있었다. 때문에 힘있는 군주들은 왕권신수설을 내세우며 교황권에 맞섰다.

1533년 영국 왕 헨리 8세(Henry VIII, 1491-1547)는 그의 부인 캐더린과의 이혼 문제를 교황의 사법권에 맡기지 않았다. 자신이 임명한 캔터베리 대주교 토마스 크랜머로 하여금 판결하도록 했다. 결과적으로 가톨릭교회와 자연스럽게 결별하며 그 자신 스스로 교회 개혁의 길을 택하게 되는 계기가 되었다.

또한, 왕들은 국가 권력을 강화하기 위해 국가 재정을 보호하는 정책을 펼쳤다. 특히, 프랑스와 영국 왕들은 국가 재정이 교회를 통해 로마 교황청에 들어가는 것을 싫어했다. 교황청으로 유출되는 재산은 국가 재정에 엄청난 손실을 가져왔기 때문이었다. 당시 가톨릭교회와 수도원은 서유럽 땅의 3분의 1를 소유했으며, 소작인들로부터 거둬들이는 수익은 어마어마했다. 또한, 교회에 헌납하는 각종 세금의 액수도 엄청났다. 수익금의 상당 부분이 교황청으로 들어갔다.

독일의 경우, 국민 총생산의 40퍼센트가 로마 교황청으로 반출되었기 때문에 독일 제후들과 귀족들의 불만은 날로 커져갔다. 그러므로 국가 재산의 교황청 유출을 차단하기 위한 또 다른 방편으로 그들은 개신교 종교개혁을 지지했다.

3) 인문주의 등장

종교개혁이 발생하게 된 배경으로 인문주의(humanism)를 빼놓을 수 없다. 인문주의는 르네상스 또는 문예 부흥이 낳은 학풍이다. 르네상스의 태동 배경은 십자군 운동으로 거슬러 올라간다. 1096년부터 1291년까지 약 200년간 지속된 십자군 운동은 본래의 목적 외에도 서유럽, 동유럽, 아랍 간의 다양한 교류의 길을 터 주었다.

특히, 라틴 중심의 서유럽 사회에 한 동안 잊혀졌던 동방의 헬라 철학과 문헌들이 활발하게 유입되었다. 그 결과 12-14세기에는 교회 내에 스콜라주의가 등장했고, 14-16세기에는 유럽 사회 전반 즉 학문, 철학, 문화, 예술, 건축 등에 걸쳐 고전 문예의 부흥이 일어났다.

르네상스 시대의 유럽 지성인들은 고대 헬라 문헌을 탐독하는 가운데 인간의 존재와 존엄 그리고 가치에 대해 연구하는 새로운 학풍 인문주의를 태동시켰다. 인문주의는 중세 교황권과 스콜라주의의 붕괴를 촉진시켰다. 또한, 인문주의가 종교개혁을 낳은 것은 아니지만, 종교개혁이 발생할 수 있도록 지성적 촉매 역할을 했다.[2]

인문주의의 키워드는 '아드 폰테스'(Ad fontes)였다. 이 라틴어는 '원천으로 돌아가자'(Back to the Sources)라는 의미를 가졌다.[3] 이 슬로건은 인문주의 학풍을 상징하는 표현이었다. 르네상스 인문주의자들은 헬라어와 고대 헬라 문헌을 탐구했다. 인문주의는 이탈리아에서 발생하여 전 유럽으로 확산되었다. 이탈리아를 중심으로 한 남쪽 지역은 헬라어와 로마의 고전 연구에 초점을 맞춘 반면, 독일을 중심으로 한 북쪽 지역은 성경 언어인 헬라어와 히브리어 연구에 많은 관심을 가졌다. 전자는 주로 일반 인문주의자들에 의해, 후자는 기독교 인문주의자들에 의해 각기 발전되었다.

기독교 인문주의자들은 성경 원전과 헬라 교부들의 문헌을 탐구하며 원본의 의미와 정신을 복구하려고 했다. 그들은 소위 인문주의 개혁자들로 불렸다. 그들은 성경이 교황과 교회 회의의 권위보다 더 높다는 사실을 강조했고, 비성경적인 가톨릭교회의 교리와 제도에 대해 주저없이 비판했다.

사제의 고유한 권한처럼 여겼던 사제의 중보적 역할을 부정했다. 사람마다 자유롭게 성경을 읽으며 진리를 깨달아야 한다고 주장했으며, 구원은 하나님과 개인 간의 직접적 소통을 통해 이루어지는 문제라고 역설했다.

---

2   Alister E. McGrath, *Reformation Thought: An Introduction*, 2nd edition (Oxford: Blackwll Publishers, 1993), 62-65.
3   Alister E. McGrath, *Reformation Thought: An Introduction*, 2nd edition, 45-47.

데시데루스 에라스무스(Desiderus Erasmus of Rotterdam, 1466-1536)는 인문주의 아버지이자, 대표적인 기독교 인문주의 학자였다. 그는 네덜란드의 로테르담에서 사생아로 태어나, 여러 수도사 학교에서 공부했으며, 특히 공동 생활 형제단에 들어가 경건 훈련을 받았다. 1492년 사제 서품을 받았고, 이후 인문주의를 접하면서 인문주의 학자로서 뛰어난 명성을 쌓았다.

비록, 가톨릭교회 사제였지만 인문주의 영향으로 가톨릭교회의 권위주의와 성직자의 부정부패에 대해 매우 비판적이었다.[4] 『우신예찬』(*The Praise of Folly*)은 영국 방문 기간 동안 토마스 모어(Thomas More, 1478-1535)의 집에서 1509년에 집필한 책인데, 당시 가톨릭교회의 부패를 풍자적으로 비유한 작품이었다.

기독교 인문주의자로서 에라스무스가 남긴 위대한 업적은 1516년에 편찬하여 발행한 헬라어 신약성경이었다. 1450년에 요하네스 구텐베르크가 발명한 인쇄기 덕분에 에라스무스의 헬라어 성경은 대량으로 출판되어 빠

---

4 1517년경 에라스무스는 익명으로 『천국에서 쫓겨난 율리우스』(*Julius Excluded from Heaven*)를 집필했다. 이 책은 천국 문전에서 베드로에게 쫓겨난 악명 높은 교황 율리오 2세(Julius II, 재위 1503-1513)에 관한 이야기로 그 내용의 일부는 다음과 같다.
"**율리우스**: 도대체 이게 어떻게 된 일이지?
문이 열리지 않아?
열쇠가 바뀌었거나 누가 장난을 해 놓은 것 같군.
율리우스의 수호신: 열쇠를 잘못 가져오지 않았는지 확인해 보는 게 좋겠군. 자네의 돈궤를 여는 열쇠로는 이 문이 열리지 않는 걸.
베드로: 음, 어디서 거인이나 폭군, 아니면 탐관오리가 온 게 분명해.
도대체 이게 무슨 냄새지!
너는 누구냐?
율리우스: 당신이 봉사가 아니라면 이 열쇠를 알아볼 거요. 율리우스 가(家)의 문장(紋章)인 이 황금 참나무를 모르지 않는다면 말이요.
그리고 이 세 겹으로 된 왕관과, 보석과 황금이 주렁주렁 달린 이 빛나는 옷이 안 보이지는 않겠지요?
베드로: 그 은 열쇠는 조금 눈에 익긴 하지만 - 세상에 그런 게 단 하나 있긴 하지만 교회의 참 목자이신 그리스도께서 한때 내게 맡기셨던 그 열쇠와는 전혀 다르구먼. 그리고 네가 쓰고 있는 그 거만한 왕관, 내가 그걸 어떻게 알아보겠나?"
재인용, 토니 레인, 『기독교 사상사』, 250-251.

르게 보급되었다. 1516년 같은 해, 비텐부르크대학교에서 성경을 가르치고 있던 마틴 루터는 불가타 라틴어 성경을 내려 놓고, 헬라어 성경으로 강의를 이어 나갔다. 에라스무스는 평민들 조차 성경을 자유롭게 읽을 수 있는 세상이 오기를 간절히 바랐다.

> 농부가 밭을 갈면서 성경 한 구절을 노래할 수 있고, 베 짜는 사람은 베틀을 돌리면서 성경 한 구절을 콧노래로 부를 수 있게 하는 것, 나는 하나님께 그런 일을 해드리고 싶다.[5]

마틴 루터는 에라스무스의 개혁적인 인문주의 사상을 존경했다. 에라스무스역시 루터를 복음의 힘찬 기수로 높이 평가하며 루터가 외친 개혁의 필요성을 인정했다. 그러나 루터의 개혁 운동에는 동참하지 않았으며, 나중에는 오히려 교황청의 요청에 따라 루터를 비판하는 글을 썼다. 1524년에 출판한 『자유 의지론』(The Freedom of the Will)을 통해서 타락한 인간의 의지는 죄의 속박 아래 있기 때문에 선행을 행할 능력이 없다고 주장한 루터의 이론을 반박했다.

루터는 이듬해에 『노예 의지론』(On the Bondage of the Will)을 출판하여 에라스무스의 주장을 논박했다. 기독교 인문주의자라고 하여 모두 종교개혁에 동참한 것은 아니었다. 루터처럼 가톨릭교회를 박차고 나와 교회 개혁을 추구한 인물들이 있는가 반면, 에라스무스처럼 교회의 일치를 더 강조하며 교회 내에 그대로 머무른 인물들도 있었다.

---

5   토니 레인, 『기독교 사상사』, 248.

4) 인쇄술의 발전

종교개혁의 성공 배경에는 인쇄술의 발전도 중요한 역할을 했다. 종교개혁이 일어나기 약 70년 전인 1450년에 금속 활판 인쇄기가 요하네스 구텐베르크(Johannes Gutenberg, 1398-1468)에 의해 발명되었다. 활판 인쇄기의 발명은 출판계의 혁명이었다. 이로 인해 다량으로 책이 출판되었고, 신속하게 널리 보급될 수 있었다.

필사에 의존했던 시기에는 전혀 상상할 수 없는 일이었다. 프로벤(Johannes Froben), 아메르바하(Johannes Amerbach), 마누티우스(Aldus Manutius)와 같은 독일의 인문주의 인쇄업자들은 헬라 고전 문헌과 헬라 교부의 책, 중세의 서적과 문서, 경건 서적과 성경 등을 인쇄하여 적극적으로 보급했다.

1516년 에라스무스의 헬라어 성경이 인쇄를 통해 신속하게 보급되었기 때문에 같은 해 여름에 루터가 헬라어 성경으로 강의를 할 수 있었다. 1517년 루터가 발표한 『95개 논제』도 마찬가지였다. 논제를 발표하자마자 인쇄 업자의 손을 거쳐 단 2주 만에 유럽 전역에 보급되었다. 이처럼 인쇄술 때문에 루터의 글뿐만 아니라 츠빙글리와 칼빈 등과 같은 다른 종교개혁자들의 글들도 아주 빠르게 전 유럽에 퍼져 나갈 수 있었다.

제25장

종교개혁의 원인

이전 장에서 언급한 바처럼 15세기의 유럽은 빠르게 변하고 있었다. 그러나 교회는 변화에 둔감했고, 변화를 거부했다. 그 결과 종교개혁이라는 시대적 요청을 피할 수 없게 되었다. 지리적, 경제적 환경의 변화와 정치적 환경의 변화 그리고 인문주의 학풍의 영향과 인쇄기 발명은 종교개혁이 일어날 수 있는 그리고 성공할 수 있었던 역사적 배경과 간접적 동인으로 작용했다면, 종교개혁의 직접적 원인은 다방면에 나타난 교회의 세속화였다.

1. 신앙의 세속화

13세기 초 프랑스 리옹의 피에르 발도(Peter Vaudes, c.1140-c.1206)가 라틴어 성경을 프랑스어로 번역하여 평신도들에게 보급하면서 말씀 운동을 통한 신앙 개혁을 추진했다.

이에 가톨릭교회는 발도를 이단으로 정죄하여 처형했고, 추종 세력 발도파를 강력하게 탄압했다. 이 사건을 계기로 1229년 발렌시아 공의회(Council of Valencia)를 개최하여 사제 외에는 성경을 소유하거나 읽지 못하게 했으며, 자국어 번역을 금지시켰고, 이미 번역된 성경을 모두 금서로 지정하는 교회 법령을 발표했다. 역사가 존 토드(John Todd, 1949-2007)는 당시의 상황을 이렇게 기록했다.

중세의 유럽에서는, 성경 사본이 대학교, 큰 수도원, 지방 수도원 그리고 성당의 도서실 등에서 일하는 고위 성직자나 교육을 받는 학생들만이 볼 수 있었다. 그 사본은 라틴어로 쓰여진 불가타 성경이었으며, 때때로 통치자와 법조인들도 그것을 볼 수 있었다.[1]

이처럼 중세 유럽에서 성경은 특정 장소에서 특정 사람들만이 볼 수 있도록 금지되어 있었다. 일반 사람들이 성경을 접하기는 거의 불가능했고, 라틴어 성경을 읽지 못하는 성직자들도 부지기수로 많았다. 이러한 현상은 당시 유럽 그리스도인들을 성경에 무지한 신앙에 빠지도록 만들었다.

말씀에 대한 무지는 무엇보다도 성경 가르침의 왜곡을 낳았다. 가톨릭 교회는 하나님의 공의와 심판을 강조했으며, 하나님의 진노를 달래기 위하여 고행과 금식 등 종교적인 공로를 쌓아야 한다고 가르쳤다.

성경 말씀 대신에 다음과 같은 외형적이고 가시적인 요소들을 의존하도록 방조했다.

첫째, 성지 순례
둘째, 특정 기도문 암송
셋째, 촛불 예배
넷째, 묵주 기도
다섯째, 성자 숭배
여섯째, 마리아 숭배
일곱째, 성상 숭배

---

1 John M. Todd, *Reformation* (Garden City, NY: Doubleday, 1971), 22.

성경은 다음과 같이 가르친다.

> 하나님은 한 분이시요 또 하나님과 사람 사이에 중보자도 한 분이시니 곧 사람이신 그리스도 예수라(딤전 2:5).

하지만 당시 가톨릭교회는 예수 외에 또 다른 중보자를 숭배하도록 허용했다. 성경의 무지는 미신적인 생활로 중세 유럽인들을 이끌었다. 복술, 주술, 요술 등이 성행했으며, 성자와 성상과 성묵 숭배를 의존하도록 만들었다.

대부분의 성당은 성자들의 두개골, 치아, 턱뼈, 손가락뼈, 또는 팔뼈 등을 성스러운 유품으로 보관했다. 성물을 기계적으로 생산하는 곳도 있었다. 사람들은 성물에 병을 고쳐주거나 기적을 일으키는 효력이 있다고 믿었다. 특히, 죄를 사면해 주는 효과가 있다고 알려진 성물들을 수집하는 사람들도 많았다.

삭소니(Saxony) 지방 선제후 현자 프리드리히(Frederick the Wise, 1463-1525)는 대표적인 성물 수집가였다. 루터의 종교개혁을 지지하기 이전에 그는 약 5천 종류의 성물을 수집했다.

그들 중에는 예수가 태어난 베들레헴의 말구유에서 뽑아왔다는 볏짚, 예수가 달렸다는 십자가 조각, 예수가 유아 시절에 사용했다는 기저귀, 마리아의 어머니인 성 안나의 엄지손가락 등이 있었다. 프레드릭이 소장했던 전체 성물의 면죄 효과는 총 1,902,202일에 해당하는 분량이었다.[2]

---

2   오덕교, 『종교개혁사』(수원: 합동신학대학원 출판부, 1998), 33.

2. 물질과 도덕의 세속화

가톨릭 성직자의 타락은 물질과 도덕의 세속화를 가져다 주었다. 성직은 부를 축적하고 명예와 권력을 누릴 수 있는 직종이 되었다. 능력 있는 권세가들은 검은 거래를 통해서라도 아들들을 성직에 입적시켰다. 교회는 일반적인 헌금 외에도 다양한 세금 제도를 고안해 냈다.

예를 들어, 성직자가 유고 될 경우를 고려하여 후임을 예약하는 성직 예약세, 새로 임직한 성직자가 1년간의 수입을 교황청에 내야하는 성직 취임세, 특정 교회의 성직 자리를 놓고 기다리는 대기세 등이 있었고, 성직 매매와 성직 중임이 불법적으로 거래되었다.

1517년 마틴 루터가 『95개 논제』를 발표할 당시의 교황은 레오 10세(Leo X, 재위 1513-1521)였다. 이탈리아의 정치적 실세 메디치(Medici) 가문에서 태어난 그는 아버지의 후원으로 7살의 나이에 성직에 입문했으며, 13살에 추기경이 되었다. 그리고 1513년 37살에 교황이 되었다. 교황이 된 후, 성직을 매매했고, 면죄부를 적극적으로 발행하여 판매했다.

독일 브란텐부르크 선제후 알브레히트(Abrecht of Brandenburg, 1490-1545)와 레오 10세간의 불법적인 돈 거래는 결국 종교개혁의 불씨가 되었다. 1513년에 막데부르크(Magdeburg) 대주교에 올랐던 알브레히트는 1514년 마인츠(Mainz) 대주교 자리를 중임하려고 레오 10세에게 총 24,000굴덴(gulden)을 바쳤다. 당시 일반 사제가 받는 월 보수가 6-8굴덴에 지나지 않았다. 또한, 1515년 그는 교황에게 막대한 돈을 지불하고 면죄부 판매 독점권까지 획득했다. 이처럼 중세의 가톨릭교회는 돈에 대한 탐욕과 부패로 가득 찼다. 1491년 로마를 방문했던 아우크스부르크의 행정관 콘라드 퓨팅거(Conrad Peutinger)는 당시 로마의 부패상을 다음과 같이 기록했다.

나는 이곳에서 최고위직에서 최하위직에 이르기까지 모든 성직을 살 수 있음을 확인하였다. 음모와 위선, 아첨이 아주 영예를 누리며, 종교는 탈선하였다. 수를 헤아릴 수 없는 야비한 일들이 발생하고 있으며 정의는 잠자고 있다. 폐허가 된 고대의 유적들을 볼 때마다 이 유명한 도시가 들어보지도 못한 위선과 허식에 의하여 그리고 모든 포악과 악독을 행하는 자들에 의하여 지배당하고 있다는 사실에 한탄하지 않을 수 없다.[3]

성직자들은 도덕적으로도 세속화되었다. 가톨릭교회는 1139년 제2차 라테란 공의회를 통하여 사제 독신 제도를 교회법으로 정했다. 사제는 결혼할 수 없으며, 또한 기혼자는 사제가 될 수 없다는 법령이었다. 사제라는 성스러운 직분을 지키고, 교회의 세속화를 막기 위한 목적이었다.

하지만 법적으로 결혼만 하지 않았을 뿐이지, 대부분의 교황이나 성직자들은 정부나 연인을 두었고, 그들에게서 태어난 자녀들도 많았다. 때문에 사생아로 태어난 자녀들의 장래를 위하여 그들은 성직 매매, 성직 매수 등 다양한 불법을 공공연히 저질렀다.

이런 상황에서 소명에 충실하려 한 많은 사제와 수도사들이 절망했다.

여가 활동과 파티 무대가 된 수도원에서 어떻게 수덕과 관상 생활을 실천할 수 있을 것인가?
돈을 내고 성직을 산 사제가 어떻게 교구 내 부패에 저항할 수 있을 것인가?
죄의식을 느끼지 못하는 성직자들에 의해 시행되는 고해 성사를 평신도들이 어떻게 의지할 수 있을 것인가?

수 세대 동안 유럽의 영적 어머니 구실을 해온 교회의 신뢰와 타락으로 찢어진 유럽의 종교적 양심이 내부의 진통을 겪고 있었다.[4]

---

3 오덕교, 『종교개혁사』, 34-35.
4 후스토 L. 곤잘레스, 『종교개혁사』, 엄성옥 역 (서울: 은성 출판사, 2012), 15.

이처럼 중세 가톨릭교회의 성직자들은 물질과 도덕의 세속화 그리고 권력의 남용으로 말미암아 영적 지도력을 상실해가고 있었다.

3. 면죄부 남용과 강매

면죄부(indulgentia) 남용과 강매는 종교개혁이 발생하게 된 직접적 도화선이었다. 면죄부의 효시는 십자군전쟁 때로 거슬러 올라간다. 제1차 십자군전쟁(1096-1099)을 주도한 교황 우르바노 2세는 십자군 원정을 장려하기 위해 참여한 군인들에게 죄를 사면해 주는 면죄부를 발행해 주었다. 십자군에 필요한 물품이나 경비를 조달해 준 사람들에게도 면죄부를 주었다.

이후 면죄부가 필요에 따라 매매되었고, 때로는 교회가 재정을 조달하는 도구로 활용되었다. 면죄부가 교회의 교리로 자리잡게 된 데에는 스콜라주의도 한몫을 했다. 스콜라주의는 성인 공덕설 교리를 만들어냈다. 이 교리는 면죄부의 정당성을 보장해 주었다. 1343년 교황 클레멘스 6세는 면죄부를 교회의 공식적인 교리로 선포했다. 1476년 식스토 4세(Sixtus IV, 재위 1471-1484)는 산자가 죽은 자의 친지를 위해 면죄부를 산다면 연옥에 있는 영혼이 천국에 이른다는 교서를 발표했다.

레오 10세 교황은 100여 년간 끌어오던 베드로 성당을 빨리 완공하려고 성직과 면죄부 매매 등을 통해 필요한 자금을 서둘러 마련했다. 면죄부 판매를 늘리기 위한 특별한 판매 방법도 고안했다. 지방 감독에게 판매 수입의 반액을 주었으며, 판매원은 판매량에 따라 추가 보상을 받을 수 있도록 했다. 그러므로 지방 감독이나 판매원은 자신들의 수입을 높이기 위해 면죄부 판매에 혈안 했다.

독일의 선제후이자 막데부르크 대주교였던 알브레히트는 공석인 마인츠의 대주교 자리를 중임하려고 했다. 1514년, 그의 나이 불과 24세가 되던 해였다. 성직 중임이 불법임에도 불구하고, 레오 10세에게 엄청남 거금을 헌납했다. 교황은 성당 건축 자금 압박에 시달리고 있던 터라, 알브레히트의 제안을 받아 들였다. 알브레히트는 아우크스부르크의 금융업자 푸거(Jakob Fugger)에게 돈을 빌려 교황에게 지불했다.

그리고 1515년 삭소니(Saxony) 지역에서 면죄부 판매 독점권을 얻기 위해 또 다른 거금을 건네 주었다. 알브레히트는 은행에서 빌린 돈을 빨리 되갚기 위해 당대 최고의 면죄부 판매원으로 알려진 도미니코 소속 수도사 요한 테첼(Johann Tetzel, 1465-1519)을 총판 대리인으로 삼아 면죄부를 판매했다. 테첼은 수단과 방법을 가리지 않는 감언이설로 무지한 평민들에게 면죄부를 강매했다.

> 여러분의 가족과 친구들이 저 연옥에서 외치는 소리를 들어보십시오. '우리 좀 살려줘. 제발 부탁이야. 여긴 너무나 고통스럽고 괴롭구나. 너희들 돈 몇 푼이면 나를 거뜬히 구할 수 있어'라고 말입니다. 여러분의 죽은 아버지, 어머니가 고통스러워하는 목소리를 들어 보십시오.
> '널 길러 유산까지 물려주었는데 넌 물려준 유산의 일부도 쓰기 싫어하는 거냐?'
> 여러분은 구원할 수 있습니다. 여러분의 동전이 궤짝에 딸랑하고 떨어지는 순간 그들의 영혼은 연옥에서 튀어 오르기 때문입니다.
> 이 면죄부를 받으십시오![5]

당시 비텐베르크대학교의 성경 교수였던 마틴 루터는 그와 같은 면죄부 강매를 더 이상 지켜만 볼 수 없었다. 1517년 10월 31일, 루터는 비텐베르크대학교교회 정문에 『95개 논제』를 발표하며, 그는 외쳤다.

---

[5] 카터 린드버그, 『유럽의 종교개혁』, 조영천 역 (서울: 기독교문서선교회, 2012), 125-126.

만일 교황이 면죄부를 판매하는 설교자들의 행위를 안다면 자기 양들의 가죽과 살과 뼈로 베드로 성당이 세워지는 것보다는 차라리 이것을 불태워 재로 만드는 것을 바랄 것이다.[6]

이처럼 면죄부 강매의 부당성을 지적하며 교회가 바른 진리로 돌아가기를 원했다. '95개 논제 사건'은 종교개혁의 직접적 도화선이 되었으며, 교회 역사를 새로운 대변혁의 길로 인도했다.

---

[6] Martine Luther, *95Theses*, no. 50, in Luther's Works, vol. 31, ed. Jaroslav J. Pelikan and Helmut T. Lehman (Philadelphia and St. Louis: Fortress Press, 1955), 318

제26장

마틴 루터의 종교개혁

1. 개혁의 여정(1483-1517)

1) 수도사가 되다

마틴 루터(Martin Luther, 1483-1546)는 1483년 11월 10일에 독일의 삭소니 광산 마을 아이슬레벤(Eisleben)에서 한스 루터(Hans Luther)와 마가레데 린데만(Margarethe Lindeman) 부부의 여덟 자녀 가운데 둘째 아들로 태어났다. 그가 태어난 11월 10일은 가톨릭교회의 성인 마틴(St. Martin)의 축제일이었다.

따라서 그 성자의 이름에 따서 마틴이라고 불렀다. 이 마을에서 구리 광산업을 하던 아버지 한스는 루터가 태어난 지 반 년 뒤에 아이슬레벤에서 약 10킬로미터 떨어진 좀 더 큰 도시 만스펠트(Mansfeld)로 옮겼다. 그곳에서 한스는 주물 공장을 운영했으며, 1491년에는 이 도시의 시민 대표 4인 중의 한 사람으로 선출될 정도로 사업과 집안이 안정되었다.

온순한 성품을 지닌 루터는 어려서부터 매우 엄격하게 가정교육과 학교교육을 받으며 성장했다. 어린 시절, 길거리 담장 너머로 뻗어 나온 이웃집의 열매 한 개를 따먹었다는 이유로 어머니께 피가 나도록 매 맞은 적이 있었다. 7살부터 어린 루터는 만스펠트의 라틴어학교에 다녔다. 이 학교의 규율은 매우 엄격했으며, 어느 아침에는 매를 다섯 차례나 맞은 일도 있었다. 1497년 잠시 막데부르크에 머무는 동안 공동 생활 형제단이 운영하는 학교에서 경건 훈련을 경험했다.

한스는 아들 루터가 법조인이 되어 보다 안정적으로 살수 있기를 바랬다. 아버지의 뜻에 따라 루터는 18세가 되던 1501년에 에르푸르트(Erfurt)대학교에 진학했다. 당시 에르푸르트에는 35개의 교회와 11개의 수도원이 있을 만큼 발전된 대도시였다. 루터는 이 대학에서 음악과 철학 방면에 뛰어난 재능을 발휘했다. 에르푸르트대학교는 후기 스콜라 신학자 윌리엄 오캄의 유명론이 하나의 학풍으로 자리잡고 있었다.

오캄의 유명론을 추종하는 가브리엘 비엘(Gabriel Biel, c.1420-1495)과 비엘의 제자들이 이 대학교의 교수로 많이 있었기 때문이었다. 오캄은 신앙과 이성, 계시와 철학을 일관되게 구별했으며, 계시는 신앙의 영역의 인도자이며, 이성은 철학 영역의 인도자라고 가르쳤다. 루터는 한때 오캄과 비엘의 유명론에 심취하였지만, 종교개혁을 전후로 스콜라주의를 거부하고 보다 철저한 개혁의 길을 갔다.

또한, 에르푸르트대학교에는 인문주의 영향으로 이성보다는 경험을 그리고 전체보다는 개인을 중시하는 학풍이 자리잡고 있었다. 이러한 분위기 가운데 루터는 자신의 학문적 소양을 깊이 다듬어 나갔다. 한편 루터는 대학교 도서관에서 생애 처음으로 성경을 직접 읽을 수 있었다. 한나와 사무엘의 이야기, 특히 사무엘의 소명 부분에 깊은 감동을 받았다. 루터는 시간이 될 때마다 성경 읽기를 즐겨했다. 루터는 이 대학교에서 1502년 문학사, 1505년 문학 석사를 취득했고, 1505년 5월부터 법학을 공부하기 시작했다.

2달 뒤인 1505년 7월 2일, 루터의 인생 방향을 바꾸어 놓는 아주 중대한 사건이 발생했다. 그날 루터는 만스펠트의 부모님을 잠시 뵙고 다시 대학으로 돌아 오던 중이었다. 스토테른하임(Stotternheim) 근처 넓은 벌판을 걷고 있을 때, 갑자기 천둥 번개를 동반한 무시무시한 폭풍우가 몰아쳤다. 더욱이 자신의 주변 가까이에 벼락이 떨어지자 갑자기 죽음에 대한 공포가 엄습해왔다.

공포에 휩싸인 루터는 다음과 같이 기도했다.

> 성 안나여!
> 저를 살려주세요!
> 그러면 제가 수도사가 되겠습니다!

이렇게 아주 간절하게 기도했다. 성 안나(St. Anna)는 광산업의 수호 성자였다. 폭풍우는 곧 물러갔다. 성 안나와의 약속을 지키기 위해 고민하던 끝에 루터는 2주일 뒤에 학업을 중단하고 에르푸르트에 있는 어거스틴수도원에 들어갔다. 22살 때 일어난 사건이었다. 이는 청년 루터를 개혁가로 부르시는 하나님의 깊은 섭리에 의한 사건이었다.

2) 신부가 되다

법률 서적을 모두 정리하고 수도원에 들어간 루터는 수도 생활에만 전념했다. 1224년 탁발수도회의 하나로 세워진 어거스틴수도회는 교부 어거스틴의 사상을 근간으로 수행하는 수도회였다. 루터가 들어간 에르푸르트 어거스틴수도원은 이러한 정신 가운데 엄격한 규율로 운영되고 있었다. 수도원 수행 규율에 따라 루터는 예배와 기도, 명상과 노동 그리고 봉사와 탁발 등에 최선을 다했다.

특히, 내면의 죄를 몰아내고 그 자리에 평화를 채우기 위해 기도, 금식, 참회 등에 매진했다. 자기 몸에 매질하는 자학 수행도 했다. 그러나 참회하면 할수록 되살아나는 죄의 번뇌 때문에 영적으로 늘 고독했고 괴로웠다. 진정한 영적 평안과 안식을 누릴 수 없었다.

이러한 루터에게 위로와 도움을 준 사람은 수도원장 요한네스 스타우피츠(Johannes Von Staupitz, 1468-1524)였다. 신참 수도사 루터는 하나님의 사랑보다는 공의로운 심판에 더욱 사로잡혀 있었기 때문에 "나의 죄, 나의 죄"

를 외치며 괴로워했다.

스타우피츠는 죄를 벌하시는 공의의 심판자 주님이 아니라, 참회하는 자의 죄를 끝없이 용서하는 사랑의 구원자 주님을 바라 볼 수 있도록 루터의 영적인 눈을 뜨게 해 주었다. 그리고 루터에게 성경 공부에 집중하여 내면의 문제를 해결하라고 가르쳤다. 1507년 4월 3일, 수도사 과정을 무사히 마친 루터는 에르푸르트 대성당에서 사제 서품을 받고 가톨릭교회의 신부가 되었다.

3) 로마를 방문하다

1510년 11월부터 이듬해 4월까지 루터는 로마를 방문했다. 어거스틴수도원의 공적 업무를 수행하기 위해 수도원장의 명령으로 로마에 파견되었다. 루터는 수도원 업무를 처리하는 일보다 성지 로마를 방문한다는 기쁨과 기대감을 가지고 길을 떠났다. 하지만 그곳에서 그가 목격한 것은 도시에 가득 찬 타락, 부패, 사치, 미신적 행위 등이었다.

루터는 소위 빌라도의 계단으로 알려진 스칼라 산타(Scala Santa)를 방문했다. 이 계단은 예수가 인류의 죄를 용서하기 위해 총독 빌라도를 향해 걸어 올라갔던 계단으로서 콘스탄티누스 대제의 어머니 헬레나가 예루살렘을 순례하고 돌아올 때 로마로 가져왔다고 알려져 있었다. 총 28개의 계단으로 이뤄진 스칼라 산타를 무릎 꿇고 오르며 참회하면 죄가 용서되고, 소원을 빌면 이루어 진다는 기적의 명소로 유명했다.

하지만 계단을 오르기 위해서 기도 제목 만큼의 비용을 사제들에게 먼저 지불해야 했다. 루터도 다른 사람들처럼 값을 지불하고 맨 무릎으로 한 계단씩 올라가며 참회의 기도를 드렸다. 계단 중간에 이르렀을 때, 루터는 하박국 선지자의 다음과 같은 말씀을 떠올리며 그 자리에서 박차고 일어났다.

의인은 믿음으로 말미암아 살리라(합 2:4).

이러한 미신적인 행위와 고행이 아무 의미가 없다고 생각했기 때문이었다. 루터는 로마에 대해 가졌던 모든 기대감과 감격을 다 내려 놓고, 독일로 돌아왔다.

4) 성경 교수가 되다

로마에서 돌아온 루터는 에르푸르트대학교에서 신학을 계속 공부하며, 교부들의 신학 방법론과 문헌을 집중적으로 탐구했다. 1508년 겨울, 스타우피츠의 추천으로 루터는 비텐베르크대학교에서 신학을 가르치기 시작했다. 이 대학은 선제후 프리드리히(Frederick the Wise)가 1502년에 세운 신생 대학교였다.

1512년 10월 루터는 신학 박사 학위를 받았다. 이듬해 스타우피츠는 루터에게 신학 주임 교수 자리를 물려주었다. 주임 교수와 성경 교수로서 루터는 성경을 강의하기 시작했다. 1513년부터 1515년까지 시편을 강의했다. 루터는 예언적 해석 방식에 따라 시편의 전 내용을 그리스도의 탄생, 고난, 죽음, 구속 등의 사건에 맞추어 가르쳤다.

그는 구약의 모든 내용이 장차 오실 그리스도를 예언적으로 예시한다고 보았다. 따라서 그는 그리스도 중심적 해석 방식으로 성경을 가르쳤다. 1515년부터 1516년까지 로마서를 강의했다. 1516년 2월에 출판된 에라스무스의 헬라어 성경을 8월에 구입하여 강의 때 사용했다. 그리고 1516년부터 1517년까지 갈라디아서를 강해했다.

> 의인은 믿음으로 말미암아 살리라(롬 1:17; 갈 3:11).

이 즈음에 로마서와 갈라디아서 강의를 통해 루터는 이신칭의의 진리를 확실하게 깨달았다. 이 진리를 비텐베르크대학교 탑 안에 있는 자신의 서재에서 깨달았다고 하여 '탑의 경험'이라고 불렀다.

루터는 비텐베르크대학교 이외에 대학교 채플과 주변의 수도원을 순회하며 성경을 가르치고 말씀을 전했다. 이 대학의 학생들과 동료 교수들은 루터의 뛰어난 성경 해석과 가르침에 매료되었다. 도시의 시민들도 그의 설교를 열광적으로 좋아했다.

2. 개혁의 질풍 노도(1517-1521)

1) 『95개 논제』

헌금궤에 던진 돈이 딸랑 소리를 내면 동시에 영혼은 연옥에서 뛰쳐나온다.[1]

루터는 면죄부 판매자들의 거짓 설교와 감언이설에 더 이상 참을 수가 없었다. 몇 차례에 걸쳐 면죄부에 대하여 문제를 제기했지만, 응수하는 사람이 아무도 없었다. 드디어 1517년 10월 31일 정오, 루터는 비텐베르크대학교 내 캐슬교회(Castle Church) 정문에 『95개 논제』(또는, 95개 항의문)를 개제했다. 『95개 논제』 서문을 통해 그는 면죄부의 능력과 효용성에 관해 공개 토론하자고 제안했다. 『95개 논제』는 다음과 같은 내용을 핵심적으로 강조했다.

첫째, 참된 회개를 통해서만 죄 용서받는다.
둘째, 죄의 사면은 오직 하나님께만 있다.
셋째, 죽은 자의 죄를 용서하는 권한이 교황에게 없다.
넷째, 면죄부 판매가 남용되고 있다.
다섯째, 베드로 성당과 같은 큰 건물은 필요하지 않다.
여섯째, 십자가의 은혜만이 필요하다.

---

1   Martine Luther, *95 Theses*, no. 27.

교황 제도나 연옥 교리 그리고 면죄부 제도 등에 대해서는 아직 정면으로 부정하지는 않았다. 다음 날인 만성절에 예배 드리러 온 시민들이 『95개 논제』를 보았다. 그때 한 인쇄 업자가 『95개 논제』를 독일어로 번역했다. 라틴어와 독일어로 인쇄된 『95개 논제』는 약 2주만에 전 유럽에 널리 보급되었다.

『95개 논제』가 유럽인들의 큰 화젯거리가 되자, 교황청은 루터에게 『95개 논제』를 즉시 취소하라고 요구하는 한편, 사건의 진상을 파악하기 위해 추기경 카제타누스를 독일로 보냈다.

2) 카제타누스와 에크와의 논쟁

1518년 10월 아우크스부르크(Augsburg) 제국 회의에 출두하라는 황제의 명령을 받고 루터는 회의에 참석했다. 교황의 파견을 받아 참석한 추기경 카제타누스(Cajetanus, 1469-1534)는 면죄부와 교황권에 관해 루터와 논쟁을 했다.

카제타누스는 루터에게 면죄부 판매에 대한 비난을 철회하라고 요청했다. 그러나 루터는 자신의 견해가 잘못되었다는 것을 성경을 통해 입증하지 않는 한 절대 철회하지 않겠다고 맞섰다. 그리스도인의 신앙과 행위에 끼치는 최종적 권위는 교황이 아니라 오직 성경에 있다는 자신의 신념을 내세웠다.

1519년 7월 라이프지히(Leipzig)에서 좀 더 진지한 신학 논쟁이 일어났다. 가톨릭 신학자이자 잉골슈타트(Ingolstadt)대학교의 교수인 요하네스 에크(Johannes Eck, 1486-1543)와의 한판 논쟁이었다. 비텐베르크대학교의 동료 교수 칼스타트(Andreas Karlstadt, 1486-1541)가 루터를 대신해서 초반 논쟁자로 나섰으며, 본격적인 논쟁은 루터가 맡았다. 논쟁 핵심은 크게 3가지였다.

첫째, 교황의 권위에 관한 것으로서 에크는 교황의 권위를 주장한 반면, 루터는 교황의 오류를 지적하며 오직 성경만이 교회의 교리와 규범에 유일한 권위라고 반박했다.

둘째, 연옥 교리와 면죄부 그리고 고해 성사에 관한 것으로서 루터는 이 모든 교리가 교회의 전통이 창안한 교리이기 때문에 성경의 가르침에 부합되지 않는다고 비판했다.

셋째, 이신칭의에 관한 것이었다. 에크는 루터를 이단으로 정죄할 명분을 얻어 내기 위해, 얀 후스와 존 위클리프를 이단으로 정죄한 1415년 콘스탄츠 공의회의 결정에 관한 루터의 의견을 물었다. 에크의 속셈을 뻔히 알면서도 루터는 그들이 주장한 이신칭의는 성경적으로 옳으며, 따라서 그들을 이단으로 정죄한 공의회의 결정은 잘못되었다고 거침없이 답했다. 루터는 에크와의 논쟁을 통해 1517년의 『95개 논제』 때보다 교황 제도, 연옥, 면죄부, 고해 성사 등을 좀 더 강력하게 공박했고, 반면 성경의 권위와 이신칭의를 확실하게 내세웠다.

라이프치히 논쟁의 결과를 들은 교황 레오 10세는 1520년 6월 15일에 『주여 일어나소서』(*Exsurge Domine*)라는 교서를 발표했다. 루터를 이단으로 정죄하고 신부직을 파문한다는 교서였다. 교황의 교서를 전달받은 루터는 12월 10일 비텐베르크대학교 교정에서 그를 지지하는 교수들과 학생들과 시민들이 지켜 보는 가운데 교황에 대한 항의의 표시로 그의 교서를 불태워 버렸다. 이처럼 시간이 흘러갈수록 그의 개혁 사상은 더욱 선명해져 갔으며, 개혁을 향한 그의 발걸음도 더욱 담대해졌다.

3) 1520년에 발간한 신학 소논문

에크와 논쟁을 마친 이후, 루터는 1520년에 자신의 개혁 사상을 명확하게 담은 소논문들을 연속적으로 발표했다. 대표적인 작품 4개는 다음과 같다.

첫째, 『선행론』(*The Sermon of Good Works*)
둘째, 『독일 민족의 귀족들에게 호소함』(*Adress to the German Nobility*)

셋째, 『교회의 바벨론 포로』(Babylonian Captivity of the Church)

넷째, 『그리스도인의 자유』(On Christian Liberty)

먼저 1520년 5월, 이때 저술한 『선행론』(The Sermon of Good Works)이 있었다. 루터는 믿음과 선행의 관계를 설명하면서, 인간이 가져야 할 최상의 가치는 선행이 아니라 그리스도를 믿는 믿음이라고 피력했다. 즉 오직 믿음만이 의롭다 함을 받을 수 있는 유일한 길이라고 주장했다. 반면 가톨릭교회의 선행과 공로 사상을 비판했다.

8월 18일, 이때 출판한 『독일 민족의 귀족들에게 호소함』(Adress to the German Nobility)에서 루터는 개혁을 방해하는 3가지 장벽을 거론했다.

첫째, 성직 권력이 세속 권력보다 우월하다고 주장하는 가톨릭교회의 사제주의였다. 루터는 이를 비판하며 만인제사장론을 다음과 같이 피력했다.

> 교황들, 주교들, 사제들, 수도사들, 수녀들을 경건한 계급이라고 부르고, 제후들, 영주들, 장인들, 농부들을 세속적 계급이라 부르는 것은 어떤 기회주의자들에 의해 만들어진 허울좋은 고안물이다. 아무도 그것으로 인해 놀라서는 안되는데 그럴만한 이유가 있다. 왜냐하면, 모든 그리스도인은 참으로 영적 계급에 속하며 그들 사이에서는 그들이 서로 다른 일을 하고 있다는 것 외에는 아무런 차이도 없기 때문이다. … 교황이나 주교가 기름을 붓고 삭발을 허용하고 서품을 하고 성별하고 평신도들과는 다르게 옷을 입는 일은 사람을 위선자 또는 조상(彫像)을 만들뿐 결코 그리스도인이나 영적인 인간을 만들지 못한다. 사실인즉 우리는 다 예외없이 세례를 통하여 성별되고 제사장이 된다.[2]

---

[2] 마틴 루터, 『독일 민족의 귀족들에게 호소함』, 존 딜렌버거 편집, 『루터 저작선』, 이형기 역 (서울: 크리스천다이제스트, 1994), 485.

둘째, 교황만이 성경 해석의 유일한 특권을 가지고 있다는 점이었다. 루터는 이러한 교황의 특권을 반대했고, 모든 그리스도인은 성경을 읽고 해석할 수 있는 자유와 권리가 있다고 주장했다.

셋째, 교황만이 종교 회의를 소집할 수 있다는 주장이었는데, 루터는 이것을 교황권의 남용이라고 비판했다. 루터는 이러한 장벽들을 허무는 교회 개혁에 독일 귀족들이 적극적으로 동참해 줄 것을 강력하게 호소했다.

10월, 루터는 『교회의 바벨론 포로』(Babylonian Captivity of the Church)를 발표했다. 이 글을 통해 루터는 가톨릭교회의 성례주의를 비판했다. 교회의 7성사 제도를 일축하고, 성찬과 세례 그리고 고해만을 참된 성례로 인정했다.

이후, 고해는 멜랑히톤에 의해 취소되었다. 성찬론에 있어서 가톨릭의 화체설을 반박하고, 공재설(Consubstantiation, 또는 편재설)을 주장했다. 평신도들에게 떡과 포도주를 직접 나눠주어야 한다고 했다.

11월 초, 루터는 『그리스도인의 자유』(On Christian Liberty)를 출판하며 다음과 같이 말했다.

> 그리스도인은 아무 것에도 종속되지 않는, 완전히 자유로운 만물의 영장이다.

자유로운 그리스도인들이 의롭게 되는 것은 율법적 선행이 아니라 오직 믿음에 의해 이루어진다는 점을 다시금 강조했다. 당시의 인쇄술 덕분에 루터의 저술은 빠르게 인쇄되어 전 유럽으로 보급되었다. 그리고 루터의 글을 읽은 많은 사람이 그의 개혁 사상과 운동을 지지하고 합류했다.

면죄부 논쟁으로 시작된 1517년의 '95개 논제 사건'은 이제 개혁에 대한 루터 자신의 견해와 의지를 더욱 분명하게 표명한 1520년의 소논문들로 이어졌던 것이다. 그리고 이듬해, 그의 개혁 여정에 결정적 전환점이 되는 중대한 사건이 발생했다.

4) 보름스 제국 의회

카를 5세(Karl V, 1500-1558)가 1519년 19세 때 신성 로마 제국의 황제가 되었다. 1521년 봄, 보름스 제국 의회(Diet of Worms)를 소집하고, 루터에게 의회에 출두하라고 명령했다. 루터의 동료들은 안전 문제로 가지 말라고 만류했다. 그러나 루터는 '보름스 성 지붕 위의 기왓장 숫자만큼 마귀들이 있을지라도 나는 갈 것이다'라는 담대한 마음으로 출두 명령에 응했다. 음악적 재능이 많았던 루터는 이 즈음에 <내 주는 강한 성이요>라는 찬송가를 지었다.

황제가 약속한 신변 보장과 선제후 프리드리히와 몇몇 제후들의 지원 속에 루터는 1521년 4월 16일 보름스에 도착했다. 연도에 늘어선 주민들은 루터의 입성을 열렬히 환영했다. 루터는 당일 오후 회의에 잠시 참석하여 인사를 했다. 17일 회의는 루터 문제를 본격적으로 심의했다.

회의장에는 총 206명이 참석했다. 중앙에는 황제가 앉았다. 한편에는 그의 형제들을 포함하여 6명의 선제후와 24명의 공작 그리고 8명의 후작 등 정치 권력자들이 배석했고, 다른 한편에는 30명의 대주교와 주교와 수도원장 그리고 7명의 교황 대사 등 각 계층의 종교지도자들이 앉았다.

회의장 앞 단상에는 루터의 책들의 수북이 쌓여 있었다. 사회자 에크는 본인의 저서인지를 루터에게 확인한 후, 이 모든 글을 철회할 의사가 있는지를 재차 물었다. 루터는 먼저 그 모든 책이 자신의 것임을 인정했다. 그리고 자신의 의견을 설명하려고 하자, 에크는 그러한 기회를 주지 않고, 단지 철회 질문에 "예 또는 아니오"라고만 대답하라고 말했다.

루터는 잠시 답변을 생각할 수 있는 시간을 달라고 요청했고, 황제는 회의를 다음날로 연기했다. 숙소에 돌아 온 루터는 밤새워 기도했다. 다음날 4월 18일 오후 4시경, 루터는 기독교 역사에 길이 남을 만한 유명한 진술로 자신의 소명을 마무리했다.

고귀하신 황제와 여러 군주께서 간단한 답변을 원하시는 바, 저는 뿔이 나거나 이가 툭 나온 것 같지 않은, 바로 그런 방식으로 답하고자 합니다. 나는 성경과 정상적인 이성에 의해 정죄되지 않는 한 내가 말한 어느 것도 철회하지 않겠습니다(왜냐하면 서로 모순되는 이야기를 하는 교황이나 교회 회의들의 주장을 내가 받아들이지 않기 때문입니다). 나는 내가 인용한 성경 말씀에 붙잡혀 있고, 나의 양심은 하나님의 말씀에 사로잡혀 있기 때문입니다. 양심을 거슬리며 행동한다는 것은 안전하지도 옳지도 않습니다. 나는 이러한 입장에 서있습니다. 달리 어찌할 수 없습니다. 하나님이여, 저를 도와주소서, 아멘.[3]

이와 같이 루터는 자신의 양심과 신앙이 하나님의 말씀에 붙잡히고 사로잡혀 있기 때문에 하나님의 말씀을 통해 정죄되지 않는 한, 자신의 의견을 결코 철회하지 않겠다고 단호하게 밝혔다. 이에 루터를 정죄해야 한다는 대적자들의 항변이 즉각적으로 있었지만, 황제의 약속에 따라 루터는 신변보호를 받으며 그 다음 날 보름스를 떠났다. 5월 25일 보름스 의회 마지막 날, 제국 의회는 루터를 이단으로 정죄하고, 그의 모든 책을 금서로 지정한다는 황제 칙령을 발표했다.

3. 개혁자의 삶(1521-1546)

일단 보름스를 안전하게 빠져 나왔지만, 루터의 목숨을 노리는 대적자들이 언제 어디서 나타날지 모르는 위험한 처지가 되었다. 바로 그때 선제후 프리드리히가 보낸 기사들이 그를 비밀리에 납치하여 바르트부르크(Wartburg) 성으로 피신시켰다. 이듬해 3월까지 약 10개월간 이 성에서 보호를 받으며 지내는 가운데 루터는 교회 개혁을 위한 새로운 구상을 준비했다.

---

3 Martin Luther, *Luther's Works*, vol. 32, 112-113.

먼저 그는 그곳에서 에라스무스의 헬라어 성경을 토대로 신약성경 독일어 번역을 완성했다. 1522년 9월에 출판했고, 1534년에는 독일어 구약성경을 출판했다. 1522년 3월 루터는 시민과 학생과 교수들의 열렬한 환영을 받으며 비텐베르크로 다시 돌아왔다.

그리고 본격적으로 개혁을 단행했다. 『95개 논제』를 발표한 지 4년 5개월 만이었다. 군주와 사제들도 루터의 개혁에 적극적으로 동참했다. 루터는 예배를 개혁했다. 라틴어 대신에 자국어인 독일어로 예배를 진행했다.

독일어 성경을 사용했고, 미사를 폐지하고 설교 중심의 예배를 실행했다. 성찬식의 횟수를 줄이고, 빵과 포도주를 신자들에게 직접 나눠주었다. 사제들에게 결혼을 허용했다. 이렇게 시작된 비텐베르크 개혁의 물결은 독일 북부 지방으로 아주 빠르게 확산되었다. 가톨릭교회와 결별을 선언하고 루터교로 개종하는 군주와 사제들이 계속하여 늘어났다.[4]

루터의 개혁 운동에 신부와 수녀들도 많이 합류했다. 루터는 그들에게 결혼하여 가정을 갖도록 권장했다. 1525년 6월 13일, 루터도 전직 수녀 카타리나 폰 보라(Katharina von Bora, 1499-1552)와 결혼했다. 두 사람의 결혼은 여러 가지 상징적 의미가 있었다.

첫째, 먼저는 가톨릭교회의 성직자 독신 제도를 반대한다는 것을 보여주었다.
둘째, 결혼을 통해 결혼과 가정에 대한 성경적 가치와 중요성을 가르쳐 주었다.

---

4 작소니의 선제후 프리드리히 외에 루터의 종교개혁을 적극 지지한 독일 제후는 알브레히트 폰 프로이센(Albrecht Herzog von Preußen, 1490-1568)이었다. 그는 1525년 루터교로 개종했고, 그 해 2월 10일 프로이센 공국의 초대 공작이 된 이후에 최초로 루터교를 국교로 삼은 군주가 되었다.

루터 부부는 여섯 명의 자녀를 낳았으며, 행복한 가정 생활이 그리스도인의 소명 중에 하나라는 점을 자신의 삶을 통해 일깨워주었다. 1546년 2월 개혁을 위해 일생을 받쳤던 루터는 그가 태어났던 아이슬레벤에서 짤막한 기도와 함께 평안히 눈을 감았다.

아버지여!
주님의 손에 저의 영혼을 맡기나이다!

제27장

루터의 신학과 루터교

1. 루터의 신학

1) 칭의론

루터의 신학은 칭의론에서 시작한다. 수도원 생활 초기부터 루터는 다음과 같은 문제로 고민하며 방황했다.

'죄인은 어떻게 구원을 받을 수 있을까?'

스타우피츠의 도움이 있었지만, 루터는 계속된 성경과 교부 문헌 연구를 통해 그 해답을 발견했다. 특히, 교부 어거스틴의 글을 깊이 탐독했다. 구원은 선행으로 얻는 것이 아니라 오직 믿음을 통해 은혜로서 의로워진다는 사실을 깨달았다.

당시 가톨릭교회의 반펠라기우스적 사상에서 벗어나 어거스틴 사상으로 돌아서는 계기가 되었다. 성경 연구는 그러한 생각을 더욱 확고하게 해 주었다. 로마서 강의 중에 다음과 같은 말씀은 칭의 사상을 확신케 해 주는 결정적 역할을 했다.

의인은 믿음으로 말미암아 살리라(롬 1:17).

2) 성경관

루터 신학의 출발점이 칭의론이라면, 루터 신학의 기초는 성경관이다. 그의 성경관은 한마디로 '오직 성경'에 근거하고 있었다.[1] 루터의 오직 성경관은 몇 가지 중요한 의미를 함축하고 있었다.

첫째, 성경의 절대적 권위이다. 루터는 그리스도인의 삶과 규범에 유일하고 최종적인 권위는 오직 성경 밖에 없다고 확신했다. 교회와 교황도 성경의 권위에 따라야 하며 성경에 예속되어야 한다고 주장했다.

둘째, 그리스도 중심적 해석이다. 루터는 구약성경을 '그리스도가 누워있는 구유이며 강보'라고 했으며, '모든 성경은 오직 그리스도만을 보여 준다'고 강조했다.[2] 때문에 상대적으로 그리스도 사상이 미약하다고 생각한 야고보서를 루터는 '하찮은 서신서'(Epistle of Straw)라고 했다. 그에게 있어서 성경은 반드시 '그리스도를 보여 주는 도구'이어야 했다. 이러한 측면에서 역사가 로버트 갇프리(Robert Godfrey, b. 1945)는 루터의 신학이 매우 그리스도 중심적이며, 그리스도를 성경의 유일한 메시지로 간주하고 있다고 평했다.[3]

셋째, 성경의 무오성이다. 루터는 성경을 오류 없는 하나님 말씀으로 믿었다.

요약하면, 루터는 '오직 성경'에 근거하여 성경의 최종적 권위와 그리스도 중심적 성경 해석 그리고 성경의 무오 사상을 자신의 성경관으로 삼았다.

---

1 이호우, "'오직 성경만으로' 사상을 통해 본 종교개혁 운동", 「역사신학 논총」 (1991), 창간호, 155-159.
2 Martin Luther, *Preface to the Old Testament* (1545), in *Luther's Works*, vol. 35, 247-248.
3 Robert Godfrey, *Biblical Authority in the Sixteenth and Seventeenth Centuries: A Question of Transition*, in *Scripture and Truth*, ed. D. A. Carson and John D. Woodbridge (Grand Rapids: Zondervan Publishing House, 1983), 227.

3) 만인 제사장주의

루터는 1520년 8월에 발표한 『독일 민족의 귀족들에게 고함』을 통해 가톨릭교회의 권위주의적 사제주의를 배척하고 만인 제사장주의를 천명했다. 신부들은 사제의 권위로 참회자의 죄를 용서해 주었다. 그러나 루터는 만인 제사장주의를 근거로 더 이상 사제의 중보가 필요 없으며, 모든 그리스도인은 회개와 믿음을 통해 하나님께 직접 나아갈 수 있다고 강조했다. 루터는 가정 예배의 중요성을 가르쳤는데, 각 가정의 가장은 온 식구를 말씀과 예배를 통해 훈육하는 가정의 제사장이라고 했다.

루터의 만인 제사장주의는 소명의 보편성을 강화시켰다. 중세 가톨릭교회가 성직에 한해서 소명이라는 단어를 적용한 반면, 루터는 그 범위를 모든 그리스도인의 직업에 적용했다. 모든 직업은 하나님을 섬기는 통로이기 때문에 모든 직업은 다 신성하다는 논리를 전개했다. 이러한 소명관은 노동을 중요시 여기는 직업 윤리관을 낳았다. 또한, 루터의 만인 제사장주의는 모든 그리스도인이 성경을 소유하고 읽고 해석할 수 있음을 일깨워 주었다. 그는 교황만이 성경 해석하는 특권을 가지고 있다는 주장을 반대했다.

4) 십자가 신학

루터의 신학은 십자가 신학(*theologia crucis*)이다. 1517년의 『95개 논제』에서 다음과 같이 십자가 신앙의 중요성을 표명했다.

> 그러나 그리스도의 백성을 향하여 '십자가', '십자가' 하고 부르짖는 모든 예언자는 축복을 받을 것이다(제93조항).

십자가 신학을 분명히 드러낸 것은 이듬해였다. 1518년 4월, 하이델베르크 (Heidelberg)에서 개최된 어거스틴수도회 총회는 교황청의 요청에 따라 루터에게 『95개 논제』에 대한 진위를 캐물었다. 이때 루터는 그동안 깨닫고 확신했던 십자가 신학을 40개의 논제로 설명했다. 하나님을 향한 진실된 신앙과 지식은 오직 십자가에 못 박히신 그리스도 안에서만 발견된다고 주장했다.

십자가 신학은 영광의 신학에 상반된다. 그는 하나님을 알기 위해 꾸며진 일체의 아름다움과 노력, 즉 화려한 예배당, 의식, 고상한 행위, 영광, 선행 등을 반대했다. 하나님의 아름다움과 거룩함은 오로지 그리스도의 십자가 속에서 발견된다고 강조했다. 영광만을 추구하는 사제들의 잘못된 태도를 비판했다. 그리스도인의 삶은 영광을 추구하는 삶이 아니라, 십자가를 사랑하는 삶이라는 것이 그의 십자가 신학의 핵심이었다.

5) 성례론

『교회의 바벨론 포로』를 통해 루터는 가톨릭교회의 7성사를 반박하고, 오직 성찬과 세례 그리고 고해 3가지만을 성례로 인정했다. 성찬에 있어서 루터는 가톨릭교회의 화체설 교리를 부정했다. 그러나 루터는 다음과 같은 말씀을 문자적으로 이해했다.

> 이것은 내 몸이니라(마 26:26).

> 나의 피 곧 언약의 피니라(마 26:28).

그래서 루터는 화체설처럼 성찬의 본질이 변하지 않지만, 성찬에 그리스도가 육체적 실제로 임재한다고 해석했다. 즉 부활하신 그리스도의 몸이 영으로서 모든 곳에 편재하듯이, 그리스도의 몸과 피가 떡과 포도주 '안에, 함께, 아래에' 실제적으로 임재한다고 주장했다. 이러한 루터의 사상을 육체적 임재설 또는 공재설(편재설)이라고 불렀다.

1529년 10월 헤세의 필립(Philip of Hesse)의 주선으로 마르부르크에서 루터와 츠빙글리가 만나 마르부르크 회담(Marburg Colloquy)을 가졌다. 스위스 취리히에서 개혁을 이끌던 츠빙글리와 루터 간의 개혁 운동을 연대하기 위해 만난 자리였다. 15개 항목의 연대 합의안 중에서 14개 항목에는 서로 일치를 이루었으나, 1개 항목에서 합의점을 못 찾았다. 1개 항목 때문에 결국 회담이 결렬되었는데, 바로 성찬론에 관한 것이었다.

 루터는 공재설을 주장한 반면, 츠빙글리는 다음의 말씀에 따라 기념설을 주장했다.

> 너희가 이를 행하여 나를 기념하라(눅 22:19).

2. 독일의 루터교

1) 농민 혁명

 중세 유럽 사회는 오랜 봉건주의로 인하여 농민들은 지배 영주들의 착취와 억압에 시달리고 있었다. 과다한 소작료와 각종 세금은 농민들의 삶을 점점 더 피폐하게 만들었다. 독일의 농민들도 예외는 아니었다. 그러던 중에 루터가 만인제사장과 그리스도인의 자유 그리고 오직 성경 등을 내세우며 가톨릭교회의 권위주의에 맞서는 것을 보면서 독일 농민들도 지배 계층의 권위에 맞설 용기를 얻게 되었다. 그렇게 발발 된 농민 혁명은 1524년부터 1525년까지 계속되었고 약 30만 명의 농민이 저항 운동에 합류했다.

 특히, 급진 종교개혁가이며 재세례파 지도자인 토마스 뮌처(Thomas Munzer, c.1489-1525)가 앞장서서 농민 혁명을 이끌었다. 그는 성경보다는 성령의 직접적 계시와 현현을 신봉했으며, 극단적인 종말론인 천년왕국 사상에 빠져 있었다. 폭력을 정당화 시킨 뮌처의 선동으로 농민 혁명은 폭력이 난무하는 투쟁으로 바뀌었다.

초기에 루터는 농민과 제후 또는 영주들 사이에서 중립적 자세로 타협을 이루고자 노력했다. 농민을 비롯한 일반 평민들이 자신의 종교개혁을 적극 지지했기 때문이었다. 하지만 농민 혁명이 폭력적인 전쟁으로 바뀌자 제후들을 지지하는 입장으로 선회했다.

1525년 5월 루터는 『약탈을 일삼는 살인적인 농민들을 대적하여』라는 글을 발표했다. 루터는 제후들의 착취를 비판하는 동시에 하나님이 세운 세상의 정치 질서를 파괴하는 폭거는 절대 용납할 수 없다고 주장하며, 무질서하고 폭력적인 농민 투쟁을 무력으로 진압할 것을 제후들에게 촉구했다.

결국, 뮌처는 체포되어 5월 25일에 처형되었고, 약 10만 명에 달하는 농민들이 살해되면서 농민 혁명은 종식되었다. 이 사건으로 인해 많은 농민이 루터에게 등을 돌려 가톨릭교회로 다시 돌아가거나, 아니면 재세례파 운동에 합류했다. 하지만 이로 인해 루터와 독일 제후들의 결속은 더욱 견고해졌다.

루터는 교회와 국가와의 관계에 있어서 교회가 국가의 보호를 받아야 한다고 생각했다. 제후나 시의회가 교회세를 징수하여 교회를 재정적으로 도울 뿐만 아니라 행정적으로 교회를 지도해야 한다고 했다. 이러한 루터의 견해는 제후들의 지지를 적극적으로 이끌어 냈으며, 루터교가 독일의 국교로 발전되는 계기가 되었다.

2) 슈파이어 의회 (1526, 1529)

1526년 6월 슈파이어(Speyer) 제국 의회가 개최되었다. 1521년 보름스 제국 의회에서 정죄했던 루터의 개혁 사상과 운동을 다시 논의했다. 이때 루터를 지지하는 제후들의 강력한 주장에 의해 아주 중대한 종교 정책을 채택했다.

그것은 '각 지역의 통치자에 의해 그 지역의 종교가 결정된다'(*cuius regio, eius religio*)는 소위 지역 주권주의 원리를 결정한 것이었다. 그 결과, 지역에 따라 루터파에게 예배의 자유가 합법적으로 허용되었다.

그러나 이러한 결정이 1529년 3월에 개최된 슈파이어 의회에서 다시 뒤집혀졌다. 가톨릭 세력이 장악한 이 의회는 오직 가톨릭교회만이 제국 내의 합법적인 교회라고 선포했다. 다음달 4월, 6명의 제후와 14개 도시 통치자들이 따로 모임을 갖고, 3월의 결정은 1526년 슈파이어 의회의 결정과 양심의 자유 그리고 하나님의 말씀에 위배된다고 강력하게 '항의'했다.

이로 인해 루터파를 항의하는 자들이라고 불렀다. 그때부터 루터파를 포함한 모든 종교개혁 그룹들에게 항의하는 자들이라는 의미의 프로테스탄트(Protestant, 개신교)라는 이름이 붙여졌다.

3) 멜랑히톤과 아우크스부르크 신앙 고백

다윗의 곁에 요나단이 있었던 것처럼, 개혁의 선두에 서있던 루터를 도와 개혁을 완성한 사람이 바로 멜랑히톤(Philip Melanchthon, 1497-1560)이었다. 그는 20세 이전에 이미 라틴어와 헬라어와 히브리어를 통달했다. 1518년 21세 때, 비텐베르크대학교의 헬라어 교수가 되었다. 처음에는 루터의 동료 교수로 시작해서 그의 추종자가 되었고 나중에는 계승자가 되었다.

그는 자신의 해박한 언어와 성경 지식으로 루터의 개혁 운동을 적극 도왔으며, 루터교의 교리적 기반을 완성시켰다. 1521년 멜랑히톤은 『신학 개요』(*Loci Communes*)를 출판했다. 이 책은 라틴어로 저술된 논문으로서 개신교 최초의 조직신학 책이었다. 멜랑히톤은 가톨릭교회, 교부들, 교회법 그리고 스콜라 철학자들의 권위를 거부하고, 성경 자체가 가지고 있는 우위적 권위만을 강조했다. 루터는 『신학 개요』를 뛰어난 명작으로 극찬했다.

1530년 황제 카를 5세는 가톨릭과 루터교 간의 화해를 위해 아우크스부르크(Augsburg) 제국 의회를 소집했다. 루터의 도움을 받아 멜랑히톤 자신이 작성한 28개조의 『아우크스부르크 신앙고백서』를 제국 의회에 제출했다. 이 신앙고백서는 몇몇 부분에서 가톨릭교회와 동일한 입장을 취했지만, 이신칭의와 성찬 등에 대해서는 분명한 차이가 있었다. 큰 합의없이 회의가 끝난 이후, 가톨릭교회와의 차이를 인식한 루터교 제후들은 비밀리에 슈말칼덴(Schmalkalden)에서 동맹을 체결하고 세력을 결집해 나갔다.

4) 슈말칼트 전쟁과 아우크스부르크 평화 조약

1531년 2월 선제후 프리드리히와 헤세의 필립을 중심으로 개신교 제후들은 슈말칼텐에서 슈말칼트 동맹을 맺었다. 악화된 국제 관계를 극복하기 위해서는 제국 내 안정이 먼저 필요했던 황제 카를 5세는 1532년에 루터파 선제후들과 누렘베르크 평화 조약(Peace of Nuremberg)을 체결했다. 이 조약에 따라, 루터파는 자기들의 신앙을 계속 유지하며 독일 북부에서 크게 번성해 나갔다.

하지만 프랑스와의 휴전 협정으로 일단 전쟁의 고비를 넘긴 카를 5세는 제국 내 개신교인들을 무력으로 진압하려고 했다. 결국, 가톨릭을 지지하는 황제 군대와 루터파를 지지하는 슈말칼트 동맹 제후들 간의 슈말칼트 전쟁이 1546년에 발발하여 1552년까지 이어졌다. 처음에는 황제 군대가 승기를 잡았으나 끈질긴 저항으로 루터교 동맹군이 최후 승리를 얻었다. 1555년 양자 간에 아우크스부르크에서 평화 조약(Peace of Augsburg)을 맺고 전쟁을 끝냈다.

이 평화 조약은 제후들과 도시 통치자들이 자유롭게 자기 통치 영역의 종교를 택할 수 있도록 보장해 주었다. 1526년 슈파이어 의회의 결정을 따르기로 재천명한 것이었다. 이 조약으로 말미암아 1517년에 시작된 루터파 종교개혁은 38년 만에 가톨릭교회와 동등한 법적 지위를 확보하게 되었다.

루터교회는 지역 주권주의 원칙에 기반하여 발전해갔다. 지역 통치자의 신앙에 따라 사람들은 지역을 선택했다. 이제까지는 종교적인 문제는 거의 성직자가 독점했다. 그러나 통치자가 종교를 결정하고 후원하게 됨에 따라, 통치자가 교회 재정과 행정에 일정하게 관여할 수 있게 되었다. 제후들의 지원을 받고 있는 루터는 국가가 개인의 구원 문제와 종교 문제에 개입해서는 안되지만, 교회의 질서와 평화를 위해 국가의 통치가 필요하다는 입장을 취했다.

루터의 후계자인 멜랑히톤은 루터가 주장했던 예수의 육제적 임재설을 처음에 따랐다. 하지만 1540년의 아우크스부르크 신앙고백서 개정판에서 루터의 입장에서 한발 물러나 영적 임재설로 선회했다. 당시 스위스 제네바에서 개혁을 이끌고 있었던 존 칼빈이 영적 임재설을 주장했었다. 이로 인해 루터 지지파로부터 멜랑히톤을 숨은 칼빈주의자(crypto-Calvinist)라고 비난했다. 루터교는 루터파와 수정 멜랑히톤파 간의 그러한 견해 차이로 분쟁이 잠시 일어났다.

멜랑히톤 사후 17년이 지난 1577년, 양 진영은 서로 화해하고 새로운 신앙고백서 『일치 신조』(Formula of Concord)를 채택하고, 『아우크스부르크 신앙고백서』 발간 50주년을 기념하여 1580년에 출판했다. 『일치 신조』는 루터교 신앙을 대변하는 신조가 되었다.

이후 루터교는 독일 북부 지방 제후들의 지지 가운데 빠르게 성장했다. 1517년 종교개혁이 일어난 지 50여 년 만에 북부 독일인의 90퍼센트가 개신교를 따랐고, 단지 10퍼센트만이 가톨릭에 남았다. 90퍼센트의 독일 개신교 가운데 70퍼센트가 루터교였고, 나머지 20퍼센트가 재세례파 또는 개혁파였다. 루터교는 이웃 주변 국가로 빠르게 확산되었다. 1525년 프로이센 공국, 1527년 스웨덴과 핀란드, 1537년 덴마크와 노르웨이, 1539년 아이슬란드 등 주로 북유럽과 동유럽 국가들이 루터교를 국교로 채택했다.

제28장

츠빙글리의 종교개혁

루터가 독일에서 개혁을 이끌어가던 거의 같은 시기에 울리히 츠빙글리(Ulich Zwingli, 1481-1531)는 스위스 취리히(Zurich)에서 개혁 운동을 추진했다. 서로 다른 지역에서 각자 다른 개혁의 길을 갔지만, 교회 개혁의 필요성과 핵심에 있어서는 동일한 목소리를 냈다.

1. 개혁의 여정

츠빙글리는 루터보다 불과 50여일 늦은 1484년 1월 1일에 독일어권 스위스 빌트하우스(Wildhaus)에서 태어났다. 농촌 지역에서 태어났지만, 마을 행정관이었던 아버지 덕분으로 비교적 좋은 가정 환경 속에서 성장했다. 삼촌의 도움으로 츠빙글리는 10살 때인 1494년에 바젤(Basel)에서 초등 라틴어와 음악을 배웠으며, 3년 뒤 베른(Bern)으로 옮겨 라틴어를 계속 공부했다.

1498년부터 비엔나(Vienna)대학교에서 공부하다가, 1502년에 바젤대학교로 옮겨 1506년에 석사 학위를 취득했다. 당시 비엔나대학교와 바젤대학교에 자리잡은 인문주의 학풍 때문에 츠빙글리는 자연스럽게 인문주의와 친숙하게 되었다.[1]

---

1 W. P. 스티븐스, 『츠빙글리의 생애와 사상』, 박경수 역 (서울: 대한기독교서회, 2007),

1506년 가을 22살 때, 츠빙글리는 스위스 콘스탄스(Constance)에서 가톨릭교회 사제 서품을 받았다. 그때부터 10년간 글라루스(Glarus)에서, 1516년부터 2년간 아인지델른(Einsiedeln)에서 사제 사역을 했다. 스위스 지방의 성직자들이 지적 소양이 부족했던 반면, 츠빙글리는 이 두 도시에서 사역하는 동안에도 학문 탐구에 몰두했다. 헬라어와 히브리어를 완전하게 습득했고, 고전과 교부 그리고 스콜라 작품을 두루 섭렵했다.

특히, 스위스 인문주의자들과 계속적인 교류를 나누었을 뿐만 아니라, 에라스무스의 작품을 탐독했고, 1514년과 1516년 두 차례 바젤에서 에라스무스를 개인적으로 만나기도 했다. 이처럼 츠빙글리는 기독교 인문주의 영향 가운데 학문의 지평을 넓혀 나갔고, 목회에도 그러한 사상을 적용시켰다. 아인지텔른에서 목회할 때, 가톨릭교회의 선행론은 구원과 아무런 관계가 없다는 설교 등을 통해 사람들로부터 주목을 받았다.

1518년 12월 츠빙글리는 취리히 시의 그로스뮌스터(Grossmunster)교회의 인민 사제(people's priest)로 초빙 받았다. 에라스무스적 개혁을 선호하며 용병 제도에 반대하는 시의회가 같은 입장을 따르는 츠빙글리를 적임자로 선택했던 것이다. 츠빙글리가 에라스무스로부터 개혁 사상에 영향을 받은 것은 사실이지만, 성경 해석법과 개혁의 초점은 루터처럼 에라스무스와 다른 길을 걸었다.

마태복음을 시작으로 사도행전, 바울 서신, 공동 서신 순으로 1526년까지 신약 전부를 설교했다. 그의 설교와 성경 교육은 취리히 시민을 매료시켰다. 츠빙글리는 가톨릭교회의 성인 숭배와 면죄부 판매는 비성경적이라는 주장을 설교를 통해 서슴치 않고 가르쳤다. 그러한 영향 때문에 1519년 1월 가톨릭교회에서 파견된 면죄부 판매원이 취리히에 도착했을 때, 시의회는 그의 진입을 금지시켰다. 이러한 가톨릭교회와 취리히 간에 시작된 긴장 관계는 취리히 종교개혁의 발단이 되는 소위 '소시지 사건'으로 이어졌다.

25-30.

2. 취리히 종교개혁

1522년 3월 사순절 첫날 츠빙글리와 그의 동료들이 소시지를 먹었다. 사순절 기간에 먹어서는 안된다는 가톨릭교회의 육식 금지 규정을 위반한 것이었다. 논쟁이 일어나자, 츠빙글리는 곧바로 사순절의 육식 금지는 성경적 근거가 없을 뿐만 아니라, 하나님께서 주신 음식은 무엇이든지 자유롭게 먹을 수 있다고 설교했다. 이로 인해 발생한 가톨릭파와 츠빙글리파 간의 논쟁은 그 해 내내 계속되었다. 마침내 1523년 1월 29일, 취리히 시청에서 양 측간에 제1차 공개 토론회가 열렸다. 약 600명의 청중이 모인 토론회 자리에서 츠빙글리는 "67신조"(67 Articles)를 발표했다. 신조 서두를 통해 '오직 성경'에 따른 개혁 의지를 다음과 같이 밝혔다.

> 나, 울리히 츠빙글리는 다음의 "67신조"와 견해가 하나님의 영감으로 기록된 성경에 기반하여 취리히에서 설교했던 것임을 고백한다. 나는 그 조항들에 대한 논쟁을 제안한다. 내가 성경 말씀을 바르게 이해하지 못했다면, 배우고 고칠 것이다. 단 성경 말씀만을 통해서 그렇게 할 것이다.[2]

"67신조"는 위와 같은 서문에 이어 다음과 같이 열거한다.

- 1-16조: 복음의 본질, 중보자 그리스도, 교회의 의미에 관해
- 17조: 교황에 관해
- 18조: 미사에 관해
- 19-21조: 성인의 중보에 관해
- 22조: 선행에 관해

---

[2] Ulich Zwingli, *Sixty-Seven Articles of 1523*, in Reformed Confessions of the 16th Century, Arthur C. Cochrane ed. (Philadelphia, PA: the Westminster Press, 1966), 36-44.

- ·23조: 성직자의 재물에 관해
- ·24조: 금기 음식에 관해
- ·25-27조: 성지 순례, 수도 복장, 수도회 등에 관해
- ·28-30조: 성직자의 결혼에 관해
- ·31-32조: 출교에 관해
- ·33조: 불의한 소득에 관해
- ·34-43조: 정부에 관해
- ·44-46조: 기도에 관해
- ·47-49조: 분노에 관해
- ·50-56조: 죄의 사면에 관해
- ·57-60조: 연옥에 관해
- ·61-63조: 사제직에 관해
- ·64-67조: 악습을 끊어냄에 관해

이렇게 열거한 뒤 짤막한 맺는 말로 마쳤다. 주목할 부분은 츠빙글리 역시 믿음을 통해 구원을 얻는다는 이신칭의를 강조한 점이다(15-16조). 교황에 관한 17조에서는 다음과 같이 말하며 교황권을 비판했다.

> 그리스도만이 유일하고 영원하신 최고의 대제사장이시다. 따라서 스스로를 최고의 제사장으로 자처하는 자들은 그리스도의 명예와 권능을 부정하는 자들이며, 거역하는 자들 임에 틀림없다.

그리고 가톨릭교회의 미사(18조), 성인 중보(20조), 성직자 독신 제도(29조), 고해 성사(52조), 면죄부(55-56조), 연옥(57조) 등을 비성경적이라며 반박했다. 특히, 그리스도만이 구원의 보증이며(18조), 유일한 중보자이며(19조) 그리고 유일하신 속죄자(50조)라며 그리스도의 유일성을 외쳤다. 6년 전에 루터가 발표한 『95개 논제』와 비슷한 형태로 작성되었지만, 츠빙글

리의 "67신조"는 보다 많은 주제를 다루었고, 루터보다 더 적극적으로 분명하게 개혁 교리를 내세웠다.

논쟁은 일년 내내 계속되었다. 결국, 그 해 말, 취리히 시의회는 츠빙글리의 개혁안을 전폭적으로 수용했다. 따라서 1524년부터 1525년에 사이에 개혁이 빠르게 추진되었다. "67신조"에 따라 성화와 성상을 모두 철거했다. 수도원을 폐쇄했고, 교황청과의 관계를 단절했다. 사순절 금식 제도를 폐지했으며, 성직자의 결혼을 허용했다. 미사 예배를 철폐하고 설교 중심의 예배를 단행했다. 성도들이 직접 성찬에 참여하도록 허용했다.

당시 스위스는 캔톤(canton)이라 불리는 자치주로 구성된 도시 연맹 국가였다. 취리히 시가 개혁을 적극적으로 시행하자, 주변의 가톨릭 도시들과 신앙적 경제적 대립이 발생했고, 마침내 양 측간의 전쟁으로 이어졌다. 1531년 10월 11일, 가톨릭을 지지하는 6개 도시의 연합 군대와 취리히 군대 간의 마지막 치열한 전투가 캅펠(Kappel)에서 벌어졌다. 연합군은 8,000명에 달했으며, 취리히 군은 2,500명에 불과했다. 숫자의 열세를 극복하지 못하고 결국 취리히 군대가 대패를 당했다.

이 전투에 군목으로 참여하여 사상자들을 돌보던 츠빙글리가 부상으로 쓰러졌다. 이때 연합군의 가톨릭 신부가 츠빙글리에게 고해 성사를 하라고 종용했으나 이를 거부했다. 그러자 가톨릭 군인들은 그의 시신을 4등분으로 찢은 뒤에 불태워 한줌의 재로 날려 버렸다. 47세라는 인생의 황금기에 안타까운 죽음으로 순교를 당했다.

츠빙글리는 일생에 두 세력과 끊임없이 맞서 싸웠다.

첫째, 외부의 가톨릭 세력
둘째, 내부의 재세례파 세력

츠빙글리의 죽음 이후, 취리히 개혁 운동은 그의 개혁 동지 하인리히 불링거(Heinrich Bullinger, 1504-1575)에게로 전수되었다.

1536년 불링거는 『제1 헬베틱 신앙고백서』(*First Helvetic Confession*)를 작성했다. '헬베틱'은 스위스의 고대 라틴식 이름으로 스위스인을 지칭하는 말이었다. 이렇게 불링거의 손을 통해 소위 개혁교회의 첫 신앙고백서가 태동되었다.

1549년 5월 불링거와 칼빈의 주도 하에 스위스 개혁자들과 독일 남부 지역의 목회자들이 취리히에 모여 "취리히 합의서"(*Zurich Consensus*)를 작성했다. 이 합의서에 서명한 개신교인들을 소위 개혁파(Reformed)라고 불렀다. 물론, '칼빈파'라는 이름으로도 통용되었다. 츠빙글리의 개혁 사상은 불링거를 거쳐 점차 칼빈에 의해 더 크게 계승 발전되었다.

3. 주요 업적과 신학

1) 츠빙글리와 개혁파

츠빙글리는 루터처럼 극적인 소명 과정이나 『95개 논제』 같은 사건은 없었다. 기독교 인문주의를 통해 종교개혁의 필요성을 깨달았고, 루터와 같은 시기에 목회를 통해 개혁의 기치를 드러냈다. 가톨릭교회의 공격을 효과적으로 저지하고 개혁을 적극적으로 실행하기 위해서 츠빙글리와 루터 간의 연합이 절대적으로 필요하다고 생각한 사람들이 있었다. 1529년 10월 선제후 헤세의 필립의 주선으로 츠빙글리는 루터와 마르부르크 회담을 가졌다.

그러나 헤세와 마틴 부쳐(Martin Butzer, 1491-1551)의 중재에도 불구하고 결국 두 사람은 성찬식에 관한 각기 다른 생각으로 회담은 결렬되었다. 루터는 문자적 해석을 통해 공재설을 주장했고, 츠빙글리는 상징적 해석에 따라 기념설을 내세웠다. 이 일로 루터는 츠빙글리에게 우리는 영이 서로 다르다고 말하며 서로 각기 자신들의 개혁의 길을 갔다.

마르부르크 회담의 결렬은 개신교 개혁 운동에 분열을 가져다 주었다. 루터를 따르는 개신교를 루터파, 츠빙글리를 따르는 개신교를 처음에는 츠빙글리파, 나중에는 개혁파라고 불렀다. 이렇게 구분하는 이유는 단지 성찬론 때문만은 아니었다. 예배 의식에 있어서도 양 진영은 달랐다.

루터는 성경에 위배되지 않았다고 판단되는 가톨릭교회의 예전 일부를 그대로 유지한 반면, 츠빙글리는 성경 근거가 없는 가톨릭의 모든 잔재는 반드시 다 개혁되어야 한다고 주장했다.

예를 들어, 강단에 십자가를 걸고, 촛불을 키고, 예배를 위해 제등을 앞세우는 의식 등을 루터파는 그대로 답습한 반면, 개혁파는 오직 강단과 강단 밑의 성찬석 이외의 모든 장식을 금지시켰다.

2) 츠빙글리의 개혁 원리

츠빙글리는 루터와 동일하게 그리스도인의 신앙과 삶의 유일하고 최종적인 권위는 오직 성경뿐이라는 원리를 개혁의 근본으로 삼았다. 1523년 1월의 "67신조" 서문이 보여 주듯이 츠빙글리는 신조의 모든 견해가 오직 성경에 기초하고 있음을 밝혔으며, 성경만을 통해서 토론하고 성경의 가르침에 따라 고칠 것이라고 제시했다. 마치 루터가 1521년 4월 보름스 회의에서 행했던 최후 진술을 연상케 할 정도로 그의 서문의 내용이 일치하고 있었다. 또한, "67신조"는 구원은 선행이 아니라(22, 53조) 오직 믿음을 통해서 주어진다는(15-16조) '오직 믿음'의 신앙을 강조했다.

또한, 그리스도가 복음의 핵심이며(2, 6조), 죄 용서와 구원의 유일한 통로라는(18, 19, 50조) '오직 그리스도'의 사상을 전개했다. 1524년부터 본격적으로 진행된 취리히의 개혁은 "67신조"를 충실하게 이행했다. 따라서 다음과 같은 원리는 츠빙글리가 펼쳤던 교회 개혁의 근본이고 방향이며 원리라고 할 수 있다.

첫째, '오직 성경'
둘째, '오직 믿음'
셋째, '오직 그리스도'

이런 면에서 두 개혁자 루터와 츠빙글리는 동일한 개혁 원리를 공유했다.

3) 츠빙글리의 저서

성경은 츠빙글리 신학의 중심이었고, 개혁의 원천이었다. "67신조"를 발표하기 4개월 전인 1522년 9월에 츠빙글리는 『하나님의 말씀의 명확성과 확실성』(Clarity and Certainty of the Word of God)을 출판했다.

설교 형태의 이 논문 서론에서 인간은 거짓투성이며, 오직 하나님만이 참되다고 말하면서, 성경은 어둠의 거짓 속에 빛을 주시는 하나님의 말씀이라고 강조했다. 하나님의 말씀이 명확하고 확실한 이유는 하나님의 말씀이 사람으로부터 나온 것이 아니라 하나님으로부터 나왔기 때문이라고 피력했다.

> 7, 8년 전 내가 전적으로 성경 연구에 몰입할 때, 철학과 신학이 항상 나를 가로막았다. 그러나 결국 말씀과 하나님의 영으로 인도받아야 한다는 점을 깨달았다. 나는 만사를 제쳐놓고 하나님 자신의 말씀으로부터 직접 신론을 배워야 한다는 것을 터득했다. 그 때 나는 성령의 조명을 받기 위해 하나님께 기도하기 시작했고, 많은 주석가와 주해자들을 통해 연구했을 때보다 [설령 그들의 글을 전혀 읽지 않았을지라도] 성경은 내게 훨씬 더 명확해졌다.[3]

---

3 Zwingli, *Clarity and Certianty of the Word of God*, in Zwingli and Bullinger, Geoffrey W. Bromiley ed., the Library of Christian Classics Ichthus Edition (Philadelphia: The Westminster Press, 1952), 90-91.

츠빙글리는 하나님의 말씀을 명확하고 확실하게 이해하기 위해서 반드시 '말씀과 하나님의 영으로 인도 받아야 한다'는 것을 강조했다. 성령의 조명하심을 통해 깨달은 하나님의 말씀은 인간을 어둠에서 빛의 자리로 인도해 주신다고 확신했다. 이처럼 츠빙글리는 성경의 유일하고 최종적인 권위를 절대적으로 확신했을뿐만 아니라, 하나님 말씀으로서의 성경의 무오성과 성령의 조명하심을 분명하게 따랐다.

츠빙글리의 신학을 살필 수 있는 또 다른 중요 작품은 1525년 3월에 출간한 『참된 종교와 거짓 종교』이다. 츠빙글리는 참된 종교, 즉 참된 신앙은 삼위일체 하나님과 바르게 교제하고, 하나님의 말씀에 일치하는 삶이라고 했다. '참된 종교, 또는 경건은 한 분이고 유일하신 하나님을 붙잡는 것이다'라고 정의했다. 반면, 거짓 종교란 하나님과 바른 교제를 가지고 있다고 말하지만 실제로 하나님의 말씀대로 살지 않는 태도라고 했다. 물론, 가톨릭교회가 거짓 종교라는 점을 마음에 두고 이러한 주장을 했던 것이다.

제29장

급진파 종교개혁

독일에서는 루터, 스위스에서는 츠빙글리가 개혁을 이끌어 가고 있을 때, 양 진영에 두 개혁자의 개혁에 만족하지 않고 좀 더 급진적으로 개혁을 추구하려는 사람들이 등장했다. 소위 급진파 개혁자들이었다. 독일의 칼스타트와 토마스 뮌처 그리고 스위스의 재세례파를 대표적으로 꼽을 수 있다. 급진파 종교개혁은 다음과 같은 유형별로 구분할 수 있다.

첫째, 재세례파
둘째, 신령주의자파
셋째, 반삼위일체파

이들의 과격한 주장과 행동 때문에 가톨릭과 개혁자들로부터 모두 배척을 받았다. 급진파 종교개혁은 스위스와 독일 그리고 체코와 네덜란드 등에서 일어났다가 점차 사라졌다. 하지만 주류 개혁 세력에서 볼 수 없었던 개혁의 열정, 진지함, 순수함 등이 그들에게 있었다.

1. 재세례파(Anabaptist)

1) 발단과 전개

스위스 취리히에서 재세례파 운동이 일어났으며, 콘라드 그레벨(Konrad Grebel, 1498-1526)이 주도했다. 이후 스위스 전역과 주변 국가로 퍼져나갔으며, 그레벨이 이끄는 스위스 형제단(Swiss Brethren), 후브마이어(Baltarsar Hubmaier, 1485-1528)가 이끄는 남부 독일의 재세례파, 뮌스터의 종말론 재세례파, 모라비안 후터파 그리고 네덜란드와 북부 독일의 메노나이트파 등의 여러 유형으로 발전되었다.

이들의 공통점은 세례를 다시(ana) 베푸는 것이었다. 그래서 재세례파 혹은 재침례파라고 불렀다. 세례 의식도 초기에는 물을 머리에 적시는 형태이었으나, 점차 온 몸을 물에 담그는 침례 형태로 바뀌었다.

스위스 제세례파 운동을 태동시킨 콘라드 그레벨은 비엔나와 파리대학교에서 교육을 받았다. 츠빙글리의 설교에 크게 감동을 받고 취리히 개혁에 동참했다. 1521년 11월부터 그레벨은 펠릭스 만츠(Felix Mantz, 1498-1527)를 비롯한 몇몇의 사람과 함께 모여 개인적으로 성경 공부를 했다.

그러던 중에 서로를 형제라고 부르며 소위 스위스 형제단을 창설했다. 그들의 과격한 개혁 사상은 1523년 1월에 있었던 제1차 취리히 논쟁 때에 드러났다. 그들은 츠빙글리가 세속 권력과 연대하여 교회 개혁을 이루어 간다며 그를 비난했다.

반면 세속 정부의 간섭과 협력을 거부하고, 믿는 자들만의 행정 공동체를 구성해야 한다고 주장했다. 그리고 신앙 고백 없이 받은 유아 세례는 비성경적이라고 가르치며, 신앙 고백 후에 세례를 다시 받아야 한다고 역설했다. 이러한 과격한 주장 때문에 츠빙글리와 시의회는 그들에게 집회 금지 명령을 내렸다. 그런데도 그레벨과 만츠와 게오르게 블라우록(George Blaurock, c. 1491-1529) 등 세 사람은 신앙 신념에 따라 1525년 1월 21일 취리히 시 중앙

분수대에서 서로에게 세례를 베풀었다. 이것이 재세례의 효시가 되었다.

1525년 5월 츠빙글리는 『세례와 재세례와 유아 세례에 관하여』라는 글을 발표하여 유아 세례의 합법성을 강조하는 한편, 재세례파의 주장을 강력하게 반박했다. 츠빙글리는 가톨릭 신부에서 재세례파로 개종한 후브마이어와 논쟁을 계속 이어나갔다. 후브마이어는 교회 청소를 하다가 하나님으로부터 모든 가톨릭적 요소들을 제거하라는 계시를 직접 받았다고 외쳤다.

그레벨이 주장했던 것처럼, 그는 선 신앙 고백, 후 세례를 강조하며 유아 세례를 반대했고, 재세례를 가르쳤다. 츠빙글리의 설득과 논쟁은 별 소득없이 끝났다. 결국, 취리히 의회는 그레벨과 만츠가 주도하는 성경 공부와 재세례를 금지시켰으며, 불응하는 자는 추방하거나 체포하여 중벌에 처했다. 특히, 만츠를 체포하여 재세례 의미의 형벌로 호수에 빠뜨려 익사시켰다. 이렇게 만츠는 재세례파 최초의 순교자가 되었다. 만츠에 이어 블라우룩이 약 2년간 취리히 재세례파 세력을 이끌다가 1529년에 체포되어 화형 당했다.

2) 재세례파의 "슐라이트하임 신조"

재세례파 운동이 다양한 유형으로 전개되었고, 지도력도 여러 곳으로 분산되어 있었기 때문에 통일되고 체계적인 교리를 만들어내지 못했다. 다만 재세례파의 유일한 신조로 남아 있는 "슐라이트하임 신조"(*Schleitheim Articles*)를 통해 그들의 신앙 강령을 알 수 있다.

1527년 2월 24일, 가톨릭 신부에서 개종한 미카엘 자틀러(Michael Sattler, 1490-1527)가 이 신조를 작성했다. 독일 접경 지대인 스위스 북부 작은 산간 마을 슐라이트하임에서 작성한 것으로 보아서 스위스와 독일 남부 재세례파들의 신앙을 대변하는 신조라고 할 수 있다. 7개 조항으로 구성된 이 짧막한 신조는 재세례파의 교리적 특징을 핵심적으로 잘 드러냈다.

7개 조항을 요약하면 다음과 같다.

·1조, 세례(침례): 유아 세례를 거부하며 믿는 자의 세례만을 인정한다.
·2조, 출교: 주님의 가르침대로 범죄자에게 두 번까지 권고하고 세 번째는 출교한다.
·3조, 주의 만찬: 성찬은 믿는 자의 공동체가 하나되는 의식이며 반드시 세례 받은 자들만이 참여한다.
·4조, 세상으로부터의 분리: 믿는 자들은 불신자들의 악한 세상에서 분리되고 구별되어야 한다.
·5조, 교회의 목사: 목사는 온전하고 완전한 삶을 살아야 하며, 가르침과 권고와 훈계를 하며, 기도와 성찬을 집행한다. 목사의 권위는 교회로부터 인정받는다.
·6조, 무기의 사용: 어떠한 경우에서도 살상을 위해 무기와 폭력을 사용해서는 안 된다. 불신자의 무기는 세상적인 것이나 신자의 무기는 영적인 것이다. 세상의 법을 따르는 세상 법정에 서지 말아야 하며, 세상 법을 따르는 관료가 되어서도 안 된다.
·7조, 맹세: 주님의 명령에 따라 믿는 자가 맹세해서는 안 된다.[1]

주목해 볼만한 사항은 다음과 같다.

첫째, 재세례파의 세례관이다(1조). 유아 세례를 반대했고 신앙 고백자의 세례만을 인정했다. 가톨릭교회와 개혁교회에서 받은 세례를 인정하지 않았고, 신앙 고백 후 다시 세례를 받도록 했다.

---

1 Hans J. Hillerbrand, ed, *The Oxford Encyclopedia of the Reformation*, vol. 4 (New York: Oxford University Press, 1996), 3-6.

둘째, 재세례파의 국가관과 교회관이다(4, 6조). 교회가 세속 권력의 보호와 지원을 받는 것을 비성경적이라고 배격했고, 그러한 형태의 가톨릭교회와 루터파와 츠빙글리파를 반대했다. 재세례파는 국가 교회 형태를 거부했다. 재세례파는 그러한 기존 교회에는 진정한 신앙 고백과 삶의 변화가 있는 그리스도인이 존재하지 않는다고 했다. 세상 법에 의해 믿음이 간섭 받거나 통제 받는 것을 반대했다.

그들은 참된 믿음 공동체를 구성하길 원했다. 그래서 정부 관료가 되거나, 무기를 사용하거나, 군인이 되거나, 맹세를 하거나, 법정에 서는 일 등을 일체 거부했다.

셋째, 재세례파의 비폭력주의이다(6조). 이들은 무기를 사용하여 폭력을 행사하는 것을 거부했다.

무엇보다도 재세례파의 세례관, 국가관, 교회관은 기존 교회로부터 탄압과 박해를 받는 중요한 요인이 되었다. 당시 스위스나 독일 국가 권력으로부터는 무정부 반란 집단으로, 가톨릭교회와 루터파 그리고 개혁파로부터는 이단적인 종파로 취급 받았다.

특히, 초기 스위스 재세례파가 신조로 내세운 비폭력주의 때문에 수많은 재세례파 지도자들과 교인들이 죽임을 당했다. 자틀러도 신조를 작성한 지 2개월 만인 5월에 체포되어 화형 당했다. 그는 화형장에서 다음과 같은 최후 기도와 함께 숨을 거두었다.

> 전능하시고 영원하신 하나님, 당신은 길이요 진리입니다. 내가 잘못에 빠지지 않았기 때문에, 나는 오늘 저는 당신의 도움을 힘입어서 진리를 증거하고 나의 피로서 그 진리를 확인할 것입니다.[2]

---

2 윌리엄 에스텝, 『재침례교도의 역사』 정수영 역 (서울: 요단출판사, 1985), 87.

이렇게 지도자들이 계속적으로 처형되거나 추방되면서 재세례파 운동의 열기가 취리히에서 점차 시들어갔다. 한편 독일 북서부 지역에서도 재세례파 운동이 일어났는데, 스위스와 달리 좀 더 과격하고 폭력적인 양상으로 나타났다.

3) 뮌스터의 종말론 재세례파

종말론 재세례파 운동은 멜키오르 호프만(Melchoir Hoffman, c.1495-1543)에 의해 독일 북부 도시 뮌스터(Munster)에서 일어났다. 호프만은 루터파로 개종했다가 츠빙글리파를 거쳐 재세례파로 옮겼다. 1530년경부터 자신을 선지자로 자칭하며 활동했고, 1533년에 세상 종말이 온다고 예언했다. 그 해에 예수가 스트라스부르크(Strassburg)에 재림할 것이며, 그가 통치하는 새예루살렘이 시작될 것이라고 선포했다.

그러나 그의 예언은 실패로 끝났다. 스트라스부르크 당국은 시민을 미혹한다는 죄목으로 그를 체포하여 투옥시켰다. 그로부터 10년이 지난 1543년에 호프만은 감옥에서 숨졌다. 1533년 호프만을 추종하던 네덜란드 재세례파 얀 마티스(Jan Mathijs, c.1500-1534)와 얀 라이덴(Jan van Leiden, 1509-1536)은 호프만의 예언이 실패로 끝나자 스트라스부르크에 모였던 사람들을 이끌었다. 제빵 업자였던 마티스는 선지자 에녹을 자칭하며 스트라스부르크가 아니라 뮌스터에 예수가 재림할 것이라고 예언했다.

소위 뮌스터 천년왕국 시대가 임박했다고 선포했다. 그의 예언에 따라 독일과 네덜란드에서 수천 명의 재세례파 교인들이 뮌스터로 몰려들었다. 뮌스터는 1531년부터 루터파를 따르는 개혁 도시가 되었지만, 1533년부터 갑자기 몰려든 재세례파가 가톨릭파와 루터파를 모두 몰아내고 도시 전체를 장악했다.

마티스는 뮌스터를 새예루살렘으로 선포했다. 그리고 성경을 제외한 모든 책은 불태웠으며, 시민들 모두에게 재세례를 시행했다. 구약성경의 연

속성을 주장하며, 구약 족장 시대와 같이 무력 사용을 허용했고, 일부다처
제를 실시했다. 구약의 가르침을 문자적으로 해석하여, 어떤 이는 선지자
이사야를 흉내 내며 벌거벗은 몸으로 거리를 활보했다. 어떤 이는 뜨거운
숯불을 자기 입술에 갖다 대며 이렇게 외치기도 했다.

> 화로다 나로 망하게 되었도다 나는 입술이 부정한 자라.[3]

뮌스터는 무질서와 무정부 도시로 점차 변해갔다. 상황이 여기에 이르
자 가톨릭파 군대와 루터파 군대가 연합하여 뮌스터를 진압하기 시작했
다. 1534년 2월부터 4월까지 벌어진 전투에서 연합군에 맞서 싸우던 많은
재세례파 사람들과 마티스가 전사했다. 마티스를 계승한 라이덴은 15명의
여인을 아내로 맞았으며, 8월에는 자신을 새예루살렘의 왕으로 선포했다.
계속된 전투 끝에 1535년 6월 24일, 뮌스터는 연합군에 의해 완전히 함락
되었다. 그리고 수많은 재세례파 사람들이 처형당했다. 이로써 1533년에
시작된 뮌스터 천년왕국 사건은 1535년에 비극적으로 종결되었다.

4) 메노나이트파(Mennonites)

뮌스터의 폭력적 천년왕국 사건 이후, 재세례파 운동은 상당히 위축되
었고, 사람들로부터 불신을 받았다. 이때 네덜란드 사람 메노 시몬스(Menno Simons, 1496-1561)가 이끄는 재세례파 운동이 새롭게 등장했다. 가톨릭
교회 신부였던 그는 성경 공부를 통해 1536년 재세례파 신앙으로 개종했
다. 흩어진 재세례파를 규합하여 공동체를 조직했다. 창설자의 이름을 따
라 메노나이트파로 불렸다. 그는 과격한 형태의 개혁 운동을 배격하며 온

---

[3] 롤란드 베인턴, 『종교개혁사』, 홍치모·이훈영 역 (서울: 크리스천다이제스트, 2014), 101.

건한 형태의 재세례파 운동을 주도해 갔다.

1539년에 출판된 매노 시몬스의 『기독교 교리의 기초』는 메노나이트파의 기본 교과서가 되었다. 교리적인 측면에서 상당부분 스위스 형제단의 견해 즉 "슐라이트하임 신조"를 따랐다. 그러나 그는 폭력 사용과 일부다처제를 거부했다.

반면, 성경 중심적인 신앙 훈련을 강조했고, 유아 세례를 반대하고 신자의 세례만을 인정했다. 상징적 의미의 성찬론을 따랐으며, 불신자와의 분리된 구별된 삶을 강조했다. 폭력 대신에 평화를 중요시 했기 때문에 전쟁과 폭력과 군복무 등을 거부했다. 스위스 재세례파처럼 교회와 국가, 세속 영역과 영적 영역을 구분하는 이원론적 사상을 가지고 있었다.

시몬스의 온건한 지도력에 흩어졌던 재세례파 교인들이 빠르게 재규합되었다. 1550년경 네덜란드가 칼빈주의 영향권에 들어 가기 전에 약 4분의 1의 네덜란드 개신교인들이 메노나이트파 신자들이었다. 계속된 박해로 인하여, 유럽 전역으로 흩어졌지만, 1670년대에 많은 메노나이트가 아메리카 신대륙으로 이주하여 신앙의 자유를 획득했다. 그들은 신대륙 펜실베니니아 주 산간 지역에 농업과 목축 공동체를 이루고 평화주의를 내세우며 명맥을 이어 나갔다.

2. 신령주의파

종교개혁은 그리스도인의 교리와 생활에 오직 성경만이 유일하고 최종적인 권위라는 외침에서 출발했다. 가톨릭교회의 교황과 전통의 권위를 부정한 것이었다. 그런데 개혁자들 중에서 하나님의 객관적 계시인 성경보다 성령을 통한 주관적인 계시와 영적 경험을 더 중요시 여기는 사람들이 등장했다.

특히, 성령의 직접 계시, 주관적 경험, 예언 등을 더 과격하게 신봉하는 그룹이 있었는데 소위 신령주의파였다. 대표적 인물들은 다음과 같다.

첫째, 카스파르 슈벤크펠트(Kaspar Schwenkfeld, 1489-1561)
둘째, 세바스티안 프랑크(Sebastian Frank, c.1499-1542)
셋째, 한스 뎅크(Hans Denk, 1500-1527)
넷째, 쥬안 데 발데스(Juan de Valdes, c.1500-1541)

뮌스터의 천년왕국 사건도 신비적 신령주의파와 깊이 관련되어 있었다. 초기 지도자였던 호프만은 1530년초부터 슈벤크펠트와 함께 예언 사역을 했었다.

3. 반삼위일체파

종교개혁 당시 반삼위일체 논쟁을 일으킨 인물은 미카엘 세르베투스(Michael Servetus, c.1511-1553)였다. 그는 1531년 자신의 저술은 통해 삼위일체는 성경의 근거가 없다며 반대 입장을 표명했다. 스페인 출신의 세르베투스는 가톨릭교회와 존 칼빈 등과 논쟁을 벌이다가 1553년 제네바에서 이단으로 처형되었다.

이후, 이탈리아 출신의 라엘리우스 소시누스(Laelius Socinus, 1525-1562)와 그의 조카 파우스투스 소시누스(Faustus Socinus, 1539-1604)가 폴란드를 중심으로 반삼위일체파 사상을 전 유럽에 확산시켰다. 파우스트 소시누스의 이름을 따서 소시누스파(Socinians)로 널리 알려졌다.

반삼위일체파 또는 소시누스파는 전통적인 삼위일체 교리를 부인했다. 이들은 예수는 신적 존재가 아니며, 단지 남다른 경건을 통해 신성을 획득한 것으로 간주했다.

예수를 진정한 순종의 삶이 무언지를 보여 준 대표적인 모범으로 보았다. 따라서 구원이란 예수의 도덕적 모범을 본받아 거룩하게 사는 것이라고 주장했다. 이렇듯 소시누스파는 다음과 같은 사상을 부정했다.

첫째, 인간의 원죄
둘째, 예수의 신성과 속죄 사역
셋째, 삼위일체

그들은 이러한 사상을 일체 부정했고, 오직 일신론 사상만을 신봉했다. 일찍이 삼위일체를 부인했던 초대 교회 에비온파와 사벨리우스파의 단일신론과 유사했다. 소시누스파의 반삼위일체 사상은 가톨릭교회와 개신교로부터 모두 이단으로 정죄되었다.

제30장

칼빈의 종교개혁

존 칼빈(John Calvin, 1509-1564)은 루터와 츠빙글리보다 약 25년 늦게 태어나 활동한 종교개혁 2세대였다. 그러나 후스토 곤잘레스는 칼빈과 그의 공헌을 다음과 같이 사려깊게 기술했다.

> 16세기에 프로테스탄트 신학을 체계화한 사람은 존 칼빈이다. 루터가 프로테스탄트 운동의 개척자라면, 칼빈은 다양한 프로테스탄트 교리들을 한데 묶어 체계를 이룩한 사려 깊은 사상가였다.[1]

루터와 칼빈은 생전에 서로 만난 적이 없었다. 하지만 칼빈은 루터를 무척 존경했고, 루터 역시 칼빈의 개혁 정신을 높이 평가했다.

---

1 후스토 곤잘레스, 『종교개혁사』, 109.

1. 개혁의 여정

1) 성장과 회심(1509-1536)

1509년 7월 10일, 칼빈은 프랑스 파리 북동부 지역에 위치한 노용(Noyon)에서 출생했다.[2] 루터가 이미 신부와 교수로 비텐베르크대학교에서 첫 강의를 마친 해였다. 아버지 제라르 꼬뱅(Gerard Cauvin)과 어머니 레프랑스(Lefrance)의 다섯 자녀 가운데 넷째로 태어났다. 어머니는 칼빈이 3살 때에 세상을 떠났다. 그의 아버지가 노용 대성당의 공증인과 교회 법정의 사무관으로 일했기 때문에 칼빈은 경제적으로 어려움없이 아버지의 자상한 돌봄 가운데 성장했다. 11살이 되던 1520년, 아버지의 권유에 따라 노용에 있는 라 게진느(La Gesine) 채플의 사제 보조로 성직록에 등록했다.

노용에서 초등 교육을 마친 칼빈은 1523년 8월에 파리대학교 내 마르세(Marche)대학교에 입학하여 라틴어를 공부했다. 1524년부터 몽테규(Montaigu)대학교에서 신학을 공부했고, 1528년에 문학 석사 학위를 받았다. 이 대학에서 공부하며 처음으로 인문주의를 접했다.

1529년 3월 노용의 성당 지도자들과의 관계가 불편해진 칼빈의 아버지는 그에게 신학 대신에 법률을 공부하여 법조인이 되라고 권고했다. 아버지의 의견에 따라 법률을 공부하기 위해 오를레앙(Orléans)대학교로 옮겼다. 오를레앙대학교에서 고전 문학과 인문주의에 심취했다.

이 대학교의 교수 멜쉬오르 볼마르(Melchior Wolmar, 1497-1560)를 통해 헬라어를 배웠다. 루터를 좋아했던 볼마르를 통해 칼빈은 개혁 사상을 처음 접했다. 볼마르를 존경한 나머지 그가 부르제(Bourges)대학교의 교수로

---

[2] 프랑스 본명은 주앙 꼬뱅(Jehan Cauvin)이었다. 1523년 8월경 파리에 머무는 동안 칼빈은 자신의 이름을 라틴어 요안네스 칼비누스(Ioannes Calvinus)로 개명했는데, 이로 인해 이후 장 칼뱅(프랑스어: Jean Calvin)으로 알려졌다. John T. McNeill, *The History and Character of Calvinism* (Oxford: Oxford University Press, 1954), 95.

자리를 옮기자, 그를 따라 부르제대학교로 옮겼다. 칼빈은 부르제에서 볼마르를 비롯한 여러 교수를 통해 성경과 신학 그리고 인문주의를 폭넓게 터득했다.

1531년 5월 26일 아버지가 죽자, 칼빈의 인생에 큰 변화가 생겼다. 친구의 권유로 당시 프랑스 왕 프랑소아 1세(Francois 1, 1494-1547)가 세운 왕립대학(College of Royal Lecturers)에 등록하여 헬라어와 히브리어를 공부했다. 잠시 중단했던 법학 공부도 다시 시작하여 1532년 1월에 오를레앙대학교에서 법학 박사 학위를 받았다. 그 해 잠시나마 고향으로 돌아가 법률 대리인으로 임명받아 일했다. 당시 칼빈은 습관적으로 소량의 식사만을 했고, 잠도 조금 밖에 자지 않았다.

반면 학문 탐구에 많은 시간을 보내며, 고전학, 인문학, 언어, 신학 그리고 법학 등을 두루 섭렵했다. 1532년 4월 칼빈은 『세네카의 관용론 주석』을 썼다. 이 책을 통해 칼빈은 자신을 인문주의자로 소개했을 뿐만 아니라, 개혁자들에게 종교적 관용을 베풀어 주어야 한다고 처음으로 피력했다.

칼빈은 루터와 달리 극적인 회심이나 영적 갈등을 크게 겪지 않았다. 칼빈은 자신의 회심 시기를 세네카의 관용론 주석을 쓰던 1532년경, 곧 23세 무렵으로 회상했다. 칼빈이 『시편 주석』(1557) 서문에서 밝힌 바처럼, "갑작스러운 회심"을 통해 하나님의 부르심을 받았다.

> 내가 깊은 수렁에서 빠져 나올 수 없을 만큼 너무 완고하게 교황제도라는 미신에 매달려 있었기 때문에, 하나님께서(나이에 비해 너무 강퍅한) 나를 갑작스런 회심을 통해 온순하게 나의 마음을 바꿔 주셨다. 참된 경건에 대한 맛을 음미한 이후 그것을 추구하겠다는 열정으로 나는 불타 올랐다.[3]

---

[3] John Calvin, *Preface*, in Commentary on the Book of Psalms, trans. Henry Beveridge, *Calvin's Commentaries*, volume IV (Grand Rapids, MI: Baker Book House, 1981), xl-xli.

1533년 칼빈이 종교개혁자로서 첫 발을 내딛는 사건이 발생했다. 11월 1일 만성절 날, 몽테규대학교 시절부터 동료로 알고 지낸 니콜라스 코프(Nicolas Cop, 1501-1540)가 파리대학교의 총장으로 취임했다. 칼빈은 그의 총장 취임 연설문의 초안을 작성해 주었다. 이 연설문을 통해 코프는 당시 종교개혁자들의 외침에 따라 대학교 교육도 개혁되어야 한다고 역설했다.

프랑스 왕 프랑소아 1세는 코프가 언급한 '개혁'이라는 말에 크게 분노하며, 12월 10일 자국 내 개혁 세력을 이단으로 규정하고 코프와 칼빈을 즉시 소환하라는 명령을 내렸다. 생명의 위협을 느낀 코프는 스위스 바젤로 피신했고, 칼빈도 급히 파리를 떠났다. 이 사건은 칼빈이 고향과 조국을 떠나 일평생을 종교개혁 운동에 헌신하게 되는 계기가 되었다.

1534년 4월 칼빈은 프랑스 종교개혁의 선구자인 자크 르페브르(Jacques Lefevre, 1455-1536)를 방문하여 자신의 진로에 대해 자문을 구했다. 르페브르는 교회 개혁을 위한 귀한 도구가 되라고 칼빈에게 용기를 주었다. 칼빈은 5월에 고향 노용을 방문하여 어린 시절에 받았던 가톨릭교회 성직록을 포기했다. 이때 노용에서 체포되어 두어 차례 투옥되었다가 다시 풀려났다. 이듬해 1535년까지 여러 도시를 방문하며 개혁에 대한 식견을 넓혀 나갔다.

이 시기에 그는 장차 개혁의 동지가 될 사람들을 만나 친분을 쌓았다. 그들의 이름은 다음과 같다.

첫째, 바젤의 개혁가 오스발트 미코니우스(Oswald Myconius, 1488-1552)
둘째, 스트라스부르크의 목사 볼프강 카피토(Wolfgang Capito, 1473-1541)
셋째, 제네바에서 함께 개혁을 이끌어 갈 피에르 비레(Pierre Viret, 1511-1571)
넷째, 취리히 개혁자 하인리히 불링거

탄압이 잠시 누그러지자, 칼빈은 종교개혁을 변호하는 글을 쓰기 시작했다. 그의 친구 루이 뒤 띠에(Louis du Tillet) 집에서 1535년 8월 23일 글을 완성하고, 1536년 3월 바젤에서 출판했다. 이 책이 바로 그의 걸작 『기독교 강요』(Institutes of the Christian Religion)의 원판 『기독교 교훈』(Instruction in the Christian Religion)이었다. 변증가 유스티누스가 로마 황제에게 기독교를 변호하는 변증서를 바쳤던 것처럼, 칼빈도 동일한 목적으로 프랑소아 1세 국왕에게 자신의 책을 헌정했다.

1536년 여름, 파리로 다시 돌아온 칼빈은 그의 동생 앙뜨앙느(Antoine)와 이복 여동생 마리(Marie)를 데리고, 8월에 스트라스부르크를 향해 떠났다. 당시 스트라스부르크는 '종교개혁의 안디옥' 또는 '서남 독일의 비텐베르크'라고 불릴만큼 개혁의 중심지로 자리잡고 있었다.[4] 특히, 마틴 부처가 이끄는 개혁 운동이 활발하게 전개되고 있었으며, 박해를 피해 온 프랑스 개혁자들도 상당수 있었다.

칼빈은 그곳에 합류하여 종교개혁 사상을 더 연구하고자 했다. 그러나 프랑스와 신성 로마 제국 간의 전쟁 때문에 그 도시로 가는 직선로를 이용할 수 없게 되자 제네바(Geneva)를 거쳐 가는 우회 길을 택했다. 그런 이유로 그저 하룻밤을 보내기 위해 스위스의 남부 도시 제네바에 들렀다. 그러나 제네바의 방문은 칼빈을 제네바의 개혁자로 세우려는 하나님의 특별한 인도였다.

2) 제1차 제네바 개혁(1536-1538)

제네바는 프랑스 국경에 인접한 스위스 연방의 남부 도시로서 독일어권의 북부 스위스 도시들과 달리 프랑스어가 통용되고 있었다. 또한, 지형적으로 프랑스와 이탈리아 간의 무역 요충지였다. 아울러 이탈리아의 실세 사보이(Savoy) 가문의 경제적, 종교적, 정치적 영향하에 있었다.

---

[4] 종교개혁 당시에 스트라스부르크(프랑스어, 스트라스부르)는 독일 영토였으나, 1681년에 프랑스 영토가 되었다. 현재 스트라스부르크는 프랑스 북동부 알자스(Alsace)주에 속해 있으며, 도시 안에는 두 국가의 문화와 관습이 서로 공존하고 있다.

1520년부터 종교개혁 바람이 제네바에 불기 시작했다. 1526년 주변의 개혁 도시 프라이브르그(Fribroug)와 베른(Berne)의 지원을 통해 사보이 가문의 영향권으로부터 조금씩 벗어났다. 그리고 1532년 10월 프랑스 개혁자 기욤 파렐(Guillaume Farel, 1489-1565)을 초빙하여 시의 개혁을 그에게 전폭적으로 맡겼다.

파렐은 프랑스 태생으로 르페브르와 루터의 영향을 받고 1521년경부터 종교개혁 운동에 동참했다. 바젤과 스트라스부르크에서 활동하다가 1532년 제네바에 찾아온 파렐은 면죄부 판매를 반대하고 교황청의 부정과 부패를 비난하는 설교를 거침없이 행했다.

2년 뒤인 1534년 10월 부도덕한 생활로 악명이 높던 주교가 사보이로 도망하자, 제네바 평의회는 제네바의 독립을 공식적으로 선언하고, 파렐이 주도하는 종교개혁을 적극 받아들였다. 가톨릭 성당을 접수하고 성당의 스테인레스 유리창과 성상 등을 미신적인 상징으로 간주하여 모두 철거했다.

미사와 여러 가톨릭 예전을 폐지했다. 드디어 1536년 5월 21일, 시민 총회를 개최하여 개혁 노선을 따르기로 만장일치로 결의했다. 취리히의 개혁 제도를 본받아 제네바 시의회가 교회 행정과 재산을 감독하기로 했다. 그로부터 3개월 뒤인 8월에 칼빈이 제네바에 들렀던 것이다.

칼빈이 머물고 있는 숙소로 파렐이 찾아왔다. 세달 전, 시의회가 결정한 교회 개혁을 이끌기 위해 파렐은 동역자가 절실히 필요했다. 『기독교 교훈』의 저자이며 프랑스 출신의 젊은 개혁자 칼빈이 제네바에 도착했다는 것은 제네바 개혁을 위한 하나님의 섭리라고 그는 확신했다.

숙소로 찾아간 파렐은 자기보다 20살 어린 젊은 칼빈에게 제네바 개혁에 동참해 줄 것을 간곡하게 요청했다. 칼빈은 그의 간청을 단번에 거절했다. 그러자 도저히 거부할 수 없는 협박조 언사로 제네바에 머물러야 한다고 강권했다.

칼빈은 그 당시에 주고 받았던 대화를 다음과 같이 회상했다.

> 복음 전파의 열정으로 불타있던 파렐은 나를 붙잡으려고 심혈을 기울였다. 그러나 개인 연구에 전념하기로 이미 마음 먹은 뒤여서, 나는 다른 일에 더 이상 얽매이고 싶지 않았다. 간청으로는 아무런 소득이 없다는 것을 깨달은 그는, 만약 내가 긴급한 시기에 도움 주기를 거절하고 가버린다면, 하나님이 내가 추구하려는 은둔과 평온한 학문 생활에 저주를 내리실 것이라고 협박하기 시작하였다. 이 협박에 두려움을 느낀 나는 마침내 계획했던 여행을 단념하고 말았다.[5]

결국, 칼빈은 그의 강권을 받아들였다. 1536년 9월 1일, 제네바에서 칼빈은 개혁자로서의 첫발을 내딛었다. 곧바로 생피에르(Saint Pierre)교회에서 바울 서신을 가르치는 교사로 임명되어 사역을 시작했다. 제네바 개혁의 중심적인 인물로 부각된 것은 한 달 뒤에 열린 10월의 로잔 종교 회의 때부터였다.

200여 명의 가톨릭 성직자들이 참석한 회의에서 제네바 대표 중에 한 사람으로 참석한 칼빈은 정통 교부들의 글과 성경을 다양하게 인용하면서 가톨릭교회의 비성경적 가르침과 교리들을 조목조목 비판했다. 제네바로 돌아온 칼빈은 1537년 초반에 제네바 목사회에 가입했다.[6] 1537년 1월 칼빈은 『교회 정치에 관한 조례』를 작성하여 시의회에 제출했다. 이 조례에는 4대 교회 개혁안이 담겨있었다.

5　John Calvin, *Preface*, in Commentary on the Book of Psalms, xlii-xliii.
6　칼빈이 언제 누구에게 목사 안수 받았는지 잘 알려진 바가 없다. 다만, 1536년 11월 마틴 부처가 칼빈을 "동료 목사"라고 불렀던 것을 보아서 1537년 이전에 목사가 된 것으로 추측한다. 또한, 프랜시스 유니우스(Francis Junius)는 칼빈의 사망 즈음에 "칼빈의 선임자들이 그에게 안수했다"고 기록함으로써 칼빈의 목사안수를 뒷받침해 주고 있다. 참조, 오덕교,『종교개혁사』, 237, 각주 46.

첫째, 시편 찬양을 예배 중에 사용하라.
둘째, 매월 성찬을 시행하라.
셋째, 어린이 교육을 실시하라.
넷째, 결혼법을 개혁하라.

또한, 칼빈은 제네바 시민들이 준수해야 할 신앙강령으로 "교훈과 신앙고백"이라는 신조를 만들었다. 이 신조에는 오직 성경만이 믿음과 신앙의 유일한 법칙이라 강조했고, 가톨릭교회의 미사, 공로 사상, 7성사, 성인 숭배 사상을 비성경적이라고 지적했다. 그리고 참된 개혁을 위해서는 제네바 모든 시민이 신조에 반드시 서약해야 한다고 시의회에 요청했다.

새로운 교회법과 신조 서약에 일부 시민들이 반대했다. 또한, 시 당국과도 권징 문제로 마찰이 생겼다. 칼빈은 시의회가 하나님에 의해 수립되었고, 그 권위는 반드시 존중되어야 한다고 생각했지만, 교회의 권징 문제에 정부가 관여해서는 안 된다고 맞섰기 때문이었다.

결국, 이런 문제들로 개혁에 난항을 겪고 있던 차에, 1538년 4월 23일에 열린 시의회 총회는 칼빈과 파렐의 설교권을 전격적으로 박탈하고, 3일 이내에 제네바를 떠나라고 명령했다.

3) 스트라스부르크에서의 개혁 운동(1538-1541)

제네바에서 추방당한 칼빈은 마틴 부쳐(Martin Butzer, 1491-1551)와 볼프강 카피토의 초청으로 1538년 7월 스트라스부르크에 도착했다. 이 도시의 개혁자 마틴 부쳐는 15세에 도미니코 수도사가 되었으나, 1518년 루터의 연설에 감동을 받고 개혁에 동참했다. 그는 루터의 가르침에 따라 1522년에 최초로 결혼한 독일 수도사였다. 1523년부터 스트라스부르크에 정착하여 개혁을 주도했다. 그는 교회의 화합과 일치에 앞장섰다. 1529년 마르부르크 회담에서 루터파와 츠빙글리파를 중재했다.

1539년부터 1541년까지는 가톨릭 진영과 개신교 진영 간에 그리고 개신교 세력과 재세례파 세력 간의 화해를 시도했다. 그러나 그의 중재 노력은 번번히 실패로 끝났다. 1549년 영국의 캔터베리 대주교 토마스 크랜머(Thomas Cranmer)의 초청을 받아 케임브리지대학교 신학부의 교수로 일했다. 그리고 3년 뒤 영국에서 숨을 거두었다. 사후에 출간된 그의 저서 『그리스도의 나라에 관하여』는 초기 청교도 운동에 영향을 준 중요한 작품이었다.

스트라스부르크는 한 마디로 모든 개혁자의 집결지요, 박해를 피해 온 개혁자들의 은신처였다. 이 도시에 도착한 칼빈은 500여 명의 프랑스 피난민이 모이는 교회의 담임목사로 초빙되어 사역을 시작했다. 부쳐와도 많은 시간을 보내며 학문적 신학적 교제를 많이 나누었다. 부쳐는 루터의 영향으로 개혁의 길에 들어섰지만, 사상적으로 루터와 달랐다. 오히려 칼빈과 부쳐 간에 일치하는 부분이 더 많았다. 칼빈은 부쳐로부터 교회 개혁의 수단으로 예배 형식과 시편 찬송 그리고 권징의 중요성을 배웠다.

칼빈은 저술 작업에 심혈을 기울여 1539년에 『기독교 강요』 증보판을 출간했다. 1536년의 초판보다 책의 분량이 3배로 늘어났고, 17장으로 확장되었다. 1540년에는 칼빈의 첫 성경 주석서 『로마서 주석』를 출판했다. 같은 해에 예배와 성만찬에 관한 『초대 교회에 따른 기도의 형태와 성례의 집행 방법』을 저술했다. 그 해에 결혼도 했다. 재세례파 한 가정이 박해를 피해 스트라스부르크로 피신해 왔을 때, 칼빈을 통해 개종을 했었다.

남편이 전염병으로 죽었고, 그의 아내 이델레트 드 부르(Idelette de Bure)는 아들과 딸 두 자녀를 홀로 키우고 있었다. 칼빈은 파렐의 주례로 그녀와 결혼했다. 1542년 아들 쟈끄(Jacques)가 태어났지만, 질병으로 일찍 죽었다. 이후에 칼빈의 대적자들은 그에게 후손이 없음을 조롱하자 칼빈은 다음과 같은 말로 응수했다.

하나님은 나에게 셀 수 없는 영적인 자녀들을 주셨다.

그의 아내 이델레트도 건강이 나빠져서 결혼한지 9년 만인 1549년에 사망했다. 한편 1938년 4월 칼빈과 파렐이 떠난 이후, 제네바는 개혁파와 가톨릭파로 나뉘어 대립하며 개혁의 동력을 잃어가고 있었다. 더욱이 이탈리아 추기경 사돌레토(Jacopo Sadoleto, 1477-1547)는 가톨릭으로 다시 돌아올 것을 회유하는 서신을 1539년 3월에 제네바 시의회에 보냈다.

시의회는 답신을 쓸만한 적임자를 찾다가 칼빈을 선정하고 그에게 답신을 부탁했다. 1539년 9월 칼빈은 "사돌레토에게 답함"이라는 장문의 편지를 일휘필지로 작성해서 사돌레토의 주장을 반박하고 동시에 제네바 개혁의 당위성을 강력하게 변호했다. 칼빈의 답신은 제네바 시민들뿐만 아니라, 독일과 스위스 지역에서 활동하던 많은 개혁자에게 큰 용기를 주었다.

이 사건을 계기로 1540년 초부터 제네바 시민들은 칼빈에게 다시 돌아와 줄 것을 간청했다. 그러나 칼빈은 그들의 간청을 쉽게 받아들일 수 없었다. 하루에도 수천 번씩 죽음의 십자가를 져야 했던 제네바로 다시 돌아가느니 차라리 일백 번 죽을 수 있는 다른 길이 있다면 그 길을 택하고 싶다고 친구에게 토로할 정도로 고민이 매우 깊었기 때문이었다. 그러나 결국 이번에도 파렐의 강력한 권면 때문에 제네바 시민의 요청을 수락했다.

4) 제2차 제네바 개혁(1541-1564)

1541년 9월 13일, 칼빈은 시민들의 뜨거운 환영 속에 제네바로 다시 돌아왔다. 시의회는 칼빈의 뜻에 따라 개혁을 추진하겠다고 약속했다. 곧바로 칼빈은 다른 네 명의 목사와 6명의 시의원으로 구성된 위원회를 조직하여 교회법을 다시 작성했다. 1537년의 교회 조례를 토대로 9월 26일에 『제네바 교회 조례』(*The Ecclesiastical Ordinances of the Church of Geneva*) 초안을 작성하여 시의회에 제출했고, 시의회는 11월 20일 주일에 총회를 갖고 새로운 『교회 조례』를 승인하고 선포했다. 이 조례집은 실로 제네바를 개혁으로 이끄는 기본 지침서였다.

또한, 칼빈은 시민법 제정을 위한 위원으로 참여하여 1543년 1월에 새로운 시민법을 제정했다. 새로운 교회법과 시민법을 통해 제네바를 거룩한 개혁 도시로 만들려는 개혁안을 차근차근 실행해 나갔다. 그러나 개혁의 모든 과정이 순탄하지 않았다.

시의회로부터 전폭적인 지지를 약속 받았음에도 불구하고, 칼빈의 개혁 방안에 반대하는 자들의 저항도 만만치 않았기 때문이었다. 그러나 개혁의 의지를 굽히지 않고 실행한 결과 1555년경 제네바는 상당히 안정적이고 모범적인 개혁 도시로 완전히 탈바꿈했다.

칼빈은 선천적으로 병약했다. 거기에다 방대한 개혁 작업을 통해 그의 건강은 점점 쇠약해져 갔다. 그의 몸은 13가지의 크고 작은 질병을 지닌 움직이는 병동이었다. 그런 몸으로 칼빈은 설교, 강연, 저술, 행정, 상담 등을 계속 이어나갔다. 침대 곁에는 그의 말을 프랑스어와 라틴어로 받아 적는 비서들이 항상 대기해 있었고, 때로는 의자에 실려 교회로 가서 설교를 했다.

마침내 1564년 5월 27일, 55세의 일기로 베자 품에 안겨 하나님의 부르심을 받아 숨을 거두었다. 행여나 하나님보다 자신의 이름이 더 드러나지 않을지를 우려한 칼빈은 자신을 공동묘지에 묻을 것과 그 위에 묘비를 세우지 말라는 당부를 유언으로 남겼다.

그의 뜻에 따라 다음날 치러진 장례식은 플랭-팔리에(Plain-Palais) 공동묘지에서 묘비없이 매우 검소하게 치뤄졌다. '오직 하나님께 영광'이라는 문구만이 그를 기념했다. 칼빈의 개혁 운동은 제네바 아카데미의 학장이던 데오도르 베자(Theodore Beza, 1519-1605)에 의해 계승되었다.

2. 제네바 교회 개혁

1) 제네바 교회조례

1541년에 채택된 『교회 조례』는 1537년의 조례보다 더 명료하게 제네바 교회의 개혁 방향과 원칙을 제시해 주었다. 장로 정치를 채택했으며, 교회 직원을 크게 장로와 집사로 나누었고, 장로를 목사와 장로와 교사로 구분했다. 교회 운영을 위해 장로 법원 즉 당회를 두었다. 당회의 권징 권한을 강화했다. 당회는 교회 내에서 발생하는 신학 문제, 신앙 생활, 윤리 문제 등을 감독하며 치리하는 권한을 가졌다.

2) 예배와 성례의 개혁

칼빈은 예배가 단순하고 명료해야 한다고 생각했다. 인위적인 요소로 예배하거나 예배를 장식을 해서는 안 된다고 가르쳤다. 따라서 성화, 성인, 성물 숭배를 미신적인 예배로 간주하고 철저히 금지시켰다. 제네바 교회의 예배는 주일 오전 9시와 오후 3시에 있었다. 오전에 어린이들을 위한 성경 공부 시간이 있었다. 칼빈은 주로 주일의 두 번 예배와 월요일, 수요일, 금요일 아침 예배에 설교를 했다. 악기를 부분적으로 사용했으며, 시편 찬송만을 예배 중에 불렀다. 칼빈은 무엇보다고 설교를 예배의 중심으로 보고, 설교 중심적인 예배를 드렸다.

칼빈은 가톨릭교회의 7성사를 반박하고 오직 세례와 성찬만을 성경적인 성례로 받아들였다. 재세례파를 논박하며 유아 세례의 합법성을 성경적으로 증거했다. 가톨릭교회의 화체설과 미사 제도를 거부했다. 성찬론에 있어서 루터가 육제적 임재설을 주장한 반면, 칼빈은 영적 임재설을 강조했다. 츠빙글리는 상징설을 취했고, 불링거는 칼빈의 영적 임재설을 지지했다.

칼빈은 성찬을 행할 때 다음과 같이 말하며 떡과 포도주를 참석자들에게 나누어주었다.

> 이것은 그리스도의 몸입니다. 이것은 그리스도의 언약의 피입니다.

칼빈은 매주일 성찬식을 원했으나 시의회의 반대로 한 달에 한 번 하는 것으로 수정했다. 하지만 나중에는 절기에 따라 일년에 네 번 정도 시행했다.

3) 생활의 개혁과 권징

칼빈은 제네바를 거룩한 도시로 만들기를 원했다. 따라서 교회 생활뿐만 아니라, 의식주와 경제 그리고 윤리 등 생활 전반에 걸친 개혁을 추진했다. 사치, 속임수, 부당 거래, 질서 문란, 도둑질, 폭력 등을 금지시켰고, 술집, 매춘 장소, 도박 장소, 무도회 등의 영업을 엄격하게 규제하거나 폐쇄시켰다.

시민 법정을 통해서뿐만 아니라 당회를 통해서 권고했으며 계속 위반할 경우 엄격하게 권징했다. 이와 같은 엄격한 개혁과 권징을 통해 그는 제네바를 하나님의 말씀이 통치하는 거룩한 도시로 만들어갔다. 때문에 1555년 스코틀랜드로부터 피신해 온 개혁자 존 낙스(John Knox)는 제네바를 다음과 같이 말하며 감탄했다.

> 이곳이야 말로 사도들의 시대 이후 지상에 가장 완전한 그리스도의 학교라고 자신 있게 말씀 드릴 수 있습니다.[7]

---

[7] 스탠포드 리이드, 『하나님의 나팔수: 존 낙스의 생애와 사상』, 서영일 역 (서울: 기독교문서선교회, 1999), 168.

그러나 소위 자유방임파(Libertines)로 불리는 반대파들은 자신들의 자유로운 생활과 사업이 억압받는 것에 대해 불만을 품고 반발했다. 어떤 이는 자기집의 개 이름을 칼빈이라고 지어 부를 정도였다. 그런데도 칼빈은 당회를 통해 위반자들을 엄격하게 심사하여 권징을 집행했다. 기록에 따르면, 1556년부터 1558년 사이에 58명이 처형되었고, 76명이 추방되었다.

칼빈은 이단들의 도전도 여럿 받았다. 대표적인 인물이 미카엘 세르베투스(Michael Servetus, 1511-1553)였다. 스페인 출신의 지성인 세르베투스는 『삼위일체 오류』(De Trinitatis Erroribus)를 통해 삼위일체를 반대하는 주장을 펼쳤다. 프랑스에서 체포되어 이단 사상으로 재판을 받는 도중에 도망쳐 제네바로 왔다. 이미 서신을 통해 그와 신학 논쟁을 벌인바 있었던 칼빈은 그에게 제네바에 절대로 오지 말라고 수차례 경고했었다.

그러나 칼빈의 개혁안을 반대했던 제네바 자유방임파들의 후원으로 제네바에 온 세르베투스는 반삼위일체 사상을 유포하다가 1553년 8월 시당국에 체포되었다. 시의회는 세르베투스를 이단으로 정죄하고 화형에 처할 것을 결정했다. 1553년 10월 27일, 시의회는 세르베투스를 생피에르 교회 올라가는 언덕에서 화형시켰다.

과감한 개혁과 엄격한 권징 때문에 칼빈을 '잔인한 독재자'라 부르는 비난이 따라다녔다. 이러한 비난에 대해 교회사가 존 우드브리지(John Woodbridge, b.1941)는 다음과 같이 응수했다.

> 그는 어떤 종류의 인간인가?
> 결코 전설에 나오는 사람 잡아먹는 귀신은 아니다!
> 칼빈을 자기만 아는 광신적이고 딱딱하고 유머 없는 인간, 사람을 싫어하는 교조주의자, 아집적이고 사랑이 없으며 악마 같은 신을 가진 잔인한 독재자로 보는 것은 사실이 아니고 상상의 칼빈이다. 실제의 칼빈은 매우 달랐다.[8]

---

8   존 우드브리지 엮음, 『인물로 본 기독교회사 (하)』, 박용규 역 (서울: 도서출판 횃불,

4) 일꾼 양성과 제네바 아카데미

칼빈은 어린이 신앙 교육에 큰 관심을 가지고 있었다. 개혁의 성공은 교회의 미래를 이끌어갈 어린이들에게 달려 있다고 생각했다. 성경을 규칙적으로 가르쳤고, 시편 찬송 등을 교육했다. 어린이들을 위한 신앙 요리문답을 직접 작성하여 가르쳤으며, 어린이들에게 라틴어와 헬라어 등을 교육시켰다.

반대 세력의 반발과 개혁의 위기도 있었지만, 칼빈의 강인한 지도력을 통해 제네바는 짧은 시간 안에 성공적인 개혁 도시가 되었다. 이러한 결실 때문에 칼빈에게 성경과 개혁 사상을 배우기 위해 또는 박해를 피해 수많은 개혁의 일꾼들이 유럽전역으로부터 제네바로 몰려들었다. 칼빈은 이들을 차세대 개혁 인재로 양성하고자 1559년 6월에 제네바 아카데미(Geneva Academy)를 설립했다. 데오도로 베자가 초대 학장으로 취임했다.

일반 교양 학문뿐만 아니라, 라틴어, 헬라어, 히브리어, 신학, 수사학, 변증학 등을 가르쳤다. 영국, 스코틀랜드, 프랑스, 네덜란드 등 유럽의 여러 나라에서 많은 개혁자가 이곳에 와서 개혁 사상을 배워갔다. 개교 5년 만에 무려 1,300명에 달하는 개혁자들이 공부했다. 제네바 아카데미는 개혁의 일꾼을 양성하는 개혁주의 운동의 산실이었다.

1993), 48.

제31장

칼빈의 신학

 칼빈은 개혁 사상을 신학적으로 체계화시킨 조직신학자요 방대한 성경 주석서를 남긴 주석가였다. 『기독교 강요』는 그의 대표적인 저서이며, 개혁주의 신학의 골격을 세워놓았다. 뿐만 아니라 그의 방대한 설교와 편지와 논문과 성경 주석에는 그의 신학적 사상이 고스란히 녹아 있었다.

1. 『기독교 강요』

 1536년 3월 칼빈은 이 책의 라틴어 첫판을 바젤에서 출판했다. 루터는 이 책의 내용을 보고 매우 기뻐했다. 이 책의 원제 명은 『기독교의 교훈』이며 총 6장으로 구성되었다.

 1장, 십계명을 중심으로 율법의 기능에 관하여
 2장, 사도 신경을 중심으로 믿음에 관하여
 3장, 주기도문을 통해서 기도에 관하여
 4장, 성례에 관하여
 5장, 가톨릭교회의 7성사 비판
 6장, 그리스도인의 자유에 관하여

 1559년 이 책의 최종판이 나올 때까지 총 4번에 걸쳐 수정 증보했다. 1539년 제2차 증보판은 『기독교 강요』의 전환점이 되었다. 1536년 첫판이

6장으로 구성된 작은 소책자였다면, 1539년의 증보판은 총 17장으로 3배나 확장되었다. 프랑소아 왕에게 헌정한다고 밝혔지만, 처음의 변증 목적보다는 이제 개혁 사상을 체계적으로 집필하는 쪽으로 방향이 바뀌었다.

따라서 이때 책의 제목도 『기독교 강요』(Institutio Christianae Religionis)로 수정했다. 그리고 수많은 교부의 글과 성경 말씀을 인용하여 책을 집필했다. 이 책은 1541년에 프랑스어로 번역 출판했다. 제네바에서 라틴어로 출판한 1543년도 판은 총 21장으로 늘어 났으며, 1545년에 프랑스어로 번역 출판했다. 최종판은 1559년에 라틴어로 출판했으며 1560년에 프랑스어로 번역 출판했다. 1559년 최종판의 분량은 총 4권 80장으로 첫판과 비교할 수 없는 방대한 저술로 변했다. 1559년 최종판은 칼빈 신학의 결정체였다.

『기독교 강요』에서 칼빈이 강조한 가장 중요한 신학 주제는 신지식(cognitio Dei)이었다. 하나님은 누구이며 또한 인간은 누구인지를 깨닫는 지식으로부터 참된 신앙이 출발한다고 강조했다. 때문에 다음과 같은 말로 『기독교 강요』의 제 1권 1장 첫 페이지를 시작했다.

> **첫째**, 우리 자신에 관한 지식없이 하나님에 관한 지식은 없다. 우리가 소유하고 있는 참되고 견실한 모든 지혜는 두 부분으로 이루어져 있는데, 그것은 하나님에 관한 지식과 우리 자신들에 관한 지식이다. 그러나 이 2가지가 서로 여러 겹으로 겹쳐 있기 때문에 어느 것이 먼저이고 어느 것이 다른 것을 산출하는 지를 분별하기가 쉽지 않다. 무엇보다도 하나님 안에서 살며 움직이는 자가 그분을 향하여 자신의 생각을 즉각 돌리지 않는 한 어느 누구도 자기 자신을 살펴볼 수 없다(행 17:28).
>
> **둘째**, 하나님에 관한 지식없이 우리 인간에 관한 지식은 없다. 반면 사람이 사전에 하나님의 존전을 먼저 생각하고, 자신을 숙고하기 위하여 자기 자신을 내려다보지 않으면, 자기 자신에 대한 참된 지식을 결코 얻지 못한다.[1]

---

1 John Calvin, *Institutes of the Christian Religion*, vol I, John T. McNeill ed, Ford Lewis

이처럼 칼빈은 창조주 하나님과 피조물 인간과의 관계를 바르게 인식하는 것을 신앙의 출발로 보았다. 『기독교 강요』는 사도 신경을 근간으로 크게 4가지 주제를 다루었다.

첫째, 성부 하나님
둘째, 성자 하나님
셋째, 성령 하나님
넷째, 교회

이 주제는 각 권의 제목으로 사용되었다.

제1권, 창조주 하나님에 관한 지식
제2권, 율법 아래에서 조상들에게 나타나고, 복음 안에서 우리에게 나타나신 구속주 하나님, 곧 그리스도를 아는 지식
제3권, 그리스도의 은혜를 받는 방식: 은혜의 유익과 효력
제4권, 하나님께서 그리스도의 회합으로 우리를 초대하시고 그 안에서 지키시는 외적인 수단 혹은 도움

각 권의 제목이 함축하는 의미는 매우 중요했다. 그가 강조하는 신지식의 핵심을 잘 집약해 주었다. 칼빈의 『기독교 강요』는 개혁파 조직신학의 최고 걸작이었다. 그리고 모든 개혁주의 운동을 하나로 연결해 주는 신학적 고리 역할을 했다.

Battles, trans, Library of Christian Classics (Louisville, KY: Westminster John Knox Press, 1970), 35, 37.

2. 칼빈의 성경관

칼빈은 성경의 사람이며, 칼빈의 신학은 성경에 철저히 기초했다. 『기독교 강요』의 가장 두드러진 특징은 매 페이지마다 인용된 수많은 성경 구절과 성경 본문이었다. 중세 가톨릭교회를 지배한 스콜라 신 인식론은, 마치 토마스 아퀴나스의 우주론적 신 증명처럼, 매우 철학적이고 사변적이었다.

그러나 칼빈의 신 증명은 아주 단순하고 간명했다. 오직 성경에만 기초했고 오직 성경만을 의존했다. 그래서 하나님은 누구인가라는 질문에 성경 말씀에 따라 삼위 하나님을 창조주 성부, 구속주 성자, 은혜 전달자 성령으로 소개했다. '오직 성경'을 통해 신학을 이해하고 증명하려고 했다. 칼빈은 성경을 신학의 유일한 교재로 삼았다.

그뿐만 아니라 칼빈은 성경을 하나님의 말씀으로 권위 있게 받아들였다. '오직 성경' 만이 기독교 교리와 생활 규범에 유일하고 최종적인 권위라고 믿었다. 가톨릭교회와 급진적 종교 세력을 향해 신앙의 진정한 권위는 하나님의 말씀인 성경에 있지 교회와 전통 또는 주관적 계시와 경험에 있지 않다고 반박했다.

또한, 칼빈은 개혁주의 성경 해석의 원리가 되는 역사적 문법적 해석 방법을 성경 해석의 올바른 방법으로 제시했다. 역사적으로는 성경이 기록된 시대와 문화 정황을 잘 이해하고, 문법적으로는 저자의 의도와 단어의 의미를 정확히 알아야 성경의 본 뜻을 바로 해석할 수 있다고 했다.

> 성경은 성경의 해석자이다(*Scrtipura sacra sui ipsius interpres*).

칼빈은 이와 같은 해석 원리를 확신했다. 그리고 성경의 내적 조명을 통해 영감 된 하나님의 말씀을 충분히 이해하고 해석할 수 있다고 주장했다. 칼빈에게 있어서 말씀과 성령의 조명은 동전의 양면과 같이 함께 움직였다.

3. 칼빈의 예정론

칼빈의 예정론은 그의 『기독교강요』 제3권 21-23장에 잘 기술되어 있다. 칼빈은 예정을 다음과 같이 정의했다(제3권 21:5, 하나님의 예정과 예지: 이스라엘의 선택).

> 우리는 예정(predestination)을 하나님의 영원하신 작정(decree)이라고 부르며, 이 예정에 의해 하나님은 각 사람이 어떻게 되기를 원하는지를 스스로 작정하셨다. 이는 모든 사람이 다 동등한 조건으로 창조되는 것이 아니라, 도리어 어떤 이들에게는 영원한 생명이 미리 예정되며, 또 어떤 이들에게는 영원한 저주가 예정되기 때문이다. 그러므로 각 사람은 이 2가지 중 어느 한 쪽 결말에 이르도록 창조된 것 같이, 우리는 사람이 생명 또는 사망에 예정되었다고 말하는 것이다.[2]

이처럼 칼빈의 예정론은 선택과 유기라는 이중 예정이었다. 칼빈은 다음과 같은 말씀을 통해 예정은 하나님의 절대 주권적 영역임을 강조했다.

> 창세 전에 그리스도 안에서 우리를 택하사 … 그 기쁘신 뜻대로 우리를 예정하사 (엡 1:4-5).

> 택하심을 따라 되는 하나님의 뜻이 행위로 말미암지 않고 오직 부르시는 이로 말미암아 서게 하려 하사(롬 9:11).

이 구절들을 통해 예정은 하나님의 절대 주권적 영역임을 강조했다. 인간의 선행이나 공로로 예정되지 않는다고 했다. 인간의 어떤 가치나 공로를 미

---

[2] John Calvin, *Institutes of the Christian Religion*, vol 2, 926.

리 아시고 작정한다는 예지 예정 교리를 반대했다. 선택은 오로지 하나님의 '전적인 은혜'로부터 시작된다고 가르쳤다. 한편 이중 예정 교리를 가지고 선택자와 유기자를 인위적으로 구별해서는 안 되며, 할 수도 없다고 했다. 그것은 우리의 일이 아니라 오로지 하나님께 속한 일이기 때문이었다(제4권 1:3). 이중 예정은 하나님의 기쁘신 뜻대로 이뤄지기 때문에 사람은 다만 하나님의 긍휼과 자비를 구하며 하나님께 영광을 돌릴 뿐이라고 했다.

칼빈은 이중 예정 교리가 성경적 가르침인 것뿐만 아니라 교부 어거스틴의 전통을 따른 것이라고 논증했다. 반면 가톨릭교회의 예정 교리를 확정한 토마스 아퀴나스의 예지 예정론을 반박했다. 루터는 택함을 받은 사람만이 하나님의 섭리를 깨닫는다는 하나의 예정 즉 선택만을 주장했다. 츠빙글리의 경우, 칼빈과 동일하게 이중 예정론을 피력했다.

4. 칼빈의 교회론

칼빈은 『기독교 강요』 제4권에서 자신의 교회관을 제시했다. 그는 단연코 교회의 기초는 하나님의 말씀이라고 강조했다. 인간의 전통이나 성직 제도가 될 수 없다며 가톨릭교회의 사제주의적 교회관을 비평했다.

첫째, 교회는 하나님의 선택에 의해 존립한다.
둘째, 교회는 영원 불변하시는 그리스도와 연합된다.
셋째, 교회는 성도들이 서로 교통하는 공동체다.

또한, 칼빈은 교회를 2가지로 나누었다(제4권 1:7).

첫째, 비가시적 교회
둘째, 가시적 교회

전자는 창세로부터 지금까지 살았던 선택된 참된 그리스도인들의 무형적 모임을 의미하며, 후자는 지상에 존재하는 교회로서 그리스도를 고백하고 경배하는 그리스도인들의 유형적 모임을 뜻했다. 거기에는 양육이 이뤄지고 참된 교회의 표지가 시행된다. 양육적인 측면에서 유형 교회는 모든 믿는 자의 어머니와 같다(제4권 1:4).

아이가 어머니의 돌봄을 받듯이 모든 그리스도인은 유형 교회의 돌봄을 받아야 한다. 지상의 교회는 불완전하여 종종 참된 교회인지 아닌지 구별하기가 어렵기 때문에, 칼빈은 참된 교회와 거짓 교회를 구별하는 표지를 다음과 같이 제시했다.

첫째, 말씀 선포
둘째, 성례의 집행

이것들을 참된 교회의 표지로 삼고 존중해야 한다고 강조했다(제4권 2:1).

5. 하나님의 주권

칼빈주의 신학자 헨리 미터(Henry Meeter, 1886-1963)의 말처럼, 칼빈 신학의 핵심은 이중 예정이 아니라 "하나님의 주권"이다.[3] 칼빈의 『기독교 강요』를 비롯한 모든 저서와 논문 그리고 설교와 주석의 면면에 흐르는 공동의 핵심 주제는 하나님의 주권이다. 하나님의 주권은 그의 모든 신학적 주제를 총괄하는 중심이었다.

---

3   Henry Meeter, *The Fundamental Principle of Calvinism* (Grand Rapids, MI: W. B. Eerdmans Publishing, 1930), 5 참조, 존 머레이, 『칼빈의 성경관과 주권사상』, 나용화 역 (서울: 기독교문서선교회, 1994).

루터에게 이신칭의가 중심이었다면, 칼빈에게는 하나님의 주권이 신학과 신앙의 중심이었다. 칼빈의 주권 사상을 철저히 성경에 뿌리를 두었다. 성경은 하나님 주권 사상을 보여 주는 보고였다. 칼빈은 로마서 11:36을 통해 하나님의 주권 사상을 강력하게 피력했다.

> 이는 만물이 주에게서 나오고 주로 말미암고 주에게로 돌아감이라 그에게 영광이 세세에 있을지어다 아멘(롬 11:36).

인간은 하나님으로 말미암아 무에서 창조함을 받았기 때문에 우리의 존재 자체가 하나님께 달려 있다고 해석했다. 그는 인간의 존재 목적이 '오직 하나님께 영광' 돌리는 것임을 강조했다. '오직 하나님께 영광'은 칼빈이 강조한 중요한 개혁 슬로건이었다. 하나님은 최고의 통치자로서 구원의 서정 가운데 주권적으로 일하신다고 칼빈은 확신했다. 칼빈은 『기독교 강요』 서두에서 다음과 같이 말한다.

> 하나님에 관한 지식없이 우리 인간에 관한 지식은 없다.

하나님의 대한 지식을 깨달을 때 비로소 인간 자신에 대한 참된 지식을 얻을 수 있다고 강조했다. 이렇듯 칼빈은 '하나님 존전에서'(Coram Deo)라는 하나님 중심과 하나님 주권 사상을 가지고 있었다. 1540년 10월 칼빈이 제네바 복귀를 결심할 당시, 파렐에게 "주님께 나의 심장을 드리나이다, 즉시 그리고 진심으로"(Cor meum tibi offero, Domine, prompte et sincere)라는 글을 보냈다. 그는 어디를 가든지 무엇을 하든지 항상 하나님의 존전과 영광을 의식했다.

6. 개혁주의 확산

  같은 스위스이지만 취리히 같은 독일어권 스위스 북부 도시에서는 칼빈의 영향력이 초기에는 미약했다. 1549년 5월 칼빈, 파렐, 불링거 그리고 독일 남부 출신 개혁자들이 취리히에 모여서 『취리히 합의문』을 만들었다. 이 합의문을 통하여 칼빈의 개혁 사상을 취리히를 비롯한 바젤과 베른 등의 도시들도 적극적으로 받아들였다. 이렇게 연대한 개혁 세력을 '개혁파' 또는 '칼빈파'라고 불렀다. 개혁파의 연합에는 칼빈의 『기독교 강요』가 기초석 역할을 했다. 이렇게 발전된 신학을 개혁주의 또는 칼빈주의라고 불렀다.

  칼빈의 개혁 사상은 스위스를 넘어 유럽 사회와 문화 그리고 정치와 종교 등 전반에 걸쳐 확산되어 갔다. 무엇보다도 제네바 아카데미에서 배운 개혁자들이 자기 고국으로 되돌아가 개혁주의를 널리 확산시켰다. 프랑스에서는 칼빈의 영향으로 개혁파 위그노 운동이 전개되어, 1559년 파리 총회에서 『갈리아 신앙고백서』를 채택했다. 네덜란드에서는 개혁주의 신학자 귀도 드 브레(Guido de Bres)에 의하여 1561년 『벨직 신앙고백서』가 채택되었다. 스코틀랜드에서는 존 낙스에 의해 칼빈의 개혁 운동의 활발하게 진행되어 1560년 『스코틀랜드 신앙고백서』가 채택되었고 장로교가 세워졌다.

  영국 교회에도 칼빈의 영향으로 1553년에 『42 신조』가 작성되었다. 독일의 남부 지역도 칼빈의 영향이 지대했다. 우르시누스(Zacharias Ursinus)와 올레비아누스(Caspar Olevianus)에 의해 독일 개혁파 신앙 고백인 『하이델베르크 요리문답서』가 작성되었다. 1600년대에도 칼빈주의의 영향으로 말미암아 네덜란드에서는 『도르트 신조』(1619), 스코틀랜드에서는 계약파 운동(1638) 그리고 영국에서는 청교도 운동과 『웨스트민스터 신앙고백서』(1647)가 태동되었다.

칼빈은 종교개혁 2세대에 해당하는 인물이었다. 그런데도 칼빈의 개혁 사상이 그의 전임자들보다 세계적으로 널리 확산되었다. 요약하자면 다음과 같다.

첫째, 칼빈은 개혁 사상을 학문적으로 조직적으로 잘 집대성했다. 루터와 츠빙글리가 종교개혁의 선구자로서 그리고 칼빈은 종교개혁의 사상가로서 종교개혁을 달성했다.

둘째, 칼빈이 집필한 수많은 저술이었다. 방대한 소논문과 설교를 비롯하여, 『기독교 강요』가 있었다. 구약 23권과 요한계시록을 제외한 신약 26권을 주석했다. 라틴어와 프랑스어 헬라어와 히브리어에 능통했으며, 법학과 신학 그리고 교부학에도 정통했다.

셋째, 칼빈은 후진 양성을 위한 교육 사업에 전념했다. 그가 세운 제네바 아카데미를 통해 유럽도처에서 온 개혁자들을 훈련하고 양성했다. 그로 인해 칼빈은 그 누구보다도 개혁주의와 장로주의와 청교도주의 발전에 큰 영향을 끼쳤다.

제32장

◆

프랑스의 종교개혁

프랑스는 르페브로, 파렐, 칼빈과 같은 위대한 개혁자들을 배출한 국가답게 일찍이 개혁 운동이 시작되었다. 초기에 일어난 종교개혁은 인문주의 영향 때문이었다. 이후 1550년부터 1572년 사이에 개혁파 위그노들이 등장하여 개혁 운동을 활발하게 진행했다. 1572년 이후 극심한 박해를 받았으나 다행히도 1598년의 낭트 칙령으로 종교의 자유를 획득했다. 그리고 약 90년 뒤인 1685년에 낭트칙령이 철회됨으로써 프랑스 내 위그노 개혁 운동은 점차 쇠락의 길을 걸었다.

1. 초기 개혁 운동

초기 프랑스 종교개혁의 대표적인 인물은 쟈크 르페브르(Jacques Lefevre, c.1455-1536)였다. 그는 이탈리아에서 인문주의를 공부했으며, 특히 헬라어에 능통한 신약성경 학자로서 명성을 쌓았다. 1500년경부터 파리대학교의 교수로 활동했다.

1512년에 출판한 『바울 서신 주석』을 통해 오직 믿음으로 의롭게 된다는 이신칭의를 가르쳤다. 1522년의 『복음서 주석』은 성경의 유일한 권위를 강조했다. 일반 사람들도 성경을 반드시 읽어야 한다는 개혁적 신념으로 1523년에 프랑스어로 신약성경을 번역 출판했다.

시기적으로 루터가 독일어로 신약성경을 출판할 때와 거의 비슷했다. 그의 영향으로 기욤 파렐, 기욤 브리소네(Guillaume Briconnet, 1472-1534), 피에르 카롤리(Pierre Caroli, 1480-1550) 등과 같은 개혁자들이 많이 배출되었다. 제자들과 함께 그는 파리 근교 도시 모(Meaux)를 중심으로 교회 개혁 운동을 펼쳐 나갔다. 개인적으로 루터의 개혁 의지와 사상을 높이 평가하고 존중했다. 그러나 루터와 달리 르페브르는 가톨릭교회를 떠나지 않고, 교회 내에 머물며 비성경적 폐습과 교리들을 개혁해 나갔다.

인문주의 개혁자 르페브르의 영향으로 많은 설교자가 프랑스어로 미사와 예배를 진행했다. 예배 때에 프랑스어로 신약성경을 낭독했으며, 성상 숭배 같은 미신적 요소들을 배척했다. 당시의 프랑스 왕 프랑소아 1세(Francois I, 재위 1515-1547)는 집권 초기에 그러한 개혁 운동에 비교적 관대했다. 그러나 1525년 스페인과의 전투에서 패한 이후 가톨릭교회 성직자들의 압력에 눌려 자국 내 개혁 운동을 핍박하기 시작했다.

특히, 1533년 11월 파리대학교 총장 취임 연설문 사건을 계기로 개혁자들을 이단으로 규정하고 강력하게 탄압했다. 이로 인해 코프와 칼빈과 같은 많은 개혁자가 좀 더 안전한 스위스와 독일 접경 도시들로 피신을 가거나 망명을 했다.

2. 위그노 개혁 운동

1536년 존 칼빈은 『기독교 강요』을 출판했다. 프랑소아 1세에게 책을 헌정하면서 왕에게 개혁자들에 대한 종교적 관용을 요구했고, 동시에 개혁자들의 사상을 변론했다. 이 책의 출판을 통해 칼빈은 차세대 개혁 지도자로서 주목 받게 되었다. 그로부터 약 10년 뒤, 앙리 2세(Henri II, 1519-1559)가 1547년에 왕위에 오르면서 개혁자들에 대한 박해가 더욱 심해졌다.

통치 초기에 약 500명의 개혁자를 화형 시켰고, 심지어 형 집행 때 소리를 지르지 못하도록 혀를 잘랐다. 그리고 프랑스어 성경과 제네바에서 출판된 책들을 금서로 지정했다. 이러한 박해 가운데에서도 제네바로 망명 갔던 개혁자들이 일사각오의 정신으로 귀국하기 시작했다. 1550년부터 1558년 사이에 약 150명의 목회자가 돌아와 여러 도시에 개혁 사상을 전파하며 교회를 세웠다. 이들의 가르침은 평민들보다는 대학 교수, 의사, 변호사, 정치인 등과 같은 지식층과 고위층 사이에 널리 확산되었다.

1559년 5월 26일부터 28일까지 50여 개의 개혁교회 대표가 참석한 최초의 개혁교회 총회가 파리에서 개최되었다. 칼빈의 제자인 앙뜨완 드 샹디외(Antoine de Chandieu, 1534-1591) 목사의 노력으로 이 총회가 성사되었다. 총회는 샹디외가 작성한 『갈리아 신앙고백서』(*Gallic Confession of Faith*, 또는 프랑스 신앙고백서)와 『권징 규칙서』를 프랑스개혁교회(French Reformed Church)의 신조와 헌법으로 채택했다.

40조항으로 된 이 신앙고백서는 칼빈이 직접 초안 했으며, 규칙서는 제네바의 예배 모범을 따랐다. 따라서 당시의 프랑스 개혁 운동은 지극히 칼빈의 영향 가운데 있었다.

프랑스 칼빈주의 개혁자들을 위그노(Huguenots)라고 불렀다. 앙리 2세의 박해는 결코 위그노 세력의 확장을 꺾을 수 없었다. 오히려 위그노 세력은 프로방스(Provence), 도펀느(Dauphine), 노르망디(Normandy), 오를레앙(Orleans), 나바르(Navarre) 등으로 확산되었고, 나바르의 앙리(Henri of Navarre, 1553-1610), 루이 드 꽁드(Louis de Conde, 1530-1569), 가스파르 드 꼴리니(Gaspard de Coligny, 1519-1572) 제독 등과 같은 유력한 정치 지도자들이 위그노로 개종했다.

1559년 7월 앙리 2세가 마상 무술 시합에서 다친 후유증으로 죽자, 그의 아들 프랑소아 2세(Francois II, 1544-1560)가 15세의 나이로 1559년에 왕위를 물려 받았다. 불행히도 그 역시 통치 1년 만에 질병으로 죽었다. 그의 동생 샤를 9세(Charles IX, 1550-1574)가 10세의 나이로 1560년에 왕이 되었다. 이때 어머니 카뜨린느 드 메디시스(Catherine de Medicis, 1519-1589)

가 어린 아들을 대신하여 섭정을 했다. 그녀의 섭정 정치는 기즈 공(Duke of Guise) 가문의 반대로 종종 어려움을 겪었다.

기즈 가문은 왕실에 버금가는 막강한 힘을 가지고 있었으며 가톨릭을 절대적으로 지지했다. 카뜨린느는 기즈 집안의 세력을 견제하고자 정치적 정략에 따라 왕족이며 위그노의 수장인 루이 드 꽁드와 연대했다. 때문에 그녀는 위그노들에게 관용을 베풀었다. 위그노들은 가정에서 편안하게 예배를 드릴 수 있었고, 목사들은 매주 4회 이상 공적으로 설교 할 수 있게 되었다.

위그노의 교세가 점점 더 확장되어감에 따라 가톨릭 세력과의 마찰과 물리적 충돌이 종종 발생했다. 특히, 1562년 3월 가톨릭 세력은 샹파뉴(Champagne) 지방의 바시(Vassy)에서 예배를 드리던 위그노를 습격하여 60여 명을 죽이고 200여 명에게 상해를 입혔다. 또한, 남부 툴루즈(Toulous) 지방에 거주하는 약 3,000명의 위그노 여인과 아이들을 살해했다.

이에 따라 꽁드와 꼴리니 그리고 나바르의 앙리는 군대를 조직하여 가톨릭 군대와 맞서 싸웠다. 이렇게 시작된 제1차 위그노 전쟁은 길고 긴 종교 전쟁으로 발전했다. 제1차 전쟁은 1563년 3월 앙부아즈 평화 조약(la paix d'Amboise)으로 일단락되어, 이후 약 10년간 평화스러운 시기를 보냈다.[1]

3. 박해와 쇠퇴

1) 성 바돌로매오 축일 대학살

1570년경 샤를 9세는 위그노 제독 꼴리니를 절대적으로 신임하고 있었다. 더욱이 까뜨린느의 딸이자 샤를 9세의 여동생인 마가리타 드 발루아

---

[1] 강남수, 『프랑스 종교개혁사』 (서울: 그리심, 2000), 24-34. 1567년에 제2차 위그노 전쟁이 일어났으며, 꽁드는 3만 명의 위그노를 이끌고 전쟁에 참전했으나, 1569년 전투에서 전사했다.

(Margarita de Valois, 1553-1615)와 나바르의 앙리 드 부르봉(Heni de Bourbon, 1553-1610) 간의 결혼이 추진되었다. 앙리는 어머니의 영향으로 위그노 신앙을 가지고 있었으며 결혼을 2달 앞둔 1572년 6월에 앙리 3세로 나바르의 왕이 되었다. 이처럼 위그노 세력의 정치적인 힘이 매우 강력해져 갔다. 그 숫자도 매우 증가했다. 1572년경 당시 2,000만 명의 인구 가운데 약 300만 명이 위그노 신앙을 따랐을 정도였다. 프랑스 전체 인구의 15퍼센트에 해당하는 큰 규모였다.

카뜨린느는 이렇게 막강해진 위그노와 꼴리니의 세력을 도리어 더 큰 위협으로 느꼈다. 위그노 세력을 견제하기 위해 그녀는 한때 자신의 정적이었던 가톨릭 진영의 지도자 기즈 공과 연대했다. 카뜨린느와 기즈 공은 샤를 9세를 설득하여 위그노에 대한 대대적인 살해 계획을 준비했다.

1572년 8월 18일, 파리에서 나바르의 앙리 3세와 마가리타의 결혼식이 있었고, 사람들은 평화와 축제의 분위기를 즐겼다. 이 축제 분위기는 8월 24일 성 바돌로매오 축일로 이어졌다. 모든 사람이 연속된 축제로 들 떠 있던 성 바돌로매오 축일 전날 밤에 가톨릭 군대는 위그노를 습격하여 대대적으로 살육했다. 꼴리니를 비롯하여 파리에 거주하던 2천여 명의 위그노가 그날 밤에 죽었고, 이어진 한달 동안에 전국적으로 약 30,000명에서 70,000명에 달하는 위그노가 처참하게 죽었다. 이것이 이른바 성 바돌로매오 축일 대학살 사건이었다.

이 끔찍한 학살 소식이 유럽 전역에 퍼지자, 한때 프랑스의 군사적 원조를 얻어 전쟁터로 진군하던 네덜란드의 개신교 지도자 빌렘 1세 판 오라녜(Willem I van Oranje, 1533-1584)는 즉시로 회군했으며, 영국의 개신교 여왕 엘리자베스 1세(Elizabeth I, 1533-1603)는 상복을 입고 조의를 표했다.

그뿐만 아니라 가톨릭 신자인 신성 로마 제국의 황제 막시밀리안 2세(Maximilian II, 재위 1564-1576)도 대학살 소식에 슬픔을 금치 못했다. 하지만 교황 그레고리오 13세(Gregorius XIII, 재위 1572-1585)는 테데움(Te Deum) 성가를 부르며 가톨릭 군대의 승리를 자축했다.

2) 앙리 4세와 낭트 칙령

성 바돌로매오 축일 대학살 사건은 나바르의 앙리 3세와 마가리타가 결혼한 지 6일만에 벌어졌다. 이때 앙리 3세가 가톨릭 군인들에게 체포되어 감금되었지만, 간신히 죽음만은 면한 채 3년간 연금되어 있다가 나바르로 탈출했다. 탈출 후, 그는 흩어진 위그노 세력을 규합하여 가톨릭 세력과 맞서 싸웠다. 위그노의 위력이 대학살 사건 이전만은 못했지만, 그렇다고 가톨릭 세력에게 완전히 제압당할 만큼은 아니었다. 샤를 9세가 통치 14년 만에 죽고 그의 동생 앙리 3세(Henri III, 1551-1589)가 1574년에 왕이 되었다.

그의 치세 기간에 가톨릭 진영과 위그노 진영간의 전쟁이 끊이질 않았다. 1589년 죽을 때, 후사가 없던 그는 나바르의 앙리 3세에게 프랑스의 왕위를 물려주었다. 그 해 8월 나바르의 앙리 3세는 앙리 4세로 프랑스의 국왕에 등극했다.

가톨릭 세력의 반대로 대관식을 치르지 못하다가 1594년 2월 가톨릭 개종을 조건으로 왕의 대관식을 치렀다. 가톨릭으로 개종했지만, 위그노에 대해서는 여전히 우호적이고 관대했다. 그가 왕위에 오르기 한참 전인 1562년부터 시작된 위그노와 가톨릭 간의 전쟁은 1598년까지 약 30년간 7차례 이상 있었다. 앙리 4세는 양 진영 간의 전쟁을 종식시키고, 국내 정세의 통일과 안정을 추구하려고 했다.

따라서 1598년 4월 13일, 낭트 칙령(Nant Edict)을 발표했다. 이 칙령에는 위그노들이 파리 시를 제외한 모든 곳에서 자유스럽게 예배를 드릴 수 있다는 종교 관용 정책이 포함되어 있었다. 앙리 4세는 백성들로부터 앙리 대왕이라는 칭송을 들을 만큼 뛰어난 치세를 이루었다. 하지만 낭트 칙령에 불만을 품은 한 가톨릭 광신도에 의해 1610년 5월에 암살 당했다.

3) 위그노 세력의 쇠퇴

성 바돌로매오 축일 대학살 사건 이후 국왕 앙리 3세가 죽던 1589년까지 약 17년간 위그노 개신교의 수는 3분의 2 정도 감소되었다. 끔찍한 박해로 수많은 사람이 순교를 당하거나 가톨릭으로 개종했기 때문이었다. 1598년 낭트 칙령으로 위그노들은 신앙의 자유를 얻었다. 공적으로 예배를 드릴 수 있었고, 신앙적인 이유로 차별 대우를 받지 않았다. 앙리 4세가 암살당한 이후에도 낭트 칙령에 따라 위그노들은 종교적 자유를 누렸다.

세월이 흘러 앙리 4세의 손자 루이 14세(Louis XIV, 1638-1715)가 1643년 5살의 나이에 왕이 되면서 상황은 위그노 탄압 쪽으로 급격하게 기울었다. 성인이 된 루이 14세는 왕권신수설과 "짐이 곧 국가다"라는 말을 공언하며, 정치와 종교를 지배하는 막강 전제 군주제를 통해 72년간 장기 집권했다. 1685년 10월 그는 퐁텐블로 칙령(Edict of Fontaineblea)을 발표하여 할아버지 앙리 4세가 제정한 낭트 칙령을 전격적으로 취소했다. 약 100년간 지속되던 두 세력 간의 평화가 깨지고 말았다.

새로운 칙령에 따라 위그노들이 택할 수 있는 것은 2가지밖에 없었다.

첫째, 국내에 남아 가톨릭으로 개종하여 살거나, 아니면 박해와 순교를 견뎌내야 했다.
둘째, 국외로 이주하는 것이었다.

많은 위그노는 후자를 택하여 대집단 탈출을 감행했다. 약 40만에서 100만 명의 위그노가 신앙의 자유를 찾아 영국, 독일, 네덜란드, 덴마크, 스웨덴, 남아프리카, 북아메리카 신대륙 등지로 떠났다.

이들 대다수가 수공업에 종사하는 장인과 상업에 종사하는 중산층이었다. 때문에 프랑스 국내의 수공업과 상업이 한때 마비 상태에 이르렀었다. 국내에 잔류한 위그노들은 가톨릭으로 개종하거나, 도심지를 떠나 산간

지역에 흩어져 은둔하며 신앙의 명맥만을 유지해 나갔다.²

프랑스 종교개혁은 약 150년간 계속된 가톨릭 세력과의 물리적 충돌 그리고 절대 군주들의 독재와 탄압으로 말미암아 결국 1700년대 이후 그 위세를 거의 상실했다.

---

2 2013년 현재 프랑스 내에 약 30만 명의 위그노가 존재하고 있다.

제33장

네덜란드의 종교개혁

프랑스 종교개혁이 결국 정치적 역량에서 가톨릭 세력에 밀려 끝내 성공을 이루지 못하고 쇠락했다면, 네덜란드 종교개혁은 정치적 환경과 잘 연대하여 개혁을 달성했다. 루터파 영향으로 시작된 네덜란드 개혁은 칼빈주의 개혁파로 마무리되었다. 그리고 국가 독립을 통해 스코틀랜드와 함께 칼빈주의를 따르는 강력한 개신교 국가가 되었다.

1. 개혁의 여정

종교개혁 당시의 네덜란드는 17개 주로 구성된 연방제 국가였다. 남부로는 프랑스, 동북부로는 신성 로마 제국과 국경을 이루고 있었다. 정치적으로 네덜란드는 카를 5세 황제가[1] 다스리는 신성 로마 제국의 식민 통치 하에 있었다. 경제적으로 제조업이 발달했으며, 해상을 통해 무역과 상업이 번창했다. 종교적으로 네덜란드는 전통적인 가톨릭교회 국가였다.

---

[1] 황제 카를 5세(1500-1558)는 오스트리아 합스부르크 왕가 출신으로 스페인 왕실인 외조부와 어머니 덕분에, 1516년부터 어머니 후아나 1세(Juana I de Castilla, 1504-1555)는 여왕으로, 자신은 국왕으로 스페인을 공동 통치했다. 그리고 1519년 신성 로마 제국의 황제로 등극했다. 통치 말기에 그의 스페인 제국은 "태양이 지지 않는 나라"로 불릴 만큼 광대하게 확장되었다. 1556년 그는 동생 페르디난트 1세(Ferdinand I, 1503-1564)에게는 부모에게 물려받은 신성 로마 제국을, 아들 펠리페 2세(Felipe II, 1527-1598)에게는 외가로부터 물려받은 스페인 제국을 각기 물려주고 퇴위했다.

1300년대 후반에 공동 생활 형제단이 네덜란드에서 태동되었다. 이 형제단은 다음과 같은 뛰어난 인물을 배출했다.

첫째, 토마스 아 켐피스
둘째, 베셀 간스포르트
셋째, 데시데루스 에라스무스

이들을 통해 실천적 경건, 성경의 가르침, 이신칭의 등과 개혁적 정서가 이미 형성되어 있었다.

1517년이후 루터의 개혁 사상이 네덜란드에 빠르게 유입되었다. 특히, 다음과 같은 지방에 개혁의 물결이 강하게 몰아쳤다.

첫째, 안트베르펜(Antwerpen)
둘째, 루방(Louvain)
셋째, 겐트(Ghent)

네덜란드 가톨릭교회는 개혁의 확산을 차단하기 위해 박해하기 시작했다. 루터 사상을 전파하던 어거스틴파 수도사 헨드릭 부스(Hendrik Voes)와 요한 반 에센(Johan van Essen)을 이단으로 정죄하고, 1523년 7월 브뤼셀(Brussels)에서 그들을 화형시켰다. 그러나 한번 밀려들기 시작한 개혁의 물결을 쉽게 막을 수 없었다.

1525년 독일에서 일어난 농민 혁명 이후 재세례파 운동이 네덜란드에서 활발하게 일어났다. 특히, 1533년 네덜란드 출신의 마티스와 라이덴의 예언으로 많은 네덜란드 재세례파들이 뮌스터 천년왕국 운동에 합류했다. 이 종말론 운동이 1535년에 비극적으로 종결된 이후, 1540년대부터 메노 시몬스가 이끄는 온건한 메노나이트 재세례파가 태동되어, 흩어진 재세례파를 규합했다.

1540년 중반경, 제네바 출신의 개혁파 전도자들이 네덜란드에 찾아왔다. 칼빈은 개인적으로 네덜란드의 개혁 운동에 큰 관심을 가지고 있었다. 1538년 칼빈이 스트라스부르크에서 목회할 때, 스트라스부르크로 피난 나온 네덜란드 출신의 개혁자들을 많이 사귀었다. 그의 아내 이델레트도 네덜란드 남부 왈룬(Walloon) 출신이었으며, 그녀의 전 남편과 함께 스트라스부르크로 피신 나왔던 재세례파 교인이었다.

이런 연유로 칼빈은 1544년에 제네바의 개혁자 피에르 브룰리(Pierre Brully)를 네덜란드에 파송했고, 다방면으로 네덜란드 개혁 운동을 지원했다. 그 결과 1550년대부터 칼빈주의적 개혁파가 네덜란드 종교개혁을 주도해갔다. 이때 네덜란드에 개신교 확장을 막기 위해서 카를 5세는 다음과 같은 칙령을 발표했다.

> 외콜람파디우스, 츠빙글리, 부쳐, 칼빈, 혹은 거룩한 교회가 이단으로 지정한 자들의 책이나 글을 인쇄하거나 보급하는 자를 화형에 처한다.[2]

이로 인해 수많은 개신교인이 종교 재판소를 통해 처형되었다. 그런데도 종교개혁은 수그러들지 않고 네덜란드 전역으로 퍼져 나갔다.

2. 독립 운동과 개혁 성취

네덜란드의 종교개혁은 독립 전쟁이라는 당시의 정치적 상황과 깊이 맞물려 전개되었다. 1556년 카를 5세가 그의 아들 펠리페 2세(Felipe II, 1527-1598)에게 스페인 제국의 왕위를 물려주었다. 펠리페 2세는 스페인 제국의 왕으로서 네덜란드를 지배했다. 그는 프랑스와의 전쟁을 앞두고 비용을

---

2   오덕교, 『종교개혁사』, 336.

마련하기 위하여 네덜란드 국민에게 막중한 세금을 부과했다.

그뿐만 아니라, 스페인에서 성장한 그는 스페인식 통치와 문화와 언어를 네덜란드에 이식하려 했다. 소위 스페인화 정책을 펼쳤다. 그리고 가톨릭 주교들과 합세하여 개신교를 탄압했다. 이러한 스페인화 정책과 폭정에 불만을 품은 네덜란드 귀족들과 국민들은 독립 투쟁을 펼치기 시작했다. 때문에 독립 운동에 참여한 대부분의 사람은 가톨릭 대신에 칼빈파로 자연스럽게 개종하거나 협력적인 태도를 가졌다.

정국이 혼란 속에 빠지자, 펠리페 2세는 종교의 자유를 허락하고, 기타 탄압 정책을 중지할 것을 약속했다. 하지만 그것은 일시적 정략에 불과했다. 1567년 2월 펠리페 2세는 스페인 장군 알바레즈 공작(Fernando Avarez, 1507-1582)을 네덜란드로 파견하여 자신의 정책과 가톨릭 신앙을 반대하는 사람들을 무력으로 다스리기 시작했다. 전권을 위임 받은 알바레즈는 소위 질서 확립 위원회를 만들어 사람들을 마구잡이로 잡아들이고, 잔인하게 고문하여 죽였다.

때문에 사람들은 그 위원회를 '피의 위원회'라고 불렀다. 알바레즈는 1567년부터 1573년까지 약 6년간 절대 권력을 휘두르며 네덜란드 국민을 탄압했다. 그 기간 중에 개신교인과 가톨릭교인을 가리지 않고, 자신의 통치에 불응하는 18,000명에 달하는 네덜란드인들을 이단이라는 죄명으로 처형했다.[3]

알바레즈의 탄압을 더 이상 견딜 수 없었던 네덜란드 국민은 드디어 독립 전쟁을 일으켰다. 네덜란드 혁명으로 불리는 이 전쟁은 1568년에 시작하여 1648년까지 80년간 계속되었다. 1568년 육지에서는 빌렘 1세 판 오라녜(Willem I van Oranje, 1533-1584)가[4] 이끄는 군인들과 해상에서는 일명 네덜란드 '바다 거지들'이 서로 협력하여 스페인 군대를 공격했다. 영국의 엘리자베스 여왕도 네덜란드 군인을 지원했다. 한때 패색이 짙었던 네덜

---

[3] 윌리스턴 워커, 『기독교회사』, 578-579.
[4] 오렌지 백작 윌리엄 1세로 불리는 빌렘 1세 판 오라녜는 네덜란드의 국부로 추앙 받았다. 그의 백작명 오라녜에서 유래된 오렌지 색은 네덜란드의 상징색이 되었다.

란드 군대는 일시에 라이든 시로 진격하여 스페인 군대를 물리쳤다.

네덜란드 혁명군을 이끈 지도자 빌렘 1세는 칼빈주의자들과 연합하여 독립 운동을 펼쳐 나가다가, 1573년 칼빈파로 완전히 개종했고, 가톨릭 미사를 전면 금지시켰다. 스페인의 합스부르크 왕실과 대항하기 위해 가장 시급한 것은 남북으로 갈라져 있는 17개주 네덜란드를 빨리 통일시키는 것이라고 판단했다. 따라서 1576년 11월 그는 겐트 평화 조약(Pacification of Ghent)을 통해 네덜란드를 통일 국가로 만들었고, 초대 총독이 되었다. 그리고 네덜란드의 독립, 스페인 군대의 철수, 칼빈파에 대한 박해 종식을 요구하며 펠리페 2세와 맞서 싸웠다.

이 와중에 네덜란드는 종교적인 문제로 다시 내분을 겪었다. 1579년 가톨릭를 선호하는 남부의 주들이 동맹체를 결성하자, 개신교를 지지하는 북부의 주들도 따로 동맹체를 만들었다. 1584년 결국 17개주는 남북으로 다시 갈라졌다. 종교, 경제, 문화, 언어 등의 차이 때문에 17개주는 개혁파 개신교 신앙을 지지하는 네덜란드와 가톨릭을 따르는 벨기에와 룩셈부르크 등 세 개의 독립된 국가로 각기 나뉘어 발전되었다.

1581년 빌렘 1세는 네덜란드의 독립을 선언했지만 3년 뒤인 1584년에 암살 당했다. 곧바로 그의 아들 마우리츠 판 오라녜(Maurits van Oranje, 1567-1625)가 총독직을 승계하여 스페인과의 독립 전쟁을 계속 이끌어 갔다. 1609년 스페인으로부터 독립 국가 지위를 인정 받았다.

그런데도 양국 간의 대립과 전투가 간헐적으로 계속되다가, 마침내 1648년 베스트팔렌 평화 조약(Peace Treaty of Westphalia)을 통해 독립 국가의 지위를 완전하게 공인 받았다. 독립 운동 기간에 네덜란드는 해군력을 강화하고 네덜란드 동인도 회사를 설립했다. 이후 네덜란드는 세계 곳곳에 크고 작은 식민지령을 설치하며 국가 번영의 황금기를 맞이했다.

네덜란드 정치인들이 국가 독립을 위해 싸우고 있는 동안 네덜란드 개신교인들은 교회 조직과 신학의 발전에 심혈을 기울였다. 네덜란드 칼빈주의자들의 조직력과 단결력은 개혁교회의 건설뿐만 아니라 스페인으로부터 독립을 쟁취하는데 크게 기여했다. 1561년 칼빈의 제자 귀도 드 브레(Guido de Bres, 1522-1567)는 전국에 흩어져 있는 개혁파 교인들을 위하여 『벨직 신앙고백서』(Belgic Confession)를 작성했다.

1563년 안트베르펜에서 개혁교회의 대회가 열렸고, 1571년에 엠덴(Emden)에서 네덜란드 개혁교회 총회가 개최되었다. 이 총회는 『벨직 신앙고백서』를 네덜란드 개혁교회의 신앙고백서로 채택했다. 또한, 『제네바 요리문답서』와 『하이델베르크 요리문답서』를 채택하여 전자는 프랑스어권 그리고 후자는 네덜란드어권 교회들이 사용하도록 결의했다. 1575년 빌렘 1세가 라이덴(Leiden)대학교를 설립하여 칼빈주의 연구의 산실로 삼았다. 이처럼 개신교회는 네덜란드의 독립을 함께 칼빈주의 장로교를 따르는 국가 교회로 자연스럽게 자리잡았다.

3. 알미니우스 논쟁과 『도르트 신조』

1600년대에 들어선 네덜란드 교회는 뜻하지 않게 예정론 논쟁에 휘말렸다. 칼빈주의자들은 창세전 예정과 이중 예정론을 주장하는 제네바 지도자 베자의 견해를 충실하게 따랐다. 베자는 칼빈의 후계자로서 칼빈의 예정론을 보다 더 논리적이고 체계적으로 발전시켰다. 이러한 신학적 환경 가운데 야코부스 알미니우스(Jacobus Arminius, 1559-1609)가 칼빈주의 예정론에 의문을 던지며 논쟁이 일어났다.

알미니우스는 네덜란드의 오우더바터(Oudewater)에서 태어나 개혁파 신앙의 가정에서 성장했다. 1576년부터 1581년까지 라이덴대학교에서 공부했고, 이후 제네바로 건너가 1583년부터 1584년 사이에 베자 밑에서 신학을 연구했다. 1587년 암스테르담으로 돌아온 이듬해에 목사 안수를 받고 15년간 목회를 했다. 1589년 교회 당국으로부터 칼빈주의 예정론을 반대하는 쿠른헤르트(Dirk Coornhert, 1522-1590)의 사상을 논박해달라는 요청을 받았다. 이 과정에서 오히려 그는 쿠른헤르트의 사상을 지지하는 입장으로 선회했다. 그리고 1590년 로마서 강해를 통해 칼빈의 예정론에 의문을 제기한다는 자신의 견해를 밝혔다. 1603년 그는 라이덴대학교의 신학 교수로 임명되었다. 같은 대학교의 교수 호마루스(Franciscus Gomarus, 1563-1641)는 알미니우스 신학의 문제점을 지적했다.

네덜란드에서 태어난 호마루스는 스트라스부르크, 하이델베르크에서 개혁파 신학을 공부했고, 영국으로 건너가 케임브리지대학교의 윌리엄 에임스(William Ames), 윌리엄 퍼킨스(William Perkins)에게 청교도 개혁주의 신학을 탐구했다. 1587년 독일로 건너온 그는 프랑크푸르트에 있던 네덜란드 교회의 목사로 사역하다 1594년부터 라이덴대학교의 신학 교수로 일했다.

호마루스가 알미니우스의 예정론의 문제점을 강력하게 지적하자, 1608년 알미니우스는 『감상적 선언』(*Declaration of Sentiments*)을 발표하여 예정은 하나님의 주권적 선택이 아니라 인간의 자율적 선택에 달려 있다는 자신의 입장을 표명했다. 그리고 일년 뒤인 1609년 10월에 사망했다.

하지만 그의 사상은 위텐보개르트(Uytenbogaert, 1557-1644)와 에피스코우스(Simon Episcopius, 1583-1643) 등을 통해 확산되었고, 그들을 중심으로 알미니우스 추종자들이 세력을 규합했다. 그리고 1610년 46명의 알미니우스파는 알미니우스의 사상을 체계적으로 정리한 『항론』(*Remonstrance*)이라는 문서를 출간했다. 따라서 그들을 항론파라고 불렀다. 그들이 주장한 내용은 크게 5개 항목으로 구성되었다.

첫째, 하나님은 개개인을 선택한 것이 아니라 그를 믿고 순종할 자들을 단체로 선택하셨다.
둘째, 그리스도는 만인을 위하여 죽으셨다.
셋째, 믿음은 하나님의 선물이다.
넷째, 그러나 인간이 그 선물을 거절할 수 있다.

다섯째, 성도의 견인에 대한 교리는 모호하다.[5]

항론파들은 자신들의 신앙 고백 문서를 정부 당국에 제출하고 신앙적 관용을 호소했다. 그러자 1611년 칼빈파는 항론파의 주장을 즉각적으로 반박했다. 이렇게 시작된 양파 간의 열띤 신학 논쟁은 학자들뿐만 아니라 전국민의 큰 관심사로 퍼져나갔다.

당시 총독 오렌지 공 마우리츠는 당면한 논쟁을 해결하기 위하여 도르트 총회(Synod of Dort)를 소집했다. 1618년 11월 13일부터 1619년 5월 9일까지 총 154차례의 회합을 가졌다. 독일, 스위스, 영국에서 28명의 칼빈주의자가 초청을 받아 참석했다. 프랑스 위그노를 초청했지만 정치적인 어려움 때문에 참석하지 못했다. 자국내에서는 호마루스를 포함한 칼빈파 65명의 목사와 평신도 대표들이 참석했다.

그리고 약 10명의 항론파 목사가 피고로 참석했다. 이 회의는 항론파들이 내세운 5개 항목을 조목조목 반박하고 정죄했다. 그리고 소위 '튤립'(TULIP)으로 불리는 『도르트 신조』(Canons of Dort)를 네덜란드 교회의 표준 문서로 채택하고 종료했다.

항론파가 제시한 5개 항목에 맞대응하는 형식으로 구성된 『도르트 신조』 5대 항목은 다음과 같다.

첫째, 인간은 전적으로 타락했다(total depravity). 때문에 구원은 전적으로 하나님의 은혜이다.

둘째, 선택의 기초는 인간의 행위에 근거하지 않고, 창세전부터 섭리하시는 하나님의 무조건적 선택이다(unconditional election). 선택은 하나님의 주권에 속한다.

---

5   오덕교, 『종교개혁사』, 342.

셋째, 제한적 대속이다(limited atonement). 오직 선택자만을 위하여 그리스도가 대속했고, 그 효력도 선택자에게만 있다.

넷째, 불가항력적 은혜이다(irresistible grace). 하나님의 은혜를 인간이 거부할 수 없다.

다섯째, 성도의 견인이다(perseverance of the saints). 하나님은 택자를 보존하여 은혜 가운데 거하게 한다.

『도르트 신조』는 칼빈주의 인간론과 구원론의 핵심을 구체화시킨 신조로서 칼빈주의 5대 강령이라 불렸다. 이 신조를 산출한 도르트 총회는 세계적인 최초의 칼빈주의 회의였다. 구조와 내용면에 있어서 칼빈주의와 알미니안주의 논쟁은 마치 초대 교회의 어거스틴주의와 반펠라기우스주의 논쟁의 재현과 같았다. 결국, 도르트 총회는 알미니안주의를 배격하고 칼빈주의 5대 강령을 채택했다. 하지만 알미니안주의의 영향을 완전히 제거할 수 없었다. 이후 알미니안주의는 영국의 성공회와 감리교와 구세군 등을 통해 기독교 역사 안에 교리적으로 정착했다.

4. 칼빈주의의 확산

1) 독일 지역

독일 북부 지역은 루터파가 그리고 남부 지역은 가톨릭교회가 주로 자리잡고 있었다. 이 양 진영은 칼빈주의의 유입이나 확산을 오랫동안 배척했다. 그러는 가운데 1560년대 초부터 칼빈주의가 독일 남부 지역, 특히 하이델베르크를 중심으로 자리잡으며 발전했다. 팔츠(Pfalz)의 선제후 프리드리히 3세(Friedrich III, 1515-1576)의 지원이 큰 역할을 했다. 1559년 팔츠의 선제후에 오른 그는 칼빈주의를 선호하여 제네바에서 교육받은 개혁파 신학자들을 하이델베르크대학교로 초청했다. 그리고 그의 영지에서 일고 있는 논쟁을 종식시키고 영지의 사람들이 사용할 수 있는 새로운 신앙고백서 작성을 추진했다.

그의 초청으로 하이델베르크대학교 교수로 일하던 개혁파 학자 자카리아스 우르시누스(Zacharias Ursinus, 1534-84)와 카스파르 올레비아누스(Kaspar Olevianus, 1536-87)가 『하이델베르크 요리문답서』(Heidelberg Catechism)를 1563년에 작성했다. 이 요리문답서는 독일 개혁교회의 신앙 표준 문서로 채택되었다. 그리고 네덜란드와 헝가리 그리고 체코와 폴란드에 흩어져 있던 개혁교회들도 이 문답서를 채택했다. 『하이텔베르크 요리문답서』는 『벨직신앙고백서』와 함께 유럽 대륙을 대표하는 개혁교회의 신앙 표준 문서가 되었다.

2) 폴란드와 헝가리

폴란드 종교개혁은 얀 라스키(Jan Laski, 1499-1560)에 의해 전개되었다. 폴란드에서 태어난 라스키는 천주교에서 루터파로 그리고 개혁파로 개종하여 폴란드 종교개혁에 앞장섰다. 1550년 영국에 건너가 에드워드 6세 밑에서 목회하다가 1553년 메리 1세 여왕의 박해를 피해 조국 폴란드로 돌아와 칼빈주의적 개혁을 이끌었다.

폴란드의 왕 지그문트 2세(Sigismund II, 재위 1548-1572)와 귀족들은 그의 개혁 사상을 지지했고, 1565년경 칼빈주의가 절정을 이루며 번성했다. 헝가리에서도 1550년대 이후에 칼빈주의 종교개혁이 번창했다. 맛디아스 비로(Matthias Biro, c.1500-1547)의 노력으로 데브레센(Debrecen) 시는 헝가리의 제네바로 불렸다. 한때 200-300만 명에 육박하는 개혁파 교인들이 있었다.

제34장

영국의 종교개혁

일찍이 영국에는 존 위클리프 같은 개혁의 샛별이 있었다. 그는 성경의 유일한 권위와 이신칭의 신앙을 외쳤다. 사후에 그의 가르침은 롤라드를 통하여 조용히 계승되었고, 그 영향으로 영국과 스코틀랜드에는 숨은 지지자들이 많이 있었다. 또한, 영국의 지성인들은 인문주의를 열심으로 탐구했다. 1500년대 초 옥스퍼드대학교와 케임브리지대학교는 인문주의 학풍을 이끌어 가는 중심지였다.

대표적인 학자로 존 콜렛(John Colet, 1467-1519)과 토마스 모어(Thomas More, 1478-1535)가 있었다. 대륙의 사제들과 마찬가지로 당시의 영국 가톨릭교회 사제들도 성경을 가르치거나 설교할 수 없을 정도로 무지했다. 십계명과 주기도문이 성경에 있는지도 모르는 사제들도 있었다. 더욱이 유럽의 가톨릭교회처럼 성직 중임과 성직 매매 등 세속적인 부정과 부패가 만연했다.

1512년 인문주의자 존 콜렛은 성직자들의 영적 무지와 부도덕한 생활을 비난하며 신앙의 각성을 부르짖었다. 또한, 그는 가톨릭교회의 화체설 교리와 스콜라주의의 문제점을 지적하며 비판했다.

이러한 종교적 환경 가운데 드디어 영국 교회에 개혁의 바람이 본격적으로 불기 시작했다. 주목할 점은 영국의 종교개혁은 2가지 측면에서 대륙의 종교개혁과 달랐다.

첫째, 루터와 칼빈과 같은 종교 지도자들이 아니라 왕실을 중심으로 교회 개혁이 이루어졌다. 국왕 헨리 8세로부터 시작된 개혁은 여왕 엘리자베스 때에 마무리 되었다.

둘째, 영국 교회는 가톨릭교회와 개신교회 간의 중도(via media)를 개혁의 길로 삼았다. 정치 정략과 맞물려 진행된 교회 개혁의 결과였다.

1. 헨리 8세(재위 1509-1547)의 개혁

1) 가톨릭교회와의 단교

가톨릭교회와의 단교를 통해 개혁의 문을 열어준 인물은 국왕 헨리 8세(Henry VIII, 1491-1547)였다. 당시 영국은 스페인과 그리고 스코틀랜드는 프랑스와 각기 동맹을 맺고 서로 대치하고 있었다. 스페인과의 동맹 관계를 더욱 강화하기 위해 영국 튜더(Tudor) 왕조를 세운 헨리 7세(Henry VII, 1457-1509)는 자신의 큰아들 아더(Arthur Tudor, 1486-1502)를 스페인의 공주 캐더린(Catherine of Aragon, 1485-1536)과 1501년 11월에 정략 결혼시켰다.

불행히도 결혼한지 5개월 만인 이듬해 4월에 아더가 질병으로 죽었다. 스페인의 여왕 이사벨라 1세(Isabella I, 재위 1474-1504)는 아더의 아우이며 다음 왕위 계승자인 헨리 8세와 캐더린과의 결혼을 요구했다.

교황 율리오 2세(Julius II, 재위 1503-1513)의 주선으로 1503년에 헨리 8세는 캐더린과 약혼했고, 1509년 아버지 헨리 7세가 죽자 왕위를 계승한 헨리 8세는 두 달 뒤에 캐더린과 결혼했다. 헨리 8세는 뛰어난 지도력으로 나라를 안정적으로 이끌어 갔다. 그는 캐더린과 6명의 자녀를 낳으며 무탈하게 지냈지만, 불행히도 자녀들이 모두 일찍 죽고 공주 메리(Mary) 한 명만 남았다.

그는 왕실의 안정을 위해 아들에게 왕위를 물려주고 싶었고, 그렇게 고민하던 중, 1525년 헨리 8세는 캐더린의 궁중 시녀 앤 볼린(Anne Boleyn, c.1501-1536)과 사랑에 빠졌다. 결국, 1527년 로마의 교황 클레멘스 7세(Clemens VII, 재위 1523-1534)에게 특사를 파견하여 자기와 캐더린과의 결혼을 무효화 해줄 것을 청원했다. 당시 교회법으로 형수와의 결혼을 금지했었으나, 결혼과 이혼은 정치적인 실리에 따라 이루어지는 경우가 많았다. 캐더린은 신성 로마 제국 황제 카를 5세의 이모였기 때문에 교황은 황제의 눈치와 압력에 눌려 헨리 8세의 청원을 받아주지 않았다.

이혼 청원이 기각되자 헨리 8세는 교황청과 단교를 선택했다. 1533년 1월 그는 앤 볼린과 결혼식을 올렸다. 한 해전에 임명한 캔터베리 대주교 토마스 크랜머(Thomas Cranmer, 1489-1556)는 왕의 뜻에 따라 캐더린과의 결혼을 무효로 선포하고, 앤과의 결혼을 합법화시켰다. 앤은 왕비가 되었고, 캐더린은 직위를 박탈 당했다. 1534년 11월 헨리 8세는 의회를 설득하여 왕위지상권을 발표했다. 법령을 통해 영국 국왕만이 영국 교회의 최고의 머리(Supreme Head, 수장령)라는 것을 천명했다. 이에 화가 난 교황 클레멘스 7세는 교황 대사를 영국에서 철수시켰다. 이로써 영국 교회와 가톨릭교회와 공식적 관계가 단절되었다.

로마 교황청과의 단교를 당시의 영국 개혁자들은 매우 환영했다. 그러나 헨리 8세가 개신교로 개종했다고는 볼 수 없었다. 13년전인 1521년에 루터의 『교회의 바벨론 포로』(1520)를 읽고 난 후, 『칠 성례를 옹호하며』라는 글을 작성하여 루터를 강력하게 반박했었다. 교황 레오 10세는 그를 극찬하며, "신앙의 수호자"(Defender of Faith)라는 칭호를 주었다.

이처럼 헨리 8세는 가톨릭교회를 철저히 지지하는 신봉자였다. 그러므로 헨리 8세의 개혁적인 행보는 루터나 칼빈과 같은 개혁적 목적보다는 단교를 통해 교황의 간섭으로부터 벗어나는 한편, 영국 교회를 왕실의 권한 아래 두려는 의도에서 비롯되었다.

2) 윌리엄 틴데일

1495년 윌리엄 틴데일(William Tyndale, 1494-1536)은 웨일스에서 태어났다. 1510년 옥스퍼드대학교에 입학하여 존 콜렛에게 인문주의를 처음 배웠으며, 1519년 케임브리지대학교로 옮겨 인문주의 개혁 사상을 더욱 습득했다. 영국 교회의 개혁 1세대인 틴데일은 성직자들의 성경 무지를 개탄하며, 성경 보급과 가르침만이 교회 개혁의 첫 길이라고 확신했다. 위클리프가 번역한 성경보다 더 정확하게 번역된 영어 성경이 필요하다고 느낀 그는 런던 상인들의 재정 후원으로 1524년에 독일로 건너갔다.

그곳에서 루터를 만나 교제를 나누었다. 그리고 함부르크(Hambrug)와 비텐부르크를 오고 가며 히브리어 성경과 에라스무스의 헬라어 성경을 토대로 성경을 영어로 번역하기 시작했다. 1525년 신약성경 번역을 완료했고, 1526년 보름스에서 한 인쇄 업자의 도움으로 비밀리에 6천권을 인쇄했다.[1]

틴데일의 신약성경 6천권은 영국으로 밀반입되어 국민들에게 보급되었다. 이 사실을 알게 된 헨리 8세는 대노했고, 겁먹은 캔터베리의 대주교 워럼(William Warham, 1450-1532)은 성경 확산을 막기 위해 급하게 묘책을 내놓았다. 구입자들로부터 구입 금액의 몇 배 가격으로 책들을 다시 사들인다는 것이었다.

계획대로 거의 모든 성경 책을 사들인 후에 사람들이 보는 앞에서 모두 불태워 버렸다. 그런데 워럼에게 돈을 받은 사람들은 그 돈을 모아서 처음보다 몇 배 이상의 성경을 인쇄할 수 있도록 틴데일에게 건네 주었다. 이후 틴데일은 네덜란드로 건너가 안트베르펜에서 구약성경 번역을 거의 끝마쳤으나, 어느 영국 밀고자의 고발로 체포되었다.

---

1 틴데일의 신약성경은 매우 중요한 역사적 문헌적 가치를 지니고 있다. 금세기까지의 모든 영어성경이 틴델의 개정판이라 해도 무리가 없다. 그가 사용한 단어의 약 90퍼센트가 흠정역(KJV)에 사용되었고, 75퍼센트가 개정 표준판(RSV)에 사용되었다.

결국, 성경을 번역했다는 죄목으로 1536년 10월초에 화형을 당했다. 그는 화형대에서 조국의 교회 개혁을 간절히 소망하며 다음과 같은 최후의 기도와 함께 숨을 거두었다.

주여, 영국 왕의 눈을 뜨게 하여 주소서!

3) 헨리 8세의 개혁

1534년 왕위지상권을 반포하며 가톨릭교회와의 단교를 선언한 헨리 8세는 교황청에 보내는 각종 세금과 서신 왕래를 금지시켰고, 영국 내 모든 성직 임명을 왕의 권한 아래 두었다. 그리고 의회를 통해 1536년부터 가톨릭 수도원을 통제하기 시작했다. 당시 1,000여 개 이상의 수도원이 영국 내에 있었다. 수도원들은 상당량의 토지와 재산을 소유했으며, 연간 많은 양의 금액을 각종 명목으로 교황청에 보냈다.

1535년 의회는 연간 수입이 200파운드 미만에 달하는 약 300개의 수도원을 폐쇄하고 재산을 몰수했다. 1540년까지 총 800여 개의 수도원이 해체되었으며, 약 9,000명의 수도사가 수도원을 떠났다. 수도원으로부터 몰수한 재산과 토지를 국고에 넣거나 중산 지주들에게 나눠주었다.

1534년 헨리 8세는 토마스 크롬웰(Thomas Cromwell, 1485-1540)을 자신의 수석 비서로 그리고 이듬해에는 섭정 보좌와 대주교 대리로 임명했다. 크롬웰은 헨리 8세의 왕권 강화와 교회 개혁을 적극적으로 실행했다. 케임브리지대학교 출신이자 엑세터(Exeter) 주교인 마일스 카버데일(Myles Coverdale, 1488-1569)은 왕의 명령하에 영어로 성경을 번역하여 1539년에 『대성경』(Great Bible)을 출판했다.

헨리 8세는 『대성경』을 모든 영국 교회와 공공 기관에 비치하여 사용하도록 명령했다. 틴데일의 최후 기도처럼 하나님의 섭리는 헨리 8세를 통하여 영국 교회의 개혁의 문을 열어주었다.

그러나 헨리 8세는 교회 개혁보다는 왕권 강화와 정치적 안정에 관심이 더 많았다. 독일 루터파 제후들과 연대를 통해 자신의 지지 세력을 확보하는 동시에 가톨릭 세력과도 정치적 군사적 마찰을 피하기 위해 어느 정도의 관계를 다시 복구했다. 그래서 그 자신은 죽는 날까지 가톨릭에 남았었다. 1535년 9월 앤 볼린은 딸 엘리자베스(Elizabeth)를 낳았다.

1536년 캐더린이 죽던 해에 볼린도 간통 혐의로 참수를 당했다. 그 후 제인 세이모어(Jane Seymour, 1508-1537)와 세 번째 결혼하여 1537년에 그렇게 바라던 아들 에드워드를 낳았지만, 세이모어는 출산 12일 만에 죽었다. 이후 1540년, 1542년, 1543년에 각기 다른 세 명의 여인과 연이어 결혼했으나 더 이상의 후사 없이 1547년 1월 28일에 파란만장한 생을 마감했다.

2. 에드워드 6세(재위 1547-1553)와 개신교 개혁

1537년 에드워드 6세(Edward VI, 1537-1553)는 헨리 8세의 세 번째 부인 세이모어에게서 태어났다. 그는 10살 때, 아버지 헨리 8세가 죽자 왕에 등극했다. 아버지와 달리 허약하여 병으로 고생하다가 재위 6년 만에 죽었다. 하지만 그 짧은 기간 동안 개혁다운 개혁이 실질적으로 많이 이뤄졌다. 재위 전반 3년간은 그의 큰 외삼촌 에드워드 세이모어(Edward Seymour, 1500-1552)가 섭정 정치를 했다.

토마스 크랜머의 친구이자 종교개혁 지지자인 세이모어는 교회 개혁을 적극 후원했다. 1547년 의회는 평신도들에게 성찬식에서 떡과 포도주가 나눠주도록 허락했다. 1549년 성직자의 결혼을 승인했으며, 교회 안팎으로 설치된 각종 성상과 성화를 철거했다. 예배는 라틴어가 아닌 자국어 영어로 진행하도록 했다. 에드워드는 1549년 『공동 기도서』(*Book of the Common Prayer*)를 승인하고 곧바로 통일령을 반포하여 기도서에 따라 교회의 모든 예배를 통일시켰다.

에드워드 재위기에 부처, 츠빙글리, 불링거, 칼빈 등과 같은 독일 남부와 스위스 개혁자들의 글들이 적극적으로 유입되면서 칼빈 사상이 널리 확산되었다. 칼빈도 영국 교회의 개혁에 큰 관심을 갖고 1548년 세이모어에게 『디모데전서 주석』을 헌정했다.

1550년 세이모어가 실각한 이후 노섬벌랜드(Northumberland)의 공작 존 더들리(John Dudley, 1504-1553)가 섭정을 했다. 더들리 역시 크랜머의 종교개혁을 적극적으로 지원했다. 크랜머는 1549년의 『공동 기도서』를 개정하여 1552년에 제2차 『공동 기도서』를 작성했다. 제1차 『공동 기도서』가 의식적인 면에서 여전히 가톨릭적인 잔재가 있었다면, 제2차 『공동 기도서』에는 칼빈주의적 예정론과 성찬론이 잘 반영되어 있었다.

1) 토마스 크랜머와 칼빈적 개혁

토마스 크랜머(Thomas Cranmer, 1489-1556)는 영국 인문주의의 본산 케임브리지대학교에서 수학했다. 1532년 헨리 8세에 의해 캔터베리 대주교로 임명된 이후, 교회 개혁을 실질적으로 이끌었다. 에드워드 6세의 치세 기간에 세이무어와 노섬벌랜드 공작의 후원을 받아 광범위하게 개혁을 진행했다.

크랜머는 대륙의 개혁자들을 적극적으로 초청했다. 이탈리아 출신의 개혁자 피터 버미글리(Peter Martyr Vermigli, 1499-1562)는 크랜머의 초청으로 1547년부터 1553년까지 옥스퍼드대학에서 왕립 교수로 일했다.[2]

1549년 스트라스부르크의 마틴 부처도 크랜머의 초청을 받아 케임브리지대학교 교수로 2년간 일하다가 영국에서 숨을 거두었다. 폴란드의 칼

---

[2] 피터 버미글리는 이탈리아 태생으로 사보나롤라를 영적인 아버지처럼 흠모했던 개혁자였다. 히브리어에 능통한 인문주의자였으며, 1542년 가톨릭 신부에서 개혁파 신앙으로 개종하여 스트라스부르크의 마틴 부처와 함께 활동했다. 1547년 영국 옥스퍼드대학교의 왕립 교수로 일하다가, 1553년 메리 여왕이 등극하자 취리히로 건너 갔다. 그곳에서 그는 불링거와 함께 후진 양성에 힘썼다. 『하이델베르크 요리문답서』의 작성자 우르시누스와 올레비아누스가 취리히에서 그의 가르침을 받았다.

빈파 개혁자 얀 라스키도 1550년 영국에 건너와서 목회를 했다. 크랜머는 1549년에 영국으로 피신 온 스코틀랜드의 존 낙스에게 궁중 설교자로 일하게 했으며 제2차 『공동 기도서』 작성에도 참여시켰다. 특히, 부쳐와 버미글리의 개혁파 사상은 크랜머의 종교개혁에 많은 영향을 주었다. 그들의 자문 가운데 1552년 제2차 『공동 기도서』를 만들어 냈다. 칼빈주의적인 색채가 강한 기도서였다. 가톨릭적인 예배 의식을 중단시켰다.

미사라는 단어를 삭제했고, 고해 성사와 성체 예배를 폐지했다. 에드워드 6세는 곧바로 "신통일령"을 선포하여 모든 교회가 제2차 『공동 기도서』에 따라 예배하도록 했다. 1553년에 크랜머는 런던의 주교 리들리(Lidley)와 함께 영국 교회의 신앙 신조인 『42 신조』를 내놓았다. 역시 칼빈주의적 요소가 곳곳에 배여 있는 신조였다.

3. 메리 1세(재위 1553-1558)와 가톨릭 복구

에드워드가 재위 6년 만에 죽고, 헨리 8세와 캐더린 사이에 태어난 메리 1세(Mary Tudor, 1516-1558)가 1553년 7월에 영국의 여왕이 되었다. 그녀는 가톨릭 신자였을 뿐만 아니라, 어머니 캐더린의 이혼 문제로 개신교를 증오하고 있었기 때문에 여왕에 등극하자마자 곧바로 가톨릭 예전을 복구했고, 반대로 개혁 세력을 강력하게 탄압했다.

메리는 추기경 레지날드 폴(Reginald Pole, 1500-1558)을 캔터베리 대주교로 등용했다. 더욱이 메리가 1554년 7월 스페인의 국왕 펠리페 2세와 결혼함으로써 가톨릭 성직자들이 속속 복귀했다. 에드워드 6세 때 만든 개혁 조치들을 모두 철폐하고, 가톨릭 제도와 예배를 복구했다. 1554년 말 영국 교회는 메리에 의해 교황에 대한 충성을 공식적으로 다시 서약했다. 그리고 개신교 행정 관리와 교회 지도자들을 모조리 색출하여 잡아들였다. 1555년 2월 4일, 옥스퍼드에서 약 300명의 개신교 목사들을 화형시켰다.

그 외에도 수많은 개신교인을 투옥, 유배, 사형시켰다. 때문에 그녀에게 '피의 메리'(Bloody Mary)라는 악명이 주어졌다. 그녀의 재위 기간에 크랜머, 카버데일, 라티머(Hugh Latimer, 1487-1555), 리들리(Nicholas Ridly, c.1500-1555), 후퍼(John Hooper, 1495-1555) 등과 같은 뛰어난 개혁자들이 순교를 당했다. 그리고 800여 명이 넘는 개혁자들이 유럽 대륙으로 피신을 떠났다.

그들의 대부분은 루터파 진영보다는 개혁파 도시들인 제네바, 취리히, 바젤, 스트라스부르크에 머물렀다. 제네바로 피신 간 개혁자들은 그곳에서 1560년에 영어 제네바 성경을 출간했다. 이 책은 영국 내 청교도들이 즐겨 사용했으며, 1620년 메이플라워호를 타고 미국으로 건너간 청교도들이 이 성경책을 가져갔다.

1555년 10월 16일, 함께 화형을 당한 라티머와 리들리의 순교 일화는 박해를 겪고 있는 다른 개혁자들에게 큰 감동과 힘을 주었다. 라티머는 친구 리들리에게 다음과 같이 말했다.

> 리들리 경, 담대하고 마음을 편하게 가지시오. 우리는 오늘 하나님의 은혜로 영국에서 결코 꺼지지 않은 양초가 되어 불타게 될 것이오.

메리 1세는 크랜머를 체포하여 협박과 회유로 모든 개혁 운동을 철회한다는 서약서에 서명하도록 했다. 사면을 해 준다는 약속을 믿고 서명을 했지만, 그녀는 약속을 어기고 크랜머 마저 화형에 처했다. 1556년 3월 21일 토요일 아침, 옥스퍼드의 브로드 스트리트에 장작이 쌓여졌다.

크랜머는 수많은 군중 앞에서 철회 서약서에 서명한 것은 죽음의 공포 때문에 한 것이지 결코 본인의 진심이 아니라고 밝히면서, 서명을 다시 취소한다고 선언했다. 그리고 교황을 적그리스도요 그리스도의 원수라고 외치며, 철회 서약서에 서명했던 오른손을 참회하는 마음으로 불길에 먼저 넣으며 화염에 쌓여 순교했다. 1558년 11월 메리가 갑자기 질병으로 사망함으로써, 피의 공포 정치가 일단락되었다.

4. 엘리자베스 1세(재위 1558-1603)와 영국 국교회

1558년 11월 17일, 헨리 8세와 앤 볼린 사이에서 태어난 25세의 엘리자베스 1세(Elizabeth I, 1533-1603)가 여왕으로 등극했다. 엘리자베스는 자신의 아버지 헨리 8세처럼 강력한 왕권을 갖고 싶었고, 나라를 강성하게 만들고 싶었다. 하지만 2가지 큰 장벽이 그녀를 가로막고 있었다.

첫째, 왕권의 정통성 문제였다. 어머니 앤 볼린이 간통 혐의로 처형되었기 때문에 처형자의 딸이라는 꼬리표가 항상 붙어 다녔다.
둘째, 전임 여왕 통치기에 형성된 가톨릭 세력과 개신교 세력 간의 극심한 양극화 정세였다.

엘리자베스는 이러한 문제를 해결하는 방안으로 양 진영을 절충적으로 포용할 수 있는 중도(via media) 정책을 펼쳤다. 영국 개신교인들은 그녀의 여왕 등극을 적극적으로 환영했다. 메리 1세의 박해를 피해 유럽 대륙으로 망명 갔던 많은 개혁자도 큰 기대감을 가지고 속속 귀국했다. 그러나 개혁자들의 기대와 달리 엘리자베스는 정치와 종교 문제 등에 있어서 가톨릭과 개신교 간의 중도 노선을 펼쳐나갔다.

1559년 4월 29일, 왕위지상권을 재차 선포하며 그녀가 영국 교회의 수장 임을 선포했다. 1563년 의회가 『42 신조』를 수정한 『39 신조』를 영국 교회의 표준 신앙고백서로 채택했다. 이 신조는 1559년에 여왕이 캔터베리 대주교로 임명한 매튜 파커(Matthew Parker, 1504-1575)에 의해 작성되었다. 『39 신조』는 가톨릭과 개신교의 가장 극단적인 것을 제외하고 모두를 포용할 수 있는 중용적 입장을 취했다. 이렇게 하여 영국 성공회(Anglican Church)가 태동되었다. 영국은 성공회를 국교로 삼고, 주교 감독 제도를 따

랐다.[3]

한편 1570년 2월 로마 교황청은 엘리자베스 1세를 파문했다. 이에 엘리자베스는 반교황법을 제정했으며, 여기에 반대하는 사람들을 처형했다. 화가 난 교황은 죽은 메리 1세의 남편이자 스페인의 황제였던 펠리페 2세를 부추겨 영국을 공격하게 했다.

1588년 2월 드디어 130척의 전함과 3만 명으로 무장한 스페인의 무적함대가 영국을 침략했다. 펠리페 2세는 스페인 상선을 습격하여 약탈을 일삼는 영국의 해적 행위를 차단하고, 가톨릭교회를 복구한다는 침략 명분을 내세웠다.

여러 면에서 절대 열세였던 영국 해군은 때마침 불어 닥친 강풍과 빠른 기동력으로 스페인의 무적함대를 거의 몰살시키는 대승을 거두었다. 이후 영국은 해상권을 장악하며 대영 제국으로 발돋움할 수 있는 초석을 마련했다.

---

[3] 영국의 캔터베리 대주교가 세계 성공회 내에 최고 지위를 가지고 있다. 실제적으로는 국가별, 지역별, 교구별에 따라 독자적인 권한을 가지고 운영된다. 통상 성공회를 앵글리칸 처치(Anglican Church)라 부르는 반면에, 미국 성공회는 이피스코팔 처치(Episcopal Church)라 한다. 성공회에는 신학 성향에 따라 3가지 유형의 교회가 있는데, **첫째**, 고(High)교회로서 예전적이다. **둘째**, 저(Low)교회로서 청교도적이며 복음주의적이다. **셋째**, 광(Broad)교회로서 에큐메니칼적이고 진보적이다.

제35장

영국의 청교도 운동

1. 청교도 운동의 시작

　엘리자베스 1세를 믿고 망명 생활에서 돌아온 수많은 개혁자는 그녀의 중도 정책에 크게 실망했다. 그들 대부분은 메리 여왕의 치하에 대륙으로 건너가 칼빈주의 사상을 배우고 돌아온 자들이었다. 그들은 성공회의 개혁을 반쪽 개혁으로 간주했다. 영국 성공회 안에 잔존하는 가톨릭적인 요소들을 완전히 제거하고, 오직 성경의 가르침에 따라 신앙 생활과 교리를 순수하게(pure) 개혁해야 한다고 부르짖었다. 이것이 엘리자베스 여왕 통치기에 발생한 '청교도'(Puritans) 운동이었다.
　청교도들이 제기한 논쟁은 가장 먼저 성직자의 예복에 관한 것이었다. 성공회 성직자들은 가톨릭 신부들처럼 여전히 예배 때에 다양한 예복을 입었다. 청교도들은 성직자의 예복을 적그리스도의 옷이며, 우상에게 바친 음식과 같다고 비판했다. 성공회는 여전히 예배 의식에 치우쳐 있었고, 세례를 줄 때 성호를 그렸으며, 성찬식 제단을 구분했고, 기도단을 설치했으며 가톨릭 용어들을 많이 사용했다. 청교도들은 이러한 가톨릭 잔재들을 철저히 개혁해야 한다고 외쳤다.
　당시 영국 사회에는 도박, 오락, 경마, 투계, 극장 등이 성행했다. 심지어 주일에도 이러한 일이 흔하게 벌어졌다. 청교도들은 그러한 행위들을 철저히 금지시키고, 주일을 거룩하게 지켜야 한다고 주장했다. 이처럼 그들은 올바른 주일 성수와 신앙의 순결을 강조했다. 청교도들의 이러한 요청에도 불구하고, 1566년 캔터베리 대주교 매튜 파커는 모든 설교자에게 설교할 때는 반드시 주교의 허락을 받아야 하며, 성찬을 받을 때는 무릎을 꿇어야 하고, 성직자는 사제 복장을 착용해야 한다고 통보했다. 청교도들은 파커 대주교의 정책에 강력히 항의했다.

초기 청교도 운동에는 칼빈 사상과 장로교 제도를 선호하는 청교도 개혁자들이 주류를 이루고 있었다. 케임브리지대학교는 칼빈주의적 청교도 운동의 산실이었다. 1570년 이 대학교의 교수 토마스 카트라이트(Thomas Cartwright, 1535-1603)를 중심으로 다수의 청교도 지도자들이 성공회를 폐지하고 장로교를 채택해야 한다고 강력하게 항변했다. 주교 제도를 철폐하고, 목사와 장로를 의미하는 감독과 집사직만을 두어야하며, 당회 조직을 신설해야 한다고 주장했다.

카트라이트는 영국 장로교의 아버지였다. 엘리자베스와 국교회 주교들은 1571년에 그의 교수직을 해임했다. 이후에 투옥과 추방 등의 탄압을 받다가 네덜란드와 제네바를 오가며 망명 생활을 했다. 이때 제네바의 베자를 비롯한 대륙의 여러 개혁자와 깊은 교제를 나누었다. 그의 장로교 정치 사상을 월터 트래버스(Walter Travers, 1548-1635)가 계승했다.

영국 청교도 사상을 발전시킨 대표적인 신학자로는 다음과 같다.

첫째, 윌리엄 퍼킨스(William Perkins, 1558-1602)
둘째, 윌리암 에임스(William Ames, 1576-1633)
셋째, 리차드 십스(Richard Sibbes, 1577-1635)

이들을 케임브리지 청교도들이라고 불렀다. 윌리엄 퍼킨스는 케임브리지의 그리스도대학(Christ's College) 출신으로 칼빈 사상과 장로교 제도를 선호했으나, 국교회를 인정하고 그 안에서 개혁을 해야한다고 주장했다.

1584년부터 케임브리지대학교 안에 있는 성 앤드류 교회에서 설교자로 봉사하는 동안, 케임브리지대학교의 많은 학생에게 청교도 사상으로 깊은 감화를 주었다. 1591년 그의 대표적인 작품 『황금 사슬』(A Golden Chain)을 출간했다. 이 책에서 이중 예정과 타락 전 예정론을 주장하며 제네바 베자와 동일한 신학 입장을 표명했다. 그리고 구원의 서정(ordo solutis)을 체계화하여 청교도의 구원관을 한 눈에 볼 수 있도록 해 주었다.

윌리엄 에임스는 케임브리지대학교에서 퍼킨스로부터 가르침을 받았다. 1609년 그리스도대학의 교수가 되었다. 이듬해 청교도 사상을 따른다고 교수직에서 면직되자, 그는 네덜란드로 건너가 목회와 신학 연구를 계속 이어나갔다. 알미니우스 논쟁 때, 1618년 도르트 종교 회의에 참석하여 사회자의 자문으로 활동하며 『도르트 신조』 태동에 기여했다. 1623년 『신학의 정수』(The Marrow of Sacred Theology)를 출판했다.

이 책은 언약과 성화 그리고 실천 등 다양한 신학 주제에 대한 청교도의 관점을 다룬 조직신학 책이었다. 영국과 뉴잉글랜드 청교도들이 이 책을 신앙의 교본으로 삼아 애독했다. 뉴잉글랜드 청교도 토마스 후커(Thomas Hooker, 1586-1647)는 청교도 목사들에게 다음과 같이 소개할 정도였다.

> 다른 책들이 전혀 없어도 이 책을 가지고 있다면, 여러분은 능히 훌륭한 목사가 될 것이다.[1]

리차드 십스 역시 케임브리지대학 출신으로 모교에서 강의하다가 청교도라는 이유로 교수직을 박탈당했다. 그는 지역 교회 목회에 집중하며 설교를 통해 많은 사람에게 청교도 정신을 가르쳤다. 칼빈주의 언약신학을 고수했으며, 국교 성공회에 잔류하여 청교도 운동을 펼쳤다.

---

[1] 오덕교, 『종교개혁사』 418. 참조, 원종천, 『청교도 언약사상: 개혁 운동의 힘』 (서울: 대한기독교서회, 1999).

청교도는 크게 몇 가지 유형으로 발전했다.

첫째, 성공회 내에 머물며 개혁을 실현하려는 감독파 청교도들이 있었다.
둘째, 성공회를 폐지하고 장로교회를 세우자는 장로파 청교도들이 있었다.
셋째, 국교회 자체를 반대하는 청교도들이 있었다. 이들은 국교회를 참된 교회로 인정하지 않았다. 국가가 개인의 신앙 선택을 가로막을 수 없다며 정치와 신앙의 분리를 주장했다. 이들을 분리파 청교도라고 불렀다.

분리파 청교도를 이끈 대표적인 인물은 로버트 브라운(Robert Brown, 1550-1633)이었다. 1581년 그는 영국 국교회를 탈퇴했으며, 40여 명의 지지자와 함께 노르위치(Norwich)에 최초의 분리파 교회를 세웠다. 분리파 청교도들은 교회를 언약 관계에서 이해하고, 말씀대로 순종하는 교회는 하나님의 축복을 받지만, 그렇지 못한 교회는 징계와 심판이 있을 것이라고 가르쳤다. 자발적인 신앙 고백을 가지고 주님을 기쁨으로 섬기는 공동체가 참된 교회라고 주장했고, 자신들의 모임을 참된 믿음의 공동체로 신봉했다.

그들은 국교회의 주교 제도와 장로 제도를 반대하는 대신에 회중 제도를 선호했다. 언약 관계 내에서 자발적으로 교회의 모든 운영과 방침을 스스로 정하고 해결하는 것이 성경적인 교회 제도라고 보았다. 개교회의 독립성을 강조했고, 교회의 계급 제도를 인정하지 않았으며, 외부의 국가나 조직이나 개인이 개교회를 간섭할 수 없다고 했다. 1587년부터 헨리 바로우(Henry Barrow, c.1550-1593)가 분리파 교회에 참여하여 정교분리 운동을 주도했다. 결국, 체포되어 1593년 사형을 당했다.

1583년 엘리자베스는 왕위지상권에 순응하여 국가와 교회의 질서를 바르게 유지하라는 법령을 선포했다. 법령에 불응한 200여 명의 청교도 성직자들의 직책을 모두 몰수했다.

1586년에는 신학 서적 검열을 강화하여 청교도들의 학문 활동과 청교도 사상 보급을 엄격하게 통제했다. 특히, 국교제를 반대하는 분리파 청교도들을 더욱 탄압했다.

분리파 청교도들 가운데 국교회와의 분리를 거부하는 독립파 청교도가 새로이 등장했다. 이 독립파는 1596년 헨리 제이콥(Henry Jacob, 1563-1624)에 의해 시작되었다. 독립파 청교도는 영국 국교회를 인정하는 동시에 분리파의 청교도 정신을 계속 이어 나갔다. 이러는 가운데 분리파 청교도의 일부가 신앙의 자유를 찾아 네덜란드와 아메리카 신대륙으로 떠나기 시작했다.

2. 청교도의 발전과 박해

1) 제임스 1세(재위 1603-1625) 시대

1603년 엘리자베스가 자녀 없이 사망하자, 헨리 7세의 고손자이며 그녀의 5촌 조카의 아들인 스코틀랜드 왕 제임스 6세가 제임스 1세(James I)로 영국의 왕위를 계승했다. 제임스 1세는 스코틀랜드의 여왕 메리 1세(Mary Stuart, 1542-1587)와 그녀의 두 번째 남편 단리 경(Lord Darnley, 1545-1567) 사이에서 1566년 6월에 태어났다.

메리 1세가 왕위에서 쫓겨난 1567년 7월, 13개월의 갓난아이 때 스코틀랜드 국왕 제임스 6세로 등극했다. 1603년 3월 그가 제임스 1세로 영국의 왕위에 오르면서 헨리 7세로 시작된 튜더 왕조(1485-1603)가 끝나고 스튜어트 왕조(1603-1714)가 시작되었다. 스코틀랜드와 영국은 각기 독립된 의회를 가지고 있었지만, 이때부터 한 왕의 통치를 받는 연합 국가가 되었다.

제임스 1세는 스코틀랜드에서 존 낙스와 조지 부커넌과 같은 개혁자들로부터 장로교 교육을 받으며 성장했다. 때문에 1603년 4월 영국의 왕으로서 런던에 도착했을 때, 개혁파 청교도들은 그의 입성을 진심으로 환영했다.

토마스 카트라이트를 비롯한 1,000명의 성직자가 서명한 『천 명의 청원서』(The Millenary Petition)를 곧바로 그에게 제출했다. 성공회 안에 잔존하는 '교황의 누더기' 같은 요소들을 제거해달라는 개혁 청원서였다. 그러나 기대와 달리 제임스는 청원서를 달가워하지 않았다.

1604년 1월 제임스는 햄턴 궁전 회의를 소집했다. 청원서와 그 밖의 다른 교회 개혁안을 논의하기 위해 성공회 주교들과 청교도 성직자들도 불러 들였다. 회의 중에 장로교 청교도들 가운데 한 사람이 '노회'라는 단어를 입에 올리자, 제임스 1세는 불과 같이 화를 내며 다음과 같이 소리쳤다.

> 하나과 마귀가 조화를 이룰 수 없듯이, 장로주의와 왕정 통치는 조화를 이룰 수 없다.

이어서 청교도를 고집하는 300여 명의 성직자의 직책을 즉시 박탈했다. 그는 장로제가 아닌 감독제 성공회를 따르겠다고 말하며, 다음과 같이 선언했다.

> 감독 없이는 왕도 없다.[2]

그는 왕권신수설에 기초한 절대 왕조를 세우려 했고, 그 방편으로 성공회의 주교 감독제를 강력하게 지지했다.

햄턴 궁전 회의 때, 청교도들과 주교들 간의 신앙적 합의는 큰 성과 없이 끝났지만, 국교파 청교도들이 제안한 성경 번역을 제임스 1세는 흔쾌히 허락했다. 그는 청교도들이 선호하고 있는 제네바 성경을 대체할만한 새로운 성경의 필요성을 느꼈다. 왕은 국교도와 청교도로 구성된 47명의 학자를 번역위원으로 임명했다.

---

2 후스토 L. 곤잘레스, 『현대교회사』, 엄성옥 역 (서울: 은성출판사, 2012), 45.

그들은 원어 성경을 토대로 위클리프 성경, 틴데일 성경, 대성경, 제네바 성경 등을 종합적으로 참조하며 7년 만에 성경 번역을 완성했다. 이리하여 1611년 『흠정역 성경』 즉 『킹제임스 성경』(King James Version)이 출간되었다.

2) 청교도의 미 신대륙 이주

장로교를 싫어하는 엘리자베스 1세와 제임스 1세 때문에 장로교 청교도들의 세력은 점점 약화되었다. 그 틈바구니 속에서 분리파 청교도들의 세력이 커졌다. 그러자 제임스 1세는 이들에 대한 박해도 가중시켰다. 1608년 분리파 목회자 존 로빈슨(John Robinson, 1575-1625)이 이끄는 한 무리가 박해를 피해 영국을 떠나 네덜란드 라이덴에 정착했다. 그곳에 머무는 것이 힘들다는 것을 느낀 그들은 다시 영국으로 돌아왔다.

1620년 9월 16일, 윌리암 브루스터(William Brewster, 1567-1644)의 인솔하에 총 102명의 분리파 청교도들이 영국 남쪽 플리머스(Plymouth)에서 메이플라워호를 타고 출발하여 두 달의 항해 끝에 11월 21일 매사추세츠(Massachusetts) 케이프 코드 베이(Cape Cod Bay)에 도착했다.

한달 뒤 좀 더 내륙으로 이동하여 정착하고 그곳의 이름을 플리머스라 칭했다. 영국에서 네덜란드로, 네덜란드에서 영국으로 그리고 영국에서 아메리카 신대륙으로 신앙 순례를 하였다 하여 그들을 필그림 파더스(Pilgrim Fathers)라고 불렀다. 1630년 이후에는 분리파 외에 다른 청교도들도 국교회의 핍박을 피하여 신앙의 자유를 찾아 신대륙으로 대거 이주하기 시작했다. 이것이 미국 청교도의 기원이 되었다.

분리파 청교도들 가운데 침례교회가 태동되었다. 1608년경 영국을 떠나 네덜란드에 머물렀던 목회자 존 스미스(John Smyth, c.1554-1612)와 평신도 토마스 헬위스(Thomas Helwys, 1550-1616)는 그곳에서 메노파들의 영향을 받아 침례를 받아 들였고, 1609년에 최초의 침례교회를 세웠다.

이것이 역사적으로 침례교회의 효시가 되었다. 1611년 영국으로 돌아온 토마스 헬위스는 1612년 런던 스피털필즈(Spitalfields)에 최초의 영국 침례교회를 설립했다. 이들은 네덜란드에서 알미니안의 영향을 받아 그리스도의 보편적 대속을 선호했기 때문에 일반 침례교회(General Baptists)라고 했다.

이에 반하여, 칼빈의 예정론과 제한적 속죄론을 따르는 특정 침례교회(Particular Baptists)도 1638년에 존 스필즈버리(John Spilsbury, 1593-c.1668) 목사에 의해 런던 사우스워크(Southwark)에 세워졌다. 이후 일반 침례교회 보다는 특정 침례교회 또는 개혁파 침례교회가 더욱 번창하며 발전해갔다.

3) 찰스 1세와 청교도 혁명

찰스 1세(Charles I, 재위 1624-1649)가 아버지 제임스 1세를 이어 영국 왕이 되었다. 그는 아버지와 같은 강력한 왕권 통치를 원했다. 때문에 정치적으로 의회와 적잖이 충돌할 수밖에 없었다. 그뿐만 아니라 프랑스 공주와 결혼하고 친가톨릭 정책을 펼치자 개신교 특히 청교도들과의 관계가 매우 나빠졌다. 친청교도적 의회와 정치적 마찰이 빈번해지자 1629년에 찰스 1세는 의회를 해산하고 단독으로 국정을 운영했다.

찰스 1세는 윌리엄 로드(William Laud, 1573-1645)를 1633년에 캔터베리 대주교로 임명하여 가톨릭적 예배 의식을 유지하는 고교회 성공회 정책을 펼쳐 나갔다. 알미니안주의를 따르는 대주교 로드는 청교도 운동을 척결하기 위해 특별법을 제정하여 시행했다. 그는 종교 재판소를 설치하여, 국교회에 반대하는 자들에게 벌금을 가하거나 귀를 자르거나 뺨에 '선동적인 중상자'라는 약자 'SL'(seditious libeller) 낙인을 찍었다.

찰스 1세는 1637년에 스코틀랜드 국민들에게 성공회를 따르도록 강요했다. 스코틀랜드 장로교 교인들의 저항은 만만치 않았다. 1638년 스코틀랜드 장로교 교인들은 국민 계약(national covenant)을 맺고 찰스 1세의 종교 강압 정책에 강력하게 맞섰다.

1629년 의회를 해산한 뒤, 찰스 1세는 11년간 전제 정치를 휘둘렀다. 그러자 장기간 계속되는 그의 독재와 재정난에 국민들의 불만이 커져갔다. 또한, 로드의 종교 정책에 스코틀랜드가 무력으로 항전하자, 전투를 위해 의회와 귀족들로부터 지원을 받아야 했던 찰스 1세는 어쩔 수 없이 1640년 4월에 의회를 소집했다.

    그러나 의회가 찰스를 독재 혐의로 탄핵하고, 로드를 체포하자 의회를 3주 만에 해산시켰다. 이를 단기 의회라 불렀다. 스코틀랜드와의 전쟁을 자신의 힘으로 해결할 수 없었던 찰스 1세는 또다시 11월 3일에 의회를 소집했다. 이 의회를 장기 의회(1640-1660)라 했다.

    장기 의회는 시작부터 왕정파와 의회파로 나뉘어 논쟁과 탄핵이 끊이질 않았다. 이에 찰스 1세가 군대를 동원하여 의회파를 공격하자, 의회파 역시 군대를 조직하여 맞섬으로써 양 진영간에 전투가 발발했다. 이를 시민 전쟁 또는 청교도 혁명이라 불렀다.

    1642년에서 1646년까지 있었던 내전은 청교도 의회파의 승리로 끝났다. 대주교 로드는 체포되어 1645년에 처형되었고, 찰스 1세 역시 1649년에 처형되었다. 당시 의회 군대의 지도자는 올리버 크롬웰(Oliver Cromwell, 1559-1658)이었다. 그는 독립파 청교도로서 군대를 이끌고 나가 왕의 군대를 물리쳤다. 1653년 그는 정치적인 혼동을 틈타 호민관이라는 국가 최고 자리에 올랐다.

3. 청교도 운동의 전성기(1640-1660)

    영국 청교도 운동의 전성기는 장기 의회 기간에 이뤄졌다. 청교도 혁명 기간에 의회파는 스코틀랜드의 확고한 지원을 받기 위하여 친장로교적 정책들을 실시했다. 그러나 의회파를 승리로 이끈 크롬웰 때문에 장로파 청교도들 보다는 독립파 청교도들의 영향력이 의회를 장악했다.

크롬웰은 교황주의의 잔재인 주교 제도, 성직자의 제복, 각종 예전 등의 폐기를 주장하는 엄격한 청교도였다. 따라서 그의 지원 속에 의회는 감독 제도 폐지를 결의하고, 교회 개혁을 위한 새로운 제도를 논의하기 위해 웨스트민스터 회의를 소집했다.

1) 웨스트민스터 회의(1643-1649)

웨스트민스터 회의는 웨스트민스터 사원에서 1643년 7월 1일부터 1649년 2월 22일까지 회집되었다. 의회가 임명한 121명의 목회자와 신학자, 10명의 상원의원, 30명의 하원의원 그리고 8명의 스코틀랜드 대표들이 참석하여 총 1163회의 회합을 가졌다. 구성원 대부분이 장로교 교인이었으며, 2명의 감독주의자, 5-6명의 독립파, 소수의 에라스투스주의자들이[3] 있었다.

1644년에 『예배지침』, 1646년에 『웨스트민스터 신앙고백서』, 1647년에 『웨스트민스터 대요리와 소요리문답』 그리고 1648년에 『통치의 형태』를 각기 작성했다. 『웨스트민스터 신앙고백서』와 모든 문서는 1648년 의회의 결의로 모두 통과되었다.

스코틀랜드 의회는 이의없이 『웨스트민스터 신앙고백서』를 영국보다 먼저 스코틀랜드 장로교회의 표준 문서로 채택했다. 웨스트민스터 회의는 장로교 교인들이 숫자적으로 우세했다. 독립파 지도자 크롬웰은 다른 소수 분파의 청교도들에게도 매우 관용적이었다. 크롬웰에게 종교적 자문 역할을 한 사람은 존 오웬(John Owen, 1616-1683) 목사였다.

처음에는 장로교에 호의적이었으나, 크롬웰의 입장을 지지하였으며 나중에 회중교회로 선회했다. 따라서 상기 문서들이 의회를 통과했지만, 정작 영국 교회가 채택하고 시행하는 과정은 순조롭게 이뤄지지 않았다.

---

3   에라스투스주의란 종교 문제에 있어서 국가가 교회보다 우위에 있어야 한다는 사상이다. 츠빙글리파 신학자 토마스 에라스투스(Thomas Erastus, 1524-1583)의 주장을 따르는 사상으로 알려졌다.

주목할 것은 『웨스트민스터 신앙고백서』와 『웨스트민스터 대요리와 소요리문답』은 영국 청교도 개혁자들이 산출한 문서들로서 개혁주의 사상을 가장 명확하게 집대성해 주었다. 따라서 개혁주의 신학을 표방하는 전 세계 장로교회와 회중교회 그리고 침례교회 등이 이 문서들을 자신들의 신앙 표준 문서로 채택하였다.

4. 왕정복고와 청교도 운동의 쇠퇴

1) 찰스 2세와 왕정복고

1658년 9월 호민관 크롬웰이 죽었다. 그의 죽음과 함께 20년간의 청교도의 전성기도 막을 내렸다. 크롬웰이 죽으면서 자신의 셋째 아들 리차드 크롬웰(Richard Cromwell, 1626-1712)에게 호민 관직을 물려주었지만, 그의 지도력은 아버지만큼 못했다. 그의 무능력과 독단에 실망한 국민들은 왕의 복귀를 외쳤다. 그리하여 1660년 프랑스에서 망명 생활하던 찰스 1세의 아들 찰스 2세(Charles II, 재위 1660-1685)가 영국으로 돌아와 왕위에 올랐다.

이로써 다시 왕정이 복고되었다. 왕위에 오른 찰스 2세는 장로교 제도를 폐지하고, 전통적인 감독 제도를 복구했다. 모든 성공회 예배 의식을 회복시켰으며, 반대파를 처벌하기 위한 법령을 속속 제정했다. 청교도들을 비롯한 비국교도들이 설 자리가 점점 더 줄어들었다.

1662년 찰스 2세는 통일령을 반포하여, 모든 성직자로 하여금 성공회의 『공동 기도서』에 동의하도록 강요했다. 서명하지 않은 약 2천 명의 성직자를 비국교도로 분류하여 그들의 성직을 박탈하고 생계와 생활 터전까지 빼앗았다. 1665년 소위 '5 마일법'을 제정하여 비국교도 목사들이 이전에 목회하던 장소로부터 5마일 이내에 들어오거나 사는 것을 법으로 금지시켰다.

찰스 2세는 스코틀랜드 장로교 계약파들에게도 성공회를 강요했다. 그들은 다시 죽음으로 맞서며 저항했다. 1680년 찰스 2세부터 시작된 끔찍한 박해는 1688년 제임스 2세의 통치기까지 계속되었다. 같은 시기에 대륙에서도 프랑스 위그노들이 대대적인 박해와 죽음을 당했다. 이 시기는 이른바 "살육의 시기"(1680-1688)였다.

2) 존 번연(John Bunyan, 1628-1688)

1628년 11월 존 번연은 영국 베드포드(Bedford)에서 땜장이의 아들로 태어났다. 가난하여 제대로 교육을 받지 못했지만 책을 많이 읽었고 특히 킹제임스 성경을 애독했다. 1644년 16세에 의회파 군인으로 청교도 혁명에 참가했다. 제대 후 1648년경 경건한 청교도 여인과 결혼하여 참된 신앙을 갖게 되었다. 1654년 비국교회 베드포드 침례교회에서 세례를 받았다. 그 이후 그는 거리와 마을을 찾아 다니며 복음을 전하는 평신도 설교자의 삶을 살았다.

1660년 왕정이 복고 된 후, 청교도들에 대한 대대적인 탄압이 이어졌다. 그 해 11월, 번연은 국교도에 일치하지 않는 설교와 예배를 인도한다는 죄목으로 체포되어 1672년까지 약 12년간 베드포드 감옥에 갇혀 지냈다. 옥중에서 그는 1666년에 『죄인 괴수에게 넘치는 은혜』를 집필하여 출판했다. 이 책은 깊은 영적 방황 속에서 깨닫게 된 하나님의 은혜를 강조하는 신앙 자서전이었다.

또한, 옥중에서 그 유명한 『천로역정』(*The Pilgrim's Progress*)을 집필하여 석방 후 1678년에 출판했다. 세상에서 살던 사람이 어떻게 그리스도인이 되어 하늘의 도성을 향해 가는 순례자가 되었는지를 풍유적으로 기술했다. 이 책은 다양한 언어로 번역되어 그리스도인의 신앙 지침서로 그리고 세계적인 고전 문학으로 사랑받게 되었다.[4]

---

4   존 번연의 『천로역정』은 성경 다음으로 가장 많이 읽힌 작품으로 알려졌다. 지금까지

1672년 3월 찰스 2세의 관용 선언으로 석방된 번연은 베드포드 침례교회 담임목사로 초빙되어 설교와 목회 그리고 집필에 집중했다. 그는 평생 68권의 책을 집필했다. 당시 옥스퍼드대학교 교수이자 유명한 청교도 학자 존 오웬은 그의 설교를 즐겨 들었다. 찰스 2세가 오웬에게 다음과 같이 물었다.

> 왜 당신 같은 지성인이 무식한 땜장이의 설교를 즐겨 경청하느냐?
> 폐하, 제가 땜장이 존 번연처럼 설교할 수 있는 능력이 있다면, 저는 기꺼이 저의 모든 학식을 다 버리겠나이다.[5]

계속 이어진 제임스 2세의 박해시기에도 설교를 위해 마을을 순회하며 다녔다. 번연은 칼빈주의를 따르는 특별 침례교 목사로 그리고 청교도 설교자와 저술가로 일하다가 1688년 8월 런던에서 하나님의 부르심을 받았다.

3) 제임스 2세와 명예 혁명

제임스 2세(James II, 재위 1685-1688)는 찰스 2세의 동생이었다. 청교도 혁명 때, 두 형제는 프랑스로 망명 가서 살았다. 찰스 2세가 죽자 제임스 2세(1633-1701)가 1685년 2월 왕위에 올랐다. 프랑스 망명 생활때문에 두 형제는 평생을 가톨릭 교인으로 살았으며, 제임스 2세는 가톨릭을 더욱 신봉했다.

저(Low)교회 노선을 지지하는 휘그당(Whig Party)이 자신의 즉위를 인정하지 않자, 자신을 인정하며 고(High)교회 노선을 따르는 토리당(Tory Party)과 가깝게 지냈다. 그는 1685년 루이 14세가 통치하는 가톨릭 국가 프랑스와 동맹을 맺었다. 이어서 제임스 2세는 가톨릭 인물을 요직에 임명하

최소한 100여 개 언어로 번역되었다. 한국에는 제임스 게일(James S. Gale, 1863-1937) 선교사에 의해 1895년에 한글로 번역되어 소개되었다.

5 토니 레인, 『기독교 사상사』, 340.

기 시작했다. 이러한 친가톨릭 정책에 맞서서 성공회를 지지하는 의회와 국민들이 저항했다.

1688년 11월 5일, 네덜란드 오렌지의 윌리엄 공(William of Orange III, 1650-1702)이 영국 의회의 지원 속에 군대를 이끌고 런던에 입성했다. 개신교 신앙을 지닌 그와 아내 메리는 둘다 찰스 1세의 손자 손녀였으며, 메리는 제임스 2세의 딸이었다. 제임스 2세는 형세가 불리해지자 결국 12월 23일 프랑스로 도망쳤다. 피를 흘리지 않고 왕실에 입성했다 하여 이를 명예 혁명이라 불렀다. 1689년 2월 윌리엄 공은 윌리엄 3세(재위, 1689-1702)로 그의 아내는 메리 2세(Mary II, 재위 1689-1694)로 왕과 여왕으로 등극하여 영국과 스코틀랜드를 공동 통치했다.

명예 혁명으로 인해 영국과 스코틀랜드 두 국가는 가톨릭으로부터 완전히 벗어났다. 윌리엄과 메리는 곧바로 관용령을 발표했다. 『39 신조』에 따른 성공회를 영국의 국교로 선언하는 한편, 왕실에 충성을 맹세하는 한 종교적 차별을 받지 않도록 비국교도들에게 신앙의 자유를 허용했다.

1689년 12월 영국 의회는 『권리장전』(Bill of Rights)을 선포했다. 영국 왕을 절대 군주로 규정하고 왕에게 충성을 맹세해야 하며, 대신에 왕은 법 제정, 집행, 과세 등에 있어서 반드시 의회의 동의를 얻어야 하고, 선거의 자유, 발언의 자유, 국민 청원권을 국민에게 부여한다는 법률이었다. 또한, 가톨릭교인은 더 이상 영국의 왕위를 계승할 수 없다고 법제화했다. 이로써 영국은 전제 군주제와 결별하고 입헌 군주제 국가가 되었다.

제36장

스코틀랜드의 종교개혁

 종교개혁이 일고 있던 당시 스코틀랜드에도 다른 지역과 유사하게 성직매매와 축첩 등으로 교회가 세속화되어갔고, 술과 도박과 향락과 윤락 등으로 도덕적 부패가 사회에 만연했다. 이러한 상황 가운데 국경을 접하고 있는 영국으로부터 종교개혁의 바람이 불어왔다. 1400년대 초 영국의 위클리프 추종 세력인 롤라드들이 스코틀랜드에 위클리프의 개혁 사상을 전했다. 1407년 영국 출신의 롤라드 제임스 레스비(James Resby)가 퍼스(Perth)에 와서 복음을 전하다가 화형 당했다.

 그런데도 롤라드 추종자들이 스코틀랜드 내에 계속 확산이 되자, 1424년 의회는 롤라드 활동을 법으로 금지시켰다. 1432년 보헤미아 출신의 후스파 폴 크로우(Paul Craws)가 세인트 앤드류스(St. Andrews)에서 성경을 가르치다가 체포되어 처형되었다. 그로부터 90여 년의 세월이 흐른 1520년대에 마틴 루터의 종교개혁 사상과 윌리엄 틴데일의 성경이 스코틀랜드에 유입되어 개혁이 일어나기 시작했다.

1. 초기 개혁 운동

1) 패트릭 해밀톤의 순교

패트릭 해밀톤(Patrick Hamilton, 1504-1528)은 스코틀랜드 종교개혁의 계명성이었다. 그는 왕족 출신이라는 후광으로 1517년 13살의 나이에 피어른(Fearn)의 수도원장에 임명되었다. 프랑스 파리대학교에서 공부하고 1520년에 문학 석사 학위를 취득했다. 이곳에서 해밀톤은 루터의 저서들을 접하면서 그의 사상에 매료되었다. 1523년 귀국한 해밀톤은 세인트앤드류스대학교 내 세인트레오날대학(St. Leonald college)에서 교수로 일하기 시작했다. 1527년초 이 도시의 대주교 제임스 비튼(James Beaton, 1473-1539)은 해밀톤이 루터의 사상을 설교하고 가르친다는 죄목으로 그를 소환했다. 그때 해밀톤은 독일로 피신하여 루터파 선제후 헤세의 필립이 1527년 3월에 세운 마르부르크대학교에 첫 학생으로 등록하여 개혁 사상을 연구했다. 같은 해 가을 죽으면 죽으리라는 순교 각오로 다시 스코틀랜드로 돌아왔다.

해밀톤은 귀국과 동시에 공개 토론과 설교를 통해 루터의 개혁 사상을 전하며 개혁 운동을 펼쳐 나갔다. 1528년 대주교 제임스 비튼에게 소환되어 재판을 받고, 13개 항목에 걸쳐 이단으로 정죄 당했다. 1528년 2월 28일 저녁 6시, 세인트 앤드류스의 세인트살바토로(St. Salvator)교회 앞마당에 세워진 화형대에서 다음과 같은 짧은 기도와 함께 순교 당했다.

주 예수여, 저의 영혼을 받으소서.

1542년 국왕 제임스 5세(James V, 재위 1513-1542)가 사망하자 개혁자들에 대한 탄압이 완화되면서 개혁자들이 자유롭게 활동했다. 때마침 스코틀랜드와 영국과의 동맹 관계가 깨어지면서 1544년에 영국의 헨리 8세가 스코틀랜드를 침공했다.

대주교 제임스 비튼에 이어 1539년에 그의 조카 추기경 대비드 비튼(David Beaton, 1494-1546)이 세인트 앤드류스의 대주교가 되었는데, 그는 사회적 혼란을 틈타 국정을 좌지우지했다. 그의 학정에 불만을 품은 스코틀랜드 국민들은 프랑스와 가톨릭교회를 지지하는 세력과 영국과 개신교를 지지하는 세력으로 갈라지기 시작했다. 이러한 시기에 개혁을 외치며 등장한 인물이 바로 조지 위샤트였다.

2) 조지 위샤트의 개혁 운동

조지 위샤트(George Wishart, c.1513-1546)는 확산일로에 있는 개혁 운동에 불길을 당겨주었다. 개혁적인 사상 때문에 국내에 머물지 못하고 1538년부터 영국 케임브리지와 스위스 취리히로 피신을 다니며 개혁 사상을 탐구했다.

1544년 귀국하여 죽음을 무릅쓰고 여러 지역을 순회하며 가톨릭 교리와 교권을 비판하며 개혁 사상을 전파했다. 1546년 1월 체포되어 그 해 3월 1일 세인트 앤드류스에서 추기경 대비드 비튼에 의해 화형 당했다.

위샤트가 처형당하자 세인트 앤드류스 시민들은 분노했다. 평민들로부터 시작된 추기경 비튼에 대한 반발은 지주와 귀족들에게로 번져나갔다. 결국, 위샤트가 순교 당한지 2개월 뒤에 비튼은 시민들에 의해 살해 당했다. 위샤트의 순교는 세인트 앤드류스 시민들의 개혁정신을 일깨워 주었다. 특히, 스코틀랜드의 개혁 지도자가 될 젊은 존 낙스에게 큰 영향을 끼쳤다.

2. 존 낙스의 개혁 운동

1) 개혁의 여정

존 낙스(John Knox, 1514-1572)는 에딘버러(Edinburgh) 근교 하딩톤(Haddington)에서 출생했다. 세인트앤드류스대학에서 신학을 공부한 후, 1536년 가톨릭 신부 서품을 받았다. 그의 개혁 사상에 결정적 영향을 끼친 두 인물은 다음과 같다.

첫째, 조지 위샤트
둘째, 존 칼빈

1545년경 위샤트의 설교를 듣고 그의 개혁 운동에 합류하기 시작했다. 그가 설교할 때 낙스는 창을 들고 그를 곁에서 호위했다. 하지만 위샤트가 체포되어 1546년 3월에 세인트 앤드류스에서 화형 당하자, 낙스는 보다 본격적으로 종교개혁 운동에 뛰어들었다.

당시 스코틀랜드의 국내 정세는 친영국파와 친프랑스파로 나뉘었다. 영국의 헨리 7세가 딸 마가렛(Margaret Tutor, 1489-1541)을 스코틀랜드 제임스 4세(James IV, 1473-1513)와 결혼 시키면서 두 나라는 아주 가까운 사이가 되었다. 그의 아들 제임스 5세(James V, 재위 1513-1542)는 그의 외삼촌 영국 왕 헨리 8세가 교황청과 단교하고 개혁을 실시하자, 1538년 프랑스 귀족 기즈 가문의 딸과 결혼하면서 다시 프랑스와 전통적인 동맹 관계를 복구했다.

그로 인해 다시금 두 나라는 군사적으로 대치할 수 밖에 없었다. 1542년 태어난 지 1주일 만에 메리 1세(Mary Stuart, 1542-1587)가 여왕으로 왕위에 등극하자 그녀의 외가인 프랑스 기즈 가문이 섭정 정치를 했다. 이제 스코틀랜드는 가톨릭을, 영국은 개신교를 지지하는 국가로 뚜렷하게 구분되었다.

스코틀랜드 왕실과 친프랑스파 가톨릭 지도자들은 자국 내 개혁 세력을 친영파로 규정하고 그들에 대한 핍박을 강화해 나갔다. 계열 세력은 이에 굴하지 않고 세인트 앤드류스 성을 점령하고 강력하게 저항했다.

이때 낙스는 세인트 앤드류스 성에 합류하여 개혁 세력의 목회자로 활약했다. 스코틀랜드와 프랑스 군대가 연합하여 세인트 앤드류스 성을 공격했다. 결국, 1547년 성은 함락되었고, 수많은 개신교 개혁자들이 처형을 당하거나 프랑스에 포로로 잡혀갔다. 프랑스 갤리선 전함에 포로로 끌려간 낙스는 배 밑창에서 노 젓는 노예 생활을 했다.

다행히도 19개월 만인 1549년 영국 왕실의 중재로 극적으로 풀려났다. 낙스는 잠시 스코틀랜드로의 귀환을 보류한 채 1549년부터 1554년까지 5년간 영국에 머물며 목회했다. 대주교 크랜머와 교제하며 개혁 운동에 대한 의견을 주고 받았으며, 1551년에는 여섯 명의 궁정 목사 중 한 사람으로 임명 받았다. 그러나 1553년 에드워드가 죽고, 피의 여왕 메리 튜더가 여왕으로 등극하여 개혁자들을 대대적으로 박해하자 유럽 대륙으로 피신했다.

2) 제네바 망명

낙스는 프랑스와 독일 프랑크푸르트를 거쳐 칼빈의 개혁 도시 스위스 제네바로 갔다. 낙스는 갤리선 노예 생활을 할 때, 프랑스 개신교인들로부터 소개받은 칼빈의 『예레미야 주석』과 『기독교 강요』을 읽은 바 있었다. 따라서 그는 칼빈의 개혁을 배우기 위해 망설임 없이 제네바에 정착했다. 1556년부터 1559년까지 낙스는 칼빈이 목회하는 제네바 교회 바로 옆 건물에서 약 200명의 영국 난민들을 대상으로 목회했다. 이때 낙스는 칼빈의 예배 모범에 따라 예배를 인도했으며, 칼빈과 신학적 교류를 많이 나누었다.

1558년 11월 엘리자베스 1세가 영국의 여왕으로 등극하자, 제네바에 머물던 영국 피난민들이 속속 돌아갔다. 당시 스코틀랜드는 가톨릭 신봉자 메리 스튜어트 여왕이 통치하고 있었다. 때문에 고국으로 돌아갈 경우 영국과 달리 많은 난관이 있을 것이라 예상했지만, 1559년 5월 2일 다음과 같은 비장한 각오로 낙스도 귀국길에 올랐다.

오, 하나님!
나에게 스코틀랜드를 주시든지 아니면 죽음을 주십시오.

3) 낙스의 개혁과 스코틀랜드 장로교회

1559년 5월 고국에 돌아온 낙스는 귀족과 시민들의 뜨거운 환영을 받았다. 다음 달 6월 11일 세인트앤드류스교회에서 행한 설교를 시작으로 스코틀랜드 개혁을 위한 첫발을 내 디뎠다. 낙스가 귀국하기 일년 전인 1558년에 메리 스튜어트 여왕이 프랑스 황태자 프랑소아 2세와 결혼했다. 1년 뒤에 프랑소아 2세가 왕위에 오르면서 당시 16세였던 메리는 스코틀랜드의 여왕이자 동시에 프랑스의 왕비가 되었다.

따라서 스코틀랜드가 프랑스화되는 것이 아닌가 하는 의구심이 스코틀랜드 국민 사이에 만연했다. 상황에 여기에 이르자, 친영파는 개신교도가 된다는 것이 곧 국가를 프랑스로부터 지키는 것으로 인식했다. 그래서 제네바에 머물고 있던 낙스에게 귀환을 요청했고, 그가 귀환하자 그를 적극적으로 환영했다.

낙스의 귀국으로 개신교인들이 세력을 규합하자 왕실 군대와 프랑스 군대가 연합하여 개신교들을 공격하려 했다. 이에 낙스는 개신교 군대를 조직하여 맞서는 한편 영국 엘리자베스 여왕에게 지원을 요청했다. 1560년 1월 영국 군대가 도착함으로써 마침내 스코틀랜드에서 양측 간에 전쟁이 시작되었다. 낙스는 같은 해 4월부터 세인트자일즈교회(St. Giles Church)의 담임으로 목회를 시작했다. 그는 설교를 통해 개신교인들의 투쟁 정신을 고취시켰다. 그의 설교에 큰 감동을 받은 엘리자베스 여왕의 특사 토머스 랜돌프(Thomas Randolph)는 여왕에게 다음과 같이 보고할 정도였다.

낙스의 음성이 500개 나팔보다 더 효과적으로 스코틀랜드의 개신교도들 속에 생명을 불어넣고 있습니다.[1]

그래서 사람들은 낙스를 '하나님의 나팔수'라고 불렀다. 그 해 7월, 프랑스군과 영국군은 휴전 조약을 맺고 모두 철수했다. 이로써 프랑스의 지원을 받으며 스코틀랜드를 지배했던 친프랑스 가톨릭 세력은 크게 약화되었다.

국정을 장악한 스코틀랜드 의회는 1560년 8월에 낙스와 5명의 목사, 일명 5명의 존(존 스파티스우드, 존 로우, 존 더들라스, 존 윈람, 존 윌락)에게 신앙고백서를 작성하도록 요청했다. 이에 낙스와 그 일행은 『스코틀랜드 신앙고백서』(Scots Confession of Faith)와 『권징조례』(Book of Discipline)를 작성하여 의회에 제출하여 승인 받았다.

『스코틀랜드 신앙고백서』에는 칼빈의 가르침이 잘 반영되어 있었다. 이어서 의회는 교황청의 사법권과 미사 제도를 폐지한다는 개혁안을 발표했다. 1561년 12월 낙스는 목사 5명, 장로 36명과 함께 스코틀랜드 장로교회 제1회 총회를 조직했다. 총회는 『스코틀랜드 신앙고백서』와 『권징조례』를 채택했다. 이 신앙고백서는 1647년 『웨스트민스터 신앙고백서』가 나올 때까지 스코틀랜드 교회의 교리적 표준이 되었다. 이처럼 낙스의 뛰어난 지도력으로 스코틀랜드 장로교회가 태동되어 발전되어 갔다.

4) 낙스와 메리 스튜어트 간의 대결

남편 프랑소아 2세가 통치 1년 만에 갑자기 죽자 1561년 8월에 메리 스튜어트가 프랑스로부터 귀국했다. 그로부터 약 6년간 낙스는 가톨릭 복구를 원하는 메리와 영적 물리적 대결을 펼쳤다. 의회가 가톨릭을 폐지했음에도 불구하고 메리는 돌아오자마자 궁중에서 미사 예배를 드렸다.

---

1 스탠포드 리이드, 269.

낙스는 곧바로 다음과 같이 설교하며 여왕의 미사 행위를 규탄했다.

한번의 미사는 10,000명의 군대가 쳐들어오는 것보다도 더 두렵다.

그는 "새 이세벨"이라 부르며 서슴지 않고 그녀를 비난했다. 젊고 아름다운 미모로 소문난 메리는 사촌 단리 경(Lord Darnley, 1545-1567)과 1565년에 재혼하여 이듬해 6월 아들 제임스를 낳았다. 1567년 2월 단리가 갑작스럽게 의문의 죽음을 당했다. 단리가 죽자 보스웰 백작(Lord Bothwell, c.1534-1578)은 곧바로 자기 아내와 이혼하고 메리와 결혼했다.

이혼과 결혼이 일사천리로 빠르게 이뤄지면서, 사람들은 두 사람이 결탁하여 단리를 살해했다고 의심했다. 결국, 의회가 살해 혐의로 메리를 탄핵하자, 생명에 위협을 받은 메리는 1567년 7월에 13개월짜리 아들 제임스(1566-1625)에게 왕위를 물려주고 영국으로 도망쳤다. 영국으로 피신하여 엘리자베스의 보호를 받던 메리는 여왕 살해 음모 사건의 주동자로 정죄 되어 런던 탑에 갇혀 지내다가 1587년에 처형되었다.

스코틀랜드는 영국보다 일찍이 낙스에 의해 의회의 입법권이 강조되어 왔다. 백성과 군주를 묶어 주는 것은 법이며, 왕이 법을 다스리는 것이 아니라 법이 왕과 백성을 다스려야 한다는 낙스의 주장 때문이었다. 왕이라도 법을 지키지 않으며 국민의 저항을 받을 것이라고 경고했다. 또한, 낙스는 교회가 정부의 일에 지나치게 관여하는 것을 원하지 않았다. 반대로 정부가 교회 행정에 관여하는 것도 반대했다.

그리고 그는 구약을 근거로 독재하거나 우상 숭배하는 통치자에 대해서는 때로는 무력 항쟁을 통해 국민의 권리와 복음의 진리를 지켜야 한다고 가르쳤다. 그의 정치 사상은 칼빈보다 훨씬 더 과격했지만 민주적 법치주의의 신장에 크게 기여했다. 메리에 대한 저항은 바로 이러한 낙스의 사상에서 비롯되었다. 1567년 7월 낙스는 제임스 6세의 왕위 대관식 때 소년 왕 요아스에 관한 설교를 통해 개혁만이 스코틀랜드가 가야할 길이며 축복의 길이라고 일깨웠다. 1572년 11월 24일, 한 평생 스코틀랜드의 개혁을 위해 몸바쳐 헌신했던 낙스는 편안히 눈을 감았다.

3. 앤드류 멜빌과 계약파

1) 앤드류 멜빌(Andrew Melville, 1545-1622)

낙스가 죽자, 앤드류 멜빌이 스코틀랜드 개혁 운동을 계승했다. 멜빌은 스코틀랜드의 발도비(Baldovie)에서 태어나 세인트앤드류스대학에서 수학했다. 이후 형의 후원으로 1564년 19세의 나이에 프랑스로 건너가 파리대학교에서 언어와 인문학과 신학을 공부했다. 뛰어난 실력을 인정받아 21세 때에 강사로 일할 정도였다. 그리고 그곳에 있는 동안 프랑스 위그노이자 교육 철학자인 피터 라무스(Peter Ramus, 1515-1572)와 깊은 교제를 나누었다. 1569년 개혁의 중심지 제네바로 가서 베자로부터 신학을 더욱 연마했다.

베자는 그에게 제네바 아카데미에서 헬라어와 시민법 그리고 인문학을 가르치도록 교수직을 주었다. 조국의 개혁 운동을 위해 1574년 멜빌이 귀국할 때, 베자는 제네바가 스코틀랜드에 줄 수 있는 최고의 선물은 앤드류 멜빌뿐이라며 그를 극찬했다. 귀국 전에 멜빌의 학문적 명성이 이미 조국에 널리 알려져 있었다. 때문에 귀국한 그 해 가을, 글라스고우(Glasgow)대학교의 총장으로, 1580년에는 세인트앤드류스대학의 총장으로 초청받아 일했다. 유럽식 교육 행정을 도입하여 스코틀랜드 교육 제도를 크게 향상시키는데 공헌을 했다.

1577년 7월 글라스고우 근교의 고반(Govan)교회의 목사로 사역하며 교회 개혁을 이끌어 갔다. 1578년 4월 스코틀랜드 장로교회의 총회장에 선임되었다. 이 총회는 낙스의 『권징조례』를 개정한 그의 『제2 권징조례』를 채택했다. 당시 스코틀랜드 교회는 낙스가 설립한 장로교회가 있었고, 영국에서 유입된 성공회 감독 제도가 공존하며 있었다. 낙스는 감독 제도를 전면으로 부정하지 않았던 반면, 멜빌은 감독 정치를 비성경적이라고 비판했다.

『제2 권징조례』를 통해 엄격한 장로 정치를 강조하고 스코틀랜드가 가야 할 교회 제도로 선포했다. 멜빌의 영향력 가운데, 1592년 스코틀랜드 의회는 장로교회를 스코틀랜드의 국교로 선포했다. 그러나 이러한 멜빌과 장로교 교인들의 노력과 기대는 국왕 제임스 6세에 의해 자주 마찰을 빚었다. 낙스와 조지 부커넌 등을 통하여 장로교 환경 가운데 성장하였음에도 불구하고, 성인이 되면서 그는 왕권신수설에 기반한 성공회적 감독 제도를 선호했으며 교회 운영에도 관여하려고 했다.

1603년 제임스 6세가 영국의 왕으로 즉위함으로써 상황은 더욱 악화되었다. 성공회 감독제를 지지하는 입장으로 선회했으며, 이를 반대하는 영국과 스코틀랜드의 장로교 교인들을 박해했다. 그뿐만 아니라 스코틀랜드에 성공회 감독제를 강압적으로 도입하려고 했다. 결국, 자신의 정책을 반대하는 멜빌을 1606년에 영국으로 소환하여 런던탑에 4년간 감금한 뒤 영국에서 영구히 추방시켰다. 1611년 멜빌은 프랑스 세당(Sedan)으로 건너가 그곳에 있는 위그노개신교대학교에서 신학 교수로 나머지 생애를 보내다가 1622년 77세의 나이로 생을 마감했다.

멜빌의 뛰어난 공헌은 감독제와 장로제의 대립 속에서 장로교 정착과 발전에 크게 기여한 점이었다. 복음의 나팔수 낙스가 장로교의 기초를 닦았다면, 멜빌은 장로교 제도를 공고하게 정착시켰다. 따라서 그를 스코틀랜드 장로교회의 아버지라고 불렀다.

또한, 멜빌은 교회와 국가에 대한 관계에 있어서 두 왕국론을 신봉했다. 두 왕 즉 예수와 세상 왕 그리고 두 왕국 즉 교회와 세상 왕국으로 구분했다. 교회는 예수가 다스리는 그리스도의 왕국이기 때문에 세상 왕이 개입하거나 간섭해서는 절대 안 된다고 강조했다.

2) 계약파 운동과 국민 계약

1625년 제임스 1세의 사망 후, 찰스 1세(재위 1625-49)가 통치하면서 스코틀랜드 장로교회는 더 힘든 수난을 겪게 되었다. 전제 군주 찰스 1세는 캔터베리의 대주교에 윌리엄 로드를 등용하여, 그로 하여금 영국 청교도를 탄압하고, 스코틀랜드에 성공회를 이식하도록 명령했다.

그리고 스코틀랜드의 모든 교회가 1637년 7월 23일부터 장로교 예배를 폐지하고, 성공회 의식에 따라 예배를 드리라고 엄포했다. 스코틀랜드 장로교 교인들은 이에 굴하지 않았다. 1638년 3월 1일, 에딘버러의 그레이프라야(Greyfriar)교회에 모인 장로교 교인들은 장로주의 신앙을 목숨 바쳐 수호할 것을 서약하는 국민 계약을 작성하고 서명 운동을 일으켰다.

이 운동은 요원의 불길처럼 널리 퍼져 거의 모든 스코틀랜드 사람들이 서명할 정도였다. 그리고 찰스 1세에게 전쟁을 선포하고 맞서 싸웠다. 1638년 11월 21일, 글라스고우에서 모인 장로교 총회는 알렉산더 앤더슨(Alexander Anderson, 1583-1646)과 사무엘 러더포드(Samuel Rutherford, c. 1600-1661)의 주도하에 국민 계약을 반드시 수호하겠다고 재결의했다.

철저한 장로교 목사인 러더포드는 왕권신수설을 반대했으며 성공회 감독제를 전면 거부했다. 근대 사회 계약론의 효시로 알려진 그의 저서 『법과 군주』(*Lex Rex*, 1644)을 통해 왕이 아니라 법이 나라를 다스려야 하며, 국민은 법 위에 군림하는 폭군에 맞서 대항해야 한다고 주장했다.

찰스 1세가 스코틀랜드와 싸우기 위한 전쟁 비용을 마련하려고 영국 의회를 소집했지만, 결국 1640년 청교도 혁명이 일어나 왕위에서 물러나게 되었다. 그로부터 20년뒤 왕정복고에 대한 목소리가 커지자, 민족적으로 영국과 갈등 관계 있던 스코틀랜드는 프랑스에 망명 중에 있던 찰스 2세의 왕위 복귀를 지지했다. 찰스 2세가 스코틀랜드의 장로교회를 보호해 주겠다고 국민 계약에 서명하며 약속했기 때문이었다.

1660년 왕위에 오른 찰스 2세(재위 1660-1685)는 스코틀랜드 장로교 교인들과 약속을 파기하고 영국 성공회 정책을 강력하게 실시했다. 그리고 자신의 명령을 반대하는 장로교 교인들을 가혹하게 탄압했다. 그러자 스코틀랜드의 장로교회 교인들은 다시금 국민 계약을 재결의하고 찰스 2세에게 항전했다. 이들을 계약파(Covenants)라고 불렀다. 소위 살육의 시기(1680-1688)에 수많은 계약파가 순교를 당하는 최고의 위기를 맞이했다.

    그러나 1688년 11월 영국의 명예 혁명으로 제임스 2세(재위 1685-1688)가 왕위에서 쫓겨나고, 윌리엄 3세와 메리 2세가 공동 통치하면서 스코틀랜드에 다시금 신앙의 봄이 찾아왔다. 1689년 발표된 관용령에 따라 스코틀랜드 의회는 1690년 장로교를 국가 교회로 재확인하고, 웨스트민스터 신앙고백서를 교리와 신앙의 표준 문서로 삼았다. 이후 영국에는 감독제 성공회가, 스코틀랜드에는 장로제 장로교회가 국교로 자리를 잡았다.[2]

---

2 1707년 5월 1일 발표된 연합법(Acts of Union)으로 웨일즈와 잉글랜드 그리고 스코틀랜드 등 섬 전체가 하나의 국가로 통합된 대영 제국(Kingdom of Great Britain)이 태동되었다. 1800년에 아일랜드가 연합되었다. 대영 제국을 뜻하는 약어 UK(United Kingdom)로 불렀다.

제37장

가톨릭교회의 반종교개혁

1517년의 종교개혁은 개신교의 태동을 가져다 주었을 뿐만 아니라, 가톨릭교회 내에 개혁 운동이 일어나도록 영향을 주었다. 이를 반종교개혁(Counter Reformation)이라 불렀다. 반종교개혁은 내적으로 교회를 갱신하고, 외적으로 개신교의 확산을 방지하며, 나아가 선교를 통해 가톨릭교회의 외세 확장을 이루었다.

1. 이사벨라 여왕과 스페인의 개혁 운동

개신교 종교개혁이 일어나기 전, 가톨릭교회내 자체적인 개혁이 스페인에서 시작되었다. 스페인의 여왕 이사벨라 1세(Isabella I, 재위 1474-1504)는 1492년 크리스토퍼 콜럼버스가 아메리카 신대륙을 발견할 수 있도록 적극적으로 지원했으며, 스페인이 강대국으로 발전할 수 초석을 놓은 여왕이었다. 그녀는 가톨릭교회의 개혁 운동에 큰 관심을 가지고 있었다. 당시의 수많은 성직자는 대 영주의 지위를 가지고 있었기 때문에 많은 부와 권력을 누리고 있었다.

목회에 관심이 없었을 뿐만 아니라, 제대로 교육을 받지 못한 성직자들도 많았다. 수도원과 수녀원도 본래의 기능을 잃어버렸다. 신앙심이 강한 이사벨라는 종교 재판소 제도를 도입했으며, 톨레도(Toledo)의 대주교 프란치스코 히메네스(Francisco Jimenez, 1436-1517)를 등용하여 교회와 수도원과 수녀원을 대대적으로 개혁했다. 관행처럼 되어 있는 성직자의 동거생활을 금지시켰고, 자신들의 교구에 머물며 목회에 집중하도록 했다.

히메네스가 이룩한 대표적인 개혁의 결과물은 알칼라(Alcala)대학교의 설립과 『콤플루텐시안 폴리글롯 성경』(Complutensian Polyglot Bible)의 출판이었다. 교육 없이는 개혁을 이룰 수 없다고 판단한 히메네스는 1508년 마드리드(Madrid) 근교에 알칼라대학교를 설립했다.

예수회 창설자 이그나티우스 로욜라가 이 대학에서 공부했다. 『콤플루텐시안 폴리글롯 성경』은 당시 뛰어난 학자들에 의해 편찬된 다국어 대조 성경이었다. 총 여섯 권에 달하는 성경으로서 히브리어, 70인경 헬라어, 아람어, 불가타 라틴어 그리고 두 종류의 다른 라틴어 등 여섯 개의 다른 언어로 대조하여 볼 수 있도록 편찬했다.

1517년에 완성하여, 1522년경에 출간되었다. 이 성경은 진정한 기독교 신앙은 성경으로부터 출발해야 한다는 히메네스의 사상에서 나왔다. 당시 이사벨라와 히메네스가 성취한 개혁은 교회와 제도 개선에 놀라운 변화를 가져다 주었으나, 개신교 개혁자들처럼 가톨릭교회의 교리와 제도에 대한 개혁으로는 이어지지 않았다.

2. 이그나티우스 로욜라와 예수회

교회의 개혁을 외치며 1500년대에 태동된 수도회 종단들이 여럿 있었다. 이탈리아에서 1524년에 테아틴(Theatine)수도회 그리고 1527년에 카푸친(Capuchins)수도회가 창설되어 교황의 승인을 받았다. 그리고 예수회(Societas Iesu)가 1534년에 스페인에서 창설됐다.

예수회의 창설자는 이그나티우스 로욜라(Ignatius Loyola, 1491-1556)였다. 그는 스페인 귀족 출신으로 호탕하며 야망에 찬 군인이었다. 1521년 프랑스와의 전투에서 다리에 큰 부상을 입었다.

병원 치료 중에 경건 서적을 탐독한 후, 부상 때문에 더 이상 군인으로 살 수 없었던 그는 남은 생애를 신앙에 헌신하기로 결심했다. 왕의 군사가 아니라 그리스도의 군사로 살아가기로 마음 먹었다.

1522년 병원에서 퇴원한 후, 여러 성지를 순례하며 스스로 수도사 수행을 시작했다.

> 하루 일곱 시간씩 기도하고, 세 번씩 자신을 채찍질하며, 한 밤중에도 일어나 기도하고, 머리카락과 발톱을 자르지 않고, 구걸하는 등의 금욕 생활을 하면서, 언행 심사를 매 순간 돌아보고 성찰하는 훈련[을 했다].[1]

1526년부터 알칼라대학교과 파리대학교에서 신학을 공부했다. 그를 추종하는 사람들이 조금씩 늘어나자 1534년 8월 파리 몽마르트에 있는 작은 성당에서 6명의 동료와 함께 예수회를 설립했다. 1540년 교황 바오로 3세(Paulus III, 1534-1549)로부터 정식 승인을 받았다. 로욜라는 1541년에 완성된 그의 저서 『영성 훈련』(Spiritual Exercises)을 예수회 수도사들의 훈련 교재로 사용했다. 훈련을 마친 수사는 청빈과 순종과 순결을 서약했다. 예수회 수도사들은 다음의 3가지를 수도회의 핵심 사업으로 삼았다.

첫째, 선교를 통해 교회를 확장하는 것
둘째, 이단과 개신교에 대항하는 것
셋째, 자선과 교육에 힘쓰는 것

1534년 6명으로 시작된 예수회는 1556년 로욜라가 죽을 무렵에 1,000명으로 늘어날 정도로 급성장했다. 예수회는 특히 해외 선교에 크게 이바지했다. 도미니코수도회와 프란치스코수도회가 선교를 주도했지만, 예수

---

1 오덕교, 『종교개혁사』, 283.

회 또한 중남미 아메리카, 북아메리카, 동남아시아 등지에서 괄목할 만한 선교 활동을 펼쳤다. 로욜라의 동료이며 예수회 창설 멤버인 포르투갈 출신의 프란치스코 하비에르(Francisco Javier, 1506-1552)는 동남아 가톨릭 선교의 아버지였다.

인도, 말레이, 일본, 중국 등에 복음을 전했는데, 특히 일본 선교의 결과는 매우 눈부셨다. 1549년 그의 선교 일행은 일본에 입국하여 남부 지방 영주에게 서양의 화승총을 선물하며 호의를 얻은 후 선교를 시작했다. 1년 만에 약 150명에 달하는 가톨릭 신자를 얻으며, 그 이후 교세가 눈부시도록 빠르게 성장했다.[2] 1551년 그는 중국 선교를 위해 마카오(Macao)에 들렸다가 이듬해에 그곳에서 숨을 거두었다.

가톨릭의 중국 선교는 마테오 리치(Matteo Ricci, 1552-1610)에 의해 본격적으로 이루어졌다. 이탈리아 태생인 마테오 리치는 1571년에 예수회에 가입했고, 1572년 아시아 선교를 꿈꾸며 신학을 공부한 후에 1581년에 신부 서품을 받았다. 이때 예수회로부터 중국 선교사로 파송을 받고, 1582년 중국 마카오에 도착하여 중국어를 배웠다. 1587년 중국 본토 난징(Nanjing)으로 들어가 서양 천문, 지리, 수학 등을 가르치며 선교의 기회를 기다렸다. 1601년 베이징에 도착하여 명나라 황실의 도움으로 1605년 교회를 세우고 곧 200여 명의 신도를 얻었다.

중국인들은 가톨릭교회를 천주교로 그리고 교회 건물은 천주당으로 불렀다. 난징에 머물 때에 그는 천주교 교리집 『천주실의』를 기술했으며, 1594년 난징에서 처음 출판했고, 1601년 베이징에서 베이징 판을 출판했다. 1622년 독일 출신의 예수회 신부 아담 샬(Adam Schall, 1591-1666)이 베

---

[2] 일본에 가톨릭 선교가 시작된지 불과 50여 년 만인 1600년경에 약 100만 명의 가톨릭 신자가 있었다. 임진왜란(1592-98) 당시, 고니시 유끼나가(소서행장)가 이끄는 일본군이 선발 부대로 조선을 침입했다. 이 부대의 군사는 거의 모두 가톨릭 신자들이었고, 신부 그레고리 드 세르페데스(Gregory de Cerpedes)가 종군신부로 그들을 따라 조선에 왔다. 조선 땅을 밟은 첫 가톨릭 신부가 복음을 전하는 선교사가 아니라 침략자를 위한 종군신부로 찾아온 것이었다.

이징에 도착했다.[3] 그는 명나라와 청나라 시기에 천주교 발전에 크게 기여했다. 1692년 청나라 4대 황제 광희제(康熙帝)는 천주교를 합법적인 종교로 공인해 주었다.

3. 트렌트 공의회(Trent Council, 1545-1563)

반종교개혁의 절정은 트렌트 공의회였다. 이 회의는 1545년부터 1563년까지 이탈리아 북부에 위치한 트렌트에서 있었다. 이 회의를 통해 개혁을 주도한 교황은 바오로 3세(Paulus III, 재위 1534-1549)와 바오로 4세(Paulus IV, 재위 1555-1559)이었다. 1534년에 즉위한 바오로 3세는 성경보다 점성술에 의존했고 교황 직권을 남용하여 족벌 체제를 구축했다.

10대에 불과한 자신의 손자들에게 추기경 자리를 주어 원성을 샀다. 1536년 추기경으로 구성된 교회개선위원회를 조직하여 내부 개혁을 추진했다. 1540년 예수회를 공인하여 개신교 확장을 저지하는 한편 가톨릭 선교에 힘썼다. 1545년 트렌트 공의회를 소집하여 교회 개혁을 위한 토론의 장을 마련했다.

---

[3] 마테오 리치와 아담 샬 선교사는 한국 천주교 전래와 태동에 매우 결정적 역할을 했다. 당시 명나라 사절단으로 베이징에 다녀온 이수광(1563-1629)은 1614년에 집필한 『지봉유설』을 통해 마테오 리치의 『천주실의』를 소개하며 천주교를 처음으로 알렸다. 1636년 병자호란 때, 조선의 소현세자(1612-1645)가 인질로 끌려가 1637년부터 1645년까지 청나라 베이징에 머물러 있었다. 이때 아담 샬 선교사와 친분을 쌓았고, 그를 통해 소현세자는 유럽의 학문, 과학, 천주교 등을 접했다. 이렇듯이 조선의 천주교는 중국 명나라와 청나라 시기에 사절단으로 그곳에 다녀온 사람들이 가지고 온 유럽의 각종 서적들을 통해 전래되었고, 실학파 지식인들을 중심으로 천주학을 연구하는 가운데 천주교 교인들이 자생적으로 생겨났다. 영조(재위, 1724-1776)의 치세 기간에 이미 상당수의 천주교 신자가 있었으며, 1783년 정조 7년에는 이승훈(1756-1801)이 사절단 일원으로 베이징의 천주당에 가서 1784년 2월에 예수회 신부 그라몽(Jean de Grammont)에게 세례를 받고 조선 천주교의 반석이 되라는 의미로 베드로라는 영세명을 받았다. 그는 한국 최초의 천주교 영세 교인이 되었으며, 1784년은 한국 천주교의 원년이 되었다.

한편 바오로 4세는 추기경 시절인 1542년에 교황을 설득하여 종교 재판소를 설치하고, 종교개혁자들을 이단 혐의로 투옥하고 처형하는 일에 앞장 섰다. 교황이 된 후, 유대인들에게도 가혹하게 탄압하며, 그들에게 노란색 모자를 쓰게 했으며, 게토(ghetto)를 로마에 설치하여 그곳에 머물게 했다.

사제들을 엄하게 다스렸으며, 추문을 일으킨 사제들을 벌했고, 주교들은 자신의 임지에 거주하며 목회하도록 했다. 『금서 목록』을 발간하여 개신교 서적과 사상의 확장을 저지했다. 이처럼 바오로 4세는 엄격하고 독재적인 개혁을 실시했으며, '교회 밖에는 구원이 없다'는 가톨릭 정통 주장을 재천명했다.

트렌트 공의회는 1545년 12월 13일, 바오로 3세에 의해 소집되어 1563년에 마쳤다. 그러나 교황과 황제 간의 권력 암투로 인해 18년 기간 동안 실제로 회의한 기간은 불과 몇 년밖에 안되었다. 교황 바오로 3세 시기인 1545-1547년, 교황 율리오 3세 시기인 1551-1552년 그리고 교황 바오로 4세 시기인 1562-1563년 등 총 3기에 걸쳐 있었으며 25차례 회의가 열렸다. 참석한 주교의 70퍼센트가 이탈리아 사람들이었기에 주로 로마 교황청의 입장이 강하게 대변되었다.

중요 결정 사항은 성직자와 관련하여 성직자 중임을 정죄했고, 성직자 교육을 위한 교육 기관을 설립하기로 결의했다. 교리적으로는 토마스 아퀴나스의 가르침을 가톨릭교회의 신학으로 재확인했다. 그리고 제롬의 불가타 성경, 위경의 정경성, 7성사, 화체설, 미사 예배, 분잔 금지, 라틴어 예배, 교황 법령의 무오성 등을 재확증했다. 또한, 성경과 함께 기록되지 않은 교회 전승을 동일하게 존중해야 한다는 이중 권위를 천명했다.

> [공의회는] 이 진리와 계율이 기록된 책들과 기록되지 않은 전승에 각각 포함되었다는 것을 인지한다. 기록되지 않은 전승이란 그리스도의 입을 빌어 사도들에 의해 전수되었거나, 또는 사도들에게서 직접 전수되었고(성령에 의해 지시되었던) 그리고 손에서 손으로 전해 내려져 우리에게까지 이르게 된

것들을 말한다(『성경의 정경성에 관한 교령』, 1546).[4]

또한, 트렌트 공의회는 칭의는 믿음으로만 이루어지는 것이 아니라, 선행을 통해 증명되는 믿음에 의해 이루어진다고 규정했다. 즉 선행과 믿음의 합일을 통한 구원을 천명했다. 구원은 외부적인 의의 전가가 아니라 내재적인 의에 의해 완성된다고 보았다. 따라서 이신칭의만을 전적으로 주장하는 개신교의 사상을 이단으로 정죄했다. 1563년에 종식된 트렌트 공의회는 현대 로마가톨릭교회의 발전을 가져다 주었다.

4. 얀센주의 운동

가톨릭교회라는 제도 내에서 개혁을 추구하는 여러 영적 갱신 운동이 일어났는데, 그중에 프랑스에서 일어난 얀센주의(Jansenism)가 있었다. 트렌트 공의회를 통해 급부상한 예수회가 가톨릭의 스콜라주의를 지키려 했다면, 얀센주의는 어거스틴주의를 회복하려고 했다.

얀센주의는 프랑스 이프레(Ypres)의 감독 코넬리우스 얀센(Cornelius Otto Jansen, 1585-1638)에 의해 시작되었다. 얀센은 1628년부터 교부 어거스틴을 집중하여 연구했다. 그의 글들을 10번 이상 탐독했고, 반펠라기우스에 관한 글도 두루 읽은 후, 1540년 『어거스틴』이라는 책을 출판했다. 이 책을 통해 얀센은 어거스틴의 은총신학과 예정론을 외쳤다. 구원은 전적인 하나님의 은혜로 주어지며, 그 은혜는 불가항력적이라고 가르쳤.

선행과 금욕 그리고 만연한 형식적 신앙을 벗어나 진정으로 하나님을 사랑하고 경험해야 한다고 강조했다. 많은 면에서 개신교 개혁자들의 사상과 일치하고 있었지만 그는 개신교를 거부했다.

---

[4] 재인용, 토니 레인, 『기독교 사상사』, 355.

그리고 예수회의 주장과 활동도 반대했다. 얀센은 예수회가 구원에 있어서 은혜와 인간의 노력을 강조한다는 이유로 그들을 반펠라기우스적이라고 비난했다.

얀센의 가르침은 많은 사람의 지지를 받았다. 얀센파로 알려진 유명한 인물로 블레이즈 파스칼(Blaise Pascal, 1623-1662)이 있었다. 파스칼은 16세의 나이에 기하학, 물리학, 응용학, 수학 등에 뛰어난 능력을 인정받았으며, 계산기를 최초로 발명했다. 그의 아버지가 1646년 골절상을 입어 치료를 받고 있을 때, 그를 간호하는 간병인의 정성스러운 돌봄에 깊은 감동을 받았는데, 간병인은 바로 얀센파 사람이었다. 이를 계기로 얀센파에 관심을 갖고 있다가 1654년에 얀센주의에 귀의했다.

파스칼은 신앙과 관련된 두 개의 글을 남겼다.

첫째, 『시골 편지』(*Provincial Letters*, 1656-57)

둘째, 『팡세』(*Pensees*, 1670)

예수회로부터 비난과 핍박을 받는 얀센파를 변호하기 위해 18통의 『시골 편지』를 썼다. 하나님의 주권, 은혜, 예정 등을 강조했다. 생애 말엽에 기독교 신앙을 위한 변증의 글을 썼는데, 그가 죽은 후에 『팡세』('생각'이라는 뜻)라는 제목으로 출판되었다.

'인간의 생각하는 갈대'라는 그의 유명한 철학 논제가 이 글에 담겨있다. 『팡세』는 이성을 의존하는 불가지론자 또는 무신론자들을 향하여 하나님의 존재를 변증했다.

> 마음(heart)은 이성이 알지 못하는 자체의 이치를 가지고 있다(『팡세』, no. 278).

우리는 이성에 의해뿐만 아니라 마음에 의해도 진리를 안다. 바로 이 마음으로부터 제1원리들을 알게 된다(『팡세』 no. 282).[5]

파스칼은 지성과 이성이 진리를 깨닫는 중요한 요소이지만, 마음을 통해서 하나님을 진심으로 깨닫는 믿음에 이를 수 있다고 가르쳤다. 그러나 얀센주의는 프랑스 왕실과 교황청 그리고 예수회 등으로부터 핍박을 받았다. 1653년 교황은 이들을 이단으로 정죄했고, 1660년에는 루이 14세가 얀센파를 소탕하라고 명령했다. 파스칼과 같은 인물들이 얀센주의를 변증했음에도 불구하고 1710년대의 대대적인 핍박으로 인하여 얀센주의 운동은 점차 소멸되었다.

5. 베스트팔렌 조약: 종교개혁의 마무리

1617년 종교개혁이 시작된 이래 가톨릭과 개신교 간에 끝없는 갈등과 대립이 계속되었다. 이 대립의 정점이며 종교개혁의 마무리를 향한 중대한 사건이 1618년에 발발했다. 이른바 30년 종교 전쟁이었다. 1555년 아우크스부르크 평화 조약이 독일의 통치자들 사이에 이루어졌다. 각 지역의 종교는 통치자들의 종교에 따른다는 지역 주권주의를 채택함으로써 가톨릭 측과 루터 측 간의 평화가 이루어졌다.

하지만 통치자의 종교에 따라 지역 주민의 신앙이 몇 번씩이나 바뀌는 경우도 발생했다. 더욱이 개혁파나 다른 개신교들에게는 이 조약이 적용조차 되지 않았다. 이런 갈등 속에서 연합을 통해 자신들을 보호하기 위하여 루터파와 개혁파 영주들이 1608년 5월에 복음주의 동맹(Evangelical Union)을 결성했다. 가톨릭 측도 1609년 7월에 가톨릭연맹(Catholic League)을 조직했다.

---

[5] 파스칼, 『팡세』, 한재동 역 (서울: 고려문학사, 1992).

30년 전쟁의 도화선이 된 사건이 보헤미아에서 발생했다. 이곳은 얀 후스 시대 이래 개혁 정신이 강하게 살아있는 곳이었다. 당시 보헤미야 국민의 90퍼센트가 칼빈파 개신교들이었다. 반면 1617년에 보헤미아 왕이 된 페르디난트 2세(Ferdinand II, 1578-1637)는 열렬한 가톨릭 신자였다. 그는 1618년에 헝가리의 왕으로, 1619년에는 신성 로마 제국의 황제로 등극했다. 개신교인들을 아주 잔인하게 탄압하고 박해했다.

이에 개신교인들이 프라하로 몰려가 강력하게 항의했다. 그리고 왕이 보낸 가톨릭 특사를 창 밖으로 내던졌다. 격분한 왕은 그들의 행위를 반란으로 간주하고 무력 진압을 명령하자, 보헤미아 사람들은 페르디난트 2세 대신에 칼빈파 팔츠(Pfalz)의 선제후 프리드리히 5세(Friedrich V, 1596-1632)를 그들의 새로운 왕으로 추대했다. 이로써 가톨릭과 개신교 간에 30년 전쟁이 시작되었다.

1618년부터 1623년까지 보헤미아 지역에서 벌어진 첫 전투는 신성 로마 제국의 황제인 페르디난트의 승리로 끝났다. 황제의 가문인 합스부르크의 융성을 두려워한 영국, 네덜란드, 덴마크 등은 1625년에 개신교 동맹을 조직하고 그때부터 1629년까지 황제와 맞서 싸웠다. 그러나 황제의 군대를 물릴칠 수 없었다. 1630년 6월 스웨덴 왕 구스타부스 아돌푸스(Gustavus Adolphus, 1594-1632)가 18,000명의 정예 군인들을 이끌고 독일에 상륙했다. 그는 루터교를 믿는 신실한 그리스도인으로서 개신교를 지원하기 위해 전쟁에 참여했다.

하지만 1632년 전쟁 중에 전사하고 말았다. 그의 죽음에 자극 받은 스웨덴 군사들은 황제 군대와 결사적으로 싸워 마침내 그들을 물리쳤다. 1637년 황제 페르디난트 2세가 죽은 이후에도 소모적인 전투가 계속 있었다. 긴 전쟁에 지친 양측은 1648년 10월 24일 독일의 오스나브뤼크(Osnabruck)에서 베스트팔렌 평화 조약(Peace Treaty of Westphalia)에 서명했다. 이로써 30년간의 종교 전쟁이 종식되었다.

베스트팔렌 조약을 통해 이익을 본 나라는 뒤늦게 전쟁에 참여한 프랑스로서 신성 로마 제국으로부터 많은 영토를 넘겨 받았다. 네덜란드와 스위스 그리고 여러 작은 도시 국가들이 신성 로마 제국에서 벗어나 독립 국가로서의 지위를 획득했다.

그러나 이 조약의 가장 중요한 결과는 종교 갈등과 대립의 종식이었다. 종교적 갈등으로 시작된 긴 전쟁을 통해 수많은 인명과 재산을 잃은 제국과 유럽의 국가들은 그러한 전쟁이 자신들에게 아무런 소득이 없다는 것을 깨달았다.

그래서 아우크스부르크 평화 조약을 재확인하고 가톨릭과 개신교 간의 신앙적 자유와 권리를 상호 인정하고 보장한다는 베스트팔렌 조약을 1648년에 체결했다. 이 조약은 1517년에 시작된 개신교 종교개혁이 드디어 마무리되었음을 상징하는 역사적 이정표였다.

제4부
현대교회사

제38장 신대륙 발견과 새시대

제39장 이성주의와 자연신론의 출현

제40장 독일의 경건주의 운동

제41장 존 웨슬리와 감리교 운동

제42장 미국의 제1차 대각성 운동

제43장 개신교의 선교 황금기

제44장 근대의 유럽과 영국 교회

제45장 근대의 가톨릭교회와 동방정교회

제46장 자유주의 신학의 등장

제47장 근대의 미국 교회

제48장 부흥의 열기와 세계적 확산

제49장 세계 복음화 선교 운동

제50장 미국 교회의 격랑과 급변

제51장 후현대주의와 신학 사조

제52장 기독교회의 팽창과 위협

제53장 현대 교회와 신학의 동향

제38장

신대륙 발견과 새시대

　15세기 중엽의 유럽은 해양 기술과 선박 산업의 발달로 예전과 전혀 다른 새로운 시대를 맞이했다. 대서양과 인도양과 태평양을 가로 지르는 국제 무역 시대와 약탈과 정복을 통한 팽창주의 시대가 도래했다. 특히, 유럽 국가들은 아메리카 신대륙 개척과 식민지 건설에 경쟁적으로 뛰어 들었다. 가장 앞장 선 국가는 스페인과 포르투갈이었다.

　이 두 나라는 중미 지역의 아즈텍과 마야 그리고 남미의 잉카 제국을 차례로 정복하고 그 땅을 식민 지배했다. 스페인은 중남 아메리카에 이어 북아메리카의 서부 지역과 동남부 지역을 정복했다. 반면 프랑스와 영국과 네덜란드는 스페인보다 약간 뒤늦게 북아메리카 개척과 정복에 뛰어 들었다. 프랑스는 남중부 지역을 차지했고, 영국은 북동부 지역을 식민지로 삼았다.

　따라서 기독교도 새로운 시대를 맞이했다. 유럽 중심의 기독교는 대양을 따라 아시아와 아프리카, 아메리카 신대륙으로 뻗어 나갔다. 무역과 정복, 이주와 선교는 기독교 팽창의 중요한 통로가 되었다. 신대륙의 정복자와 이주자들은 자신들의 문화, 언어, 정치, 종교, 인종을 피지배지에 옮겼다. 특히, 종교적으로 스페인, 포르투갈, 프랑스는 가톨릭 신앙을 신대륙 전역에 두루 보급했으며, 영국과 네덜란드는 북아메리카에 개신교 신앙을 옮겨 심었다.

1. 영국의 첫 식민지 버지니아

엘리자베스 1세 여왕 때, 영국은 북아메리카 신대륙 개발에 뛰어 들었다. 1584년 탐험가 월터 랄리(Walter Raleigh, c.1552-1618)는 여왕의 허락을 받고 동부 연안을 정찰한 후, 그 지역을 처녀 여왕 엘리자베스를 기려 버지니아(Virginia)라 이름 지었다. 1587년 랄리는 자신이 발견했던 캐롤라이나 로어노크(Roanoke)섬에 다수의 이주민을 이끌고 다시 찾아와 첫 영국 식민 정착촌을 세웠으나 3년 만에 실패로 끝났다.

신대륙 개발 사업이 다시 본격화 된 것은 제임스 1세의 통치 기간이었다. 왕의 허락을 받고 설립된 버지니아 식민 회사는 105명의 이주민을 모집했다. 1607년 4월 26일, 그들은 영국을 떠난 지 144일 간의 항해 끝에 버지니아 체사피크 베이(Chesapeake Bay) 연안에 도착했다.

가까운 육지에 정착지를 마련한 후, 그 지역을 왕의 이름을 따라 제임스 타운(Jamestown)이라 명했고, 그 앞을 가로질러 내륙으로 쭉 뻗어 들어간 강을 제임스강이라고 칭했다. 첫 정착민 가운데에는 성공회 신부 로버트 헌트(Robert Hunt, c.1568-1608)가 있었다.

도착한지 두 달 뒤인 6월 21일에 그가 성찬식을 집례했는데, 이는 신대륙에서 행한 첫 개신교 성찬식이었다. 정착지의 삶은 매우 고달프고 위험했다. 물과 식량의 부족, 늪지대 그리고 인디언들의 공격 때문에 도착한 지 5개월 만에 무려 60여 명이나 죽어 나갔다. 그런데도 매년 새로운 이주자들이 계속 들어왔고, 시간이 흐르면서 영국의 첫 식민지 버지니아는 안정적으로 자리를 잡아갔다.

제임스 타운 초기 정착과 발전에 기여한 인물은 선장 존 스미스(John Smith, 1580-1631)였다. 정착 첫해 말인 1607년 12월에 스미스가 그 지역 인디언 부족에게 생포되어 목이 잘리는 위급한 상황에 처했을 때, 인디언 추장의 딸 포카혼타스(Pochahontas, c.1596-1617)의 도움으로 간신히 죽음을 면했다. 1614년 스미스는 제임스 타운을 떠나 신대륙의 동북부 지역을 계속 탐험하여 메인(Maine) 주와 메샤추세츠 베이(Massachusetts Bay)를 발견했다. 그는 그 지역을 뉴잉글랜드(New England)라고 명명했다.

버지니아 정착지에는 담배와 여러 곡물 농장이 크게 번창했다. 1619년부터 부족한 노동력을 충당하기 위해 아프리카로부터 흑인들을 노예로 들여오기 시작했다. 1623년 국왕 찰스 1세가 총독을 임명하여 버지니아를 다스리면서 영국의 첫 식민 통치령이 되었다. 영국 본토 국민들의 눈에 비친 버지니아는 부와 번영을 가져다 주는 기회의 땅이었다. 때문에 이후 약 백 년 동안 수많은 영국인이 버지니아로 몰려들었고, 그 주변의 메릴랜드, 캐롤라이나, 조지아 주 등을 개척하여 농업 중심의 대농장을 건설해 나갔다.

이 지역에 세워진 교회는 대부분이 성공회였다. 하지만 장차 뉴잉글랜드 북동부 지역에 정착할 청교도들에 비하여 종교적 헌신과 열정은 매우 미약했다. 당시 영국 왕실이나 식민지 개발 회사나 이주민들은 신앙보다는 안정적인 정착과 빠른 경제적 번영을 최우선 목표로 삼았기 때문이었다.

2. 뉴잉글랜드와 청교도 정착

신대륙 동북부 뉴잉글랜드 지역은 남부 버지니아와 달리 신앙의 자유를 찾아온 청교도들에 의해 개척되었다. 1608년 영국내 소수의 분리파 청교도들이 탄압을 피해 네덜란드 라이덴으로 이주해갔다. 종교적 자유가 허용되던 네덜란드에서 자신들의 분리파 교회를 세웠다.

그러나 네덜란드는 자신들의 꿈을 실현할 만한 이상적인 땅이 되지 못했다. 그들의 자녀들은 점차 그곳의 비신앙적인 방종 문화에 휩쓸렸고, 더욱이 1618년에는 30년 종교 전쟁이 발발하면서 주거 환경도 매우 불안정하게 되었다. 결국, 그들은 신대륙 북아메리카로 이주할 것을 결정하고 다시 영국으로 돌아왔다.

1620년 9월 16일, 영국에서 합류한 또 다른 분리파 청교도 61명과 라이덴에서 온 분리파 청교도 41명 총 102명(남자 78명, 여자 24명)이 윌리암 브루스터(William Brewster, 1567-1644)의 인솔 하에 메이플라워(Mayflower)를 타고 영국 남부 항구 플리머스(Plymouth)에서 신대륙을 향해 출항했다.

강풍 때문에 처음 목적지였던 뉴욕 허드슨(Hudson)강 유역에 도달하지 못하고, 같은 해 11월 21일 메사추세츠 케이프 코드(Cape Cod) 연안에 상륙했다. 66일 간의 힘겨운 항해 끝에 신대륙에 첫발을 내딛은 것이었다. 다시 내륙으로 이동하여 12월 21일에 정착지를 정하고 그곳의 이름을 자신들이 떠나왔던 항구 이름을 따라 플리머스라고 불렀다. 감격적인 예배와 함께 시작된 청작지의 첫 겨울은 매우 혹독하게 추웠다.

추위와 굶주림 그리고 풍토병 때문에 그 해 겨울을 넘기며 약 50명이 사망했다. 봄이 되자 다행히도 원주민 인디언들이 찾아와 옥수수 종자와 농사 기술을 가르쳐주고 도움을 주어서 때맞게 첫 농사를 지을 수 있었다. 1621년 가을, 첫 수확한 곡식들과 들판에서 잡은 칠면조 고기 등으로 식사를 준비하고, 인디언들을 초대하여 함께 감사 만찬을 나누었다. 이 감사 만찬은 미국 기독교의 명절인 추수 감사절의 기원이 되었다.

플리머스 정착에 크게 기여한 인물은 필그림 파더 윌리엄 브래드포드(William Bradford, c.1590-1657)였다. 1620년 11월 11일, 그는 착륙하기 전 배 안에서 메이플라워 계약(Mayflower Compact)을 작성하고, 여자들과 14세 이하의 아이들을 제외한 성인 남성 전원이 계약서에 서명했다. 계약의 핵심은 하나님의 영광과 신앙의 부흥을 위한 식민지를 건설하며, 국왕의 통치 아래 있으나 주민들은 상호 계약을 통해 평등에 기초한 법률과 행정부를 구성한다는 것이었다.

이 계약은 플리머스 통치의 기본 이념이 되었을 뿐만 아니라, 미국의 자유 민주주의 정신의 효시가 되었다. 브래드포드는 1621년 4월에 플리머스 식민지 주지사로 선출되어 메이플라워 계약에 따라 플리머스 개발과 발전을 위해 그의 일생을 바쳤다

1629년 매사추세츠 베이(Massachusetts Bay) 회사가 설립되어 플리머스 북쪽에 위치한 살렘(Salem)과 보스턴(Boston)이 본격적으로 개발되기 시작했다. 이 회사는 변호사이며 청교도 신앙을 가진 존 윈스롭(John Winthrop, 1588-1649)이 국왕 찰스 1세에게 허락을 받고 설립되었다.

열한 척의 배에 나눠 타고 항해한 첫 이민자 약 1,000명이 1630년 살렘에 도착했고, 이후 보스턴을 중심으로 정착하며 뻗어나갔다. 매사추세츠는 새로운 이민지로 크게 각광을 받으며 1640년 전까지 10년여간 약 20,000명의 사람이 더 이주해왔다.

이들의 대다수는 찰스 1세와 대주교 로드의 가혹한 탄압을 피해 신앙의 자유를 찾아온 청교도들이었다. 윈스롭은 1630년부터 약 20년간 매사추세츠 식민지 주지사로 10차례 지내면서 식민지 정착과 발전에 크게 공헌했다.

1630년 신대륙을 향해 오던 첫 항해 때, 윈스롭은 "크리스천 박애의 모범"(A Model of Christian Charity)이라는 제목으로 일천 명의 청교도 이주자들을 향해 선상에서 설교했다. 그는 모세가 이끈 이스라엘의 출애굽 백성들이 가나안 땅을 정복하고 그 땅에 하나님과의 계약 공동체를 건설했던 성경 이야기를 그들에게 상기시켜 주었다.

이어서 그는 뉴잉글랜드에 하나님이 원하는 그러한 신앙 공동체를 새롭게 건설하자고 부르짖었다. 그는 설교 중에 "언덕 위의 도시"(a city upon a hill)라는 말을 강조했다. 이는 뉴잉글랜드에 세워질 청교도적 이상을 상징하는 표현이었다. 단지 박해만을 피해 신대륙으로 이주하는 것이 아니라, 하나님의 법이 통치하는 전 세계인의 모범도시, 특별한 도시, 거룩한 도시를 뉴잉글랜드 언덕 위에 세우자고 외쳤던 것이다. 이듬해인 1631년 매사추세츠 주 의회는 교회에 등록된 구성원에게만 투표권을 부여한다는 법령을 제정했다. 이로써 청교도적 이상을 향한 주춧돌을 놓았다.

버지니아 제임스 타운에 정착한 이주민들은 경제 발전을 주 목적으로 도시를 건설해 나갔다. 농장, 곡물 창고, 유흥 시설, 관공서, 주거 시설을 건설했고, 그 주변에 교회를 세웠다.

반면 청교도가 세운 뉴잉글랜드는 정반대로 개발되었다. 교회를 먼저 세웠고 교회를 중심으로 관공서와 주거시설 그리고 그 밖의 건물들이 들어섰다. 이처럼 도시 구조와 개발에 있어서도 전자와 후자는 확연하게 달랐다.

청교도들은 '언덕 위의 도시'를 세운다는 특별한 의무를 가지고 뉴잉글랜드를 발전시켜 나갔다. 이러한 청교도적 이상은 1776년 7월 4일에 건국될 미합중국의 소위 미국 예외주의(American exceptionalism)에 잘 반영되어 나타났다.

보스턴 지역에는 성공회와 장로교 그리고 회중교회 등 여러 부류의 청교도들이 이주해 왔지만, 이들은 정착지에 개혁주의를 따르는 회중교회를 세워나갔다. 1640년 영국에서 일어난 청교도 혁명으로 장로파 청교도가 힘을 얻게 되자, 뉴잉글랜드 지역에서도 장로교 제도를 따르자는 의견이 대두되었다.

이 현안을 논의하기 위하여 메사추세츠, 플리머스, 뉴햄프셔, 코네티컷, 뉴헤이븐 등 뉴잉글랜드를 대표하는 교회 지도자들이 1646년 5월에 메사추세츠 케임브리지에서 모임을 갖고 수 차례에 걸쳐 논의를 했다. 1648년 8월 그들은 케임브리지 플랫폼(Cambridge Platform)을 채택했다. 이 선언의 핵심은 2가지였다.

첫째, 뉴잉글랜드는 회중교회 정치 제도를 따른다.
둘째, 웨스트민스터 신앙고백서를 교회의 표준 문서로 채택한다.

이 선언문을 작성한 대표적인 지도자는 아래의 두 목사였다.

첫째, 존 코튼(John Cotton, 1585-1652)
둘째, 리차드 매더(Richard Mather, 1596-1669)

뉴잉글랜드 청교도들이 『웨스트민스터 신앙고백서』를 자신들의 신앙 표준 문서로 채택했다는 것은 가톨릭주의, 루터주의, 알미니안주의가 아닌 개혁주의 신학 노선을 따른다는 것을 의미했다. 즉 그들은 하나님의 주권과 성경의 권위를 자신들의 신학과 신앙의 원천으로 삼았다. 때문에 그들은 성경을 신앙과 삶의 유일한 표준으로 삼았으며, 성경에 근거하지 않는 행위는 일체 거부했다. 그리고 언덕 위에 하나님의 주권 통치가 임하는 가정과 교회와 도시를 세우려는 자신들의 이상을 실천해 나갔다.

뉴잉글랜드 청교도들의 신앙과 윤리는 경건하고 청빈하고 단순했다. 그들은 신앙의 제일 된 의무를 하나님께 예배드리는 것으로 삼았다. 가톨릭교회의 잔재가 남아있는 성공회의 예전적이고 인위적인 예배 요소들을 철저히 배척했다.

존 칼빈이 만들어 놓은 제네바 예배 모범에 따라 단순하고 간결한 설교 중심의 예배를 드렸다. 그리고 공적 예배만큼이나 특히 온전한 주일 성수를 강조했다. 영국에서 주일날에도 성행했던 오락과 게임과 유흥 등이 뉴잉글랜드에서 더 이상 일어나지 않도록 철저하게 금지시켰다. 기도 방식도 바뀌었다.

성공회의 『공동 기도서』에 따라 기도하는 것보다 성령의 인도하심과 믿음에서 나오는 즉석 기도를 사용했다. 또한, 청교도들은 가정을 하나님이 세운 최초의 창조 질서로 믿으며, 가정을 마치 작은 교회처럼 여겼다. 가정 예배를 공적 예배만큼이나 중요하게 강조했다. 가정의 아버지는 목사와 같은 역할을 했으며, 가정은 신앙 교육의 장이었다. 아울러 청교도들은 신앙의 경건뿐만 아니라 청빈하고 단순한 윤리적 삶을 강조했다. 물량적이고 화려한 것을 멀리했고 청빈하고 검소하게 살았다.

뉴잉글랜드 청교도들은 원주민 인디언을 향한 복음화에도 노력을 기울였다. 존 엘리옷(John Eliot, 1604-1690)은 1641년부터 모히칸(Mohicans) 부족에게 복음을 전했던 대표적인 전도자였다. 개종자들을 중심으로 형성된 마을 공동체가 곳곳에 있었고, 1674년에는 약 24,000명에 달하는 인디언 그리스도인들이 있었다. 그러나 인디언들에 대한 가혹한 행위가 점차 늘어나는 백인 이주자들에 의해 마구 자행되었다. 인디언들로부터 땅을 빼앗기 위하여 참혹하게 학살하거나, 그들을 강제적으로 다른 지역에 이주시켰다. 인디언 학살과 강제 이주는 북아메리카 신대륙 개발 과정에서 나타난 어둡고 참담한 역사의 한 면모였다.

1) 반길 언약

신대륙 청교도들은 개혁주의 신학과 경건한 삶을 신앙의 근간으로 삼았을 뿐만 아니라, 종교적 회심과 영적 각성을 매우 중요하게 간주했다. 빼놓을 수 없는 청교도 신앙은 바로 회심(중생)의 체험이었다. 가정에서는 부모가 자녀에게, 교회에서는 목사가 성도에게 설교와 교육을 통해 회심의 신앙을 갖도록 가르쳤다. 청교도들은 구약의 언약에 따라 자녀에게 유아 세례를 베풀었다.

그리고 자녀들은 성년이 될 때, 회심의 체험과 확신을 청중 앞에서 고백하는 입교식을 통해 교회의 정교인이 되었다. 교회의 정교인에게 되어야 교회에서뿐만 아니라 식민 정부에서 필요한 선거권과 피선거권이 주어졌다. 하지만 세대를 거치면서 이러한 청교도적 이상에 적신호가 커졌다.

즉 유아 세례를 받았으나 성년 입교식 때 회심의 체험을 제대로 고백하지 못하는 청교도 2-3세대가 점차 늘어 났다. 거기에다 이들에게서 태어난 자녀들에게 과연 유아 세례를 줄 수 있느냐 하는 문제도 매우 심각하게 대두되었다. 결국, 1662년 뉴잉글랜드 회중교회는 긴 논의 끝에 하나의 타협안을 채택했다. 바로 반길 언약(half-way covenant)이었다.

반길 언약의 골자는 회심 고백을 못한 부모는 성찬 참여와 정교인 특권을 제한한다는 것이었고, 그들에게 태어난 자녀는 부모가 신앙으로 양육하겠다는 약속하에 유아 세례를 베풀어 준다는 것이었다. 하지만 보수파 지도자들은 반길 언약을 신앙의 타협이라고 반대했다.

반길 언약은 참된 신자로 구성된 교회와 도시를 언덕 위에 세운다는 청교도적 이상이 세월의 흐름 속에 점차 약화되고 있음을 상징했다.

2) 로저 윌리암스와 침례교회

뉴잉글랜드 청교도는 칼빈주의적 회중교회 제도로 '언덕 위에 도시'를 건설하려고 했다. 그러나 이러한 이상에 반기를 드는 사건이 발생했다. 그것은 영국 런던에서 태어나 1631년에 보스턴으로 이주해 온 청교도 목사 로저 윌리암스(Roger Williams, 1603-1683) 때문이었다. 그는 교회와 국가의 분리 그리고 양심에 따른 종교 선택의 자유를 주장했다.

메사추세츠 식민 정부가 개인의 신앙 자유를 지나치게 강제적으로 간섭한다며 주정부의 정책에 반기를 들었다. 결국, 식민 정부와 교회는 그를 추방했다. 윌리암스는 남쪽 지역으로 이동하여 1636년에 로드 아일랜드 프로비던스(Providence)를 개척했다.

그리고 자신의 종교적 신념에 따라 신앙의 자유를 보장하는 정착지로 만들었다. 메사추세츠에서 이런 저런 이유로 추방당한 많은 사람이 프로비던스로 몰려 들었다. 그들 중에는 1638년에 프로비던스에 찾아 온 앤 허친슨(Anne Hutchinson, 1591-1643)이 있었다. 그녀는 여성도 설교할 수 있다는 주장과 율법 폐기론주의(Antinomianism)를 가르쳤다는 죄명으로 한 해전에 메사추세츠 주의회로부터 추방 당했었다.

1639년 윌리암스는 프로비던스에 미국 내 최초의 침례교회를 설립했다. 윌리암스는 미국 침례교회의 아버지였다. 미국 침례교회는 초기에는 일반 침례교회로 시작되었으며, 1740년대 제1차 대각성 운동 이후에는 특정 침례교회가 다수를 이루며 발전했다. 1776년 미국 독립 후, 침례교회는 감리교회와 더불어 미국 내에서 가장 빠르게 성장하는 교회가 되었다.

3. 퀘이커 신앙 운동

퀘이커(Quaker) 운동의 창시자는 영국의 조지 폭스(George Fox, 1624-1691)였다. 폭스는 당시 청교도들이 추구하는 경건한 신앙 생활에 만족하지 않고, 좀 더 깊은 신앙 체험을 갈망했다. 1632년부터 자신을 따르는 사람들을 규합하여 '친우들'(Friends)이라는 단체를 조직했다. 그들은 하나님 앞에서 모든 사람은 평등하다는 의미로서 서로를 '친우들' 또는 '빛의 자녀들'이라고 호칭했다. 이 종파의 공식 명칭은 종교 친우회(Religious Society of Friends)였지만 퀘이커라는 이름으로 널리 알려졌다. 이는 깊은 신앙 체험에 빠져들면 몸을 마구 떠는 특이한 현상을 보였기 때문이었다.

1642년부터 시작된 4년간의 시민 전쟁 끝에 청교도 의회파가 영국의 실권을 장악했다. 1647년 의회파 청교도 지도자들과 목회자들이 영국 국가와 교회에 필요한 교회 제도와 신조를 진지하게 논의하기 시작할 때, 폭스는 참된 교회를 결정하는 최종적 권위는 왕, 의회, 교회, 성경도 아닌 오직 성령이어야 한다고 외쳤다. 그리스도인의 성결, 신앙의 자유, 정직한 상거래, 사회 정의 등을 주장하는 조지 폭스의 설교에 감동 받은 사람들이 퀘이커에 합류하기 시작했다.

폭스는 객관적 계시인 성경보다 주관적 체험인 성령의 깨닫게 하심을 더욱 신봉했다. 그리고 '내적 빛'이라는 교리를 내세웠다. 모든 사람의 내면에 존재하는 '내적 빛'은 성령을 통한 깊은 묵상을 통해 하나님의 뜻과 지식을 깨닫게 해 준다고 가르쳤다. 또한, 그는 예정 교리나 원죄의 전가 그리고 그리스도의 대속적 사역을 부정했다.

퀘이커 예배의 특징은 침묵과 명상이었다. 성령의 조명 가운데 내적 빛을 통해 영적 깨달음을 얻을 때까지 침묵하며 명상했다. 이 침묵 예배를 위해 별도의 성직자가 필요하지 않으며, 장소의 제한도 받지 않았다. 예배나 설교를 위해 미리 말씀이나 기도를 준비해서는 안되었다. 오로지 침묵과 명상을 통해 내적 빛의 인도에 따라 영적 깨달음을 얻고, 깨달음을 먼저 얻는 사람은 누구든지 자유롭게 자신의 깨달음을 나누는 형식의 예배를 드렸다. 때문에 퀘이커들은 다음과 같은 것들을 외식적이라며 배격했다.

첫째, 기존 교회의 건물
둘째, 예배 형식
셋째, 직분 제도
넷째, 교리들

이러한 생각 때문에 폭스는 때때로 기존 교회의 예배에 갑자기 뛰어들어가 설교자를 끌어 내리고 본인이 설교하는 특이한 행동을 벌였다. 이로 인해 기존 교회로부터 비난 받아 투옥되기도 했다. 국가에 세금을 바치지 않았으며, 국가에 대한 어떠한 의무에도 참여하지 않았다. 오직 하나님 앞에서만 모자를 벗어야 한다며, 상급자에게 모자를 벗지 않았다. 기존 교회는 이러한 퀘이커들의 신비적이고 극단적인 행동을 부정적 시각으로 바라보았다.

그러나 장기 의회 기간인 1640-1660년 사이에 호민관 올리버 크롬웰이 시행한 종교 관용 정책 때문에 퀘이커는 큰 박해없이 도리어 널리 확산되었다. 실질적인 활동기인 1652년부터 1660년 사이에는 약 5만 명의 퀘이커가 있었다. 하지만 1660년 왕정복고로 권좌에 오른 찰스 2세가 국교회를 강화하는 정책을 추진하는 바람에 비국교도들과 함께 퀘이커들도 많은 탄압을 받기 시작했다.

1650년대부터 퀘이커들도 아메리카 신대륙으로 신앙의 자유를 찾아 이주하기 시작했다. 처음에 뉴잉글랜드로 갔으나, 환영 받지 못하자 남쪽으로 이동하여 뉴저지 주에 점차 자리잡았다. 퀘이커들에게 이주과 정착의 길을 활짝 열어 준 인물은 윌리엄 펜(William Penn, 1644-1718)이었다. 영국 왕실이 그의 부친에게 진 큰 빚을 갚기 위해 1681년 국왕 찰스 2세가 윌리엄 펜에게 신대륙 개발권을 허락해 주었다.

이듬해 그는 현재의 펜실베니아를 개척했고, 국왕은 그 땅의 명칭에 그의 이름을 붙여 주었다. 1667년에 윌리엄 펜은 퀘이커로 개종하여 조지 폭스의 신실한 추종자가 되어 있었다. 퀘이커 신앙 때문에 몇차례 투옥되었으며, 1669년에는 『고난없이 영광없다』(No Cross, No Crown)라는 유명한 제목의 책을 출판했다. 1682년 윌리엄 펜은 펜실베니아를 개척한 이후, '형제 사랑의 도시'라는 뜻을 지닌 필라델피아(Philadelphia)를 건설하고, 신앙과 예배의 자유를 보장하는 도시로 발전시켰다.

펜이 건설한 필라델피아로 퀘이커들이 대거 이주하여 정착했다. 그리고 자신들의 공동체 마을을 형성하고 신앙의 자유를 맘껏 누렸다. 조지 폭스의 평화주의 원칙에 따라 그들은 전쟁과 군복무를 반대하는 등 평화주의를 택했고, 노예 제도를 반대했다. 1833년에 하버포드(Harverford)대학교와 1864년에 스와스모어(Swarthmore)대학교를 설립하여 차세대 교육에도 심혈을 기울였다. 이들은 세상과의 분리 그리고 전통 신앙 유지라는 이유로 자신들만의 독립된 공동체를 형성하는데 성공했지만, 반면 교리와 성경에 대한 부재 그리고 반사회적인 태도 때문에 기독교 내에 작은 종파로 머물게 되었다.

4. 미국의 장로교회

1603년 영국 왕에 오른 제임스 1세는 아일랜드를 병합할 목적으로 스코틀랜드 장로교 교인들을 북아일랜드로 강제 이주시켰다. 그의 아들 찰스 1세는 아버지보다 더 스코틀랜드 장로교를 탄압하자 이제는 신앙의 자유를 찾아 더 많은 스코틀랜드인이 북아일랜드로 자진하여 이주했다. 그들은 스코틀랜드-아일랜드계, 일명 스코트-아이리쉬계로 불렸다. 한 세기가 지난 후, 그들은 경제적 풍요와 신앙의 자유를 찾아 다시 신대륙 북아메리카로 이주하기 시작했다.

1705년부터 1775년 기간 동안 약 50만 명이 대거 이주해서 주로 뉴욕, 뉴저지, 펜실베니아 등지에 정착했다. 이들이 이주해 들어오기 이전에 뉴잉글랜드 지역은 회중교회가 주류를 이루었다. 그러나 장로교를 원하는 뉴잉글랜드 청교도들이 뉴욕과 뉴저지 일대에 세운 약 10개의 장로교회가 있었다. 1700년대에 이주해온 스코트-아이리쉬계의 사람들이 본격적으로 장로교회를 건설하면서 회중교회와 맞먹는 교세의 교회로 점점 발전해 나갔다.

1680년 매릴랜드 볼티모어(Baltimore) 시의원이자 장로교 평신도인 윌리엄 스티븐스(William Stevens)는 아일랜드 장로교회 래건(Laggan) 노회에 목회자 파송을 요청하는 편지를 보냈다. 래건 노회는 25세의 젊은 장로교 목사 프랜시스 매케미(Francis Makemie, 1658-1708)를 1683년에 볼티모어로 파송했다. 매케미는 메릴랜드와 버지니아 지역을 누비며 여러 장로교회를 세웠다. 그의 지도력과 조직력에 의해 1706년 필라델피아에서 1명의 스코틀랜드, 3명의 스코트-아이리쉬 그리고 3명의 뉴잉글랜드인 등 총 7명의 목사와 일부 장로들이 모여 필라델피아 노회를 조직했다.

매케미는 미국 장로교의 아버지였다. 10년 후인 1717년 9월 7일, 4개 노회로 발전한 장로교회는 그중에 3개 노회 17명의 목사를 주축으로 필라델피아 대회를 세웠다. 초기 장로교회 내에는 뉴잉글랜드 계열과 스코트-아이리쉬계 사이에 미묘한 신학적 긴장 기류가 흐르고 있었다.

예를 들어, 전자는 실천적이고 경험적인 신앙을 강조했다면, 후자는 고백적 신앙에 무게를 더 두는 그런 차이의 긴장이었다. 이러한 가운데 1729년, 필라델피아 대회는 『웨스트민스터 신앙고백서』와 『대소요리문답』을 식민지 장로교회의 신앙 표준 문서로 채택한다는 '채택안'(Adopting Act)을 결의했다.

그렇지만 채택 안에 대한 서명(subscription) 문제를 놓고 찬성파와 반대파로 의견이 갈리었다. 찬성파는 스코트-아이리쉬계였고, 반대파는 뉴잉글랜드계의 장로교 지도자들이었다. 또다시 양파 간에 논쟁의 불씨가 되는 사건이 발생했다.

그것은 1735년부터 미 동부 연안 전 지역에 걸쳐 일어난 제1차 대각성 운동 때문이었다. 뉴저지와 필라델피아 지역에서 장로교 목사 길버트 테넌트(Gilbert Tennent, 1703-1764)가 이끄는 부흥 운동이 크게 일어났다. 이때 장로교회는 부흥 운동을 찬성하는 신파(New Side)와 반대하는 구파(Old Side)로 나뉘어 논쟁하며 대립했다. 결국, 1742년에 양 측은 분열했으며, 약 15년이 흐른 1758년에 가서야 재연합을 이루었다.

1776년 7월 4일 미합중국이 독립을 선언한 이후, 수년간의 전투와 협상 끝에 1783년에 완전한 독립 국가로서의 지위를 국제적으로 인정받았다. 이 시점에 식민지 교회들은 미국 독립 총회를 구성하기 시작했다. 장로교회는 1789년 5월, 16개 노회에서 온 177명 목사, 111명 목사 후보생 그리고 419명의 평신도가 필라델피아 제2장로교회에 모여 교단 창립 총회를 개최했다.[1] 이로써 미합중국 장로교회(The Presbyterian Church in the United States of America, PCUSA)가 태동되었고, 첫 총회는 『웨스트민스터 신앙고백서』와 『대소요리문답』을 신앙 표준 문서로 채택했다.

5. 식민지 교회와 대학교

1) 교회 유입

엘리자베스 1세와 제임스 1세 통치기에 국교회가 정착함으로써 영국 내 가톨릭교회는 설 자리를 잃어 버렸다. 그러나 제임스의 아들 찰스 1세는 가톨릭에 대하여 관용적이었다. 1632년 찰스 1세로부터 매릴랜드 개발권을 허락 받은 볼티모어 경 세실 켈버트(Lord Baltimore Cecil Calvert, 1605-

---

[1] Randall Balmer and John R. Fitzmier, *The Presbyterians* (Westport, CO: Praeger, 1994), 38-39.

1675)는 매랠랜드 개발과 동시에 영국의 가톨릭 교인들을 이주시키며 가톨릭교회 확산에 기여했다. 하지만 반가톨릭적 정서 때문에 식민지에서도 가톨릭교회는 영향력을 크게 발휘하지 못했다.

1682년 윌리엄 펜이 세운 신앙 자유의 도시 필라델피아에는 퀘이커들이 이주하여 정착했으나, 이후에 유럽 대륙에서 박해를 받고 있던 개신교인들도 이 도시로 대거 몰려 들었다.

1683년에 독일의 메노나이트파가 이주해 왔고, 1741년에 독일계 모라비안 형제단이 정착했다. 1742년부터 많은 독일 이민자가 들어와 필라델피아 외곽에 저먼 타운(Germantown)을 형성하고 루터교를 빠르게 성장시켰다. 1748년 필라델피아에서 루터교 첫 총회가 열렸으며, 당시 약 7만 5천 명에 달하는 루터교 교인들이 있었다.

프랑스 위그노들도 북미 신대륙으로 찾아왔다. 1685년 루이 14세가 발표한 퐁텐블로 칙령으로 말미암아 신앙의 자유가 폐지 되었을 뿐만 아니라, 위그노에 대한 가혹한 박해가 시행되었기 때문이다.

초기에는 영국과 네덜란드의 식민지 지역인 뉴욕과 뉴저지 지역에 정착했다. 위그노 이민자들은 허드슨강 북쪽 내륙에 위치한 뉴욕 주 뉴팔츠(New Paltz)를 개척하여 정착했다. 또한, 버지니아와 사우스캐롤라이나에도 위그노들이 정착하며 자신들의 교회를 세워 나갔다. 하지만 대부분의 위그노 교회는 시간이 흘러가면서 미국 장로교회와 그리스도 교회에 합류했다.

영국에서 태동된 감리교회도 1760년부터 본격적으로 신대륙 식민지에 선교 활동을 추진했다. 1771년 감리교 평신도 설교사 프란시스 애즈베리(Francis Asbury, 1745-1816)가 미국에 건너와 순회 사역을 시작했다. 미국의 독립 이후, 1784년 미국 감리교 감독교회(The Methodist Episcopal Church in America)가 그의 주도하에 창립되었다.

2) 대학 교육 기관 설립

종교개혁자들이 교육을 통해 개혁의 일꾼을 양성했던 것처럼, 신대륙 초기 이민자들 특히 청교도들은 인재양성을 매우 중요하게 여겼다. 실제로 영미 청교도들은 학식이 풍부한 매우 지성인들이었다. 그들은 신학, 경건, 문학, 철학 등에 걸쳐 다양하고 저명한 작품들을 많이 남겼다. 뉴잉글랜드에 정착한 청교도들도 예외는 아니었다.

이들은 자녀들을 가정에서 교육시켰고, 대학 기관을 설립하여 차세대 지도자 양성에 전력을 다했다. 1776년 미국이 독립되기 이전에 13개 식민 주정부로부터 승인된 정식 대학은 9개가 있었다. 이들 중에 6개 대학은 목회자 배출을 목적으로 설립되었다.

식민지에 세워진 최초의 대학은 하버드대학교(Harvard University)였다. 1636년 메사추세츠 의회는 케임브리지에 목회자 양성을 목적으로 강사 한 명에 학생 아홉 명으로 구성된 뉴칼리지(New College)를 개교했다. 1638년 젊은 청교도 목사 존 하버드(John Harvard, 1607-1638)가 죽으면서 그의 장서 4백여 권과 재산의 절반인 현금 779파운드를 학교에 기증했다. 1639년 그를 기념하여 학교 이름을 하버드대학교로 개명했다.

1693년 버지니아 윌리암스버그(Williamsburg)에 미국 내 두 번째 대학인 윌리엄앤메리대학(College of William & Mary)이 설립되었고, 성공회 목사 후보생들을 교육시켰다. 1701년 코네티컷 뉴헤이븐(New Haven)에 예일대학교(Yale University)가 세워졌다. 하버드대학교의 설립 목적이 점차 변질되어 간다고 느낀 이 지역의 회중교회 목사 10명이 목회자 양성을 목적으로 미국 내 세 번째 그리고 뉴잉글랜드 내 두 번째 대학인 예일대학교를 설립했다. 예일대학교 내 브랜포드대학교 정문에 쓰여진 "하나님과 국가와 예일을 위하여"(For God, for Country and for Yale)라는 문구는 이 대학교의 설립 이념을 잘 드러내주었다.

1746년 뉴저지 엘리자베스에 뉴저지대학(College of New Jersey)이 장로교 목사들에 의해 미국 내 다섯 번째 대학으로 세워졌고, 1756년에 현재의 프린스턴 자리로 옮기고 1896년에 프린스턴대학교(Princeton University)로 개명했다. 장로교 목사 배출을 목표로 한 프린스턴의 표어는 '하나님의 전능 아래 번성하라'(*Dei sub numine viget*)였다. 1764년 로드 아일랜드 프로비던스에 브라운대학교(Brown University)의 전신인 로드아일랜드대학교가 세워졌다. 침례교 교인에 의해 세워진 미국 내 일곱 번째 대학교로 '하나님 안에서 우리는 소망한다'(*In Deo speramus*)는 교육 표어를 내세웠다.

1769년 코네티컷 지역의 회중교회 목사가 다트머스대학(Dartmouth College)을 설립했다. 원주민 인디언과 젊은 세대를 위한 복음 전도자 양성을 목적으로 미국 내 세워진 아홉 번째 대학이며, 교육 이념으로 '광야에서 외치는 자의 소리'(*vox clamantis in deserto*)라는 문구를 표방했다.

이처럼 뉴잉글랜드 청교도들을 비롯한 초기 미국 이민자들은 대학 교육 기관을 설립하여 지성과 영성을 겸비한 교회 지도자들을 배출하는 데 노력했다. 향후 미합중국을 이끌어갈 정치, 사상, 경제, 과학, 의학, 문학, 문화, 예술 등의 각종 분야에 뛰어난 지도자들이 이 대학과 대학교들을 통해 무수히 배출되었다.

제39장

이성주의와 자연신론의 출현

16세기의 기독교회는 종교개혁이자 루터, 츠빙글리, 칼빈, 낙스 등의 개혁 정신을 통해 미래를 향한 새로운 동력을 얻었다. 그러나 거의 동시기에 함께 태동된 계몽주의에 의해 17세기에 이성주의 또는 합리주의가 크게 발흥했고, 이로 인해 기독교회는 또 다시 도전과 역경의 시기를 겪어야 했다. 즉 이성주의는 지성인들 사이에 반기독교적 정서와 비판적 의식을 진작시켜 주었고, 자연신론의 출현을 교회 내에 가져다 주었다.

1. 이성주의

정통주의 신앙의 전제는 신적 계시에 대한 절대 의존이었다. 이 체계의 틀이 17세기에 등장한 이성주의에 의해 도전받기 시작했다. 이성주의는 계시보다 이성, 기적보다는 과학, 교리보다 합리성을 인식론의 도구로 삼았다.

1) 자연 과학의 발달

16-17세기는 그 어느 때보다 근대 자연 과학이 발전한 시기였다. 폴란드 천문학 학자 니콜라스 코페르니쿠스(Nicholas Copernicus, 1473-1543)는 당시 진리처럼 믿었던 지구 중심설의 오류를 지적하고 태양 중심설을 주창하여 근대 자연 과학에 소위 '코페르니쿠스의 전환'을 가져다 주었다.

이탈리아 천문학 학자 갈릴레오 갈릴레이(Galileo Galilei, 1564-1642)는 코페르니쿠스의 이론을 적극 옹호했으며, 지구 자전설을 최초로 주장했다. 이러한 주장 때문에 갈릴레오는 가톨릭교회의 종교 재판소로부터 여러 차례 재판을 받고 투옥을 당했다. 재판을 받고 나오면서 "그래도 지구는 돈다"(Yet it moves)는 유명한 말을 남겼다. 또한, 행성 운동 법칙을 창시한 요하네스 케플러(Johannss Kepler, 1571-1630)도 자연 과학을 크게 발전시킨 당대의 뛰어난 독일 천문학 학자였다.

자연 과학에 새로운 지평을 열어준 또 다른 인물은 영국의 물리학 학자 아이작 뉴턴(Issac Newton, 1642-1727)이었다. 1687년에 출판한 『프린키피아』(*Principia*)를 통해서 뉴턴은 만류 인력의 법칙을 발표했다. 중력이 우주 전체를 지탱하고 조종하는 기본 힘의 원리라는 법칙이었다. 이러한 자연 과학의 발달을 통해 당시 유럽인, 특히 지성인들은 종교의 제도와 교리 그리고 전통적 가치와 인식을 논리적이고 합리적으로 비판하는 계몽 의식을 갖게 되었다.

2) 이성주의의 발달

이성주의 철학의 개척자는 영국의 프랜시스 베이컨(Francis Bacon, 1561-1626)이었다. 경험주의의 시조로 불리는 베이컨은 1620년 『새기관』(*Novum Organum*)이라는 책을 통해 연역적 방법 대신에 관찰과 경험에 근거한 귀납법을 발전시키며, 과거 권위적 교리 체계가 내세운 전통적 진리와 가치를 비판했다. 그는 과학과 경험에 기반한 탐구의 필연성을 주장하며, 소외 "지식이 곧 힘이다"라는 말을 남겼다.

또한, 존 로크(John Locke, 1632-1704)도 이성주의 철학 발달에 크게 기여했다. 로크는 영국의 경험주의 철학자이며 사회 계약론을 발전시킨 정치 사상가였다. 특히, 계약론은 영국, 스코틀랜드, 미국, 프랑스 등의 정치, 교육, 사회, 기업, 종교 발전에 큰 영향을 주었다. 1690년에 출판한 『인간 지성에 관한 논문』을 통해 로크는 모든 지식은 경험으로부터 나오며, 하나님에 대한 신앙조차도 경험을 통해 검증되어야 한다고 주장했다. 이런 주장을 바탕으로 경험되어지지 않은 종교적 가르침과 기적을 모두 거부했다. 베이콘과 로크는 경험적 이성주의를 내세우며 당시 영국 사회 내에 계몽주의 확산을 이끌어 나갔다. 근대 이성주의를 활짝 꽃 피운 사람은 르네 데카르트(Rene Descartes, 1596-1650)였다. 베이콘과 더불어 근대 철학의 대표적 선구자로 알려진 데카르트는 프랑스 태생의 합리주의 철학가였다.

그의 철학 체계는 수학적 계산, 특히 기하학에 철저히 기초한 것으로서, 기존의 모든 지식과 믿음에 대해 반드시 의심해야 한다는 전제를 주장했다. 즉 모든 진리와 참된 지식은 의심에서 시작된다고 역설했다. 그의 전적 회의론은 그가 내세운 합리주의 철학 체계의 기본 틀이었다.

나는 생각한다 그러므로 나는 존재한다.

이 문구는 그의 회의론을 축약하는 철학 명제였다. 그는 회의를 종교 이해의 출발로 보았다. 그는 하나님의 존재를 믿었다. 그러나 단지 회의적 이성을 통해서만 기독교 진리를 신뢰할 수 있다고 덧붙였다. 데카르트는 인간은 자율적이고 합리적인 주체라는 계몽주의의 근본 원리를 강화시켜 주었다.

또 다른 대륙의 이성주의자는 바뤼흐 스피노자(Baruch Spinoza, 1632-1677)였다. 네덜란드 태생의 스피노자는 사후에 출판된 『윤리학』(*Ethica*, 1677)을 통해 데카르트의 회의론에 동의하지만, 정신과 물질을 구분하는 그의 이원론 사상에는 동의하지 않는다고 밝혔다. 실제로 스피노자는 유물론적 일원론을 주창한 이성주의자였으며, 그것을 우주의 근본 요소로 생각했다. 그의 철학적 명제는 다음과 같다.

신은 곧 자연이다(*Deus sive Natura*).

그는 신과 자연을 동일시하며 근대 범신론의 문을 열어주었다.

2. 자연신론

한편 이성주의는 자연신론(Diesm) 또는 이신론의 태동을 가져다 주었다. 자연신론이란 이성주의의 합리성과 과학적 증명을 통해 입증된 자연법칙을 신봉하는 신앙 체제였다. 17세기 영국에서 출현하여 18세기에 프랑스과 독일 그리고 미국 등지로 널리 확산되었다.

자연신론의 근본 전제는 하나님의 초월성에 있다. 하나님은 우주를 창조하신 후에, 우주 세계로부터 초월해 있다. 창조주 하나님이 만들어 놓은 우주 자연법칙만이 만물을 지탱 시켜준다. 그러므로 자연법칙은 곧 신적 계시의 투영이다. 인간의 이성은 자연법칙을 통해 신적 계시를 얼마든지 깨달을 수 있다. 이것이 자연신론이 내세운 신 인식론 체계였다. 따라서 자연신론은 신의 존재를 인정한다는 측면에서 유신론적 사상을 가지고 있지만, 반면 인간은 이성을 통해서도 얼마든지 신의 존재나 우주의 자연법칙을 인지할 수 있다고 했다.

기독교 교리적 측면에서 볼 때, 자연신론은 하나님의 초월성을 강조한 반면, 인류 구원을 위한 하나님의 내재적 구속 사역을 부정했다. 즉 그리스도의 희생과 대속, 기적과 부활 등을 인정하지 않았다. 한편 자연신론은 하나님의 신적 계시는 자연에 내재되어 있다고 믿었다. 자연신론자들에게 있어서 자연은 곧 신이었다. 그들은 유신론적 범신론 사상을 따랐다.

1) 대표적인 주장과 반론

자연신론의 대표적인 선구자는 영국의 에드워드 허버트(Edward Herbert of Cherbury, 1583-1648)였다. 1645년에 출판한 『진리에 대하여』에서 그는 종교의 보편성 논리를 피력했다. 특별한 신적 계시에 의존하는 것이 아니라, 인간의 자연적 본능을 통해 깨달을 수 있는 보편성을 강조했다. 경험주의 철학자 존 로크 또한 1695년에 발표한 『기독교의 합리성』을 통해 기독교의 계시와 이성이 일치하는 자연 종교적 관점을 표명했다.

기독교는 인간이 자연적 능력을 통해서도 진리를 깨달을 수 있는 가장 합리적인 종교라고 주장했다. 계시에 의존하는 신앙은 모든 사람이 받아들일 수 있는 보편적 진리가 아니라고 역설하며, 역사적 기독교의 계시 의존 신앙을 반박했다.

매튜 틴달(Matthew Tindal, 1657-1733)은 1730년에 『세상만큼이나 오래된 기독교, 또는 자연 종교의 복사판으로써의 복음』이라는 긴 제목의 책을 출판하여 자신의 자연신론을 논증했다. 프랑스에서는 사회 계약론자이며 계몽주의 철학자인 장 자크 루소(Jean-Jacques Rousseau, 1712-1778)와 볼테르(Voltaire, 1694-1778)가 대표적으로 자연신론을 따랐다.

자연신론은 당시의 미국의 정치와 사회와 종교에도 영향을 끼쳤다. 특히, 미국 건국의 국부들로 불리는 존 애담스(John adams, 1735-1826), 벤저민 프랭클린(Benjamin Franklin, 1706-1790), 토마스 제퍼슨(Thomas Jefferson, 1743-1826) 등이 자연신론을 선호했다. 미합중국 초대 대통령 조지 워싱톤(George Washington, 1732-1799)이 낭독했던 독립 선언문을 토마스 제퍼슨이 작성했는데, 선언문에 언급된 하나님의 개념이 기독교 정통주의적인 것인지 아니면 자연신론의 신 개념을 따른 것인지에 대한 의심을 받았다.

자연신론은 역사적 기독교를 하나의 도덕 체계에 불과한 것으로 만들었다. 그 결과 영국의 국교회뿐만 아니라 비국교회를 영적 무기력 상태에 빠뜨려 놓았다. 이에 자연신론의 허구를 반박하는 성직자와 철학자들이 등장했다. 윌리암 로우(William Law, 1686-1761), 요셉 버틀러(Joseph Butler, 1692-1752), 윌리엄 페일리(William Paley, 1743-1805) 등이 대표적인 반박자들이었다. 성공회 신부 로우는 틴달의 자연신론을 논박하기 위해 1732년에 『이성의 진상』을 출판했다. 그는 이성을 통해 종교적 진리를 찾을 수 없다고 반박했으며, 오히려 이성이 인간의 감정에 혼란과 타락의 원인을 제공했다고 강조했다.

성공회 신부 버틀러는 1736년에 『종교의 유추』라는 저서를 통해 개연성 논증(argument of probability)을 펼쳤다. 이 논증을 통해 정통 기독교가 자연신론보다 더 훌륭하게 신 존재에 대한 해답을 주고 있음을 역설했다. 즉 경험한 것과 경험하지 않은 것 사이에 존재하는 개연성을 바탕으로, 현실의 경험을 통해 얼마든지 사후의 세계를 유추할 수 있다고 주장했다. 즉 경험하지 못했다고 하여 사후의 초월적 세계를 부정하는 것은 잘못된 것이라고 논박했다.

기독교 변증가로 잘 알려진 윌리엄 페일리는 1802년에 출판한 『자연신학』(Natural Theology)을 통해 목적론적 논증(teleological argument)을 제시했다. 그는 '시계 제조자 유추' 논법을 통해 시계가 자기 스스로 움직인다 할지라도 자기 마음대로 움직이는 것이 아니라 시계 제조자의 원래 설계 목적에 따라 움직이는 것이라고 주장했다. 따라서 인간이 자연법칙에 따라 산다고 할지라도, 실제로는 그 자연법칙을 처음 설계한 창조자의 목적에 따라 살아가는 것이기 때문에 결코 창조자를 부정할 수 없다며 자연신론을 반박했다.

이성을 신봉했던 자연신론자와 이성주의자들에 대한 반박은 철학자 데이비드 흄(David Hume, 1711-1776)의 글을 통해서도 나왔다. 스코틀랜드 계몽주의 철학자인 흄은 이성적 판단과 능력을 모든 상황과 모든 사람에게 일률적으로 적용할 수 없다고 반박했다. 이어서 이성과 경험의 한계성과 이성의 비합리성을 비판했다. 흄은 원인과 결과 논증을 통해 아무도 보거나 경험하지 못한 현상들이 얼마든지 존재하고 발생할 수 있다고 했다.

비록, 이성과 합리성에 근거하여 기독교 가르침을 얼마든지 거부할 수 있지만, 반대로 기독교 진리는 이성에 의해 얼마든지 증명될 수 있다고 주장했다. 그렇다고 해서 흄이 기독교 진리를 전적으로 지지한 것은 아니었다. 오히려 사후에 출간된 그의 저서 『자연 종교에 관한 대화』(1799)에는 그의 무신론적 사상이 깊이 배어 있었다.

2) 자연신론의 영향

자연신론 또는 이신론은 창조주 하나님을 인정하지만 그의 초월성을 근거로 자연의 법칙과 인간의 이성을 강조한 종교 사상이었다. 자연신론자들은 인간은 자연의 법칙에 순응해야 하며, 인간의 이성은 자연의 섭리를 다스리는 주체라는 점을 강조했다. 인간의 본성적 타락과 죄성보다는 인간 이성의 가치와 능력 그리고 자율성을 높이 올려놓았다.

이러한 종교적 또는 철학적 사조는 매우 낙관적인 이성주의가 19세기에 널리 확산되도록 영향을 주었다. 그뿐만 아니라 이성의 자율적 의지는 정통 기독교의 계시 의존 신앙에 대한 비평 의식을 심어주었다. 하지만 모든 근세 계몽주의 철학자들이 이성 예찬론자들은 아니었다. 데이비드 흄과 임마누엘 칸트와 같은 철학자들은 이성주의와 자연신론이 신봉했던 인간 자연 이성의 한계와 비합리성을 과감하게 논박했다.

이성주의와 자연주의를 근간으로 형성된 자연신론은 정통 기독교의 영성을 무기력하게 만들었다. 나아가 진보적 신학의 태동을 가져다 주었고, 무신론이 계몽된 지성인들 사이에 퍼져나가도록 만들었다. 하지만 개혁의 동력을 잠시 상실은 기독교의 영성과 열정은 독일과 영국 그리고 아메리카 신대륙에서 탄생한 경건주의적 부흥 운동을 통해 다시금 회복되기 시작했다.

일례로, 자연신론 반박자 윌리엄 로우의 두 저서 『기독교 완전성에 관한 소고』(1726)와 『경건하고 거룩한 삶으로의 진지한 부름』(1729)은 존 웨슬리와 찰스 웨슬리 형제에게 큰 감동을 주어, 18세기 영국 감리교 운동의 촉진제가 되었다.

제40장

독일의 경건주의 운동

중세기 로마가톨릭교회는 성경에 근거한 신앙 중심보다는 교리, 전통, 스콜라주의 등에 더 의존하고 있었다. 반면 종교개혁은 성경과 초대 교회의 가르침을 참된 신앙의 우선순위로 회복시켜 주었다.

그 우선순위가 종교개혁 이후 계몽주의에 의해 형성된 이성주의와 과학의 발전으로 또 다시 뒤집어졌다. 즉 전통적인 신앙보다는 근세의 합리적 이성과 과학적 증명을 더 우선시하는 시대에 역전을 당한 것이었다.

자연신론과 무신론 사조는 신앙을 더욱 약화시키고 영적 무기력 상태로 교회를 이끌어갔다. 그러나 신앙 우선을 부르짖는 반전의 물결이 거의 동시기에 독일의 경건주의, 영국의 감리교 운동 그리고 신대륙 북아메리카의 제1차 대각성 운동 등을 통해 다시 일어났다.

1. 경건주의와 필리프 슈페너

1648년 베스트팔렌 평화 조약 이후, 루터교는 독일의 국교로 발전하며 안정적으로 자리잡아갔다. 하지만 루터교는 국가 교회로서 점차 관료적이고 교의적인 측면으로 기울어가면서 종교개혁의 영성과 활력을 잃어버리기 시작했다. 이때 경건주의(Pietism) 운동이 일어났다. 한마디로 경건주의는 독일 "신학자들의 교조주의와 철학자들의 합리주의에 대한 반응"으로 발생했으며, "기독교의 진수인 살아있는 믿음이라는 점에서 교조주의와

합리주의와 대조"를 이루었다.[1]

경건주의 운동의 창시자는 필립 야코프 슈페너(Philipp Jakob Spener, 1635-1705)였다. 귀족 가문에서 태어난 슈페너는 어려서부터 신실한 루터교 신앙으로 성장했으며, 바젤, 튜빙켄(Tubingen), 제네바대학교 등에서 신학을 공부했다. 그는 당시의 루터교 내에 자리잡은 영적 무감각과 형식주의에 크게 실망하고 진정한 신앙의 경건성을 찾고자 노력했다.

1666년 31살때, 그는 루터교 목사가 되었고, 상업 도시 프랑크푸르트에서 목회를 시작했다. 1670년부터 그는 주변의 사람들과 더불어 성경을 공부하고 경건을 실천하는 작은 모임을 시작했다. 몇 년 만에 프랑크푸르트 도시 전역에 소그룹 모임이 세워질 정도로 빠르게 확산되었다. 이 모임을 '경건한 자들의 회합'(colligia pietatis)이라 불렀으며, 경건주의 운동의 모판이 되었다.

1675년 슈페너는 『경건한 열망』(Pia Desideria)을 저술했다. 이 책은 경건주의 운동의 지침서로서 신앙 개혁을 위한 6가지 실천 강령을 제시했다.

첫째, 평신도와 성직자 모두 정기적으로 성경을 공부해야 한다.
둘째, 모든 그리스도인은 만인 제사장직을 감당해야 한다.
셋째, 교리와 신조에 대한 지식이 아니라 행위로 증명하는 진실한 믿음을 가져야 한다.
넷째, 경건 운동은 지역과 교단을 넘어서 실천되어야 한다.
다섯째, 성직자는 바른 신학 교육과 사명감으로 새로워져야 한다.
여섯째, 회개와 인격적 변화를 일으키는 생명력 있는 설교를 해야 한다.[2]

처음 두 강령은 마치 마틴 루터가 강조했던 개혁의 핵심 요소와 동일했다. 이 첫 두 강령이 교회에 생명력을 가져다 주는 필수 원천이라고 슈페

---

1 후스토 L. 곤잘레스, 『현대교회사』, 133.
2 존 우드브리지, 『인물로 본 기독교회사 (하)』, 156-157.

너는 확신했다.

  슈페너는 아무리 루터의 요리문답과 『일치 신조』(1580)를 완벽하게 배우고 고백한다 할지라도 경건한 삶으로 실천하지 않으면 죽은 정통이라고 루터교 정통주의자들을 향해 외쳤다. 그러자 일부 루터교 신학자들은 슈페너의 경건주의 운동이 주관적 체험주의와 열광주의로 빠져들게 한다고 비난했다. 이러한 비난에도 불구하고, 슈페너는 루터교 내에 머물면서 경건주의 운동을 계속해서 이어 나갔고, 그의 활동에 감화를 받은 사람들이 이 운동에 적극적으로 더 많이 참여했다.

  1694년 슈페너의 영향으로 할레(Halle)대학교가 세워졌다. 그의 경건주의 운동을 지지하던 브란덴부르크의 선제후 프레데릭 3세(Frederick III, 1657-1713)가 할레대학교의 설립을 주도했다. 이 대학교는 경건주의를 상징하는 대학교로 발전했다. 이 대학교의 교수가 되어 경건주의 운동을 한층 더 발전 시킨 인물은 아우구스트 프랑케(August Hermann Francke, 1663-1727)였다. 슈페너의 제자이며 루터교 목사인 프랑케는 1692년부터 할레의 작은 교회에서 목회를 시작했으며, 할레대학교 설립 후 슈페너의 추천으로 이 대학의 교수가 되었다. 그는 슈페너의 사상을 계승 발전시켰을 뿐만 아니라, 실천적 경건 즉 박애와 자선 활동을 넓혀나갔다. 할레의 빈곤층 자녀들과 고아들을 위해 학교와 고아원을 세우고, 평생을 경건주의를 몸으로 실천하며 살았다.

  프랑케가 1695년에 할레에 세운 학교는 약 5년 만에 약 1,000명의 고아가 모이는 학교로 발전했으며, 그들 모두는 무료로 기숙하며 공부했다. 1716년에는 약 2,000명의 학생이 공부를 했다. 그는 교육의 기회를 모든 계층의 자녀들에게로 확장했으며, 빈곤층의 자녀들과 고아들에게는 처음부터 무상으로 교육시켰다. 물론, 학교와 고아원에 필요한 운영비는 부유층 자선가들의 기부금에 전적으로 의존했다. 때문에 재정적으로 늘 부족했다. 한번은 고아원 재정 담당자가 남은 돈이 하나도 없다고 말하자, 프랑케는 아주 편안하게 다음과 같이 대답했다.

그것은 주님께서 우리를 도우시겠다는 신호입니다.

프랑케는 어려운 상황 속에서도 염려와 근심 대신에 하나님의 인도하심에 대한 확신과 기쁨을 가지고 살았다. 이렇듯 슈페너와 프랑케로 이어지는 경건주의 운동은 학교, 고아원, 빈민 구제소, 병원, 진료소, 직업 훈련소, 장애인 보호시설 등의 설립을 가져다 주었고, 그 모든 기관을 기독교의 경건과 박애 정신의 실천장으로 삼았다.

독일의 경건주의는 당시 루터교 내에 성경 공부와 실천적 경건에 대한 중요성을 다시금 일깨워 주었다. 그래서 많은 사람이 경건주의 운동에 기쁨으로 동참했다. 이 운동은 루터교를 넘어 독일 내 다른 개혁교회들에게도 영향을 주었다. 그뿐만 아니라 경건주의 운동은 개신교 선교의 시작을 알리는 신호탄 역할을 했다. 1707년 경건주의 운동을 지지했던 덴마크 왕의 요청에 따라 덴마크의 인도 동남부 식민지 트란케바르(Tranquebar)에 할레대학 출신을 선교사로 파송하여 선교 센터를 설치했다. 프랑케의 뛰어난 지도력 하에 할레대학은 선교 훈련의 중심지가 되었다.

많은 졸업생이 선교사로 헌신하여 아시아와 아프리카 등지에서 해외 선교에 크게 이바지했다. 할레대학교 출신의 루터교 목사 헨리 뮬렌베르크(Henry Muhlenberg, 1711-1787)는 선교사로 1742년에 미국으로 이주했다. 필라델피아 저먼 타운에 정착하여 독일 이주민을 대상으로 목회하며 미국 루터교 발전에 기초를 닦았다.

2. 진젠도르프와 모라비안

니콜라스 진젠도르프(Nikolaus Ludwig, Count von Zizendorf, 1700-1760)는 어려서부터 슈페너와 프랑케의 경건주의 영향을 받으며 성장했다. 경건주의 신앙을 가진 부모 덕분에 진젠도르프는 어릴 적부터 슈페너를 자신의 대부로 삼을 수 있었다. 10살 때, 진젠도르프는 프랑케가 세운 학교에 들어가 초등 교육을 마친 뒤, 16살이던 1716년에 비텐베르크대학교에 입학하여 외교관이 되고자 법학을 공부했다.

1720년 여행 중에 한 박물관에서 가시관을 쓰신 예수님의 초상화를 보고 영적으로 큰 감동을 받았다. 이때 그는 자신의 전 생애를 그리스도를 위해 헌신하기로 결심했다. 1722년 그는 설교와 전도 책자 배포 그리고 자선 활동을 주목적으로 하는 작은 전도단을 만들어 활동했다.

같은 해, 그의 생애의 전환점이 되는 사건이 모라비안 형제단(Moravian Brethren)들과의 첫 만남을 통해 일어났다. 모라비안 형제단은 개혁의 샛별 얀 후스의 사상을 따르는 보헤미아 개혁자들로서 박해를 피해 고향을 떠나 떠돌다가 진젠도르프 백작의 영지인 드레스덴(Dresden)에 숨어 들어와 살고 있었다. 그들을 발견한 진젠도르프는 그들의 신앙 생활에 감동을 받고, 쫓아내기 보다는 오히려 자신의 영지를 안전한 거처로 내주었다. 모라비안들은 그 피신처를 '주님의 보호'라는 의미의 '헤른후트'(Herrnhut)라고 불렀다.

소식을 듣고 모여든 200여 명의 모라비안은 헤른후트에서 공동체를 이루었고, 진젠도르프는 이들과 함께 생활하며 점차 이 공동체의 지도자가 되었다. 그의 후원으로 헤른후트 모라비안들이 그 지역의 루터교 교구에 가입했다. 그리고 모라비안들은 진젠도르프를 통해 슈페너의 경건주의를 받아 들였다. 경건주의가 그랬듯이 모라비안 공동체도 선교에 남다른 관심을 갖고, 1732년부터 카리비안, 아프리카, 인도, 남아메리카, 미국 등지에 선교사들을 파송했다. 그들은 개신교 해외 선교의 선구적 역할을 했다.

1741년 진젠도르프는 다수의 모라비안을 이끌고 미 신대륙으로 건너와 펜실베니아 베들레헴(Bethlehem)과 나사렛(Nazareth)에 모라비안 공동체를 건설하고 안정적으로 정착하도록 힘쓰다가 1760년에 하나님의 부르심을 받았다. 그의 사망 후, 루터교 안에서 입지가 좁아진 독일의 모라비안들은 결국 루터교를 탈퇴했다. 일부는 계속해서 독일에 남았지만, 대부분의 모라비안은 신대륙으로 이주해 갔다.

특히, 모라비안 형제단은 1730년대 중반에 영국의 존 웨슬리에게 큰 영적 감동을 주었다. 1738년 5월 영국 런던의 올더스케이트 거리에서 있었던 모라비안 집회에 참석한 존 웨슬리는 그날 놀라운 영적 체험을 했으며, 이 사건을 계기로 감리교 운동을 본격적으로 펼쳐나갈 수 있었다.

역사적으로 살펴보면, 모라비안 형제단과 존 웨슬리의 감리교 운동과의 관계는 매우 놀라운 하나님의 섭리가 오래전부터 숨어 있었다. 14세기 영국의 존 위클리프의 개혁 사상은 보헤미아의 얀 후스에게 영향을 주어 보헤미아에 개혁이 일어나도록 만들어 주었다.

그로부터 400년의 세월이 흐른 1730년대, 얀 후스의 신앙을 계승하는 모라비안 형제단이 역으로 존 웨슬리에게 영향을 주어 영국 내에 감리교 운동이 일어나도록 기여했다.

제41장

존 웨슬리와 감리교 운동

1. 존 웨슬리

감리교 창시자 존 웨슬리(John Wesley, 1703-1791)는 그의 아버지 사무엘 웨슬리(Samuel Wesley, 1662-1735)가 목회하던 영국 엡워스(Epworth)에서 1703년 6월 28일에 태어났다. 성공회 신부인 아버지 사무엘과 어머니 수산나(Susanna Wesley, 1669-1742) 사이에서 태어난 19명의 자녀 중에 15째였다. 그의 동생 찰스(Charles Wesley, 1707-1788)는 18째로 태어났다.

사무엘과 수산나는 자녀들을 가정에서 철저하게 교육했다. 특히, 라틴어와 헬라어 그리고 불어에 능통한 수산나는 존을 비롯한 자녀들이 어려서부터 신약성경을 헬라어 원어로 읽을 수 있도록 가르쳤다. 그녀는 자녀들이 잘못할 경우 회초리를 들었으며, 회초리 맞을 땐 절대 울지 못하도록 강하게 키웠다. 그녀는 저녁 식사 후 자녀들과 한 명씩 요일을 정하여 돌아가며 대화 시간을 가졌으며, 존은 매주 목요일마다 어머니와 함께 시간을 보냈다. 존은 성년이 되어서도 어머니와 함께 했던 그때의 그 시간을 회상하며 그리워했다.

6살 때인 1707년 2월, 식구들이 살고 있던 사제관에 큰 화재가 발생했다. 모든 식구가 피했는데, 불행히도 존 웨슬리만이 미쳐 빠져나오지 못했다. 불길에 휩싸여 거의 죽을 지경에 있던 존은 이웃 주민의 용감한 구출

덕분에 가까스로 죽음을 면할 수 있었다. 그때 수산나는 존을 살려주신 하나님의 특별한 섭리가 반드시 있을 거라며 그에게 "불에서 꺼낸 그슬린 나무"(슥 3:2)라는 별명을 붙여 주었다.

1) 홀리 클럽와 신대륙 선교

1720년 웨슬리는 옥스퍼드대학교 내 크라이스트처지대학(College of Christ Church)에 입학하여 1724년에 문학 학사를 받고 이어서 문학 석사 과정을 공부했다. 1725년 성공회 부제 서품을 받았으며, 이듬해엔 옥스퍼드 링컨대학(Lincoln College)의 연구 조교가 되어 강의와 학생 지도를 맡았다. 1728년 9월 신부 서품을 받고, 1년여간 웹워스로 내려가 아버지의 목회를 잠시 도왔다.

1729년 11월 옥스퍼드로 다시 돌아온 존은 동생 찰스가 모이는 작은 신앙 모임에 참여하여 활동하다가 곧바로 모임의 리더가 되었다. 이 모임이 바로 홀리 클럽(Holy Club)이었다. 이 모임에는 조지 위필드(George Whitefield, 1714-1770)도 참석하고 있었다. 당시 영국에는 지성인들 사이에 유행하는 자연신론 때문에 종교적 관심과 열정이 점점 식어가고 있었다.

술과 도박과 유흥 등이 사회 전반에 가득 차 있었다. 하지만 영국의 국교회와 비국교회는 사회를 향한 영적 감화력과 영향력이 없었다. 이러한 가운데 젊은 그리스도인들로 구성된 홀리 클럽의 활동은 영국 사회의 영적 부흥을 위한 하나님의 준비였다.

홀리 클럽 회원은 매일 오전 3시간씩 기도, 성경 읽기, 기독교 서적 탐독을 정기적으로 가졌다. 당시 웨슬리는 자연신론 반박자 윌리엄 로우의 『기독교 완전성에 관한 소고』와 『경건하고 거룩한 삶으로의 진지한 부름』을 동료들과 함께 탐독했는데, 이 책들은 그의 신앙 형성에 큰 영향을 끼쳤다.

1730년부터 홀리 클럽 회원은 감옥의 죄수들을 정기적으로 방문하고 그들에게 필요한 도움과 함께 복음을 전했다. 1732년 존 웨슬리는 『매일

기도집』을 작성했고, 회원들은 웨슬리가 만든 규율과 기도집을 엄격하게 지켰다. 규칙적이고 정기적으로 모임과 활동을 갖는다고 하여 사람들은 홀리 클럽 회원들을 메소디스트(Methodist, 규칙쟁이)라고 불렀다. 조소적으로 그렇게 불렀으나, 그 이름은 존 웨슬리가 일으킨 메소디스트 운동 곧 감리교 운동을 일컫게 되었다.

1735년 10월 존 웨슬리는 그의 동생 찰스와 함께 미 신대륙 조지아 주 서바나(Savanah)로 선교사 파송을 받았다. 조지아에 개척한 제임스 오글솔프(James E. Oglethorpe, 1696-1785)가 그들을 선교사로 요청했기 때문이었다. 조지아로 향하는 배 안에는 독일 이주자인 26명의 헤른후트 모라비안도 함께 타고 있었다. 긴 항해 중에 몇 번의 큰 풍랑을 맞아 거의 죽을 위기에 처할 때가 있었다.

그때마다 웨슬리를 포함한 대부분의 사람은 두려움에 떨었지만, 풍랑 중에도 찬송과 기도로 침착하게 이겨내는 모라비안들의 모습에 웨슬리는 큰 감명을 받았다. 1736년 2월 서바나에 도착한 웨슬리 형제는 현지 성공회 교회에서 이주민들을 위한 목회를 시작했다. 존 웨슬리는 시간날때마다 항해 중에 알게 된 모라비안 지도자 아우구스트 슈팽겐베르크(August Spangenberg, 1704-1792)와 가깝게 지내며 신앙 교제를 가졌다. 웨슬리는 그에게서 목회와 선교에 대한 유익한 조언을 많이 들었다. 특히, 그와 나누었던 다음과 같은 대화는 웨슬리에게 적잖은 충격을 주었다.

    그는 다음과 같이 물었다.
    '형제여, 먼저 한두 가지 물어보겠습니다.
    (구원에 대한) 내면의 확신을 가지고 있습니까?
    성령 하나님께서 당신이 하나님의 자녀임을 당신의 영혼에 증거하고 있습니까?'
    나는 당황하여 무엇이라 답해야 할지 몰랐다. 이를 알아차린 그는 다시 물었다.

'당신은 예수 그리스도를 아십니까?'

나는 멈칫하다가 '그분이 세상의 구원자이심을 압니다'라고 답했다. 그러자 그는 되물었다.

'그렇습니다. 그러나 그분이 당신을 구원하셨음을 아십니까?'

나는 '그분이 나를 구원하기 위해 죽으셨기를 소망합니다'라고 말했다. 그리고 그는 재차 물었다.

'당신은 당신 자신을 알고 있습니까?'

나는 '그렇습니다'라고 대답했다. 그러나 나는 나의 모든 답변이 공허한 말이 아니었는가 하여 두려웠다.[1]

분명 웨슬리는 예수 그리스도가 자신을 위해 죽으셨다는 사실을 안다고 답했지만, 내심 구원의 확신이 확고하지 못한 자신을 발견하고 당황했다. 어려서부터 기독교 신앙으로 성장했고, 청년 시절에는 홀리 클럽을 통해 매우 신실한 기독교인이 되었고, 또한 성공회 성직자가 되어 선교사까지 되었는데, 슈벵켄베르크 목사와의 대화를 통해 정작 자신에게 중생한 하나님의 자녀라는 확신이 부족하다는 사실을 깨닫게 되었다. 더군다나 식민지 주민들을 대상으로 하는 목회는 예상과 달리 순탄하지 않았다.

홀리 클럽처럼 규범적으로 목회하고 싶었지만, 주민들은 그의 목회 방식을 제대로 따라주지 않았다. 그래서 인디언 선교에 관심을 가져보았지만, 그 역시 순조롭지 않았다. 비슷한 결과로 고민하던 동생 찰스는 1736년 8월, 6개월 만에 식민지 선교를 청산하고 영국으로 되돌아갔다. 홀로 남은 존 웨슬리는 한 젊은 여성과 사귀며 결혼을 마음을 먹을 정도로 깊이 사랑했다. 그러나 웨슬리가 결혼 청혼을 하지 못하고 머뭇머뭇 거리자, 그 여자는 다른 남자와 결혼해 버렸다.

---

1 John Wesley, *February 7, 1738, Journal*, in *The Works of John Wesley: Journals*, vol 1, 3rd edition (Grand Rapids: Baker Book House, 1984), 23.

상심한 웨슬리는 결혼 후 자신이 집전하는 예배에 참석한 그녀에게 성찬을 베풀지 않았다. 이 때문에 웨슬리는 고소를 당하는 등 연속해서 힘든 일들이 발생했다.

결국, 1737년 12월 2일, 모든 것을 정리하고 조지아를 떠나 영국으로 향했다. 영국으로 돌아오던 1738년 1월 29일 주일, 선상에서 웨슬리는 그때의 복잡한 심경과 영적 고뇌에 대해 다음과 같이 일기에 기록했다.

> 조지아 인디언들에게 기독교의 본질을 전하기 위하여 고향을 떠난 지 벌써 2년 4개월이 되었다.
> 그러나 그동안 내 자신에 대해 무엇을 배웠단 말인가?
> 하나님 앞에 회심하지도 못한 내가 어찌 다른 사람들을 회심 시키겠다고 아메리카로 갈 수 있었던 말인가?[2]

2) 올더스게이트 체험과 감리교 운동

1738년 2월 영국에 도착한 웨슬리는 선교사 임명장을 반납한 후, 영적 무력감에 빠진 상태로 나날을 보냈다. 이때 독일 헤른후트 출신의 모라비안 목사 피터 뵐러(Peter Boehler, 1712-1775)를 만났다. 뵐러와의 대화 끝에 자신에게 구원의 확신이 부족하다는 것을 실토하고, 앞으로 설교 활동을 중단하겠다고 말했다.

그러나 뵐러는 웨슬리에게 믿음을 얻을 때까지 오히려 믿음에 관한 설교를 계속하라고 권고했다. 그러던 중, 같은 해 5월 24일 올더스게이트(Aldersgate) 거리에 위치한 모라비안 공동체의 저녁 집회에 참석하게 되었다. 그날 저녁 집회를 통해 존 웨슬리는 놀라운 중생의 체험을 겪게 되었다.

---

[2] John Wesley, *February 7, 1738, Journal*, vol 1, 75-76.

저녁에 나는 마음에 내키지 않았지만 올더스게이트(Aldersgate) 거리에서 모이는 한 집회에 참석했는데, 어떤 사람이 루터의 로마서 서문을 낭독하고 있었다. 약 8시 45분경, 낭독자가 하나님께서 그리스도를 믿는 믿음을 통해 사람의 심령 안에 변화의 역사를 일으키신다고 설교할 때, 나는 이상스럽게도 내 마음이 뜨거워짐을 느꼈다. 그때 나는 구원을 위해 오직 그리스도 한 분만을 신뢰해야 한다는 사실을 확실하게 깨달았다. 그리고 그리스도께서 **나의** 죄와 **나 자신의 모든 것** 조차 사하여 주셨다는 것과 죄와 사망의 법에서 **나를** 구원해 주셨다는 확신을 갖게 되었다.[3]

중생의 체험을 겪은 이 사건을 '올더스게이트 체험'이라 불렀으며, 이때 그의 나이 35살이었다. 3일 전에 동일한 중생의 체험을 경험한 동생 찰스에게 찾아가 함께 기쁨을 나누었다. 이 시기에, 성공회 예전을 무시한 기도와 설교 행위에 대해 못 마땅하게 여긴 성공회 교구는 웨슬리의 목회직을 정지시켰다.

더 이상 교회 내에서 목회할 수 없게 된 웨슬리는 거리로 나가 복음을 전하는 거리 설교자로 변신했다. 1739년 홀리 클럽의 초기 맴버인 조지 위필드의 초청으로 그가 사역하는 남부 공업 도시 브리스톨(Bristol)로 내려가 그와 함께 사역했다. 웨슬리의 감동스러운 설교를 듣기 위해 수많은 사람이 점점 더 몰려들자, 당황한 브리스톨 교구 감독 역시 자신의 교구에서 웨슬리가 설교하지 못하도록 제지했다. 이때 웨슬리는 다음과 같은 유명한 말로 그의 제지에 맞섰다.

나는 전 세계를 나의 교구로 생각한다. 따라서 내가 어디에 속해 있든지, 내 생각이 정당하고 옳다면, 구원의 기쁜 소식을 듣고자 하는 모든 사람에게 복음을 선포하는 것이 나의 피할 수 없는 의무다. 이것이 하나님이 내게 주

---

[3] John Wesley, *May 24, 1738, Journal*, vol 1, 103.

신 사명이며, 이 사역은 내게 주신 하나님의 축복임을 확신한다.[4]

웨슬리의 설교와 전도 열정을 누구도 가로 막을 수 없었다. 이때 웨슬리는 복음을 더 널리 전하기 위해 순회 선교 방식을 채택했다. 반대자들의 방해와 제지에도 불구하고 50년간 영국 내의 거의 모든 지역을 말을 타고 순회하며 설교했다. 숫자로 살펴보면, 영국, 스코틀랜드, 아일랜드를 일년에 8,000킬로미터 이상을 다녔으며, 죽을 때까지 약 40만킬로미터을 순회했고, 약 42,000번의 설교를 했다. 87세의 노년에도 불구하고 복음 전하기를 힘쓰다가 하나님의 부르심을 받았다. 그의 동생 찰스 웨슬리는 수많은 찬송으로 형 존을 도우며 감리교 운동에 힘썼다. 6,000개 이상의 찬송시를 지었으며, 현재까지도 그의 찬송이 여전히 불려지고 있다. <만입이 내게 있으면 그 입다 가지고>와 <하나님의 크신 사랑 하늘로서 내리사> 등은 그의 대표적인 찬송이었다. 찰스는 같은 영국인 아이작 와츠(Issac Watts, 1674-1748)와 더불어 현대 찬송가 발전에 크게 공헌했다.

3) 감리교회의 태동

1738년 5월 올더스게이트 체험 이후, 존 웨슬리는 거리로 나가 구원의 복음을 담대하게 외쳤다. 성공회로부터 목회 직무 정지를 당했지만 교회 밖 메도디스트 조직을 통해 신앙 부흥을 계속해서 펼쳐나갔다. 그의 메시지는 영적 무기력에 빠진 영국 사회에 다시 생명력을 불어 넣었다. 그로 인해 수많은 사람이 감리교 운동에 동참했다.

특히, 셀리나 헌팅돈 백작 부인(Selina, Countess of Huntingdon, 1707-1791)은 웨슬리 형제와 조지 위필드가 이끄는 감리교 운동을 적극적으로 후원했다. 영국 내 귀족들에게 감리교 운동을 옹호했으며, 63개의 감리교 채플을 세

---

[4] John Wesley, *June 11, 1739, Journal*, vol 1, 199-200.

우는 일에 열심으로 섬겼다.

또한, 그녀는 북아메리카에 감리교 선교사를 파송하여 고아원, 농장, 학교, 교회 등과 같은 자선과 선교 사업을 할 수 있도록 물심양면으로 지원했다. 감리교 운동에 합류하는 사람이 점점 더 많이 늘어나자, 사람들은 웨슬리에게 성공회와 분리된 독립교회를 세우자고 제안했다.

그러나 새로운 교회 창설을 반대했다. 비록, 직무를 박탈당했어도 자신을 성공회 사제로 생각하며 죽을 때까지 성공회 신부로 살았다. 그는 모름지기 루터교회 내에 머물면서 영적 갱신을 일으켰던 경건주의처럼 자신의 감리회 운동도 성공회 내에서 그러한 역할을 하고 싶었다. 형식주의와 교권주의에 빠진 성공회를 갱신하는 것이 그가 원했던 바람이었다.

여기에 내가 각별히 바라는 것이 있다.

첫째는 얼굴만을 하늘로 향하고 있는 자, 곧 형식주의에 빠져 마음의 종교에서 이탈된, 단순한 외식적 종교를 경계(guard)하기 위한 것이요,

둘째는 마음의 종교와 사랑으로 역사하는 믿음을 아는 사람들이 믿음으로 율법을 무효하게 만들어 마귀의 속임수에 빠지지 않도록 경고하는 데 있다.[5]

웨슬리는 성공회와의 분리를 원하지 않았지만, 감리교 운동의 효율성을 높이기 위해서는 반드시 체계적인 조직이 있어야 한다고 생각했다. 1739년 웨슬리는 브리스톨에서 최초로 감리회 모임을 조직했다. 교회라는 이름 대신에 감리교 신도회(methodist society)라고 불렀고, 각 지역에 신도회 채플을 설립해 갔다. 각 신도회 안에 10-12명 정도로 구성된 속회(class)라는 소그룹 조직을 두었다. 속회는 웨슬리가 창안한 제도로서 감리회 발전에 풀뿌리 역할을 했다.

5　조종남, 『요한 웨슬레의신학』 (서울: 대한기독교출판사, 1994), 34.

1주일에 한번씩 속회원 집을 서로 돌아가며 모였고, 성경 읽기, 기도, 신앙 토론, 헌금 등의 순서를 가졌다. 소그룹은 대성공을 거두며 많은 여러 계층의 사람들이 속회에 참여했고, 참석자들은 자연스럽게 신도회 집회로 인도되었다.

웨슬리는 여성과 평신도의 능력과 헌신을 높이 인정했다. 그들을 속회의 지도자로 세웠으며, 헌신된 평신도를 택하여 평신도 설교사로 임명했다. 목사를 세울 수 없기 때문에 평신도 설교사 제도를 만든 것이었다. 웨슬리는 그들에게 성찬을 제외한 설교와 목회 운영의 권한을 다 주었다. 여러 감리교 신도회를 묶어 지방회를 조직했고, 지방회를 총괄하는 감리사(superintent) 제도를 만들었다.

1744년 6월 모든 감리회 목회자와 평신도 설교사들이 모이는 연회가 처음으로 개최되었다. 연회는 감리교 신도회 내에 발생하는 모든 제반 사항을 함께 논의했다. 감리교 신도회가 빠르게 발전하자 성공회와의 마찰이 자연스럽게 생겨났다.

마침내 1787년 성공회의 건물 사용과 집회 문제로 법적인 문제가 발생하게 되었다. 웨슬리는 어쩔 수 없이 감리교회라는 명칭으로 정부에 등록했고, 이로써 독립교회로서의 첫 걸음을 내딛었다. 그리고 1791년 존 웨슬리가 87세의 일기로 숨을 거두었다. 이때 영국 감리교회의 교인수는 약 7만 명에 달했다. 웨슬리의 사망 후, 1798년 그의 추종자들이 영국 감리교회를 정식으로 창설했다.

4) 웨슬리의 주요 신학 사상

존 웨슬리의 신학 사상의 핵심은 선행 은총(prevenient grace)이다. 선행 은총을 전제로 웨슬리는 인간의 자유 의지와 보편적 속죄론을 주장했다. 웨슬리는 신학적으로 존 칼빈의 이중 예정론을 반대했다. 칼빈은 사람이 구원을 어떻게 성취하는가 보다는 하나님의 입장에서 구원이 어떻게 성취되는가에 신학적 초점을 맞추었다. 그러한 칼빈의 사상은 네덜란드 개혁파가 만든 『도르트 신조』에 잘 반영되었다. 이 신조가 밝히는 바처럼, 원죄로 인해 전적으로 부패한 인간은 자기 스스로 하나님을 완전하게 찾을 수 없게 되었다. 따라서 인간의 자력적 의지와 선택으로는 구원 성취가 절대 불가능했다. 구원은 오직 하나님의 주권에 달려있는 사안이었다.

반면 웨슬리는 구원의 대상인 사람에게 구원론의 초점을 맞추었다. 인간은 전적으로 타락한 존재이지만, 하나님의 선행 은총인 계시(말씀)를 통해 타락 이전의 자유와 선택이 회복되었다고 보았다. 즉 선행 은총에 의하여 인간의 자율적 선택이 회복된 것이었다. 웨슬리는 자연신론주의자들이 주장하는 인간의 자연적 의지와 이성으로 구원은 불가능할 뿐만 아니라, 하나님의 은혜 없이는 구원은 불가능하다고 믿었다. 하지만, 하나님의 구원의 부르심에 응답하는 것은 하나님의 선행 은총을 통해 회복된 인간의 자율적 선택에 달려 있다고 주장했다. 그러므로 그의 구원론은 칼빈주의보다는 알미니안주의에 더 치우쳐 있었다.

1777년에 출판된 『그리스도인의 완전』(*A Plain Account of Christian Perfection*)은 웨슬리 신학의 진수를 보여 주는 대표적인 저서였다. 웨슬리가 말하는 '완전'이란 흠이 없는 완전한 인간을 말하는 것이 아니라, 믿는 자에게 주어지는 완전한 성화를 말하는 것이었다. 어거스틴에서 칼빈에 이르는 신학은 그리스도인은 중생을 통해 주 안에서 새로운 본성을 가지고 있지만, 옛 죄악의 본성이 여전히 죽을 때까지 함께 공존한다고 보았다. 즉 "이미 그러나 아직"(already but not yet)이라는 점진적 성화를 가르쳤다.

하지만 웨슬리는 중생을 통한 점진적 성화가 아니라 완전한 성화를 강조했다. 중생 후에 두 번째 은혜로 죄성이 성결한 상태로 변화되고, 그 마음에 성령 충만으로 채워 짐으로써 살아있는 동안에도 완전한 성화 또는 성결이 이루어진다고 가르쳤다.

웨슬리의 그리스도인의 완전은 그리스도인의 삶에 중요한 것은 교리가 아니라 실천이라는 것을 일깨워 주었다. 즉 실천적 생활 윤리를 강조했다.

웨슬리는 복음의 기능과 영향력을 사회 개혁의 차원으로 확대 해석했다. 18세기의 영국 산업 혁명은 국가를 발전시키고 부요하게 만들었지만, 그 반대로 산업 혁명 과정에서 소외되고 착취당한 사람들이 사회 곳곳에 즐비했었다. 웨슬리의 감리교 운동은 그들을 위한 빈민 구제소, 고아원, 학교, 자선 병원 등의 설립을 적극 추진했고, 노동자 복지, 교도소 개선, 술 판매 금지, 고리 대금업 금지, 노예 제도 반대 등과 같은 사회 개혁 운동을 전개했다.

감리교 운동에 감화를 받은 자선 사업가 존 하워드(John Howard, 1726-1790)는 영국 및 유럽의 교도소 개혁 운동을 전개했으며, 정치가 윌리엄 윌버포스(William Wiberforce, 1759-1833)는 노예 폐지 운동에 적극 앞장섰다.

감리교회는 성공회의 예배 전통을 부분적으로 유지했다. 절기 별로 다르게 입는 성직자 가운, 예배 중에 성직자와 성도 간에 신의 은총을 기원하는 멘트, 성찬 예전 등이었다. 하지만 웨슬리는 성공회의 감독(bishop) 제도를 반대했다. 성경에 기록된 초대 교회의 감독과 장로 직분을 동일한 것으로 보았고, 장로 목사도 다른 성직자를 안수할 수 있는 권한이 있다는 보았다. 때문에 감리교 신도회를 통하여 얼마든지 목사 안수를 할 수 있었지만, 성공회와의 마찰을 원하지 않았기 때문에 실제로 행하지는 않았다.

개교회 성향을 지닌 다른 교회 제도와 달리 감리교회는 보편적 교회를 선호하며 성공회의 감독과 같은 기능을 가진 감리사 제도를 두었다. 그리고 평신도와 여성에게 설교권과 목회권을 주어서 평신도가 목회에 적극적으로 참여할 수 있도록 감리교 운동의 문호를 개방했다.

2. 미국 감리교회의 태동

1736년 2월 웨슬리 형제가 나란히 조지아 서바나에 도착했다. 비록, 큰 성과는 없었지만, 이들의 첫 사역은 북미 신대륙에서 있었던 최초의 감리교 운동이라 할 수 있었다. 홀리 클럽의 동료인 조지 위필드(George Whitefield)

도 미 대륙에서 감리교 운동을 펼쳤다. 1738년 2월 조지아에 첫 발을 내딛은 이후 1770년까지 13차례 영국과 미국을 오고 가며 그 당시에 있었던 미국의 제1차 대각성 운동의 한 축을 담당했다.

본격적인 감리교 운동은 영국 감리교 교인들이 북미 대륙으로 이주하여 감리교 신도회를 곳곳에 설립하면서 이루어졌다. 1760년 메릴랜드, 1766년 뉴욕, 1767년 필라델피아와 버지니아 등에 신도회 교회가 세워졌다. 교인들이 점차 늘어나자 신도회는 웨슬리에게 지도자 파송을 요청했다. 웨슬리는 평신도 설교사 리차드 보드만(Richard Boardman, 1738-1782)과 조셉 필모어(Josph Pilmore, 1739-1825)를 선교사로 파송했고, 1769년 10월 이들은 필라델피아에 도착했다.

1771년 여름, 웨슬리가 평신도 설교사를 대상으로 미국 선교사를 모집하자, 26세의 청년 프란시스 애즈베리(Francis Asbury, 1745-1816)가 주저없이 자원했다. 애즈베리는 웨슬리로부터 미국 선교사로 파송받아 그해 10월에 필라델피아로 입국했다. 1773년에는 식민지 감리교 신도회의 첫 연회가 10명의 평신도 설교사들이 모인 가운데 필라델피아에서 개최되었다.

이 당시 각 지역에 등록된 신도회 교인의 숫자는 1,160명이었다. 애즈베리의 제안에 따라 미국 감리교 연회는 웨슬리의 순회 전도 방식을 모든 설교자가 적극 실행하기로 결정했다. 애즈베리 자신도 미국 사역 45년 동안 거의 쉬지 않고 매일 순회했으며, 약 50만 킬로미터에 달하는 광대한 지역을 여행하며, 1만 6천 번 이상의 설교를 했다.

1775년 미국의 독립 전쟁(1775-1783)이 발발했다. 존 웨슬리는 미국의 독립을 지지하지 않았다. 따라서 그는 미국의 감리교 목사와 평신도 설교자들을 모두 철수시켰다. 하지만 애즈베리는 영국으로 돌아가지 않았다. 오히려 미국의 독립을 지지하며, 전쟁 중에 여러 오해와 박해를 감내하며 미국 내 감리교 신도회를 끝까지 이끌어갔다. 전쟁이 끝난 후, 1783년 9월 3일, 파리 조약(Treaty of Paris)을 통해 미국은 독립 국가 지위를 국제적으로 승인 받았다.

이 시점에 에즈베리는 미국 내 모든 신도회를 총괄하는 명실상부한 지도자로 급부상했다. 그는 실로 미국 감리교회의 아버지였다. 전쟁 기간 중에 교인들의 숫자도 약 13,700명으로 증가했다. 전쟁 종료 후, 안수 받지 않은 평신도 설교사는 성례를 집행할 수 없다는 웨슬리의 가르침 때문에 문제에 봉착했다.

웨슬리는 이 문제를 해결하기 위해 토마스 콕(Thomas Coke, 1747-1814) 목사를 미국 감리교 신도회를 위한 감리사로 안수하여 1784년 9월에 파송했다. 두 달 뒤인 11월에 도착한 콕은 에즈베리를 만나 연회 개최를 합의하고, 곧바로 그해 말 12월 24일부터 이듬해 1월 3일까지 볼티모어 러블리 레인 채플(Lovely Lane Chapel)에 모여 소위 '크리스마스 연회'를 개최했다. 크리스마스 연회에 참석한 60여 명의 감리교 설교사는 몇 가지 중요 결정을 내렸다.

첫째, 미국 감리교 감독교회(the Methodist Episcopal Church in America)를 창설하기로 했다.

둘째, 참석자들은 만장일치로 에즈베리를 미국 감리교회 첫 감리사로 선출했다.

평신도 설교사였던 에즈베리는 차례로 준회원 목사(deacon pastor), 정회원 목사 안수(elder pastor)를 받았고, 셋째 날에 감리사 안수를 받았다. 미국 감리교회는 웨슬리의 반대에도 불구하고 교회 명칭에 감독(episcopal)이라는 용어를 사용했고, 나중에 감리사를 감독(bishop)이라는 호칭으로 바꾸었다.

하지만 연회는 웨슬리의 전도와 기도 전통을 그대로 따르기로 합의했으며, 노예 제도를 반대한다고 결의했다. 이 연회의 결정에 따라 1785년 4월 노스 캐롤라이나에서 미국 감리교 감독교회가 공식으로 창설되었다.

이로써 영국보다 미국에서 13년 먼저 감리교회가 조직되었다. 미국 감리교회는 교인수가 1790년 58,000명, 1805년 120,000명에 이르는 큰 교세를 이루며 빠르게 성장해갔다.

제42장

미국의 제1차 대각성 운동

1607년 버지니아 제임스 타운을 필두로 시작된 북아메리카의 영국 식민지는 1732년에 조지아 개발을 끝으로 동부 연안을 따라 남부 조지아로부터 북부 뉴햄프셔에 이르는 13개 주로 확장되었다. 13개 식민주는 지역적 특징을 가지고 있었다. 버지니아를 비롯한 남부 식민주는 플랜테이션이라는 대규모 농장을 중심으로 발달했으며, 부족한 노동력을 충당하기 위해 일찍이 아프리카에서 흑인을 노예로 데려왔다. 북부 뉴잉글랜드 식민주는 청교도를 주축으로 교회와 교육 기관을 세우고, 수력과 목재를 이용한 공산품 산업을 발전시켰다. 그리고 펜실베니아를 비롯한 중부 지방은 농업과 상업, 공업 등이 골고루 발달했다.

1700년대의 13개 식민주에는 영국과 유럽에서 몰려온 이민자들로 인구가 급증했다. 그 외에 영토 확장을 위한 인디언 원주민들과의 잦은 충돌, 서구 국가들과의 식민지 경쟁과 전쟁, 노예 제도의 확장 그리고 이성주의와 자연신론의 유입 등과 같은 일들이 있었다. 그 결과 식민지는 경제적인 안정과 발전을 빠르게 이룬 반면, 식민 초기에 있었던 종교적 열정과 경건 그리고 윤리적 가치는 점점 약화되었다. 제1차 대각성 운동의 주역 조나단 에드워즈는 1730년대 뉴잉글랜드 지역에 만연해 있던 신앙 침체 현상을 다음과 같이 기술했다.

나의 조부가 돌아가신 직후의 지금은 극도의 종교적 침체기로 보였다. 마을의 젊은이들 사이에는 수년 동안 방종의 풍조가 범람하여 왔다. 많은 젊은

이가 밤거리를 배회하고, 선술집 등지에서 탈선된 행동을 벌였다. 그들 중에는 특히 더 방탕한 무리들도 있었다. 그들은 대체로 남녀가 한데 어울려 술잔치와 난잡한 장난을 즐기기 일쑤였다. 그들은 각자 속해 있는 가정의 질서를 전혀 의식하지 않았고, 친구들과 밤새 지내는 일이 많았다. 참으로 가정 체제가 심각하게 무너져버렸다.[1]

에드워즈의 기록을 근거하여 볼 때, '언덕 위의 도시'를 세우려 했던 청교도의 이상은 1세기 만에 시들기 시작했으며, 반면 식민지 사회는 점점 더 세속적이고 무법적으로 변모하게 되었다. 이러한 상황에서 1735년부터 1745년까지 약 10년간 13개 식민주 전역에 걸쳐 제1차 대각성 운동이 일어났다.

1. 중부 지역의 프렐링휘이젠과 테넌트

펜실베니아, 뉴저지, 뉴욕 등의 중부 지역에서 발생한 부흥 운동은 칼빈주의 장로교 목회자들에 의해 처음 발생했다. 먼저 데어도르 프렐링휘이젠(Theodore J. Frelinghuysen, c.1691-c.1747) 목사가 부흥 운동을 일으켰다. 독일에서 태어난 그는 네덜란드 개혁교회 목사로 이적한 후에 같은 교단의 교회 초청으로 1720년에 미 대륙으로 건너왔다.

그리고 뉴저지 뉴브런스위크(New Brunswick)을 중심으로 네덜란드 개혁교회들을 돌보는 목회를 했다. 1726년 회개와 구원을 강조하는 그의 설교에 청중들 가운데 진정한 회심을 체험하고 고백하는 사건이 일어났는데, 이는 중부 지역의 부흥의 불씨가 되었다.

---

[1] Jonathan Edwards, *Faithful Narrative*, in The Works of Jonathan Edwards, vol. 1 (Peabody, MA: Hendrickson Publishers, 1998), 347.

부흥의 열기는 차츰 뉴저지 남부와 인근 도시 필라델피아로 확산되었다. 특히, 통나무대학(Log College) 출신의 아일랜드 계열 장로교 목사들이 부흥의 열기를 주도해 갔다. 이 대학은 1718년 아일랜드에서 펜실베니아로 이주해온 스코트-아이리쉬 계열의 목사 윌리엄 테넌트(William Tennent, 1673-1764)에 의해 1727년에 필라델피아 북부 외곽에 위치한 네샤미니(Neshaminny)에 세워진 식민지 최초의 장로교 신학교였다.

테넌트는 자신의 세 아들과 주변의 청년들을 목회자로 키우기 위해 가정에서 학교를 시작했다. 학교 건물을 통나무로 지었다고 하여 통나무대학으로 알려졌으며, 1746년 뉴저지 엘리자베스에 세워진 뉴저지대학의 모체가 되었고, 현재의 프린스턴대학교로 발전되었다. 위대한 부흥사로 이미 정평이 나있는 조지 위필드가 1739년 11월에 통나무대학을 방문하여 마치 구약에 나오는 선지자 학교와 같다며 놀라워했다.

한편 이 대학 출신의 대표적인 목회자는 길버트 테넌트(Gilbert Tennent, 1703-1764)와 사무엘 블레어(Samuel Blair, 1712-1751)로서 당시 중부 지방의 부흥 운동을 이끌었다. 길버트 테넌트는 윌리엄 테넌트의 장남이자 통나무대학의 첫 졸업생이었다. 그는 프렐링휴이젠과 위필드의 부흥 운동에 큰 감화와 영감을 받고, 일생을 부흥 운동에 전념하기로 결심했다.

아일랜드 태생의 사무엘 블레어는 어린시절에 부모님을 따라 식민지로 이주했다. 1730년부터 1735년까지 통나무대학에서 공부한 후, 1737년에 목사 안수를 받았다. 통나무대학 시절부터 부흥 강사로 활동하던 블레어는 1739년 펜실베니아 팩스 매너(Faggs Manor)에 교회를 세우고 팩스매너고전학교(Faggs Manor Classical School)를 설립했다. 이 학교는 많은 장로교 목사들을 배출했는데, 그중에 사무엘 데이비스(Samuel Davies, 1723-1761)가 있었다.

데이비스는 1747년경부터 버지니아에 내려가 부흥 운동을 이끌며 버지니아 하노버노회(Hanover Presbytery)를 설립했고, 1759년부터 1761년까지 통나무대학교의 후신인 뉴저지대학의 4대 총장을 역임했다.

이렇게 중부 지역을 중심으로 장로교 목사들이 부흥 운동을 이끌어가고 있는 가운데, 부흥 운동을 놓고 장로교 내에서 찬반 논쟁이 일어났다. 1737년에 개최된 장로교 필라델피아 대회는 다음과 같은 2가지 법안을 통과시켰다.

첫째, 순회 설교 부흥 운동에 장로교 목사가 참여하는 것을 금지한다.
둘째, 목회 후보생은 반드시 신학 교육 정식 학위를 가져야 한다.

이 법안들은 다분히 통나무대학 출신 목사들이 주도하는 부흥 운동과 그들의 신학 교육 학위를 문제 삼은 것이었다. 이때부터 장로교회는 부흥 운동을 반대하는 구파(Old Side)와 찬성하는 신파(New Side)로 양분되어 충돌하기 시작했다. 구파는 1729년의 채택 안에 서명을 요구했던 사람들이 주류를 이루었던 반면, 신파는 서명을 반대했던 사람들이 주축을 이루고 있었다. 논쟁 끝에 결국 신파에 속한 뉴저지 목회자들이 뉴브런스위크 노회를 창설하고 1738년 대회 때에 승인을 받았다.

1739년 11월 조지 위필드가 필라델피아를 방문하여 장로교회들을 순회하며 설교하자 양 진영 간의 충돌은 더욱 심해졌다. 이듬해 1740년 3월 8일, 신파의 길버트 테넌트는 "회심하지 못한 자들의 사역의 위험"(막 6:34)이라는 설교를 통해 구파 목사들을 회심 하진 못한 자들로 지칭하며 비판했다. 통나무대학 출신 목사들과 뉴욕 노회는 테넌트의 설교를 강력하게 지지했다. 통나무대학을 모체로 1746년에 뉴저지대학을 설립한 조나단 디킨슨(Jonathan Dickinson, 1688-1747) 목사도 테넌트의 설교에 적극적으로 찬동했다.

결국, 1742년 미국 장로교회는 신파와 구파로 분열되었다. 1745년 신파가 주축을 이루고 있는 뉴브런스위크 노회와 뉴욕 노회가 필라델피아 대회로부터 분리해 나와 뉴욕 대회를 따로 조직했다. 그 이후 몇 번의 회합을 거쳐 1758년 5월 29일, 필라델피아에서 연합안을 발표하고 두 대회가 다시 하나의 교회로 연합했다.

2. 남부 지역의 조지 위필드

조지아 주에서 시작된 남부 지역의 부흥 운동은 조지 위필드(George Whitefield, 1714-1770)의 순회 전도로부터 시작되었다. 1714년 12월 위필드는 영국 글로스터(Gloucester)에서 7명의 자녀 가운데 막내로 태어났다. 가난 때문에 한때 방황했던 소년 시절도 있었지만, 1732년 옥스퍼드대학교 내 펨브로크 대학(Pembroke college) 시절에 웨슬리 형제가 주도하던 홀리 클럽에 합류했고, 그 이후 평생을 감리교 운동과 부흥 운동에 전념했다. 1735년 그는 경건과 선행이 아닌 오직 믿음을 통해 구원을 얻는다는 확신을 회심의 과정을 통해 깨달았다.

이같은 체험은 존 웨슬리의 올더스게이트 체험보다 몇 년 앞서 일어났다. 이듬해 성공회 부제로 서품을 받고 설교자로 활동하기 시작했다. 그의 탁월한 설교에 수많은 청중이 회심하는 놀라운 일들이 연속적으로 발생했다. 이때부터 그는 명설교자로 이름이 알려졌다.

1739년 초, 위필드는 영국 성공회 사제 서품을 받았다. 하지만 그의 자유로운 설교와 예전 때문에 웨슬리와 마찬가지로 그 역시 성공회로부터 곧 직무 정지를 당했다. 1739년 2월 그는 남부 상업 도시 브리스톨로 이주하여 킹스우드(Kingswood) 야외 집회를 시작했다. 그의 감동적인 설교에 수천 명의 사람이 몰려들었고, 수백 명이 일시에 회심하는 부흥이 일어났다.

이때 같은 처지에 놓여있던 존 웨슬리를 브리스톨로 초청하여 함께 사역을 했다. 집회뿐만 아니라, 킹스우드학교를 세워 지역 아이들에게 배움의 길을 열어주었다. 이때 위필드는 미 식민주에 대한 전도 열정을 다시 품고, 브리스톨 사역을 웨슬리에게 맡긴 후, 1739년 11월에 필라델피아를 방문했다. 당시 그의 나이는 25세에 불과했다. 그는 미 대륙에서도 이미 명설교자로 정평이 나 있었기 때문에 그의 집회에 수많은 사람이 몰려들었다.

11월 필라델피아 첫 집회에 약 8천 명이 모였고, 길버트 테넌트와 함께 통나무대학을 방문한 후 네샤미니에서 행한 집회에는 5천여 명이 운집했으며, 사무엘 블레어가 목회하는 팩스 매너에서는 1만 2천여 명이 참석했다. 수용 장소가 없어서 대부분의 집회는 야외에서 했다.

미국 건국 국부가 될 벤저민 프랭클린(Benjamin Franklin, 1706-1790)은 당시에 위필드의 설교에 큰 감명을 받고 그 이후 두 사람은 평생의 절친한 친구로 살았다. 1740년 가을 초, 6주간의 일정으로 뉴잉글랜드 지역으로 순회 집회를 떠났다. 뉴욕, 보스턴, 살렘 등 가는 곳마다 인산인해를 이뤘다. 10월 17일 이미 글을 통해 익힌 알고 있던 조나단 에드워즈를 방문하고, 노댐턴(Northampton)교회에서 3일간의 부흥 집회를 인도했다.

이 시기의 위필드 부흥 운동은 대성공을 거두었다. 그가 방문하는 지역마다 수천 수만 명의 사람이 몰려 들었고, 수많은 사람이 회심을 체험했고, 영적 각성이 일어났다. 그 이후로 영국과 미국을 약 13차례 오가며 양 국가에 대부흥을 일으켰다. 그는 말년에 지병인 천식으로 고생을 많이 했다. 점점 쇠약해져가는 자신의 몸을 생각하며, 위필드는 마지막 날을 위해 항상 이렇게 기도했다.[2]

> 주 예수여, 나는 피곤합니다. 그러나 주님의 사역에 싫증이 난 것은 아닙니다. 만일 나의 갈 길을 아직 끝마치지 않았다면 한번 더 밖에 나가 주님을 위하여 외치게 하소서. 그리고 진리를 인치고 집에 돌아와 숨지게 하소서. 녹슬어 없어지기보다는 닳아서 없어지는 것이 더 낫습니다.

1770년 9월 30일 주일 아침 7시, 55세의 위필드는 메사추세츠의 뉴베리포트(Newburyport)에서 하나님의 부르심을 받았다. 6천여 명의 사람이 그를 추모하기 위해 장례식장에 모였다. 그의 묘비에는 34년간의 목회 중에 미국을 13차례 방문했고, 총 18,000번 이상의 설교를 했던 겸손하고 위대한 설교자 위필드가 여기에 잠들어 있다고 새겨졌다.

---

2 아놀드 델리모어, 『조지 윗필드』, 오현미 역 (서울: 두란노서원, 1991), 277.

조지 위필드는 홀리 클럽 때부터 몸에 밴 말씀 묵상과 기도 생활을 규칙적으로 평생 했다. 보통 새벽 4시에 일어나 기도로 하루를 시작하고 5시부터 7시까지 성경과 매튜 헨리 주석을 탐독하며 설교를 준비했다. 그의 설교는 항상 영감이 넘쳤고, 성경적이고 복음적이었다. 그의 설교의 몇 가지 특징은 다음과 같다.

첫째, 죄인, 예수 그리스도, 회개, 믿음, 거룩함 등의 용어로 가득 차 있었다.
둘째, 복잡한 사변과 긴 문장을 피하고 간단하고 명료한 표현과 문장으로 설교했다.
셋째, 주로 원고 없이 설교를 했다. 단지 복음에 대한 확신과 영혼을 사랑하는 연민을 가지고 설교했다.
넷째, 천부적인 언변과 자유로운 유머 감각 그리고 야외에 필요한 풍부한 성량을 가지고 설교했다.

홀리 클럽 활동 때부터 1739년까지 존 웨슬리와 함께 감리교 운동과 목회 사역을 했지만, 두 사람은 신학적인 차이로 대립할 때가 많았다. 감리교 운동에 대해서는 의심의 여지없이 서로 한마음을 가졌지만, 하나님의 예정과 인간의 자유 의지 면에 있어서는 서로 다른 입장을 가지고 있었다. 즉 웨슬리는 알미니안 입장을 따른 반면, 위필드는 칼빈주의 입장을 고수했다. 결국, 서로의 이견을 좁히지 못하고, 1741년에 각자 자신의 감리교 운동을 벌이기로 하고 결별했다.

그 이후 웨슬리는 감리교 운동의 지도자로 활동하며 감리교회 창설의 기초를 닦았다. 한편 위필드는 감리교 운동의 후원자 셀리나 헌틴돈 백작 부인의 지지 가운데 칼빈주의 감리교회(Calvinist Methodist Church)를 창설하고, 웨일즈 지방을 중심으로 발전시켰다. 그러나 위필드는 교회 조직과 운영보다는 칼빈주의적 감리교 목사로서 평생을 설교와 부흥 사역에 전념했다.

3. 뉴잉글랜드의 조나단 에드워즈

제1차 대각성 운동의 중심 인물은 뉴잉글랜드 지역에서 목회했던 조나단 에드워즈(Jonathan Edwards, 1703-1758)였다. 미국 역사가 페리 밀러(Perry Miller, 1905-1963)는 다음과 같이 그를 높게 평가했다.

> 아직까지는 에드워즈가 미국을 빛낸 가장 위대한 철학자 겸 신학자이다.[3]

에드워즈는 청교도 회중교회 목사, 신학자로서 제1차 대각성 운동의 주역이었다. 1703년 10월 5일, 에드워즈는 코네티컷(Connecticut) 이스트 윈저(East Windsor)에서 11명의 형제 자매 가운데 다섯째로 태어났다. 1716년 13살 때, 예일대학교에 입학하여 1720년에 최우등생으로 졸업했다.

그는 철학과 자연 과학을 좋아했다. 하지만 당시의 자연신론자들과 달리 자연으로부터 하나님의 창조 능력과 주권을 깊이 깨달았다. 졸업 후, 2년간 예일대학교에 머물며 신학을 공부하고, 1723년에 문학 석사를 받았다. 예일대학교에서 공부하던 1721년경에 그는 하나님의 절대 주권과 은총을 가슴 깊이 느끼는 회심을 체험했다.

1726년 8월 그의 외할아버지 솔로몬 스토다드(Solomon Stoddard, 1643-1729)가 목회하는 메사추세츠의 노댐턴(Northampton)교회로부터 부목사 초청을 받아 목회를 시작했고, 1727년 2월 15일에 그 교회에서 목사 안수를 받았다. 같은 해 7월 28일, 예일대학교 설립자들 중에 한 사람이었던 뉴헤이븐의 회중교회 목사의 딸 사라 피어폰트(Sarah Pierpont, 1710-1758)과 결혼했다.

사라의 나이가 16세 불과했지만, 청교도 집안의 후손으로 아주 경건하고 보수적인 신앙을 지녔으며, 남편 에드워즈가 목회와 집필에 집중할 수 있도록 현명하게 내조한 여인이었다. 이 부부의 자녀 교육은 전형적인 청

---

3   존 우드브리지, 『인물로 본 기독교회사』(하), 166.

교도 가정처럼, 매 저녁 식사 후에 자녀들과 약 1시간 동안 나누는 대화 시간을 통해 이루어졌다.[4]

노댐턴교회(현재, 노댐턴제일교회)는 1654년 청교도들에 의해 세워졌으며, 스토다드 목사가 60여 년간 목회하는 기간 중에 여러 차례의 부흥을 경험한 바 있었다. 1729년 2월 그가 사망하자, 에드워즈는 그를 이어 담임목사가 되었다. 1731년 7월 에드워즈는 보스턴제일교회로부터 초청을 받아 설교를 했는데, 놀랍게도 예배에 참석한 청중들이 큰 부흥의 은혜를 받았다.

1734년 노댐턴교회에도 부흥이 감지되는 놀라운 경험과 사건들이 연이어 일어났다. 불과 반년이라는 짧은 시간 안에 무려 300명 이상의 주민들이 예수 믿기를 결심하고 교회에 출석했다. 교인이 증가하자 교회 건물을 다시 짓고 1737년 12월에 입당했다. 1741년 또 다시 교회에 큰 부흥이 일어났으며, 이 때의 부흥은 제1차 대각성 운동의 절정을 이끌었다.

1748년 그의 목회에 예상치 못한 위기가 찾아왔다. 그해 12월 성찬 참여 자격 논쟁이 교회 내에 발생했다. 몇 년 전, 교인의 자녀가 비신앙적인 책을 읽는 것을 보고 에드워즈가 목사로서 책망의 권면을 하고 성찬 참여를 금지시켰다.

이것이 발단이 되어 에드워즈와 평신도 지도자들 간의 신학 논쟁으로 번지고 말았다. 에드워즈는 철저히 언약 신약을 신봉했다. 그러나 그의 선임 목사며 자신의 외할아버지인 스토다드는 반길 언약을 따랐으며, 성찬

---

[4] 조나단과 사라 사이에 1728년부터 거의 2년 간격으로 11명의 자녀가 태어났다. 에드워즈 집안은 미국 역사상 가장 성공적인 가문 중에 하나로 뽑혔으며, 그의 부인 사라는 교회 역사상 가장 뛰어난 50명의 여성 중에 한명으로 선정되었다. 참조, Richard M. Hannula, *Radiant: Fifty Remarkable Women in Church History* (Moscow, Idaho: Canon Press, 2015), 173-179. 에드워즈가 죽은지 약 150년이 지난 1900년에 목사이며 교육자인 알버트 윈십(Albert Edward Winship, 1845-1933)이 에드워즈의 후손을 조사하여 발표했다. 파악된 총 1,394명의 후손 중에 부통령 1명, 연방 상원의원 3명, 주지사 3명, 시장 3명, 판사 30명, 대학 총장 13명, 대학 교수 65명, 변호사 100명, 의사 60명, 군대 장교 75명, 목사와 선교사 100명, 유명한 저자 60명 그리고 국가 공무원 80명 등이 있었다.

식 시행에 있어서 에드워즈보다 관대했었다. 결국, 목사와 평신도 간의 몇 번에 걸친 분쟁 조정 끝에, 1750년 6월 담임목사 해임안이 전교인 투표에 부쳐졌다.

200명의 찬성과 23명의 반대로 해임이 결정되었다. 반길 언약을 선호하는 평신도들이 압도적으로 많았다는 것을 반증하는 결과였다. 1750년 7월 1일, 에드워즈는 고별 설교를 끝으로 노댐턴교회의 담임목사직을 내려놓았다. 부목사에서 담임목사로 그리고 대각성의 은혜를 풍성하게 누렸던 24년간의 사역이 이렇게 끝나자 에드워즈는 매우 낙심했다.

마음을 추스린 에드워즈는 1751년 8월부터 노댐턴에서 서쪽 방향에 위치한 작은 산간 도시 스톡브리지(Stockbridge)의 어느 교회로부터 초청을 받아 담임목사 겸 인디언 선교사로 사역을 다시 시작했다.

그 당시 에드워즈는 뛰어난 설교가로 신학 저술가로 뉴잉글랜드 뿐만 아니라 국내외적으로 널리 정평이 나 있었다. 1758년 뉴저지대학은 그를 3대 총장으로 초청했다.

그는 청빙을 수락하고, 같은 해 2월 16일부터 집무를 시작했다. 하지만 학문과 행정 능력을 발휘하기도 전에 당시에 맞은 천연두 예방 접종의 부작용 때문에 취임한지 막 한 달이 지난 3월 22일에 사망했다. 자신의 임종을 지켜보는 딸 에스더 E. 버르(Esther E. Burr, 1732-1758)에게 다음과 같은 말을 마지막으로 남기며 숨을 거두었다.

> 하나님을 신뢰하라 그리고 두려워 말거라.

그의 부인 사라도 7개월 뒤인 10월 2일에 필라델피아에서 이질로 숨을 거두었다.

1) 저서와 신학 사상

에드워즈가 노댐턴교회에서 사역하는 동안 두 차례에 걸쳐 큰 영적 각성 운동이 일어났다.

첫째, 1734-1735년 부흥은 노댐턴에서 일어났다.
둘째, 1740-1744년 부흥은 뉴잉글랜드 전역에서 일어났다.

자연신론과 알미니안주의에 대항하며 하나님의 주권적 섭리를 강조했으며, 신앙 침체와 도덕적 해이에 빠진 그리스도인들을 향하여 회개의 메시지를 강력하게 전했다. 또한, 그는 언약신학을 기초로 반길 언약을 반대했으며, 성찬 참여자들의 철저한 회심 체험과 신앙 고백을 요구했다. 반길 언약을 반대하는 그의 입장은 결국 1750년 노댐턴교회를 사임하게 되는 원인이 되었다.

1734년 그가 목회했던 노댐턴교회 안에 부흥 운동이 일어나 수백 명 주민이 회심하는 사건이 발생했다. 에드워즈는 자신의 교회에서 일어났던 부흥 이야기를 기록하여 1737년에 『놀라운 회심 이야기』라는 제목으로 런던과 보스턴에서 출판했다. 나중에는 독일과 네덜란드에서도 출판되었다. 회심을 경험한 교인들의 간증과 회심을 일으키시는 하나님의 은혜를 아주 생생하게 기록한 책이었다.

많은 그리스도인에게 감동을 주었고, 특히 조지 위필드도 이 글을 읽고 1740년에 에드워즈를 방문하여 부흥의 현장을 직접 눈으로 목격했다. 에드워즈의 설교는 다른 부흥 설교자의 유형과 사뭇 달랐다. 즉흥 설교가 아니라 철저히 원고 중심의 설교를 했다. 그는 성경을 충실하게 주해했으며 교리적 해설을 논리정연하게 설교 원고에 담았다. 때문에 그의 거의 모든 설교는 아주 쉽고 빠르게 책으로 출판되어 사람들의 손에 들려 질 수 있었다. 그의 설교 목소리는 웅변적이지도 않았으며, 도리어 꾸밈없이 단조로웠다. 그러나 놀랍게도 그의 설교는 청중들을 강력한 영적 감화와 회심으로 이끌었다.

1740년에서 1744년 사이에 뉴잉글랜드에서 일어난 부흥 운동은 미국 제1차 대각성 운동의 절정이었다. 이 대각성 운동은 조지 위필드의 방문으로부터 시작되었다. 1740년 가을, 위필드는 6주간 동안 뉴잉글랜드 지역을 순회 집회하면서 5여 년 전 에드워즈가 일으켰던 부흥의 불길이 또 다시 타오르게 만들었다. 그리고 에드워즈의 노댐턴 교회를 방문하여 10월 17일부터 19일까지 3일간 집회를 인도했다.

이듬해 1741년 7월 8일, 코네티컷 주 엔필드(Enfield)교회가 에드워즈를 집회 강사로 초청했다. 이 교회에서 행한 에드워즈의 설교는 제1차 대각성 운동을 대표하는 가장 뛰어난 설교였다.[5] 그는 "진노하신 하나님의 손에 있는 죄인들"(신 32:35)이라는 제목으로 죄인들을 그리스도 예수 앞으로 강력하게 초청하는 내용의 설교를 했다. 공의로우신 하나님의 심판을 피하기 위해서는 지금 즉시 회개하고 예수를 믿어야 한다고 회개와 믿음을 중점적으로 설교했다.

> 여러분, 지금은 아주 특별한 기회의 날입니다. 그리스도께서 은혜의 문을 활짝 열어 놓으시고 문 앞에 서서 불쌍한 죄인들을 큰 소리로 초청하고 계십니다. 지금 많은 사람이 그리스도께 나와 하나님 나라를 향해 들어가는 특별한 날입니다. 날마다 많은 사람이 동서남북에서 나오고 있습니다. 아주 최근까지 여러분들과 동일한 참담한 상황에 있었던 많은 사람이 지금은 매우 행복한 상태에 있습니다. 그들의 마음은 자기 피로 자신들의 죄를 씻어 주시고 사랑해 주시는 그리스도에 대한 사랑으로 가득 차 있으며, 하나님의 영광을 바라는 소망으로 즐거워하고 있습니다.

---

[5] George M. Marsden, *Jonathan Edwards* (New Haven: Yale University Press, 2004), 219-220. 흥미롭게도 이 설교는 노댐턴교회 교인들에게 먼저 설교했지만 부흥에 대한 반응이 없었다.

이러한 특별한 날을 놓친다는 것은 얼마나 비참한 일입니까!

여러분의 영혼이 말라 비틀어지고 멸망하고 있는데, 지금 잔치를 벌이고 있는 다른 수많은 사람을 보십시오!

여러분의 마음이 슬퍼하고 애통하며 괴로워하고 있는데, 지금 기쁜 마음으로 노래하며 즐거워하는 다른 많은 사람을 보십시오!⁶

차분함과 확신 가운데 선포되는 에드워즈의 설교에 눈물을 흘리며 통회하고 회개하는 영적 각성이 엔필드 청중 가운데 폭발적으로 일어났다. 이어서 노댐턴교회에도 같은 설교를 통하여 동일한 부흥 현상이 일어났다. 부흥의 열기는 거기에서 멈추지 않았다. 1741년과 1742년 사이에 뉴잉글랜드의 여러 교회가 그를 초청하여 집회를 가졌는데, 매 집회마다 수많은 사람이 회심의 은혜를 경험하는 부흥이 일어났다.

조나단 에드워즈는 웨슬리나 위필드처럼 순회 부흥 설교자가 아니었으며, 그의 목소리는 우렁차지 않았다. 오히려 그는 한 교회의 목회 사역에 집중하는 목사였으며, 모든 설교를 원고로 작성하는 설교자였으며, 신학 저서 집필에 많은 시간을 바치는 신학자였다. 그런데도 회개와 믿음을 강조하는 그의 설교는 뉴잉글랜드 지역에 대 영적 각성을 일으켰다.

에드워즈는 설교 외에도 여러 편의 명저들을 집필했으며 다음과 같다.

첫째, 『성령의 명백한 사역 표지』(*Distinguishing Marks*, 1741)

둘째, 『부흥론』(*The Great Awakening: The Works*, 1743)

셋째, 『신앙 감정론』(*Relgious Affections*, 1746)

6　Jonathan Edwards, *Sinners in the Hands of an Angry God*, in The Works of Jonathan Edwards, vol. 2 (Peabody, MA: Hendrickson Publishers, 1998), 11.

이 세 권의 공통점은 다음과 같다.

첫째, 1741년 7월 대각성 이후, 상기 책 제목으로 3년간 연속적으로 설교한 내용을 모아 한 권의 책으로 출판했다.
둘째, 부흥에 대한 바른 이해와 부흥 운동을 변증하려는 목적을 가지고 있었다.

왜냐하면, 중부 지역의 장로교회처럼, 당시 뉴잉글랜드 지역의 회중교회와 침례교회 내에도 부흥 운동을 놓고 찬성하는 새빛파(New Lights)와 반대하는 옛빛파(Old Lights)로 나뉘어 논쟁을 벌이고 있었기 때문이다.

특히, 1740년 조지 위필드의 뉴잉글랜드 방문을 계기로 논쟁이 더 극렬하게 일어났다. 옛빛파의 대표적인 인물은 찰스 촌시(Charles Chauncy, 1705-1787)였다. 회중교회 목사로서 조나단 에드워즈를 포함한 부흥 운동가들이 합리적 이성보다는 감정주의로 사람들을 이끌어 가고 있다고 비판했다. 장로교 목사 길버트 테넌트를 향해서는 위필드의 어설픈 흉내쟁이라고 비난했다.[7]

에드워즈는 부흥을 '성령 하나님의 기름 부으심'으로 확신했다. 부흥을 일으켰던 그의 설교는 한결같이 종래의 부흥 설교 유형과 전혀 달랐다. 때문에 에드워즈는 참된 부흥은 인위적 방법이나 감정적인 요소로 일어나는 것이 아니라, 오직 성령 하나님의 기름 부으심에 의해 발생한다고 피력했다.

---

7 뉴잉글랜드의 옛빛파는 부흥을 감정주의로 비난하며 전통적인 청교도적 예배와 형식을 선호했다. 그런데 결과적으로 옛빛파의 지도자 찰스 촌시는 체험보다 이성만을 강조하다가, 생애 말미에 알미니안주의와 자연신론의 영향하에 지옥의 존재를 부정했고, 보편적 구원론(Universalism)을 주장했다. 그 결과 유니테리언(Unitarian) 교회의 태동을 가져다 주었다. 한편 에드워즈의 부흥을 지지했던 새빛파는 그의 아들 에드워즈 Jr.(Jonathan Edwards Jr., 1746-1801), 조셉 벨라미(Joseph Bellamy, 1719-1790), 사무엘 홉킨스(Samuel Hopkins, 1721-1803) 등은 예일대학을 중심으로 회중교회 내에 뉴헤이븐 신학을 만들어 냈다.

또한, 에드워즈는 부흥을 죄인 된 인간을 회심케 하는 성령 하나님의 주권적인 사역이라고 믿었다. 그는 부흥에 대한 개혁주의 견해를 잘 규정해 주었다. 그의 『신앙 감정론』은 참된 신앙의 본질이 감정(affections)에 있음을 가르쳤다. 참된 신앙은 지성과 이성을 기반하고 있지만, 감정이라는 경건 실천을 통해 드러나야 한다고 강조했다. 즉 지정의를 통해 보여 주는 전인적인 신앙만이 참되고 성숙한 신앙이라고 가르쳤다.

에드워즈는 1754년에 『자유 의지론』(Freedom of Will)을 출간했고, 1755년 『참된 덕의 본질』(Nature of True Virtue, 1765년 사후 출판)과 1757년 『원죄론』(Original Sin, 1758년 사후 출판)을 집필했다. 노댐턴보다 경제적으로 힘들었지만 시간적으로 여유가 있었던 스톡브리지 목회 중에 에드워즈는 신학 대작들을 집필했다. 마지막 청교도 개혁주의 신학자, 목회자로서 그는 뉴잉글랜드 지역에 확산되고 있는 알미니안주의를 경계하며 반박했다.

『자유 의지론』은 알미니안주의를 논박한 대표적인 저서였다. 총 4부 38장으로 구성된 이 책을 통해 그는 알미니안주의자들의 자유 의지를 소개하면서 그들이 신봉하는 의지의 중립성과 자기 결정력을 반박했다. 그들의 신봉하는 인간 의지란 전적으로 타락한 인간의 의지라는 점을 지적했다. 반면 에드워즈는 신적 의지의 필연성을 강조했다. 하나님의 필연적이고 주권적인 의지를 벗어난 인간의 자력적이고 독립적인 의지는 존재할 수 없다고 했다. 그렇다고 해서 인간의 자유 의지를 부정한 것은 아니었다. 단지 하나님의 주권 가운데 존재하는 인간의 자유 의지를 강조했다. 이 글을 통해 에드워즈는 『도로트 신조』의 5대 튤립 교리를 재확인했다.

에드워즈의 『원죄론』 역시 당시 자유로운 신학 사조를 반박하기 위해 집필했다. 알미니안주의, 자연신론, 이성주의 영향을 받은 많은 학자는 인간의 이성과 본성을 낙관적으로 바라보며 인간을 합리적이고 도덕적인 존재로 간주했다. 에드워즈는 원죄론의 성경적 근거와 역사적 유래를 기술하면서, 원죄의 전가로 인하여 인간의 이성과 의지는 전적인 부패 상태에 놓여 있다는 것을 강조했다.

이 글을 통해 에드워즈는 개혁주의의 원죄론을 재천명했다. 찰스 핫지(Charles Hodge, 1797-1878)와 벤저민 워필드(Benjamin B. Warfield, 1851-1921) 같은 장로교 신학자들은 『원죄론』에 나타난 에드워즈의 개혁주의 사상을 매우 높이 평가했다.

4. 제1차 대각성 운동의 결과

이 시기의 부흥 운동을 대각성 운동으로 부르는 이유는 교회의 부흥만 가져온 것뿐만 아니라 당시 식민 사회 전체에 걸쳐 두루 큰 영향을 끼쳤기 때문이었다. 주요 영향을 정리하면 다음과 같다.

첫째, 교회적인 측면에서 제1차 대각성 운동은 교회 부흥과 영적 갱신을 가져다 주었다. 영적 무관심과 침체기에 점점 빠져들고 있던 뉴잉글랜드와 13개 주식민지 전역에 회심의 신앙과 열정을 회복시켰다. 이 시기에 회중교회, 장로교회, 감리교회, 침례교회 등의 교세가 크게 증가했다.

둘째, 반면 대각성 운동은 교회의 분열을 가져다 주었다. 부흥에 대한 찬반 논쟁 때문에, 뉴잉글랜드의 회중교회와 침례교회는 옛빛파와 새빛파로 서로 나뉘어 대립했고, 중부 지방의 장로교회는 1742년에 구파와 신파로 분열되는 아픔을 겪었다.

셋째, 선교적인 측면에서 대각성 운동은 전도와 국내 선교에 대한 열정을 가져다 주었다. 특히, 수천에서 수만 명이 모이는 대규모 부흥 집회의 시대를 열어주었다.

그리고 흑인들과 인디언들에 대한 선교 관심을 이끌어 냈다. 버지니아에서 사역했던 사무엘 데이비스는 흑인들에 대한 남다른 전도 열정을 가지고 있었다. 데이비드 브레이너드(David Brainerd, 1718-1747)는 20대 중반에 인디언 선교사로 부름 받아 뉴저지, 펜실베니아, 델라웨어 지역의 인디언 선교에 그의 생애를 바쳤다.

넷째, 교육적인 측면에서 차세대 일꾼을 양성하는 대학들이 설립되었다. 식민 시기에 세워진 9개의 대학들 중에서 무려 6개가 대각성의 결과로 설립되었다. 뉴저지대학(College of New Jersey, 1746), 콜롬비아대학교(Columbia University, 1754), 펜실베니아대학교(University of Pennsylvania, 1755), 브라운대학교(Brown University, 1764), 럿거스대학교(Rutgers University, 1766) 그리고 다트머스대학(Dartmouth College, 1769) 등이 세워졌다.

다섯째, 정치적인 측면에서 대각성 운동은 13개 식민주를 하나로 묶어주었다. 지역과 교파를 초월하여 발생한 부흥 운동은 13개 식민주가 하나라는 연대감을 심어주었다. 이로 인해 1775년 영국 정부에 대항하여 13개 주 식민주가 독립 전쟁(1775-1783)을 일으켰을 때, 하나로 뭉쳐 싸울 수 있었던 밑거름 역할을 했다.

제1차 대각성 운동 이후, 미합중국이 영국으로부터 독립 태동되었다. 대각성 운동이 끝나갈 무렵인 1760년 중반부터 식민지 주정부와 대영 제국 간의 정치적 관계가 악화되어 가고 있었다. 1773년 12월 보스턴에 정박한 영국 배에 실린 홍차가 바다에 버려진 소위 보스턴 차 사건이 발생하면서 양국 간의 갈등의 골은 더욱 깊어졌다.

결국, 이 갈등은 1775년 4월 19일에 양국 간의 전쟁으로 이어졌다. 1776년 7월 4일, 13개 식민주 연맹은 미합중국의 태동을 선포하는 독립 선언문을 전 세계에 알리고, 8년간의 전투 끝에 1783년 9월 3일에 맺어진 파리 조약을 통해 독립 국가의 지위를 국제적으로 확보했다.

이때, 미국 교회들은 모국 교회들로부터 독립하여 새로운 교회를 조직하기 시작했다. 1785년 미국 감리교 감독교회(Methodist Episcopal Church in America), 1789년 미국 성공회(Protestant Episcopal Church in U.S.A), 1789년 미국 장로교회(The Presbyterian Church in U.S.A), 1792년 네덜란드 개혁교회(Dutch Reformed Church) 등이 독자적인 교회로 새롭게 출발했다.

1791년 미합중국은 제1차 수정 헌법을 채택했다. 이 수정 헌법에는 모든 국민이 자유롭게 종교를 선택하고 생활할 수 있다는 종교의 자유가 포함되었다. 즉 정교분리 원칙을 천명한 것이었다. '언덕 위에 도시'를 세우려는 청교도의 이상과 달리 미합중국은 종교 자유의 선택을 보장하는 정교분리 원칙을 헌법으로 채택했다. 미합중국 국부는 미국이 기독교 국가가 되어야한다는 것은 분명하지만, 다른 국가들처럼 특정 교회를 국교로 삼는다는 것이 매우 어렵다는 것을 깨달았다. 미합중국의 13개 주는 각 주마다 일종의 주류 교회가 이미 국교처럼 자리잡고 있었다.

예를 들어, 최초 정착지인 버지니아를 비롯하여 뉴욕, 캐롤라이나, 조지아 등은 성공회가 주의 공식 종교였고, 북부 뉴잉글랜드는 청교도 회중교회가 국교 역할을 했다. 그리고 펜실베니아에는 장로교 교인과 퀘이커 교인, 메릴랜드에는 가톨릭 교인이 주류를 이루었다. 때문에 13개 주를 포용할 수 있는 하나의 교회를 국교로 정하기가 쉽지 않았다. 특정 교회를 국교로 정한다면 또 다른 분열을 초래할 수 있기 때문에 갑론을박 끝에 정교분리라는 수정 헌법을 채택했다.

그렇다고 해서 '언덕 위에 도시'라는 아메리카 예외주의의 이상을 미합중국이 결코 포기한 것은 아니었다. 기독교 국가로서 세계인들에게 보여줄 수 있는 여러 기독교적 모범을 제도적으로 만들어 시행했다. 대통령이나 고위 공직자가 취임할 때 반드시 성경에 손을 얹고 취임 선서를 하게 했으며, 국회 내에 성직자 채플린을 두었으며, 추수 감사절을 국가 공휴일로 정했으며, 각종 국가 기도회를 정기적으로 개최했다.

그리고 모든 공립학교에서 성경을 의무적으로 가르치고 기도하게 했다. 미국은 교회와 국가의 분리를 헌법으로 제정한 세계 최초의 국가가 되었다. 정교 분리 정책은 이후 교회 형세에도 영향을 주었다. 비교적 후발 주자에 속한 침례교회가 남부 지역에서 그리고 감리교회는 북부 지역에서 아주 빠르게 교세를 확장시키며 미국 내 주류 교회로 발돋움했다.

제43장

개신교의 선교 황금기

　1648년 베스트팔렌 조약을 통해 평화를 얻는 개신교회는 이제 안정적으로 정착하며 발전을 이루어 나갔다. 더불어 해외 선교에 관심을 갖기 시작했다. 하지만 전반적으로 개신교회가 해외 선교에 적극적으로 뛰어들 만한 환경이 아직 조성 되어있지 않았다. 반면 가톨릭교회의 해외 선교는 해상 무역과 식민지 개발에 앞장섰던 가톨릭교 국가들을 통해 아주 빠르게 진척되었다. 소위 17-18세기는 가톨릭교회의 선교 황금기였다.

　북미 서부와 중남미 지역은 가톨릭교회 국가들의 식민 지배에 의해 가톨릭교회가 세워졌다. 아프리카와 동남아시아 그리고 중국과 일본에도 가톨릭 국가들이 진출하면서 가톨릭 선교사가 파견되었고, 교회가 세워졌다. 특히, 이 당시에 예수회 선교사들이 해외 선교를 앞장서서 주도했으며, 그들의 열정적이고 헌신적인 활동으로 교황권이 세계로 뻗어나갔다.

　19세기 드디어 개신교의 해외 선교 황금기 찾아왔다. 1588년 영국 군대가 스페인의 무적함대를 무찌르면서 영국뿐만 아니라 네덜란드의 해군력이 증가되었고, 두 개신교 국가가 주축이 되어 해상권을 넓히며 해외로 진출함에 따라 그제야 개신교 선교도 활발하게 일어나기 시작했다. 개신교 선교 촉진에는 1700년대에 발생한 독일의 경건주의와 영국의 감리교 운동 그리고 미국의 대각성 운동도 큰 역할을 했다. 영적 무관심과 무력감에 빠져있던 당시의 개신교인들에게 부흥과 선교의 열정을 일깨워 주었다.

　특히, 독일의 경건주의자들과 모라비안 형제단의 선교 열정은 해외 선교의 불씨 역할을 했다. 18-19세기, 유럽의 가톨릭 강대국들 스페인, 포르투갈, 프랑스 등이 나폴레옹이 일으킨 전쟁에 시달리고 있던 반면, 개신교 국가인 영국, 네덜란드, 독일, 덴마크 등은 해상권을 확대하며 세계 도처로 해외 무역과 식민지를 확대해 나갔다. 이는 해외 선교를 위한 때가 찬 하나님의 섭리였다. 이때 해외 선교의 선구자로 부름 받은 사람은 영국의 윌리엄 캐리였다.

1. 해외 선교의 선구자 윌리엄 캐리(William Carey, 1761-1834)

1761년 윌리엄 캐리는 영국 노댐턴(Northampton)에서 5형제 중 장남으로 태어났다. 어려서부터 언어 공부에 남다른 재능을 보였던 캐리는 독학으로 라틴어를 공부했다. 14살 때, 아버지의 권유로 구두 수선을 배웠다.

함께 일하던 비국교도의 영향으로 성공회 출석을 그만두고 회중교회에 참석했고 헬라어를 독학으로 습득했다. 1779년 18살때, 어느 기도 모임에서 예수를 그리스도로 영접하는 회심을 경험했다. 1781년 그가 일하던 구두 가게 주인의 처제인 도로시 플라켓(Dorothy Plackett)과 결혼했다.

그녀는 캐리보다 5살 연상이었다. 동서가 죽자 그의 구두 가게를 맡아서 운영했다. 일하면서도 틈틈이 히브리어와 이탈리아어 그리고 네덜란드어와 프랑스어를 독학했으며, 성경을 원어로 볼 정도로 탁월한 언어 습득 능력을 가지게 되었다.

결혼 후, 특정 침례교회를 출석했으며, 1783년 10월 특정 침례교회 목사 존 라일랜드(John Ryland, 1753-1825)로부터 세례를 받았다. 이 즈음에 캐리는 조나단 에드워즈가 쓴 『데이비드 브레이너드의 생애와 일기』를 읽고 인디언 선교를 위해 일생을 바친 브레이너드 목사로부터 큰 감동을 받았다.

또한, 탐험가 제임스 쿡(James Cook, 1728-1779)의 일기를 구하여 읽는 가운데 해외 국가들에 대한 식견과 관심을 넓혀 나갔다. 아울러 미국 청교도이자 인디언 선교사였던 존 앨리옷(John Eliot, 1604-1690) 그리고 존 웨슬리와 조지 위필드 등의 전기를 읽으면서 그는 점차 해외 선교에 대한 남다른 사명감을 갖기 시작했다.

1792년 봄, 캐리는 『이방인 개종을 위한 그리스도인의 의무에 관한 탐구』라는 87페이지 정도의 소책자를 발간했다. 세계 선교에 대한 관심을 일깨우기 위한 글이었다. 그는 이 책을 통해 총 5가지를 역설했다.

첫째, 해외 선교에 대한 성경적 당위성
둘째, 해외 선교사들의 활동 이야기
셋째, 복음이 필요한 국가들의 지리와 인구 통계
넷째, 선교를 반대하는 의견에 대한 답변
다섯째, 해외 선교를 위한 선교 단체 조직의 필요성

그리고 얼마 후 어느 설교 자리에서 이사야 54:2-3 말씀으로 다음과 같은 해외 선교에 대한 도전적 메시지를 전했다.

> 하나님으로부터 위대한 일을 기대하라!
> 하나님을 위해 위대한 일을 시도하라!

이 설교가 계기가 되어 같은 해 10월, 캐리를 포함한 네 명의 목사가 모여 침례교 선교 협회(Baptist Missionary Society)를 조직했다. 선교 협회가 조직되자 캐리는 첫 선교지를 인도로 결정하고 곧바로 떠나려 했다. 하지만 아내 도로시와 교인들의 반대 그리고 프랑스와 영국 간의 전쟁 분위기 때문에 뜻대로 할 수 없었다.

드디어 일 년 뒤인 1793년 4월에 환송을 받으며 영국을 떠나, 그 해 11월 19일 인도 캘커타(Calcutta)에 아내 도로시와 처제 그리고 4명의 자녀와 함께 도착했다. 말라리아 질병 때문에 큰 어려움도 겪었지만, 더 큰 장애물은 1763년부터 이곳을 지배하고 있었던 영국의 동인도 회사였다.

자신들의 사업에 손해를 당할까 싶어 캐리가 자유롭게 선교 활동하는 것을 가로 막았다. 그래서 캐리는 450킬로미터 정도 북쪽에 위치한 미드나포(Midnapore)로 가족을 데리고 이주하여 한 농장의 지배인 자리를 얻었다. 이곳에 머무는 동안 틈틈이 뱅갈어를 배워서 신약성경을 번역했다.

그리고 마을에 침례교회도 세웠다. 호기심을 갖고 교회에 출석하는 인도 주민들은 많았지만, 정작 개종하는 사람은 하나도 없었다. 1794년 5살난 아들 피터가 이질로 죽고, 그 후유증으로 아내는 정신질환을 겪기 시작했다.

이 시기에 침례교 선교 협회에서 파송한 윌리엄 워드(William Ward, 1769-1823)와 쟈쉬아 마쉬맨(Joshua Marshman, 1768-1837)이 캐리의 선교지에 합류했다. 그러나 이 두 선교사는 캘커타 가까이에 위치한 덴마크 통치령 세람포(Serampore)가 더 좋은 선교지로 판단하고 곧 그곳으로 옮겼다. 1800년 1월 캐리도 7년간의 미드나포 사역을 정리하고 가족과 함께 세람포로 이주하여 그들과 합류했다.

세람포 삼총사로 불렸던 캐리와 워드와 마쉬맨은 선교 기지에서 가족들과 함께 공동 생활하며 선교 사역을 본격적으로 펼쳐갔다. 1800년 말, 드디어 최초의 개종자를 얻었다. 그는 힌두 신앙을 버리고 기독교로 개종했다. 1803년에는 25명의 개종자에게 세례를 베풀었다. 영국 동인도 회사와 달리 덴마크 총독은 이들의 선교 활동을 적극적으로 배려하고 후원했다. 1801년 덴마크 총독은 포트 윌리엄(Fort William)대학을 설립하고 캐리에게 교수직을 주었다.

캐리는 대학에서 만난 인도 현지인 교수들을 통해 힌두어와 산스크리트어를 배웠다. 가르치는 것 외에 그는 성경 번역 작업에도 속도를 냈다. 드디어 워드 선교사가 설립한 인쇄소를 통해 뱅갈어와 산스크리트어로 된 성경을 인쇄하여 출판했다.

그후 캐리는 총 6개의 언어로 구약과 신약성경 전체를 번역하여 출판했으며, 30개의 언어로 부분 번역하여 출판했다. 세람포에서 복음을 전하기 시작한 지 8년 만인 1818년경, 출석 교인은 수천 명에 이르렀고, 세례 교인은 약 600명이 될 정도로 선교 사역에 큰 결실이 나타났다. 또한, 1818년에 캐리는 워드와 마쉬맨과 함께 세람포대학(Serampore College)을 세우고, 인도 청년들의 지성과 영성을 일깨우는 기독교대학 교육을 시작했다.

1834년 6월 9일, 캐리는 인도 선교 41년을 끝으로 세람포에서 73세의 나이로 하나님의 품에 안겼다. 41년간의 선교 사역을 통해 그는 인도에 큰 영향을 끼쳤다. 복음 전파와 교회 설립, 성경 번역, 인재 교육, 목회 사역 등뿐만 아니라, 과부 화형식이나 유아 살해 등과 같은 관습적 폐악을 없애는 사회 개혁에까지 영향을 끼쳤다. 선교적인 측면에서 그는 일종의 선교 3대 원칙을 다음과 같이 세웠다.

첫째, 선교사의 공동 생활
둘째, 경제적 자생 선교
셋째, 현지인 목회자 양성

이 원칙들은 현대 선교 방식에 큰 영향을 주었다. 윌리엄 캐리는 인도 선교의 아버지이자 타문화권 선교의 문을 열어준 현대 선교의 아버지였다.

2. 선교 단체의 태동과 해외 선교 열풍

윌리엄 캐리의 41년간의 인도 선교는 영국, 스코틀랜드, 네덜란드, 미국 등지에 수많은 선교 단체가 태동되고 선교사가 증가되는 기폭제가 되었다. 1795년 런던 선교 협회(London Missionary Society)가 영국 회중교회를 중심으로 창설되었다. 이 선교 협회 설립의 동기는 전적으로 캐리의 선교 편지 때문이었다. 이 협회는 특히 남아프리카 선교 사역에 힘을 기울였다.

존 필립(John Philip, 1775-1851) 목사는 1818년에 남아프리카로 파송되어 선교 사역을 했다. 로버트 마페트(Robert Moffat, 1795-1883) 목사는 1816년

21살 때에 선교 협회로부터 파송을 받아 남아프리카에 도착하여 아프리카 사역을 위해 평생을 바쳤다. 남아프리카 원주민 언어인 반투어로 구약성경, 신약성경 그리고 『천로역정』을 번역해 출간했다. 또한, 런던 선교 협회는 데이비드 리빙스톤(David Livingston, 1813-1873)이라는 위대한 선교사, 탐험가를 배출했다.

스코틀랜드 출신의 리빙스톤은 런던에서 의학 공부를 하고 있을 1840년 당시에, 향후 자신의 장인이 될 로버트 마페트 선교사의 강연을 들으며 크게 감동을 받고, 그 해에 선교 협회로부터 파송을 받아 남아프리카로 갔다. 남아프리카 오지를 다니며 선교사로 의사로 탐험가로 활동했다. 1854-1856년 기간에 그는 중앙아프리카의 동부와 서부를 횡단하며 미지의 지역과 빅토리아 폭포를 탐험하여, 그 사실을 서구 세계에 알렸을 뿐만 아니라, 그 지역의 아프리카 원주민에게 서구의 문명을 전하는 역할도 했다.

그는 아프리카 탐험가로서 영국의 국가적 영웅이 되었다. 하지만 리빙스톤은 자신을 여행자, 탐험가, 문화 전달자로 불리기보다 선교사로 불리기를 원했다. 그는 자신의 탐험을 중앙아프리카와 아프리카 내륙을 복음으로 이끄시는 하나님의 인도하심으로 확신했다. 그의 최종적이고 유일한 목표는 복음 전파에 있었다.

이후 아프리카 오지까지 복음이 전해질 수 있었던 것은 그의 광범위한 선교 탐험 때문에 가능할 수 있었다. 필립과 마페트 선교사들과 더불어 리빙스톤은 아프리카 원주민의 인권을 존중하여 서구 국가의 노예 매매 행위를 반대했으며, 원주민 삶의 개선을 위하여 평생을 바쳤다. 1873년 5월 리빙스톤은 아프리카 치탐보(현재, 잠비아)에서 숨을 거두었다.

스코틀랜드 장로교회 내에도 해외 선교 단체들이 태동되었다. 1796년 스코틀랜드 선교 협회(Scottish Missionary Society), 1799년 글래스고 선교 협회(Glasgow Missionary Society)가 각기 설립됐다. 1799년 영국의 복음주의자들이 교회 선교 협회(The Church Missionary Society)를 설립하여 우간다 선교에 뛰어들었다.

그 외에도 1804년 영국의 정치인이자 평신도였던 윌리엄 윌버포스(William Wilberforce, 1759-1833)의 주도하에 성경을 널리 보급 하자는 목적으로 영국과 해외 성서 공회(British and Foreign Bible Society)가 세워졌다. 이어서 영국 감리교회는 1817년에 웨슬리안 선교 협회(Wesleyan Missionary Society)를 설립하고 해외 선교 대열에 합류했다.

캐리의 영향은 미국에도 미쳤다. 1800년대에 일어난 제2차 대각성 운동의 결실과 시기적으로 겹치면서 1810년에 미국 해외 선교 위원회(American Board of Commissioners for Foreign Missions)가 초교파적으로 보스턴에서 창설되었다. 해외 선교 위원회는 1812년에 회중교회 목사 아도니람 저드슨(Adoniram Judson, 1788-1850)과 침례교 목사 루터 라이스(Luther Rice, 1783-1836)를 인도 선교사로 파송했다. 그때부터 1840년까지 인도, 스리랑카, 미얀마, 중국, 말레이시아, 태국, 중동, 아프리카 등에 수많은 미국 선교사를 파송했다.

특히, 1812년 인도에 도착한 24살의 청년 저드슨은 미국인과 선교사에 대한 영국 동인도 회사의 차별 때문에 1813년에 버마(현재, 미얀마)로 건너가 그곳에서 40년간 선교 사역을 했다.

캐리의 영향으로 침례교회로 이적했으며, 1814년 루터 라이스와 더불어 미국 침례교 선교부(American Baptist Missionary Union) 창설에 기여했다. 저드슨은 버마어 문법 책을 영어로 번역하여 출판했으며, 1823년에는 성경을 버마어로 완역하여 발간했다. 100여 개의 교회를 세웠으며 8,000여 명의 사람을 복음으로 인도했다. 또한, 1816년에는 영국에 이어 미국에도 미국 성서 공회(American Bible Society)가 뉴욕에서 창설되었다.

3. 중국 선교

중국에 복음을 전한 첫 개신교 선교사는 스코틀랜드 장로교회 출신의 로버트 모리슨(Robert Morrison, 1782-1834)이었다. 1807년 1월 스코틀랜드 장로교회로부터 목사 안수를 받은 후, 런던 선교 협회로부터 중국 선교사로 파송을 받아 1807년 9월 25살 때 중국 마카오에 도착했다. 당시 중국 청나라는 기독교 선교사들의 선교 활동을 엄격하게 금지시켰다. 때문에 그는 중국 내륙으로 들어가지 못하고 마카오에 머물며 언어 습득에 주력했다. 이후 광주(Guangzhou) 지역으로 들어가 영국 동인도 회사의 통역사로 근무하며 틈틈이 현지인들에게 복음을 전했다.

중국에 도착한지 7년 만인 1814년에 최초의 회심자를 얻었으며, 같은 해에 신약성경을 중국어로 번역하여 출판했다. 1818년 최초의 서구식 교육 기관 영화 학당을 세웠으며, 8년간의 집필 끝에 완성된 중영 사전을 출판했다. 1823년 신구약성경을 중국어로 완전히 번역하여 『신천성서』를 출판했다.[1]

1860년 이후 중국 선교의 길이 자유롭게 열리면서 수많은 선교사가 들어왔고, 그들은 『신천성서』를 통해 마음껏 복음을 중국 주민들에게 전했다. 1824년 17년 만에 영국에 잠시 귀국한 그는 여러 곳을 방문하며 수차례의 강연과 설교를 통해 중국 선교의 가능성과 필요성을 피력했다. 중국 선교에 대해 비관적인 태도를 보이는 어느 사람에게 다음과 같이 답했다.

> 맞습니다. 할 수 있는 것이 아무것도 없습니다. 하지만 하나님께서 하실 것을 저는 확실하게 기대하고 있습니다.

---

[1] 로버트 모리슨의 『신천성서』는 한국 개신교 선교 역사에도 매우 중요한 기여를 했다. 그와 같은 시기에 중국에서 선교 활동을 했던 칼 귀츨라프(Karl Gutzlaff, 1803-1851) 독일 선교사는 조선 선교에 관심을 갖고 1832년 7월 22일에 영국 상선 로드 암흐스트(Lord Amherst)의 통역사로 승선하여 조선의 태안반도 고대도에 도착했다. 이때 고대도 주민들에게 성경을 나누어 주었고, 조선 왕실에도 성경을 선물로 보냈는데, 그때의 성경이 바로 모리슨의 한문 성경이었다. 이후 1866년 로버트 토마스(Robert Thomas, 1840-1866) 선교사가 조선 선교를 꿈꾸고 찾아와 대동강변에서 순교 당하기 직전에 조선 주민들에게 나눠준 성경도 모리슨의 성경이었다. 성경책을 집어가서 벽지로 사용했던 박영식과 최치량은 벽지에 적힌 복음을 읽고 예수를 믿게 되었다. 그들은 1893년에 마포삼열(Samuel A. Moffett, 1864-1939) 선교사와 함께 널다리교회를 세웠으며, 이 교회는 1907년 평양 대부흥 운동의 근원지가 되는 장대현 교회의 모체였다.

안식년을 마치고 다시 중국에 돌아온 모리슨은 1807년부터 1834년 사망할 때까지 27년 간 중국 선교의 개척자로서 평생을 헌신했다.

1840년 제1차 아편 전쟁이 일어났다. 중국에 아편을 수출하는 영국 상인을 보호한다는 명분으로 영국이 청나라를 공격했다. 1842년 전쟁은 영국의 승리로 끝났으며, 두 나라는 난징 조약을 체결했다. 이 조약을 통해 영국은 홍콩을 영국 통치령으로 양도받았으며, 상하이를 비롯한 5개의 항구가 개방되었다. 1856년에 발발한 제2차 아편 전쟁 후, 1860년 중국, 영국, 프랑스, 러시아 국가 간에 베이징 조약이 체결되었다.

이 조약에는 선교사들의 자유로운 활동을 보장한다는 내용이 포함되어 있었다. 비록, 서구 강대국들에 의해 체결된 불평등 조약이었지만, 이 시점에 개신교 선교사들이 자유롭게 중국에 대거 진출할 수 있게 되었고, 그 결과 중국 선교는 획기적인 발전을 이루게 되었다.

중국 선교의 또다른 위대한 인물은 1865년에 중국 내지 선교회(China Inland Mission, 1964년 Overseas Missionary Fellowship로 변경)를 설립한 허드슨 테일러(J. Hudson Taylor, 1832-1905)였다. 1832년 영국 감리교 목사의 아들로 태어난 허드슨은 17세에 구원 체험을 했으며, 그때 평생을 복음 전도자로 살아가기로 헌신했다. 1854년 22살 때, 중국 선교회로부터 파송을 받아 중국에 처음 도착했다.

1860년 안식 차 영국에 돌아온 허드슨은 1865년에 중국 내지 선교회를 세웠다. 윌리엄 캐리를 비롯한 이전 선교사들이 해안을 중심으로 선교를 했다면, 이제 허드슨은 내륙 깊숙이 들어가 선교하겠다는 꿈을 안고 소위 내륙 선교회를 설립했던 것이다. 허드슨은 믿음 선교(faith mission), 즉 하나님의 공급하심을 100퍼센트 믿고 선교 현장에 들어가는 방식을 중국 내지 선교회의 선교 원칙으로 삼았다.

1866년 9월 아내와 4명의 자녀 그리고 16명의 선교사와 함께 중국 항저우(Hangzhou)에 도착한 허드슨은 곧바로 선교 기지를 세우고 중국 내지 선교회의 활동을 본격적으로 시작했다.

먼저 본인을 비롯한 내지 선교회 선교사들에게 중국식 복장과 변발을 하도록 권유하고 병원과 교회를 설립하며 복음을 전파해갔다. 1881년 약 100명의 선교사가 11개 성에 70개 선교 지부를 세웠으며, 1885년 한 해에 45개의 교회를 세웠다. 같은 해 중국 내지 선교회는 총 141개의 선교 지부와 16개의 학교 그리고 중국인 사역자 106명의 규모를 가진 중국 내 가장 큰 선교 단체가 되었다.

1888년부터 1890년까지 허드슨은 미국, 스웨덴, 노르웨이, 덴마크, 호주 등을 방문하여 중국 내지 선교회 후원 지부를 창설했다. 1895년 중국 전역에서 사역하는 내지 선교회 선교사는 총 641명에 달했고, 이는 중국에서 사역하는 해외 선교사들의 약 40퍼센트에 해당하는 수치였다.

1905년 6월 허드슨 테일러는 후난(Hunan) 성에서 73세의 일기로 생을 마감했다. 51년간 중국 선교를 위해 헌신했으며, 그 기간 중 만 27년을 중국 땅에서 살다가 마침내 그 땅에서 하나님의 부르심을 받았다. 그가 숨을 거둔 1905년에는 800여 명의 중국 내지 선교회 선교사가 205개 선교 지부에서 선교 사역을 하고 있었다.

로버트 모리슨과 허드슨 테일러 외에 영국, 스코틀랜드, 독일, 미국 등지에서 온 수많은 선교사가 헌신적으로 활동하면서 중국 선교는 괄목한 만한 성장을 이루었다. 1890년경, 중국에는 약 2,000명의 개신교 선교사가 있었으며, 약 1,600명의 중국 사역자들이 있었다. 총 개신교 교인의 숫자는 112,000여 명에 이르렀다. 중국 개신교는 양과 질에 있어서 놀랍게 발전했지만, 1900년에 발생한 의화단 사건으로 말미암아 뜻밖의 큰 타격을 받았다. 이 사건은 외세 배척을 겨냥한 무장 투쟁으로서 기독교인들에 대한 탄압이 곳곳에서 무섭게 일어났다.

5월과 6월 사이에 가톨릭 선교사와 신자들을 포함해서 개신교 선교사와 신자들이 무참하게 학살당했다. 약 135명의 개신교 선교사들과 그들의 자녀 53명 그리고 약 1,912명의 중국 개신교 신자들이 순교를 당했다. 그런데도 1949년에 마오쩌둥(毛澤東, 1893-1976)이 공산 정부 중화 인민 공화국

(중국)을 창건할 때까지 중국에 약 430만 명의 개신교 신자들이 있을 정도로 크게 성장했다.

4. 이 시대 선교의 특징

개신교 선교는 처음부터 강압이나 파송이 아닌 자발적 선교로 이루어졌다. 윌리엄 캐리를 비롯한 수많은 선교사는 선교를 하나님이 자신들에게 맡겨준 시대적 사명으로 알고 자발적으로 해외 선교지로 떠났다. 자발적 선교가 있었기에 개신교회의 선교 황금기가 가능했다. 이 시대의 개신교 선교는 세계 복음화를 향한 성령 하나님의 놀라운 섭리이며 인도였다.

당시 서구 강대국들의 팽창주의와 식민주의가 선교의 길을 쉽게 열어 준 역사적 정황을 부인할 수 없다. 또한, 일부 선교사들은 제국 또는 식민 정권에 협력을 했다. 어떤 선교사는 인종, 문화, 종교 우월주의에 사로잡혔었다.

그러나 대다수의 선교사는 젊은 나이에 자발적으로 선교지에 들어가 일생을 복음화에 바쳤다. 가족과 함께 간 선교사들은 자신뿐만 아니라 자녀들의 물리적, 경제적, 정신적 희생을 온 몸으로 감수해야 했다. 그들은 조롱과 탄압과 박해를 견뎌가며 오직 선교에만 충실하다가 선교지에서 숨을 거두고 그 땅에 묻혔다.

일부의 부적절한 행위 때문에 절대 다수의 희생적인 선교사들을 결코 폄하하거나 비난해서는 안된다. 그들은 세계 복음화를 향하신 성령 하나님의 섭리와 인도하심에 온전히 순종했던 위대한 복음 전도자들이었다.

또한, 이 당시의 선교는 평신도 전문인 선교의 길을 열어주었다. 즉, 안수 받은 목회자들과 다양한 직종을 가진 평신도 전문인들이 함께 협력하는 선교 시대를 열어주었다.

예를 들어, 인도 세람포의 삼총사 가운데 윌리엄 캐리만이 목사였고, 윌리엄 워드는 인쇄업자 그리고 쟈쉬아 마쉬맨은 교육자였다. 그들의 전문화된 사역을 통해 캐리는 성경을 번역했고, 워드는 번역한 성경을 출판했고, 마쉬맨은 세람포대학을 더욱 발전시켰다. 이처럼, 의사, 간호사, 교사, 기술자 등 다양한 직종의 남녀 평신도들이 선교 사역에 뛰어들면서 선교의 결실을 더욱 높여 주었다.

또한, 우편과 통신 제도가 발전하면서 선교지 소식이 빠르게 모국에 전해졌고, 이 소식은 접한 교회와 교인들은 기도와 물품과 헌금 등으로 그들의 선교 활동을 적극적으로 지원했다. 일례로, 1865년 허드슨 테일러가 중국 내지 선교회를 창설한 이래, 그가 숨질 때인 1905년까지 40년간 무명의 한 교인이 선교 후원금을 보냈는데 그 헌금의 총액이 무려 20만 파운드에 달했다.

평신도 전문인 선교가 활발히 이뤄지면서 교회 설립뿐만 아니라 각종 인도적이고 계몽적인 선교 사업이 병행되었다. 선교사들은 교육 사업, 의료 사업, 청년과 여성 인권, 문서 사업, 자선 사업 등과 같은 각종 인도적인 선교 사역을 펼쳤다.

그리고 아편, 도박, 매춘, 노예, 악습 등과 같은 폐악을 폐지하거나 개선하는 사회 계몽과 개혁에도 크게 기여했다. 이 모든 사역은 기독교에 대한 좋은 인식을 현지인들에게 심어주었고, 복음을 전하는 중요한 통로 역할을 했다.

제44장

근대의 유럽과 영국 교회

1800년대의 개신교회는 역사상 최고의 선교 황금기를 맞이하며, 유럽을 넘어 아프리카와 아시아로 개신교의 교세를 확장시켰다. 또한, 동시기에 유럽과 영국의 교회는 각종 신학과 교파 운동이 다양하게 일어났다. 한편에서는 성경적 진리와 영적 각성을 외치며 정통주의를 지키려는 움직임이 있었고, 또 다른 편에서는 계몽주의 철학과 과학 발전을 기반으로 성경을 재해석하려는 진보적 시도가 진행되었다.

1. 독일와 네덜란드 교회

독일에는 개신교와 가톨릭교회가 서로 교세의 균형을 이루며 발전해갔다. 개신교 안에는 루터교와 개혁교회 그리고 소수의 자유교회들이 있었다. 1700년대에 일어난 경건주의 운동을 통해 개인적인 경건과 그리스도에 대한 믿음이 강조되었지만, 여전히 이성주의 철학의 거센 도전을 받았다. 그 결과 1800년대 초반에 자유주의 신학이 출현하여 중반 이후부터는 화려하게 꽃을 피우기 시작했다.

그런데도 이성주의에 맞서는 각성 운동이 1800년대 초에 독일에서도 소규모적으로 일어났다. 한편 1800년대 전후로 미국으로 이민을 떠나는 독일인의 숫자가 급격히 늘어났다. 루터파 교인이 다수를 이루었으며, 모라비안 경건주의자도 이민 대열에 합세하여 미국으로 건너가 펜실베니아 필라델피아를 중심으로 정착했다.

　네덜란드는 종교개혁 과정을 통해서 대다수의 국민들이 칼빈의 개혁파 신앙으로 개종했다. 1810년 나폴레옹(Napoleon Bonaparte, 1769-1821)이 이끄는 프랑스 제국에 잠시 지배를 받았지만, 나폴레옹 정권이 몰락한 후, 주권을 되찾고 개신교 국가로서의 면모를 다시금 회복했다. 그러나 1816년 네덜란드 국왕이 교회 운영을 간섭하며 통제하기 시작하자 교회 내에 분열이 발생했다. 1834년 헨드릭 드 콕(Hendrik de Cock, 1801-1842)을 주축으로 120개의 교회가 분리되어 나와 분리파 네덜란드 개혁교회를 설립했고, 1854년 목회자 양성을 위해 캄펜(Kampen)신학교를 세웠다.

　1866년 아브라함 카이퍼(Abraham Kuyper, 1837-1920)가 이끄는 200여 교회가 국교로부터 분리하여 돌레안치(Doleantie, 애통)파 개혁교회를 세웠다. 1880년 카이퍼는 자유(Vrije)대학교를 설립했다. 1892년 분리파와 애통파는 합동하여 화란 개혁교회(Reformed Churches in Netherlands)를 설립했다. 캄펜신학교와 자유대학교는 당시 칼빈주의 신학의 본산 역할을 했다. 카이퍼는 목사와 신학자로서 뿐만 아니라 국회의원이 되어 입법 활동을 통해 정치 개혁에 힘썼으며, 1901년부터 1905년까지 네덜란드의 수상을 역임했다. 그는 하나님의 일반 은총과 영역 주권을 강조한 신칼빈주의 효시로 알려졌다.

　네덜란드 사람들은 북아메리카 신대륙 개발 초기 때부터 이주해 왔다. 주로 뉴욕에 정착한 네덜란드 이민자들은 도시 뉴암스텔담(New Amsterdam)을 건설하고 1628년부터 모국의 네덜란드 개혁교회에 속한 교회로 존속하다가, 미합중국의 창건과 더불어 1792년에 본국 교회와 독립된 미국 네덜란드 개혁교회(Dutch Reformed Church)를 조직했다. 1867년에 교회 이름을 미국 개혁교회(Reformed Church in America, RCA)로 개칭했다. 1784년 네덜란드 이민자들이 세운 뉴브런스위크신학교(New Brunswick Theological Seminary)는 목회자뿐만 아니라, 국내외에 많은 선교사를 배출했다.

　1885년 4월 복음의 불모지 조선 땅에 들어온 최초의 선교사 호레스 언더우드(Horace G. Underwood, 1859-1916)는 이 학교에서 1881-1884년 기간에 신학을 공부했다. 1800년대에 더 많은 네덜란드 개신교 교인이 미국으로 이주해 들어왔다. 그들은 미시건 주 그랜드 래피드(Grand Rapids)를 개발하고 정착한 후, 1857년 기독교개혁교회(Christian Reformed Church, CRC)를 독립적으로 세웠다. 1876년 칼빈신학교(Calvin Theological Seminary)를 세우고 목회자 양성을 시작했다. 이 신학교는 다음과 같은 뛰어난 신학자들을 배출했다.

첫째, 게할더스 보스(Geerhardus Vos, 1862-1949)
둘째, 루이스 벌코프(Louis Berkhof, 1873-1957)
셋째, 코넬리어스 밴틸(Cornelius Van Til, 1895-1987)
넷째, 안토니 A. 후크마(Anthony A. Hoekema, 1913-1988)

이들은 미국 장로교 신학자들과 더불어 미국 개혁주의 신학을 이끄는 한 축을 담당했다.

2. 영국의 교회

1) 성공회 내 복음주의적 운동

1790년부터 1830년까지 성공회 내의 성직자들과 상류층 지도자들을 중심으로 복음주의적 부흥 운동과 사회 개혁이 일어났다. 존 뉴톤(John Newton, 1725-1807)은 노예선 선장으로 노예 매매업을 했던 인물이었다. 그러던 1748년에 어느 설교자의 설교를 통해 회심을 경험하고, 신학을 공부했다. 1755년 성공회 사제 서품을 받고 평생을 성공회 신부로 헌신했다. 1799년 그는 <나 같은 죄인 살리신>(Amazing Grace)이라는 명 찬송가를 지었다. 경건한 성공회 신부 존 벤(John Venn, 1759-1813)은 1792년부터 1813년까지 부유층 자선 단체인 클랩햄(Clapham)을 지도하면서 많은 사회

개혁 지도자를 이끌어 냈다.

그중에 대표적인 인물이 윌리엄 윌버포스(William Wilberforce, 1759-1833)였다. 그는 부유한 상류층 인사로서 사회 개혁을 이끌어간 대표적인 성공회 평신도 복음주의자였다. 케임브리지대학교를 졸업한 후 정치인으로 승승장구하던 그는 1780년 21세의 나이에 하원의원이 되었다. 그러나 복음주의적 설교자 존 뉴톤과 아이작 밀너(Isaac Milner, 1750-1820)에게 크게 감명받고, 1785년에 중생의 경험을 했다.

그때 세속적 직업을 그만두려고 했으나, 뉴톤 목사의 권고로 정계에 그대로 남아 활동했다. 1787년 런던 노예 무역 폐지 협회를 조직하여 노예 제도 폐지 운동에 앞장섰다. 그의 친구이자 25세에 수상이 되어 20년간 국정을 이끌었던 윌리엄 피트(Willaim Pitt, 1759-1806)와 협력하여 결국 1807년에 노예 무역 금지 법안을 통과시켰다. 이에 영향을 받은 미국도 같은 해에 노예 무역 폐지를 법으로 정했다.

윌버포스가 숨지기 3일 전인 1833년 7월 26일에 노예 제도 폐지 법안이 영국 의회를 통과했다. 클램햄파의 또 다른 정치인 타인머스 경(Lord Teignmouth, 1751-1834)은 1804년에 설립된 영국과 해외 성서 공회 초대 회장을 지내면서 세계 선교를 헌신적으로 후원했다.

2) 옥스퍼드 운동

옥스퍼드대학교를 중심으로 1833년부터 1845년까지 일어난 옥스퍼드 운동은 사도적 계승, 세례에 의한 중생, 예전의 중요성을 강조했다. 1828년과 1829년에 의회가 비국교도와 가톨릭 교인들에게 더 많은 종교적 자유를 부여하자, 이에 불만을 품은 많은 국교회 성직자들이 이 운동에 동참했다. 성공회 신부이자 옥스퍼드대학교 교수였던 존 뉴먼(John H. Newman, 1801-1890)은 옥스퍼드 운동을 이끈 지도자였다.

<내 갈길 멀고 밤은 깊은데>와 같은 찬송가와 여러 성가를 작시 또는 작곡하여 개신교 음악 발전에 기여했으나, 1845년 가톨릭교회로 개종했고 이후 추기경으로 선출되었다. 뉴먼을 추종했던 성공회 신부 헨리 매닝(Henry E. Manning, 1808-1892)도 1851년에 가톨릭으로 개종하여 그 역시 추기경이 되었다.

이들의 영향으로 1862년에 250여 명의 성공회 신부와 신학자 그리고 600여 명의 지식인이 가톨릭교회로 개종했다. 가톨릭으로 개종하지 않고 국교회에 남았던 옥스퍼드 운동 지지자들은 성공회 고(high)교회파를 이끌었다.

3) 윌리엄 부스와 구세군

1829년 영국 노팅엄(Nottingham)에서 태어난 윌리엄 부스(William Booth, 1829-1912)는 15세에 교회 출석하기 시작했고 곧 회심을 경험했다. 1855년 캐서린(Catherine Booth, 1829-1890)과 결혼했고, 1858년부터 감리교 목사로서 부인과 함께 복음 전파에 전념했다. 명설교자와 강연자로 부부는 명성을 얻었으나, 안정적인 목회보다는 런던의 빈민자들에게 복음을 전파하는 것을 자신들의 진정한 사명으로 확신하고, 1861년에 감리교 목사직을 사임했다.

1865년 기독교 선교회(Christian Mission)를 설립하고 이때부터 런던 빈민촌에 들어가 본격적으로 사역을 넓혀갔다. 당시 기존 교회는 부유하고 존경받는 사람들을 환영했으나, 가난하고 배우지 못한 빈민들을 꺼려했다.

결국, 부스 부부는 그들을 위한 새로운 교회가 필요하다는 것을 깨닫고, 1878년에 기독교 선교회를 구세군(Salvation Army)이라는 명칭으로 바꾸어 교회를 창설했다. 교회 제도를 교회 이름에 맞추어 군대식으로 조직했으며, 부스는 초대 대장이 되었다. 대장 아래 각 지역 사령관이 있고, 각 지역 사령관 밑에는 개교회에 해당하는 영들을 목회하는 사관을 두었다. 호칭뿐만 아니라 군대식 제복을 모든 성직자에게 입혔다.

당시 영국은 산업 혁명으로 말미암아 도시화와 산업화가 빠르게 진행되고 있었다. 이때 발생한 도시 빈민과 공장 근로자들을 중심으로 구세군은 복음 전파, 자선 사업, 복지 사업 등을 전개했다. 초기에는 조소와 비난과 박해를 많이 받았지만, 시간이 흘러가면서 구세군의 활동을 이해하고 참여하는 사람들이 점점 늘어났다. 1902년 국왕 에드워드 7세(Edward VII, 재위 1901-1910)는 윌리엄 부스를 버킹검 궁전으로 초대하여 그의 공로를 높이 치하했다. 그때 부스는 다음과 같이 방명록에 기록했다.

> 폐하, 어떤 이의 야망은 예술이고, 어떤 이의 야망은 명성이며, 어떤 이의 야망은 돈에 있지만, 저의 야망은 오직 인간의 영혼에 있습니다.

1912년 8월 20일, 83세의 일기로 하나님의 부르심을 받아 런던 자택에서 숨을 거두었다. 27일에 치뤄진 그의 장례식에는 여왕을 비롯한 약 4만 명의 사람이 운집했다. 현재 전 세계 108개 국가에 구세군교회가 있으며, 교회와 각종 사회 복지 단체를 운영하고 있다.

4) 설교 왕 찰스 스펄전

1800년대 중반 이후 약 50년간 개혁주의 침례교 전통에 서서 영국 교회의 부흥을 주도했던 인물은 찰스 스펄전(Charles H. Spurgeon, 1834-1892)이었다. 이른바 그는 영국 교회가 낳은 설교 왕이었다. 1834년 스펄전은 에섹스 주 켈비돈(Kelvedon)에서 회중교회 목사의 아들로 태어났다.

1850년 16세 때, 회심을 경험했고, 이듬해에 회중교회 전통을 버리고 성인 세례를 받은 후 침례교회로 옮겼다. 1852년 1월 18세 때, 케임브리지 소재 워터비치침례교회(Waterbeach Baptist Church)로부터 담임목사로 초빙 받아 목회를 시작했다. 40명의 교인 수는 한 해만에 400명으로 급성장했다.

뛰어난 청년 설교자로 명성을 얻은 스펄전은 3년 뒤인 1854년 4월에 런던 중앙에 위치한 뉴파크스트리트침례교회(New Park Street Baptist Church)의 초청으로 담임목사가 되었다. 230여 명에 불과했던 이 교회는 매 주일마다 찾아오는 청중들로 인산인해를 이루었다. 급기야 1856년에 서레이 가든스(Surrey Gardens) 음악당을 빌려 예배를 드렸다. 세상적 오락 장소를 빌려 예배를 드린다는 비난이 있었지만, 빠르게 증가하는 성도의 수를 도저히 감당할 수 없었다. 첫 집회인 1856년 10월 19일 저녁에만 1만 명이 모였다. 이때 그의 나이 불과 22세였다.

1861년 런던 남부에 메트로폴리탄테버너클(Metropolitan Tabernacle)교회를 새로이 건립했다. 5,000명이 착석할 수 있고, 1,000명은 서서 예배드릴 수 있는 대형 교회로서, 현대 개신교 대형 교회의 효시가 되었다. 매주일 예배는 거의 만석을 이루었다. 1892년 그가 숨질 때까지 30년간 매주일 평균 출석 인원은 약 5천 명에 달했다. 그에게 세례를 받은 사람들의 숫자만도 14,460명에 이르렀다.

스펄전은 설교의 왕으로 설교에 천부적인 재능을 가지고 있었다. 다양한 사역으로 너무 분주한 나머지 때로는 주일 낮 설교를 토요일 아침에, 주일 저녁 설교를 주일 오후에 준비하기도 했다. 원고는 대개 한 장 또는 반장 정도로 설교의 대지와 소지 만을 적어 가지고 강단에 올라가 즉흥적으로 설교하는 경우가 많았다. 그런데도 그의 모든 설교는 청중들의 마음에 깊은 감동을 주었다. 그의 설교는 항상 권위가 있었고 우렁찼고 감동적이었다. 설교는 항상 예수 그리스도의 대속과 구원에 초점이 맞춰 있었다.

목회자 양성을 위해 1856년에 목회자대학(Pastor's College)을 세웠다. 이 대학의 목적은 영혼 구원에 열정을 지닌 목사를 양성하는 것이었다. 2년의 교육 과정을 마친 학생들에게는 의무적으로 교회가 없는 곳에 가서 교회를 세우거나 거리에 나가 복음을 전하도록 했다. 1866년 한 해에 목회자대학의 학생들이 런던에만 18개의 교회를 세웠다. 1892년까지 약 900명이 공부하고 영국 각 지역으로 흩어져 목회 활동을 했다.

브리스톨에서 대규모의 고아원을 운영하는 조지 뮬러(George Muller, 1805-1898)를 무척 존경했던 스펄전은 그를 본받아 1867년과 1879년에 런던 스탁웰(Stockwell)에 남녀 고아원을 각기 세웠다.

스펄전은 칼빈주의 신학과 청교도 신앙을 엄격하게 따랐다. 어려서부터 유명한 청교도 신학자들의 글을 두루 섭렵했으며, 존 번연의 『천로역정』을 죽기 전까지 무려 100번이나 읽었다. 1880년 중반, 스펄전이 속해있던 침례교 연맹(Baptist Union)에 당시 유행하던 유럽의 자유주의 신학이 유입되면서 신학 논쟁이 발생했다. 1887년 그는 「검과 흙손」(The Sword and the Trowel) 잡지를 통해 소위 '격하 논쟁'(Downgrade Controversy)을 벌였다.

스펄전은 일부 침례교 목사들과 신학대학이 독일의 고등 성경 비평과 찰스 다윈의 진화론을 따르는 것을 비판하며, 그러한 진보적인 신학은 성경의 권위를 '격하'시키는 것이라고 반박했다. 결국, 침례교 연맹을 탈퇴했다. 이처럼 설교자와 복음 전도자로서 교회 부흥과 갱신을 위하여 그리고 엄격한 칼빈주의 목사와 청교도로서 진리 수호를 위하여 헌신하다가 1892년 1월 31일, 58세의 일기로 하나님의 부르심을 받았다.

3. 스코틀랜드와 아일랜드 교회

1688년의 명예 혁명을 계기로 영국을 공동 집권하게 된 윌리엄과 메리 부부는 1689년에 종교 관용령을 발표했다. 이 관용령을 통해 스코틀랜드 의회는 1690년에 장로교를 국교로 채택했다.

하지만 교회의 목사를 왕이나 영주들이 임명할 것인가 아니면 회중이 선택할 것인가에 대한 성직 서임권 문제로 스코틀랜드 장로교회는 논쟁에 휩싸이며 오랜 기간 분열과 통합을 거듭했다.

1722년 장로교 총회는 회중에게 목사 선택권이 있다며 왕의 성직 서임권을 반대하는 에벤에셀 어스킨(Ebenezer Erskine, 1680-1754)의 목사직을 해임했다. 그러자 어스킨은 1733년에 연합 장로회(Associate Presbytery)를 세우며 분열해 나왔다. 이후 분열파들이 또다시 분열을 거듭하다가 1847년에 재연합하여 스코틀랜드 연합장로교회(United Presbyterian Chruch of Scotland)를 설립했다.

1843년 스코틀랜드 장로교회에 남아있던 목회자들 중에서 전체 인원의 3분의 1에 해당하는 474명의 목사가 성직 서임권을 반대하는 토마스 찰머즈(Thomas Chalmers, 1780-1847)를 중심으로 다시 분리하여 나와 자유교회(Free Church)를 조직했다. 1900년 연합장로교회와 자유교회가 통합하여 연합자유교회(United Free Church)를 창설했다.

1874년 스코틀랜드 의회가 성직 서임권 제도를 영구히 폐지함으로써 분열의 씨가 사라졌다. 교회 통합 논의가 재차 일어나 마침내 1919년에 스코틀랜드 장로교회와 연합자유교회가 오늘날의 스코틀랜드 교회(Church of Scotland)로 통합했다.

아일랜드는 영국의 종교개혁 영향으로 개신교를 받아들였다. 영국 왕실은 엘리자베스 1세 때부터 아일랜드를 병합하려 했고, 성공회를 따르도록 강요했다. 1603년 왕에 오른 제임스 1세는 아일랜드를 병합하려는 목적으로 스코틀랜드 사람들을 강제 이주시켰고, 제임스 1세와 찰스 1세로 이어지는 스코틀랜드 장로교 교인들에 대한 박해 때문에 스코틀랜드인들이 북아일랜드로 대거 이주하기도 했다.

스코트-아이리쉬 사람들은 북아일랜드에 장로교회를 세웠다. 이로써 북아일랜드에는 장로교회가 그리고 남아일랜드에는 전통적인 가톨릭교회가 자리잡으며 발전해갔다. 그러나 북아일랜드 장로교 교인들은 1689년 종교 관용령이 발표되기 전까지 영국 왕실과 성공회 추종 세력에 의해 박해를 종종 겪었다.

결국, 신앙의 자유와 경제적 안정을 찾아 1705년과 1775년 사이에 약 50만 명의 스코트-아이리쉬 사람들이 신대륙의 뉴욕과 뉴저지 그리고 펜실베니아로 이주했다.

그들은 미국 장로교회 건설의 주역이 되었다. 1850년 전후로 백만 명의 남부 아일랜드 사람들이 미국으로 이주했는데 주로 가톨릭 신자들이었다. 1869년 아일랜드 국회는 성공회 국교제를 폐지했다. 이후 교세의 세력은 가톨릭, 장로교, 성공회 순으로 자리를 잡았다.

현재 북아일랜드를 중심으로 600개 이상의 장로교회와 15만 명의 신자가 있다. 벨페스트(Belfast)는 아일랜드 장로교회의 중심 도시로 알려져 있다. 오랫동안 이주와 탄압 그리고 분열을 겪었지만, 대체로 아일랜드 장로교회는 역사적 기독교를 수호하는 정통주의를 유지하고 있다.

제45장

근대의 가톨릭교회와 동방정교회

1. 프랑스 혁명과 가톨릭교회의 위축

1789년에 발생한 프랑스 대혁명은 근대 로마가톨릭교회에 큰 변화를 가져다 주었다. 1688년의 영국 명예 혁명과 1776년의 미국 독립은 프랑스의 도시 자본가 계급과 시골 농민 계급에게 자유 의식을 고취시켜주었다. 그로 인해 1789년부터 2년간 일어난 혁명이 일어났고, 절대 군주 루이 16세(Louis XVI, 재위 1774-1793)의 부르봉 왕조가 붕괴되었다.

1789년 8월 정권을 장악한 프랑스 제헌 국민 의회는 교회와 관련된 주요 법안을 통과시켰다. 1789년 11월 의회는 교회의 토지를 국가에 종속시키며, 1790년 초에는 수도원을 폐쇄한다는 결정을 내렸다. 같은 해 여름, 성직자 시민법을 통과시켜 주교의 숫자를 줄였으며, 국가에서 성직자들에게 급료를 지불하고 대신에 성직자는 국가 정책에 충성하도록 했다. 새로운 법안으로 철퇴를 맞은 약 4천 명의 가톨릭 성직자들이 결국 프랑스를 떠났다.

1792년 8월 프랑스 혁명의 영향을 두려워한 오스트리아와 독일 프로이센 왕국은 프랑스 왕실을 도와 프랑스 혁명군과 전투를 벌였다. 9월 양 군대를 물리친 혁명군은 국민 의회를 폐지하고 국민 공회를 새로 구성하고 프랑스 제1 공화 정부를 수립했다.

1793년 공화 정부는 루이 16세에게 파리의 혁명 광장에서 단두대 처형을 집행했다. 1794년까지 계속된 공포 정치로 수많은 정적이 단두대에서 목숨을 잃었다.

혁명 공화 정부에는 무신론주의자들이 많았다. 이들에 의해 반기독교 정책이 강력하게 실행되었다. 1793년 강제적으로 '이성의 종교'(cult of reason)를 만들었다. 그리고 주일 예배 제도를 없애기 위해 7일마다 쉬는 일요일 휴일 제도를 폐지하고, 10일마다 쉬는 새로운 휴일 제도를 도입하여 1804년까지 시행했다.

그리고 성당의 성상과 성물들을 파괴했다. 이 짧은 기간에 가톨릭교회는 엄청난 피해와 박해를 받았다. 재산이 몰수되고, 성당이 파괴되고, 공화 정부에 반대하던 수천 명의 신부가 처형되었다.

교황 비오 6세(Pius VI, 재위 1775-1799)는 프랑스 주재 교황청 대사를 소환하며 반기독교 정책에 강력하게 항거하자, 1799년 3월 프랑스 군대가 이탈리아 교황청을 침공하여 비오 6세를 포로로 잡아왔다. 이처럼 가톨릭교회와 교황권은 프랑스 혁명 기간에 크게 위축되었다.

2. 교황권 회복

1799년 '제1통령'이 되어 정권을 장악한 나폴레옹은 가톨릭교회와의 관계를 일부 복구했다. 1804년 12월 2일, 그는 프랑스 제국의 초대 황제로 등극했다. 교황 비오 7세(Pius VII, 재위 1800-1823)는 파리로 가서 그의 대관식을 거행했지만, 권위의 우위권이 황제에게 있다고 믿는 나폴레옹은 자신이 직접 황제관을 썼다.

나폴레옹은 이후에 이탈리아 반도 중부 전역에 있는 교황령을 프랑스 영토로 합병했다. 이에 비오 7세가 항의하자 1809년 7월 그를 납치하여 퐁텐블로 감옥에 약 5년간 감금시켰다.

1814년 교황청으로 돌아온 비오 7세는 교황권 회복을 위해서 백방으로 노력했다. 1773년 해체되었던 예수회를 1814년에 다시 복구시켰다. 이때부터 예수회는 교황권의 친위부대 역할을 하며 가톨릭의 신학 교육과 해외 선교를 다시 주도해 갔다.

1815년 잃었던 교황령의 일부를 되찾았다. 1830년대 영국에서 발생한 옥스퍼드 운동도 교황권 회복과 교회 복구에 큰 힘을 실어주었다. 옥스퍼드 운동의 지도자 헨리 매닝과 존 뉴먼이 가톨릭으로 개종했고, 1862년에는 250여 명의 성공회 성직자와 신학자 그리고 600여 명의 지도급 인사가 가톨릭교회에 합류했다.

1846년 비오 9세(Pius IX, 재위 1846-1878)가 교황으로 선출되었다. 32년간 교황좌에 앉았던 가장 오래 재위한 교황이었다. 선임 교황들보다 더 가톨릭교회의 권위를 강화시키려고 노력했다. 1854년 『말로 표현할 수 없는 하나님』(Ineffabilis Deus)이라는 교서를 통해 마리아 무흠 수태설, 즉 마리아가 원죄에 물들지 않은 상태에서 예수를 잉태했다는 교리를 재확증했다. 1863년 8월 10일, 이탈리아 주교들에게 공표한 회칙을 통해 1302년의 『우남상탐』 칙서를 재확인하며, 다음과 같이 선포했다.

구원은 로마가톨릭교회 안에만 있다.

그의 소집령에 의해 1869년 12월부터 1870년 7월까지 제1차 바티칸 공의회가 개최되었다. 급변하는 국내외 정세에 대한 가톨릭교회의 입장을 논의하기 위해서 약 700명의 주교가 모인 대규모 회의였다. 이때 뜨거운 논쟁 중에 하나가 교황 무오설 교리였다.

긴 논의 끝에 1870년 7월 표결에서 찬성 553표, 반대 2표로 교황 무오설 교리를 채택했다. 즉 바티칸 공의회는 '교황의 신앙적, 도덕적, 교리적 가르침에는 전혀 오류가 없다'라는 교리를 교회의 정식 교리로 발표했다. 이 교리는 추락한 교황의 권위를 최상으로 끌어 올리며 그의 군주적 통치권을 강화시켜주었다. 이 법안으로 인해 교리 논의를 위한 더 이상의 공의회가 사실상 필요 없게 되었다.

3. 교황령과 가톨릭교회의 약화

751년 프랑스 카롤링거 왕조를 창건한 피핀은 754년에 교황 스테파노 2세에게 교황령을 기증했다. 그때부터 유지되던 교황령은 중세기를 거치면서 로마를 중심으로 이탈리아 반도 중부 전역까지 넓혀졌다. 이탈리아에 몰아친 독립 전쟁을 통해 1861년 3월에 이탈리아 왕국이 태동됐다. 이탈리아 왕국은 로마와 베네치아를 제외한 이탈리아 반도 전역을 하나의 영토로 통일시켰다. 따라서 로마 시를 제외한 모든 교황령이 이탈리아 왕국에 예속되었다.

그나마 로마를 지킬 수 있었던 것도 로마에 상주하며 교황청을 보호해주었던 프랑스 군대 때문이었다. 하지만 1870년 바티칸 공의회가 채택한 교황 무오설 교리는 교권적 적대감을 주변 국가 지도자들에게 심어주는 부메랑으로 작용하면서 어느 국가도 그와 같은 교황청의 위기를 도와주지 않았다. 설상가상으로 때마침 프랑스와 독일 프로이센 왕국 간에 전쟁(1870-1871)이 발발했다.

로마의 교황청을 지켜주던 프랑스 군대가 독일과의 전쟁을 위해 철수했다. 프랑스 군대가 철수하자, 1870년 9월 20일, 이탈리아 왕국의 군대가 로마를 점령하고 왕국의 영토로 완전히 흡수했다. 아이러니하게도 교황 무오설을 주도했던 비오 9세의 교황의 권위는 다시금 땅에 떨어졌고, 1000년간 유지해온 교황령은 사라졌다.

독일 프로이센 왕국은 프랑스와의 전쟁에서 승리를 거둔 후, 통일 독일 제국을 건설했다. 통일 독일 제국 건설의 주역은 철혈 재상 오토 비스마르크(Otto Bismarck, 1815-1898)였다.

그는 1871년부터 1890년까지 독일 제국의 수상을 역임하며 독일의 근대화를 이끌어냈다. 그는 당시 일고 있던 사회주의만큼이나 가톨릭교회가 강력한 통일 제국을 만드는데 방해가 된다고 생각했다.

따라서 1872년 모든 예수회 수도사들을 축출했으며, 1873년 가톨릭교회가 교육 기관에 관여하지 못하도록 했고, 교회 의식 없이 신고 만으로도 결혼의 합법성을 인정해 주었고, 국가가 지정하는 대학에서 성직자들이 교육을 받도록 하는 등의 여러 법령을 발표했다.

이후 독일 내에서 사회주의 세력의 규모가 점점 더 증가하자 사회주의를 싫어하는 가톨릭교회와의 제휴가 필요했던 비스마르크는 일부 규제 법령을 해제했다. 하지만 독일 내에서의 가톨릭 위세는 이전만 전혀 못했다.

프랑스 역시 반가톨릭 법안을 강력히 시행했다. 1901년 수녀원과 수도원의 교육 활동을 금지하는 법령을 발표했다. 1905년 정교분리법을 채택하여 교회의 재산을 국가 소유로 완전히 환수했으며, 국가가 가톨릭 성직자들에게 제공하던 급료 제도도 폐지했다.

1870년 교황령을 상실한 교황은 교황령 회복과 교회 복구에 전념했다. 1878년부터 1903년까지 교황으로 재위한 레오 13세(Leo XIII)는 국가가 교회를 통제하려는 주변 국가들의 교회 정책에 대해 강력하게 항거했다. 교회의 권위를 복구하기 위한 시도의 일환으로 1879년에 아퀴나스 신학을 모든 가톨릭 학교와 신학교에서 가르치도록 했으며, 1893년에는 성경의 무오성 교리를 재확인했다. 이는 당시 개신교 내에 일고 있던 자유주의 신학이 가톨릭교회 내에 유입되는 것을 차단하려는 대책이었다. 실제로 고등 성경 비평과 진화론을 표방하며 그러한 가르침을 따르는 성직자들이 교회 내에 많이 있었다.

그 다음 교황에 오른 비오 10세(Pius X, 재위 1903-1914)는 진보주의를 선호하는 성직자들을 과감하게 정죄하고 파문했다. 교황령 회복에 대한 노력은 교황 비오 11세(Pius XI, 재위 1922-1939) 때에 가서야 결실을 맺었다. 1929년 2월 로마 바티칸 시의 라테란 궁에서 조인된 라테란 조약을 통해 이탈리아의 무솔리니(Mussolini, 1883-1945)와 비오 11세는 현재의 바티칸 시국을 교황령으로 한다는 협약에 조인했다.[1] 로마가톨릭교회는 공산주의의 팽창과 자유주의 신학의 확산 등과 같은 위협적인 도전들과 더불어 가톨릭교회의 권위 회복이라는 당면 과제들을 가지고 1929년부터 바티칸 시대를 새롭게 열어 나갔다.

4. 동방정교회

1054년 로마가톨릭교회와 분열하기 전 동방 교회는 9세기경부터 슬라브어를 사용하는 동유럽과 북유럽 선교에 주력했다. 850년경 루마니아에 이어 불가리아가 동방 교회를 받아 들였다. 현재의 우크라이나, 벨라루스, 러시아 등의 광활한 지역을 지배하던 키예브 루스(Kievan Rus) 대공국(682-1240년)은 988년에 블라디미르 1세(Vladmir the Great, 재위 980-1015) 대공이 비잔티움 제국에서 파송된 성직자들에게 세례를 받음으로써 동방 교회를 국교로 삼았다.

1051년 키예브에 주교좌가 세워졌고, 콘스탄티노플 총대주교의 권한 아래 놓였다. 1240년 몽골 제국에 의해 키예브 대공국이 붕괴되자 키예브 대공국에서 갈라져 나온 무리들이 모스크바를 중심으로 모스크바 대공국(1283-1547)을 세웠다. 그리고 1329년 동방정교회 교구청을 키예프에서 모스크바로 옮겼다.

1453년 비잔티움 제국이 오스만 제국에 의해 멸망하자, 모스크바 대공국은 동로마 비잔티움 제국을, 모스크바 대공은 비잔티움 제국의 황제직

---

[1] 바티칸 시국은 독립 도시 국가로서 교황을 통치 주권자로 삼고 있는 소위 신성 도시 국가이다. 크기는 여의도 면적의 6분의 1 정도이며, 약 900명의 인구가 살고 있다. 비롯 옛 교황령의 규모와 영화와는 전혀 비견될 수 없을 정도로 축소되었지만, 현재 전 세계 12억 4천만 가톨릭 교인들의 중심 역할을 하고 있다.

을 계승한다고 선포했다. 비잔티움 제국의 붕괴와 더불어 콘스탄노플 총대주교의 권위가 상당하게 위축되면서, 이제 모스크바 교구청은 동방정교회를 지탱해 주는 마지막 거점이 되었다.

그리고 아주 자연스럽게 슬라브 언어권에 속해 있는 모든 정교회의 중심 역할을 했다. 1547년 대공 이반 4세(Ivan IV, 1530-1584)는 모스크바 대공국을 루스 차르국(Tsars of Russia, 1547-1721)으로 개칭했고, 자신의 호칭을 차르(Tsar, 로마식 황제 시저와 동일한 칭호)로 바꾸었다.

그리고 수도 모스크바를 '제 3의 로마', '제3의 예루살렘'으로 불렀다. 1589년 러시아정교회는 콘스탄티노플의 세계 총대주교로터 독립교회 지위를 승인 받았으며, 모스크바는 다섯 번째 총대주교좌가 되었다.

1682년 루스 차르국의 차르에 오른 표트르 1세(Pyotr I, 재위, 1682-1725)는 서구화 정책을 추진하며 개혁을 강력하게 추진했다. 1703년 서구식의 도시 세인트페데르부르크(St. Petersburg)를 건설했으며, 1713년부터 1918년까지 제국의 수도로 삼았다. 군사력도 강화하여 오스만 제국과 스웨덴과의 계속된 전쟁에서 연승하며 영토를 확장시켰다.

1721년 국가 명을 러시아 제국으로 바꾸고 제국의 초대 황제가 되었다. 러시아 제국은 러시아정교회를 국교로 삼았다. 때문에 가톨릭교회나 개신교회의 활동이 용이하지 않았다. 표트르 1세는 일부 개신 국가의 국교 제도와 왕권신수설을 표방하여 성직자의 임명을 직접 하려고 했다.

1700년 모스크바 총대주교를 황제가 직접 임명한다는 법안을 만들었으며, 1721년 총대주교제를 폐지하고 국가 기관 격인 성무회(holy synod)를 설치하여 교회와 수도원을 직접 관리했다. 이러한 체제는 1917년 러시아 혁명에 의해 제국이 붕괴될 때까지 계속되었다.

동방정교회는 가톨릭교회의 교황 일인 지배 제도와 달리 '사도 위에 사도 없고, 교회 위에 교회 없고, 주교 위에 주교 없다'라는 공교회주의를 표방하며, 모든 정교회의 권위의 동등성을 인정했다.

따라서 정교회는 교회마다 독립된 교회 구조를 가지고 있으며, 각 독립교회의 수장인 총대주교 체제로 운영되었다. 총대주교는 헬라어로 파트리아르케스(πατριάρχης)라 하며, '아버지'라는 의미를 가지고 있었다.

전통적인 4대 총대주교좌(콘스탄티노플, 예루살렘, 안디옥, 알렉산드리아)들이 7세기 이후 이슬람 국가의 영토에 예속됨에 따라 그들의 영향력은 상당히 위축하고 제한되었다. 그나마 콘스탄티노플 총대주교가 동방정교회를 대표하는 세계 총대주교직을 수행하며 세계 정교회의 중심 역할을 했다.

근대에 들어서 그리스, 러시아, 우크라이나, 조지아, 루마니아, 불가리아, 알바니아, 세르비아, 폴란드, 체코슬로바키아, 키프로스, 아메리카 등이 국가별로 발전된 독립교회 체제로 운영되고 있다. 이들 중에서 러시아, 세르비아, 루마니아, 불가리아, 조지아정교회들이 독립 총대주교좌를 가지고 있다.

제46장

자유주의 신학의 등장

19세기에 들어서 전통적인 기독교 신앙을 위협하는 자유주의 또는 진보주의 신학이 등장했다. 이는 17세기부터 시작된 이성주의와 자연 과학의 발달이 크게 영향을 미쳤기 때문이었다. 자유주의 신학이 등장하여 발전하게 된 여러 시대적 정황과 원인들을 살펴보면 다음과 같다.

1. 임마누엘 칸트의 철학

근세 철학의 거성 임마누엘 칸트(Immanuel Kant, 1724-1804)는 1724년에 독일 쾨니히스베르크(Konigsberg)에서 출생했다. 태어난 이후 한 번도 고향으로부터 150킬로미터 이상 떠난 본적이 없으나, 외국의 지리와 문화 그리고 학문 등을 폭넓게 터득한 천재적인 철학자였다. 할아버지 때 스코틀랜드에서 독일로 이주해온 청교도적이고 경건주의적인 가정에서 성장했다.

1755년 쾨니히스베르크대학교에서 박사 학위를 받았으며, 1770년에 이 대학교의 철학 교수가 되었다. 다음과 같은 책을 통해 비판 철학자로서 명성을 널리 알렸다.

첫째, 1781년의 『순수 이성 비판』(*Critique of Pure Reason*)
둘째, 1788년의 『실천 이성 비판』(*Critique of Practical Reason*)
셋째, 1790년의 『판단력 비판』(*Critique of Judgment*)

1786년부터 2년간 쾨니히스베르크대학교의 총장직을 수행했다. 매우 규칙적인 일상 생활 때문에 동네 사람들에게 그는 마치 움직이는 시계와 같았으며, 평생을 독신으로 지내다가 1804년 80세의 나이로 숨을 거두었다.

임마누엘 칸트는 계몽주의를 정점에 올려 놓았을 뿐만 아니라 관념론(idealism) 철학의 기반을 확립해 놓았다. 칸트는 이전의 이성주의와 경험주의자들이 주장했던 인간의 이성과 감각을 자신의 철학 관념의 중요한 모티브로 삼았다.

그러나 그들의 주장에 문제를 제기하며 그 한계에서 벗어나려고 했다. 상기에서 언급한 3가지 저서는 그의 비판 철학의 정수였으며, 책 제목 끝에 붙은 '비판'이라는 개념은 과거의 철학을 비판하는 칸트의 비판적 분석을 의미했다.

칸트의 『순수 이성 비판』은 '무엇을 알 수 있는가'라는 인식론을 다루었는데, 먼저 그는 이성주의자와 경험주의자들이 주장하는 인식 능력의 한계를 지적했다. 반면 칸트는 우리가 알 수 있는 인식의 실재는 정신적이거나 정신으로 구성되어 있다고 강조했다. 그의 인식 체계는 철저히 관념론에 근거했다. 정신으로부터 독립된 또는 정신과 분리된 물질주의와 이원론을 반대했다. 그는 인식의 틀을 실재의 세계(noumena)와 현상의 세계(phenomena)로 구분했다.

실재의 세계란 정신의 세계이며 객관적 지식의 세계이다. 이 세계에 대한 인식은 인간의 감각이나 이성에 의해 얻어지는 것이 아니며, 단지 인간의 순수 이성을 통해 알 수 있는 것은 눈에 보이는 현상 또는 존재에 관한 것일 뿐, 그 현상과 존재의 실재는 깨닫지 못한다고 칸트는 주장했다. 주관적 지식만 존재할 뿐, 객관적 지식이란 얻을 수 없으며, 정신의 세계 또는 신의 세계는 현상의 세계가 아니라 실재의 세계에 속한다고 했다.

이 세계는 순수 이성으로 증명할 수 없는 세계이며 주관적 지식으로 얻을 수 없는 세계라고 하면서, 이성적 판단과 주관적 지식을 통해 초 경험적 정신의 세계를 증명하려는 시도들을 강력하게 비판했다.

그뿐만 아니라 그것들을 통해 정신의 세계 즉 신의 세계를 부인할 지라도, 이성과 경험의 한계 저편에 있는 실재의 세계 즉 정신의 세계와 신의 세계가 존재한다는 것을 결코 부정할 수 없다고 논박했다.

인간의 순수 이성으로는 초월적 실재 세계를 도저히 인식할 수 없다고 주장한 칸트는 1788년에 『실천 이성 비판』을 출판했는데 '어떻게 행동할 것인가'에 관한 윤리학 지침서였다. 이 책에서 칸트는 실재의 세계, 즉 신의 세계에 대한 인식은 도덕적 행위에 관련된 실천 이성에 의해 가능하다고 제시했다.

즉 인간의 도덕적 판단이나 양심을 주관하는 실천 이성은 바로 신의 존재를 인식하게 한다고 했다. 인간은 도덕적 존재이며 도덕적 양심에 따라 살아가도록 하나님이 그러한 능력을 주셨다. 하지만 주관적이고 상황적인 도덕이 아니라 누구가 인정할 수 있는 객관적이고 보편적인 도덕이 되어야 한다고 칸트는 피력했다.

칸트의 관념 철학은 철학 사조에 있어서 패러다임의 전환을 이루었다. 17세기 철학으로 다시 돌아갈 수 없도록 철학의 틀을 완전히 바꾸어 놓았다. 인간의 순수 이성을 신뢰하던 이성주의 사조에 큰 치명타를 입혔다. 아울러 기독교 학문 연구에도 다음과 같은 큰 영향을 끼쳤다.

첫째, 실재의 세계, 신의 세계를 부정하지 않지만, 인간의 이성으로 알 수 없는 인식의 세계로 규정함으로써, 성경에 기록된 하나님의 계시에 대한 역사성과 객관성을 부정하는 결과를 낳았다.

성경에 기록된 다양한 신적 계시와 활동은 인간의 인식이 신앙 대상의 관념으로 만들어 놓은 것에 불과했다. 따라서 그의 관념론적 인식론은 성경에 대한 역사적 비평의 문을 열어 놓았다.

둘째, 신의 세계를 인식하는 데 있어서 인간의 도덕적 행위와 윤리적 의무 등을 강조함으로써, 기독교 또는 종교의 출발을 도덕적 행위로 규정해 놓았다.

칸트가 주장하는 종교의 목적은 도덕적 최고선을 추구하는 것이었다. 즉, 그는 기독교를 신의 계시와 은혜를 구하는 종교가 아니라 선을 추구하는 도덕적 종교로 만들었다.

이러한 사상은 칸트 이후 많은 기독교 진보적 신학자에게 성경 비평과 자유주의 신학을 추구할 수 있는 철학적 근거를 제공해 주었다. 실제로 칸트의 철학적 체계는 다음과 같은 현대 독일 관념 철학자들에게로 이어졌다.

첫째, 게오르크 헤겔(Georg W. F. Hegel, 1770-1831)
둘째, 프리드리히 셸링(Friedrich W. J. von Schelling, 1775-1854)
셋째, 루돌프 로체(Rudolf Hermann Lotze, 1817-1881)

특히, 헤겔은 '테제'와 '안티테제'의 모순과 대립을 통해 보다 높은 차원의 '진테제'로 발전해 간다는 관념론적 정반합 변증법을 창안했다. 그리고 칸트의 종교적 이해는 다음과 같은 독일 신학자들에게 많은 영향을 주었다.

첫째, 프리드리히 슐라이어마허(Friedrich D. E. Schleiermacher, 1768-1834)
둘째, 알브레히트 리츨(Albrecht Ritschl, 1822-1889)

2. 현대 신학의 창시자 프리드리히 슐라이어마허

프리드리히 슐라이어마허(Friedrich D. E. Schleiermacher, 1768-1834)는 19세기 계몽주의와 낭만주의가 낳은 독일 최고 신학자이며 철학자였다. 또한, 자유주의 신학의 아버지이며 현대 신학의 창시자였다. 1768년 독일 개혁교회의 군목의 아들로 태어났으며, 모라비안신학교에 입학하여 신학을 공부했고, 이후 할레대학교에서 경건주의 학문을 배웠다. 그러나 경건주의에 회의를 느끼고 탐구를 중단하고, 대신에 철학과 신학 연구에 몰두했다.

특히, 스피노자(1632-1677)의 범신론적 사상과 칸트의 관념 철학에 깊이 심취했다. 1794년 루터교 목사가 되었으며 부목사로 지역 교회를 섬겼다. 1796년부터 베를린에 있는 병원의 원목으로 일하며, 다양한 강연과 저술 활동을 펼쳤다. 1810년 베를린대학교 창설에 참여하여 죽을 때까지 이 대학교의 신학 교수로 재직했다.

슐라이어마허가 현대 신학의 창시자라는 칭호를 얻게 된 대표적인 작품은 다음과 같다.

첫째, 1799년의 『종교론: 종교에 대한 교양 있는 경멸자들에 대한 강화』
둘째, 1821년의 『기독교 신앙론』

슐라이어마허는 『종교론』의 둘째 강연을 통해 그는 종교를 멸시하거나 부정하는 이성주의 시대의 지성인들을 향해 다음과 같이 그들의 잘못된 태도를 지적했다.

> 종교 없이 사변과 실천을 소유하려고 하는 것은 무모한 오만이며 신에 대한 불손한 적대 행위이고, 조용한 확신으로 요구하고 기다릴 수 있는 것을 소심하게 훔친 프로메테우스의 부정한 욕망이다.[1]

슐라이어마허는 인간을 신앙의 '주체'(subject)로 간주했다. 주체로서의 인간은 어떠한 외부적 교리와 체계에 굴복당해서는 안되며, 도리어 인간은 모든 삶과 사유의 중심이 되어야 한다고 논증했다. 이러한 논증을 통해 전통적인 교리를 중시 여기는 기독교 정통주의와 차별화시켰다. 임마누엘

---

1 슐라이어마허, 『종교론: 종교를 멸시하는 교양인을 위한 강연』, 최신한 역 (서울: 대한기독교서회, 2003), 58.

칸트가 신앙의 인식을 인간의 도덕적 본성에 두었다면, 슐라이어마허는 신앙을 인간의 종교적 체험과 감정에 두었다.

기독교의 전통 교리와 신조를 절대시 하지 않았다. 즉 성경의 진리를 깨닫는 척도를 교리와 신조가 아니라 인간의 종교적 직관과 감정에 근거한다고 주장했다. 슐라이마허는 이성과 도덕이 아니라 마음으로 하나님을 경험할 수 있다는 측면에서 종교를 '게필'(gefühl, 감정 또는 느낌)의 영역에 속한다고 가르쳤다. 그는 『기독교 신앙론』을 통해 믿음이란 인간의 게필에 기반한 "하나님에 대한 절대 의존의 감정"이라고 정의했다.

따라서 믿음을 객관적 계시에 대한 의존보다는 주관적 감정에 근거를 둠으로써 신앙의 주체주의를 분명하게 했다. 즉 종교는 계시 혹은 이성으로 확증된 일종의 교리나 행위의 체계가 아니라, 오히려 유한한 인간이 장엄한 우주 안에서 느끼는 무한자 하나님에 대한 절대 의존의 감정이라고 강조했다.

슐라이어마허는 스피노자의 범신론 사상을 긍정적으로 채용했다. 하지만 슐라이어마허의 신관은 범신론을 넘어 만유재신론에 더 가까웠다. 신은 모든 곳에 내재해 계시고, 인간은 게필을 통해 능동적으로 신을 의존한다고 보았다. 그래서 기독교 신앙을 객관적 이해가 아니라 주관적 이해로 해석했다. 때문에 성경을 하나님의 영감으로 기록된 신적 계시로 보는 것이 아니라, 인간의 종교적 경험에 대한 기록으로 간주했다.

예수의 죽음에 대해서도 생각을 달리했다. 그리스도가 죄를 속량하기 위하여 십자가에 죽으신 것이 아니라, 우리의 스승이 되어 좋은 도덕적 모범을 보이기 위해 죽은 거룩한 희생으로 보았다. 이러한 슐라이어마허의 종교 이해는 당시로서는 매우 혁신적이었다. 그리고 칸트의 관념 철학의 영향으로 말미암아 그의 종교 이해는 지성인들 사이에 널리 확산되었다. 슐라이어마허의 종교 이해와 헤겔의 정반합 변증법에서 나온 진화론적 역사 비평은 향후 자유주의 신학자들에게 성경과 정통 교리에 대한 비평 의식을 심어 주었다.

3. 고등 성경 비평

일반적으로 성경 비평에는 본문 비평이라 불리는 하등 비평과 역사 비평이라 불리는 고등 비평으로 크게 분류된다. 하등 비평은 편집 비평으로도 불리며, 다양한 성경 사본을 연구하여 성경 본문의 원문을 찾으려는 시도이다. 고등 비평은 성경의 저자, 기록 의도와 목적, 문체, 시기, 역사적 배경 등을 탐구한다. 이러한 성경 비평은 성경의 역사적 문헌적 진정성을 추구하는데 있어서 매우 중요한 연구 방법론이다.

칸트의 관념 철학과 슐라이어마허의 종교 이해의 영향을 통해 자유주의적 관점에서 시도하는 성경 비평학이 등장했다. 즉 성경을 신적 계시로 간주하기 보다는 인간의 주관적인 종교적 체험 또는 구술 전통으로 바라보는 비평학이 나타났다. 그러한 관점에서 전통적인 성경관 즉 성경의 영감성과 역사성에 의문을 제기했다.

고등 성경 비평의 첫 시도는 18세기 프랑스 의사 쟝 아스트룩(Jean Astruc, 1684-1766)에 의해 이뤄졌다. 그는 창세기 1장과 2장의 연구를 통해 히브리어 하나님을 엘로힘(אֱלֹהִים)과 야훼(יהוה)로 각 장이 서로 다르게 표기되어 있는 것을 발견했다.

아스트룩은 이를 E 문서와 J 문서로 각기 구분하고 창세기의 첫 두 장이 서로 다른 두 문서의 편집으로 이루어졌다고 주장했다. 이후 헤르만 후펠트(Hermann Hupfeld, 1796-1866)는 1853년에 출판한 자신의 저서 『창세기 원 문서와 그 구성』에서 P 문서와 E 문서를 언급하며 오경은 모세의 단독 작품이 아니라 최소한 둘 이상의 저자에 의해 쓰여진 작품이라고 주장하기에 이르렀다.

이들의 주장은 소위 그라프-벨하우젠 가설로 알려진 오경의 JEDP 문서 편집설로 절정을 이루었다. 칼 H. 그라프(Karl H. Graf, 1815-1869)는 1866년에 제사문서인 P 문서가 오경 가운데 최종 문서에 속한다고 주장했고, 율리우스 벨하우젠(Julius Wellhausen, 1844-1918)은 그의 이론을 받아들여 1878

년에 JEDP 이론을 주장하게 되었다.[2] 이러한 가설을 바탕으로 그들은 오경이 JEDP라는 각기 다른 문서가 각기 다른 저자와 시대에 기록된 작품들이며, 익명의 사람에 의해 편집되었다고 주장했다.

결국, 그들의 가설은 전통적 견해인 모세의 오경 저작설을 정면으로 부인했다. 구약성경에 대한 고등 성경 비평은 이사야와 다니엘로도 이어졌다. 베른하르트 둠(Bernhard Duhm, 1847-1928)은 1872년의 『이사야 주석』을 통해 이사야를 원 이사야(1-39장), 제2 이사야(40-55장), 제3 이사야(65-66장) 등으로 구분하여 각기 다른 저자에 의해 다른 시대에 기록되었다고 주장했다. 다니엘의 기록 연대도 유대의 마카베오 시대(167-142 B.C.)로 추정하고, 다니엘을 예언서가 아닌 역사서로 봐야한다고 주장했다.

구약성경에 이어 신약성경에 대한 고등 성경 비평학은 독일의 튀빙겐(Tubingen)대학교의 신학부 교수들로 이뤄진 튀빙겐 학파에 의해 주로 이루어졌다. 이 학파의 창설자요 리더였던 페르디난드 바우어(Ferdinand C. Baur, 1792-1860)는 헤겔의 정반합 변증 방법론을 이용하여 초기 기독교는 유대주의 기독교(베드로의 기독교)로 시작하여 이방 기독교(바울의 기독교)와 합해졌고, 2세기 때에 교부들에 의해 더 고급스럽게 체계화된 현재의 기독교로 발전했다고 피력했다.

이러한 바우어의 사상은 같은 튀빙겐 학파이며 자신의 제자인 데이비드 슈트라우스(David F. Strauss, 1808-1874)에게 이어졌다. 슈트라우스는 2권으로 된 『예수의 생애』(1835-1836)를 집필했다. 그는 이 책을 통해 복음서에 기록된 초자연적 기적을 모두 부인했다. 예수는 평범한 인간에 불과했는데, 그의 제자들이 초자연적 기적을 예수에게 입혀 그를 신적 인물로 만들었다고 해석했다. 따라서 예수에 관한 이야기가 아니라 예수 자신의 가르침을 회복해야 하며, 예수에 관한 이야기로부터 초자연적 기적을 제거할

---

[2] JEDP 가설은 야훼 문서(J 문서)는 990-850 B.C, 엘로힘 문서(E 문서)는 850-750 B.C, 신명기 문서(D 문서)는 650-625 B.C, 제사장 문서(P 문서)는 525-425 B.C. 시기에 무명의 저자에 의해 기록된 전승이라고 주장한다.

때, 비로소 본래의 역사적 예수를 만날 수 있다고 주장했다.

결국, 슈트라우스는 예수와 관련된 동정녀 탄생, 이적, 부활, 승천 등의 모든 초자연적 기적을 모두 부정했다. 이러한 과격한 성경 해석으로 1839년에 대학 교수직을 잃었으나, 그의 『예수의 생애』는 "역사적 예수 탐구"라는 새로운 역사 성경 비평학을 낳았다.

역사적 예수 탐구에 심취했던 또 다른 인물은 독일 출신의 유명한 의사, 신학자, 음악가, 루터교 목사, 선교사였던 알베르트 슈바이처(Albert Schweizer, 1875-1965)였다. 1913년부터 평생을 아프리카 의료 봉사에 헌신했으며, 그 공로로 1952년에 노벨 평화상을 수상했다. 1906년에 출판한 그의 신학 저서 『예수의 생애 연구사』는 슈트라우스로부터 이어지는 역사적 예수 탐구의 새로운 장을 열어주었다. 그도 역시 초자연적 기적으로 둘러싸인 예수를 부정했지만, 역사적 예수의 모습을 도덕적인 성인의 이미지로 간주했던 이전 학자들의 견해와 달리했다.

슈바이처는 그리스도를 하나님 나라의 도래를 선포하는 묵시적 종말론자로 간주했으며, 자신의 기대처럼 하나님의 나라가 임하지 않자 스스로 고난과 죽음을 택함으로써 하나님 나라의 도래를 촉구했다고 주장했다. 역사적 예수 탐구는 20세기 중반의 불트만의 비신화화 학파를 거쳐, 오늘날은 역사적 예수 탐구 4세대로 불리는 미국의 예수 세미나 운동으로 이어지고 있다.

4. 유물론의 출현

임마누엘 칸트는 인간의 도덕성을 통해 그리고 프리드리히 슐라이어마허는 인간의 종교적 감정을 통해 정신의 세계 또는 신의 세계를 인식할 수 있다고 했다. 한편 유물론(Materialism)은 만물의 근원을 물질로 보았고, 모든 정신 현상은 물질 작용의 산물로 보았다. 즉 세계의 실재는 정신이나 관념이 아니라 물질이라고 했다.

1848년 독일의 시민 혁명 이후 공업과 산업이 발전하면서 빈부 격차, 도시 빈민, 이익 분배의 불균등, 노동 착취 등 여러 가지 사회적 문제가 등장했다.

이때 독일 관념론에 염증을 느낀 지식인들을 중심으로 유물론이 출현하여 각광을 받았다. 칼 마르크스(Karl Marx, 1818-1883)와 프리드리히 엥겔스(Friedrich Engels, 1820-1895)가 주창한 역사적 유물론은 널리 인기가 있었다.

마르크스는 헤겔의 변증법과 포이어바흐(Ludwig A. von Feuerbach, 1804-1872)의 무신론과 유물론으로부터 큰 영향을 받았다. 그는 생산 관계의 변화에 따라 기존의 생산 관계(지배 계급, 자본주의)에 새로운 생산 관계(피지배 계급, 노동자)가 출현하여 갈등과 투쟁이 발생하게 되어 마침내 또 다른 생산 관계(공산주의 사회)에 도달한다는 변증법을 통해 자신의 역사적 유물론을 논증했다. 그의 유물론은 정신, 영혼, 또는 관념 등을 부정하고 단지 물질만이 세상을 이루고 결정한다고 강조했다.

1848년 마르크스는 『공산주의 선언』(*Communist Manifesto*)을 편찬했다. 이 책은 공산주의의 이론적 토대를 마련해 주었다. 이 책을 통해 마르크스는 인간의 교리와 관념 등은 지배 계층이 합리적 가면을 쓰고 피지배층을 통제하기 위해 만든 수단이라고 비판했다.

종교 역시 피지배층을 통제하기 위한 지배 계층의 창안품이라고 주장했다. 따라서 유물론주의자의 눈에는 종교가 소위 인민의 아편에 불과했다. 종교적 관점에서 유물론은 무신론을 신봉했다.

결과적으로 19세기의 유물론은 20세기 초 중반에 소련과 중국같은 공산주의 국가들의 태동을 가져다 주었다. 공산주의 체제 아래서 기독교를 비롯한 모든 종교는 예외없이 탄압과 박해를 받았다.

5. 찰스 다윈의 진화론

찰스 다윈(Charles R. Darwin, 1809-1882)은 진화론을 체계적으로 알린 영국의 생물학자요 지질학자였다. 의사 집안에 태어난 찰스 다윈은 아버지의 권유로 의대를 다녔으나, 도리어 곤충 채집과 동물 관찰에 더 흥미를 가졌다. 의대를 포기하자 아버지는 다윈에게 성공회 신부가 되도록 1827년에 케임브리지대학교 신학과에 입학시켰다.

1831년 신학 공부를 마쳤지만, 박물학, 식물학, 지질학에 더 심취했고 그 분야에서 뛰어난 재능을 드러냈다. 1831년 12월 로버트 피츠로이(Robert FitzRoy, 1805-1865) 선장이 이끄는 비글(Beagle) 탐험선에 승선하여 1836년 2월까지 약 5년간 남아메리카, 남태평양, 오스트레일리아, 아프리카 남단을 순회하며 탐사를 했다. 탐사 여행을 마치고 돌아온 다윈은 종의 기원과 지질학에 관한 여러 글을 학회에 발표했다.

1859년 찰스 다윈은 그동안 수집하여 연구해온 지질, 화석, 뼈 표본들을 근거로 『종의 기원』(Origin of the Species)을 출판하고 진화론을 강력하게 주창했다. 이 책을 통해 다윈은 현재의 다양한 생물 종은 여러 시대를 거치면서 환경 변화와 생존 경쟁에 따라 적응하고 발전하는 진화의 과정을 거쳤다는 이론을 전개했다.

그러한 생물 종 가운데에는 유사성을 공유하는 생물들이 존재하는데, 비록, 현재는 진화의 과정을 통해 각기 다른 종으로 변이해갔지만, 먼 과거로 돌아가면 결국 근본 공통의 유전자를 가진 동일 종에 속한다고 주장했다. 그 실례로 인간과 원숭이를 들면서, 점진적인 종의 변이와 진화의 과정을 통해 현재에 이르렀지만, 본래는 공통의 유전자를 지닌 동일한 종이라고 했다.

다윈의 진화론은 찬반 논쟁을 격렬하게 불러 일으켰다. 특히, 창조론을 따르는 기독교회가 크게 반발했다. 가톨릭교회, 개신교회, 정교회 등이 한 목소리로 다윈의 진화론을 규탄했다.

하지만 시간이 흐를수록 합리성과 과학적 증명을 더 의존하고 신뢰하는 지성인과 현대인들이 진화론을 가설이 아닌 정설로 받아들이기 시작했다. 진화론은 점차 역사, 문명, 과학, 철학, 교육, 문화, 예술, 건축 등 모든 분야에 걸쳐 대변혁을 가져다 주었다. 종교 이해에 변화를 주었다. 즉 종교를 원시 종교에서 출발하여 고급 종교로 발전한 진화의 산물로 보았다.

무엇보다도 진화론은 기독교의 근본 가르침과 정면으로 상치했다. 성경의 창조론을 하나의 설화로 취급했으며, 타락, 원죄, 그리스도의 대속 등과 개념을 종교적 신념 정도로 취급했다.

진화론은 역사 이해에도 큰 변화를 주었다. 진화론이 등장한 19세기 중반 이후의 유럽 사회에는 이성의 합리성과 과학적 진보를 통해 인류는 점점 더 나은 세계로 나아간다는 낙관적이고 진화론적 역사관으로 가득 차게 되었다.

제47장

근대의 미국 교회

1776년 독립 선언을 통해 태동된 미합중국은 전반적으로 청교도 정신을 근간으로 세워진 개신교 국가였다. 제1차 대각성 운동 이후 청교적 이상과 종교적 열정을 점점 식어져 갔다. 더욱이 1791년의 제1차 수정 헌법이 채택한 종교의 자유 법안은 신앙의 자유로운 활동보다는 오히려 비기독교인과 불신앙자들의 활동을 안전하게 보장해 주는 결과가 되었다.

지성 세계에는 계몽주의 영향으로 이성주의, 자연신론, 무신론 등이 빠르게 확산되어갔다. 사회적으로 술집, 도박장, 학대, 착취, 폭력과 살인 등이 나라 전역에 난무했다. 겉으로는 개신교 국가의 모습을 갖추고 있었지만, 내면에는 부도덕과 불신앙과 세속화로 가득 차 있었다. 이때 미국 사회와 교회의 갱신을 촉구하는 제2차 대각성 운동(1790-1840)이 일어났다.

1. 제2차 대각성 운동

1) 대학가의 부흥 운동

제1차 대각성 운동의 발원지가 교회와 목회자들이었다면, 제2차 대각성 운동의 첫 발원지는 대학가와 대학생들이었다. 1787년 버지니아 주에 있는 작은 장로교 두 대학 햄프던-시드니대학(Hampden-Sydney College)과 워싱톤앤리대학교(Washington and Lee University)에서 부흥 운동이 발생했고,

그 여파는 남부 지역의 교회들로 이어졌다.

  1798년과 1803년 사이에 또 다른 부흥 운동이 뉴잉글랜드 지역의 대학가에서 일어났다. 예일대학교는 그 부흥 운동의 중심지였다. 티모시 드와이트(Timothy Dwight, 1752-1817)가 1795년부터 1817년까지 예일대학교의 총장으로 봉직했다. 1769년에 예일대학교를 졸업했으며, 모교에서 7년간 강사로 일했고, 독립 전쟁 시 군목으로 참전했었다.

  그는 조나단 에드워즈의 외손자로서 에드워즈의 신앙을 본받아 청교도주의와 칼빈주의를 추종했다. 1701년 예일대학교가 청교도 정신을 이어갈 목적으로 회중교회 목사들에 의해 세워졌지만, 세월이 지남에 따라 비성경적 문화와 영적 무감각과 불신앙이 교수들과 학생들 가운데 자리잡고 있었다. 드와이트는 총장 관저에서 대학교 내에 영적 부흥이 일어나도록 찬송, 기도, 성경 연구, 설교 준비 등으로 4시간 이상을 자지 않았다.

  그가 지은 찬송시 "내 주의 나라와 주 계신 성전과 피 흘려 사신 교회를 늘 사랑합니다"는 그의 영성의 깊이를 보여 주는 대표적 찬양이었다. 교내 신앙 부흥 운동에 미지근한 반응을 보이던 학생들 사이에 점차 변화가 일어났다.

  1802년 이른 봄, 학생 2명이 자신들의 경솔한 행동과 죄악을 교수들과 학생들 앞에서 공개적으로 참회했다. 이 사건을 계기로 전교생 225명 중 3분의 1에 해당하는 75명이 죄를 참회하며 회심을 체험했다.

  캠퍼스에는 신앙 각성과 부흥으로 가득 찼다. 이 부흥의 열기는 주변의 다트머스대학, 윌리엄스대학, 암허스트대학 등으로 퍼져나갔다. 각성 운동을 통해 중생과 은혜를 체험한 대학가의 인재들은 이후에 미국 정치, 교육, 경제, 문화, 사회, 교회 등을 이끌어가는 유능한 지도자들이 되었다.

2) 제임스 맥그레디의 부흥 운동

미국 독립 전의 동부 13개 식민주가 영국에 속했던 반면 미 중서부의 대부분 지역은 프랑스 루이지애나(Louisiana)에 속해 있었다. 남쪽으로는 멕시코만 연안으로부터 북쪽으로는 미시간 호수에 이르는 광활한 지역이었다. 1803년 미국은 프랑스의 나폴레옹으로부터 루이지애나를 1,500만 달러에 매입했다. 미국은 영토를 중서부 지역으로 확장시키고 본격적으로 중서부 개척에 뛰어들었다. 인구도 급속하게 늘었다.

1800년의 5,305,937명은 1860년에 31,443,322명으로 늘었고, 1900년에는 75,994,575명이 되었다. 1800년부터 1900년 사이의 인구 증가율은 영국의 8배였다.[1] 특히, 남북 전쟁(1861-1865)을 전후로 인구는 급속도로 증가했다. 주요 원인은 유럽 이민자의 급증과 다산이었다. 남북 전쟁 후 유럽에서 루터교 교인과 가톨릭 교인이 대거 이주해 왔다. 전통적으로 자리잡고 있던 회중 교인, 성공회 교인, 장로교 교인, 침례교 교인, 감리교 교인 외에 루터교 교인과 가톨릭 교인이 증대하면서 미국은 점점 더 다원적인 기독교 국가로 변모하게 되었다.

제2차 대각성 운동은 중서부 개척지에서 크게 발생했다. 새 개척지에 들어온 이주자들의 주된 관심은 빠른 정착과 성공이었다. 신앙에 대한 관심이나 열정은 미약했고, 불신앙도 가득 찼다. 술과 도박과 폭력은 중서부 개척지의 사회적인 골칫거리였다.

영적 무관심과 도덕적 부패가 범람한 중서부 지역에 켄터키(Kentucky) 주를 중심으로 부흥 운동이 일어났다. 이 운동을 주도한 인물은 제임스 맥그레디(James McGready, 1763-1817) 장로교 목사였다. 영국계 이민자의 후손인 맥그레디는 1763년 펜실베니아에서 태어났다. 삼촌의 권유로 존 맥밀란(John McMillan, 1752-1833) 장로교 목사가 펜실베니아 작은 시골 마을에

---

1 케니스 래토레트, 『기독교사 (하)』, 윤두혁 역 (서울: 생명의말씀사, 1983), 359.

세운 통나무대학에서 1785년경부터 신학을 공부했다.

신학을 마친 뒤인 1788년, 펜실베니아 주 레드스톤(Redstone) 노회에서 강도사 인허를 받았으며, 1790년 노스캐롤라이나로 이주하여 목사 안수를 받고 목회를 시작했다. 맥그래디는 칼빈주의를 선호했으며 부흥 운동과 복음 전파에 남다른 열정을 지니고 있었다. 1796년 그는 노스캐롤라이나 목회지를 사임하고 중서부 개척지 켄터키로 이주하여 로건 카운티(Logan County)에 있는 세 개의 작은 장로교 예배 처소를 맡아 목회했다. 적은 교인 숫자만큼이나 신앙 열정도 없었다.

그는 그러한 교인들에게 로건 카운티와 전 세계의 죄인들이 그리스도 앞으로 돌아오도록 1년간 매월 셋째 토요일 하루 동안 금식하며 기도하자고 제안했다. 교인들이 마음을 열고 서서히 동참하자, 이제는 매주 토요일 저녁 해진 후와 주일 아침 해 뜨기 전에 한 시간 반씩 교회 부흥을 위해 기도하자고 또다시 제안했다.

기도 운동은 점차 열매로 나타났다. 1797년 5월 한 여성 교인이 집회 중에 회심을 경험했고, 동일한 현상이 다른 교인들에게도 연속적으로 일어났다. 1800년 6월 그의 사역지 중에 한 곳인 레드 리버(Red River) 예배 처소에서 스코틀랜드식 성찬 주간 형태의 집회를 인도했는데[2] 그 가운데 놀라운 부흥이 일어났다.

맥그래디는 1800년 부흥의 열기를 야외 벌판이나 계곡 등에 천막을 치고 집회하는 천막 집회로 이어나갔다. 부흥의 소문은 컨터키 남부와 테네시(Tennessee) 중부 지역인 컴버랜드(Cumberland) 지역으로 널리 퍼졌다.

---

[2] 스코틀랜드 장로교회는 성찬식을 일 년에 두 번 집행했다. 성찬식 주일부터 성찬식 참여를 준비하는 성찬 주간(communion week) 집회를 지켰다. 보통 한 주간 정도의 집회였고, '신성한 축제'(holy fair)로 불렸다. 성찬식 주일 전 목요일에 금식으로 시작해서 금요일에는 요리 문답을 학습하고 토요일은 성찬식을 준비하고 주일에는 성찬식을 행했다. 때로는 야외에서 하기도 했다. 그리고 월요일에는 감사 예배를 드렸다. 이러한 전통을 맥그래디가 자신의 목회와 부흥 운동에 적용했다.

매 집회마다 수많은 사람이 몰려들기 시작했고, 그들은 한결같이 죄를 참회하며 회심을 경험하고 신앙 열정을 다시금 회복했다. 천막 집회 초기에는 장로교 목사들이 주축이 되었으나 점차 다른 교단 목사도 동참했다.

장로교 목사 바튼 스톤(Barton Stone, 1772-1844), 감리교회의 프랜시스 애즈베리 목사와 피터 카트라이트(Peter Cartwight, 1785-1872) 목사, 침례교 목사들, 심지어 쉐이커(Shaker) 지도자까지도 참여하는 초교파적 집회로 발전했다.

집회의 최절정은 1801년 8월 6일부터 일주간 개최된 케인 릿지(Cane Ridge) 천막 집회였다. 18명의 장로교 목사와 다수의 감리교와 침례교 목사들이 서로 돌아가며 집회를 인도했다. 한 주간의 집회에 약 1만에서 2만 명의 사람이 모였는데, 그 숫자는 그 당시 컨터키 주 전체 인구의 10퍼센트에 해당했다. 회개와 각성을 촉구하는 설교자의 외침에 집회 참석자들은 놀라운 회심을 경험했다. 집회에는 주목할 만한 특이한 현상들이 일어났다. 집회 도중에 쓰러지거나 몸을 흔들거나 뒹굴거나 춤을 추거나 짖는 듯한 이상한 소리를 냈다. 이러한 특이한 현상을 집회 인도자들은 성령의 임재를 뜻하는 외적 표징이라고 주장했다.

한편 맥그래디의 부흥 운동은 장로교회 내에 논쟁을 불러 일으켰다. 특히, 집회 기간에 발생한 기이한 현상과 정식 신학 교육을 받지 못한 목사들의 설교 활동에 대해 비난하는 목사들이 있었다.

결국, 맥그레디는 자신을 지지하는 장로교 목사들과 더불어 미국장로교회를 탈퇴하고 컴버랜드 장로교회(Cumberland Presbyterian Church)를 1810년에 조직했다. 비록, 교회의 분열이 있었지만, 불신앙이 판을 치던 중서부 개척지에 부흥과 영적 각성을 일으키며 많은 사람을 그리스도 앞으로 인도했다.

3) 찰스 피니의 부흥 운동

2차 대각성 운동의 후반기를 이끌어간 주역은 찰스 피니(Charles G. Finney, 1792-1875)였다. 그는 1792년에 코네티컷 주 워런(Warren)에서 가난한 농부의 아들로 태어났다. 한때 예일대학교에 입학하려고 했으나, 사정상 대학 진학을 포기했다. 그는 명석한 두뇌와 타고난 지도력 그리고 음악적 재능을 가지고 있었다. 1818년 뉴욕의 변호사 사무실에서 견습생으로 일하며 독학으로 법학을 공부하며 변호사 준비를 했다.

그 당시 피니는 프린스턴신학교 출신의 조지 W. 게일(George W. Gale, 1789-1861) 목사가 목회하는 장로교회에 출석하며 성가대 지휘자로 섬겼다. 1821년 29세 때, 성령 충만한 은혜를 경험한 후 법률 변호 일을 중단하고 복음 전파자로 평생 살아갈 것을 결심했다.

그리고 게일 목사가 북부 뉴욕 오네이다(Oneida) 카운티에 세운 학교에 입학하여 그로부터 신학 교육을 받았다. 신학 공부를 마친 뒤, 1823년 12월 노회로부터 강도사 인허를 받았고, 1824년 7월 장로교 목사로 안수를 받았다.

1825년부터 그는 본격적으로 부흥사로 활동하며 명성을 얻기 시작했다. 특히, 1830-1831년간 뉴욕 로체스터(Rochester)에서 있었던 부흥 집회는 후반기 제2차 대각성 운동의 절정을 이루었으며, 그를 전국적인 부흥사로 자리매김 시켜주었다.

이 집회 기간에 로체스터 전체 인구의 10퍼센트가 회심했으며 범죄율은 3분의 1로 줄어들었다. 이 집회에 참석했던 뉴욕 시의 어느 목사는 로체스터 어디를 가든지 사람들의 대화 주제는 항상 신앙이었고, 극장과 서커스 장은 언제든지 부흥 집회 장소로 사용되었고, 집회 때에는 술집 영업이 중단되었고, 주일 성수가 온전히 지켜졌고, 예배자들의 기쁨이 예배당에 가득했고, 박애적인 사랑과 섬김이 도시 전체에 가득 찼다고 증언했다.[3] 1832년 피니는 뉴욕 맨하탄(Manhattan)으로 이주하여 채텀 가든 극장(Chatham Garden Theatre)에서 채텀 스트리트 채플(Chatham Street Chapel)을 시작했다.

---

[3] Eddie Hyatt, *2000 Years of Charismatic Christianity* (Lake Mary, FL: Charisma House, 2002), 126.

그의 설교를 들으려고 수많은 사람이 몰려들자, 1836년에 극장을 허물고 그 위에 브로드웨이테버너클(Broadway Tabernacle)교회를 건축했다. 2,400석 규모를 갖춘 이 교회는 당시 미국에서 가장 큰 개신교 건물이었다. 오하이오 주 오벌린(Obelin)에 세워진 신생 오벌린대학(Oberlin College, 1833)으로부터 1835년에 교수 초빙을 받았다.

이후 오벌린과 맨하탄을 오고 가며 교수와 목회를 겸직하다가, 1837년 회중교회로 목사직을 옮기고 오벌린으로 이주하여 오벌린제일회중교회를 1872년까지 담임 목회했다. 그리고 1851년부터 1866년까지 오벌린대학의 2대 총장으로 일하다가 1875년 82세의 일기로 오벌린에서 숨을 거두었다.

피니의 부흥 운동은 수많은 결실을 낳았다. 그의 집회를 통해 약 50만 명에 달하는 사람들이 회심하고 예수를 믿었다. 피니는 사회 개혁 운동에도 남다른 기여를 했다. 특히, 노예 폐지 운동에 적극적으로 앞장섰다. 맨하탄에 세운 브로드웨이 테버너클 교회와 오벌린대학은 노예 폐지 운동의 총본부 역할을 했다. 오벌린대학은 남부 지역에서 도망친 흑인 노예들을 후원하고 보살펴주었다. 또한, 오벌린은 흑인과 여성들에게도 입학의 문을 개방한 선구적인 대학이 되었다.

그의 제자이자 동료였던 데오도르 웰드(Theodore Weld, 1803-1895)는 열렬한 노예 해방주의자였다. 피니는 그와 더불어 노예 제도 반대 운동을 적극적으로 펼쳤다. 피니는 자신의 부흥 집회에 여성들의 참여를 확대시키며 여성권 신장의 길을 터주었고, 그 외에도 절제 운동과 같은 여러 사회 개혁 운동의 발전에 기여했다.

피니의 부흥 집회가 대중으로부터 크게 주목을 받게 된 것은 그의 열정적인 즉흥 설교와 수많은 청중의 회심 그리고 이전에 볼 수 없었던 특이한 부흥 방식 때문이었다. 특히, 그의 부흥 방식을 '새로운 수단'(new measures)이라 불렀다. 대표적인 특징이 설교 강단 바로 앞에 준비된 '애통의 좌석'(mourning seats)이었다. 매 집회마다 이러한 특별 좌석을 미리 준비하고, 회심 체험을 간절히 원하는 사람들을 그 자리에 앉도록 했다.

피니는 은혜를 사모하는 사람들을 위해 어떤 환경과 수단을 잘 갖추어 놓기만 한다면, 얼마든지 회심의 은혜와 부흥을 체험할 수 있다고 주장했다. 이것이 그의 새로운 부흥 방식의 핵심이었다.

피니는 오벌린대학 강의를 위해 1835년에 『부흥론 강의』를 집필했다. 이 책에서 그는 부흥에 대한 자신의 견해를 밝혔다. 그는 부흥을 기적이 아니라 인간의 노력에 따라 주어지는 하나님의 은혜로운 선물이라고 강조했다. 그의 견해는 제1차 대각성 운동의 주역이었던 조나단 에드워즈의 견해와 매우 상반되었다. 에드워즈는 '부흥이란 성령의 기름 부으심을 통해 나타나는 하나님의 주권적 기적'이라고 생각했다. 부흥은 하나님의 주권에 달려 있는 것이지, 결코 인간의 인위적 방법과 수단을 통해 일어나는 것이 아니라고 에드워즈는 강조했다.

찰스 피니를 '현대 부흥 운동의 아버지'라고 이름 붙인 미국 교회 사학자 시드니 알스트롬(Sydney Ahlstrom, 1919-1984)은 피니의 활동과 그의 영향에 대해 아래와 같이 잘 집약해 주었다.

> 피니는 미국 역사 내에서 매우 중요한 인물로 평가된다. 그의 부흥 운동은 노예 제도 반대와 도시 전도 확산에 강력한 힘을 제공했다. 그는 개혁주의 전통을 변경한 영향력 있는 수정주의자요, 강압적 형태의 현대 부흥 운동을 태동시킨 창시자로서 미국 내에 그와 같은 종교적 심성을 일으켰다. 하지만 그는 매우 분열적인 인물로서 결과적으로 장로교 분열의 원인을 제공했다.[4]

피니의 신학은 개혁주의 전통에 수정을 가했다. 특히, 부흥론을 통해 보여 준 그의 인간론과 구원론은 알미니안주의와 펠라기우스주의 경계선을 오고 갔다. 그는 원죄의 전가와 전적 부패설을 부정했고, 인간의 의지

---

[4] Sydney E. Ahlstrom, *A Religious History of the American People* (New Haven, CT: Yale University Press, 1972), 461.

적 결단을 통해 부흥과 구원을 얻을 수 있다고 주장했다. 피니의 알미니안적 부흥 방식과 수정적 칼빈주의 견해를 놓고 미국 장로교회가 논쟁을 벌였다. 피니를 지지하는 신학파(New School)와 이를 반대하는 구학파(Old School)로 갈라졌고, 1830년 총회 때부터 양 진영 간의 충돌이 노골적으로 표면화되었다. 이러한 논쟁은 결국 1837년의 분열을 낳았다.

신학파 장로교 교인들은 피니의 부흥 방식뿐만 아니라 그가 주도했던 노예 제도 폐지, 여성권 신장, 금주 운동 등과 같은 사회 개혁 운동을 적극 지지했다. 구학파와 신학파 논쟁의 원인을 제공했던 찰스 피니는 1835년에 자신이 속한 노회로부터 목사직을 면직 당했다. 1837년 구학파와 신학파가 분열되던 해, 피니는 장로교회를 떠나 회중교회로 이적하고, 오벌린 제일회중교회 담임목사로 1872년까지 목회했다.

부흥사적으로 볼 때, 피니의 부흥 방식은 현대 부흥 운동의 흐름을 바꾸어 놓았다. 전문적이고 조직적인 초대형 대중 집회, 즉흥 설교, 여성 참여 등이 점차 대중화되었고, 구원 초청과 영접 결단 등 인간의 의지적 선택을 강조하는 특징이 나타났다. 이러한 근대 부흥 운동은 남북 전쟁 이후 드와이트 무디(Dwight L. Moody, 1837-1899), 집시 스미스(Rodney 'Gypsy' Smith, 1860-1947), 빌리 선데이(Billy Sunday, 1862-1935) 등으로 이어졌으며, 20세기 중반부터는 빌리 그래함(William 'Billy' F. Graham, 1918-2018)이 크게 활약했다.

2. 제2차 대각성 운동의 영향과 결과

1) 교회의 성장

제1차 대각성 운동의 결과로 회중교회와 장로교회가 상당히 부흥했다. 제2차 대각성 운동의 최대 수혜는 감리교회와 침례교회에 돌아갔다. 감리교회는 프랜시스 애즈베리 목사를 비롯한 감리교 목사들과 평신도 순회 설교자들의 열정적인 전도 사역을 통해 교세를 빠르게 확장시켰다. 피니의 알미니안적 부흥 방식도 감리교회의 빠른 성장에 큰 도움을 주었다. 피니의 메시지는 인간의 자력적 의지와 선택을 강조하는 감리교 목사들과 잘들어 맞았다.

침례교회는 제1차 대각성 운동 이후 남부 지역 특히 버지니아 지역에서 부흥하기 시작했다. 1768년경 버지니아에 침례교회가 10개밖에 없었으나, 1790년경에는 210개로 늘어났다. 제2차 대각성 운동 기간에 침례교회는 엄청난 속도로 발전했다. 침례교회는 영토 확장과 이민자 증가에 맞추어 아주 빠르고 간편하게 설교자와 목회자를 공급하는 목사 제도를 가지고 있었다.

장로교회와 회중교회는 한 명의 목사를 배출하는데 소요되는 기간은 신학 교육과 목회 수련 등을 포함하여 3-4년 정도 걸렸다. 또한, 개교회는 담임목사의 생활을 재정적으로 책임져야 했다. 반면 침례교회에는 '농부 설교자'(farmer preacher)라는 제도가 있었다. 신학 교육을 정식으로 받지 못했을지라도 목회 소명과 설교 능력 그리고 좋은 성품을 지닌 사람이면 개교회의 청중들이 그를 '농부 설교자'로 임명하여 목회자가 필요한 곳에 파송했다. '농부 설교자'는 평상시에는 자기 생업에 종사하다가, 교회 집회 때에는 설교자와 목회자로서 목회 활동에 전념했다.

미합중국은 1840년부터 1860년 기간에 가장 넓게 영토를 확장시켰다. 1845년 텍사스, 1848년 캘리포니아, 네바다, 유타, 아리조나, 뉴멕시코, 오하이오, 콜로라도, 오클라호마 등 중부 평원으로부터 태평양 연안에 이르는 전 지역이 미국의 영토가 되었다.

적은 시간과 비용으로 목회자를 배출할 수 있었던 침례교회는 그러한 시기에 발 맞추어 목회자를 빠르게 파송하여 교회를 세워나갔다. 그 결과 1850년대에는 13,000개의 교회를 가진 개신교의 주류 교회가 되었다.

2) 교회의 분열 초래

제1차 대각성 운동이 미국 회중교회와 장로교회 내의 분열을 각기 가져다 주었듯이, 제2차 대각성 운동 또한 교회의 분열을 가져다 주었다. 특히, 장로교회가 또다시 분열의 아픔을 심각하게 겪었다.

중서부 개척지에서 천막 집회를 이끌던 제임스 맥그래디가 그의 부흥 방식에 대한 비난이 거세지자 1810년에 미국 장로교회를 탈퇴하여 컴버랜드 장로교회를 세웠다. 맥그래디와 천막 집회를 이끌던 장로교 목사 바튼 스톤은 1830년에 그리스도제자교회(Disciples of Christ Church)를 창설했다.

또한, 미국 장로교회는 1830년 총회 때부터 부흥 방식, 신학 논쟁, 사회 참여 문제 등으로 놓고 신학파와 구학파로 나뉘었다. 결국, 1837년에 두 그룹은 양분되었다.

3) 신학교와 기독교 연합 단체 태동

영토 확장과 이민자 급증에 맞추어 목회자를 제때 공급하지 못하는 어려움이 있었고, 한편 체계적이고 전문적인 신학 교육을 통해 목회자를 집중적으로 양성해야 한다는 요청도 자꾸 늘어났다. 그 결과 제2차 대각성 운동을 거치면서 회중교회와 장로교회를 중심으로 신학교들이 설립되기 시작했다.

1800-1830년대까지 약 12개 이상의 신학교가 생겨났다. 12개 중 신학교 중 대표적인 신학교는 다음과 같다.

첫째, 매사츄세츠의 앤도버신학교(1807)
둘째, 뉴저지의 프린스턴신학교(1812)
셋째, 버지니아의 유니온신학교(1812)
넷째, 메인의 뱅골신학교(1814)

다섯째, 뉴욕의 어번신학교(1818)
여섯째, 조지아의 콜롬비아신학교(1828)
일곱째, 오하이오의 래인신학교(1829)
여덟째, 뉴욕의 뉴욕신학교(1836, 나중에 유니온신학교로 개명)

신학교와 더불어 국내 선교, 성경 보급, 사회 봉사 등을 목적으로 많은 기독교 연합 단체들이 등장했다. 각 교단 교회가 세운 기관들도 있었지만, 대부분의 단체는 초교파적으로 조직되었으며 다음과 같다.

첫째, 1810년 미국 해외 선교 위원회(American Board of Commissioners for Foreign Missions)
둘째, 1816년 미국 성서 공회(American Bible Society)
셋째, 1824년 미국 주일학교 연합회(American Sunday School Union)
넷째, 1825년 미국 소책자 협회(American Tract Society)
다섯째, 1826년 미국 내지 선교회(American Home Missionary Society)
여섯째, 1838년 장로교 해외 선교부(Presbyterian Board of Foreign Mission)

전도와 선교를 위한 단체뿐만 아니라 노예, 부패, 부도덕, 착취, 불평등, 불의 등에 맞서며 사회 개혁을 주도하는 각종 기독교 단체들도 생겨났으며 다음과 같다.

첫째, 미국 절제 협회(American Temperance Society, 1826)
둘째, 미국 반노예 제도 협회(American Anti-Slavery Society, 1833)

이와 같은 단체들 외에도 감옥 개선 운동, 아동 노동권, 여권신장 운동 등이 제2차 대각성 운동 시기에 나타났다.

3. 신학 논쟁과 남북 전쟁

1) 뉴헤이븐 신학의 출현

1700년대 후반부터 1800년 중반까지 예일대학교 신학부를 중심으로 회중교회 내에 뉴헤이븐(New Haven) 신학이 출현하여 발전했다. 뉴잉글랜드 신학(New England Theology) 또는 신 신학(New Divinity)으로도 불렸다. 대표적인 인물은 다음과 같다.

첫째, 사무엘 홉킨스(Samuel Hopkins, 1721-1803)
둘째, 조셉 벨라미(Joseph Bellamy, 1719-1790)
셋째, 조나단 에드워즈 Jr.(Jonathan Edwards Jr, 1746-1801)
넷째, 나다니엘 테일러(Nathaniel W. Taylor, 1786-1858)

제1차 대각성 운동의 주역인 조나단 에드워즈의 신학을 계승하고자 했던 그들은 에드워즈의 개혁주의 신학보다는 인간의 박애 정신에 근거한 도덕성에 초점을 둔 신학을 발전시켰다. 원죄 교리를 약화시켰고 중생에 미치는 인간의 자율적 의지와 능력 그리고 인간의 도덕적 책임을 강조했다.

엄격한 개혁주의를 부드럽고 온건한 개혁주의로 변형시켰다. 또한, 뉴헤이븐 신학은 새로운 속죄 교리를 전개했다. 개혁주의자들이 주장하는 대표성, 대속설, 법적 충족 개념 등과 같은 정통 개혁주의 속죄론 대신에 통치설(governmental theory)을 주장했다.

멀리는 종교개혁이기에 휴고 그로티우스(Hugo Grotius, 1583-1645)의 도덕 통치설을 계승한 것으로 칼빈주의보다는 알미니안주의 경향에 치우쳐 있었다. 통치설은 그리스도의 죽음은 인류의 죄에 대한 대속물로 죽은 것이 아니라, 전 우주의 통치자로서 죄를 간과할 수 없는 하나님을 달래기 위하여 죽으셨다고 주장하는 이론이었다. 이는 인간의 도덕적 행위를 강조하며 인간의 자율적 의지를 보다 넓혀 주었다. 뉴헤이븐 신학자들은 이러한 속죄 통치론을 피력했다.

1801년 장로교회와 회중교회가 연합 계획(Plan of Union)을 맺은 이후, 뉴헤이븐 신학은 장로교회 내에 신학 논쟁을 가져다 주었다. 알미니안적 성향을 지녔던 찰스 피니와 알버트 반즈를 비롯한 장로교 목사들이 뉴헤이븐 신학을 관용적으로 받아들였다. 결국, 회중교회의 뉴헤이븐 신학은 장로교회가 신학파와 구학파로 분열하는 하나의 원인으로도 작용했다.

2) 장로교 구학파와 신학파 논쟁

장로교 내에는 웨스트민스터 신앙 고백을 준수하며 전통적인 개혁주의 교리를 수호하려는 그룹과 좀 더 유연한 수정적 개혁주의를 추구하는 그룹이 있었다. 전자를 구학파(Old School)로, 후자를 신학파(New School)로 불렀다. 두 그룹간의 논쟁은 다음과 같다.

첫째, 회중교회와 체결한 1801년의 연합 계획이었다. 1800년 전후로 감리교회와 침례교회는 중서부 개척지에 필요한 전도자와 목회자를 신속하게 파송하여 교세를 키워나갔다. 그러나 장로교회와 회중교회는 목회자 공급에 큰 어려움을 겪으며 그들보다 뒤지기 시작했다. 이러한 문제를 극복하기 위해 두 교회는 연합 계획을 맺었다. 이로 인해 소위 '장로 회중교회'(Presbygational)라는 용어가 새롭게 생겨났다.

연합 계획에 따라 서부 개척지에 장로 회중교회들이 빠르게 세워지는 좋은 효과가 나타났다. 그러나 어떠한 제도와 교리로 교회를 운영할 것인가에 대한 문제로 종종 서로 부딪쳤다. 1826년 미국 내지 선교회를 두 교회가 연합하여 조직했는데, 역시 운영의 주도권 문제로 충돌을 빚었다.

둘째, 교리적 차이에 있었다. 장로교 보수주의자들은 회중교회의 뉴헤이븐 신학이 장로교 내에 유입되는 것을 크게 우려했다. 그러던 차에 1828

년 예일대학교 신학부 졸업식에서 나다니엘 테일러가 자신의 뉴헤이븐 신학을 토대로 설교를 했다. 이에 프린스턴신학교 교수 찰스 핫지(Charles Hodge, 1797-1878)가 테일러 신학을 비판하며 논쟁이 일어났다.

더 큰 문제는 장로교 신학파 지도자들이 데일러의 견해를 동조하는 데 있었다. 찰스 핫지를 중심으로 프린스턴신학교 구학파 교수들은 『웨스트민스터 신앙고백서』에 대한 엄격한 서명을 요구하며 개혁주의 전통을 수호하려고 했다. 하지만 신학파 인물들은 고백서에 대한 서명은 자유 의사의 문제라며 서명을 거부했고, 개혁주의 전통에 대해서도 일부 수정적 태도를 취했다. 즉 원죄의 전가, 전적 타락, 인간의 무능력, 대속 교리 등에 관해 알미니안적 입장을 수용했다.

대표적인 예로, 프린스턴신학교를 졸업하고 필라델피아제일장로교회 담임목사로 사역하던 알버트 반즈(Albert Barnes, 1798-1870)가 1834년에 『로마서 주해서』를 발간했다. 신학파에 속한 반즈는 이 책에서 아담의 죄는 죄가 세상에 들어오게 된 한 일례를 보여 준 것이지 그 죄가 후대에 전가되는 것은 아니라며, 원죄의 전가 교리를 부정했다. 찰스 핫지는 곧바로 반즈 목사의 주장을 "어리석고 악한 신성 모독"이라며 반박했다.

셋째, 찰스 피니의 부흥 방식이었다. 구학파는 피니의 '새로운 수단' 부흥 방식을 알미니안적이라며 그의 부흥 방식을 반대했으나, 신학파는 그의 부흥 방식을 옹호했다.

넷째, 노예 폐지와 절제 운동, 여성권 신장 등과 같은 사회 개혁 운동에 대한 양자 간의 입장 차이에 있었다. 특히, 노예 제도는 가장 뜨거운 이슈였다. 1818년 장로교 총회는 노예 제도를 반대한다는 결의안을 채택했다. 하지만 당시 미국의 정치와 사회가 노예 제도 찬반 문제로 첨예하게 대립하여 싸우는 민감한 사안이었기 때문에 총회는 노예 제도에 대해서 더 이상의 입장 표명을 하지 않고 있었다. 반면 찰스 피니를 비롯한 신학파 지도자들과 회중교회 지도자들은 노예 제도 폐지 운동을 적극 지지했을 뿐만 아니라 앞장서서 폐지 운동을 펼쳤다.

상기의 4가지 요소에 대해 각기 입장을 달리하던 장로교 구학파와 신학파는 1830년 총회 때부터 극렬하게 부딪히기 시작했고, 1836년과 1837년의 총회를 거치면서 파국으로 치달았다. 신학파 세력보다 우세했던 구학파는 1836년 총회에서 알버트 반즈를 이단으로 규정했다. 1837년 총회 때에는 1801년에 체결한 회중교회와의 연합 계획을 철회했고, 신학파의 주축 세력인 4개 대회를 추방했다. 이로써 1837년 미국 장로교회는 구학파와 신학파 교회로 분열되었다.

3) 남북 전쟁과 교회의 분열

1776년 미합중국 태동 이후 동북부 중심으로 노예 제도 폐지 운동이 급속하게 퍼져나갔다. 1780년 펜실베니아 주는 가장 먼저 노예 해방법을 통과시켰다. 이후 4개의 다른 동북부 주들도 동일한 법안을 채택했다. 이러한 사회 정치적 분위기와 함께 제2차 대각성 운동의 여파로 노예 폐지 운동은 더욱 확산되었다. 북쪽 지역의 교회 지도자들도 노예 해방을 적극적으로 찬동했다. 특히, 퀘이커는 노예를 소유한 신자를 파문할 정도로 강력하게 노예제 반대 정책을 시행했다.

래인신학교와 오벌린대학은 노예 제도 폐지 운동의 본거지 역할을 했다. 저널리스트이며 사회 개혁 운동가인 윌리엄 개리슨(William L. Garrison, 1805-1879)은 1831년에 노예 제도를 반대하는 신문을 보스턴에서 발행하기 시작했으며, 1833년에 미국 반노예 제도 협회(American Anti-Slavery Society)를 조직하여 노예 해방 운동을 전국적으로 펼쳐나갔다.

찰스 피니와 데오도로 웰드를 비롯한 수많은 사회, 정치, 교회 지도자들도 그 운동에 적극적으로 가담했다. 1852년에 발간된 헤리어트 스토우(Harriet B. Stowe, 1811-1896)의 작품 『톰 아저씨의 오두막집』은 노예 제도 폐지 운동에 대한 대중적 지지를 이끌어내는데 매우 중요한 역할을 했다.

한편 동남부 지역의 농장주와 정치인들은 노예 제도 폐지를 결사적으로 반대했다. 1800년대 중반, 새로이 태동된 미합중국 신생 주들도 노예 해방을 지지하는 쪽으로 기울었다. 따라서 노예 제도를 지지하는 남부 지역의 주들이 점점 더 수세에 몰리기 시작했다. 더욱이 1860년 11월 6일, 노예 해방 지지자 아브라함 링컨(Abraham Lincoln, 1809-1865)이 대통령으로 선출되자 남부 주들은 노예 제도 폐지에 대한 위기감을 극도로 느꼈다.

결국, 링컨이 16대 대통령으로 취임하기 한달 전인 1861년 2월 4일에 사우스캐롤라이나, 미시시피, 플로리다, 앨라바마, 조지아, 루이지애나, 텍사스 등 남부 7개 주가 미합중국으로부터의 독립을 선언하고 아메리카 연합국(Confederate States of America)을 창설했다.

1861년 4월 12일, 드디어 남북 간의 치열한 전투가 시작되었다. 1863년 1월 1일, 링컨 대통령은 흑인 노예 해방을 선언했다. 2년 뒤 1865년 4월 9일, 남부 연합군의 로버트 리(Robert E. Lee, 1807-1870) 장군이 항복함으로써 4년간의 남북 전쟁은 북부 연방 정부군의 승리로 끝났다.

노예 제도 문제로 미합중국이 남북으로 갈라졌 듯이 대부분의 미국 교회가 남북으로 분리되었다. 미국 감리교회는 노예 제도를 반대했던 존 웨슬리의 영향으로 1836년과 1840년에 총회적으로 노예제를 반대하는 입장을 천명했다. 1844년 총회 때 노예 문제가 다시금 첨예하게 대립하자 1845년 총회는 자발적으로 북감리교회(Methodist Episcopal Church, North)와 남감리교회(Methodist Episcopal Church, South)로 분리할 것을 양 측간에 합의했다. 미국 침례교회도 1845년에 남북 침례교회로 갈라졌다.

노예제를 지지하는 남부 침례교 교인들이 조지아 어거스타(Augusta)에 모여 남침례교회(Southern Baptist Convention)를 창립했다. 미국 장로교회는 1837년에 이미 구학파와 신학파로 갈라졌다. 1857년 신학파 장로교는 노예 제도를 반대하는 북부파와 찬성하는 남부파로 또다시 분열했다. 1861년 구학파 장로교도 남북으로 갈라졌고, 남부 구학파 장로교는 남장로교 총회를 조직했다.

같은 해 성공회도 남북으로 분열되었다. 한편 루터교회, 그리스도제자교회, 가톨릭교회 등은 노예 문제를 교회 문제로 끌어들이지 않고 개인의 의사에 맡김으로써 교회적인 분열을 피해 나갔다.

1865년 4월 남북 전쟁이 끝났다. 성공회는 전쟁 종식 후 곧바로 재연합했다. 그러나 감리교회, 침례교회, 장로교회의 재연합은 순탄하지 않았다. 남북 감리교회는 분열을 계속 유지해 오다가 1938년 총회에 이르러 재연합했다. 1968년 4월에는 연합형제교회(United Brethren Church)와 통합하여 현재의 연합감리교회(United Methodist Church)를 출범시켰다.

장로교회의 재연합 과정은 더욱 복잡하고 길었다. 1864년 노예제를 찬동했던 남부 지역의 구학파 다수와 신학파 소수는 구학파 목사 벤자민 W. 팔머(Benjamin M. Palmer, 1818-1902)와 로버트 L. 답니(Robert L. Dabney, 1820-1898) 그리고 신학파 목사 헨리 B. 스미스(Henry B. Smith, 1815-1877) 등의 노력으로 연합에 성공하여 일명 남장로교회로 불리는 미국 장로교회(Presbyterian Church in the US, PCUS)를 결성했다. 북부의 구학파와 신학파 장로교회도 재결합을 추진하여 1870년에 미합중국 장로교회(Presbyterian Church in the USA, PCUSA), 즉 북장로교회를 창설했다.

1958년 북장로교회는 북미 연합장로교회(United Presbyterian Church of North America)와 통합하여 미합중국 연합장로교회(United Presbyterian Church of the USA, UPCUSA)를 조직했다. 한편 남장로교회는 여성 목사 안수와 개혁주의 신학의 퇴보를 우려한 보수적 교회들이 탈퇴하여 1973년에 미국 장로교회(Presbyterian Church in America, PCA)을 설립했다.

남아있던 남장로교회는 1983년 6월에 미합중국 연합장로교회와 통합하여 미합중국 장로교회(Presbyterian Church in the USA, PCUSA)를 창립했다. 침례교회의 경우, 남침례교회와 북침례교회로 각기 발전하며 현재에 이르고 있다.

4. 신흥 종교 집단의 등장

1) 유니테리언 교회

1800년 전후, 이성주의와 자연신론의 영향으로 하버드대학교를 중심으로 유니테리언주의(Uniterianism)가 등장했다. 유니테리언주의가 신봉하는 반삼위일체주의는 초대 교회로부터 중세와 종교개혁이기에 이르기까지 태동되었다가 사라지기를 반복해 왔었다. 유니테리언주의를 미국 내에 확산시킨 인물은 헨리 웨어(Henry Ware, 1764-1845)였다.

유니테리언주의가 확산되기 이전에 뉴잉글랜드 지역에는 이미 1750년대부터 만인구원설을 내세운 유니버설리즘(Universalism)이 확산되고 있다.[5] 또한, 대부분의 유니버설리스트는 유니테리언 사상을 따르고 있었다. 1805년 헨리 웨어는 하버드대학교 신학대학원 교수로 초빙받았다.

웨어가 자신의 유니테리언 사상을 학생들에게 가르치기 시작하자 칼빈주의 전통을 따르는 회중교회 신학자들과 목회자들은 신학적 위기감을 느끼고, 1807년 같은 주에 위치한 앤도버(Andover)에 앤도버신학교를 설립했다.

윌리엄 E. 채닝(William E. Channing, 1780-1842)은 헨리 웨어와 함께 유니테리언주의를 발전시켰다. 채닝은 하버드대학교 신학대학원을 졸업한 후 1803년부터 보스턴에 위치한 페더럴스트리트교회(Federal Street Church)에서 평생을 목회했다. 그는 정통 칼빈주의의 사망을 선고한 회중교회 목사

---

[5] 미국의 유니버설리즘은 제1차 대각성 운동 이후 뉴잉글랜드 회중교회 가운데 나타났다. 조나단 매이휴(Jonathan Mayhew, 1720-1766), 찰스 촌시(Charles Chauncy, 1705-1787), 존 머레이(John Murray, 1741-1815)등이 대표적인 유니버설리스트들이었다. 회중교회 목사인 이들은 제1차 대각성 운동 특히 조나단 에드워즈의 부흥 운동을 반대했던 옛빛파의 중심 인물들이기도 했다. 1747년부터 조나단 매이휴가 목회했던 보스턴의 웨스트교회(West Church)는 뉴잉글랜드 지역에서 가장 먼저 유니테리언 사상을 받아들인 교회들 중에 하나였다. 찰스 촌시는 1784년에 『만인구원론』을 출판하여 유니버설리즘의 이론적 체계를 확립했다.

요 자유주의 신학자였다.

펠라기우스주의와 유니버설리즘을 따랐으며, 그리스도는 단지 도덕적 모범을 보이신 분이며, 신앙이란 그를 본받아 최고의 도덕적 선을 이루는 것이라고 가르쳤다. 그의 지도력을 통해 유니테리언 교회가 조직되었다. 1825년 약 125개의 교회가 모여 미국 유니테리언 협회(American Unitarian Association)를 창설했다. 뉴잉글랜드 일대의 저명인사와 지성인들을 중심으로 유니테리언주의는 빠르게 확산되었다.

2) 예수그리스도후기성도교회

몰몬교(Mormonism)로 알려진 예수그리스도후기성도교회(Church of Jesus Christ of the Latter-Day Saints, LDS)는 1830년에 뉴욕에서 조셉 스미스(Joseph Smith Jr., 1805-1844)에 의해 설립되었다. 버먼트(Vermont) 주에서 태어난 스미스는 1816년에 부모를 따라 뉴욕 팔미라(Palmyra)로 이주했다.

1820년 봄 15살 때, 그는 인간의 몸을 입고 나타난 하나님과 그리스도를 만나는 환상을 경험했다. 그리고 현재의 기존 교회가 부패했으니 참된 교회를 세우라는 소명을 받았다. 1823년 9월 스미스는 하나님으로부터 보냄을 받았다는 천사 모로나이(Moroni)를 만나는 두번째 환상을 경험했다.

그로부터 4년 뒤인 1827년 9월 27일, 모로나이 천사의 안내를 받아 고대어로 쓰여진 금판을 발견했다. 정규 교육을 받지 않은 스미스는 학교 교사였던 어느 추종자와 함께 금판의 고대어를 번역했다.

3년간의 번역을 통해 1830년 소위 『몰몬경』(Book of Mormon)을 출판했다. 그해 4월 6일, 6명의 추종자와 함께 예수그리스도후기성도교회를 창설하고 초대 회장이 되었다. 스스로를 선지자로 칭하며, 예언과 포교 그리고 집단 생활을 통해 빠르게 교세를 확장시켰다. 그는 성경의 가르침이라며 일부다처제를 채택했다.

1844년 스미스가 죽자 지도력이 흔들리며 몰몬교는 몇개의 분파로 나뉘었다. 몰몬교의 주류 계열은 1847년에 브리검 영(Brigahm Young, 1801-1877)을 제2대 회장 즉 선지자로 추대했다. 같은 해 일리노이 주로부터 추방당한 수천 명의 몰몬 신도를 이끌고 서부로 이동하여 황무지에 불과했던 유타 주 솔트레이크(Salt Lake)에 도착했다. 그곳에 정착한 몰몬 신도들은 성전을 짓고 교세를 주변으로 확장해갔다.

1877년 브리검 영이 사망할 당시 몰몬 신도의 수가 14만 명을 상회했다. 몰몬교는 성경 외에 『몰몬경』을 신앙의 경전으로 삼았다. 때문에 몰몬교는 성경이 유일하고 최종적인 하나님의 말씀인 것을 부인했다. 몰몬교는 자신의 교회만이 유일하고 참된 교회라며 기존 교회의 조직과 교리를 부정했다. 구원은 믿음과 선행의 조합을 통해서 이뤄진다며 오직 믿음만을 통한 구원을 거부했고, 원죄를 부정하는 펠라기우스주의적 구원론을 가졌다.

3) 제칠일안식일예수재림교회

제칠일안식일예수재림교회(Seventh-Day adventist Church, SDA)는 안식교 또는 재림교로 불렸다. 안식교의 태동은 1843년에 윌리엄 밀러(William Miller, 1782-1849)가 외친 시한부 종말론 사건으로부터 유래되었다. 뉴욕의 침례교 평신도 밀러는 다니엘과 요한계시록을 성경을 연구한 후, 1843년 8월 21일에 예수가 재림하여 천년왕국이 시작될 것이라고 예언했다. 예언이 불발로 그치자, 1844년 10월 22일로 날짜를 수정하여 발표했다. 그날에 수천의 사람들이 하얀 승천복을 있고 예수 재림을 기다렸다.

그러나 예언은 이루어지지 않았다. 크게 실망한 사람들을 재규합한 사람은 이 종말 운동에 참여했던 앨렌 화이트(Ellen G. White, 1827-1915)였다. 그녀는 밀러의 예언을 예수 그리스도가 하늘 성소에서 지성소로 들어간 날이라고 해석하여 가르쳤다. 지성소에 들어간 예수는 이 땅에 재림하는 날까지 성도의 행위를 조사한다는 안식교의 조사 심판론을 만들어냈다.

그러므로 예수가 재림하여 천년왕국이 시작되기 전까지 완전한 회개와 성화를 이루어야 한다고 사람들에게 가르쳤다. 그리고 주일은 태양 숭배의 날이기 때문에 십계명에 따라 다시 안식일을 지켜야 한다고 했다. 이렇게 예수 재림과 안식일을 내세우며 1863년에 그녀는 제칠일안식일예수재림교회를 조직했다.

안식교는 조사 심판론, 안식일 준수, 영혼 멸절설, 2300 주야론, 행위를 통한 완전 구원 등의 교리를 내세웠다. 특히, 엘렌 화이트를 선지자로 여기며 그녀가 하나님께로부터 직접 계시 받아 기록했다는 『예언의 신』을 성경에 버금가는 책으로 간주했다.

또한, 안식교는 구약의 율법에 따라 음식의 종류를 분류하고, 부정한 음식과 육식은 완전 성화와 품성의 변화에 방해된다고 하며 금지시켰고, 채식 위주의 식사만을 선호했다. 오늘날의 안식교는 엘렌의 예언을 문자 그대로 받아들이거나 안식일과 음식을 구원의 조건으로 내세우지 않는 등 자체적인 변화를 추구하고 있다. 하지만 상기에서 언급한 교리적 특징들 때문에 태동 때부터 현재에 이르기까지 이단 시비 논쟁이 계속되고 있다.[6]

4) 여호와의 증인

여호와의 증인(Jehovah's Witnesses)은 1870년에 찰스 러셀(Charles T. Russell, 1852-1916)이 이끄는 성경 연구 모임에서 태동되었다. 러셀이 죽은지 15년 뒤인 1931년에 여호와의 증인이라는 명칭을 공식으로 사용했다. 이 명칭은 "너희는 나의 증인"(사 43:10)이라는 말씀에 근거했다.

---

[6] 안식교는 1904년 한국에 전래되었다. 1915년 장로교는 안식교를 이단으로 결의했다. 안식교는 지육(지성), 덕육(영성), 체육(신체) 등 삼육을 통해 신자의 성화의 삶을 강조한다. 이 정신에 따라 삼육 재단을 설립하고 교육 기관, 의료 시설, 출판 기관, SDA 외국어 학원 등의 사업을 적극적으로 펼치고 있다. 2018년 기준으로 한국에는 25만여 명의 교인, 900여 개의 교회, 880여 명의 목회자가 있다.

여호와의 증인은 워치 타워(Watchtower, 파수대) 성서 책자 협회를 설립하여 문서 사역과 성경 연구 활동 등을 통해 포교와 교세 확장을 했다. 「파수대」와 「깨어라」는 대표적인 잡지이며 현재 매월 300여 개 언어로 수십만 권을 배포하고 있다. 여호와의 증인은 독자적으로 번역한 성경을 사용했다. 한때 정통 기독교의 성경을 사용했으나, 1950-1960년 사이에 자체적으로 번역한 『신세계역』(New World Translation)을 출판했다.

여호와의 증인은 1세기 초대 교회를 참 교회의 모범으로 간주하고 초대 교회의 회복을 목표로 삼았다. 그들은 초대 교회 이후 태동된 가톨릭교회와 정교회 그리고 개신교회를 변질된 교회로 간주했다. 여호와의 증인은 성직 제도가 없으며 서로 간에 형제와 자매로 호칭한다. 예배를 집회로, 교회를 왕국 회관으로 부르며, 평신도를 대표하는 장로가 왕국 회관의 집회를 인도한다.

여호와의 증인 역시 태동 초기부터 시한부 종말론을 내세웠다. 창시자 러셀은 1914년에 아마겟돈 전쟁으로 세상은 멸망할 것이고, 자신들이 주인되어 영생을 누리는 천년왕국이 시작될 것이라고 예언했지만, 역시 빗나가고 말았다. 그 외에도 1925년, 1943년, 1975년 등을 세계 종말의 해로 연속적으로 예언했지만 모두 불발로 끝났다. 특히, 1975년의 시한부 종말론 예언 때에는 학교를 자퇴하거나 직장을 퇴사하여 오로지 전도에 힘쓰며 종말의 날을 기다리도록 하게함으로써 사회적으로 큰 물의를 일으킨바 있었다.

너는 피를 먹지 말라(신 12:25).

여호와의 증인은 위와 같은 말씀을 문자적으로 받아들여 수혈을 거부했다. 평화와 사랑을 내세우며 집총 및 병역을 거부했다. 우상 숭배라는 명목으로 국기에 대한 경례와 애국가 제창을 하지 않는 경우도 있었다. 이러한 반사회적이고 반국가적인 행위들 때문에 여호와의 증인은 종종 사회적 논란거리가 되었다.

지금까지 살펴본 미국판 신흥 종파의 공통된 특징을 몇 가지로 정리해 보면 다음과 같다.

첫째, 역사적으로 나타났다가 사라진 이단 종파들이 많이 있었지만, 적극적인 포교 활동과 다양한 사회 봉사 활동을 통해 교세를 세계적으로 확장시켰다.

둘째, 유니테리언은 이성주의와 자연신론의 영향으로 출현했고, 반면 몰몬교와 안식교와 여호와의 증인은 당시 교회의 교권주의와 교리주의에 대한 반발로 태동되었다.

셋째, 몰몬교와 안식교 그리고 여호와의 증인은 예수 재림 또는 천년왕국과 같은 시한부 종말론을 주장했다.

넷째, 기존 교회를 부정하며, 자신들만이 참된 교회라는 배타적 주장을 공유하고 있다.

다섯째, 구원론에 있어서 믿음과 선행의 합일을 구원의 완성으로 가르치고 있다. 때로는 행위 구원만을 강조하기도 했다. 따라서 단정한 언행, 도덕성, 신체적 건강, 봉사와 자선 등을 매우 중요시 여김으로써 경건하고 박애적인 사람으로 인식되었다.

여섯째, 이단적 교리와 배타적인 교회관과 반사회적인 태도 때문에 그들은 항상 논란의 중심에 있었다.

제48장

부흥의 열기와 세계적 확산

1. 확산되는 부흥의 열기

　제2차 대각성 운동의 부흥 열기는 노예 문제와 남북 전쟁으로 첨예하게 대립된 상황에서도 식지 않고 계속되었다. 먼저 정오 기도회 부흥 운동(1857-1859)을 꼽을 수 있는데, 제레미아 랜피어(Jeremiah C. Lanphier, 1809-1898)가 이 운동을 일으켰다.[1] 뉴욕 출신의 랜피어는 맨하탄에서 의류 가게를 운영하며, 찰스 피니가 세운 브로드웨이 테버네클에 출석했다. 성가대로 봉사하며 남다른 전도와 부흥 열정을 가지고 교회를 섬겼다. 1857년 48세 때, 맨하탄 풀톤 거리(Fulton Street)에 위치한 한 네덜란드 개혁교회가 그를 평신도 선교사로 임명했다.

　그해 7월 랜피어는 사업을 정리하고 거리와 상가를 다니며 전도 활동을 하다가 가게를 운영하는 사람들을 대상으로 점심 시간을 이용한 정오 기도회 모임을 시작했다. 1857년 9월 23일 수요일 정오, 풀톤 거리에서 시작한 첫 기도 집회에 총 6명이 참석했다. 그 다음 수요일에는 20명, 그 다음 주에는 40명이 찾아왔다. 10월부터는 정오 기도회를 매일 했다.

---

[1] 키드 하드먼, 『부흥의 계절: 미국의 전도와 부흥 운동사』, 박응규 역 (서울: 기독교문서선교회, 2006), 248-255.

참석자의 수는 매주 폭발적으로 늘어났다. 1858년 3월 말경에는 약 일만 명이 모이는 대집회로 발전했다. 이 놀라운 소식은 일간 신문을 통해 전국으로 퍼져나갔고, 그 영향으로 1859년까지 미국 내 주요 도시마다 크고 작은 정오 기도회 모임이 생겨났다. 1857-1859년간 절정에 달했던 정오 기도회 부흥 운동은 평신도 중심으로 일어난 초교파 기도 부흥 운동이었다.

결과적으로 교회 성장을 가져다 주어 장로교, 침례교, 감리교 등에 새신자들이 많이 늘어났다. 3년여 년간의 정오 기도회를 통해 전체적으로 약 50만 명에서 100만 명에 이르는 사람들이 그리스도인이 되었다.

2. 드와이트 무디의 부흥 운동

남북 전쟁은 종식되었지만, 전쟁은 많은 인명과 재산 피해를 가져다 주었고, 사람들의 마음은 공허하고 피폐해졌다. 이 시기에 소위 제3차 대각성 운동(1857-1915)이라 부를 만큼의 강력한 부흥 운동이 드와이트 무디(Dwight Lyman Moody, 1837-1899)를 통해 일어났다. 1837년 무디는 매사추세츠 노스필드(Northfield)의 평범한 가정에서 다섯째 아들로 태어났다. 네 살 때 아버지가 죽자 가난때문에 초등교육도 제대로 끝내지 못한 채 생계를 위해 일하기 시작했다.

1854년 17세 때, 무디는 보스턴에서 구두 수선점을 운영하는 외삼촌 사무엘 홀튼(Samuel Holton)을 찾아가 그를 도우며 일했다. 무디의 어머니는 유니테리언 신자였다. 그러나 삼촌은 회중교회 신자로서 그의 권유로 무디는 회중교회에 출석했다.

주일학교 교사 에드워드 킴벌(Edward Kimball)로부터 복음의 메시지를 들은 후, 1855년 4월 21일에 무디는 구두 가게 뒷방에서 중생을 체험했다. 무디는 노스필드에 있는 어머니에게 그때 감격을 다음과 같은 말로 전했다.

어머니, 1837년 2월 5일은 제가 어머니로부터 처음 태어난 생일이지요? 18년이 지난 오늘 1855년 4월 21일은 제가 성령으로 거듭난 생일 입니다.[2]

1856년 무디는 새로운 꿈을 품고 시카고로 이주했다. 제화점 영업 사원으로 일하다가 제화점을 운영했는데, 사업이 크게 번창했다. 1860년 6월 23세 때, 그는 사업보다는 전도 사업과 YMCA 운영에만 전념하기로 결심했다. 시카고 빈민가에 사는 소년들과 소녀들을 대상으로 복음을 전했고, 학력이 모자란다는 냉대에도 불구하고 주일학교 교사가 되어 어린이 전도에 주력했다.

무디는 함께 주일학교에서 일하던 여교사가 불치병 진단을 받은 후 고향으로 요양 차 떠나기 전에 자기 반 학생들을 일일이 심방하며 구원의 확신을 심는 모습을 옆에서 지켜보았다. 그때 무디는 전도란 사람을 많이 모으는 것이 아니라 구원으로 인도하는 것이라는 점을 깊이 깨달았다.

1865년 무디는 젊은 평신도 전도자, 부흥사로서 서서히 알려지기 시작했다. 특히, 영국에서 시작한 그의 전도 집회는 큰 전환점이 되었다. 1867년 2월 무디 일행은 처음으로 영국을 방문했다. 그는 런던의 주일학교 연합회 서기 하틀리(F. J. Hartley)의 초청으로 엑서터 홀(Exeter Hall)에서 있었던 연합회 모임에 참석했다. 무디는 청중들에게 시카고에서 하고 있는 자신의 전도 사역을 간증했는데, 그들은 무디의 간증에 크나큰 감명을 받았다. 제1차 영국 전도 여행 후, 1870년 무디는 인디애나폴리스에서 열린 YMCA 국제 집회에서 평생의 동역자 이라 생키(Ira David Sankey, 1840-1908)를 만났다.

생키는 전문적으로 성악을 공부하지 않았지만, 보기 드물 정도로 아름답고 감동적인 음색을 지닌 청년이었다. 무디의 설득으로 생키는 무디의 전도단에 합류했다. 1871년 시카고에 화재가 발생하여 그가 세운 일리노이스트리트교회(Illinois Street Church)가 불타버렸으나, 그의 전도 열정은 전

---

[2] 윌리엄 R. 무디, 『위대한 전도자 무디』, 김한기 역 (서울: 은혜출판사, 1993), 89.

혀 꺾이지 않았다. 1873년 제2차로 영국을 방문했다. 런던 북부에 위치한 어느 교회에서 저녁 집회를 인도할 때, 참석자 200명 중 100명이 그리스도인이 되기로 작정했고, 화요일에 다시 초청을 받아 10일 동안 연속하여 집회를 열었는데 400명이 교회에 등록하는 일이 생겼다. 종종 문법도 틀리는 설교였지만, 작은 키와 당당한 체구에서 뿜어 나오는 힘찬 메시지는 런던의 12,000명의 회중에게 깊은 감동을 주었다.

집회에 참석했던 한 영국인은 그리스도를 사랑하겠다는 고백을 하지 않으면 견딜 수 없을 정도로 무디의 설교는 너무나 강력했다고 증언했다. 1875년 3월부터 7월간의 영국 3차 방문 때, 요크(York) 집회는 5주간을 그리고 선더랜드(Sunderland) 집회는 6주간을 더 연장할 만큼 선풍적이었고, 뉴캐슬(Newcastle), 에딘버러(Edinburgh) 그리고 런던 집회는 연일 만원을 이루었다.

특히, 런던 집회는 절정에 달했다. 영국의 주요 일간 신문들이 매일 전하는 무디의 놀라운 부흥 소식은 대서양을 건너 미국에도 알려졌다. 미국으로 돌아온 무디와 생키는 1875년 11월부터 뉴욕, 필라델피아, 보스턴 등 큰 도시 곳곳에서 전도 집회를 개최했다. 미국 사회는 무디를 통해 또다시 큰 부흥을 경험했다.

무디의 부흥 운동은 제2차 대각성 운동을 통해 정착한 천막 집회의 틀을 벗어나 조직화된 도시형 부흥 집회라는 새로운 장을 열어 주었다. 또한, 집회 이후 새신자들에 대한 구체적인 양육이 지역 목회자들과의 협조를 통해 이루어졌다. 생키의 찬양이 집회에 큰 은혜를 끼치면서 설교와 더불어 찬양의 중요성이 강화된 집회가 대중화되었다. 무디는 헌금과 기부금을 가난 때문에 교육을 받지 못하는 청소년들을 위하여 고향에 노스필드학교(1879)와 헐몬산(Mt. Hermont)학교(1881)를 세우는 데 사용했다.

또한, 무디는 미국 서부 개척지 선교를 위한 복음 전도자를 전문적으로 양성하기 위해 1886년에 시카고에 무디성경학교(Moody Bible Institute)를 세웠다. 1889년 뛰어난 신학자요 목회자인 루벤 토레이(Reuben A. Torrey, 1856-1928)를 초대 교장으로 초청했다.

무디와 토레이의 헌신적인 지도 속에 불과 10년 만에 수천 명에 달하는 학생들이 무디성경학교를 졸업했다. 이들 중 200명이 해외 선교사로 헌신했고, 180명이 전도 운동의 설교자 혹은 성경 교사가 되었고, 38명이 교육 방면에 종사하는 일꾼이 되었다.

1875년 영국 컴브리아(Cumbria)에 성경 연구와 성결을 강조하는 케직 사경회(Keswick Convention)가 일어났다. 이에 영감 받은 무디는 그와 비슷한 노스필드 사경회(Northfiel Conference)를 1880년 9월에 첫 모임을 시작으로 매해 여름마다 개최했다. 성경 공부와 기도 그리고 선교에 초점을 맞춘 집회로써 초교파적인 청년 집회였다. 6년 뒤인 1886년 7월, 노스필드의 헐몬산학교에서 아주 특별한 사경회가 개최되었다.

YMCA 대학부 총무 루터 위샤드(Luther D. Wishard, 1854-1925)의 제안으로 YMCA의 대학생 사경회와 노스필드 사경회가 공동으로 개최한 집회였다. 이 사경회에서 국내 전도와 세계 선교를 겨냥한 학생 자발 운동(Student Volunteer Movement)이 태동되었다. 이처럼 무디는 국내 부흥뿐만 아니라, YMCA와 학생 자발 운동의 선교 정신을 적극적으로 지지하고 후원했던 뛰어난 지도자였다. 1899년 11월 캔사스 시티에서 무디는 전도 집회를 인도하던 중에 심장 질환으로 쓰러져 그해 12월 22일, 62세의 일기로 하나님의 부르심을 받았다.

3. 오순절 부흥 운동

1900년 전후로 미국에 오순절 운동(Pentecosntal Movement)이 발생했다. 찰스 파햄(Charles F. Parham, 1873-1929)은 이 운동을 일으킨 대부였다. 그는 사도행전 2장에 나오는 오순절 성령 세례의 재현을 강조하며 방언을 성령 세례의 증거로 가르쳤다. 1898년 캔사스 토페카(Topeka)에 치유와 방언을 훈련하는 특별한 학교를 세웠다.

1901년 1월 1일, 이 학교의 여학생 아그네스 오즈만(Agnes Ozman, 1870-1937)의 방언을 시작으로 학생들 전원이 집단적으로 방언을 했다. 1905년 파햄은 텍사스 휴스턴(Houston)에 이주하여 그와 같은 오순절 운동을 계속 펼쳐 나갔다.

오순절 운동의 새로운 전환점이 되는 사건이 1906년에 캘리포니아 로스앤젤리스(Los Angeles)에 위치한 아주사 거리(Azusa Street)에서 발생했다. 아주사 부흥 운동을 일으킨 인물은 흑인 목사 윌리엄 세이무어(William J. Seymour, 1870-1922)였다. 그는 휴스턴에서 파햄의 오순절 운동에 영향을 받고 그와 함께 활동했다. 1906년 2월 세이무어는 로스엔젤리스의 성결 운동 계열의 한 교회로부터 담임목사 초청을 받아 이주했다. 방언에 대한 이견 때문에 교인들과 충돌이 일어나자 교회를 사임하고 4월 9일부터 친구의 집에서 15명의 흑인 교인들과 함께 금식하며 특별 부흥 집회를 시작했다.

4월 12일 자신뿐만 아니라 대부분의 사람이 방언을 시작했다. 14일, 집회 장소를 아주사 거리에 위치한 흑인 감리교회로 옮겨 매일같이 부흥 집회를 했다. 곧 약 1,500명의 사람이 모이는 부흥 집회로 발전했다. 소문을 듣고 흑인, 백인, 남미인 등 수많은 사람이 국내외에서 찾아와 집회에 참여했고 약 2년간 집회는 절정을 이루었다.

아주사 부흥 소식은 미국 전역뿐만 아니라 남미, 유럽, 중동, 서아프리카, 아시아 등으로 매우 빠르게 확산되며 오순절 운동 시대를 열어 주었다. 아주사 부흥 운동을 포함한 오순절 운동은 몇 가지 면에서 매주 중요한 의미가 있었다.

첫째, 방언을 성령 세례로 간주하며, 치유와 예언 등 성령 은사를 특별히 강조하는 20세기 사도행전적 오순절 운동을 태동시켰다.

둘째, 이 운동은 흑인, 백인, 남미인, 동양인 등 인종을 초월한 초교파적 연합 집회로 발전하여 빠른 확산세를 이루었다.

셋째, 미국 내 오순절 계열의 교회들이 태동되었다. 대표적으로 1911년 오순절 성결교회(Pentecostal Holiness Church), 1914년 하나님의 성회(Assembly of God), 1916년 세계 오순절 성회(Pentecostal Assemblies of the World), 1923년 포스퀘어교회(Foursquare Church, 1923) 등을 꼽을 수 있다. 또한, 오순절 운동과 웨슬리안 성결 운동(Holiness Movement)은 상호간에 밀접한 협력과 영향을 통해 성결 계열 교회의 태동을 촉진시켜주었다.[3]

넷째, 오순절 운동은 전 세계로 빠르게 확산되며 현재 세계적으로 가장 큰 개신교회가 되었다.[4]

---

[3] 미국 제2차 대각성 운동의 결과로 미국 감리교회는 주류 개신교로 크게 성장했다. 이 시점인 1830년대부터 감리교 내에 성결 운동이 시작되었다. 남북 전쟁 이후 성결 운동은 더욱 활발하게 퍼져 나갔다. 마치 영국 성공회 내에 감리회 운동이 일어났듯이, 미국 감리교회 내에 일종의 갱신 운동으로 성결 운동이 일어났다. 1885년 여러 성결 운동 단체들이 시카고에 모여 제1회 성결 총회를 개최했다. 성결은 중생에 이은 두 번째 은혜로서 오직 성령 세례로서만 가능하며 하나님의 온전한 사랑의 회복이라고 규정했다. 미국 남북 감리교회 내에서 성결 운동에 대한 교권적 그리고 신학적 논쟁이 발생했다. 결국, 이러한 논쟁의 과정에서 성결 계열의 교회들인 순례자성결교회(Philgrim Holiness Church, 1897), 오순절나사렛교회(Pentecostal Church of the Nazarene, 1907), 나사렛교회(Church of the Nazarene, 1919) 등이 태동되었다. 성결교의 교회들은 그리스도인 완전 성결을 강조하는 웨슬리안주의를 따르고 있으며, 사중복음(중생, 성결, 신유, 재림)을 내세우고 있다. 1901년 동양 선교회(Oriental Missionary Society)가 일본에서 창설되었다. 1907년 동양 선교회는 한국에 선교를 시작하여 교회를 세웠고, 1921년 명칭을 성결교회로 바꾸었다. 성결교회 주요 교단은 기독교대한성결교회, 예수교대한 성결교회, 대한기독교나사렛성결교회가 있다. 참조, 정상운, 『한국 성결교회 백년사 (1907-2007)』 (서울: 킹덤북스, 2019).

[4] 세계 선교 통계 분야의 권위자 토드 존슨(Todd Johnson)이 소장으로 있는 고든코넬(Gordon-Conwell)신학교의 세계 기독교 연구 센터가 2019년에 "Status of Global Christianity, 2019, in the Context of 1900-2050"을 발표했다. 이 통계 자료에 의하면, 2019년 현재 세계 인구 77억 명 중에서 기독교 인구는 25억 2천만 명(33.3퍼센트)에 이른다. 기독교 25억 2천만 명 중에서 가톨릭교회(12억 4천만 명, 49.2퍼센트)가 절반에 해당하는 교세를 가지고 있으며, 그 다음으로 개신교(11억 2천만 명, 44.4퍼센트)와 정교회(2억 8천만 명, 11.1퍼센트) 순이다. 주목할 것은 전체 개신교회들 중에서 오순절 계열 교회의 교인 수는 6억 9천만 명(69.9퍼센트)으로 가장 큰 교세를 가지고 있으며, 그 규모는 정교회를 크게 앞지른다.

4. 세계로 확산되는 부흥의 불꽃

세계 부흥 운동 연구의 전문가 웨슬리 L. 듀웰(Wesley L. Duewel, 1916-2016)은 1901년부터 1910년 시기를 기독교회의 '부흥 십년기'라고 명명했다.[5] 이 시기에 개신교 역사상 유래를 찾아볼 수 없는 부흥이 지구촌 곳곳에서 뜨겁게 일어났다. 미국은 무디의 부흥 운동에 이어 성결 운동과 오순절 운동이 연속되면서 부흥의 불꽃이 더욱 타올랐다. 영국도 무디의 전도 집회를 통해 달궈진 부흥의 열기는 성결 운동과 특히 1875년부터 시작된 케직 사경회를 통해 계속 이어졌다. 그러면서 1904년부터 1905년까지 영국의 남부 지방 웨일즈(Welsh)에서 일명 웨일즈 부흥 운동이 일어났다.

1903년 웨일즈(Welsh)에서 케직 사경회가 열렸는데 목회자와 청년들이 큰 영적 각성의 은혜를 경험했다. 이 자리에 26세의 청년 에반 로버츠(Evan J. Roberts, 1878-1951)가 참석했다. 로버츠는 광부의 아들로 태어나 12살부터 광산에서 일했지만, 부모님과 함께 모리아(Moriah) 칼빈주의 감리교회를 출석하던 신실한 믿음의 청년이었다.

웨일즈 지방에 부흥이 일어나기를 항상 기도하던 로버츠는 1903년 집회 다음 해인 1904년 봄에 놀라운 성령 충만을 경험했다. 그날부터 성령의 능력에 힘입어 약 4개월간 매일 새벽마다 3-4시간씩 기도했다.

그해 9월 기도 중에 '십만'이라는 숫자 환상을 경험했다. 로버츠는 이 환상을 십만 명을 그리스도 앞으로 인도하라는 하나님의 명령으로 받아들였다. 성령의 강권을 피할 수 없었던 그는 10월 31일에 고향의 모리아교회에서 17명의 청년을 대상으로 첫 설교를 했다. 그때 17명 모두 주님을 영접했다.

---

5   웨슬리 듀웰, 『세계를 뒤바꾼 부흥의 불길』, 안보헌 역 (서울: 생명의말씀사, 2005), 240-245.

로버츠는 부흥과 십만 명 구령에 대한 비전을 17명의 청년과 함께 나누며 본격적으로 부흥 운동에 뛰어들었다. 그는 집회 참석자들을 향해 다음과 같은 메시지를 강력하게 전했다.

첫째, 죄악을 회개하고 죄악의 자리에서 떠나라.
둘째, 성령의 인도하심에 순종하라.
셋째, 예수를 그리스도로 영접하고 그의 증인이 되라.

청중들은 눈물바다를 이루며 회개와 중생의 체험이 일어났다. 매 집회마다 몇 십 명에서 몇 천 명에 이르는 사람들이 회개하고 주님을 영접했다. 이와 같은 부흥 운동은 웨일스 전역으로 요원의 불길처럼 삽시간에 퍼져나갔다. 불과 일년 만인 1905년 말에 십만 명의 사람이 주님께 돌아오는 놀라운 결실을 맺었다.

무명의 청년 에반 로버츠를 통해서 일어나 웨일스 부흥 운동은 세계 교회를 놀라게 했다. 1905년 초 웨일스 부흥 운동을 눈으로 직접 확인하려는 목회자, 선교사, 일반 기자들이 영국과 미국 그리고 세계 도처에서 웨일스로 몰려들었다.

그들은 눈으로 목격한 웨일스 부흥 운동의 생생한 감동을 자신들의 교회와 선교 현장에 곧바로 전했다. 그리고 교회와 선교지는 자신들에게도 웨일스와 같은 부흥이 일어나기를 간절히 기도했다.

이처럼 웨일스 부흥 운동은 지구촌 곳곳에 부흥을 갈망하는 기도 운동을 촉발시켰다. 그 결과 1905년 3월 인도 북동부 아삼(Assam) 지역에서 대규모 부흥 운동이 일어났다. 같은 해 아프리카 마다가스카르(Madagascar), 1906년 4월 미국 아주사 거리, 1907년 1월 한국 평양과 서울, 1908년 만주와 중국 등에서 대부흥이 일어났다. 그 외에 인도네시아, 호주, 뉴질랜드, 노르웨이, 남미, 아프리카 등지에서도 놀라운 부흥이 발생했다. 한마디로 지구촌 곳곳이 부흥의 불꽃으로 뜨겁게 달구어 졌다.

제49장

세계 복음화 선교 운동

미국 기독교 역사가 케네스 레토레트(Kenneth Scott Latourette, 1884-1968)은 19세기를 다음과 같이 평가했다.

> 지리적 확장, 내적 활력 및 인류 전체에 미친 영향 때문에 이 시기는 기독교가 이제껏 지내온 어느 때보다 가장 위대한 시기였다.[1]

왜 가장 위대한 시기라고 했는가?
지리적 확장과 교류로 말미암아 세계 선교가 그 어느 때보다도 매우 신속하게 이루어졌기 때문이었다.

1. 학생 자발 운동

19세기 중엽부터 일어난 미국의 부흥 운동은 국내 전도와 해외 선교에 대한 열정을 촉발시켰다. 특히, 미국의 젊은 대학생과 신학생들을 일깨우는 각종 선교 단체들과 집회가 줄지어 생겨났다. 영국에서 1844년에 태동된 기독 남성 청년회(Young Men's Christian Association, YMCA)가 1851년에 미국 보스턴에도 창설되었다. 복음 전파, 사회 복지, 구제 활동을 주요 사업으로 내세운

---

1   케네스 래토레트, 『기독교사 (하)』, 141.

YMCA는 아주 빠르게 미국의 주요 도시와 대학가로 확산되었다.

특히, 1880년대 YMCA 대학부 총무 루터 위샤드는 YMCA 소속 대학생들에게 해외 선교의 시급성과 필요성을 강력하게 호소했다. 해외 선교에 대한 관심은 신학교 내에서도 일어났다. 1880년 미국 내 신학교들이 연합하여 초교파 신학교 선교 동맹(Inter-Seminary Missionary Alliance, ISMA)을 조직했다. 1883년 ISMA의 여름 집회가 코네티컷 하트포드(Hartford)에서 열렸는데, 이때 프린스턴대학교에 재학중인 로버트 P. 윌더(Robert P. Wilder, 1863-1938)가 참여했다.

집회에서 돌아온 윌더는 그해 가을 일천 명의 해외 자원 선교사 파송을 목적으로 몇몇의 친구와 함께 프린스턴 해외 선교부(PFMS)를 조직했다. YMCA, ISMA, PFMS 등과 같은 대학생 또는 청년 기독 단체들 가운데 일어난 선교 열풍은 1886년 학생 자발 운동의 태동으로 이어졌다.

1885년 여름, 드와이트 무디는 YMCA의 위샤드로부터 YMCA 소속 대학생들을 위한 하계 사경회와 노스필드 사경회를 연합하여 갖자는 제안을 받고 기꺼이 수락했다. 날짜는 1886년 6월 한달 동안이며, 장소는 헐몬산 학교로 정했으며, 주강사는 무디였다. 위샤드는 미국 내 여러 대학을 직접 방문하여 대학생들의 집회 참석을 독려했다.

이때 프린스턴대학교의 윌더와 코넬대학교의 존 모트(John R. Mott, 1865-1955)가 적극적으로 앞장섰다. 1886년 6월 미국과 캐나다의 89개 대학에서 251명의 학생이 참석하는 대규모 집회가 예정대로 개최되었다. 특히, 윌더는 헐몬산 집회를 통해 선교의 열매가 구체적으로 가시화되기를 바라며, 다음과 같은 큰 비전을 품었다.

우리 기도가 헐몬산 집회에서 응답되어 전 대학으로 기도 모임이 파급 될 것이며, 선교사 지원자 100명을 채워주실 것입니다.[2]

---

2   Robert R. Wilder, *The Student Volunteer Movement: The Origin and Early History* (New

사경회는 성경 공부와 선교 강연 그리고 YMCA 대학부 사역에 관한 논의 등으로 진행되었지만, 특히 위샤드와 윌더와 모트 등은 집회를 통해 해외 선교를 위한 자발 운동이 반드시 일어나도록 힘써 기도했다. 6월 16일 헬몬산 집회에 「세계 선교 리뷰」라는 선교지 편집장 아더 피어슨(Arthur Tappan Pierson, 1837-1911) 목사가 강사로 방문하여 다음과 같이 외쳤다.

모든 사람은 가야하고 모두에게 가야한다(All should go and go to all).

그리고 또 다른 강사인 침례교 중국 선교사 윌리엄 애쉬모어(William Ashmore, 1824-1909)는 설교와 선교 간증을 통해 학생들에게 깊은 감동을 주었다. 날이 갈수록 해외 선교에 대한 관심은 점점 뜨거워졌다. 마침내 참가자들 사이에서 다음과 같은 기도가 나오기 시작했다.

만일 하나님께서 허락하신다면 기꺼이 자원하여 해외 선교사로 가겠습니다.

이로 인해 251명의 참석자 중에 100명이 해외 선교사로 자원할 것을 서약하는 놀라운 일이 나타났다.

이 집회의 나머지 기간 동안 해외 선교에 자원한 학생들은 매일 밤마다 모여 기도했다. 마지막 날까지 99명이 그 헌장에 서명했는데, 그날 저녁 기도회를 위해 모였을 때 한 학생이 더 참가하게 되었다.[3]

이렇게 하여 학생 자발 운동이 태동되었다. 집회를 마치고 집으로 돌아온 윌더는 프린스턴 해외 선교부 회원이자 그의 동료인 포먼(John Forman)

York: The Student Volunteer Movement, 1935), 9.

3　데이빗 하워드, 『학생운동과 세계 복음화』(서울: 생명의말씀사, 1980), 106.

과 함께 1886년부터 1887년 기간에 미국과 캐나다의 162개 대학교와 신학교를 방문하여 해외 선교를 위해 자원해줄 것을 학생들에게 강력하게 호소했다. 그 결과 일년간 500명의 여학생을 포함한 2,106명의 남녀 젊은이들이 해외 선교를 위한 자원서에 서명하는 엄청난 결실을 얻었다.

이러한 결실에 따라 모트와 윌더는 1888년 11월 6일, 학생 자발 운동 모임을 갖고, 명칭을 '해외 선교를 위한 학생 자발 운동'(Student Volunteer Movement for Foreign Missions)으로 바꾸었다. 그리고 SVM의 의장에 모트가, 총무에 윌더가 선출되었다. SVM의 활동은 매우 놀라왔다. 미국의 수많은 젊은이가 SVM의 호소에 마음을 열고 해외 선교에 기꺼이 서명했고 하나님께서 자신들을 어느 곳으로 인도하실 것인가를 기도하며 헌신된 마음으로 살았다.

1891년 SVM은 오하이오 클리브랜드(Cleveland)에서 제1차 국제 학생 전도 대회를 개최했다. 이 집회에는 32명의 선교 단체 대표와 31명의 해외 선교사 그리고 151개의 교육 기관을 대표하는 558명의 학생이 참석했다. 이때 SVM은 '이 세대 안에 세계를 복음화하자'(Evangelization of the World in this Generation)를 선교 슬로건으로 채택했다.

그리고 그 당시까지 350개의 교육 기관으로부터 6,200명의 학생이 해외 선교사로 자원했다고 보고했다. SVM의 전도 대회, 문서 운동, 순회 강연 등을 통해 해외 선교를 위해 자원하는 학생의 숫자는 해마다 증가했다.

SVM의 태동 때부터 1945년까지 약 10만 명이 SVM을 통해 해외 선교에 자원했다. 그중에서 20,500명이 실제로 선교지로 나갔고, 나머지는 보내는 선교사로 본국에 남아서 선교지를 물심양면으로 후원했다.[4]

---

[4] 데이빗 하워드, 『학생운동과 세계 복음화』, 112. 한국 선교는 학생 자발 운동 출신 내한 선교사들의 주도적인 활동을 통해 이루어졌다. 캐나다 출신 제임스 게일(James S. Gale, 1863-1937)은 토론토대학 YMCA 출신이며, 1886년 헐몬산 집회에 참석하여 100명 해외 선교사의 일인으로 헌신했다. 1888년 내한하여 전도 활동을 하다가 1900년 연동교회 첫 담임목사가 되었고, 한글 성경 번역에 크게 기여했다. 그외에도 마포삼열, 곽안련, 이길함 등 초기 맥코믹신학교 출신 내한 선교사들도 무디와 SVM의 영향으로 해외 선교사가 되었다. 연구 기록에 따르면, 1906년-1909년 사이 내한한 총 135명의 선

이렇게 발생된 학생 자발 운동은 미국 교회가 영국에 이어 세계 선교 강국이 되는 기폭제가 되었다.

2. 해외 선교 열풍

19세기 중엽부터 20세기 중반까지는 세계 복음화를 위한 하나님의 주권적 섭리와 성령의 역사가 강력하게 일어난 시대였다. 허드슨 테일러 선교사가 세운 중국 내지 선교회(CIM, 1865) 외에도 기독교 및 선교 연맹(Christian and Missionary Alliance, CMA, 1887), 수단 내지 선교회(Sudan Interior Mission, SIM, 1893), 북미 해외 선교 협의회(Foreing Missions Conference of North America, 1893), 평신도 선교 운동(Laymen's Missionary Movement, LMM, 1906), 국제 선교회(Worldwide Evangelization for Christ, WEC, 1913) 등 수많은 초교파 선교 단체가 이 시기에 태동되었다. 그리고 개신교 교단마다 해외 선교부를 창설하여 체계적으로 선교사를 파송하고 후원했다.

SVM이나 다른 선교 단체들을 통해 수많은 미국의 젊은이들이 고국을 떠나 먼 미지의 땅에 죽기를 각오하고 갔으며 평생을 받쳐 선교한 사람들이 이루 말할 수 없이 많았다.

또한, 보내는 선교사로 헌신한 수많은 평신도 선교사의 기도와 물질적 지원은 그 모든 선교 사역을 이룰 수 있도록 만드는 동력이었다. 그리고 남녀 평신도 전문인의 선교 참여가 매우 증가되었고, 선교를 위한 연합 운동이 폭넓게 확대되었다. 그 결과 20세기 초에는 왕래가 가능한 지구촌 거의 모든 곳에 복음이 전해지며 교회가 세워졌다.

교사 중에서 81명이 SVM 출신의 선교사들이었다. 참조, 이호우, "무디의 부흥 운동과 학생 자발 운동이 초기 내한 선교사들의 선교 활동에 끼친 영향 연구" 「역사신학 논총」 제14집 (2007), 272-304

제50장

미국 교회의 격랑과 급변

　근대 계몽 사상에 의해 형성된 현대주의는 철학, 문학, 예술, 윤리, 과학, 종교, 삶 등에 걸쳐 전통적인 규범과 권위로부터 벗어나 당시 상황에 맞게 상기의 영역을 재해석하고 변화를 추구하는 사조였다. 현대주의의 출현은 19세기에 형성된 이성과 과학의 발전에 기인했다. 인간의 이성과 합리성은 보편적 진리와 개념을 비판하고 정립하는 기준이 되었다. 진화론을 비롯한 자연 과학, 의학, 기술 산업의 발전은 삶의 의식과 구조를 빠르게 현대화시켰다.

　이러한 현대주의의 변화에 따라, 신학도 현대화 해야 한다는 외침이 서구 신학계에 발생했다. 그 결과 현대주의 신학 또는 자유주의 신학이 태동되었다. 19세기 말, 현대주의 신학에 근거한 자유주의적 성서 비평학, 진화론적 세계관, 사회 복음 등이 유럽 교회를 거의 지배하다시피 했다.

　현대주의 신학은 대서양을 건너 북아메리카 대륙으로 빠르게 들어왔다. 유럽에서 물밀듯이 들어오는 이민자들을 통해 미국은 이미 다민족, 다언어, 다종교, 다문화 국가가 되었다.

　특히, 1840년에서 1870년 사이에 2백만 명 이상의 아일랜드 출신 가톨릭 신자와 또 다른 2백만 명의 독일 출신 가톨릭 신자들이 이민을 통해 들어왔다. 새로운 이민자들의 꿈은 미국에서의 빠른 정착과 번영이었다. 약 250년전에 발을 내딛었던 청교도들의 꿈과는 전혀 다른 것이었다.

　그들은 중부를 거쳐 거침없이 서부까지 확장되어가는 미국의 광활한 영토에 새로운 노동력을 제공하며, 미국을 도시화, 산업화, 자본화의 길로 빠르게 이끌어 갔다. 이제 20세기 초의 미국은 정치, 사회, 경제, 윤리, 문화, 교육, 종교 등 거의 모든 분야에서 현대화와 다원화와 세속화가 현실적으로 이루어지고 있었다. 이러한 변화에 따라 일부 교회들이 현대주의 신학을 자연스럽게 받아들이자, 곧바로 정통주의와 충돌하면서 미국 교회를 격랑과 급변의 시기로 몰아갔다.

1. 자유주의의 출현과 확산

1900년 전후의 미국은 경제 자본주의를 토대로 산업화와 도시화가 아주 빠르게 진행되었다. 한편 그러한 발전은 분배의 불균형과 그에 따른 도시 빈민과 소위 계층의 증가라는 각종의 새로운 사회 문제를 낳았다. 이때 미국 교회는 이러한 계층의 사람들에 대한 영적, 육체적 도움에 관심을 갖고 도시 빈민 구제 사업에 뛰어들기 시작했다.

1851년 YMCA, 1864년 뉴욕 개신교 감독 도시 선교회(New York Protestant Episcophal City Mission), 1872년 뉴욕 월터 스트리트 선교회(New York Walter Street Mission), 1877년 시카고의 태평양 가든 선교회(Pacific Garden Mission) 등과 같은 초교파적 기독교 단체들과 교파 교회들이 조직되어, 도시 빈민자들과 소외 계층의 사람들을 위한 구제와 자선, 계몽과 교육, 사회 복지 등과 같은 사업들을 펼쳐나갔다.

이러한 시대 환경 속에서 사회 복음(social Gospel)이 출현했다. 사회 복음은 자본가 중심으로 발전하는 경제 자본주의에 항거하는 도전과 반발이었다. 오하이오 주의 회중교회 목사 워싱톤 글래든(Washington Gladden, 1836-1918)과 캔사주 주의 회중교회 목사이며 『예수라면 어떻게 했을까』(*In His Steps: What Would Jesus Do?*, 1895)의 저자인 찰스 셀던(Charles M. Sheldon, 1857-1946)은 교회와 그리스도인의 사회 도덕적 책임을 강조한 초기 사회 복음 운동가들이었다.

미국 사회 복음을 이론적으로 정립하고 저변 확대에 기여한 인물은 월터 라우셴부쉬(Walter Rauschenbusch, 1861-1918)였다. 독일계 이민 2세대인 라우셴부쉬는 1884년에 뉴욕의 로체스터대학교(University of Rochester)를 졸업했고, 1886년에 로체스터신학교(Rochester Theological Seminary)에서 신학을 공부했다. 졸업 후 곧바로 뉴욕에 위치한 독일 노동자들 중심의 침례교회에서 11년간 목회했다.

노동자들의 열악한 노동 환경과 빈민 계층의 밑바닥 삶을 경험한 라우셴부쉬는 경제, 사회, 정치 권력과 탐욕에 희생당하고 소외 당한 사람들에게 더 많은 관심을 갖고 그들의 권익을 대변하는 활동에 뛰어들었다. 1897년 로체스터신학교로부터 교수로 초빙을 받아 1917년까지 일하면서 강연과 저술을 통해 사회 복음을 더욱 확산시켜 나갔다. 그의 저서 『기독교와 사회 위기』(1907)와 『사회복음을 위한 신학』(1917)은 사회 복음에 관한 대표적인 작품이었다.

그가 강조한 사회 복음의 핵심은 하나님의 나라였다. 하나님의 나라가 신앙 영역뿐만 아니라, 정치, 경제, 사회 영역에도 균등하고 공의롭게 이루어져야 한다고 주창했다. 사회 복음은 개인의 구원보다는 하나님 나라가 이 사회에 실현되는 것에 초점을 두었다. 따라서 정치적, 경제적 민주주의를 이루기 위한 복음의 윤리적 기능을 강조했다. 사회 정의와 윤리 그리고 이윤의 균등 분배 등을 위한 교회와 복음의 기능을 피력했다. 하나님 나라가 이 세상과 각 사람 안에 이루어져야 한다는 하나님의 내재성을 역설했으며, 성경의 계시보다는 인간의 내면적 도덕적 경험을 중요하게 여겼다.

한편 1850년대에 일어난 유럽의 자유주의적 고등 성경 비평과 성경관은 미국에 속속 유입되었다. 라우셴부쉬가 졸업한 로체스터신학교에서도 그가 공부할 당시 이미 고등 성경 비평학이 소개되었고, 성경의 무오성에 대한 비판이 가르쳐졌다. 자유주의적 고등 성경 비평은 장로교 목사인 헨리 스미스(Henry P. Smith, 1847-1927)와 찰스 브릭스(Charles A. Briggs, 1841-1913)에 의해 널리 보급되었다.

헨리 스미스는 장로교 신학교인 래인신학교를 1872년 졸업한 후 곧바로 독일로 건너가 5년간의 유학을 마치고 돌아와 모교에서 독일의 진보적인 성경 비평과 성경관을 토대로 교수했다. 소속 노회로부터 신학 문제로 이단성 시비를 받자, 1893년 회중교회 목사로 전향하고 앤도버신학교에서 교수 생활을 계속해갔다.

찰스 브릭스는 1870년 장로교 목사가 되어 목회했으며, 1874년부터 자신의 모교인 뉴욕 유니온신학교에서 1904년까지 신학 교수로 활동했다. 1880년부터 1890년까지 「장로교 리뷰」(Presbyterian Rivew)의 편집장을 지냈다. 그는 1889년부터 『웨스트민스터 신앙고백서』의 수정을 주장하다가 1892년 소속 노회로부터 역시 이단으로 정죄 받고 이듬해에 목사직을 제명당했다. 1899년 그는 성공회 신부가 되었다. 이 사건을 계기로 브릭스를 지지했던 유니온신학교는 1892년에 초교파적 신학교로 전환했다.

이러한 자유주의 신학의 유입과 확산에 맞서 정통주의를 지켰던 인물들은 개혁주의 조직신학자들로 알려진 찰스 핫지와 그의 아들 아키볼드 A. 핫지(Archiablid A. Hodge, 1823-1886) 그리고 벤자민 B. 워필드(Benjamin B. Warfield, 1851-1921) 등이었다.

이들은 프린스턴신학교 교수들로서 장로교 구학파 전통을 고수했다. 특히, 아키볼드 핫지와 워필드 두 사람은 헨리 스미스와 찰스 브릭스와 격렬하게 신학 논쟁을 벌였던 학자들이었다.

찰스 핫지와 동시대 인물이었던 윌리엄 쉐드(Willilam Shedd, 1820-1894) 또한 정통 개혁주의 조직신학자로서 정평이 나있었다. 쉐드는 1874년 같은 해에 찰스 브릭스와 함께 유니온신학교 교수가 되어 1890년까지 16년간 조직신학 교수로 봉직하면서 개혁주의 수호에 크게 기여했다.

3. 현대주의와 근본주의 논쟁

1900년대에 들어서면서, 미 북장로교 내에 신학 논쟁이 뜨겁게 일어났다. 이 논쟁은 미국 교회 전반에 걸쳐 발생한 현대주의를 추종하는 세력과 정통주의를 지키려는 세력 간의 논쟁, 소위 현대주의와 근본주의 논쟁의 시초였다.

현대주의와 근본주의 논쟁은 1900년대 초에 시작되어 1920-1930년 사이에 절정에 이르렀고, 현대주의의 승리로 끝났다. 하지만 이 논쟁의 여파로 미국 개신교는 교회와 신학교 그리고 출판사들이 분열되는 아픔을 겪었다.

현대주의 신학의 영향으로 미 북장로교는 1903년 총회에서 『웨스트민스터 신앙고백서』를 수정했다.[1] 워필드를 비롯한 보수주의자들은 새로운 수정안이 개혁주의를 약화시키고 알미니안적 요소를 추가시켰다고 항의했지만, 수적인 열세로 수정안을 막지 못했다.

워필드 외에 프린스턴신학교 구학파 교수들인 프란시스 L. 패튼(Francis L. Patton, 1843-1932), J. 그래샴 메이첸(J. Gresham Machen, 1881-1937), 로버트 D. 윌슨(Robert D. Wilson, 1856-1930) 등은 현대주의 신학에 관용적이던 교회의 분위기를 바꾸려고 노력했다.

드디어 1910년 구학파 세력이 다시 주도권을 잡은 그해 총회 마지막 날에 '5가지 교리'를 채택하고, 총회의 모든 교회가 따라야할 '본질적이고 필수적인'(essential and necessary) 원칙이라고 천명했다.

---

1 1903년 수정판은 크게 3가지 면에서 수정되었다. **첫째로** 변경 부분은 3장 예정론과 10장 3절 유아 세례였다. 특히, 예정론은 1647년 초판에 말한 선택과 유기라는 이중 예정의 뚜렷한 구분보다는 유기를 약화시키고 모든 사람의 보편적 선택을 강조했다. **둘째로** 수정 부분은 16장 7절 선행, 22장 3절 맹세, 25장 6절 교황에 관한 부분이었다. **셋째로** 첨가된 부분은 34장 성령, 35장 하나님의 사랑과 선교 등 두 장을 새롭게 추가했다.

5가지 교리는 다음과 같다.

첫째, 성경의 무오성
둘째, 그리스도의 동정녀 탄생
셋째, 그리스도의 대속적 구속
넷째, 그리스도의 육체적 부활
다섯째, 그리스도의 기적[2]

1916년 총회는 이 5가지 교리 원칙을 재확인했다. 구학파 출신의 보수주의자들은 5가지 원칙에 대한 모든 장로교 목사들이 서명해야 한다고 주장했다. 이는 현대주의 신학이 교회 내 확산되는 것을 철저히 막고자 했던 것이었다.

양 진영간의 논쟁과 대립은 1920년대에 더욱 가열되었다. 프린스턴신학교의 신약학 교수였던 그래샴 메이첸은 1921년 자신의 강의 "기독교와 자유주의"를 통해 자유주의는 기독교가 아닌 다른 종교이기 때문에 정통주의와 함께 공존할 수 없다고 가르쳤다.

그의 강의는 큰 반향을 일으키며 1923년에 책으로 출판되었다. 그러자 교회 내 진보주의자들이 거칠게 항변했다. 1922년 5월 21일, 자유주의 침례교 목사 해리 포스딕(Harry E. Fosdick, 1878-1969)은 "근본주의자들이 승리할 것인가"라는 설교를 통해 메이첸과 그의 그룹을 반박했다.[3]

---

2   Balmer and Fitzmier, 87.
3   포스딕은 침례교 목사이지만 1918년부터 뉴욕의 맨하탄제일장로교회 협동목사로 일하면서 종종 설교를 했으며, 자유주의를 표방하는 유니온신학교에서 가르치고도 했다. 1922년 설교 사건으로 총회의 결정에 따라 교회는 1924년에 그를 사임시켰다. 곧바로 맨하탄침례교회 담임목사로서 사역을 시작했으며, 이 교회에 출석하던 당시 최고의 부자 존 D. 록펠러(John D. Rockefeller, 1839-1937)의 후원으로 1930년에 맨하탄에 빼어난 건물 리버사이드교회(Riverside Church)를 건축하고 담임목사로서 1946년까지 사역했다.

2개월 뒤인 1922년 7월 13일, 필라델피아의 아치 스트리트(Arch Street) 장로교회의 클레런스 맥카트니(Clarence E. Macarthney, 1879-1957) 목사는 "불신앙이 승리할 것인가"라는 설교로 포스딕의 견해를 맞받아쳤다. 이들의 설교는 책으로 출판되어 미 전역에 배포되었고, 마침내 북장로교 내에서 현대주의와 근본주의 세력간의 논쟁은 정점으로 치달았다.

1923년 5월에 모인 미 북장로교 총회는 근소한 차이로 다시 한번 더 1910년에 채택한 5가지 원칙 선언을 필수적 교리로 천명했다. 그러나 프린스턴 신학교 학장이었던 로스 스티븐슨(Ross Stevenson, 1866-1939) 등을 중심으로 한 현대주의자들은 신앙의 양심과 자유를 주장하며 자신들의 세력을 규합해 갔다. 5월 총회가 끝나고, 그해 말 12월 26일에 미국 북장로교회 150명의 목사가 뉴욕 주 어번신학교에 모여 소위 "어번 긍정서"(Auburn Affirmation)으로 명명될 선언문을 작성하고 발표했다.

그 선언문의 요지는 총회가 1910년에 선언하고 1916년과 1923년에 재확인한 5가지 원칙을 '필수적인 교리와 우리의 표준'으로 받아드릴 수 없다는 것이었다. 1924년 초부터 "어번 긍정서"는 교단 내의 목사들에게 회부되었고, 1924년 총회 전까지 1,274명의 목사가 "어번 긍정서"에 동의한다고 서명했다. 1924년 총회는 "어번 긍정서"와 서명자들에게 아무런 제제를 가하지 않았다. 이것은 20여 년간 이어오던 현대주의와 근본주의 세력 간의 균형이 팽팽하게 대치되고 있음을 의미했다.

1925년 이후부터 두 세력 간의 팽팽한 균형은 급격하게 깨지기 시작했다. 당시의 미 북장로교는 보수파와 진보파 그리고 관용파로 나뉘어 있었으나, 보수파 진영이 주류에서 점점 밀려나기 시작했다. 반면 진보파와 관용파 진영은 연합을 이루며 총회를 장악했다. 1925년 총회 때, 그리스도의 동정녀 탄생에 대해 모호한 입장을 보인 목사 후보생에 대한 목사 안수 문제로 논쟁이 일어났는데, 1926년 총회 때 그 문제를 포함하여 다음의 2가지 중대한 결정을 내렸다.

첫째, 핵심적 진리가 분명하다면 다양한 견해는 인정되어야 한다.

둘째, 1910년의 5가지 교리를 '본질적' 교리로 정할 수 없고 단지 각자의 신앙에 따라 결정할 사안이기 때문에 1910년의 결의를 전격 철회한다.[4]

이러한 총회의 결정은 프린스턴신학교에 곧바로 영향을 주어 결국 '신학적 입장의 다양성'을 수용하기로 이사회는 결정했으며, 나아가 1929년에 교수진을 전면 재배치했다. 이는 프린스턴신학교가 전통적 개혁주의의 문을 스스로 개방했음을 뜻했다. 그 후 1937년에 스위스 신정통주의 학자 에밀 부른너(Emil Brunner, 1889-1966)를 조직신학 교수로 초빙하기에 이르렀다.

당시 미 북장로교 안에는 9개의 신학교가 있었는데 이미 현대주의의 영향으로 구학파의 개혁주의 전통을 수정적으로 가르치고 있었다. 이제 프린스턴신학교 마저 신학적 다양성을 허용하는 학교로 변하자, 구학파의 전통을 고수하던 메이첸은 로버트 윌슨 그리고 오스왈드 T. 엘리스(Oswald T. Allis, 1880-1973) 등 4명의 동료 교수와 함께 프린스턴신학교를 떠나 1929년 필라델피아에 웨스트민스터신학교(Westminster Theological Seminary)를 설립했다. 메이첸은 웨스트민스터신학교가 프린스턴 구학파 개혁주의 신학을 전적으로 계승하기를 원했다.

그의 바람처럼 코넬리우스 밴틸(Cornelius Van Til, 1895-1987), 존 머레이(John Murray, 1898-1975), 에드워드 J. 영(Edward J. Young, 1907-1968) 등과 같은 뛰어난 학자들을 통해 웨스트민스터신학교는 구학파 개혁주의 전통을 이어나갔다. 그리고 1934년 목사직을 면직당한 메이첸은 같은 상황에 있는 동료 목사와 장로들과 함께 북장로교회를 탈퇴하고, 1936년 6월 정통장로교회(Orthodox Presbyterian Church)를 설립했다.

현대주의와 근본주의 논쟁은 북장로교회 뿐만 아니라 북침례교회와 그리스도제자교회에서도 격렬하게 발생했다. 한편 남쪽 지역에 위치한 남장

4　Balmer and Fitzmier, 89.

로교회와 남침례교회는 대체적으로 보수주의 입장을 견지하고 있었기 때문에 북쪽처럼 심각한 논쟁이 일어나지 않았다. 반대로 성공회와 회중교회 그리고 감리교회는 현대주의와 온건주의 세력이 압도적 우위에 있었기 때문에 역시 논쟁을 피해갈 수 있었다.

3. 세대주의와 근본주의 운동

미국에서 현대주의와 근본주의 논쟁이 일기 전, 영국에서 존 다비(John N. Darby, 1800-1882)가 비국교도 조직인 플리머스 형제단을 이끌며 1850년대부터 세대주의(dispensationalism)를 주창했다. 그리고 1862년부터 1877년 사이에 미국과 캐나다를 수차례 방문하여 자신의 세대주의 신학을 전파했다. 1876년부터 1897년까지의 나이가라 성경 사경회(Nigara Bible Conference)와 그 밖의 각종 성경과 예언 집회를 통해 미국 내에 세대주의가 널리 확산되었다. 특히, 사이러스 I. 스코필드(Cyrus I. Scofield, 1843-1921)가 1907년에 편찬한 『스코필드 관주성경』을 통해 세대주의는 더욱 빠르게 퍼져나갔다.

스코필드는 각 세대(dispensation)를 다음과 같이 7가지로 구분했다.

첫째, 무죄
둘째, 양심
셋째, 인간 통치
넷째, 약속
다섯째, 율법
여섯째, 은혜
일곱째, 천년왕국

또한, 하나님께서 각 세대별로 각기 다른 언약을 주셨다고 주장했다. 현 시대는 은혜의 시대이며 곧 그리스도의 지상 재림을 통해 천년왕국 시대가 시작된다고 가르쳤다. 세대주의의 일반적 특징은 다음과 같다.

첫째, 문자적 성경 해석
둘째, 교회와 이스라엘의 구분
셋째, 환란 전 교회 휴거
넷째, 전천년설

세대주의는 다양한 형태로 발전하면서, 전천년설 사상은 20세기를 앞둔 전통적 개신교인들에게 기대와 소망을 주었을 뿐만 아니라, 반면 종말론을 내세운 각종 이단 종파들의 태동에도 영향을 끼쳤다.

그러나 그리스도의 임박한 재림과 휴거 등을 중시하다 보니 반문화주의와 반지성주의로 흘렀고, 성경을 고집스럽게 문자적으로 해석하다 보니 성경 해석의 균형을 잃고 말았다. 특히, 주목할 것은 나이가라 성경 사경회 때부터 세대주의는 근본주의의 여러 특징을 이미 주장하고 있었다는 점이다.

예를 들어, 1910년 북장로교 총회 때 보수주의자들이 채택한 '본질적이고 필수적인' 5가지 교리들 중에서 그리스도의 기적 대신에 세대주의자들은 전천년설을 주장했을 뿐 나머지 4가지 항목에 대해서는 동일한 입장을 취했다.

이처럼 미국의 근본주의는 세대주의의 나이가라 성경 사경회, 각종 예언 성경 사경회, 무디의 부흥 운동이 발원이 되어 자유주의에 대항하고 보수주의를 견지하는 초파적 신학운동으로 출현했다. 그러다가 조직적이고 체계적으로 형성된 시기는 1910년부터였다.

1910년의 북장로교 총회가 5가지 필수 교리를 채택한 사건도 크게 영향을 주었지만, 같은 해에 64명의 보수주의 신학자들이 초교파적으로 참여하여 『근본들: 진리의 증언』(*The Fundamentals: A Testimony of the Truth*)이라는 책자를 발행한 후부터 시작되었다. 이 책은 1910년부터 1915년까지 총 12권의 시리즈 책자로 발간되었는데, 일반 교인들에게 자유주의 신학의 해독을 알리는 한편 무엇이 기독교의 근본 교리인지를 설명하기 위한 목적을 가지고 있었다.

따라서 이 책자는 역사적 기독교회의 근본 교리로 총 5가지 항목을 제시했다.

첫째, 성경의 영감과 무오
둘째, 그리스도의 동정녀 탄생
셋째, 그리스도의 대속적 구속
넷째, 그리스도의 육체적 부활
다섯째, 그리스도의 기적

이는 점차 근본주의 5대 교리로 불려졌다. 이 책은 캘리포니아의 유전 사업가이며 세대주의를 지지하는 장로교 평신도 리먼 스튜어트(Lyman Stewart, 1840-1923)와 그의 형제 밀튼(Milton Stewart)의 전폭적인 재정 지원하에 무려 250만 부가 발행되었고, 미 전역에 무료로 배포되면서 근본주의와 현대주의 간의 논쟁에 불을 지폈다.

1919년 세대주의를 따르는 침례교 목사 윌리엄 라일리(William B. Riley, 1874-1929)에 의해 세계 기독교 근본주의 협회가 창설되었다. 이 단체는 비타협적(non-negotiable) 원칙을 내세웠으며 다음과 같다.

첫째, 성경의 무오
둘째, 그리스도의 동정녀 탄생
셋째, 그리스도의 대속적 구속
넷째, 그리스도의 육체적 부활
다섯째, 세대주의적 전천년설

이 단체를 통해 근본주의 운동이 활발하게 전개되었고, 세대주의적 전천년설도 미국 내에 빠르게 확산되었다. 근본주의 운동은 찰스 다윈의 진화론 논쟁으로 번지며 미국 사회의 큰 뉴스거리가 되었다.

1925년 7월 테네시 주의 데이튼 법정에서 한 재판이 열렸는데, 공립학교 교사인 존 T. 스콥스(John T. Scopes, 1901-1970)가 학생들에게 진화론을 가르치자 세계 기독교 근본주의 협회가 그를 고소했던 것이다. 당시 유명한 민주당 정치인이자 근본주의를 지지하는 윌리엄 브라이언(William J. Brian, 1860-1925)이 근본주의 협회의 변호를 맡으면서, 이 재판은 일종의 근본주의와 현대주의 간의 한판 대결로 알려졌다. 원숭이 재판(Monkey Trial)이라고도 불린 이 재판은 결국 스콥스에게 100달러의 벌금형을 부여했고, 학교에서 더이상 진화론을 가르치지 못하도록 판결했다.

하지만 일반 대중과 과학자들은 판결의 부당성을 비판하고 근본주의자들을 비과학적이고 비논리적이라고 조소했다. 그로 인해 근본주의 운동은 오히려 교회 내에서뿐만 아니라 사회에서도 위축되는 결과를 초래했다. 근본주의자들은 이에 굴하지 않고 정통주의 신앙을 지키고 보급할 인재들을 양성하기 위해 성경대학과 신학교들을 적극 세워 나갔다.

1860년 시카고에 문을 연 휘튼대학(Wheaton College)을 위시하여 무디성경학교(1886), 로스엔젤리스의 바욜라대학교(Biola University, 1908), 사우스 캘로라이나의 밥존스대학교(Bob Jones University, 1927), 웨스트민스터신학교(Westminster Theological Seminary, 1929) 등이 세워졌으며, 세대주의를 지지하는 텍사스의 달라스신학교(Dallas Theological Seminary, 1924), 매릴랜드의 워싱톤캐피탈신학교(Washington Capital Theological Seminary, 1933), 인디애나의 그레이스신학교(Grace Theological Seminary, 1937) 등이 설립되었다.

이러한 노력에도 불구하고 근본주의 지지자들은 교리주의, 분리주의, 반지성주의, 반사회주의라는 비평을 현대주의자들로부터 받았다. 1945년 이후 근본주의자들을 포함한 보수주의자들은 복음주의 운동을 태동시키고, 그러한 비난에 적극적으로 대처하며 현대 교회를 이끌어갔다.

제51장

후현대주의와 신학 사조

1900년대 초에 발생한 미국의 현대주의와 근본주의 논쟁은 시간이 흘러갈수록 현대주의가 점점 더 강세를 이루어 갔다. 한편 유럽의 대부분의 개신교의 대학교와 신학교 그리고 교회는 이미 자유주의 신학에 의해 지배당하고 있었다. 네덜란드의 경우, 아브라함 카이퍼(Abraham Kuyper, 1837-1920)와 헤르만 바빙크(Herman Bavinck, 1854-1921)을 중심으로 개혁주의 전통의 명맥을 이어나갔다.

아브라함 카이퍼는 개혁주의 목사로서 하나님의 일반 은총과 영역 주권을 강조하며, 자유대학교와 화란 개혁교회 창설을 주도했다. 교의 신학자 바빙크는 성경의 무오성과 유기 영감설을 강조하며 자유주의의 확산에 맞선다. 이 두 사람은 동시대에 활동했던 미국의 벤자민 워필드와 더불어 세계 3대 칼빈주의 신학자로 알려졌다.[1]

한 세대 이후에 활동한 게리트 C. 벌카우어(Gerrit C. Berkouwer, 1903-1996)는 정통 성경관에 입각한 조직신학을 발전시키며, 성경 비평과 성경의 유오성을 주장하는 진보주의를 적극적으로 방어했다. 그의 신학은 네덜란드 태생의 미국 개혁주의 신학자 코넬리어스 밴틸과 루이스 벌코프(Louis Berkhof, 1873-1957)에게 깊은 영향을 주었다.

---

1 1920년 11월 12일부터 1921년 7월 29일까지 9개월 기간에 이 세 명의 지도자 즉 카이퍼(1920.11.12), 워필드(1921.2.16), 바빙크(1921.7.29)가 차례로 숨을 거두었다.

독일의 경우, 제1차 세계대전(1914-1918)과 제2차 세계대전(1939-1945)을 거치면서 독일 신학은 한차례 요동쳤다. 제1차 세계대전 시 독일의 자유주의 신학자들이 앞장서서 독일의 전쟁을 지지했을 뿐만 아니라, 1933년 아돌프 히틀러(Adolf Hitler, 1889-1945)가 나치 정권을 창건하여 독일을 이끌어 갈 때에는 신학자들이 히틀러를 정치, 경제, 사회를 구원할 메시아로 여길 정도로 그를 추앙했다.

하지만 제1차 세계대전을 통해 19세기의 자유주의 신학에 환멸을 느낀 젊은 신학자들이 칼 바르트(Karl Barth, 1886-1968)를 중심으로 신정통주의 신학을 태동시켰다. 또한, 제2차 세계대전 전후로 히틀러와 나치주의에 저항하는 고백교회가 출범했다. 고백교회의 대표적인 지도자는 다음과 같다.

첫째, 칼 바르트(Karl Barth, 1886-1968)
둘째, 마틴 니묄러(Martin Niemoller, 1892-1984)
셋째, 디트리히 본회퍼(Dietrich Bonhoeffer, 1906-1945)

1934년 5월 이들은 바르멘 선언(Barmen Declaration)을 발표했다. 이 선언은 예수 그리스도만이 복종의 대상이요 하나님의 계시라는 점을 강력하게 천명하며, 히틀러와 나치주의에 항거했다.

이에 나치 정권은 고백교회 지도자들에 대한 강력한 탄압으로 맞대응했다. 칼 바르트는 독일을 떠나 스위스로 돌아갔다. 본회퍼는 1937년에 『제자도의 대가』(*The Cost of Discipleship*)를 출판하여 그리스도의 진정한 제자는 고난의 대가를 치루는 삶이 되어야 한다고 독일 그리스도인들을 격려하며 나치 정권에 대항했다. 1943년 4월 나치 정권에 체포되어 2년간 수감 생활하다가 옥중에서 처형을 당해 숨졌다.

1. 신정통주의의 태동

20세기 초 신정통주의(Neo Orthodoxy) 신학을 태동시킨 인물은 칼 바르트였다. 스위스 바젤에서 태어나, 독일의 베른대학교와 튀빙겐대학교에서 자유주의 신학 교육을 받았다. 1911년부터 1921년까지 스위스 개혁교회의 목사로서 작은 산골 사펜빌(Safenwill)에서 목회했다. 1914년에 발발한 제1차 세계대전은 그의 신학 방향을 바꾸어 놓았다.

그의 스승이었던 아돌프 폰 하르낙(Adolf von Harnack, 1851-1930)을 비롯한 자유주의 신학자들이 독일 전쟁의 정당성을 지지하는 모습과 전쟁 중에 거침없이 살인을 저지르는 인간의 잔학성을 목격하면서, 인간의 자유 의지와 자율성을 예찬했던 자유주의 신학의 허구를 발견하고 환멸을 느꼈다. 1933년 히틀러 정권이 들어서고, 1939년 제2차 세계대전이 발발했다.

그는 히틀러의 광기적 독재와 전쟁을 반대하며 반나치 운동을 펼쳤고, 독일 고백교회를 창설하여 지도자로 활동했다. 1911년 사펜빌 목회 시절에 자본주의의 폐단을 목도한 경험을 통해 노동자를 위한 사회주의 운동에도 적극 참여했고, 1948년 세계 교회 협의회(WCC)의 창설에 동참하여 세계 교회의 에큐메니칼 운동에 앞장섰다.

제1차 세계대전을 통해 자유주의 신학과 결별한 바르트는 개혁주의 전통으로부터 새로운 신학적 대안을 찾으려고 성경과 칼빈의 저서를 탐독하기 시작했다. 결국, 종교개혁자들이 그랬던 것처럼, 바르트 역시 성경을 통한 신앙 개혁의 중요성을 깨닫게 되었다. 그 결과 그의 대표적 작품인 『로마서 주석』을 1919년에 출판했고, 그의 또 다른 대작 『교회 교의학』(*Church Dogmatic*)을 1932년부터 1967년까지 총 12권으로 집필하여 출판했다.

무엇보다도 바르트는 하나님의 말씀에 기초하여 자신의 신학을 발전시켰다. 자유주의 신학자들이 포기한 하나님의 말씀을 자신의 신학 활동의 중심으로 삼았던 것이다. 『로마서 주석』을 통해 바르트는 자신의 신학적 방향을 전환시켰다. 자유주의 신학자들과 달리 인간은 부패한 죄인이며 하나님의 심판 아래의 위기 상태에 놓여 있음을 깨달았다.

그는 사변적인 신학 연구보다는 성실한 본문 주석을 통해 『로마서』를 집필했다. 이처럼 그의 신학은 말씀의 중심의 신학이 되었다. 신학은 성경에 기초해야 한다, 신학의 주재료는 성경이며, 하나님의 계시이어야 한다고 강조했다. 이처럼 바르트는 개혁자들의 전통으로 강조했다. 다음으로 바르트는 하나님의 타자성 즉 초월성을 피력했다. 하나님을 인간의 자의식의 산물이라며, 종교, 역사, 인간 안에 내재하는 하나님을 추구하려는 자유주의 신학을 비판했다.

바르트에게 있어서 하나님은 인간과 전혀 다른 그리고 인간이 만날 수 없는 전적인 타자(wholly other)였다. 바르트는 자유주의자들이 신봉하는 인간 중심주의를 버리고 정통주의자들이 수호하는 신 중심주의로 전환했다. 아울러 바르트는 정통주의가 강조하는 성경의 계시에 주목했다. 이른바 이성을 성경의 계시보다 우위에 두는 자유주의자 신학자들의 견해로부터 돌아섰다. 그는 성경을 통해 그리스도를 보았다. 그의 신학은 그리스도 중심적이 되었다.

죄인 된 인간이 전적 타자인 영원하고 거룩한 하나님을 어떻게 인식하고 만날 수 있는가?

그 연결점이 바로 예수 그리스도였다. 심판의 위기 가운데 있는 인간은 오직 그리스도를 통해서만 하나님을 만날 수 있다고 강조했다. 그러나 바르트의 신학은 이렇게 정통주의와 일치하는 부분도 많이 있었지만 상치하는 부분도 있었다. 예를 들어, 성경이 하나님의 말씀이라고 확신했지만, 정통주의가 주장하는 성경의 축자 영감설이나 무오설에는 동의하지 않았다.

성경이 계시된 영감의 말씀인 것은 사실이나, 인간의 기록이기 때문에 얼마든지 성서 비평이 가능하다고 보았다. 정통주의는 성경 전체를 하나님의 계시로 보았지만, 바르트는 성경을 계시에 대한 인간의 기록으로 보았다. 그는 성경을 단순하게 하나님의 말씀이라고 부르는 것을 거부했다.

성경을 '기록된 말씀'(written word)과 '계시된 말씀'(revealed word)으로 구분하고, 성경을 기록된 말씀으로 그리고 예수 그리스도를 계시된 말씀으로 표현했다. 말씀이 성령의 영감으로 기록되었다는 측면에서 그는 말씀의 역동성을 강조했고, 그 역동성을 통해 죄인이 그리스도를 만날 수 있으며, 전적 타자인 하나님께 이를 수 있다고 주장했다.

이와 같이 바르트는 분명히 자유주의 신학에서 돌아섰지만, 정통주의 신학을 절대적으로 따르지는 않았다. 따라서 그의 신학을 신정통주의(Neo Orthodoxy)라 칭했다. 또한, 자유주의를 부정했지만 부정을 위한 부정이 아니라 부정을 통해 긍정을 낳았다 하여 그의 신학을 '변증법적 신학'(dialectical theology)이라 불렀다.

이러한 바르트의 신학은 20세기 신학계에 지각 변동을 가져다 주었다. 신정통주의 출현 이후, 자유주의 신학은 상대적으로 약화되고 신정통주의가 월등하게 약진했다. 신정통주의를 계승하여 더욱 발전시킨 대표적인 학자들로는 다음과 같다.

첫째, 폴 틸리히(Paul Tillich, 1886-1965)
둘째, 프리드리히 고가르텐(Friedrich Gogarten, 1887-1967)
셋째, 에밀 브루너(Emil Brunner, 1889-1966)
넷째, 루돌프 불트만(Rudolf Bultmann, 1884-1976)
다섯째, 디트리히 본회퍼(Dietrich Bonhoeffer, 1906-1945)
여섯째, 라인홀드 니버(Reinhold Niebuhr, 1893-1971)
일곱째, 리처드 니버(H. Richard Niebuhr, 1894-1962)
여덟째, 한스 프라이(Hans W. Frei, 1922-1988)
아홉째, 위르겐 몰트만(Jügren Moltman, b.1926)
열째, 볼프하르트 판넨베르크(Wolfhart Pannenberg, 1928-2014)

2. 후현대주의의 출현과 급진 신학

20세기 현대 신학의 흐름은 제1, 2차 세계대전을 거치면서 거세게 요동쳤다. 제1차 대전 이후 신정통주의 신학이 태동되었다. 제2차 대전 이후 후현대주의(postmodernism)의 영향으로 자유주의 신학계가 또다시 출렁거렸다. 후현대주의 또는 포스트모더니즘은 19, 20세기 초의 현대주의에 대한 반발로 출현했다. 현대주의가 예찬한 이성의 합리성, 과학의 신뢰, 기술 문명의 발전은 당시의 사람들에게 미래에 대한 낙관적 기대감을 가져다 주었다.

하지만 두 번의 세계대전을 거치면서 그러한 기대감은 완전히 무너졌고, 오히려 자성 또는 반발의 성격으로 후현대주의가 등장했다. 후현대주의의 핵심은 현대주의에 대한 예찬과 업적을 허물어 버리는 해체주의(deconstructionism)에 있었다. '탈' 또는 '해체'를 표방하며 다음과 같은 개념에 대해 저항했다.

첫째, 신 개념
둘째, 보편적 진리
셋째, 전통적 가치
넷째, 주체성
다섯째, 합리적 이성
여섯째, 남성 중심
일곱째, 서양 중심
여덟째, 절대성
아홉째, 획일주의

19세기 말 독일 철학자 프리드리히 니체(Friedrich W. Nietzsche, 1844-1900)가 선언한 신의 죽음은 후현대주의의 전조라고 할 수 있었다. 물론, 후현대주의가 현대주의에 대한 반발로 태동된 것은 사실이지만, 그렇다고 해서 후현대주의가 현대주의로부터 완전하게 벗어난 것은 아니었다.

상기에서 언급한 현대주의에 대한 저항적 요소에는 양자 간의 불연속성이 분명히 존재하지만, 현대주의의 전통에 대한 비판 의식, 인간 중심적인 세계관, 표현의 자유와 다양성 등은 후현대주의에서도 계속 나타났고, 때로는 이전보다 더 전향적인 모습으로 표현되기도 했다. 1950년대 이후, 건축 분야를 필두로 음악, 예술, 문학, 철학, 종교, 교육, 사회 과학, 문화, 미디어, 스포츠 등 다양한 분야에 후현대주의가 폭넓게 자리잡아가며 영향을 끼쳤다. 후현대주의 특징을 몇 가지로 정리하면 다음과 같다.

첫째, 해체주의이다. 전통과 표준의 해체이다. 해체주의적 후현대주의의 철학적 토대는 미셸 푸코(Michel Foucault, 1926-1984), 자크 데리다(Jacques Derrida, 1930-2004), 장 리오타르(Jean Francois Lyotard, 1924-1998) 등 주로 프랑스 출신의 사상가들이 세웠다. 푸코의 경우, '주어진 성을 자유롭게 사용하라'며 성, 순결, 결혼에 대한 전통적 가치를 허물어뜨렸다.

둘째, 상대주의이다. 1915년에 발표한 알버트 아인슈타인(Albert Einstein, 1879-1955)의 상대성 이론은 현대 과학과 사상에 일대 혁명을 제공했다. 상대주의적 후현대주의는 절대적 진리와 영원불변적 실재는 없으며, 상황에 따라 상대적으로 존재한다고 주장했다.

셋째, 다원주의이다. 장 리오타르는 후현대주의를 "거대 담론에 대한 불신"이라고 정의했다. 즉 획일적이고 절대적인 거대 담론은 없으며, 단지 세상의 모든 담론은 개별적이고 상대적이고 다원적인 형태로 존재한다고 피력했다. 따라서 후현대주의는 사상, 문화, 언어, 표현, 신앙 등을 서로 인정하고 존중하는 다양성과 공존의 시대를 열어주었다.

후현대주의 정신과 세계관에 따라 기독교 메시지를 재해석하려는 운동이 신학계에 일어났다. 현대 자유주의 신학에 대한 실망으로부터 시작한 칼 바르트의 신정통주의도 어찌 보면 후현대주의적 신학의 소산이었다.

그러나 후현대주의 신학이 본격적으로 등장하기 시작한 것은 제2차 세계대전 종전 이후부터였다. 이때 발생한 후현대주의 신학은 대체로 상황 신학적 특징을 가지고 있었다.

정치, 경제, 문화, 사회 환경에 따라 신학을 해석하고 적용했다. 따라서 어떤 후현대주의 신학은 상황에 따라 신속히 등장했다가 슬며시 사라졌다. 또 다른 측면에서 후현대주의 신학은 19세기 현대 신학과 더불어 신정통주의 신학에 대한 반작용 또는 반발이라는 특징을 가지고 있었다.

아이러니하게도, 역사와 인간 안에 내재하는 하나님을 강조하는 19세기 현대 자유주의 신학에 대한 항거로 신정통주의가 하나님의 초월성을 강조하며 나타났다면, 20세기 후현대주의 자유주의 신학은 신정통주의에 대한 반발로 현대주의가 강조했던 하나님의 내재성을 다시금 소환했다.

1950년대 이후, 기독교 자유주의 신학을 대변하는 후현대주의 신학을 살펴보면 다음과 같다.

첫째, 사신 신학
둘째, 세속 신학
셋째, 소망의 신학
넷째, 여성 신학
다섯째, 해방 신학
여섯째, 흑인 신학
일곱째, 과정 신학

이들은 대체적으로 해체주의적(deconstructive) 후현대주의의 특징을 공유하고 있다. 해체주의적 후현대주의와 달리, 현대주의의 유기체적 기능을 강조하며 점진적이고 진화적인 측면에서 후현대주의를 건설적으로(constructive) 접근한 과정 철학파가 있었다. 과정 철학적 후현대주의는 과정 신학의 태동을 가져다 주었다.

1) 사신 신학(God-Is-Dead Theology)

사신 신학은 니체의 철학적 모티브로부터 영향을 받았다. 니체가 부르짖은 "신은 죽었다"라는 선언은 이성의 정당성을 부정하고, 이성을 통해 증명되는 보편적 가치와 진리를 거부한 것이었다. 전쟁, 가난, 폭력, 불의 등의 사회 구조악 가운데 하나님의 이름을 부르며 죽어가는 자들을 목도하면서 다음과 같은 회의를 낳았다.

> 과연 신은 어디에 있는가?
> 실제로 신은 죽었는가?

이처럼 실존적이고 인본주의적인 회의를 낳았고, 이에 대한 응답으로 사신 신학이 출현했다. 1957년에 『하나님은 죽었다』를 집필한 프랑스 신학자 가브리엘 바하니안(Gabriel Vahanian, 1927-2012)을 비롯하여 1960년대의 미국 내에 사신 신학을 이끌어 간 토마스 J.J 알타이저(Thomas J. J. Altizer, 1927-2018), 폴 반 뷰런(Paul van Buren, 1924-1998), 윌리엄 H. 해밀튼(William H. Hamilton, 1924-2012) 등이 대표적인 사신 신학 학자들이었다.

사신 신학은 니체처럼 신을 부정하지 않지만, 무신론적 복음 선포를 통해 신의 죽음을 선언하여 초월적인 하나님을 부정했고, 역사적 예수를 재해석하여 현세라는 오늘에 충실하게 살아가는 인간 중심의 신학을 만들어 냈다.

2) 세속 신학(Secular Theology)

세속 신학 역시 초월해 계신 하나님 대신에 세상과 인간 안에 내재하시는 하나님 관점에서 기독교 메시지를 찾으려고 했다. 세속 신학의 대표적인 인물은 영국 성공회 신부 존 A. T. 로빈슨(John A. T. Robinson, 1919-1983)이었다.

신약 학자로서 케임브리지대학교의 교수로 일했으며, 1963년 『신에게 솔직히』(Honest to God)라는 책을 펴내며 세속 신학을 펼쳤다. 이 책에서 로빈슨은 초월하시는 하나님 대신에 내재하는 하나님을 강조했으며, 내재하시는 하나님을 사랑하는 것은 곧 이웃을 사랑하는 것이라고 말했다.

세속 신학에서 발전된 신학이 바로 사신 신학이었다. 하버드대학교의 신학 교수 하비 콕스(Harvey Cox, b.1929) 또한 세속 신학자로서 널리 명성을 얻었다. 1965년에 출판한 자신의 저서 『세속 도시』(Secular City)를 통해 로빈슨과 같은 맥락에서 세속화와 도시화 상황 가운데 내재하신 하나님을 찾는 것이 참 신앙의 길이라고 강조했다.

그는 교회의 사회 참여를 주장했으며, 사회 변혁의 신학을 추구했다. 이러한 그의 사상은 1970년대 초 남아메리카에 해방 신학 출현과 확산에 일조했다.

3) 소망의 신학(Theology of Hope)

칼 바르트 이후 현대 신학에 가장 큰 영향을 끼친 위르겐 몰트만(Jügren-Moltman, b. 1926)은 소망의 신학을 창시한 독일 개신교 신학자요 목사였다. 몰트만의 주된 신학적 주제는 종말론과 소망이었다. 그는 에른스트 블로흐(Ernst Bloch, 1885-1977)로부터 영향을 받고 기독교 종말론을 미래적 관점이 아니라 현재적 그리고 사회 윤리적 차원에서 재해석했다.

1967년에 출판한 『소망의 신학』(Theology of Hope)을 통해 종말과 소망을 성경 해석의 두 원리로 제시했다. 교회는 소망의 백성이며, 따라서 교회는 종말을 단순한 개인 구원의 차원이 아니라 사회적 윤리적 변혁을 통해 소망을 구현하는 실천적 공동체가 되어야 한다고 강조했다.

1972년에 『십자가에 달리신 하나님』(The Crucified God)을 출판했다. 믿음이란 그리스도가 못 박힌 십자가 끝에 놓여 있는 기독교의 소망을 바라보는 것이며, 예수 그리스도의 십자가 죽음과 부활은 절망 가운데 있는 사람들에게 종말에 대한 현재적 소망을 제공한다고 피력했다. 그가 강조한 종말이란 미래적 사건이 아니라 현재적으로 실현될 수 있고, 사회적, 윤리적 변혁을 통해 이루어 나갈 수 있는 것이었다. 때문에 교회는 가난하고 소외받고 눌림 받는 자들을 위한 주체가 되어야 한다고 주장했다. 고난 가운데 소망을 찾는 것을 신앙의 본질로 보았다.

몰트만의 소망의 신학은 정치 신학의 발판을 마련해 주었다. 그의 역사적, 미래적 이해에는 마르크스적 혁명 사상이 배여 있었다. 때문에 계급 사이의 투쟁이 끝난 후, 눌리고 억압 받고 착취 당한 자들이 해방되어 하나님 나라가 지상에 실현되는, 즉 개인적 구원이 아닌 사회적 구원과 변혁을 강조했다.

이러한 소망의 신학은 1970년 정치적, 인종적, 경제적 그리고 성적으로 차별 받고 억압 받고 착취 당하는 자들의 신학 해석에 영향을 주었다. 그 결과 해방 신학, 흑인 신학, 민중 신학, 여성 신학 등이 태동했다. 해방 신학은 1970년대 라틴 국가에서 발생했으며, 종속 이론에 근거하여 정치적, 경제적, 문화적, 종교적 해방을 주장했다.

흑인 신학의 주창자 제임스 콘(James H. Cone, 1936-2018)은 복음은 흑인들의 현실, 소망, 투쟁을 인정하는 것이라고 했다. 여성 신학은 가톨릭 여성 신학자 로즈마리 류터(Rosemary R. Reuther, 1936)가 선구적으로 주장했다.

여성 신학의 영향으로 1980년대부터 여성 안수를 허락한 개신교회들이 늘어났으며, 메리 달리(Mary Daly, 1928-2010)는 하나님의 여성성을 강조한 여성 신학자였다.

1970년대에 태동된 민중 신학은 상기 해방 신학처럼 당시 한국의 정치적, 경제적 상황에서 민중을 위한 민중에 의한 신학으로 출현했다. 1970년 이후에는 인류 생태학적 위기에 대한 반성과 대안을 찾기 위한 생태 신학이 새로이 등장했다.

4) 과정 신학(Process Theology)

과정 신학을 처음으로 제시한 사람은 프랑스 출신의 가톨릭 신부 떼이야르 드 샤르댕(Pierre Teilhard de Chardin, 1881-1955)이었다. 그는 '창발적 진화'(emergent evolution) 개념을 도입하여 신학을 진화론적 발전 과정으로 해석했다. 과정 신학의 사상적 기초를 제공한 인물은 영국의 과정 철학자 알프레드 N. 화이트헤드(Alfred N. Whitehead, 1861-1947)였다. 화이트헤드의 과정 철학은 세계가 불변적 실체이거나 고정된 존재가 아니라 변화와 과정 속에 있다는 사실에서 출발했다.

신의 본성에는 영속성이 있는 반면, 현실 관계를 중심으로 꾸준히 변화하는 비영속성이 있음을 강조하며 신의 내재성을 주장했다. 1924년 화이트헤드가 하버드대학교의 철학 교수로 초빙 받아 강의했을 때, 그의 조교였던 찰스 하트숀(Charles Hartshorne, 1897-2000)이 화이트헤드의 철학을 통해 기독교의 신학을 재해석하는 과정 신학을 발전시켰다.

하트숀은 1928년부터 시카고대학교 신학부 교수로 재직하면서 소위 시카고 학파를 형성하여 미국 내에 과정 신학을 널리 확산시켰다. 슈베르트 M. 오그덴(Schubert M. Ogden, 1928-2019)과 존 B. 콥(John B. Cobb. Jr, b. 1925)은 대표적인 시카고 학파 출신이었다.

이후 존 콥은 데이비드 그리핀(David R. Griffin, b. 1939)과 함께 클레어몬트(Claremont)신학교를 기반으로 과정 신학을 더욱 발전시켰다. 과정 신학은 자유주의적 성서 비평을 받아들여 초자연적 실재에 사상적 기반을 두고 있는 정통주의를 부정하고 반박했다. 과정 신학은 만유재신론적 신관을 따랐으며, 역사적 기독교가 주장하는 하나님의 불변성과 영원성 그리고 그리스도의 신성과 구속 사건 등을 거부했다.

요약하면, 20세기 중반 이후의 현대 신학은 신정통주의를 넘어 포스트모던적 자유주의 내지 진보주의로 크게 약진했다. 그리스도의 복음을 통한 개인적 구원의 메시지는 약화되었고, 대신에 역사와 인간 안에 내재하는 하나님에 의한 사회적 구원의 메시지가 확산되었다.

　상대적이고 세속적이고 인본적이고 때로는 급진적인 신학 형태로 후현대주의 신학은 자리잡았다. 그러나 20세기 초 현대주의와의 논쟁에서 수세에 몰린 보수주의와 근본주의는 1950년대 이후 복음주의 운동으로 다시 재규합했다. 후현대주의 신학의 외침과 비판에 대해 정통주의적 답변과 대안을 제시하며 현대 신학의 다른 한 축을 이루고 있다.

제52장

기독교회의 팽창과 위협

1. 기독교 선교와 팽창

　가톨릭교회는 17세기부터, 개신교회는 19세기 초반부터 매우 적극적으로 해외 선교에 뛰어들었다. 그 결과 제1차 세계대전이 발발할 시점인 1914년경에는 지구상의 거의 모든 나라와 지역에 기독교회가 들어갔다.
　1900년 세계 인구는 16억 명이었는데 그중에서 5억 5천만 명(35퍼센트)이 기독교인이었으며, 1970년 세계 인구는 37억 명에 달했고 그 가운데 12억 2천만 명(33퍼센트)이 기독교인으로 집계됐다. 그로부터 약 50년이 지난 2019년에는 세계 총 인구가 약 77억 명으로 증가했다.
　그 가운데 개신교회, 가톨릭교회, 정교회 등 모든 기독교회의 교인 수는 25억 2천만 명(32.8퍼센트)으로 늘어났다. 대륙별로 기독교 인구는 아프리카 6억 1천만 명(24.5퍼센트), 남아메리카 6억 명(24퍼센트), 유럽 5억 4천만 명(21.5퍼센트), 아시아 3억 9천만 명(15.5퍼센트), 북아메리카 2억 3천만 명(9.3퍼센트), 오세아니아 2천 5백만 명(1퍼센트) 순으로 나타났다.[1]

---

[1] 2019년의 "Status of Global Christianity, 2019, in the Context of 1900–2050" 통계 자료에 따르면, 2019년 현재 세계 인구 77억 명 중에서 종교별로 기독교 25억 2천만 명(32.8퍼센트), 이슬람교 18억 6천만 명(24.2퍼센트), 힌두교 10억 5천만 명(13.7퍼센트), 불교 5억 3천만 명(6.6퍼센트) 등의 순으로 나타났다.

눈에 띄는 것은 숫자 면으로 볼 때 기독교가 서구와 백인 중심으로부터 벗어났다는 점이다. 이렇듯 21세기 기독교회는 세계 선교를 통해 지구촌 교회로 완전하게 자리잡았다.

1) 개신교회

식민지의 확장과 해외 선교의 증대로 말미암아 19세기 기독교는 유럽이라는 지리적 환경을 넘어 세계적으로 뻗어나갔다. 식민지 확장은 교회와 선교사들이 해외 선교를 용이하게 접근할 수 있도록 해 주었다. 선교사들의 해외 선교가 식민지 확장의 교두보로 이용되었다는 비판이 있으나, 실제로 선교사들의 선교 활동이 자신들의 정치 또는 경제 사업에 불이익으로 작용될까 봐 그들을 꺼려하는 정치인들과 사업가들도 많았다. 실례로, 1700년에 설립된 영국 동인도 회사는 처음 백 년 동안 자신의 식민지 구역에서 선교 활동을 금지시켰다.

그런데도 윌리엄 캐리, 아도니람 저드슨, 허드슨 테일러, 로버트 모리슨 등에 의해 인도, 미얀마, 중국 등에 개신교 복음이 들어갔다. 1854년 일본, 1882년 한국이 문호를 개방하자 선교사들이 들어와 복음을 전하며 교회를 세웠다. 미국의 식민 지배를 받았던 필리핀, 네덜란드의 식민령 인도네시아 그리고 영국의 식민령 오스트레일리아와 뉴질랜드 등도 개신교 복음을 받아 들였다. 아프리카의 경우, 이집트를 비롯한 북아프리카 지역은 이슬람교가 매우 강세를 이루고 있었으나, 중남부 지역에는 기독교가 강성했다. 서구 개신교 국가의 식민지에는 개신교회가, 가톨릭 국가의 식민지에는 가톨릭교회가 세워졌다.

남아메리카는 스페인과 포르투갈의 식민화 영향으로 대부분의 지역이 일찍이 가톨릭을 따랐다. 하지만 19세기에 유럽에서 남미로 이민 간 개신교인들의 인구가 대폭 증가하고, 20세초 개신교 선교 단체들이 적극적으로 선교에 참여함으로써 아르헨티나, 우루과이, 칠레, 쿠바, 멕시코, 푸에르토리코 등 대부분의 남미 국가에 개신교회가 세워졌다. 특히, 20세기의 오순절 운동의 영향으로 남미에는 오순절 계열의 교회가 강세를 이루며 크게 발전했다.

2) 로마가톨릭교회

1929년 바티칸 교황청 시대 이후 로마가톨릭교회는 시대적 변화에 따라 자체적인 변화를 추구했다. 무엇보다도 기독교를 탄압하는 공산주의를 매우 위험한 세력으로 간주하며 경계했다. 추기경단의 다민족화도 눈에 띄게 이루어졌는데, 1958년경 이탈리아인 추기경의 숫자가 전체 3분의 1 정도로 줄어들었고, 나머지는 다른 민족의 추기경들로 채워졌다. 1958년 77살의 고령에 교황으로 선출된 요한 23세(Ioannes XXIII, 1958-1963)는 1870년 제1차 바티칸 공의회 이후 90여 년 만에 다시 국제적인 종교 회의를 소집했다.

요한 23세는 세계의 빠른 변화에 대응할 수 있는 교회 개혁의 필요성을 절실히 느꼈다. 1962년 10월 요한 23세는 제2차 바티칸 공의회(1962-1965)의 개회를 선언했다. 참석자 절반은 유럽과 미국에서, 나머지 절반은 남미와 아시아 그리고 아프리카에서 참가함으로써 이 공회의는 그야말로 가장 '가톨릭적인' 회의가 되었다. 1963년 요한 23세가 죽고, 이어 교황으로 선출된 바오로 6세(Paulus VI, 1963-1978)는 제2차 바티칸 공의회를 1965년까지 총 4회기에 걸쳐 이끌어갔다.

이 회의는 몇 가지 중요한 개혁안을 도출했는데, 1545년 트렌트 공의회 이후 라틴어로 획일화시켰던 미사를 각국의 자국어로 드리도록 했으며, 자국어 성경 번역과 사용을 허용했고, 평신도의 성경 읽기를 적극 권장했다. 당시 불고 있던 교회 일치의 흐름에 따라 개신교를 분파주의자라고 부르는 것 대신에 분리된 형제라고 칭했고, 동방정교회와의 화해를 추진했다. 1964년 교황 바오로 6세는 정교회 콘스탄티노플의 총대주교 아테나고

라스 1(Athenagoras I, 재위 1948-1972)를 예루살렘에서 만나 지난 과거의 분열과 반목을 화해했다.

제2차 바티칸 공의회는 타종교에 대한 입장을 전향적으로 바꾸었다. '교회밖에는 구원이 없다'는 전통적인 종교적 배타주의를 포기하고, 개신교와 정교회를 넘어 모든 타종교와 대화하고 협력한다는 포용주의 입장으로 선회했다. 그리고 교회의 대사회적 책임을 강화하고, 사회적 불의와 불균등 해소를 위해 교회가 능동적으로 대처하거나 개입한다는 것을 결의했다. 또한, 용서와 화해를 바탕으로 교회 일치와 연합 운동에 함께 참여하기로 결정하고, 개신교회의 세계 교회 협의회(WCC)에 업저버로 그리고 1968년 이후부터는 각 위원회 회원으로 활동하기 시작했다.

20세기의 주목할 만한 가톨릭 신학자로 떼이야르 드 샤르댕, 칼 라너(Karl Rahner), 한스 큉(Hans Küng)을 꼽을 수 있다. 프랑스의 예수회 신부이며 과정철학자인 샤르댕은 신학을 진화론적 발전 과정으로 해석했다. 일반 진화론의 적자생존 논리보다는 '오메가 포인트'(종착점)를 향해 우주 전 과정이 완전한 성숙의 지점으로 진화한다고 보았고, 그 종착점이 그리스도 예수라고 했다. 그의 신학은 종말을 향해 가는 진화론적 과정 신학을 태동시켰다.

칼 라너는 독일의 예수회 신부로서 제2차 바티칸 공의회 신학 자문으로 활동하면서 가톨릭교회가 종교적 포용주의를 수용하고, 교회의 사회적 기능을 강화하도록 영향을 끼쳤다. 몇몇 반대의 목소리에도 불구하고, 가톨릭교회는 그의 영향으로 말미암아 타종교와의 교류와 교회의 대사회적 책임 등을 적극적으로 실행하게 되었다.

스위스 태생의 신부 한스 큉은 1971년에 출판한 『과연 무오한가?』(*Infallible?*)를 통해 교황의 무오성 교리를 논박했다. 이로 인해 신부직은 유지했지만 가톨릭 교수직을 박탈당했다.

그는 교황의 무오성 교리를 부정했을 뿐만 아니라, 반대로 여성 사제 서품, 사제 독신제 폐지, 낙태, 이혼, 동성애 등을 지지하며 매우 진보적 입장을 펼쳤다. 1979년 가톨릭 교수직을 박탈 당한 후, 독일의 튀빙겐대학교의 교회 일치 신학 교수로 1996년까지 활동하며 개신교와 가톨릭 간의 신학과 교회의 일치 운동에 관여했다.

3) 동방정교회

오스만 투르크 제국(1299-1922)의 통치하에 있던 20세기 초, 전통적인 예루살렘, 알렉산드리아, 안디옥 그리고 콘스탄티노플 총대교구는 아랍 민족과 이슬람교의 위세에 눌려 큰 발전적 변화를 갖지 못하고 있었다. 제1차 세계대전 이후 오스만 제국이 무너지고 영국과 프랑스가 이 지역을 보호 통치하면서 신앙의 자유가 일시적으로 주어졌지만, 정교회의 부흥보다는 오히려 정교회 신자들이 가톨릭과 개신교로 개종하는 역현상이 일어났다. 정교회의 중심은 여전히 콘스탄티노플 총대주교였다.

콘스탄티노플 총대주교는 제1, 2차 세계대전을 전후로 그리스, 세르비아, 불가리아, 루마니아, 폴란드, 체코슬로바키아 등 유럽의 정교회를 국가별 독립교회로 인정했다. 유럽 외에도 중국과 일본에 자치 정교회가 설립되었으며, 러시아의 정교회 영향으로 한국에도 소수의 정교회가 세워졌다.

정교회 중에서 가장 빠르게 성장한 교회는 역시 러시아정교회였다. 1589년 모스크바가 총대주교좌로 승격된 후, 러시아 제국의 국교로서 러시아를 포함한 대부분의 북유럽과 일부 동유럽 교회들이 러시아 총대주교의 관할하에 있었다. 그러나 1917년 10월 공산주의자 블라드미르 레닌(Vladimir Lenin, 1870-1924)이 이끄는 볼셰비키(Bolsheviki) 혁명에 의해 러시아 제국이 붕괴되면서 교회 상황은 급변했다.

1922년 레닌은 소비에트 사회주의 공화국 연방(1922-1991, 소련 연방)을 창설했다. 헌법상으로 종교 자유를 보장했지만, 종교는 인민의 아편이라는 공산주의 신념에 따라 실제로는 교회와 신학교가 모두 문을 닫게 되었고, 학교에서의 신앙 교육도 금지되었다. 1924년 레닌의 후계자 이오시프 스탈린(Iosif Stalin, 1879-1953)의 통치기에는 공산 정권의 철저한 간섭과 탄압을 더욱 받았다. 1991년 소련 연방이 마침내 붕괴되었다. 약 70년간 이어진 공산 정권의 박해에도 불구하고 신앙을 지켜온 약 6천만 명의 러시아정교회 신자들이 신앙의 자유를 다시 누리게 되었다.

2. 교회를 향한 탄압과 박해

20세기의 기독교는 유럽과 백인 중심에서 벗어나 오대양 육대주의 민족을 아우르는 세계인의 종교로 발전했다. 2019년 현재 세계 인구의 약 3분의 1이 기독교인이며, 약 45만 명의 해외 선교사들이 세계 복음화에 전념하고 있다. 그러나 아이러니하게도 20세기의 기독교는 제1, 2차 세계대전을 거쳐 현대에 이르기까지 옛 로마 제국 때보다 더 끔찍하고 참혹한 탄압과 박해를 세계 도처에서 겪었다. 주요 원인은 다음과 같다.

첫째, 이념 냉전
둘째, 종교적 갈등

전자는 공산주의 국가의 탄압이었으며, 후자는 타종교 특히 이슬람교의 팽창에 따른 충돌 때문이었다.

1) 공산주의 국가의 종교 탄압

19세기 중반 이후 칼 마르크스의 공산주의 사상은 유럽에서 매우 인기가 있었다. 공산주의 이론을 기반으로 공산주의 국가를 세운 최초의 인물은 블라드미르 레닌이었다. 레닌은 볼셰비크 공산당을 창당하고, 1917년 10월 노동자와 농민들을 중심으로 혁명을 일으켜 러시아 제국을 무너뜨렸다. 이어진 내전에서 정권을 장악한 그는 1922년에 사상 최초로 공산주의 국가 소비에트 사회주의 공화국 연방을 세웠다. 1924년 그가 사망한 뒤에, 그의 권력을 이오시프 스탈린이 승계했다. 제2차 세계대전을 계기로 소련은 주변의 북유럽과 중앙아시아 국가들을 흡수 통일하고 공산화시켰다.

독일도 동서로 분단되었다. 동독은 공산 국가가 되었다. 그 밖의 동유럽과 중유럽의 폴란드, 헝가리, 체코슬로바키아, 불가리아, 루마니아, 유고슬로비아, 알바니아 등의 국가들이 공산화되었다. 아시아에서는 1924년에 몽골 인민 공화국이 태동되었고, 1945년 호찌민(Ho Chi Minh, 1890-1969)에 의해 베트남 민주 공화국을 창건되었고, 주변의 캄보디아와 라오스도 공산 국가가 되었다.

1948년 김일성(1912-1994)은 한반도 북쪽에 조선 민주주의 인민 공화국을 세웠고, 1949년 마오쩌둥(毛澤東, 1893-1976)은 중국 대륙에 중화 인민 공화국(중국)을 창건했다. 중남미에는 1959년 피델 카스트로(Fidel Castro, 1926-2016)에 의해 쿠바 공산 국가가 세워졌으며, 니카라과도 공산 국가가 되었다. 아프리카에는 모잠비크, 소말리아, 앙골라, 에티오피아, 콩고 등 공산화가 되었다.

1991년 소련 연방이 해체되기까지 세계는 소련과 미국이 주도하는 공산 국가와 민주 국가 간에 소위 이념적 냉전기를 보냈다. 이 시기에 공산 국가 내에서 개신교회, 가톨릭교회, 정교회 등 모든 기독교가 끔찍한 핍박과 박해를 겪었다. 헌법상으로 주어진 종교의 자유가 있음에도 불구하고, 교회 운영과 예배는 철저하게 공산당에 의해 간섭 당하고 통제 받았다. 때문에 종교를 피지배층을 통제하기 위한 지배 계층의 창안물로, 인민의 아편으로 간주하는 공산 국가에서 기독교는 급격하게 쇠퇴할 수 밖에 없었다.

선교의 문은 완전히 닫혔고, 수많은 현지 크리스천이 무참하게 순교를 당했다. 박해를 견디다 못해 공산 정권에 순응하는 국가 기관으로 변모한 교회도 있었고, 반면 공산 정권의 감시와 시선을 피해 비밀스럽게 신앙을 지키는 지하 교회 또는 가정 교회가 있었다.

1991년 소련 연방의 붕괴 전후로 수많은 공산 국가가 공산주의를 포기하고 정치, 경제, 자본, 사회, 문화, 교육, 스포츠 등을 개방함으로써 기독교가 다시 부흥하기 시작했다. 중국은 국가 자본주의 형태의 사회주의로 전환하며 종교의 자유를 허용했지만, 여전히 국가가 모든 종교와 교회를 엄격하게 통제하고 탄압하고 있다.[2] 공산주의 이념과 독재 체제를 엄격하게 유지하고 있는 북한에서는 종교의 자유가 세계에서 가장 심각하게 통제와 탄압을 받고 있다.

2) 이슬람교의 팽창

인류 역사상 가장 끔찍한 충돌과 전쟁은 인종 그리고 종교 간에 벌어진 사건들이었다. 한쪽이 저항 불가능할 정도가 되지 않고는 좀처럼 종식되지 않는 것이 인종과 종교 간에 벌어진 충돌과 전쟁이었다.[3]

1922년 유럽의 발칸 반도와 터키 그리고 중동과 북아프리카를 지배했던 오스만 제국이 붕괴되었지만, 그 지역의 이슬람교의 기세는 막을 수 없었다. 이미 이슬람교는 사라센 제국 때부터 중동을 기반으로 전쟁과 무역을 통하여 북아프리카, 중앙아시아, 인도 지역, 동남아시아 지역 등 전역에 널리 자리잡고 있었다.

---

2 1949년 중화 인민 공화국의 건국 당시 약 5억 4천만 명의 총 인구 가운데 약 0.8퍼센트에 해당하는 430만 명이 기독교인이었다. 1978년 중국 정부의 개혁 개방 정책에 따라 종교의 자유가 부분적으로 주어지면서 기독교인의 숫자가 급속도로 다시 증가했다. 2018년 현재 중국의 총 인구는 14억 명에 달하며, 이 가운데 중국 정부가 인정하는 삼자 교회의 교인 수는 약 4천만 명으로 집계되며, 공인받지 않은 지하 교회의 교인 수는 그 수의 2-3배에 달하는 것으로 선교 신학자들은 추정하고 있다.

3 근대의 대표적인 인종 학살 사건은 제2차 세계대전 기간에 히틀러 나치 정권 하에서 당시 유럽에 거주하던 약 9백만 명의 유대인 중에서 3분의 2에 해당하는 약 6백만 명이 학살당한 사건이 있었다. 또한, 1994년 아프리카 르완다에서 벌어진 소위 르완다 대학살 사건은 1994년 4월부터 7월까지 약 3개월간 후투족이 8십여만 명의 투치족을 참혹하게 살해한 내전이었다.

더욱이 1908년 이란이 석유를 발견한 이후, 중동의 대부분의 이슬람 국가는 오일 머니를 통해 부유한 국가가 되었다. 이를테면 오일 머니는 나라 경제 발전의 힘이 되었을 뿐만 아니라 이슬람 포교 활동에 필요한 든든한 자금줄이 되어 이슬람교의 세계화에 크게 기여했다. 2019년 현재 세계 총 인구 약 77억 명 가운데 이슬람 신자의 수는 18억 2천만 명(24.2퍼센트)으로 전체 인구 대비 약 4분의 1에 해당하는 교세를 기독교 다음으로 가지고 있다.

거의 모든 이슬람 국가가 이슬람을 국교로 신봉하고 있기 때문에, 타종교의 신앙 활동이나 포교 활동을 엄격하게 금지하고 있다. 그리고 알라 유일신 사상과 이슬람 전통을 강력하게 시행하면서 위반자들을 법적으로 사회적으로 규제하고 처벌하고 있다. 때문에 이들 국가에 기독교 선교사들이 들어가 선교 활동하는 것은 매우 위험천만한 일이 되었다.

반면 오일 머니를 통한 적극적인 포교로 인해, 전통적인 이슬람 국가들은 더욱 견고하게 이슬람 신앙을 수호하고, 이민과 난민 그리고 해외 포교 등을 통해 비이슬람권 지역이 이슬람화가 되어가는 현상이 근대에 매우 빠르게 이뤄지고 있다. 특히, 유럽에서 이슬람 신자의 숫자는 매우 고무적으로 증가했다. 2000년경에 독일, 프랑스, 영국 등에 주로 산재해 있는 이슬람 모스크와 예배 장소가 약 7천여 개에 달했다.

한편 1980년대 미국과 소련의 냉전 체제가 끝나갈 시점에 또 다른 분쟁 체제가 형성된 곳은 중동 지방이었다. 이스라엘과 아랍 국가들 간의 대립, 시아파와 수니파 이슬람 간의 갈등 그리고 오일 머니를 둘러싼 경제적 정치적 충돌은 결국 1990년 8월 걸프 전쟁을 낳았다. 이듬해 1월 연합군의 승리로 전쟁은 종식되었지만, 그 이후 이슬람 극단주의의 무력 저항과 국제적 테러가 이어지면서 민주주의 대 공산주의라는 냉전 종식 후 새로운 국제적 긴장 관계가 형성되었다.[4]

---

4   미국 정치 학자 사무엘 헌팅턴(Samuel P. Huntington, 1927-2008)은 이러한 새로운 대립 구도를 문명의 충돌로 해석했다. 그는 1993년부터 「포린 어페어스」(*Foreign Affairs*)라는 잡지에 연재 기고한 글을 모아 1996년에 『문명의 충돌과 세계질서 재형성』이라

중동 아랍 국가를 중심으로 형성된 정치적 군사적 긴장 관계는 종교에도 당연히 영향을 주었다. 아랍권 국가 내에 면면이 이어오던 소수 기독교회가 박해와 테러를 당하거나, 기독교로 개종한 현지인들이 살해를 당하거나, 아랍권 지역에서 선교 활동을 하던 선교사들이 투옥, 추방, 또는 순교를 당하는 사건들이 아주 빈번하게 일어나고 있다.

이러한 현상은 이집트, 모로코, 나이지리아, 탄자니아, 소말리아, 수단 등과 같은 아프리카 이슬람 국가, 중앙아시아 이슬람 국가, 파키스탄과 아프가니스탄 그리고 인도네시아와 말레시아 등과 같은 동남아시아 이슬람권 국가들에서 동일하게 발생하고 있다.

이슬람교뿐만 아니라 인도와 네팔 등과 같은 힌두교 지역에서도 힌두교 급진주의자들에 의해 기독교인들이 희생을 당하고 교회가 파괴되는 일이 매년 발생하고 있다. 이처럼 21세기의 기독교회는 가장 큰 교세의 지구촌 종교가 되었지만, 한편 세계 곳곳에서 무서운 탄압과 박해를 겪고 있다.

는 책을 출판했다. 냉전 시대 이후의 시대는 세계 주요 문명들 간의 국제적인 분쟁이 발생할 수 있는데, 이는 이념의 차이가 아니라 전통, 문화, 종교라는 문명의 차이에서 기인한 것이라고 주장했다. 2001년 9월에 발생한 9.11 테러 이후 그의 주장은 국제적인 조명을 받았다. 하지만 21세기는 문명 간의 충돌뿐만 아니라 미국과 중국이라는 패권 대립, 인종 간의 갈등 등 수많은 충돌적 요소들이 있다며 헌팅톤과 달리하는 의견들도 있다.

제53장

현대 교회와 신학의 동향

1. 교회 일치 에큐메니칼 운동

20세기 초 세계 선교 시대를 맞이하면서 '에큐메니칼'(ecumenical)이라는 용어가 점점 더 회자되기 시작했다. 이 단어의 원어적 의미는 다음과 같다.

첫째, 사람이 사는 전반적인 모든 지역을 뜻한다. 서유럽 중심을 탈피하고 지구촌 교회를 어느 정도 형성한 20세기 초의 기독교회는 실질적인 의미에서 에큐메니칼 교회가 되었다.

둘째, 이 단어는 교회의 연합적 활동을 의미한다. 중국 내지 선교회를 비롯한 수많은 선교 단체들이 연합적으로 태동했으며, 이후 성서 공회, 주일학교 연합회, 소책자 협회, 학생 자원 단체, 노예 폐지 운동, 금주 운동 등과 같은 수많은 단체가 초교파적 연합 운동을 전개했다.

이러한 에큐메니칼 운동은 국내 복음화와 세계 선교를 목표로 시작된 연합 운동이었다. 그러나 점차 선교 연합을 넘어 교회 일치를 위한 운동으로 발전했고, 그 운동의 열매로 1948년에 세계 교회 협의회(World Council of Churches, WCC)가 태동되었다.

현대 에큐메니칼 운동의 효시는 1910년 6월에 스코틀랜드 에딘버러에서 열린 제1차 세계 선교사 대회(World Missionary Conference)였다. 세계 여러 선교 단체의 대표 1,215명이 모인 이른바 국제적인 선교사 대회였다. 미국 학생 자발 운동(SVM)의 슬로건 즉 '우리 세대 안에 전 세계를 복음화하자'를 대회의 주제로 삼으며 전통적인 선교 입장을 견지했다.

이 대회 때 조직된 상임 위원회는 1921년 10월에 뉴욕 레이크 모혼크(Lake Mohonk)에서 국제 선교사 협의회(International Missionary Council, IMC)를 결성하고, 1928년 예루살렘에서 첫 총회를 가졌다. 예루살렘 총회 때, 타 종교와 대화라는 주제가 화두로 떠오르기 시작했다. 더욱이 1930년대에 들어서자 새로운 형태의 선교 개념이 나타났다.

1930년 1월 자선 사업가 존 D. 록펠러 Jr.(John D. Rockfeller Jr., 1874-1960)의 재정적 후원 가운데 해외 선교를 평가하는 세미나가 북침례교 평신도들을 중심으로 뉴욕에서 있었다. 이 모임은 지난 100년간 아시아 지역에서 이뤄진 해외 선교의 결실과 가치를 재평가하기로 결정하고, 북장로교, 북감리교, 북침례교, 회중교회 등 7개 교단의 대표를 초청하여 연구 위원회를 구성했다.

그리고 하버드대학교 윌리엄 E. 호킹(William E. Hocking, 1873-1966) 교수에게 연구를 의뢰했다. 호킹은 인도와 중국 등 아시아 6개국의 선교지를 약 2년간 연구한 끝에 1932년 11월에 『선교 재고론』(Re-Thinking Missions)를 작성하여 각 교단의 해외 선교부에 보고하고 책자로 출판했다.

호킹은 『선교 재고론』을 통해 영혼 구원이라는 전통적인 선교에서 벗어나 이제는 삶의 질에 초점을 둔 사회 구원적 선교를 해야한다고 피력했으며, 아울러 피선교지 종교를 적대시하거나 파괴하기보다는 포용적 자세로 타종교를 이해하고 함께 협력해야 한다고 주장했다.[1]

---

1 William E. Hocking, *Re-Thinking Missions: A Laymen's Inquiry after One Hundred Years* (New York: Harper and Brothers Publisher, 1932), 32-33.

1938년 국제 선교사 협의회 제2차 총회가 인도 마드라스(Madras)에서 개최되었다. 이 총회는 윌리암 호킹의 보고서를 긍정적으로 채택하고 복음의 본질과 교회의 역할에 대한 새로운 대안을 집중적으로 논의했다. 이처럼 호킹의 보고서는 선교 개념의 급진적 변화를 보여 주는 당시의 신학적 가늠자 역할을 했다.

국제 선교사 협의회 외에 1925년의 삶과 사역(Life and Work)과 1927년의 신앙과 직제(Faith and Order)라는 두 단체도 에큐메니칼 운동을 활발하게 추진했다. 1938년 이 두 단체는 교회 일치를 위한 세계적인 협의체 결성에 합의했다. 그리고 제2차 세계대전이 끝난 뒤인 1948년 8월 23일, 44개국의 147개 교회 대표자들이 네덜란드 암스텔담(Amsterdam)에 모여 세계 교회 협의회(WCC)를 창설하고 첫 총회를 가졌다. 세계 교회 협의회 창설 시 바르트를 비롯한 수많은 신정통주의자와 자유주의자도 적극적으로 동참했다.

1961년 인도 뉴델리(New Delhi)에서 개최된 제3차 총회에는 회원 교회가 197개로 늘어났으며, 국제 선교사 협의회도 WCC의 한 분과 위원회로 합류했다. 또한, 교회 일치 운동의 일환으로 동방정교회를 정회원으로 받아 들였다. 1968년 스웨덴 웁살라(Uppsala)에서 모인 WCC 제4차 총회는 가톨릭교회를 옵저버로 초대했고, 그 이후 정회원은 아니지만 가톨릭교회는 WCC 산하 여러 위원회에서 활동하기 시작했다. 이처럼 WCC는 기독교 전체의 교회 연합과 일치를 아우르는 다원적 구조로 더욱 확장되었다.

또한, 웁살라 총회는 '선교의 갱신'이라는 문서를 통해 하나님과의 화해를 다루는 수직적 차원으로부터 인류 간의 화해를 다루는 수평적 차원의 선교를 강조했다. 이후 WCC 회원들 가운데 사회적, 경제적, 정치적 그리고 신학적 문제에 대해 매우 진보적이고 급진적인 입장을 취하는 교회들과 신학자들이 등장하여 세계 신학계에 논란을 일으켰다.

교회 연합을 넘어 교회 일치를 추구한 세계 교회 협의회는 태동 때부터 신학적 다양성 구조를 인정하고 지향했다. 신학적으로 색깔이 분명한 좌우 그룹이 있었지만, 대체로 신정통주의와 신학적 관용주의 그룹이 주류를 이루며 세계 교회 협의회를 균형 있게 끌어갔다. 그러나 총회가 거듭될 수록 하나님의 선교, 선교 유예, 다원주의, 보편 구원설 등과 같은 전향적인 선교 개념과 진보적 의견이 끊이질 않았다. 이로 인해 복음주의적 에큐메니칼 운동을 벌이는 복음주의 그룹들과 신학적 마찰을 종종 빚고 있다. 어찌 보면 이러한 신학적 충돌은 1900년대 초 미국에서 일어난 현대주의와 근본주의 간의 논쟁의 연장선이었다.

2. 복음주의적 에큐메니칼 운동

현대주의의 확장을 저지하고 정통주의 근본 교리를 지키고자 1919년에 윌리엄 라일리의 주도하에 세계 기독교 근본주의 협회가 초교파적으로 창설되었다. 복음주의적 에큐메니칼 운동의 한 흐름이었다. 그러나 1925년에 있었던 원숭이 재판 이후 근본주의 운동은 일반 대중으로부터 지지를 상실하기 시작했다.

미국 북장로교의 구학파도 교회 내 진보주의와 관용주의자들과의 논쟁에서 밀리며 상당히 위축되었다. 그럼에도 불구하고 근본주의자들을 포함한 보수주의자들이 정통 교리를 지켜나가기 위한 목적으로 1940년대 이후 복음주의적 에큐메니칼 운동을 다각적으로 펼쳐나갔다.

세계 교회 협의회의 설립 총회가 열리기 11일 전인 1948년 8월 12일, 미국의 칼 매킨타이어(Carl McIntire, 1906-2002)가 주도하는 국제 기독교 협의회(International Council of Christian Churches, ICCC)가 암스텔담에서 조직되었다. 이는 세계 교회 협의회 창설에 맞불을 놓으려는 시도였다. 매킨타이어는 1937년에 성경장로교회(Bible Presbyterian Church)와 훼이스신학교(Faith Theological Seminary)를 설립했으며, 1941년 미국 근본주의자들을 중심으로 미국 교회 협의회(American Council of Churches, ACC)를 창설했었다.

또한, 복음주의적 에큐메니칼 기구로 1846년 영국 런던에서 창설된 복음주의 연맹(Evangelical Alliance)을 근간으로 1951년 미국에서 설립된 세계 복음주의 연맹(World Evangelical Alliance, WEA)이 있었다. 현재 128개 국가 내에 있는 복음주의 교회가 참여하고 있다. 특히, 주목할 것은 미국 복음주의 협의회(National Association of Evangelicals, NAE)의 태동이었다. 현대주의와 근본주의 논쟁에서 수세에 몰린 보수주의 진영은 다음과 같은 비판을 받았다.

첫째, 교리주의
둘째, 분리주의
셋째, 반지성주의
넷째, 반사회주의
다섯째, 반문화주의

이러한 비판에 대해 지성적으로 맞대응하고 정통주의를 효율적으로 수호하려는 움직임이 교회 지도자들과 신학자들 사이에서 일어났다. 그 결과 1942년 4월 미조리 주의 세인트루이스(St. Louis)에서 미국 내 147명의 보수주의 지도자들이 모여 미국 복음주의 협의회를 설립했다. 이 협의회는 현대 복음주의 운동의 새로운 장을 열었다. 다음과 같은 저명한 복음주의 학자와 교회 지도자들이 이 모임을 주도했다.

첫째, 해럴드 오켄가(Herold Ockenga, 1905-1985)
둘째, 데이비드 O. 풀러(David O. Fuller. 1903-1988)
셋째, 찰스 E. 풀러(Charles E. Fuller, 1887-1968)
넷째, 밥 존스(Bob Jones, Sr, 1883-1968)
다섯째, 칼 헨리(Karl Henry, 1913-2003)
여섯째, 윌리엄 빌리 그래함(Willaim 'Billy' Graham, 1918-2018)
일곱째, 해럴드 린드셀(Harold Lindsell, 1913-1998)

또한, 다음과 같은 교육 기관들이 복음주의 협의회의 설립 목적과 활동에 힘을 실어주었다.

첫째, 휘튼대학(Wheaton College, 1860)
둘째, 트리니티복음주의신학교(Trinity Evangelical Divinity School, 1897)
셋째, 풀러신학교(Fuller Theological Seminary, 1947)
넷째, 리전트대학(Regent College, 1968)

또한, 다음과 같은 언론 매체도 참여했으며, 복음주의 책을 출판하고 보급하려는 목적으로 많은 출판사가 설립되었다.

첫째, 이터니티(Eternity, 1950)
둘째, 크리스천니티 투데이(Christianity Today, 1956)
셋째, 복음주의 신학회 저널(Journal of the Evangelical Theological Society, 1958)

또한, 다음과 같은 학술과 전도 단체들도 가세하면서, 복음주의 운동은 미국 내뿐만 아니라 세계적인 운동으로 매우 빠르게 확산되었다.

첫째, 복음주의 신학회(Evangelical Theological Society, 1949)
둘째, 세계 복음주의 협의회(World Evangelical Fellowship, 1952)
셋째, 빌리 그래함 전도 협회(Billy Graham Evangelistic Association, 1950)
넷째, 네비게이토 선교회(Nevigators, 1933)
다섯째, 기독 학생회(Inter-Varsity Christian Fellowship, IVF, 1941)
여섯째, 십대 선교회(Youth for Christ, YFC, 1944)
일곱째, 대학생 선교회(Campus Christian Crusades, CCC, 1951)

이렇듯, 각종 초교파 성경 공부와 선교 단체들이 태동되어 지성적이고 활동적인 세계의 젊은 그리스도인들을 복음주의 운동으로 끌어들였다.

　특히, 1951년에 빌 브라이트(William 'Bill' Bright, 1921-2003)가 창설한 대학생 선교회는 1972년에 엑스플로 72를 달라스에서 개최했는데 무려 7만여 명의 청년이 모여 복음주의의 뜨거운 열기를 입증해 보였다.

　복음주의 운동의 세계적인 확산에 기여한 대표적인 인물로 영국의 복음주의 신학자 C. S. 루이스(Clive Staples Lewis, 1898-1963)와 미국의 복음주의 전도자 빌리 그래함을 꼽을 수 있다. 1898년 북아일랜드 벨패스트에서 출생한 루이스는 영국의 옥스퍼드대학교에서 공부했다. 대학교 스승의 영향으로 한동안 무신론을 따랐던 그는 1931년에 중생을 체험하고 그리스도인이 되었다. 평생을 옥스퍼드대학교와 케임브리지대학교의 교수로 재직하며 수많은 강연과 저술 활동을 했다. 문학사, 문학 비평, 일반 소설, 공상 소설, 기독교 서적 등 매우 다양한 저서를 집필했다.

　1931년 회심 이후, 특히 그는 수많은 기독교 서적을 출판했는데, 1933년의 『천로반전』(The Pilgrim's Regress)으로 시작해서 1952년의 『명목상의 기독교』(Mere Christianity)에 이르기까지 기독교 교리, 변증학, 제자도, 경건, 전도 등에 관한 다량의 서적을 집필했다. 루이스는 대학 강의, 학술 강연, 설교, 저술을 통해 정통적인 기독교의 진리와 제자도의 신앙을 널리 고취시키며 복음주의 확산에 크게 이바지했다.

　빌리 그래함 역시 대중 전도 집회 설교자로서 1950년대 이후 미국과 지구촌 곳곳에 다니며 복음주의 저변 확대에 기여했다. 1943년 시카고의 휘튼대학을 졸업했으며, 1950년 빌리 그래함 전도 협회를 설립하여 '결단의 시간' 라디오 방송과 「크리스천니티 투데이」 기독 잡지 발행을 통해 대중적인 복음 전도자로서의 명성을 전 세계에 알렸다. 1957년 뉴욕에서 개최된 전도 집회에는 무려 연인원 2백만 명이 참석했고, 약 5만 7천 명이 그리스도를 믿기로 결심했다.

1973년 한국 서울에서 5일간 개최된 집회에는 연인원 3백만 명 이상이 참석했다. 마침내 그는 부흥 전도자라는 호칭을 넘어 복음주의 기독교를 대표하는 세계적인 지도자, 대변자로 존경받았다. 그의 명성에 걸맞게 전 세계 곳곳을 누비며 평생 지구촌 약 22억 명에게 복음을 전했으며, 기독교 역사상 가장 많은 세계의 인구에게 복음을 전한 설교자로 기록되었다.

1970년대의 미국은 복음주의 교회의 대 부흥기를 맞았다. 특히, 1976년 복음주의 신앙을 가진 남침례교 집사 지미 카터(Jimmy Carter, b. 1924)가 미국의 39대 대통령으로 당선되었다. 이때 미국의 저명한 주간지「뉴욕 타임즈」와「뉴스 위크」는 한 목소리로 1976년을 복음주의 해라고 명명했다.

현대 복음주의 운동의 특징을 살펴보면, 신학적 전통의 다양성을 가지고 있다. 그 구성원들은 다음과 같다.

첫째, 전형적인 근본주의자
둘째, 개혁주의 전통을 따르는 정통주의자
셋째, 기독교인의 사회적 책임에 좀 더 강조를 둔 신복음주의자
넷째, 기독교인의 정치 참여에 관심을 둔 정의와 평화 복음주의자
다섯째, 오순절 계열의 복음주의자
여섯째, 빌리 그래함과 같은 대중적 연합 전도 집회 중심의 복음주의자

현대 복음주의자들은 성경의 최고의 권위, 예수 그리스도의 위엄과 영광, 성령의 주권, 개인적 회심의 필요성, 전도의 우선권 그리고 기독교 공동체의 중요성 등의 신학적 특징을 공유하고 있다.[2]

2　Alister E. McGrath, *Evangelicalism & the Future of Christianity* (Downers Grove, IL: IVP Press, 1995), 55-56, 85-86.

또한, 현대 복음주의는 교파적 전통의 다양성을 가지고 있다. 다음과 같은 교회들은 각자의 교회 제도 틀을 넘어 복음주의적 에큐메니칼 운동에 연합적으로 참여하고 있다.

첫째, 장로교
둘째, 침례교
셋째, 성공회
넷째, 감리교
다섯째, 독립교회
여섯째, 오순절교회

현대 복음주의 운동의 뜻 깊은 모임은 1974년 7월에 스위스 로잔(Lausanne)에서 모인 제1차 세계 복음화 국제 대회(The International Congress on World Evangelization, ICOWE, 또는 로잔 대회)였다. 세계 150여 국가로부터 개신교 보수적인 목회자, 신학자, 선교사, 평신도 약 2,700명이 참석했다.

1968년에 있었던 WCC의 웁살라 총회의 결정에 대응하기 위해 세계의 복음주의자들이 한 자리에 모였고, 빌리 그래함이 이 대회의 의장을 맡았다. 대회의 마지막 날, 성공회 신부 존 R. W. 스타트(John R. W. Stott, 1921-2011)가 작성한 로잔 언약(Lausanne Covenant)을 채택하고 선포했다. 이 언약의 2가지 핵심은 다음과 같다.

첫째, 하나님의 영감으로 기록된 말씀에 충실하며 복음 전도와 구원 사역에 집중해야 한다.
둘째, 사회적 책임에 대한 교회와 그리스도인의 사명을 다해야 한다.

즉 로잔 언약은 하나님과의 수직적 관계와 사회에 대한 수평적 관계에 대하여 균형 잡힌 복음과 교회의 기능을 천명했다. 이로써 로잔 언약은 현대 복음주의 운동을 대변하는 매우 중요한 문서가 되었다. 1988년 필리핀 마닐라에서 개최된 제2차 세계 복음화 국제 대회에 이어, 2010년 남아프리카 공화공 케이프 타운에서 198개국 4,200여 명이 참석하여 제3차 세계 복음화 국제 대회를 가졌다.

1942년 미국 복음주의 협의회 창설 때부터 성경관에 대한 미묘한 견해 차이가 복음주의 학자들 간에 있었다. 1970년대에 그와 같은 견해 차이가 글을 통해 표면화되었다. 정통에 충실한 복음주의자들은 성경의 축자 영감과 무오성을 철저히 고수했다. 다음과 같은 인물과 교회가 이 범주 안에 속해 있었다.

첫째, 칼 헨리
둘째, 해롤드 린드셀
셋째, 프랜시스 세이퍼
넷째, 정통 장로교
다섯째, 남장로교(PCUS)
여섯째, 남침례교
일곱째, 루터교의 미조리 시나드 교단

반면 소위 신복음주의(neoevangelicalism)의 중심에 서있던 풀러신학교의 몇몇 교수들은 성경의 축자 영감설과 무오성에 대해서 의심을 제기해 왔다. 그들은 성경의 완전한 무오설(innerancy) 대신에 구원과 관련된 계시 부분에서만 무오하고 그 밖의 역사와 과학적 기록에는 오류가 있다는 제한적 무오설 즉 불오설(infallibility)를 피력했다. 그러자 전통적 입장을 지지하는 교수들이 풀러신학교를 떠나 시카고의 트리니티신학교로 옮겨가는 일이 생겼다.

1976년 해롤드 린드셀은 『성경을 위한 전쟁』(*Battle for the Bible*)을 출판하여 복음주의 내의 전통적인 성경관을 강조했다. 그리고 1978년 보수적 복음주의자들이 시카고에 모여 성경 무오성에 대한 시카고 선언을 발표했다.

그러자 1979년 풀러신학교의 교수 잭 로저스(Jack B. Rogers, 1934-2016)는 도널드 맥킴(Donald McKim, b. 1950)과 공동으로 집필한 『성경의 권위와 해석: 역사적 접근』을 출판했다. 로저스는 성경의 완전 무오설은 스콜라주의의 산물이라고 반박하며, 종교개혁자들의 견해와 기독교 전통은 제한적 무오설에 더 가깝다고 주장했다. 1982년 트리니티신학교 교수 존 우드브리지는 『성경의 권위: 로저와 맥킴의 제안에 대한 비판』을 통해 로저스의 견해를 역으로 반박했다.

복음주의 내에 흐르고 있는 진보적 견해를 견제하는 또 다른 움직임이 일어났다. 그것은 1994년에 결성된 신앙 고백적 복음주의 연합(Alliance of Confessing Evangelicals, ACE)이었다. 역사적 개혁주의적 신앙 고백을 지지하는 복음주의 공동체를 표방하며 다음과 같은 인물들이 주축을 이루어 이 단체를 설립했다.

첫째, 제임스 보이스(James M. Boice, 1938-2000)
둘째, 마이클 홀튼(Michael S. Horton, b. 1964)
셋째, 데이비드 웰스(David F. Wells, b. 1939)

복음주의 연합의 1996년 대회가 매사추세츠 케임브리지에서 100여 명의 복음주의 지도자들이 운집한 가운데 개최되었다. 이때 복음주의 연합은 다음과 같은 종교개혁의 5대 솔라(sola)에 속하는 개념을 기독교 진리의 본질로 확증하는 케임브리지 선언을 발표했다.

첫째, 오직 성경
둘째, 오직 그리스도
셋째, 오직 은혜
넷째, 오직 믿음
다섯째, 오직 하나님께 영광

이제까지 살펴본 현대 복음주의적 에큐메니칼 운동을 요약하면 다음과 같다.

첫째, 기독교 정통주의를 수호하기 위한 교파적 신학적 전통의 차이를 극복한 연합 운동이다.
둘째, WCC를 중심으로 흐르고 있는 진보적 자유주의 신학을 저지하는 연합 운동이다.
셋째, 현대 교회의 부흥과 세계 복음화를 위한 연합 운동으로 21세기 기독교회의 한 축을 이끌어가고 있다.

에필로그

　세계의 총 인구는 1900년에 16억 5천만 명, 1970년에 37억 명, 2019년에 77억 명으로 폭발적으로 증가했다. 기독교 인구 역시 그에 대비하여 크게 증가했다. 1900년 세계 인구 대비 33.8퍼센트이었던 5억 5천만 명의 기독교인이 1970년 세계 인구 대비 33퍼센트인 12억 2천만 명으로, 2019년 세계 인구 대비 32.9퍼센트인 25억 2천만 명으로 대폭 늘어났다.
　그리고 선교학 자료에 따르면, 2019년 전 세계 16,951의 종족 가운데 42퍼센트에 해당하는 7,068의 종족에서 35억 6천만 명이 복음을 들었지만, 41퍼센트에 해당하는 6,640의 종족에서 31억만 명은 미전도 상태에 놓여있다. 수치만으로 볼 때, 현대 기독교 인구는 역사 이래 가장 많은 숫자를 차지하고 있으며, 교회는 오대양 육대주 지구촌 거의 모든 곳에 세워져 있다.
　이처럼 21세기의 기독교회가 최고 번성기를 누리고 있지만, 반면 기독교 역사상 그 유래를 찾아볼 수 없는 심각한 탄압과 도전의 시기를 겪고 있다. 탄압과 도전의 내용은 다음과 같다.

　첫째, 공산주의와 사회주의 국가들의 탄압을 꼽을 수 있다. 이 국가들은 기독교를 포함한 모든 종교의 신앙과 선교의 자유를 여전히 통제하며, 탄압과 박해를 무섭게 가하고 있다.
　둘째, 타종교 극단주의자들의 위협과 박해를 들 수 있다. 특히, 이슬람의 박해는 매우 위협적이다. 이슬람 국가들은 자국 내에서의 기독교 신앙과 선교 활동을 엄격하게 규제하고 위해하는 반면, 기독교 국가와 사회에 쉽게 침투하여 극히 빠르게 세력을 확장시켜 나가고 있다.

셋째, 후현대주의 사조의 파괴적인 도전과 위협이 있다. 후현대주의는 이성주의, 감성주의, 개인주의, 상대주의, 다원주의, 상황주의 등 매우 다양한 형태로 21세기 지구촌의 정치, 법, 교육, 종교, 과학, 사회, 문화, 윤리, 예술, 성, 스포츠 등의 흐름과 변화를 주도하고 있다.

또한, 후현대주의는 2가지 측면에서 역사적 기독교에 위협적이다.

첫째, 교회 밖에 반기독교적 정서와 윤리와 문화 등을 널리 조성시킨다.
둘째, 교회 내에 진보적이고 급진적인 신학을 확산시키고 있다.

이러한 영향으로 복음 전파와 세계 선교의 문은 점점 좁아지고 있다. 반면 다음과 같은 사조와 문화는 점점 넓어지고 있다.

첫째, 종교 간의 일치와 평화
둘째, 다원적인 사조와 문화
셋째, 윤리적 관용주의

우리는 다음과 같은 질문을 제기할 수 있다.

21세기의 역사적 기독교회가 당면한 긴급 과제로, 상기의 문제를 어떻게 극복할 것인가?
반대로 어떻게 정통주의를 지혜롭게 수호해 나갈 것인가?
더불어 어떻게 하나님 나라의 확장을 세상 끝날까지 완수해 갈 것인가?

20세기의 현대주의가 그랬듯이, 21세기의 후현대주의도 인간의 이성, 개인의 자율성, 과학과 의학의 진보, 진화론적 세계관 등을 내세우며 인간 중심적이고 낙관적인 미래 전망을 제시하며 현대인을 끌어 모으고 있다.

그러나 인간 중심적이고 낙관적인 미래 전망이 항상 긍정적이고 확실한 것만은 결코 아니다. 다음과 같은 현실적이고 비예측적인 사건 사고들은 현대 인류의 삶과 정신 그리고 영성을 매우 혼란스럽고 공허하게 만들고 있다.

첫째, 인구의 폭발적 증가
둘째, 환경오염
셋째, 식량 부족
넷째, 국제적 테러
다섯째, 핵전쟁의 위험
여섯째, 자연 재해
일곱째, 새로운 질병
여덟째, 코로나19

이러한 문제에 현재 기독교회는 현대 인류에 희망과 대안을 제시해야 한다. 중세 암흑기의 유럽인들에게 희망과 대안을 제시했던 종교개혁자들처럼 말이다. 그들이 외쳤던 한결같은 개혁의 근본은 "아드 폰테스"(*ad fonts*) 즉 본질 회복이었다.

개혁자들의 본질 회복 운동은 기독교 역사와 인류 역사를 새롭게 바꾸어 놓는 동력이 되었다. 현대의 역사적 기독교가 추구해야 할 가장 중요한 사명은 본질 회복에 있다. 즉 다음과 같은 본질을 회복해야 한다.

첫째, 성경의 본질
둘째, 복음의 본질
셋째, 교회의 본질
넷째, 신학의 본질
다섯째, 그리스도인의 삶의 본질

본질을 구성하는 모양은 시대와 정황에 따라 달라질 수 있다. 그러나 본질은 결코 변할 수 없는 사안이다.

> 믿음의 선한 싸움을 싸우라 영생을 취하라 이를 위하여 네가 부르심을 받았고 많은 증인 앞에서 선한 증언을 하였도다(딤전 6:12).

이처럼 사도 바울은 믿음의 선한 싸움을 싸우라고 했다. 지금은 현대 그리스도인들이 역사적 기독교의 본질을 지키기 위해 선한 싸움을 싸워야 할 시기이다.

딘 켈리(Dean M. Kelley, 1926-1997)는 1972년에 집필한 『보수적 교회들이 성장하는 이유』(*Why Conservative Churches*)라는 저서를 통해 진보적 신학을 추구하는 교회보다 복음의 본질에 충실한 교회가 성장했다는 사실을 통계에 근거하여 논증했다.

참호 안에 몸을 숨기고 숨을 죽이고 있는 것만으로 안 된다. 지성적이고 합리적이고 건설적인 방식으로 기독교 신앙의 본질을 변증하고 수호하는 변증가들이 되어야 한다. 또한, 교회는 다음과 같이 변해야 한다.

첫째, 무엇보다도 성장 위주와 교권 위주적 교회관이 반드시 바껴야 한다.
둘째, 단순하고 명료하게 희망과 평화, 구원의 메시지를 선포하는 교회가 되어야 한다.
셋째, 빛과 소금으로서 사회적 봉사와 섬김에 최선을 다하는 교회가 되어야 한다.
넷째, 세상 끝날까지 세상 땅끝까지 복음을 전하는 선교 중심적 교회가 되어야 한다.

이러한 교회가 하나님 나라의 확장과 다스림에 기여하는 교회로서 21세기의 기독교회를 이끌어가야 한다.

부록: 주요 연대 대조표

기독교	세계	대한민국
·프톨레마이오스 헬라 왕조 팔레스타인 지배, 301 B.C.	·알렉산더 대왕과 헬라 제국, 330 B.C.	
·70인역 구약성경, 250 B.C.	·로마 공화정 이탈리아 통일, 272 B.C.	·부여 건국, 238 B.C.
·셀레우코스 헬라 왕조 팔레스타인 지배, 198 B.C.		
·마카베오 독립 전쟁, 167-142 B.C.		
·하슈모나이 왕국, 142-63 B.C.	·실크로드 개척, 139 B.C.	·위만조선 멸망, 108 B.C.
·로마 공화정, 유다 지배, 63 B.C.		·신라 건국, 57 B.C.
·헤롯 대왕, 로마 분봉왕, 37 B.C.	·악티움 해전, 31 B.C.	·고구려 건국, 37 B.C.
·예수 탄생, 4 B.C.	·아우구스투스와 로마 제국, 27 B.C.	·백제 건국, 18 B.C.
·예루살렘교회 태동, 30	·인도 쿠샨 제국, 30-375	
·바울의 선교, 44		·가야 건국, 42
·네로 황제의 박해, 64-68		
·티투스, 예루살렘 점령, 70		
·이그나티우스 순교, 107		
·유스티누스의 『제1변증서』, 153	·페르시아 사산 제국, 224-651	
·콘스탄티누스, 밀라노 칙령, 313		
·니케아 공의회, 325		
	·비잔티움 제국, 330-1453	
·기독교 로마의 국교, 380	·훈족 동유럽 침공, 370	
·콘스탄티노플 공의회, 381	·게르만족의 대이동, 375-568	·광개토대왕 즉위, 392
·카르타고 공의회, 정경 확정, 397		
·어거스틴의 『참회록』, 400		·장수왕 즉위, 413
·에베소 회의, 펠라기우스파 이단 정죄, 431		·고구려 평양 천도, 427
·칼케돈 회의, 451	·서로마 제국 멸망, 476	
·클로비스 세례 받음, 496	·프랑크 왕국 건국, 481	·부여 고구려에 멸망, 494
·베네딕토, 몬테카시노수도원, 530		·신라 불교 공인, 527
·그레고리오 1세 교황, 590	·중국 수나라, 581-618	
	·중국 당나라, 618-907	·을지문덕 살수 대첩, 612
·이슬람 제국, 팔레스타인 지배, 632	·무함마드와 이슬람교 태동, 622	·연개소문 정변, 642
·네스토리우스교 중국 선교, 635		·나당 동맹, 648
		·백제 멸망, 660

부록: 주요 연대 대조표 579

		·고구려 멸망, 668
		·통일 신라 창건, 676
·윌리브로드, 프리즈랜드 선교, 690		·발해 건국, 698
·보니페이스, 독일 선교, 716	·이슬람에게 서고트 왕국 붕괴, 711	
	·투르-푸아티에 전투, 732	
	·아랍 제국 아바스 칼리파 왕국, 750-1258	·불국사와 석굴암 건립, 751
	·샤를마뉴 황제 등극, 800	
	·크메르 제국, 802-1431	·장보고의 청해진, 828
	·프랑크 왕국 분열, 843	·왕건 고려 건국, 918
	·키예프 대공국 성립, 882-1240	
	·마야 문명 몰락, 900	·발해 멸망, 926
·헝가리, 가톨릭교회 국교, 997	·오토 1세, 신성 로마 제국 수립, 962-1806	·신라 멸망, 935
·가톨릭교회와 정교회의 분열, 1054		·강감찬 귀주 대첩, 1019
·카노사 굴욕, 1077		
·안셀무스의 『프로슬로기온』, 1078	·셀주크 투르크 제국, 1037-1194	·해동통보, 1102
·십자군 원정, 1095-1291		·김부식의 『삼국사기』, 1145
·예루살렘 왕국, 1099		·몽골 제국, 고려 침공, 1231-1235
·프란치스코수도원 설립, 1209	·몽골 제국, 1206-1368	·금속활자 편찬, 1234
·제4차 라테란 공의회, 1215		·팔만대장경 완성, 1251
·토마스의 『신학 대전』, 1266	·중앙아시아 일칸국, 1256-1335	·삼별초 항쟁, 1270
·제2차 리용 공의회, 7성사 교리 채택, 1274	·중국 원나라, 1271-1368	·일연의 『삼국유사』, 1285
·교황청의 아비뇽 유수, 1309-1377	·모스크바 대공국, 1283-1547	
·모스크바 대교구청, 1325	·오스만 투르크 제국, 1299-1922	·충선왕 원나라와 교류, 1308
·공동 생활 형제단, 1374	·중앙아시아 티무르 제국, 1370-1507	·문익점 목화 반입, 1363
·교황청 대분열, 1378-1417		
·위클리프의 영어 신약성경, 1382		·이성계 조선 왕조 건국, 1392
·후스의 순교, 1415		·세종대왕 즉위, 1418
·모라비안 형제단, 1450	·구텐베르크, 인쇄기 발명, 1450	·이종무 대마도 정벌, 1419
·비잔티움 제국과 콘스탄티노플 몰락, 1453	·콜럼버스 신대륙 발견, 1492	·훈민정음 반포, 1446
·에라스무스 헬라어 성경, 1516	·바스코 다 가마의 인도 항로, 1498	·성종 『경국대전』 반포, 1485

- 루터의 『95개 논제』와 종교개혁, 1517
- 츠빙글리의 종교개혁, 1522
- 윌리암 틴데일의 신약성경, 1525
- 재세례파의 『슐라이트하임 신조』, 1527
- 슈파이어 의회, 1526, 1529
- 뮌스터 천년왕국 사건, 1533
- 영국 헨리 8세, 가톨릭 단교, 1534
- 로욜라와 예수회 종단 설립, 1534
- 존 칼빈의 『기독교 강요』, 1536
- 존 칼빈의 제네바 종교개혁, 1536
- 헨리 8세의 대성경, 1539
- 트렌트 공의회, 1545-1563
- 하비에르 신부, 일본 선교, 1549
- 위그노의 『갈리아 신앙고백서』, 1559
- 존 낙스의 스코틀랜드 종교개혁, 1559
- 네덜란드 『벨직 신앙고백서』, 1561
- 『하이델베르크 요리문답서』, 1563
- 엘리자베스, 성공회 국교, 1563
- 청교도 운동 발생, 1570
- 성 바돌로매 축일 대학살, 1572
- 루터교의 『일치 신조』, 1577
- 마테오 리치, 중국 선교, 1582
- 모스크바, 정교회 총대주교좌 승인, 1589
- 앙리 4세의 낭트 칙령, 1598
- 알미니우스파의 『항론』, 1610
- 제임스 1세, 『킹제임스 성경』, 1611
- 『도르트 신조』, 1619
- 청교도 신대륙 플리머스 이주, 1620
- 아담 샬, 베이징 입국, 1622
- 신대륙 하버드대학교 설립, 1636
- 스코틀랜드 장로교, 국민 계약, 1638
- 허버트, 이신론 주장, 1645

- 마젤란의 세계 일주, 1519-1522
- 스페인의 멕시코 정복, 1519-1521
- 인도 무굴 제국, 1526-1857
- 스페인 잉카 정복, 1532-1572
- 코페르니쿠스의 지동설, 1543
- 포르투갈, 일본 내항, 1543
- 러시아, 루스 차르국, 1547-1721
- 네덜란드 독립 전쟁, 1568-1648
- 겐트 평화 조약, 1576
- 영국, 신대륙 버지니아 정찰, 1584
- 영국, 스페인 무적 함대 격파, 1588
- 도요토미 히데요시 일본 통일, 1590
- 영국, 신대륙 버지니아 정찰, 1584
- 영국, 스페인 무적함대 격파, 1588
- 도요토미 히데요시 일본 통일, 1590
- 영국 북아메리카 제임스 타운 건설, 1607
- 유럽 30년 전쟁, 1618-1648
- 중국 청나라 건국, 1636-1912
- 청교도 혁명과 장기 의회, 1640-1660

- 연산군 즉위, 1494
- 기묘사화, 1519
- 주세붕, 백운동서원 건립, 1543
- 임진왜란 발발, 1592-1598
- 이순신의 명량 해전, 1597
- 허준의 『동의보감』, 1610
- 이수광의 『지봉유설』, 1614
- 청나라의 병자호란, 1636
- 소현세자, 북경 인질, 1637

·『웨스트민스터 신앙고백서』, 1647		
·베스트팔렌 조약, 1648		
·슈페너의 『경건한 열망』, 1675		
·번역의 『천로역정』, 1678	·루이 14세, 낭트 칙령 철회, 1685	
·할레대학교 설립, 1695	·뉴턴, 만유인력 발표, 1687	
·진젠도르프와 모라비안, 1722	·영국 명예 혁명, 1688	·백두산 정계비 건립, 1712
·미국 제1차 대각성 운동, 1735-1745	·포트르 1세와 러시아 제국, 1721-1917	·영조 즉위, 1724
·웨드워즈의 『놀라운 회심이야기』, 1737	·영국 산업 혁명, 1760	
·웨슬리의 감리교 신도회 조직, 1739	·미국의 독립 전쟁, 1775-1783	·정조 즉위, 1776
·미국 제2차 대각성 운동, 1790-1840	·미국의 독립 선언, 1776	·이승훈 천주교 영세, 1784
·영국 침례교 선교 협회 조직, 1792	·와트, 증기기관 발명, 1776	
·윌리엄 케리 인도 선교, 1793	·칸드의 『순수 이성 비판』, 1781	
·런던 선교 협회, 1795	·프랑스 혁명, 1789	·수원 화성 완공, 1796
·슐라이어마허의 『종교론』, 1799	·루이 16세 단두대 처형, 1793	
·맥그래디, 케인릿지 천막 집회, 1801	·프랑스 황제 나폴레옹, 1804	·신유사옥, 황사영 백서 사건, 1801
·모리슨 『신천성서』 중국 성경, 1823	·영국 노예 무역 금지법 통과, 1807	·정약용의 『목민심서』, 1818
·찰스 피니의 부흥 운동, 1830-1831		
·스미스, 몰몬교 창설, 1830		·천주교 조선 교구 설치, 1831
·영국 옥스퍼드 운동, 1833-1845		·영국 로드 암헐스트 통상 요구, 1832
·슈트라우스의 『예수의 생애』, 1835		
·미국 구학파와 신학파 장로교 분열, 1837		
·리빙스톤 남아프리카 선교 시작, 1840	·제1차 아편 전쟁, 1840-1842	
·미국 교회의 남북 분열, 1840-1861	·미국-멕시코 전쟁, 1846-1848	·철종 즉위, 1849
	·마르크스의 『공산주의 선언』, 1848	
·스펄전, 메트로폴리탄 테버너클, 1861	·다윈의 『종의 기원』, 1859	·최제우 동학 창설, 1860
·존 다비의 세대주의 강연, 1862	·미국 남북 전쟁, 1861-1865	·김정호의 대동여지도, 1861
·화이트, 안식교 조직, 1863	·이탈리아 왕국, 1861-1946	·고종 즉위, 1863
·허드슨 테일러와 중국 내지 선교회, 1865	·링컨, 흑인 노예 해방 선언, 1863	
·제1차 바티칸 공의회, 1869-1870	·일본, 메이지 유신, 1868	·제너럴 셔먼호 사건, 1866

· 교황 무오설 교리 채책, 1870	· 미국, 첫 대륙횡단철도 완공, 1869	· 미국, 첫 대륙횡단철도 완공, 1869
· 이탈리아 왕국, 교황령 점령, 1870		
· 무디의 부흥 운동, 1873	· 비스마르크, 독일 통일, 1871	· 신미양요, 척화비 건립, 1871
· 케직 사경회, 1875		· 운양호 사건, 1875
· 윌리엄 부스, 구세군 창설, 1878		· 조일수호 조약 체결, 1876
· 벨하우젠의 오경 편집설, 1878	· 에디슨, 전구 발명, 1879	
· 아브라함 카이퍼와 자유대학교, 1880		· 조미수호 조약 체결, 1882
· 학생 자발 운동 조직, 1886		· 개신교 선교사 입국, 갑신정변, 1884
· 로버츠와 웨일즈 부흥 운동, 1904	· 라이트 형제, 비행기 발명, 1903	· 동학 농민 운동, 청일 전쟁, 갑오개혁, 1894
· 아주사 부흥 운동, 1906		· 을미사변, 민비 살해, 1895
· 라우센부쉬의 『기독교와 사회위기』, 1907		· 대한제국 수립, 1897
· 스코필드의 『관주성경』, 1907	· 중동 유전 발견, 1908	· 경인선 철도 개통, 1900
· 제1차 세계 선교사 대회, 1910	· 쑨원, 중화 민국 수립, 1912	· 첫 하와이 이민 100명, 1903
· 미 북장로교 총회 5대 필수 교리 채택, 1910		· 러일 전쟁, 1904
· 오순절 성결교회 태동, 1911	· 파나마 운하 개통, 1914	· 을사늑약, 1905
	· 제1차 세계대전, 1914-1918	· 평양 대부흥, 1907
	· 아인슈타인, 상대성 이론, 1915	· 안중근 이토히로부미 암살, 1909
		· 한일 합방 조약, 1910
· 세계 기독교 근본주의 협의회 조직, 1919		· 105인 사건, 1911
· 바르트의 『로마서 주석』 1919		· 3.1 독립 운동, 1919
· "오번 긍정서", 1923	· 레닌, 소비에트 연방 창건, 1922	· 대한민국 임시 정부 수립, 1919
· 원숭이 재판, 1925	· 이란, 팔라비 왕조, 1925-1979	
· 바티칸 시국 태동, 1929	· 세계 대공항, 1929-1941	· 조선 물산 장려회 조직, 1923
· 호킹의 『선교 재고론』, 1932	· 일본, 만주 사변, 1931-1932	
· 독일 고백교회 조직, 1933	· 히틀러, 독일 총통, 1934-1945	· 손기정, 베를린 올림픽 금메달, 1936
· 미국 복음주의 협의회(NAE) 조직, 1942	· 영국, 최초 텔레비전, 1936	· 한국 광복군 창설, 1940
· 매킨타이어, 국제 기독교 협의회 (ICCC) 조직, 1948	· 중일 전쟁, 1937-1945	· 8.15 광복, 유엔 남북 군정, 1945
· 세계 교회 협의회(WCC) 조직, 1948	· 제2차 세계대전, 1939-1945	
· 빌리 그래함의 전도 협회, 1950	· 일본, 진주만 공격, 1941	

부록: 주요 연대 대조표 583

·세계 복음주의 연맹(WEA) 조직, 1951	·UN(국제 연합) 탄생, 1945	
	·이스라엘 건국, 1948	·대한민국 수립, 1948.8.15
	·마오쩌둥, 중화 인민 공화국 건국, 1949	·조선 민주주의 인민 공화국 수립, 1948.9.9
·제2차 바티칸 공의회, 1962-1965		·한국 전쟁, 1950-1953
·몰트만의 『소망의 신학』 1967	·베트남 전쟁, 1955-1975	·4.19 혁명, 1960
·미 연합감리교회(UMC) 조직, 1968		
·WCC 제4차 웁살라 총회, 1968	·소련, 최초의 우주 비행, 1961	·5.16 군사정변, 1961
	·중국 문화 대혁명, 1966-1976	·박정희 5대 대통령 취임, 1963
	·미국, 아폴로 11호 달 착륙, 1969	·월남 파병, 1964
	·중국 문화 대혁명, 1966-1976	·김수환 추기경 서품, 1969
	·미국, 아폴로 11호 달착륙, 1969	·경부 고속도로 개통, 1970
		·7.4 남북 공동 성명, 1972
·시카고 선언, 1973		·빌리 그래함 여의도 집회, 1973
·제1차 세계 복음화 국제 대회 로잔 회의, 로잔 언약, 1974		·유신 헌법, 1975
		·수출 100억불 달성, 1977
	·미중 국교 정상화, 1979	·12.12 군사 반란, 1979
·미합중국 장로교회 조직, 1983	·베를린 장벽 붕괴, 1989	·5.18 광주 민주화 운동, 1980
	·중국 천안문 사건, 1989	·서울 하계 올림픽 개최, 1988
	·걸프 전쟁, 1990-1991	
	·소비에트 연방 붕괴, 1991	·남북한 동시 유엔 가입, 1991
	·유럽 연합(EU) 창설, 1993	
	·인테넷 웹 브라우저, 1993	·김영삼 대통령과 문민 정부, 1993
·신앙 고백적 복음주의 연합(ACE), 1994	·홍콩 반환, 1997	·OECD 회원국 가입, 1996
	·유로화 도입, 1999	
	·미국, 9.11 테러, 2001	·첫 남북 정상 회담, 2000
·제3차 세계 복음화 국제 대회 케이프타운 회의, 2010	·미국, 이라크 공격, 2003	
·WCC 제10차 부산 총회, 2013		·평창 동계올림픽, 2018
	·코로나19 바이러스, 2019	·GDP 3만 불 시대, 2019

참고 문헌

강남수. 『프랑스 종교개혁사』. 서울: 그리심, 2000.
김동주. 『기독교로 보는 세계 역사』. 개정판. 서울: 킹덤북스, 2020.
김상근. 『기독교의 역사』. 서울: 평단문화사, 2007.
김영재. 『기독교회사』. 서울: 이레서원, 2000.
김재성. 『개혁신학의광맥 (1)』. 서울: 이레서원, 2001.
김학관. 『중국교회사』. 서울: 이레서원, 2005.
W. P. 스티븐스. 『츠빙글리의 생애와 사상』. 박경수 역. 서울: 대한기독교서회, 2007.
데이빗 하워드. 『학생운동과 세계 복음화』. 서울: 생명의말씀사, 1980.
롤란드 베인턴. 『마틴 루터의 생애』. 이종태 역. 서울: 생명의말씀사, 1997.
박건택. 『종교개혁 사상 선집』. 서울: 개혁주의신행협회, 2001.
박영숙, 제롬 글렌 공저. 『세계미래보고서 2020』. 이희령 역. 서울: 비지니스북스, 2019.
박용규. 『근대교회사』. 서울: 총신대학출판부, 1995
벵트 헤그룬트. 『신학사』. 박희석 역. 서울: 성광문화사, 1997.
사무엘 H. 마펫. 『아시아 기독교회사: 초대 교회부터 1500년까지』. 김인수 역. 서울: 장로회신학대학교 출판부, 1996.
슐라이어마허. 『종교론: 종교를 멸시하는 교양인을 위한 강연』. 최신한 역. 서울: 대한기독교서회, 2003.
스캇 선퀴스트. 『아시아 기독교 탐구』. 이용원 역. 서울: 미션 아카데미, 2018.
스탠포드 리이드. 『하나님의 나팔수: 존 낙스의 생애와 사상』. 서영일 역. 서울: 기독교문서선교회, 1999.
스티븐 니일. 『기독교 선교사』. 홍치모, 오민규 공역. 서울: 성광문화사, 1990.
아놀드 델리모어. 『조지 윗필드』. 오현미 역. 서울: 두란노서원, 1991.
아우구스티누스. 『하나님의 도성』. 조호연, 김종흡 역. 서울: 크리스천다이제스트, 2019.
얼 E. 케이른즈. 『세계 교회사 (1)(2)』. 엄성옥 역. 서울: 은성출판사, 2010.

오덕교. 『종교개혁사』. 수원: 합동신학대학원출판부, 1998.
오언 채드윅. 『종교개혁사』. 서요한 역. 서울: 크리스천다이제스트, 2001.
올리스터 E. 맥그래스. 『종교개혁 사상입문』. 박종숙 역. 서울: 성광문화사, 1992.
원종천. 『청교도 언약사상: 개혁 운동의 힘』. 서울: 대한기독교서회, 1999.
웨슬리 듀웰. 『세계를 뒤바꾼 부흥의 불길』. 안보헌 역. 서울: 생명의말씀사, 2005.
윌리스턴 워커. 『기독교회사』. 송인설 역. 서울: 크리스천다이제스트, 1993.
윌리엄 R. 무디. 『위대한 전도자 무디』. 김한기 역. 서울: 은혜출판사, 1993.
윌리엄 에스텝. 『재침례교도의 역사』. 정수영 역. 서울: 요단출판사, 1985.
_____. 『르네상스와 종교개혁』. 라은성 역. 서울: 그리심, 2002.
이호우. "'오직 성경만으로' 사상을 통해 본 종교개혁 운동." 「역사신학 논총」. 1991.
정상운. 『한국성결교회 백년사(1907-2007)』. 서울: 킹덤북스, 2019.
정상운, 이호우 외. 『알기쉬운교회사』. 서울: 이레서원, 2000.
J.N.D. 켈리. 『고대 기독교교리사』. 박희석 역. 서울: 크리스천다이제스트, 2004.
조종남. 『요한 웨슬레의신학』. 서울: 대한기독교출판사, 1994.
조찬선. 『기독교죄악사 (상)』. 서울: 평단문화사, 2000.
존 딜렌버거 편집, 『루터 저작선』. 이형기 역. 서울: 크리스천다이제스트, 1994.
존 우드브리지 엮음. 『인물로 본 기독교회사, (상)(하)』. 박용규 역. 서울: 도서출판 햇불, 1993.
존 머레이. 『칼빈의 성경관과 주권사상』. 나용화 역. 서울: 기독교문서선교회, 1994.
존 T. 맥닐. 『칼빈주의 역사와 성격』. 정성구, 양낙홍 역. 서울: 크리스천다이제스트, 1990.
G. D. 헨더슨. 『스코틀랜드 교회사』. 홍치모, 이은선 역. 서울: 한국로고스연구원, 1991.
최재건. 『근현대 부흥 운동사』. 서울: 기독교문서선교회, 2007.
토니 레인. 『기독교 사상사』. 김응국 역. 서울: 도서출판 나침반사, 1993.
토마스 아 켐피스. 『그리스도를 본받아』. 박문재 역. 세계 기독교고전 2. 서울: CH북스, 2018.
카터 린드버그. 『유럽의 종교개혁』. 조영천 역. 서울: 기독교문서선교회, 2012.
키드 하드먼. 『부흥의 계절: 미국의 전도와 부흥 운동사』. 박응규 역. 서울: 기독교문서선교회, 2006.

크레이그 바돌로뮤 외. 『복음주의 미래: 새 시대를 향한 쟁점과 전망』. 이호우 역. 서울: 기독교문서선교회, 2012.

케니스 래토레트. 『기독교사 (하)』. 윤두혁 역. 서울: 생명의말씀사, 1983.

파스칼. 『팡세』. 한재동 역. 세계대표문학선. 서울: 고려문학사, 1992.

필립 샤프. 『필립 샤프 교회사 전집』. 2권, 5권. 이길상 역. 서울: 크리스천다이제스트, 2004.

후스토 L. 곤잘레스. 『초대교회사』. 엄성옥 역. 서울: 은성출판사, 2012.

_____. 『중세교회사』. 엄성옥 역. 서울: 은성출판사, 2012.

_____. 『종교개혁사』. 엄성옥 역. 서울: 은성출판사, 2012.

_____. 『현대교회사』. 엄성옥 역. 서울: 은성출판사, 2012.

헤르만 셀더하위스. 『루터, 루터를 말하다』. 신호섭 역. 서울: 세움북스, 2016.

Ahlstrom, Sydney E. *A Religious History of the American People*. New Haven, CT: Yale University Press, 1972.

Althaus, Paul. *The Theology of Martin Luther*. Philadelphia: Fortress Press, 1966.

Augustine. *The Confession of Saint Augustine*. Trans. by Rex Warner. New York: Signet Classics, 2001.

Bainton, Roland. *The Bible in the Reformation*. S. L. Greenslade, ed. *The Cambridge History of the Bible*. Cambridge: CambridgeUniversity Press, 1963.

Balmer, Randall and John R. Fitzmier. *The Presbyterians*. Westport, CO: Praeger, 1994.

Barker, Robert. *A Summary of Christian History*. Revised by John M. Landers. Nashville: Broadman & Holman Publishers, 1994.

Bettenson, Henry& Chris Maunder, eds. *Documents of the Christian Church*. 3rd Edition. Oxford: Oxford University Press, 1999.

Bromiley, Geoffrey ed. *Zwingli and Bullinger*. The Library of Christian Classics Ichthus Edition. Philadelphia: The Westminster Press, 1952.

Calvin, John. *Institutes of the Christian Religion*. Vol I. Edited by John T. McNeill. Trans. By Ford Lewis Battles. Library of Christian Classics. Louisville, KY: Westminster John Knox Press, 1970.

_____. *Commentary on the Book of Psalms*. Trans. Henry Beveridge. *Calvin's Commentaries*. Volume IV. Grand Rapids, MI: Baker Book House, 1981.

Cochrane, Arthur C. *Reformed Confessions of the 16th Century*. Philadelphia, PA: the Westminster Press, 1966.

Dowley, Tim. *Introduction to the History of Christianity*. Minneapolis: Fortress Press, 1995.

Edwards, Jonathan. *The Works of Jonathan Edwards*. Vols. 2. Peabody, MA: Hendrickson Publishers, 1998.

Gabler, Ulrich. *Huldrych Zwingli: His Life and Work*. Philadelphia: Fortress Press, 1986.

Hannula, Richard M. *Radiant: Fifty Remarkable Women in Church History*. Moscow, Idaho: Canon Press, 2015.

Hillerbrand, Hans J, ed. *The Oxford Encyclopedia of the Reformation*. Vol. 4. New York: Oxford University Press, 1996.

Hocking, William E. *Re-Thinking Missions:* A Laymen's Inquiry *after One Hundred Years*. New York: Harper and Brothers Publisher, 1932.

Hyatt, Eddie. *2000 Years of Charismatic Christianity*. Lake Mary, FL: Charisma House, 2002.

Luther, Martine. *Luther's Works*. Vols. 31-32, 35. Eds. Jaroslav J. Pelikan and Helmut T. Lehman. Philadelphia and St. Louis: Fortress Press, 1955.

Marsden, George M. *Jonathan Edwards*. New Haven: Yale University Press, 2004.

McGrath, Alister E. *Reformation Thought: An Introduction*. 2nd Edition. Oxford: Blackwll Publishers, 1993.

_____. *Evangelicalism& the Future of Christianity*. Downers Grove, IL: IVP Press, 1995.

McManners, John. *The Oxford Illustrated History of Christianity*. Oxford: Oxford University Press, 1992.

McNeill, John T. *The History and Character of Calvinism*. Oxford: Oxford University Press, 1954.

Meeter, Henry. *The Fundamental Principle of Calvinism*. Grand Rapids, MI: W. B. Eerdmans Publishing Company, 1930.

Noll, Mark A. *A History of Christianity in the United States and Canada*.Grand Rapids, MI: W. B. Eerdmans Publishing Company, 1992.

Oberman, Heiko A. *The Dawn of the Reformation*. Grand Rapids, MI: W. B. Eerdmans Publishing Company, 1992.

Pelikan, Jaroslav. *The Christian Tradition: A History of the Development of Doctrine Series* 1-5. Chicago: The University of Chicago Press, 1971.

Reid, Daniel G. *Dictionary of Christianity in America*. Downers Grove, IL: InterVarsity Press, 1990.

Roberts, Alexander and James Donaldson, eds. *The Anti-Nicene Fathers*. Vols. I, III, V. Grand Rapids: W. B. Eerdmans Publishing Company, 1993.

Todd, John M. *Reformation*. Garden City, NY: Doubleday, 1971.

Wedderburn, Alexander J. *A History of the First Christians*. London: T&T Clark LTD, 2004.

Wesley, John. *The Works of John Wesley: Journals*. Vol 1, 3rd Edition. Grand Rapids: Baker Book House, 1984.

Wilder, Robert R. *The Student Volunteer Movement: The Origin and Early History*. New York: The Student Volunteer Movement, 1935.